HOJAS DE RUTA

# JORGE BUCAY

HOJAS DE RUTA

OCEANO

HOJAS DE RUTA

© 2003, Jorge Bucay

© 2022, Del Nuevo Extremo, S.L.

Diseño de portada: Estudio Sagahón / Leonel Sagahón

D. R. © 2022, Editorial Océano de México, S.A. de C.V.
Guillermo Barroso 17-5, Col. Industrial Las Armas,
Tlalnepantla de Baz, 54080, Estado de México
info@oceano.com.mx

Cuarta edición (trigésima reimpresión): enero, 2022

ISBN: 978-607-527-812-4

*Todos los derechos reservados. Quedan rigurosamente prohibidas,
sin la autorización escrita del editor, bajo las sanciones establecidas
en las leyes, la reproducción parcial o total de esta obra por cualquier
medio o procedimiento, comprendidos la reprografía y el tratamiento
informático, y la distribución de ejemplares de ella mediante
alquiler o préstamo público. ¿Necesitas reproducir una parte
de esta obra? Solicita el permiso en info@cempro.org.mx*

Impreso en México / Printed in Mexico

Buenos Aires, Setiembre 15 de 2002

Desde hace muchos años vengo sosteniendo que la vida es un camino solitario, un trayecto que recorremos desde el canal de parto hasta el ataúd, dos espacios distintos para un solo cuerpo.

Si bien es indudable que no "tenemos" a nadie y que nadie debería creer que nos "tiene", en el recorrido descubrí que existen los <u>COMPAÑEROS DE RUTA</u>.

Otros y otras iguales a mí, iguales a ti... que caminan por el mismo sendero... en la misma dirección... al mismo ritmo... al menos por un momento.

Durante los últimos treinta años intenté ser un buen compañero de ruta. Por eso me formé como psicoterapeuta, por eso me dediqué a dar conferencias, por eso acepté hacer radio o televisión, por eso me animé a escribir...

Creo que a veces lo conseguí y a veces NO, pero en el intento, encontré para mí miles y miles de acompañantes que me ayudaron a seguir adelante.

Escribo esta carta de presentación de estas Hojas de Ruta, mapa de aquellos caminos que juntos recorrimos tantas veces, para ti, querido compañero de ruta, con infinita gratitud

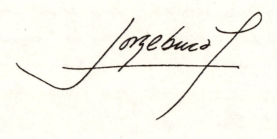

Hojas de ruta

Seguramente hay un rumbo
posiblemente
y de muchas maneras
personal y único.

Posiblemente haya un rumbo
seguramente
y de muchas *maneras*
el mismo para todos.

Hay un rumbo seguro
y de alguna manera posible.

De *manera* que habrá que encontrar ese rumbo y empezar a recorrerlo. Y *posiblemente* habrá que arrancar solo y sorprenderse al encontrar, más adelante en el camino, a todos los que *seguramente* van en la misma dirección.

Este rumbo último, solitario, personal y definitivo, sería bueno no olvidarlo, es nuestro puente hacia los demás, el único punto de conexión que nos une irremediablemente al mundo de lo que es.

Llamemos al destino final como cada uno quiera: felicidad, autorrealización, elevación, iluminación, darse cuenta, paz, éxito, cima, o simplemente final... lo mismo da. Todos sabemos que arribar con bien allí es nuestro desafío.

Habrá quienes se pierdan en el trayecto y se condenen a llegar un poco tarde y habrá también quienes encuentren un atajo y se transformen en expertos guías para los demás.

Algunos de estos guías me han enseñado que hay muchas formas de llegar, infinitos accesos, miles de maneras, decenas de rutas que nos llevan por el rumbo correcto. Caminos que transitaremos uno por uno.

Sin embargo, hay algunos caminos que forman parte de todas las rutas trazadas.

Caminos que no se pueden esquivar.

Caminos que habrá que recorrer si uno pretende seguir.

Caminos donde aprenderemos lo que es imprescindible saber para acceder al último tramo.

Para mí estos caminos inevitables son cuatro:

El *primero*, el camino del encuentro definitivo con uno mismo, que yo llamo *El camino de la autodependencia*.

El *segundo*, el camino del encuentro con el otro, del amor y del sexo, que llamo *El camino del encuentro*.

El *tercero*, el camino de las pérdidas y de los duelos, que llamo *El camino de las lágrimas*.

El *cuarto* y *último*, el camino de la completud y de la búsqueda del sentido, que llamo *El camino de la felicidad*.

A lo largo de mi propio viaje he vivido consultando los apuntes que otros dejaron de sus viajes y he usado parte de mi tiempo en trazar mis propios mapas del recorrido.

Mis mapas de estos cuatro caminos se constituyeron en estos años en hojas de ruta que me ayudaron a retomar el rumbo cada vez que me perdía.

Quizá mis libros puedan servir a algunos de los que, como yo, suelen perder el rumbo, y quizá, también, a aquellos que sean capaces de encontrar atajos. De todas maneras, el mapa nunca es el territorio y habrá que ir corrigiendo el recorrido cada vez que nuestra propia experiencia encuentre un error del cartógrafo. Sólo así llegaremos a la cima.

Ojalá nos encontremos allí.

Querrá decir que ustedes han llegado.

Querrá decir que lo conseguí también yo.

Jorge Bucay

El camino de la autodependencia

*A mi familia de origen,
Chela, Elías y Cacho,
gracias a quienes soy*

La alegoría del carruaje

Un día de octubre, una voz familiar en el teléfono me dice:

—Sal a la calle que hay un regalo para ti.

Entusiasmado, salgo a la vereda y me encuentro con el regalo. Es un precioso carruaje estacionado justo frente a la puerta de mi casa. Es de madera de nogal barnizada, tiene herrajes de bronce y lámparas de cerámica blanca, todo muy fino, muy elegante, muy "chic". Abro la portezuela de la cabina y subo. Un gran asiento semicircular forrado en pana color vino y unos visillos de encaje blanco le dan un toque de realeza al cubículo. Me siento y me doy cuenta de que todo está diseñado exclusivamente para mí, está calculado el largo de las piernas, el ancho del asiento, la altura del techo... todo es muy cómodo, y no hay lugar para nadie más. Entonces miro por la ventana y veo "el paisaje": de un lado el frente de mi casa, del otro el frente de la casa de mi vecino... y digo: "¡Qué maravilla este regalo! Qué bien, qué lindo"... Y me quedo un rato disfrutando de esa sensación.

Al rato empiezo a aburrirme; lo que se ve por la ventana es siempre lo mismo. Me pregunto: "¿Cuánto tiempo uno puede ver las mismas cosas?". Y empiezo a convencerme de que el regalo que me hicieron no sirve para nada.

De eso me ando quejando en voz alta cuando pasa mi vecino que me dice, como adivinándome:

—¿No te das cuenta de que a este carruaje le falta algo?
Yo pongo cara de qué-le-falta mientras miro las alfombras y los tapizados.
—Le faltan los caballos —me dice antes de que llegue a preguntarle.
"Por eso veo siempre lo mismo —pienso—, por eso me parece aburrido..."
—Cierto —digo yo.
Entonces voy hasta el corralón de la estación y le ato dos caballos al carruaje. Me subo otra vez y desde adentro grito:
—¡Eaaaaa!
El paisaje se vuelve maravilloso, extraordinario, cambia permanentemente y eso me sorprende.
Sin embargo, al poco tiempo empiezo a sentir cierta vibración en el carruaje y a ver el comienzo de una rajadura en uno de los laterales.
Son los caballos que me conducen por caminos terribles; pasan por todos los hoyos, se suben a las banquetas, me llevan por barrios peligrosos.
Me doy cuenta de que yo no tengo ningún control de nada; los caballos me arrastran a donde ellos quieren.
Al principio, ese derrotero era muy lindo, pero al final siento que es muy peligroso.
Comienzo a asustarme y a darme cuenta de que esto tampoco sirve.
En ese momento, veo a mi vecino que pasa por ahí cerca, en su auto. Lo insulto:
—¡Qué me hizo!
Me grita:
—¡Te falta el cochero!
—¡Ah! —digo yo.
Con gran dificultad y con su ayuda, sofreno los caballos y decido contratar a un cochero. A los pocos días asume funciones. Es un hombre formal y circunspecto con cara de poco humor y mucho conocimiento.
Me parece que ahora sí estoy preparado para disfrutar verdaderamente del regalo que me hicieron.
Me subo, me acomodo, asomo la cabeza y le indico al cochero adónde quiero ir.

Él conduce, él controla la situación, él decide la velocidad adecuada y elige la mejor ruta.

Yo... Yo disfruto del viaje.

Esta pequeña alegoría debería servirnos para entender el concepto holístico del ser.

Hemos nacido, salido de nuestra "casa" y nos hemos encontrado con un regalo: nuestro *cuerpo*. Un carruaje diseñado especialmente para cada uno de nosotros. Un vehículo capaz de adaptarse a los cambios con el paso del tiempo, pero que será el mismo durante todo el viaje.

Al poco de nacer, nuestro cuerpo registró un deseo, una necesidad, un requerimiento instintivo, y se movió. Este carruaje —el cuerpo— no serviría para nada si no tuviera caballos; ellos son los *deseos*, las necesidades, las pulsiones y los afectos.

Todo va bien durante un tiempo, pero en algún momento empezamos a darnos cuenta de que estos deseos nos llevaban por caminos un poco arriesgados y a veces peligrosos, y entonces tenemos necesidad de sofrenarlos. Aquí es cuando aparece la figura del cochero: nuestra cabeza, nuestro *intelecto*, nuestra capacidad de pensar racionalmente. Ese cochero manejará nuestro mejor tránsito.

Hay que saber que cada uno de nosotros es, por lo menos, los tres personajes que intervienen allí.

Tú eres el carruaje, eres los caballos y eres el cochero durante todo el camino, que es tu propia vida.

La armonía deberás construirla con todas estas partes, cuidando de no dejar de ocuparte de ninguno de estos tres protagonistas.

Dejar que tu cuerpo sea llevado sólo por tus impulsos, tus afectos o tus pasiones puede ser y es sumamente peligroso. Es decir, necesitas de tu cabeza para ejercer cierto orden en tu vida.

El cochero sirve para evaluar el camino, la ruta. Pero quienes realmente tiran del carruaje son tus caballos. No permitas que el cochero los descuide. Tienen que ser alimentados y protegidos, porque... ¿qué harías sin los caballos? ¿Qué sería de ti si fueras solamente cuerpo y cerebro? Si no tuvieras ningún deseo, ¿cómo sería la vida? Sería como la de esa gente que va por el mundo sin contacto con sus emociones, dejando que solamente su cerebro empuje el carruaje.

Obviamente, tampoco puedes descuidar el carruaje porque tiene que durar todo el trayecto. Y esto implicará reparar, cuidar, afinar lo que sea necesario para su mantenimiento. Si nadie lo cuida, el carruaje se rompe, y si se rompe se acabó el viaje.

Justo cuando puedo incorporar esto, cuando sé que soy mi cuerpo, mi dolor de cabeza y mi sensación de apetito, que soy mis ganas y mis deseos y mis instintos; que soy además mis reflexiones y mi mente pensante y mis experiencias... Justo en ese momento estoy en condiciones de empezar, equipado, este camino, que es el que hoy decido para mí.

Situación

D ice Hamlet Lima Quintana:[1]

Todo depende de la luz,
de la manera de iluminar las cosas...
Todo depende de la forma,
de los contornos,
de las interpolaciones y
de las dudas.
Todo también depende
de que el tiempo nos marque,
de que los espacios nos den los titulares.
El verdadero problema es elegir entre
perseguir las sombras
o resignarse a ser el perseguido.
Un extraño "To be or not to be"
en este casi ser
en este casi no ser.
Salir desde las sombras
o hacer las sombras perdurables.
Y en la última etapa del abismo
después de liberar a los otros,

a todos los que son los otros,
recordar,
sin urgencias,
que *uno* es el preso.
Y a partir de allí...
liberarse.

Para entender la dependencia, vale la pena empezar a pensarnos de alguna manera liberados y de muchas maneras prisioneros. En este "casi ser y casi no ser" que evoca el poeta, pensarnos desde la pregunta: ¿Qué sentido y qué importancia le dará cada uno de nosotros al hecho de depender o no de otros?

Retomo aquí el lugar donde una vez abandoné una idea que definí con una palabra inventada: autodependencia.

¿No había ya suficientes palabras que incluyeran la misma raíz?:

- Dependencia.
- Co-dependencia.
- Inter-dependencia.
- In-dependencia.

¿Hacía falta una más?
Creo que sí.

La palabra *dependiente* deriva de *pendiente*, que quiere decir, literalmente, que cuelga (de *pendere*), que está suspendido desde arriba, sin base, en el aire.

Pendiente significa también incompleto, inconcluso, sin resolver. Si es masculino designa un adorno, una alhaja que se lleva colgando como decoración. Si es femenino define una inclinación, una cuesta hacia abajo presumiblemente empinada y peligrosa.

Con todos estos significados y derivaciones no es raro que la palabra *dependencia* evoque en nosotros estas imágenes que usamos como definición:

Dependiente es aquel que se cuelga de otro, que vive como suspendido en el aire, sin base, como si fuera un adorno que ese otro lleva. Es alguien que está cuesta abajo, permanentemente incompleto, eternamente sin resolución.

Había una vez un hombre que padecía de un miedo absurdo, temía perderse entre los demás. Todo empezó una noche, en una fiesta de disfraces, cuando él era muy joven. Alguien había sacado una foto en la que aparecían en hilera todos los invitados. Pero al verla, él no se había podido reconocer. El hombre había elegido un disfraz de pirata, con un parche en el ojo y un pañuelo en la cabeza, pero muchos habían ido disfrazados de un modo similar. Su maquillaje consistía en un fuerte rubor en las mejillas y un poco de tizne simulando un bigote, pero disfraces que incluyeran bigotes y mofletes pintados había unos cuantos. Él se había divertido mucho en la fiesta, pero en la foto todos parecían estar muy divertidos. Finalmente recordó que al momento de la foto él estaba del brazo de una rubia, entonces intentó ubicarla por esa referencia; pero fue inútil: más de la mitad de las mujeres eran rubias y no pocas se mostraban en la foto del brazo de piratas.

El hombre quedó muy impactado por esta vivencia y, a causa de ello, durante años no asistió a ninguna reunión por temor a perderse de nuevo.

Pero un día se le ocurrió una solución: cualquiera que fuera el evento, a partir de entonces, él se vestiría siempre de café. Camisa café, pantalón café, saco café, calcetines y zapatos cafés. "Si alguien saca una foto, siempre podré saber que el de café soy yo", se dijo.

Con el paso del tiempo, nuestro héroe tuvo cientos de oportunidades para confirmar su astucia: al toparse con los espejos de las grandes tiendas, viéndose reflejado junto a otros que caminaban por allí, se repetía tranquilizador: "Yo soy el hombre de café".

Durante el invierno que siguió, unos amigos le regalaron un pase para disfrutar de una tarde en una sala de baños de vapor. El hombre aceptó gustoso; nunca había estado en un sitio como ése y había escuchado de boca de sus amigos las ventajas de la tina escocesa, del baño finlandés y del sauna aromático. Llegó al lugar, le dieron dos toallas grandes y lo invitaron a entrar en un pequeño cuarto para desvestirse. El hombre se quitó el saco, el pantalón, el suéter, la camisa, los zapatos, los calcetines... y cuando estaba a punto de quitarse los calzoncillos, se miró al espejo y se paralizó. "Si me quito la última prenda, quedaré desnudo como los demás", pensó. "¿Y si me pierdo? ¿Cómo podré identificarme si no cuento con esta referencia que tanto me ha servido?"

Durante más de un cuarto de hora se quedó en el cuarto con su ropa interior puesta, dudando y pensando si debía irse... Y entonces se dio cuenta de que, si bien no podía permanecer vestido, probablemente pudiera mantener alguna señal de identificación. Con mucho cuidado quitó una hebra del suéter que traía y se la ató al dedo gordo de su pie derecho. "Debo recordar esto por si me pierdo: el que tiene la hebra café en el dedo soy yo", se dijo.

Sereno ahora, con su credencial, se dedicó a disfrutar del vapor, los baños y un poco de natación, sin notar que entre idas y zambullidas la lana resbaló de su dedo y quedó flotando en el agua de la alberca. Otro hombre que nadaba cerca, al ver la hebra en el agua le comentó a su amigo: "Qué casualidad, éste es el color que siempre quiero describirle a mi esposa para que me teja una bufanda; me voy a llevar la hebra para que busque la lana del mismo color". Y tomando la hebra que flotaba en el agua, viendo que no tenía dónde guardarla, se le ocurrió atársela en el dedo gordo del pie derecho.

Mientras tanto, el protagonista de esta historia había terminado de probar todas las opciones y llegaba a su cuarto para vestirse. Entró confiado, pero al terminar de secarse, cuando se miró en el espejo, con horror advirtió que estaba totalmente desnudo y que no tenía la hebra en el pie. "Me perdí", se dijo temblando, y salió a recorrer el lugar en busca de la hebra café que lo identificaba. Pocos minutos después, observando detenidamente en el piso, se encontró con el pie del otro hombre que llevaba el trozo de lana café en su dedo. Tímidamente se acercó a él y le dijo: "Disculpe señor. Yo sé quién es usted, ¿me podría decir quién soy yo?".

Y aunque no lleguemos al extremo de depender de otros para que nos digan quiénes somos, estaremos cerca si renunciamos a nuestros ojos y nos vemos solamente a través de los ojos de los demás. Depender significa literalmente entregarme voluntariamente a que otro me lleve y me traiga, a que otro arrastre mi conducta según su voluntad y no según la mía. La dependencia es para mí una instancia siempre oscura y enfermiza, una alternativa que, aunque quiera ser justificada por miles de argumentos, termina conduciendo irremediablemente a la imbecilidad.

La palabra *imbécil* la heredamos de los griegos (*im*: con, *báculo*: bastón), quienes la usaban para llamar a aquellos que vivían apoyándose sobre los demás, los que dependían de alguien para poder caminar.

Y no estoy hablando de individuos transitoriamente en crisis, de heridos y enfermos, de discapacitados genuinos, de débiles mentales, de niños ni de jóvenes inmaduros. Éstos viven, con toda seguridad, dependientes, y no hay nada de malo ni de terrible en esto, porque naturalmente no tienen la capacidad ni la posibilidad de dejar de serlo.

Pero aquellos adultos sanos que sigan eligiendo depender de otros se volverán, con el tiempo, imbéciles sin retorno. Muchos de ellos han sido educados para serlo, porque hay padres que liberan y padres que imbecilizan.

Hay padres que invitan a los hijos a elegir devolviéndoles la responsabilidad sobre sus vidas a medida que crecen, y también padres que prefieren estar siempre cerca "Para ayudar", "Por si acaso", "Porque él (cuarenta y dos años) es tan ingenuo" y "Porque ¿para qué está el dinero que hemos ganado si no es para ayudar a nuestros hijos?".

Esos padres morirán algún día y esos hijos van a terminar intentando usarnos a nosotros como el bastón sustituyente.

No puedo justificar la dependencia porque no quiero avalar la imbecilidad.

Siguiendo el análisis propuesto por Fernando Savater,[2] existen distintas clases de imbéciles.

- *Los imbéciles intelectuales,* que son aquellos que creen que no les da la cabeza (o temen que se les gaste si la usan) y entonces le preguntan al otro: "¿Cómo soy? ¿Qué tengo que hacer? ¿A dónde tengo que ir?". Y cuando tienen que tomar una decisión van por el mundo preguntando: "Tú ¿qué harías en mi lugar?". Ante cada acción construyen un equipo de asesores para que piense por ellos. Como en verdad creen que no pueden pensar, depositan su capacidad de pensar en los otros, lo cual es bastante inquietante. El gran peligro es que a veces son confundidos con la gente genuinamente considerada y amable, y pueden terminar, por confluyentes, siendo muy populares. (Quizá deba dejar aquí una sola advertencia: Jamás votes por alguien así.)
- *Los imbéciles afectivos* son aquellos que dependen todo el tiempo de que alguien les diga que los quiere, que los ama, que son lindos, que son buenos.

Son protagonistas de diálogos famosos:

—¿Me quieres?
—Sí, te quiero...
—¿Te molestó?
—¿Qué cosa?
—Mi pregunta.
—No, ¿por qué me iba a molestar?
—Ah... ¿Me sigues queriendo?

(¡Para pegarle!)

Un imbécil afectivo está permanentemente a la búsqueda de otro que le repita que nunca, nunca, nunca lo va a dejar de querer. Todos sentimos el deseo normal de ser queridos por la persona que amamos, pero otra cosa es vivir para confirmarlo.

Los varones tenemos más tendencia a la imbecilidad afectiva que las mujeres. Ellas, cuando son imbéciles, tienden a serlo en hechos prácticos, no afectivos.[3]

Tomemos mil matrimonios separados hace tres meses y observemos su evolución. Noventa y cinco por ciento de los hombres está con otra mujer, conviviendo o casi. Si hablamos con ellos dirán: "No podía soportar llegar a mi casa y encontrar las luces apagadas y nadie esperando. No aguantaba pasar los fines de semana solo".

Noventa y nueve por ciento de las mujeres sigue viviendo sola o con sus hijos. Hablamos con ellas y dicen: "Una vez que aprendí a reparar la llave para que no goteara y resolví el problema económico, ¿para qué quiero tener un hombre en mi casa, ¿para que me diga 'tráeme las pantuflas, mi amor'? De ninguna manera".

Ellas encontrarán pareja o no la encontrarán, desearán, añorarán y querrán encontrar a alguien con quien compartir algunas cosas, pero muy difícilmente aceptan a cualquiera para no sentir la desesperación de "la luz apagada". Eso es patrimonio masculino.

Y por último...

- *Los imbéciles morales*, sin duda los más peligrosos de todos. Son los que necesitan permanentemente aprobación del afuera para tomar sus decisiones.

El imbécil moral es alguien que necesita de otro para que le diga si lo que hace está bien o mal, alguien que todo el tiempo está pendiente de si lo que quiere hacer corresponde o no corresponde, si es o no lo que el otro o la mayoría harían. Son aquellos que se la pasan haciendo encuestas sobre si tienen o no tienen que cambiar el auto, si les conviene o no comprarse una nueva casa, si es o no el momento adecuado para tener un hijo.

Defenderse de su acoso es bastante difícil; se puede probar no contestando a sus demandas sobre, por ejemplo, cómo se debe doblar el papel higiénico; sin embargo, creo que lo mejor es... huir.

Cuando alguno de estos modelos de dependencia se agudiza y se deposita en una sola persona del entorno, el individuo puede llegar a creer sinceramente que no podría subsistir sin el otro. Por lo tanto, empieza a condicionar cada conducta a ese vínculo patológico al que siente, a la vez, como su salvación y su calvario. Todo lo que hace está inspirado, dirigido, producido o dedicado a halagar, enojar, seducir, premiar o castigar a aquel de quien depende.

Este tipo de imbéciles son los individuos que modernamente la psicología llama *codependientes*.

Un codependiente es un individuo que padece una enfermedad similar a cualquier adicción, diferenciada sólo por el hecho (en realidad menor) de que su "droga" es un determinado tipo de personas o una persona en particular.

Exactamente igual que cualquier otro síndrome adictivo, el codependiente es portador de una personalidad proclive a las adicciones y puede, llegado el caso, realizar actos casi (o francamente) irracionales para proveerse "la droga". Y como sucede con la mayoría de las adicciones, si se viera bruscamente privado de ella podría caer en un cuadro, a veces gravísimo, de abstinencia.

La codependencia es el grado superlativo de la dependencia enfermiza. La adicción queda escondida detrás de la valoración amorosa y la conducta dependiente se incrusta en la personalidad como la idea: "No puedo vivir sin ti".

Siempre hay alguien que argumenta: "Pero, si yo amo a alguien, y lo amo con todo mi corazón, ¿no es cierto acaso que no puedo vivir sin él?".

Y yo siempre contesto: "No, la verdad que no".

La verdad es que siempre puedo vivir sin el otro, *siempre*, y hay dos personas que deberían saberlo: yo y el otro. Me parece horrible que alguien piense que yo no puedo vivir sin él y crea que si decide irse me muero... Me aterra la idea de convivir con alguien que crea que soy imprescindible en su vida.

Estos pensamientos son siempre de una manipulación y una exigencia siniestras.

El amor siempre es positivo y maravilloso, nunca es negativo, pero puede ser la excusa que yo utilizo para volverme adicto.

Por eso suelo decir que el codependiente no ama; él necesita, él reclama, él depende, pero no ama.

Sería bueno empezar a deshacernos de nuestras adicciones a las personas, abandonar estos espacios de dependencia y ayudar al otro a que supere los propios.

Me encantaría que la gente que yo quiero me quiera; pero si esa gente no me quiere, me encantaría que me lo diga y se vaya (o que no me lo diga pero que se vaya). Porque no quiero estar al lado de quien no quiere estar conmigo.

Es muy doloroso. Pero siempre será mejor que si te quedaras engañándome.

Dice Antonio Porchia en su libro *Voces*: "Han dejado de engañarte, no de quererte, y sufres como si hubieran dejado de quererte".

Claro, a todos nos gustaría evitar la odiosa frustración de no ser queridos.

A veces, para lograrlo, nos volvemos neuróticamente manipuladores: manejo la situación para poder engañarme y creer que me sigues queriendo, que sigues siendo mi punto de apoyo, mi bastón.

Y empiezo a descender. Me voy metiendo en un pozo cada vez más oscuro buscando la iluminación del encuentro.

El primer peldaño es intentar transformarme en una necesidad para ti.

Me vuelvo tu proveedor selectivo: te doy todo lo que quieras, trato de complacerte, me pongo a tu disposición para cualquier cosa que necesites, intento que dependas de mí. Trato de generar una relación adictiva, remplazo mi deseo de ser querido por el de ser necesitado.

Porque ser necesitado se parece tanto a veces a ser querido... Si me necesitas, me llamas, me pides, me delegas tus cosas y hasta puedo creer que me estás queriendo.

Pero a veces, a pesar de todo lo que hago para que me necesites, tú no pareces necesitarme. ¿Qué hago? Bajo un escalón más.

Intento que me tengas lástima.

Porque la lástima también se parece un poco a ser querido... Así, si me hago la víctima, "Yo que te quiero tanto... y tú que no me quieres...", quizá...

Este camino se transita demasiado frecuentemente. De hecho, de alguna manera todos hemos pasado por este jueguito. Quizá no tan insistentemente como para dar lástima, pero quién no ha dicho:

"¡Cómo me haces esto a mí!"

"Yo no esperaba esto de ti, estoy tan defraudado... estoy tan adolorido..."

"No me importa si tú no me quieres... yo *sí* te quiero."

Pero la bajada continúa.

¿Y si no consigo que te apiades de mí? ¿Qué hago? ¿Soporto tu indiferencia?

¡Jamás!

Si llegué hasta aquí, por lo menos voy a tratar de conseguir que me odies.

A veces uno se salta alguna etapa... baja dos escalones al mismo tiempo y salta de la búsqueda de volverse necesario directamente al odio, sin solución de continuidad. Porque, en verdad, lo que no se soporta es la indiferencia.

Y sucede que uno se topa con gente mala, tan mala que... ¡ni siquiera quiere odiarnos! Qué malas personas, ¿verdad?

Quiero que aunque sea me odies y no lo consigo.

Entonces... Estoy casi en el fondo del pozo. ¿Qué hago?

Dado que dependo de ti y de tu mirada, haría cualquier cosa para no tener que soportar tu indiferencia. Y muchas veces bajo el último peldaño para poder tenerte pendiente:

Trato de que me tengas miedo.

Miedo de lo que puedo llegar a hacer o hacerme (fantaseando hacerte sentir culpable y pensándome).[4]

Podríamos imaginar a Glenn Close diciéndole a Michael Douglas en la película *Atracción fatal*: "Si no pude conseguir sentirme querida ni necesitada, si te negaste a tenerme lástima y ocuparte de mí por piedad, si ni siquiera conseguí que me odies, ahora vas a tener que notar mi presencia, quieras o no, porque a partir de ahora voy a tratar de que me temas".

Cuando la búsqueda de tu mirada se transforma en dependencia, el amor se transforma en una lucha por el poder. Caemos en la tentación de ponernos al servicio del otro, de manipular un poco su lástima, de darle pelea y hasta de amenazarlo con el abandono, con el maltrato o con nuestro propio sufrimiento.

Volveremos a hablar de este tema cuando lleguemos a *El camino del encuentro*, pero me parece importante dejar escrito aquí que, sin importar la gravedad de este cuadro, sucede con él lo mismo que con las restantes adicciones:

Tomando como única condición el deseo sincero de superar la adicción, la codependencia se trata y se cura.

La propuesta es:

ABANDONAR TODA DEPENDENCIA.

Ésta no es ninguna originalidad, todos los colegas, maestros, gurúes y filósofos del mundo hablan de esto.

El problema es: ¿Hacia dónde abandonarla?

Los colegas han encontrado una solución, *la* INTER*dependencia*. En la interdependencia yo dependo de ti y tú dependes de mí.

Esta solución es, como mínimo, desagradable. Y de máxima una elección del mal menor, una especie de terapia de sustitución. No me gusta cómo "soluciona" la interdependencia. Puede ser más sana o más enfermiza, pero de todos modos es un premio de consolación, porque equivale a pensar que si bien yo dependo de ti, como tú también dependes de mí, no hay problema porque estamos juntos.

Siempre digo que los matrimonios del mundo se dividen en dos grandes grupos: aquellos donde ambos integrantes quieren haber sido elegidos una vez y para siempre, y aquellos a los que nos gusta ser elegidos todos los días, estar en una relación de pareja donde el otro siga sintiendo que te vuelve a elegir. No por las mismas razones, pero te vuelve a elegir.

La interdependencia parece generar lazos indisolubles que se sostienen porque dependo y dependes, y no desde la elección actualizada de cada uno. Porque los interdependientes son dependientes; y cuando uno depende, ya no elige más...

Así que, aparentemente, sólo queda una posibilidad: la INdependencia.

Independencia quiere decir simplemente llegar a no depender de nadie. Y esto sería maravilloso si no fuera porque implica una mentira: nadie es independiente.

La independencia es una meta inalcanzable, un lugar utópico y virtual hacia el cual dirigirse, que no me parece mal como punto de dirección, pero que hace falta mostrar como imposible para no quedarnos en una eterna frustración.

¿Por qué es imposible la independencia?

Porque para ser independiente habría que ser autosuficiente, y nadie lo es. Nadie puede prescindir de los demás en forma permanente. Necesitamos de los otros, irremediablemente, de muchas y diferentes maneras.

Ahora bien. Si la independencia es imposible... la codependencia es enfermiza... la interdependencia no es solución... y la dependencia no es deseable... ¿entonces qué? Entonces, yo inventé una palabra:

Autodependencia

Origen

El bebé humano recién nacido es el ser vivo más frágil, dependiente y vulnerable que existe en la creación. Cualquier otra criatura viva, desde los unicelulares hasta los animales más avanzados, tiene una pequeña posibilidad de sobrevida cuando nace si no está la mamá o el papá para hacerse cargo.

Desde los insectos, que son absolutamente autodependientes cuando nacen, hasta los mamíferos más desarrollados, que a las pocas horas de nacer pueden ponerse en pie y buscar el seno de la propia madre o caminar hasta encontrar otro, todos tienen una posibilidad, aunque sea una en mil.

Las tortugas de mar desovan fuera del agua. Las madres recorren con enorme dificultad y torpeza doscientos metros por la playa, ponen centenares de huevos entre la arena y se van. Cuando las tortuguitas nacen, muchas se pierden intentando llegar hasta el agua, son devoradas por las aves y los reptiles o se calcinan al sol. Sólo una o dos de cada mil sobrevive.

Un bebé humano no tiene ni siquiera una posibilidad en un millón, es *absolutamente* dependiente.

La solución que la naturaleza encontró para resolver esta dependencia absoluta de los humanos fue crear una relación donde difícilmente los padres puedan abandonar a los hijos. El instinto o el amor (prefiero pensar en el amor) nos lleva a sentir a estos "cachorros" como parte de nosotros; dejarlos sería una mutilación, sería como decidir renunciar a una parte de nuestro propio cuerpo.

Esto protege a los bebés humanos recién nacidos del abandono de los padres y asegura que haya alguien a su cuidado.

Pero este mecanismo no sólo aporta seguridad, también genera problemas.

Cuando un hombre y una mujer deciden transformarse en una familia teniendo un hijo, están estableciendo una responsabilidad respecto de lo que sigue, pero además están generando un irremediable conflicto que deberán resolver.

Están decidiendo traer al mundo a un ser vivo al que sentirán como si fuera una prolongación suya, literalmente, sabiendo a la vez que esa cría será un ser íntegro y separado del vínculo de la pareja que prepara desde su nacimiento su partida.

A los padres esto no nos resulta nada fácil. Porque nunca es fácil ser el carcelero y el libertador. No se quiere a un hijo como se quiere a los otros. Con Claudia me pasan cosas que con el resto de las personas no me pasan. No sólo la quiero más que a nadie en el mundo, sino que la quiero de una manera diferente, como si fuera una parte de mí.

Los hijos son, en muchos sentidos, una excepción.

Esta sensación de que el otro es una prolongación mía puede ser muy buena para ese bebé en los primeros tiempos, motivándome a cuidarlo y protegerlo; porque en realidad el hijo fue concebido desde los deseos de los padres y, por lo tanto, la decisión es producto de una vivencia bastante autorreferencial.

Un día, a los trece años, el otro de mis amores, mi hijo Demián, pesca en casa un libro de psicología y se pone a leerlo.

Entonces viene y me dice:

"Papi, ¿es verdad que los hijos somos producto de una insatisfacción de los padres...?"

Cuando Demián me hizo esta pregunta, yo me di cuenta de que el libro tenía razón. Porque si uno estuviera totalmente satisfecho con su vida, si todo lo que tiene fuera suficiente, si uno no sintiera el deseo de trascender teniendo hijos o el deseo de realizarse como padre y como familia, si uno no tuviera ese deseo personal... entonces, no tendría hijos.

Es este deseo insatisfecho —educado, pautado cultural o personalmente— lo que nos motiva a tener hijos.

Los hijos nacen por una decisión y un deseo nuestros, no por un deseo de ellos. Por eso, cuando los adolescentes se enojan y nos dicen: "Yo no te pedí nacer", parece una estupidez, pero es la verdad.

La vivencia de ser uno con los hijos puede, como dije, tener una función positiva para ellos durante los primeros años de vida, pero es nefasta para su futuro. Porque el niño recibe esto, percibe que es tratado como si fuera un pedazo de otro, pero no siente que lo sea.

Y a los padres nos cuesta.

Queremos retenerlos, eternizar el cordón que los une a nosotros.

Contamos para eso con la experiencia, el poder, la fuerza, el dinero y, sobre todo, el saber.

Porque siempre creemos que sabemos más que ellos.

—Papi... papi... Estuve con Huguito, que viene de pelearse con su papá...

—¿Y por qué se peleó con su papá?

—Porque el papá de Huguito dice que él sabe más que Huguito.

—Sí, hijo. El papá de Huguito sabe más que Huguito.

—¿Y cómo lo sabes, si no conoces al papá de Huguito?

—Bueno, porque es el padre, hijo, y el padre sabe más que el hijo.

—¿Y por qué sabe más que el hijo?

—¡Porque es el papá!

—¿Qué tiene que ver?

—Bueno, hijo, el papá ha vivido más años... ha leído más... ha estudiado más... Entonces sabe más que el hijo.

—Ah... ¿Y tú sabes más que yo?

—Sí.

—¿Y todos los padres saben más que los hijos?

—Sí.
—¿Y siempre es así?
—Sí.
—¿Y siempre va a ser así?
—Sí, hijo, ¡siempre va a ser así!
—¿Y la mamá de Martita sabe más que Martita?
—Sí, hijo. La mamá de Martita sabe más que Martita...
—Dime papá, ¿quién inventó el teléfono?
El padre lo mira con suficiencia y le dice:
—El teléfono, hijo, lo inventó Alexander Graham Bell.
—¿Y por qué no lo inventó el padre de él que sabía más?

¿Será cierto que sabemos más que nuestros hijos?
A veces sí y a veces no.
En el mejor de los casos, intentamos capacitar a nuestros hijos para entrenarlos a resolver problemas que nunca van a tener. Porque van a tener otros... ¡que nosotros ni siquiera pudimos imaginar!
Los padres no vamos a vivir en el mundo de nuestros hijos. Nosotros hemos vivido en el nuestro.
Las enseñanzas que nos daban nuestros padres y las que nuestros abuelos les daban a ellos servían porque el mundo era más o menos parecido. El mundo en el que vivieron mis tatarabuelos era muy parecido al mundo en el que vivieron mis bisabuelos.
Lo que mi tatarabuelo había aprendido, a mi bisabuelo le servía. Lo que mi abuelo aprendió, le sirvió más o menos a mi papá. Lo que mi papá aprendió, a mí me sirvió bastante. Pero lo que yo aprendí, a mi hijo le va a servir muy poco.
Y, quizá, lo que mi hijo aprenda a mi nieto no le sirva para nada.
Suceden cosas muy interesantes en el mundo en el que vivimos.
Como dice mi mamá: "los niños vienen cada vez más inteligentes". Y es verdad.
Hace treinta años, en neonatología los índices de maduración normales del bebé para el sostenimiento de la cabeza oscilaban

entre los ocho y los diez días. Hoy la mayoría de los bebés nace pudiendo sostener la cabeza.

Los niños nacen más maduros, a las tres semanas de vida tienen reflejos que antes aparecían a los dos o tres meses. Tienen una capacidad de aprendizaje que nosotros, cuando nacimos hace cincuenta años, no teníamos porque era normal no tenerla.

Cuando llevo a mi sobrinito de cinco años a las máquinas de videojuegos en Mar del Plata, entra al salón y dice:

—¡Uy, una máquina nueva!

Entonces compra tres fichas, pone una, juega un poquito y pierde enseguida. Yo le digo:

—¿Perdiste?

—Sí, sí, espera un poquito.

Pone otra, y a la tercera ficha sabe jugar. Pero sabe jugar absolutamente. ¿Cómo aprendió?

No se sabe.

—¿Y? ¿Cómo es? —le pregunto.

—Yo soy ese pequeño de barba con el hacha en la mano, si aprieto este botón tira unos rayos y tengo que salvar a la princesa...

Yo estuve todo el tiempo a su lado viendo cómo él aprendía, ¡y no entendí nada de lo que hacía!

Entonces juego con él y me dice:

—¡Me estás pegando a mí, tonto!

No hay caso, por mucho que me esmero no entiendo nada.

Sienten a sus hijos en la computadora y van a ver cómo en diez minutos aprenden lo que a nosotros nos costó diez semanas darnos cuenta.

Ingenuamente, los padres siempre creemos que sabemos más acerca de las cosas que les convienen a nuestros hijos, qué es lo mejor para ellos.

A veces es cierto, pero no siempre.

Más allá de la estimulación, el material genético transmitido de padres a hijos también lleva información de aprendizaje.

Una parte del conocimiento adquirido en la vida se transmite a los hijos. Este material genético heredado conlleva información adicional que el hijo no tenía.

Ahora es como un enano subido a los hombros de un gigante. Es un enano, pero ve más lejos.

Nosotros aprendimos que la sabiduría no era dar pescado, sino enseñar a pescar. Esto no existe más, es antiguo.

Hoy en día, si le enseño a pescar y le regalo la caña, quizá se muera de hambre, porque cuando sea grande no habrá un solo pez que se pesque con esta caña que le regalé.

Sin embargo, algo puedo hacer por él.

Puedo enseñarle a ser capaz de crear su propia caña, su propia red. Puedo sugerirle a mi hijo que diseñe su propia modalidad de pescar. Para eso tengo que admitir con humildad que la enseñanza de cómo pescaba yo no le va a servir más.

Nuestros hijos van a tener problemas que nosotros nunca tuvimos.

Esta incapacidad de los padres para entrenar a sus hijos en los problemas que van a tener se fue instituyendo en el mundo durante el siglo xx y motivó gran parte de los problemas de la relación entre padres e hijos.

Hacia fines de siglo, la psicología al servicio de la gente prácticamente no existía, pero sí la pedagogía, que es la ciencia de la educación.

Sobre las relaciones de las parejas con sus hijos en un congreso sobre pedagogía y matrimonio realizado en Francia en el año 1894, uno de los conferencistas expuso que las parejas con hijos se encontraban tan inseguras de sí mismas y vivían con tanto miedo al futuro que tendían a proteger a sus hijos de los problemas que podían tener. Pero esa tendencia es muy peligrosa, porque si los padres hacen esto, si protegen a los hijos de todos los peligros, los hijos nunca van a aprender a resolver los problemas por sí mismos. Como consecuencia, si esto sigue así —concluye el pedagogo— hacia fin del siglo XX tendremos un montón de adultos con infancias y adolescencias maravillosas, pero adulteces penosas y terribles.

Este pronóstico, concebido hace más de cien años, es exacto. Los padres, sobre todo los de la segunda mitad del siglo XX, hemos desarrollado una conducta demasiado cuidadosa y tan protectora hacia nuestros hijos que, lejos de capacitarlos para que resuelvan sus conflictos y dificultades, ha conseguido que tengan una infancia y una adolescencia llenas de facilidades, pero que no necesariamente es una buena ayuda para que aprendan a resolver sus problemas.

Más allá de todas las faltas, nosotros, los que ya pasamos los cuarenta, tenemos un mérito, les hemos dado a nuestros hijos algo novedoso: les hemos permitido la rebeldía.

Nosotros venimos de una estructura familiar donde no se nos permitía ser rebeldes.

Mi papá, amoroso, y mi mamá, divina, decían: "Cállate, mocoso". Y la frase aprendida que justificaba su actitud era: "Cuando tú tengas tu casa harás lo que quieras, acá mando yo". En cambio, lo primero que mis hijos aprendieron a decir antes de decir "papá" fue: "¿Y por qué?".

Cuestionaban todo. Y siguen cuestionando.

Nosotros les enseñamos esta rebeldía.

Esta rebeldía es la causante de gran parte del cambio, de la incertidumbre, pero también de la posibilidad de salvarse de nosotros. Salvarse de nuestra manía de querer encajarles nuestra manera de ver las cosas.

Se van a salvar por medio de la rebeldía que ellos no se ganaron, nosotros se la enseñamos.

Ése es nuestro gran mérito. Y esto va a cambiar el mundo.

Más o menos rebelde cuando crezco, en algún momento entre los veinte y los veintisiete años me doy cuenta de que no voy a tener para siempre una mamá que me dé de comer, un papá que me cuide, una persona que decida por mí...

Me doy cuenta de que no me queda más remedio que hacerme cargo de mí mismo. Me doy cuenta de que tengo que dejar el origen de todo.

Separarme de la pareja de mis padres y dejar la casa, ese lugar de seguridad y protección.

Cuando nosotros éramos niños, la adolescencia empezaba a los trece y terminaba a los veintidós. Hoy, la adolescencia comienza entre los diez y los doce y termina... entre los veinticinco y los veintisiete. (Pobrecitos... ¡quince años de adolescencia!)

La adolescencia es un lugar maravilloso en muchos aspectos, pero también es una etapa de sufrimiento.

Sobre el misterio de la prolongación de la adolescencia cualquier idiota tiene una teoría. Yo también. Así que voy a contar la mía.

TEORÍA DE LOS TRES TERCIOS

Imaginemos que cada uno recibe una parcela abandonada de tierra llena de maleza. Sólo tenemos agua, alimentos, herramientas, pero ningún libro disponible, ningún viejo que sepa cómo se hace. Nos dan semillas, elementos de labranza y nos dicen: Van a tener que comer de lo que saquen de la tierra.

¿Qué es lo que haríamos para poder alimentarnos y alimentar a nuestros seres queridos?

Lo primero que haríamos sería desmalezar, preparar la tierra, removerla, airearla... y hacer surcos para sembrar.

Luego sembramos y esperamos... Poniendo un tutor, cuidando que las plantitas se vayan haciendo grandes, protegiéndolas para, un buen día, cosechar.

La vida del ser humano es igual.

La vida del ser humano está dividida en tres tercios:

a) Tercio de preparar el terreno.
b) Tercio de crecimiento o expansión.
c) Tercio de cosecha.

¿Qué es el primer tercio?

Preparar el terreno equivale a la infancia y la adolescencia.
Durante estos periodos, lo que uno tiene que hacer en su vida es preparar el terreno, desmalezar, abonar, airear, preparar todo para la siembra.
¡Qué error sería querer cosechar antes de desmalezar! Cosecharíamos basura, no serviría para nada.

¿Qué es el segundo tercio?

El crecimiento o expansión equivale a la juventud y la adultez.
Habrá entonces que plantar la semilla, regarla, cuidarla, hacerla crecer. Éste es el tercio de la siembra, del desarrollo.
¡Qué error sería desmalezar y seguir preparando el terreno cuando es el tiempo de sembrar!
¡Qué error sería querer cosechar cuando uno está sembrando!
No cosecharía nada. Cada cosa hay que hacerla en su tiempo.

¿Qué es el tercer tercio?

La *cosecha* equivale a la madurez.
¡Qué error sería en tiempo de cosecha querer seguir sembrando! ¡Qué error sería, cuando uno tiene que cosechar, ocuparse de hacer crecer y de engrandecer!

Porque éste es el tiempo de la recolección, la hora de recoger los frutos.

Y si no se cosecha en este tiempo, no se cosecha nunca.

¿Cuánto dura cada tercio?

Lógicamente, esto depende del tiempo que va a durar nuestra vida.

Cuando nuestros ancestros vivían entre treinta y cinco y cuarenta años, como promedio y con toda la suerte, entonces un tercio era trece años.[5] La juventud y la adultez se desarrollaban entre los doce y los dieciocho años, y la madurez se alcanzaba a los veinticinco. Cuando a principios de siglo nacieron nuestros padres, la expectativa de vida era de sesenta años. Así, la duración de los tercios se fue modificando.

Cuando uno deja de ser un adolescente, les dice (o sería bueno que les dijera) a sus padres: "A partir de ahora dedíquense a ustedes, porque de mí me ocupo yo".

Uno tiene que aprender a hacerse cargo de sí mismo, aprender a responsabilizarse de uno, aprender la autodependencia.

Aquellos hijos que no terminan de deshacerse, que se quedan prendidos de los padres sin animarse a subir al trampolín y saltar, en parte lo hacen por una responsabilidad de los padres, que no supieron enseñarles a hacerlo, y en parte por una responsabilidad de ellos.

Los padres tendrán que mostrar a estos hijos, aunque sea tardíamente, que deben soltarse, que uno no está para siempre.

Con mucho amor y mucha ternura, estos padres deberán entornar la puerta y... pegarles una patada en el culo.

Porque en algún momento los padres tienen que aprender a hacer esto si es que los hijos no lo hacen.

Habitualmente, los hijos aprenden y se van solos. Pero si no lo hacen, lamentablemente, en beneficio de ellos y nuestro, será bueno empujarlos a que abandonen esa dependencia.

Estoy harto de ver y escuchar a padres de mucha edad que han generado pequeños ahorros o situaciones de seguridad con esfuerzo durante toda su vida para su vejez, y que hoy tienen que dilapidarlos a manos de hijos inútiles, inservibles y tarambanas, que además tienen actitudes exigentes respecto de los padres:

"Me tienes que ayudar porque eres mi papá."
"Tienes que vender todo porque todo lo que tienes también es mío."

Es hora de que los padres sepan las limitaciones que tiene esta historia de su deseo.

A veces uno puede ayudar a sus hijos porque quiere, y está muy bien. Pero hay que comprender que nuestra obligación terminó.

Qué importante sería ayudar a nuestros hijos a transitar espacios de libertad.

Qué importante sería ayudarlos hasta que ellos sean adultos, y después...

QSJ

¿Qué quiere decir QSJ?

Que se jodan.

Y si no han sabido administrar lo que les dejaron, y si no han podido vivir con lo que obtuvieron, y si no saben cómo hacer para ganarse el dinero que quieren, díganles que pasen a buscar un sandwich cada mañana.

La historia de generar la dependencia infinita es siniestra. Me parece a mí que hay un momento para devolver a los hijos la responsabilidad que tienen sobre sus propias vidas, y que uno tiene que quedarse afuera, ayudando lo que quiera, hasta donde quiera y hasta donde sea conveniente ayudar.

A veces no es conveniente ayudar todo lo que uno puede, al máximo, arruinándose la propia vida para ayudarlos a ellos.

Me parece que no.

A mí me encantaría saber que mis hijos van a poder manejarse cuando yo no esté. Me encantaría. Y por eso quiero que lo hagan antes que me muera, para verlo.

Para que pueda, en todo caso, morirme tranquilo, con la sensación de la tarea cumplida.

Una vez, caminando por la Rambla, encontré en una librería de viejo (unas de esas librerías que venden libros usados, viejos y descontinuados) un libro titulado *Crecer jugando*, de una escritora marplatense que, creo recordar, se llama Inés Barredo. Lo compré porque leí las dos primeras páginas y me pareció espectacular (confieso que el resto del libro no me pareció tan espectacular, pero ese comienzo me marcó). Fue como eso de estar preparado para que algo suceda y sucede justo cuando uno está preparado.

El libro decía algo así:

> Cuando cumplí nueve años estaba muy preocupada por saber cuál era el cambio que se iba a producir en mi cuerpo entre los ocho y los nueve. Así que me levanté temprano el día de mi cumpleaños para ir corriendo al espejo y ver cómo había cambiado. Y me sorprendí porque no había cambiado nada, fue una gran decepción. De modo que fui a preguntarle a mi mamá a qué hora había nacido yo y ella me informó que había nacido a las 4:20. Así fue que desde las cuatro hasta las cinco me quedé clavada frente al espejo mirándome para que se operara el cambio de los ocho a los nueve, pero el cambio no se produjo. Concluí entonces que quizá no habría cambio de los ocho a los nueve, quizá el cambio sucediera de los nueve a los diez. Entonces esperé ansiosamente un año. Y la noche anterior al día que iba a cumplir diez, me quedé despierta; no dormí ni un poquito y me quedé frente al espejo para ver cómo amanecía. Y no noté nada. Empecé a pensar que la gente no crecía, y que todo eso era mentira, pero... Veía las fotos de mi mamá cuando era chica, y eso quería decir que ella había sido como yo alguna vez y se había vuelto grande. Y entonces, no podía explicarme cuándo sucedería ese cambio. Hasta que un día —dice la autora en la segunda página de su libro— me di cuenta de cuál era el secreto. Cuando cumplí nueve años, no dejé de tener ocho; cuando cumplí diez años, no dejé de tener nueve; cuando cumplimos quince, tenemos catorce, y doce, y once, y diez,

y nueve, y ocho, y cinco, y... Cuando cumplimos setenta, tenemos sesenta y cincuenta, y cuarenta, y doce, y cinco, y tres, y uno.

Cómo no conservar actitudes de aquellos que fuimos —digo yo— si en realidad siguen viviendo adentro de nosotros.
Seguimos siendo los adolescentes que fuimos, los niños que fuimos, los bebés que fuimos.
Anidan en nosotros los niños que alguna vez fuimos. Pero...
Estos niños pueden hacernos dependientes.
Este niño aparece y se adueña de mi personalidad:
Porque estoy asustado,
porque algo me pasa,
porque tengo una preocupación,
porque tengo miedo,
porque me perdí,
porque me perdí de mi vida...
Cuando esto sucede, la única solución es que alguien, un adulto, se haga cargo de mí. Por eso es que no creo en la independencia.
Porque no puedo negar ese niño que vive en mí.
Porque no creo que ese niño, en verdad, se pueda hacer cargo de sí mismo.
Creo, sí, que también hay un adulto en nosotros cuando somos adultos.
Él, y no otro adulto, se hará cargo del niño que hay en mí. Esto es autodependencia.

Significado

¿Qué quiere decir autodependencia?

Supongamos que yo quiero que Fernando me escuche, que me abrace, que esté conmigo porque hoy no me basto conmigo.

Y Fernando no quiere. Fernando no me quiere.

Entonces, en lugar de quedarme llorando, en lugar de manipular la situación para obtener lo que él no quiere darme, en lugar de buscar algún sustituto (que me necesite, que me tenga lástima, que me odie, que me tema), en lugar de ese recorrido, quizá pueda preguntarle a María Inés si no quiere quedarse conmigo.

Yo no me basto pero tampoco dependo de Fernando, sino de mí. Yo sé qué necesito y si él no quiere, quizá María Inés...

Esto es la autodependencia. Saber que yo necesito de los otros, que no soy autosuficiente, pero que puedo llevar esta necesidad conmigo hasta encontrar lo que quiero, esa relación, esa contención, ese amor...

Y si Fernando no tiene para mí lo que necesito, y si María Inés tampoco, quizá yo pueda seguir buscando hasta encontrarlo.

¿Donde sea?

Sí, donde sea.

Autodepender significa establecer que no soy omnipotente, que me sé vulnerable y que estoy a cargo de mí.

Yo soy el director de esta orquesta, aunque no pueda tocar todos los instrumentos. Que no pueda tocar todos los instrumentos no quiere decir que ceda la batuta.

Yo soy el protagonista de mi propia vida. Pero atención:

No soy el único actor, porque si lo fuera, mi película sería demasiado aburrida.

Así que soy el protagonista, soy el director de la trama, soy aquél de quien dependen en última instancia todas mis cosas, pero no soy autosuficiente.

No puedo estructurarme una vida independiente porque no soy autosuficiente.

> LA PROPUESTA ES QUE YO ME RESPONSABILICE,
> QUE ME HAGA CARGO DE MÍ,
> QUE YO TERMINE ADUEÑÁNDOME
> PARA SIEMPRE DE MI VIDA.

Autodependencia significa dejar de colgarme del cuello de los otros. Puedo necesitar de tu ayuda en algún momento, pero mientras sea yo quien tenga la llave, esté la puerta cerrada o abierta, nunca estoy encerrado.

Y entonces, me olvido de todas las cosas que ya no me sirven (si la puerta está con llave, si Fernando está en Buenos Aires, si el actor que me secunda querrá o no filmar esta escena) y empiezo a transitar este espacio de autodependencia que significa:

Me sé dependiente, pero a cargo de esta dependencia estoy yo.

Autodependencia es, para mí, sinónimo de salud mental.

Del afuera necesito, por ejemplo, aprobación.

Todos necesitamos aprobación.

Pero cuando tenía cinco años, la única persona que me podía dar aprobación era mi mamá. No había ninguna otra persona que pudiera remplazarla.

Una vez adulto, me di cuenta que si ella no me daba esta aprobación, otra persona podía hacerlo.

Puede suceder que algunas de las cosas que yo creo o disfruto, a mi esposa, con la que vivo hace veintisiete años, no le gusten...
Pero lo que debo hacer no es romperlas porque a ella no le gustan.
Quizá a otros sí les gusten.
Quizá pueda compartirlas con otra persona.
Quizá pueda aceptar que es suficiente con que me gusten a mí.
El hecho concreto de que a mí no me interese para nada el realismo mágico no quiere decir que mi esposa deba dejar de leer a su autor preferido.
En el peor de los casos, si ella quiere mantener conversaciones sobre los autores que le interesan y yo ni siquiera soporto hablar del tema, deberá buscarse alguna otra persona con quien compartir esas inquietudes.
Podrá ir a ver las películas de Richard Gere con alguien que no sea yo si es que a mí no me interesa Richard Gere.
No tendrá por qué someterse al martirio de acompañarme a la ópera si no le gusta, porque siempre puedo ir solo o invitar a Miguel o a Lita, a quienes sé que les gusta.
Esto significa ser autodependiente.
Autodependencia significa contestarse las tres preguntas existenciales básicas:

Quién soy, a dónde voy y con quién.

Pero contestarlas en *ese orden*.
Cuidado con tratar de decidir a dónde voy según con quién estoy. Cuidado con definir quién soy a partir de quién me acompaña.
Porque en ese camino nos vamos a encontrar con la historia de la pareja que está viajando por Europa en uno de esos tours "Ocho países en diez días" y cuando cruzan un puente sobre un río en medio de una hermosa ciudad, ella pregunta:
—¿Qué ciudad es ésta, viejo?
Y él contesta:
—¿Qué día es hoy?

Ella dice:

—Martes.

Él cuenta con los dedos y finalmente informa:

—Entonces es Bruselas.

No nos sirve este esquema.

No puedo definir mi camino desde ver el tuyo y no debo definirme a mí por el camino que estoy recorriendo.

Voy a tener que darme cuenta: soy yo el que debe definir primero quién soy.

Al respecto, yo suelo decir que contestarse estas preguntas determina la diferencia entre un ser humano, un individuo o una persona.

Porque éstos son tres conceptos diferentes.

Cuando nacemos todos somos seres humanos, es decir, pertenecientes al género humano. Como tales, somos todos iguales. A medida que crecemos, vamos desarrollando en nosotros parte de lo que traíamos como información genética, nuestro aspecto físico, nuestras fortalezas y nuestras debilidades, y una parte de nuestra forma de encarar la vida, es decir, nuestro temperamento.[6]

Al nacer, sólo somos seres humanos. Este temperamento, que al principio es idéntico o parecido a millones de otros, con la experiencia, la historia personal, nos transforma en el individuo que cada uno de nosotros va a ser.

Individuo quiere decir indiviso, alude a la unidad que cada uno de nosotros es, pero también quiere decir único, en el sentido de especial.

Seres humanos somos todos "de nacimiento", y como seres humanos tenemos ciertas características comunes: un corazón con dos aurículas, dos ventrículos, un cerebro, etcétera. Pero como individuos, hay cosas que son únicas y nos pertenecen a nosotros.

El proceso de crecimiento implica la toma de conciencia de la interacción entre este temperamento y la realidad para transformar mi manera de ser en una manera particular de ser, en una manera individual de ser.

Nos vamos sabiendo diferentes, vamos dejando de parecernos a todos.

Los que tienen más de un hijo saben que cada hijo tiene su propia manera de ser, y que hay un momento en que el niño asume su propia individualidad, sabe lo que significa "yo" y sabe que "yo" es diferente de otros, sabe que al hermano le gusta el caballo de la carreta y a él el helicóptero, que él prefiere viajar del lado de la ventanilla y el hermano elige siempre el lugar del medio. Empieza a discriminarse, en el sentido de separarse y diferenciarse del afuera.

Este ser humano discriminado y separado de los otros se llama individuo, pero no alcanza con ser un individuo para ser una persona.

Ser una persona es más todavía. Casi todos los seres humanos que conozco han llegado a ser individuos, pocos han llegado a ser personas. Para llegar a ser una persona es necesario asistir y padecer un proceso.

El proceso de convertirse en persona, como lo llamaba Carl Rogers,[7] es doloroso; implica ciertas renuncias, ciertas adquisiciones y también mucho trabajo personal.

>PARA AUTODEPENDER, VOY A TENER QUE PENSARME A MÍ COMO EL CENTRO DE TODAS LAS COSAS QUE ME PASAN.

Autodependencia es un espacio que tiene que ver, a veces, con cierta ingratitud.

Porque la gente autodependiente no es manipulable. Y todo el mundo detesta a aquella gente que no se deja manipular.

Nos encanta pensar que...

"¡Hay cosas que no puedes hacer!"

"¡Hay cosas que no me puedes decir!"

"¡Tú no me puedes decir eso a mí!"

Y digo:

¿Por qué no?

Yo trabajo todo el día en el consultorio. Hay gente que hablando de otro me dice:

"¡No puede ser tan hijo de puta!"

Y yo digo:

¿Por qué no puede? Puede ser así de hijo de puta, más hijo de puta, recontra. ¿Por qué no va a poder serlo? Puede ser todo lo hijo de puta que quiera, ésta es su decisión.

Y será tu compromiso y tu responsabilidad defenderte de este tipo que es una mala persona. Esto es tuyo, no de él.

"¡No, porque él no puede!"

Sí puede.

"Él no debe..."

¿Por qué no debe? ¿A quién le debe? No debe nada.

Es tu responsabilidad. No podemos seguir echándole la culpa al otro. No podemos seguir creyéndonos esta cosa que ya ni siquiera es una pauta educativa.

Entonces, lo que digo con la palabra "autodependencia" es:

- Puedo pedirte ayuda, pero dependo de mí mismo.
- Dependo de mis partes más adultas para que se hagan cargo del niño que sigo siendo. Dependo de mis partes más crecidas para que se hagan cargo de mis aspectos más inmaduros.
- Dependo de ocuparme de mí.
- Dependo de poder ocuparme de ser capaz de depender del adulto que soy sin miedo a que me vaya a abandonar.

Lo que pasa con la gente que sufre es que ha sido abandonada de sí misma. Ha padecido el abandono de sus partes adultas; sus niños han quedado a la deriva, sin nadie que los contenga. Y han tenido que ir a buscar por ahí, a cualquier lado, ayuda, y más que ayuda, dependencia.

Éste es un proceso absolutamente reversible. Siempre, siempre.

Tengo que poder darme cuenta que hay un adulto en mí que tiene que hacerse cargo de ese niño en mí. Después de poder depender de mí, después de saber que me tengo que hacer cargo de mis aspectos dependientes, entonces puedo buscar al otro.

Para poder ayudarte, pedirte, ofrecerte, para poder darte lo que tengo para darte y poder recibir lo que tú tengas para darme, primero voy a tener que conquistar este lugar, el lugar de la autodependencia.

Y ya que dependo de mí, voy a tener que concederme a mí mismo algunos permisos si quiero ser una persona. Y digo concederme a mí mismo y digo que te concedas a ti mismo y digo que cada uno haga lo propio; porque no hablamos del señor que cometió un error y está preso, de la pobre mujer descerebrada que está en una cama del hospital ni del hombre que agoniza víctima de una enfermedad terminal. Hablamos, en verdad, de nosotros. De los permisos que Virginia Satir[8] llamaba "inherentes a ser persona".

Cualquiera que no ostente alguno de estos cinco permisos no es una persona.

Y uno se pregunta, ¿qué es, si no es una persona?...

Será, con toda seguridad, un ser humano, tal vez también un individuo, pero... una persona NO.

Porque, como dije anteriormente, ser persona es mucho más.

1. Me concedo a mí mismo el permiso de estar y de ser quien soy, en lugar de creer que debo esperar que otro determine dónde yo debería estar o cómo debería ser.
2. Me concedo a mí mismo el permiso de sentir lo que siento, en vez de sentir lo que otros sentirían en mi lugar.
3. Me concedo a mí mismo el permiso de pensar lo que pienso y también el derecho de decirlo, si quiero, o de callármelo, si es que así me conviene.
4. Me concedo a mí mismo el permiso de correr los riesgos que yo decida correr, con la única condición de aceptar pagar yo mismo los precios de esos riesgos.
5. Me concedo a mí mismo el permiso de buscar lo que yo creo que necesito del mundo, en lugar de esperar que alguien más me dé el permiso para obtenerlo.

Estos cinco permisos esenciales condicionan nuestro ser persona. Y ser persona es el único camino para volverse autodependiente.

Porque estos permisos me permiten finalmente ser auténticamente quien soy.

El primero dice que si yo soy una persona tengo que concederme a mí mismo la libertad de ser quien soy. ¿Qué quiere decir esto? Dejar de exigirme ser el que los demás quieren que sea: el que quiere mi jefe, el que quiere mi esposa, el que quieren mis amigos o el que quieren mis hijos. Ser persona es darme a mí mismo la libertad de ser el que soy.

Es probable que a muchos no les guste que sea el que soy; es probable que cuando otros descubran que soy el que soy —y que además me doy la libertad de serlo— se enojen conmigo.

Todos podemos llegar a ser personas, pero si no empezamos por este permiso, no hay posibilidades; nos quedaremos siendo individuos parecidos a muchos otros individuos que se sienten a sí mismos diferentes, pero que obedecen y pertenecen al club de aquellos que no se dan el derecho de ser quienes son; que intentan parecerse a los demás.

Las consecuencias de no ser una persona son infinitas. Por ejemplo, si soy una adolescente y necesito parecerme a las demás, para ser aceptada me harán creer que debo ser delgadita como las modelos, alta y espigada, y que debo usar determinada ropa. En este caso, al no darme cuenta que tengo la libertad de ser quien soy, probablemente deje de comer y me vuelva anoréxica. Porque aquí volverme anoréxica es intentar parecerme a la que dicen que tengo que ser, no a quien yo soy. Es sentir que si peso 45 o la ropa no me entra, yo no soy una persona. Éste es un ejemplo brutal y terrible de lo que les sucede a muchas adolescentes que vemos todos los días, a veces en la televisión, a veces en los periódicos y a veces en las morgues. Porque las jóvenes de verdad se mueren en este intento de parecerse a un modelo prestado.

Menos crueles y brutales son todas las cosas que nosotros hacemos para parecernos a ciertos modelos. Terminamos forzándonos a ser lo que no somos, o a estar en donde no queremos estar. No nos damos la libertad de estar en el lugar que queremos, de ser quienes somos.

La palabra *persona* es una palabra heredada del teatro griego, se usaba para llamar al actor que está detrás de la máscara que representa al personaje. Es una derivación de *per sonare*, para darle sonido, y designa al que verdaderamente habla, al que le pone palabras a la máscara, al que viene de darles sonido a los personajes que actuamos, esto es, la figura auténtica que está detrás del personaje.

Ser autodependiente significa ser auténticamente el que soy, actuar auténticamente como actúo, sentir auténticamente lo que siento, correr los riesgos que auténticamente quiera correr, hacerme responsable de todo eso y, por supuesto, salir a buscar lo que yo auténticamente crea que necesito sin esperar que los otros se ocupen de esto.

Nada de dejar que los riesgos los corran otros para hacer lo que yo quiero.

Nada de correr riesgos que otros quieren que corra.

Nada de delegar responsabilidades.

Esto determina que yo sea una persona o que no lo sea, y conlleva la posibilidad de quedarse jugando a que se es una persona, es decir, quedarse en el personaje.

Pero atención, ninguno de estos permisos incluye mi derecho a que otro sea como yo quiero, a que otro sienta como yo siento, a que otro piense lo que a mí me conviene, a que otro no corra ningún riesgo porque yo no quiero que lo corra, o a que otro me pida permiso para tener lo que necesita.

Estos permisos no pueden incluir el deseo de que el otro no sea una persona, la intención de esclavizar a otro. Porque mi autodependencia irremediablemente me compromete a defender la tuya y la de todos.

¿Qué pasa con nosotros que cuando amamos creemos que el otro tiene que ser como yo me lo imagino, tiene que sentir por mí lo que yo siento por él, tiene que pensar en mí tanto como yo quiero, no tiene que correr riesgos que amenacen la relación y tiene que pedirme a mí lo que él quiere para que sea yo quien se lo alcance?

Ésta es nuestra fantasía del amor, pero este amor esclavizante, mezquino y cruel no es un amor entre adultos.

El amor entre adultos transita y promueve este espacio de autodependencia en el otro, tal como aquí lo planteo.

El amor concede, empuja, fomenta que aquellos a quienes yo amo transiten también espacios cada vez menos dependientes.

Éste es el verdadero amor, el amor para el otro, este amor que no es para mí sino para ti, el amor que tiene que ver con la alegría de que existas.

¿Para qué algunos quieren ser dependientes?

A veces, como se creen débiles, piensan que estar bajo el ala de alguien más calificado los protegerá.

Otras veces, para poder echarles la culpa a los demás.

Otras veces, de verdad creen que tienen que pedir permiso. Ni se autoengañan ni les falta valor ni están enfermos, lo único que pasa es que no han llegado a ser personas. Es un tema de evolución.

A veces no llegan a ser personas porque les da miedo, otras porque no han sido enseñados.

Algunas veces, porque alguien los ha oprimido mucho, y otras, finalmente, porque no saben, simplemente no saben nada de esto que yo estoy diciendo.

Alguien que no se anima a ser quien es por miedo a que lo rechacen, que no se anima a sentir lo que siente porque le parece que está mal, que no se anima a pensar lo que piensa o a decirlo porque tiene miedo de ser rechazado, alguien que no corre riesgos porque no soporta las responsabilidades y que no sale a buscar lo que necesita sino que se lo pide a otro, alguien así no llega a ser una persona y, por lo tanto, vamos a tener que pensar que es un individuo.

No es ninguna acusación; ser persona no es obligatorio. Lo que yo digo es que para ser persona, lo que tú llamarías persona adulta o madura, para mí es simplemente ser una persona.

Persona madura para mí se llama a las personas de verdad.

Una persona es una persona madura; si es inmadura todavía no ha terminado su proceso de convertirse en persona.

Y esto no es una acusación porque el proceso de convertirse en persona se termina únicamente el día en que uno se muere. Hasta entonces uno puede seguir creciendo y ser cada vez más consciente de sí mismo.

Vivo y aprendo, vivo y maduro, vivo y crezco.

Un hombre en proceso de convertirse en persona puede ser terriblemente exitoso, integrado, aplaudido, valorado, querido; en realidad puede ser así y, sin embargo, no ser una persona.

En la India hay una manera de pensar al hombre transitada por muchos pensadores; Rajneesh es uno, Krishnamurti es otro. Ellos dicen que el ser humano es un dios en desarrollo, un fruto que aún no ha madurado, que cuando esté maduro va a ser un dios. Esta alegoría tan poética yo la traduzco así:

Cuando el hombre madure será una persona.

Por supuesto, como en todo proceso madurativo, haber "ligado en el reparto" padres nutritivos tiene la ventaja de haber escuchado desde pequeños mensajes constructivos:

"Tú puedes ser quien eres."
"Tú puedes pensar lo que piensas."
"Tú puedes sentir lo que sientas."
"Tú puedes correr tus propios riesgos."
"Deberías ocuparte de ir a buscar lo que necesitas, porque eso significa crecer, ser maduro y autodependiente."

Estos privilegiados solitos saltan del trampolín y se zambullen en la vida desde un lugar afortunado.

Por supuesto, no todo el mundo tiene esta suerte.

Aquellos que no la tuvieron necesitarán que alguien más se lo muestre, aunque sea en un libro como éste.

Alguna vez he visto algunos despertares desde un darse cuenta salvaje desencadenado por alguna situación especial.

Despertamos, pero no a través de la palabra de otro, sino a través de un proceso de identificación: algo que vemos o algo que vivimos nos empuja al darnos cuenta.

Por ejemplo, nos enteramos, cuando acabamos de cumplir cuarenta y cinco años, que un amigo nuestro que también tenía cuarenta y cinco años se murió. Entonces nos miramos y decimos: ¿Qué pasa acá? Y empezamos a cuestionarnos algunas cosas: cómo estamos viviendo, cómo usamos nuestro tiempo, si estamos disfrutando, si nos sentimos oprimidos por alguien o algo, si nuestra vida finalmente tiene sentido.

O vemos una película y nos estrellamos con la ficción que retrata nuestra realidad, nos damos cuenta de lo que nos está pasando y nos enfrentamos con nuestro propio proceso.

Y nos enteramos de que no hay situaciones donde uno no pueda elegir. Asumimos que siempre estamos eligiendo, aun cuando creemos que no elegimos, en la vida cotidiana, en la de todos los días.

Y cuando decimos:

"No tuve otro remedio..."

"Yo no soy responsable de esto..."

"No tenía otra posibilidad..."

Mentimos. Mentimos alevosamente. Porque siempre elegimos.

En nuestra vida cotidiana decidimos casi cada cosa que hacemos y cada cosa que dejamos de hacer.

Nuestra participación en nuestra vida no sólo es posible, sino que además es inevitable.

Somos cómplices obligados de todo lo que nos sucede porque, de una manera o de otra, hemos elegido.

"Bueno, pero yo... tengo que ir a trabajar todos los días... y no tengo otra posibilidad... y aunque no quiera y yo no lo elijo, tengo que ir de todas maneras, entonces yo no puedo concederme el permiso de no ir a trabajar mañana."

Si estoy dispuesto a pagar el precio, sí.

Un hombre avanza desesperado por el desierto. Acaba de beber la última gota de agua de su cantimplora. El sol sobre su cabeza y los buitres que lo rondan anuncian un final inminente.

—¡Agua! —grita—. ¡Agua! ¡Un poco de agua!

Desde la derecha ve venir a un beduino en un camello que se dirige hacia él.

—¡Gracias a Dios! —dice—. ¡Agua por favor... agua!

—No puedo darte agua —le dice el beduino—. Soy un mercader y el agua es necesaria para viajar por el desierto.

—Véndeme agua —le ruega el hombre—. Te pagaré...

—Imposible, "efendi". No vendo agua, vendo corbatas.

—¿Corbatas?

—Sí, mira qué maravillosas corbatas... Éstas son italianas y están de oferta, tres por diez dólares. Y estas otras, de seda de la India, son para toda la vida. Y éstas de aquí...

—No... No... No quiero corbatas, quiero agua... ¡Fuera! ¡Fueraaaaa!

El mercader sigue su camino y el sediento explorador avanza sin rumbo fijo por el desierto.

Al escalar una duna, ve venir desde la izquierda otro mercader.

Entonces corre hacia él y le dice:

—Véndeme un poco de agua, por favor...

—Agua no —le contesta el mercader—, pero tengo para ofrecerte las mejores corbatas de Arabia...

—¡Corbatas! ¡No quiero corbatas! ¡Quiero agua! —grita el hombre desesperado.

—Tenemos una promoción —insiste el otro—. Si compras diez corbatas, te llevas una sin cargo...

—¡No quiero corbatas!

—Se pueden pagar en tres cuotas sin intereses y con tarjeta de crédito. ¿Tienes tarjeta de crédito?

Gritando enfurecido, el sediento sigue su camino hacia ningún lugar.

Unas horas más tarde, ya arrastrándose, el viajero escala una altísima duna y desde allí otea el horizonte.

No puede creer lo que ven sus ojos. Adelante, a unos mil metros, ve claramente un oasis. Unas palmeras y un verdor increíble rodean el azul reflejo del agua.

El hombre corre hacia el lugar temiendo que sea un espejismo. Pero no, el oasis es verdadero.

El lugar está cuidado y protegido por un cerco que cuenta con un solo acceso custodiado por un guardia.

—Por favor, déjeme pasar. Necesito agua... agua. Por favor...
—Imposible, señor. Está prohibido entrar sin corbata.

Lo sepas o no de antemano, siempre hay un precio que pagar.

"Ah sí, pero si pago el precio mis hijos mañana no comen."

Bueno, será éste el precio. Y entonces elijo ir a trabajar. Y elijo seguir trabajando, y conservar mi trabajo, y elijo alimentar a mis hijos. Y me parece bien que yo haga esa elección. Pero lo elijo yo, ¿eh? Yo soy el que está decidiendo esto. En mis *normas* es más importante alimentar a mis hijos que complacer mi deseo de quedarme haciendo fiaca en la cama. Y me parece bien. Es mi decisión. Y precisamente porque es mi decisión es que tiene mérito.

Una de las condiciones de la autodependencia es que por vía del permiso de ser auténtico, ahora automáticamente me doy cuenta que me merezco cualquier recompensa que aparezca por las decisiones acertadas que tome. No fue mi obligación, fue mi decisión. Pude decidir esto, aquello o lo otro y, por lo tanto, me corresponde el crédito del acierto.

Me corresponde tu agradecimiento por la ayuda que te doy, sobre todo si te das cuenta que dije sí pero podría haber dicho no.

Por supuesto que si el ayudado soy yo, me resultará más fácil y más barato pensar que yo te saqué la respuesta, que no podías elegir, que no podías negarte o que ayudar era tu obligación.

Claro, me resulta mucho más cómodo pensar que el otro tiene que hacerse cargo de mí.

Es el tema de los hijos eternos.

Esos hijos que en ningún momento se deciden a dejar de depender de sus padres.

Si bien es cierto que son muchos los padres que esclavizan a los hijos para que no crezcan y poder así seguir controlando sus vidas, no son pocos los hijos que esclavizan a los padres forzándolos a seguir siendo los que decidan por ellos, para no hacerse cargo, para no ser responsables, porque es más fácil y menos peligroso que otros corran los riesgos, que otros paguen los costos.

El camino de la autodependencia es el camino de hacerme cargo de mí mismo. Para recorrerlo hace falta:

**Estar en condiciones,
saberse equipado
y tomar la decisión.**

No hay dónde prepararse para el camino.

Vamos descubriendo nuestras condiciones a medida que lo recorremos.

Vamos mejorando el equipo a medida que avanzamos.

Vamos solidificando la decisión mientras más camino dejamos atrás.

Condición

Saludo al Buda que hay en ti. Puede que no seas consciente de ello, puede que ni siquiera lo hayas soñado —que eres perfecto—, que nadie puede ser otra cosa, que el estado de Buda es el centro exacto de tu ser, que no es algo que tiene que suceder en el futuro, que ya ha sucedido. Es la fuente de la que tú procedes; es la fuente y también la meta. Procedemos de la luz y vamos hacia ella.

Pero estás profundamente dormido, no sabes quién eres.

No es que tengas que convertirte en alguien, únicamente tienes que reconocerlo, tienes que volver a tu propia fuente, tienes que mirar dentro de ti mismo.

Una confrontación contigo mismo te revelará tu estado de Buda.

El día que uno llega a verse a sí mismo, toda la existencia se ilumina.

Permite que tu corazón sepa que eres perfecto. Ya sé que puede parecer presuntuoso, puede parecer muy hipotético, no puedes confiar en ello totalmente. Es natural. Lo comprendo. Pero permite que se deposite en ti como una semilla. En torno a ese hecho comenzarán a suceder muchas cosas, y sólo en torno a este hecho podrás comprender estas ideas. Son ideas inmensamente poderosas, muy pequeñas, muy condensadas, como semillas. Pero en este terreno, con esta visión en la mente: que eres perfecto, que eres un Buda floreciendo, que eres potencialmente capaz de convertirte en uno, que nada falta, que todo está listo, que sólo hay que poner las cosas en el orden correcto; que es necesario ser un poco más consciente, que lo único que se necesita es un poco más de conciencia...

El tesoro está ahí, tienes que traer una pequeña lámpara contigo.

Una vez que la oscuridad desaparezca, dejarás de ser un mendigo, serás un Buda.

Serás un soberano, un emperador.

Todo este reino es para ti y lo es por pedirlo, sólo tienes que reclamarlo. Pero no puedes reclamarlo si crees que eres un mendigo.

No puedes reclamarlo, no puedes ni siquiera soñar con reclamarlo, si crees que eres un mendigo.

Esa idea de que eres un mendigo, de que eres ignorante, de que eres un pecador, ha sido predicada desde tantos púlpitos a través de los tiempos, que se ha convertido en una profunda hipnosis en ti.

Esta hipnosis debe ser desbaratada.

Para romperla, comienzo con este saludo:

Saludo al Buda que hay en ti,

Osho[9]*

El primer hito del camino de la autodependencia es el propio amor, como lo llamaba Rousseau, el amor por uno mismo. Esto es, mi capacidad de quererme, lo que a mí me gusta llamar más brutalmente el saludable egoísmo y que abarca por extensión la autoestima, la autovaloración y la conciencia del orgullo de ser quien soy.

Desde la publicación de mi libro *De la autoestima al egoísmo*,[10] la gente siempre me pregunta: "Pero, ¿por qué lo llamas egoísmo... que a mí no me deja aceptarlo bien?". Lo llamo así para no caer en la tentación de evitar esta palabra sólo porque tiene "mala prensa".

A veces digo: "Bueno, ¿cómo quieren que lo llamemos? Llamémoslo como quieran. ¿Quieren llamarlo silla? Llámenlo silla. Pero sepan internamente que estamos hablando de egoísmo".

---

* Extracto del discurso de bienvenida a su conferencia del 11 de octubre de 1977.

Lo que pasa es que hay que dejar de temerle a esa palabra. No confundirla con actitudes miserables o crueles, codiciosas o avaras, mezquinas, ruines o canallescas. Son otra cosa.

No hace falta ser un mal tipo para ser egoísta.

No hace falta ser una mujer jodida para ser egoísta.

Se puede ser egoísta y tener muchas ganas de compartir. Siempre digo lo mismo.

Me da tanto placer complacer a las personas que quiero, que siendo tan egoísta... no me quiero privar...

Yo no me quiero privar de complacer a los que quiero.

Pero no lo hago por ellos, lo hago por mí. Ésta es la diferencia.

La diferencia está en que desde esta posición jamás se puede pensar en función de lo que hago por el otro. Si yo hiciera cosas por ti, no podría seguir siendo autodependiente. No dependería de mí, sino de lo que tú necesitas de mí.

Y entonces... quizá... poco a poco me vaya volviendo dependiente.

Y si me encuentro siendo dependiente, bueno sería que revise esto.

Si soy dependiente, entonces hay permisos que no me puedo conceder.

Y si hago esto debe ser porque no me creo valioso o no me quiero lo suficiente.

Jamás hago cosas por los demás.

Uno piensa que este discurso suena muy egoísta. Yo creo que es cierto que suena muy egoísta... porque es un discurso egoísta.

Lo que pasa es que éste no es el egoísmo mezquino y codicioso en el que estamos acostumbrados a pensar... Es el egoísmo de aquellos que se quieren suficientemente como para saber que son valiosos... y que tienen cosas para dar.

A veces, cuando digo esto, hay gente que cree que hablo en contra de la idea de solidaridad, en contra de la ayuda solidaria.

"¡Porque tú hablas de autodependencia, hablas de saberse a uno mismo, hablas de la libertad... y entonces cada uno puede hacer lo que quiera y si cada uno hace lo que se le da la gana, entonces va a terminar... matando al vecino...!"

Y yo digo: la presunción de dónde termina el planteamiento de las libertades individuales depende del lugar ideológicamente filosófico del cual uno parta.

Hay dos posturas filosóficas que son bien opuestas. Una, que cree que el ser humano es malo, cruel, dañino, perverso, y que lo único que espera es una oportunidad para poder complicar al prójimo y sacarle lo que tiene. Y otra que dice que el ser humano es bueno, noble, solidario, amoroso y creativo, y que, por ende, si lo dejamos en libertad de ser quien es descubrirá lo que hay que descubrir y, finalmente, se volverá el más generoso y leal de los animales de la creación.

Porque en libertad puede elegir ser solidario aunque sepa que, en realidad, no lo hace por el otro sino por él mismo.

Y éste es el egoísmo bien entendido, como yo lo diseño.

Quiero definir el egoísmo como esta poco simpática postura de preferirme a mí mismo antes que a ninguna otra persona.

La idea de que si yo soy egoísta no voy a pensar en nadie más que en mí es la idea de creer que tengo un espacio limitado para querer, una capacidad limitada para amar a alguien, y que entonces, si lo lleno de mí, no me queda espacio para los demás.

Esta idea no sólo es absurda, sino que además es absolutamente engañosa.

No hay una limitación en mi capacidad de amar, no tengo límites para el amor y, por lo tanto, tengo capacidad para quererme muchísimo a mí y muchísimo a los demás. Y de hecho, desde el punto de vista psicológico, es imposible que yo pueda querer a alguien sin quererme a mí.

El que dice que quiere mucho a los demás y poco a sí mismo miente en alguno de los dos casos.

O no es cierto que quiere mucho a los demás, o no es cierto que se quiere poco a sí mismo.

El amor por los otros se genera y se nutre; empieza por el amor hacia uno mismo. Y tiene que ver con la posibilidad de verme en el otro.

Aquella idea tan ligada a las dos religiones madre de nuestra cultura, la judía y la cristiana, "amarás a tu prójimo como a ti mismo", es un punto de mira, un objetivo supremo.

No es amarás "más" que a ti mismo.

Es amarás "como" a ti mismo.

Esto es lo máximo que uno puede pretender.

Hay un cuento que trata de una muchacha llamada Ernestina.

Ernestina vivía en una granja en el campo.

Un día, su padre le pide que lleve un barril lleno de maíz hasta el granero de una vecina. Ernestina agarra un barril de madera, lo llena de granos hasta el borde, le clava la tapa y se lo ata colgando de los hombros como si fuera una mochila. Una vez afirmadas las correas, Ernestina parte hacia la granja vecina. En el camino se cruza con varios granjeros. Algunos notan que hay un agujero en su barril y que una hilera de granos cae del tonel sin que Ernestina lo note. Un amigo de su padre comienza a hacerle señas para explicarle el problema, pero ella entiende que es un saludo, así que le sonríe y agita su mano en señal de amistad. De inmediato, los otros granjeros le gritan a coro:

—¡Estás perdiendo el maíz!

Ernestina se da vuelta para ver el camino, pero como los pájaros han estado levantando cada grano perdido casi antes de que tocara el piso, al no ver nada, la niña cree que los vecinos bromean y sigue su camino.

Más adelante, otra vez un granjero le dice:

—¡Ernestina, Ernestina! ¡Estás perdiendo el maíz, los pájaros se lo están comiendo...!

Ernestina se da vuelta y ve los pájaros que revolotean sobre el camino, pero ni un grano de maíz. Entonces continúa su trayecto con el maíz perdiéndose por el agujero del barril.

Cuando Ernestina llega a su destino y abre el barril, ve que aún está lleno de granos de maíz hasta el mismo borde.

Uno puede pensar que es sólo una parábola para estimular a los mezquinos a dar, para conjurar su temor al vacío, y que el cuento es sólo una alegoría.

Y, sin embargo, respecto del amor, nunca me vacío cuando amo.

Es mentira que por dar demasiado me pueda quedar sin nada.

Es mentira que tenga que tener sobrantes de amor para poder amar.

Ernestina es cada uno de nosotros.

Y este maíz es lo que cada uno de nosotros puede amar.

La inagotable provisión de amor.

Esto es:

No nos vamos a quedar sin maíz para los pájaros si queremos llegar con maíz al granero.

Ni nos vamos a quedar sin maíz para nosotros si les damos a los pájaros.

No nos vamos a quedar sin posibilidad de amar a los otros si nos amamos a nosotros mismos.

En verdad, nosotros tenemos amor para dar inagotablemente y nuestro barril está siempre lleno, porque así funciona nuestro corazón, así funciona nuestro espíritu, así funciona la esencia de cada uno de nosotros.

Sea como fuere, saberme, liberarme y quererme, ¿no me deja al margen de la solidaridad?

Para mí, hay por lo menos dos tipos de solidaridad. Hay una solidaridad que yo llamo *de ida* y otra que llamo *de vuelta*. Porque estoy seguro de que hay dos maneras de querer ayudar al prójimo.

En la solidaridad de ida, lo que sucede es que veo al otro que no tiene, veo al otro que sufre, veo al otro que se lamenta, y entonces me pasa algo. Por ejemplo, me pasa que me doy cuenta que yo podría estar en su lugar y me identifico con él, y siento el miedo de que me pase lo que a él le está pasando. Entonces lo ayudo.

Me vuelvo solidario porque me da miedo que me pase a mí lo que le pasa a él. Esta ayuda está generada por el miedo que proviene de la identificación y actúa como una protección mágica que me corresponde por haber sido solidario. Es la solidaridad del conjuro. Una ayuda "desinteresada" que, en realidad, hago por mí. No para el otro.

Pariente cercana de esta solidaridad es la solidaridad culposa, aquella que se genera de la nefasta matriz de algunas ideas caritativas... Cuando veo al que sufre y padece, un horrible pensamiento se cruza por mi cabeza sin que pueda evitarlo: "Qué suerte que eres tú y no yo".

Y decido ayudar porque no soporto la autoacusación que deviene de este pensamiento.

Otra razón de ida es que yo crea en una suerte de ley de compensaciones. Se anda diciendo por ahí que, si te doy, en realidad me vuelve EL DOBLE...

Hay gente que sostiene con desparpajo que da porque así va a recibir. Es la solidaridad de inversión. Esto no quiere decir que no suceda, pero en todo caso es una razón de ida.

Existe también una solidaridad obediente, que parte de lo que mi mamá me enseñó: que tenía que compartir, que no tenía que ser egoísta y tenía que dar. Estoy satisfaciendo a mi mamá, o al cura de mi parroquia, o a la persona que me educó. Estoy haciéndole caso, no sé si me lo creo, pero así me enseñaron y así repito. Nunca me puse a pensar si esto es lo que quiero hacer. Sólo sé que hay que hacerlo, y entonces lo hago. Ésta es la solidaridad más ideológica, más ética y más moralista, pero de todas maneras es de ida.

Por último, existe una solidaridad que yo llamo la solidaridad de "hoy por ti mañana por mí"; la que piensa en la protección del futuro. Desde el imaginario futuro negro aseguro que si me toca, algún otro será solidario conmigo, cuando yo esté en el lugar del que padece.

Cualquiera que sea el caso, de conjuro, culposa, de inversión, de obediencia o de "hoy por ti, mañana por mí", toda esta solidaridad es de ida y, por supuesto, no tiene nada de altruista.

Pero hay un momento, un momento en el cual yo descubro el cuento de Ernestina.

¿Y qué descubro en el cuento de Ernestina?

Descubro que no hay peligro de quedarme en ese lugar, porque si doy no me quedo vacío, que yo no soy como aquellos que reciben lo que doy y que nunca lo seré, que no me siento culpable de tener lo que tengo y que no necesito más de lo que tengo y, por último, que lo que los otros dicen que debería hacer me tiene sin cuidado.

Y ahora yo sé que puedo elegir dar o no dar.

Entonces, conquisto el espacio donde todo esto no es más... importante.

Conquisto lo que yo llamo la autodependencia.

Y ahí descubro que mi valor no depende de la mirada del afuera.

Y me encuentro con los otros, no para mendigarles su aprobación, sino para recorrer juntos algún trecho del camino.

Y descubro el amor y, con él, el placer de compartir.

Acá es donde aparece la segunda posibilidad de ser solidario.

Acá me encuentro con alguien que sufre y descubro el placer de dar.

Y doy por el placer que me da *a mí* dar. Ésa es la solidaridad del camino de vuelta.

Un rey fue hasta su jardín y descubrió que sus árboles, arbustos y flores se estaban muriendo.

El Roble le dijo que se moría porque no podía ser tan alto como el Pino.

Volviéndose al Pino, lo halló caído porque no podía dar uvas como la Vid.

Y la Vid se moría porque no podía florecer como la Rosa.

La Rosa lloraba por no ser fuerte y sólida como el Roble.

Entonces encontró una planta, una Fresia, floreciendo y más fresca que nunca.

El rey preguntó:

—¿Cómo es que creces tan saludable en medio de este jardín mustio y umbrío?

La flor contestó:

—No lo sé. Quizá sea porque siempre supuse que cuando me plantaste, querías fresias. Si hubieras querido un Roble o una Rosa, los habrías plantado. En aquel momento me dije: Intentaré ser Fresia de la mejor manera que pueda.

Ahora es tu turno. Estás aquí para contribuir con tu fragancia. Simplemente mírate a ti mismo.

No hay posibilidad de que seas otra persona.

Puedes disfrutarlo y florecer regado con tu amor por ti, o puedes marchitarte en tu propia condena.

Equipamiento

La *discriminación* es el odioso punto de partida de este tramo del camino. Palabra grave y complicada si las hay, porque evoca desprecio, racismo, exclusión de los otros.

Sin embargo, no es éste el único sentido que tiene la palabra, no es éste el sentido en el que la uso; hablo de discriminación en cuanto a conciencia de otredad. Es decir, la capacidad de discriminarse o, si suena menos lesivo, distinguirse de los otros que no son yo.

Saber que hay una diferencia entre lo que llamo yo y el no-yo.

Que tú eres quien eres y yo soy quien soy.

Que somos una misma cosa, pero no somos la misma cosa.

Que no soy la misma cosa que tú, que soy otro.

Que no soy idéntico a ti y que tú no eres idéntico a mí.

Que somos diferentes. A veces muy diferentes.

Esto es lo que llamo conciencia de otredad o capacidad de autodiscriminarse.

Y debo empezar por allí, porque así empezó nuestra historia.

Nacimos creyendo que el universo era parte de nosotros, en plena relación simbiótica, sin tener la más mínima noción de límite entre lo interno y lo externo.

Durante esta "fusión" (como la llama Winnicott), mamá, la cuna, los juguetes, la pieza y el alimento no eran para nosotros más que una prolongación indisoluble de nuestro cuerpo.

Sin necesidad de que nadie nos lo enseñe directamente, dice el mismo Winnicott que la "capacidad innata de desarrollo y de maduración" con la que nacimos nos llevará a un profundo dolor (posiblemente el primero): el darnos cuenta, a la temprana edad de siete u ocho meses, que esa fusión era sólo ilusión. Mamá no aparecía con sólo desearlo, el seno buscado no se materializaba al pensarlo, el alimento no estaba siempre disponible.

Tuvimos que asumir en contra de nuestro deseo narcisista que entre todo y nosotros había una distancia, una barrera, un límite, materializado en lo que aprendimos después a llamar nuestra propia piel.

Aprendimos, sin quererlo, la diferencia entre el adentro y el afuera.

Aprendimos a diferenciar entre fantasía y realidad.

Aprendimos a esperar y, por supuesto, a tolerar la frustración.

Pasamos del vínculo indiscriminado e ilusoriamente omnipotente a la autodiscriminación y el proceso de individuación.

Una vez que puedo separarme comienzo progresivamente a construir lo que los técnicos llaman "mi identidad", "el self", "el yo".

Aprendo a no confundirme con el otro, a no creer que el otro siente o debe sentir necesariamente igual que yo, los demás no piensan ni deben pensar como yo. Que el otro no está en este mundo para satisfacer mis deseos ni para llenar mis expectativas.

Discriminado, confirmo definitivamente que yo soy yo y tú eres tú.

Justo entonces puedo avanzar en este tramo para tomar la dirección del autoconocimiento.

Y digo tomar la dirección, no conquistar. Porque saber que tú no eres yo y que yo no soy tú no alcanza para saber quién soy. La autodiscriminación es necesaria, pero no es suficiente.

ACCESO AL AUTOCONOCIMIENTO

El autoconocimiento consiste, sobre todo, en ocuparme de trabajar sobre mí para llegar a descubrir —más que construir— quién soy, tener claro cuáles son mis fortalezas y cuáles mis debilidades, qué es lo que me gusta y qué es lo que no me gusta, qué es lo que quiero y qué es lo que no quiero.

El "conócete a ti mismo" es uno de los planteamientos más clásicos y arquetípicos de los pensadores de todos los tiempos. El asunto —de por sí desafiante— es en verdad muy difícil, y está en el origen de una gran cantidad de planteamientos filosóficos, existenciales, morales, éticos, antropológicos, psicológicos, etcétera.

Tomar conciencia de quién soy es, para mí, el resultado de una desprejuiciada mirada activamente dirigida hacia dentro para poder reconocerme.

Este reconocimiento de quién soy adquiere aquí el sentido de saberse uno mismo, no el de las cosas que pienso o creo que soy.

Porque hay una diferencia importante entre creer y saber.

Pensemos. Si digo: "Yo creo que mañana vuelvo a Buenos Aires", necesariamente estoy admitiendo que pueden pasar cosas en el medio, que acaso algo me lo impida. Pero si digo: "Yo sé que mañana va a salir el sol", tengo certeza de que va a ser así. Aunque el día amanezca nublado, mañana va a salir el sol. Lo sé.

Siempre que digo "sé" estoy hablando de una convicción que no requiere prueba ni demostración.

Cuando digo "creo" apuesto con firmeza a eso que creo.

En cambio, cuando digo "sé", no hay apuesta.

Claro, uno puede saber y puede equivocarse, puede darse cuenta que no sabía, que creía que sabía y aseguraba que era así con la firmeza y la convicción para decir "sé" y descubrir más tarde el error cometido. No hay contradicción; cuando yo hablo de "saber" me refiero a esa convicción, no al acierto de la aseveración.

El autoconocimiento es la convicción de saber que uno es como es. Y como dije, esto implica mucho trabajo personal con uno mismo.

¿Cuánto? Depende de las personas, pero de todos modos, siempre estamos sabiéndonos un poco más.

A mí me llevó mucho tiempo y mucho trabajo empezar a saber quién era (debe ser por la gran superficie corporal para recorrer...). Otros lo hacen más rápido. Pero no es algo que se haga en una semana.

Hay que trabajar con uno.

Hay que observarse mucho.

Evidentemente, esto no quiere decir que haya que mirarse todo el tiempo, pero sí mirarse en soledad y en interacción, en el despertar de cada día y en el momento de cerrar los ojos cada noche, en los momentos más difíciles y en los más sencillos.

Mirar lo mejor y lo peor de mí mismo.

Mirarme cuando me miro y ver cómo soy a los ojos de otros que también me miran.

Mirarme en la relación con los demás y en la manera de relacionarme conmigo mismo.

Misteriosamente, para saber quién soy, hace falta poder escuchar.

Uno puede mirarse las manos, el dorso y el anverso; uno puede, con un poco de esfuerzo, mirarse los codos o los talones; algunos la planta del pie. Pero hay partes de uno que nos definen, como por ejemplo, la cara, que nunca podremos ver a ojo desnudo. Para verla necesitamos un espejo, y el espejo de lo que somos es el otro, el espejo es el vínculo con los demás. Cuanto más cercano y comprometido es el vínculo, más agudo, cruel y detallista el espejo.

Como alguna vez dije, el mejor espejo es tu pareja, el que te refleja con más claridad y más precisión.

Pero, más allá de tu pareja, hay miles y miles de espejos en los cuales te miras para saber quién eres. Estos espejos no deben configurar tu identidad, pero pueden ayudar a que tú completes tu imagen.

Si todo el mundo me dice que soy muy agresivo, yo no puedo

vivir gritando: "¡No, el agresivo eres tú!", sin siquiera preguntarme qué hay de cierto en este comentario.

No digo aceptar de entrada toda observación, venga de quien venga. Pero sí preguntarnos si aquello que nuestros amigos nos dicen no tiene algo de cierto, aunque no lo podamos percibir a simple vista.

Es muy gracioso cómo uno puede no escuchar lo que el otro dice.

Si todos me dicen que estoy muy gordo, será bueno considerar esta observación.

Para poder sabernos, es necesario mirarnos mucho y escuchar mucho lo que los otros ven en nosotros.

Y para poder escuchar, es decir, para que el otro pueda hablar, hace falta que uno se anime a mostrarse.

Así, transitar la senda del autoconocimiento implica que yo me anime a mostrarme tal como soy, sin esconderme, sin personajes, sin turbiedades, sin engaños, y que participe del feedback generado por haberte mostrado lo que soy.

Cuanto más te muestre de mí y más te escuche, más voy a saber de mí.

Y cuanto más sepa de mí, de mejores maneras voy a estar a cargo de mi persona

Y cuanto mejor esté a cargo de mi persona, menos dependiente seré del afuera.

"¿No es una contradicción? ¿Escuchando tanto no me vuelvo más dependiente?"

No, no es ninguna contradicción.

Es un aprendizaje del camino.

Nunca dependiendo de la palabra de los otros, pero siempre escuchándola.

Nunca obedeciendo el consejo de los demás, pero siempre teniéndolo en cuenta.

Nunca pendiente de la opinión del afuera, pero siempre registrándola con claridad.

Un hombre trabaja en el jardín de su casa.
Un joven pasa en moto y le grita:
—¡Cornuuuuudoooo!
El hombre gira lentamente la cabeza y ve alejarse al joven en su moto a toda velocidad.
Sigue con su trabajo y, a los cinco minutos, el mismo joven pasa en la moto y le grita:
—¡Cornuuuuudoooo!
El hombre levanta rápidamente la vista para ver alejarse, otra vez, la espalda del motociclista.
Menea la cabeza de lado a lado y, con la frente gacha, entra en la casa. Va hasta la cocina y encuentra a su esposa que está cortando unas verduras. Le pregunta:
—¿Tú andas en algo raro?
—¿A qué viene eso? —pregunta la esposa.
—No, lo que pasa es que hay un tipo que a cada rato pasa en una moto y me grita cornudo y entonces...
—¿Y tú le vas a prestar atención a lo que cualquier idiota desconocido te grite?
—Tienes razón, querida, discúlpame...
Le da un beso en la mejilla y vuelve al jardín.
A los diez minutos, pasa el de la moto y le grita:
—¡Cornudo y alcahueteeeeeee!

No hay caso. Hay que escuchar.
Para transitar el camino de la autodependencia, debo darme cuenta en esta etapa que con un solo espejo donde mirarme no alcanza; tengo que acostumbrarme a mirarme en todos los espejos que pueda encontrar.
Y es cierto que algunos espejos me muestran feo.

Un hombre camina por un sendero y encuentra al costado, sobre la hierba, un espejo abandonado.
Lo levanta, lo mira y dice:
"Qué horrible, con razón lo tiraron."

El primer paso en el camino del crecimiento es volverse un valiente conocedor de uno mismo. Un conocedor de lo peor y lo mejor de mí.

Cuando hablo de esto, mucha gente me pregunta si ocuparse tanto tiempo de conocerse no es demasiado individualista.

Yo creo que no, aunque confieso que mi desacuerdo se dirige más a la palabra "demasiado" que a la palabra "individualista". Porque individualista sí soy, y además no me avergüenzo.

Por mi parte, estoy convencido de que solamente si me conozco voy a poder transitar el espacio de aportarte a ti lo mejor que tengo.

Solamente conociéndome puedo pensar en ti.

Creo que es imposible que yo me ocupe de conocerte a ti antes de ocuparme de mí.

Es innegable que yo voy a poder ayudar más cuanto más sepa de mí, cuanto más camino tenga recorrido, cuanta más experiencia tenga, cuantas más veces me haya pasado lo que hoy te pasa.

Por supuesto, hay miles de historias derivadas de personas que han ayudado a otra gente sin ningún conocimiento, con absoluta ignorancia y portando como única herramienta el corazón abierto entre las manos. Son los héroes de lo cotidiano.

Es verdad. No todo es la cabeza, no todo es el conocimiento que se tiene de las cosas. Saberme no es imprescindible para poder ayudar, sin embargo, suma.

Y yo sigo apostando a sumar.

Sigo creyendo que es muy difícil dar lo que no se tiene.

DARSE CUENTA

Mi idea del autoconocimiento empieza por recordar que:

- No es que uno tenga un cuerpo, sino que uno es un cuerpo.
- No es que uno tenga emociones, sino que uno es las emociones que siente.
- No es que uno tenga una manera de pensar, sino que uno es su manera de pensar.

En definitiva, que cada uno de nosotros es sus pensamientos, sus sentimientos, su propio cuerpo y es, al mismo tiempo, algo más: su esencia.

Cada uno de nosotros debe saber que es todo aquello que la alegoría del carruaje nos ayuda a integrar.

Si pretendo saberme, debo empezar por mirarme con una mirada ingenua.

Sin prejuicios, sin partir desde ningún concepto preconcebido de cómo debería ser yo.

Nunca podré saberme si me busco desde la mirada crítica.

Es bastante común y, digo yo, bastante siniestro, analizar nuestras acciones y pensamientos con frases del estilo:

"¡Qué tarado soy!"
"Tendría que haberme dado cuenta..."
"¿Cómo puedo ser tan estúpido?"
"¡Me quiero matar!"
Etcétera, etcétera.

Yo digo que si uno pudiera transformar eso en una actitud más aceptadora, más cuidadosa, si uno pudiera decir:

"Me equivoqué. La próxima vez puedo tratar de hacerlo mejor..."
"Quizá sea bueno tomar nota de esto..."

"Lo hice demasiado a la ligera, mi ansiedad a veces no me sirve..."
"De aquí en adelante voy a buscar otras alternativas..."

Entonces los cambios serían paradójicamente más posibles.
Nadie hace un cambio desde la exigencia.
Nadie se modifica de verdad por el miedo.
Nadie crece desde la represión.
Qué bueno sería dejar de estar ahí, criticones y reprochadores...
Éste es el único camino porque, en realidad, yo voy a tener que estar conmigo por el resto de mi vida, me guste o no. Corta o larga, mucha o poca, es mi vida, y voy a tener que estar a mi lado.
La palabra amigo se deriva de la suma de tres monosílabos: *a-me-cum*.
Aquel que está al lado, conmigo.
Qué bueno sería enrolarnos en esa lista.
Ya que voy a estar conmigo para siempre, qué bueno sería, entonces, ponerme conscientemente de mi lado...
Ya que estoy conmigo desde el principio y nadie sabe más de mí que yo (nadie, ni siquiera mi terapeuta), qué bueno sería ser un buen amigo de mí mismo, estar al lado mío haciendo y pensando en lo mejor para mí.
Querer hacer de mí mismo algo diferente de lo que soy no es el camino de saberse, es el camino de cambiarse. Y te digo desde ya lo que alguna vez repetiré más extensamente: intentar cambiarse no construye, es el camino equivocado, es un desvío, es una pérdida del rumbo.
El camino de saberse empieza en aceptar que soy éste que soy, y trabajar partiendo de lo que voy descubriendo para ver qué voy a hacer conmigo, para ver cómo hago para ser mejor yo mismo, si es que me gusta ser mejor, pero sabiendo que está bien ser como soy, y en todo caso, estará mejor si puedo asistir a ese cambio.
A veces el cambio es explorar una ruta que nadie antes ha recorrido.

Permítanme poner como ejemplo mi propia experiencia en un área quizá poco trascendente, pero que me servirá como ejemplo:

En mi propio camino de autoconocimiento me di cuenta que la gente se enojaba conmigo cuando yo no sabía contestar a la simple pregunta: "¿A qué te dedicas?".

No me sentía cómodo diciendo médico, ni psiquiatra, ni psicoanalista, ni psicoterapeuta. Así que descartaba todos esos calificativos.

Si bien tengo título de médico, un médico es alguien que cura a la gente, y hace mucho comprendí que, por lo menos yo, nunca curé a nadie (cuando mucho, alguien se curó a sí mismo al lado mío).

Psiquiatra ya no soy, porque un médico psiquiatra es alguien que se dedica a trabajar con enfermedades psiquiátricas, y si bien me entrené en la especialidad y trabajé durante más de diez años en hospitales e instituciones psiquiátricas como médico de planta, hace mucho tiempo que ya no lo hago.

Psicoanalista nunca llegué a ser porque en ningún momento apoyé mi trabajo en esa escuela: el psicoanálisis.

Psicoterapeuta podría ser, pero tampoco me dedico a hacer todo el tiempo psicoterapia, y encima la palabra terapeuta se refiere a la atención de los enfermos y yo trabajo más tiempo con pacientes sanos que con enfermos que sufren.

¿Qué hacer?

Mirar. Mirarme. Darme cuenta que aquello que yo sabía de mí no se correspondía con ninguna profesión que yo conociera y aceptar que no podía definir mi trabajo con alguna de las palabras mencionadas que los demás se ocupaban de colgar de mí. Pero escuchaba su reclamo y su necesidad de saber a qué me dedicaba.

Esta demanda me ayudó a saber que también yo necesitaba definirme.

Ya me había discriminado, no era lo que los demás eran, pero ¿qué era?

Así que tuve que buscar una nueva manera de definirme.

Y la encontré: *ayudador profesional*.

Lo de *ayudador* por la ayuda, y lo de *profesional* porque estoy entrenado para el trabajo y cobro por hacerlo. No tiene que ver con ninguna otra cosa, no es porque "profese" alguna doctrina, sino porque, dicho en buen romance, de eso vivo.

Algunos colegas critican mi definición porque opinan que la palabra *ayudador* no suena muy formal (ellos también se discriminan de mí, ¡bravo!), y la verdad es que no es una opinión tan errada, sobre todo en la medida en que yo me ocupo arduamente de no ser formal.

Por otra parte, aunque a la gente no le guste, a mí me parece hermosa la palabra *ayudador*, creo que tiene mucho que ver con mi postura sobre el sentido de trabajar en salud mental.

El modelo gestáltico de terapia fue inventado por Fritz Perls.

Al principio de su carrera, Perls empezó diciendo que él no podía curar a los pacientes y que, en lugar de la curación, él solamente podía ofrecerles el amor, que todo lo demás lo tenían que hacer solos. Más adelante les dijo que lo único que podía darles era herramientas, algunos recursos para que ellos se curaran a sí mismos.

En los últimos años de Esalem, cuando los pacientes lo iban a ver, Fritz les decía:

> Yo no tengo los recursos, y no tengo más amor para darte, no puedo darte ninguna cosa que no sepas, ni quiero hacerme responsable de tu sanación, lo único que puedo ofrecerte es un lugar donde tú, solo, vayas aprendiendo a ayudarte.

Esta idea me parece muy importante y muy fuerte, porque a partir de allí, el vínculo que se establece entre el profesional y el paciente es nada más (y nada menos) que una herramienta para que éste se ayude a sí mismo.

A esto me refiero cuando digo que soy *ayudador profesional*.

Mi profesión consiste en ofrecer ayuda a otros a partir de haber leído algunas cosas que ellos no han leído ni experimentado. Esto es en realidad lo único que hago, ayudar a que te cures, a que crezcas, a que madures, a que te mires. Esto no es ni mucho ni poco, no lo digo con vanidad ni con modestia, lo digo porque de verdad creo que es así.

A partir de esto que digo, a veces se me pregunta si puede considerarse terapéutico hablar sobre los problemas de uno con un amigo.

Yo creo que sí. Estoy seguro de que una charla con un buen amigo puede ser muy terapéutica. En todo caso, lo triste es pensar que a veces alguien pueda llegar a un consultorio terapéutico porque no tiene amigos.

¿Quiere decir que los terapeutas no hacen falta?

No, en muchos casos, el lugar del psicoterapeuta no puede ser remplazado por un amigo, así como los amigos cumplen funciones que no pueden ser remplazadas por un terapeuta.

Y esta especificidad no tiene nada que ver con la supuesta objetividad del terapeuta, nadie es objetivo. No se engañen ni se dejen engañar. Para tener una visión objetiva tendríamos que ser un objeto. Si uno es un sujeto está condenado a dar solamente su propia visión subjetiva.

Por lo tanto, lo que un terapeuta, un ayudador, un psicólogo o un analista pueden dar es una mirada subjetiva desde el lugar de terapeutas, y éste es un lugar diseñado en función del paciente para que él aprenda a ayudarse o a curarse a sí mismo.

Más que esto, me parece que nadie puede hacer.

Así fue como el hecho de poder escuchar el fastidio ajeno y registrar mi propia incomodidad me condujo a un lugar confortable de acompañarme a mí mismo. Lo poco académica que suena la palabra *ayudador* es justamente el punto: tiene mucho que ver conmigo y con mi manera poco académica de pensar estas cosas.

Para hacer lo que hoy hago, el haber estudiado medicina o el ser psiquiatra es casi un hecho accidental. Ciertas cosas que yo aprendí estudiando medicina y algunas de las que aprendí siendo psiquiatra me han servido de mucho, y otras no tanto. Muchas cosas las aprendí caminando por la calle, vendiendo calcetines en una estación de tren, estudiando teatro o disfrazándome de payaso para los niños internados en el Instituto del Quemado.

En el camino profesional aprendí (como todos) más de mis pacientes que de mis colegas.

Aprendí a no desechar ninguna posibilidad de explorar mi interior, menos aún la que me brindaron los infinitos espejos de las miradas de los demás.

Es decir, creo que cualquiera de nosotros debería poner al servicio de lo que hace todo lo que tiene, y de eso se trata este tramo del camino. De poner a disposición todos los recursos con los que cada uno cuenta.

Si es un recurso mío haber sido médico alguna vez, me parece que debería utilizar este recurso; si es un recurso mío haber estudiado teatro algún día para poder hacer esta cosa histriónica de contar un cuento, sería bueno que yo lo usara; si es un recurso mío haber viajado por algunas provincias del interior, haber hecho campamento o haber vivido en algún momento en un kibbutz, seguramente es bueno para mí utilizar estos recursos para poder transmitir lo que he aprendido.

No hay que desechar lo aprendido por no estar conformes hoy con la situación vinculada a ese aprendizaje. Por ejemplo, si adquiriste tu capacidad de convencer a otros cuando eras vendedor, y hoy no trabajas como vendedor, la capacidad adquirida la puedes usar para otras cosas que hoy te interesen, más allá de ser o no vendedor. Por ejemplo, para conseguir que tus alumnos comprendan mejor el difícil asunto de la materia que estás explicando.

Es increíble cómo muchas personas reniegan de algunos recursos que tienen porque están enojadas con el tiempo, la circunstancia o el lugar donde los aprendieron. Simplemente no quieren utilizarlos. Si aprendieron a jugar al tenis con Fulana, y ahora están peleados con Fulana, entonces no juegan más al tenis.

¡Qué ridículo!

En cuanto a las parejas ocurre lo mismo. Pirulo se separa en una situación conflictiva, entonces resulta que todo lo que aprendió y consiguió en esa relación de pareja ahora lo abandona, quiere deshacerse de ello como si por haberlo aprendido en esa situación ahora ya no le pudiera servir. Estas personas no se dan cuenta que los recursos internos son justamente eso, internos, y, por ende, le pertenecen a cada uno.

Un señor va a visitar a un sabio y le dice:

—Quiero que me enseñes tu sabiduría porque deseo ser sabio; quiero poder tomar la decisión adecuada en cada momento. ¿Cómo hago para saber cuál es la respuesta indicada en cada situación?

Entonces, el sabio le dice:

—En lugar de contestarte te voy a hacer una pregunta: Por una chimenea salen dos señores, uno de ellos con la cara tiznada y el otro con la cara limpia, ¿cuál de los dos se lava la cara?

—Bueno, eso es obvio —dice el hombre—, se lava la cara el que la tiene sucia.

Y el sabio le contesta:

—No siempre lo obvio es la respuesta indicada. Anda y piensa.

El hombre se va, piensa durante quince días y regresa contento para decirle al sabio:

—¡Qué estúpido fui! Ya me di cuenta: el que se lava es el que tiene la cara limpia. Porque el que tiene la cara limpia ve que el otro tiene la cara sucia y entonces piensa que él mismo también la tiene sucia. Por eso se lava. En cambio, el que tiene la cara sucia ve que el otro tiene la cara limpia y piensa que la de él también debe estar limpia. Por eso no se lava.

—Muy bien —agrega el sabio—, pero no siempre la inteligencia y la lógica pueden darte una respuesta sensata para una situación. Anda y piensa.

El hombre regresa a su casa a pensar. Pasados quince días vuelve y le dice al sabio:

—¡Ya sé! Los dos se lavan la cara. El que tiene la cara limpia, al ver que el otro la tiene sucia, cree que la suya también está sucia y por eso se lava. Y el que tiene la cara sucia, al ver que el otro se lava la cara piensa que él también la tiene sucia y entonces también se la lava.

El sabio hace una pausa y luego añade:

—No siempre la analogía y la similitud te sirven para llegar a la respuesta correcta.

—No entiendo —dice el hombre.

El sabio lo mira atentamente y le dice:

—¿Cómo puede ser que dos hombres bajen por una chimenea, uno salga con la cara sucia y el otro con la cara limpia?

La mayor parte de las veces, para encontrar la respuesta correcta lo único que hace falta es el sentido común.

Y es el sentido común el que, sin lugar a dudas, nos grita desde nuestro yo interno más sabio: ¡utiliza todo lo que tienes para redoblar tu posibilidad de llegar a donde quieres!

A todo esto que tenemos lo llamo recursos.

Así como el curso de un río es el lecho por el que el río corre, el curso de una vida es el camino por el que esa vida transcurre. Desde este punto de vista, toda herramienta que permite retomar el curso, recuperar el rumbo, rencontrar el camino o encontrar nuevas salidas ante las situaciones a resolver, es un recurso. En nuestra vida nos encontramos con obstáculos que nos impiden el paso. Si uno quiere seguir avanzando va a tener que despejar el camino para continuar por él o encontrar otro curso para seguir. Es interesante asociar el término *recurso* con el verbo *recurrir*, porque de verdad es una asociación que mucha gente no puede hacer fácilmente.

Un recurso es un elemento interno o externo al cual nosotros recurrimos, es tomar de nuestra reserva la herramienta guardada para lograr un fin determinado, que puede ser disfrutar algo, salvar una dificultad, traspasar un obstáculo, encarar una situación, solucionar un problema.

> UN RECURSO ES TODA HERRAMIENTA DE LA CUAL UNO ES
> CAPAZ DE VALERSE PARA HACER OTRA COSA; PARA
> ENFRENTAR, ALLANAR O RESOLVER LAS CONTINGENCIAS
> QUE SE NOS PUEDAN PRESENTAR.

En cierto modo, la mayoría de las herramientas nos vienen dadas, están disponibles, sin embargo, algunas otras hay que fabricarlas.

Una de las diferencias entre los animales superiores y el hombre es la capacidad excluyente de éste para fabricar algunas herramientas utilizando otras herramientas. Un mono puede agarrar un palo para cazar algunas hormigas, una paloma puede valerse de ramas para hacer un nido, pero lo que ningún animal puede hacer es fabricar una herramienta a partir de otra.

Hay muchos tipos de herramientas:

Algunas sirven para muchos fines y otras son muy específicas.

Algunas son simples y rudimentarias y otras extremadamente sofisticadas y difíciles de describir.

Algunas están siempre disponibles y otras hay que salir a conseguirlas.

Hay, por fin, algunas herramientas que se pueden usar intuitivamente desde la primera vez que uno las descubre; sin embargo, hay otras que habrá que aprender a utilizarlas.

Yo puedo tener una herramienta, pero si no sé usarla no me sirve. ¿Cómo podría servirme de una sierra eléctrica si no sé cómo se prende, cómo se usa, cómo se manipula? Lo más probable es que me lastime, que en lugar de hacer una cosa en mi beneficio haga algo que me perjudique.

Estas herramientas pertenecen a dos grandes grupos: recursos externos y recursos internos.

Ya hemos visto que desde muy pequeños hemos sido forzados a aprender qué es adentro y qué es afuera. No obstante, la mayoría de los pacientes que visita un consultorio terapéutico sobrevive a un cierto grado de falta de conciencia en este punto. Y la consecuencia es nefasta. Se viven como propios algunos hechos y situaciones que en realidad son externos, o más frecuentemente, ven colocado afuera algo que en realidad está sucediendo adentro.

Por ello, es necesario hacer esta aclaración:

A todos aquellos recursos que están de la piel para adentro los llamaré *internos*, y a todos los que están de la piel para afuera, *externos*.

RECURSOS EXTERNOS

Los recursos externos son aquellas cosas, instituciones y personas que, desde afuera, me pueden ayudar a retomar el camino perdido.

La casa que habito, mi trabajo, el auto, el dinero de mi cuenta bancaria, son las cosas que forman parte de mis recursos externos. Si nosotros no contáramos con estos recursos no podríamos solucionar muchas cosas. Ante un problema, por ejemplo, tenemos que hacer un gasto porque falló la instalación eléctrica, ¿qué hacemos? Nuestros ahorros, nuestras reservas, son el recurso que utilizamos para resolver este problema.

En cuanto a las instituciones, aunque yo no me atienda en el hospital que hay a cinco cuadras de mi casa, ese hospital es un recurso; la obra social a la cual pertenezco es un recurso, la use o no, puedo valerme de ella. Otro tanto pasará con la facultad donde estudié, la biblioteca de mi barrio o la delegación de mi zona.

Volviendo al ejemplo del gasto imprevisto, si mis ahorros no alcanzan (o no existen) puedo ir al banco más cercano a pedir un crédito.

También las personas pueden ser recursos. Nuestros amigos, maestros y familiares son algunas de las personas a las que solemos recurrir. Quizá alguno de ellos pueda prestarme el dinero si el banco me lo niega. Y quizá más todavía, mi amigo Alfredo, que es tan habilidoso, me quiera dar una mano para hacerlo.

Un ejercicio interesante puede ser anotar en una hoja los recursos externos que tengo y, sobre todo, quiénes son las personas de mi mundo con las que cuento y para qué cuento.

Con algunas personas cuento para divertirme, con otras para charlar, para que me den un abrazo cuando lo necesito, para que me presten dinero, para que me cobijen o me protejan o para que me den un buen consejo económico. En fin, esto es infinito. Les sugiero que investiguen con quiénes cuentan y para qué en cada caso.

Como es un ejercicio de uno para con uno, no hay necesidad de mentir. Al hacer esta lista es probable que nos llevemos algunas sorpresas. Por ejemplo, que una persona figure muchas veces; que alguien que a priori uno pensaba que no iba a figurar, figure tercero; que otro que uno había pensado que seguramente figuraría, no figure ni último...

A veces es necesario tener el valor de pedir ayuda a alguien que representa un recurso externo. Una situación sin resolverse queda flotando, y una cantidad de nuestra energía quedará atrapada en esa situación y no se podrá seguir adelante.

Hay que aprender a pedir ayuda sin depender y hay que aprender a recibir ayuda sin creer que uno está dependiendo.

Cuidado...

RECURSOS INTERNOS

En el fondo de mi casa hay un cuarto de herramientas. Tengo allí todas las herramientas que podría necesitar para las tareas con las que me enfrento a diario.

¡Es increíble! Hubo una época de mi vida en la que todavía no había descubierto la existencia de este cuarto del fondo. Yo creía que en mi casa simplemente no había un lugar para las herramientas. Cada vez que necesitaba hacer algo tenía que pedir ayuda a alguien o pedir prestada la herramienta necesaria. Me acuerdo perfectamente el día del descubrimiento: yo venía pensando que debía tener siempre a mano las herramientas que más usaba y estaba dispuesto a adquirirlas, pero me quedé pensando que antes debía encontrarles un lugar en mi casa para poder guardarlas. Recordaba con nostalgia el cuartito de madera del fondo de la casa de mi abuelo Mauricio y tenía muy presente mi inquietud de aquel día en que llegué a casa con MI primera herramienta. Me desesperaba pensar que se me podía perder si no le encontraba un lugar. Al final, por supuesto, la había apoyado en un estante cualquiera y todavía recuerdo en los puños la rabia de no encontrarla cuando la necesitaba y tener que ir a buscarla a las casas de otros como si no la tuviera.

Así fue que salí al fondo pensando en construir un cuartito pequeño en el rincón izquierdo del jardín. Qué sorpresa fue encontrarme allí mismo, en el lugar donde yo creía que debía estar mi cuarto de herramientas, con una construcción bastante más grande que la que yo pensaba construir. Un cuarto que después descubrí, estaba lleno de herramientas.

Ese cuarto del fondo siempre había estado en ese lugar y, de hecho, sin saber cómo, mis herramientas perdidas estaban ahí perfectamente ordenadas al lado de otras extrañas que ni siquiera sabía para qué servían y algunas más que había visto usar a otros pero que nunca había aprendido a manejar.

No sabía todavía lo que fui descubriendo con el tiempo, que en mi cuarto del fondo están TODAS las herramientas, que todas están diseñadas como por arte de magia para el tamaño de mis manos y que todas las casas tienen un cuarto similar.

Claro, nadie puede saber que cuenta con este recurso si ni siquiera se enteró de que tiene el cuartito; nadie puede usar efectivamente las herramientas más sofisticadas si nunca se dio el tiempo para aprender a manejarlas; nadie puede saberse afortunado por este regalo mágico si prefiere vivir pidiéndole al vecino sus herramientas o disfruta de llorar lo que dice que a su casa le falta.

Desde el día del descubrimiento no he dejado de pedir ayuda cada vez que la necesité, pero la ayuda recibida siempre terminó siendo el medio necesario para que, más tarde o más temprano, me sorprendiera encontrando en el fondo mi propia herramienta y aprendiera del otro a usarla con habilidad.

Los recursos internos son herramientas comunes a todos, no hay nadie que no los tenga.

Uno puede saber o no saber que los tiene, uno puede haber aprendido a usarlos o no.

Podrás tener algunas herramientas en mejor estado que otros, que a su vez te aventajarán en otros recursos. Pero todos tenemos ese "cuartito de herramientas" repleto de recursos, suficientes, digo yo, si nos animamos a explorarlo...

La seducción, por ejemplo, es un recurso prioritario e importante, una herramienta que mucha gente cree que no tiene. Y yo digo: "No buscó bien". En la relación con los otros, si uno no puede hacer uso de este recurso, de verdad, le va mal. Alguien que no puede hacer uso ni siquiera mínimamente de su seducción, no sólo no puede conseguir una pareja, tampoco podrá lograr un crédito en un banco o un descuento en una compra.

Seducir no es "encandilar" a alguien, seducir tiene que ver con generar confianza, simpatía, con generar una corriente afectiva entre dos personas. Seducir tiene que ver con la afectividad de todas las relaciones interpersonales. Muchos piensan que la seducción es un don natural, y en parte es cierto, pero también es un don universal entrenable.

AUTOCONCIENCIA Y DARSE CUENTA

El camino del crecimiento personal empieza por el autoconocimiento, y éste por la autoconciencia, que es también el primero y el principal de los recursos internos.

Cuanto más hábil sea yo en el uso de esta herramienta, más rápido avanzaré por el camino y más efectivo será mi accionar.

Pero uno va aprendiendo que hay herramientas que se combinan, recursos que se suman y optimizan. El ser consciente de mí hay que relacionarlo con la capacidad de darse cuenta del afuera. Es decir, si yo no puedo darme cuenta de lo que está pasando, no puedo hacer ninguna evaluación, no puedo razonar, no puedo hacer ningún pronóstico, no puedo elaborar la acción que a mí me conviene realizar.

Cuentan que había un papá cuyo hijo era un poco tonto. Llama al hijo y le dice:
—¡Ven para acá! Quiero que vayas al almacén y te fijes si yo estoy ahí.
—Sí, papá —dice el niño.
El padre le comenta a su amigo:
—¿Te das cuenta? Es tan tonto que no ve que si estoy acá no puedo estar allá.
Entretanto, el niño se encuentra con un amiguito que le dice:
—¿A dónde vas?
—Voy hasta a la esquina. Mi papá me mandó a ver si él estaba ahí. ¡Es tan bobo mi papá! ¿Cómo me va a mandar a ver si está en la esquina?
Y el amiguito le dice:
—Claro, ¡podría haber hablado por teléfono!

ASERTIVIDAD

Después del darse cuenta de uno mismo, para mí el recurso más importante es la capacidad de defender el lugar que ocupo y la persona que soy, la fuerza que me permite no dejar de ser el que soy para complacer a otros. Me refiero a la capacidad que tiene cada uno de nosotros para afirmarse en sus decisiones, tener criterio propio y cuidar sus espacios de invasores y depredadores. En psicología se llama "asertiva" a aquella persona que, en una reunión, cuando todos están de acuerdo en una cosa, puede decir, siendo sincero y sin enojarse: "Yo no estoy de acuerdo".

No estoy hablando de ser terco, estoy hablando de mostrar y defender mis ideas. Estoy hablando, también, por extensión, de la capacidad para poner límites, de la valoración de la intuición y de la validez de la propia percepción de las cosas. Estoy hablando de no vivir temblando ante la fantasía de ser rechazado por aquellos con los cuales no acuerdo. Estoy hablando, finalmente, del valor de ser quien soy.

EMOCIONES

Para hablar de sentimientos vamos a tener que ponernos de acuerdo sobre su significación. Como su nombre lo indica, una emoción (e-moción) es un impulso a la acción. Cada respuesta afectiva es la antesala de la movilización de energía que necesito para ponerme en movimiento. Por eso los afectos son parte de los recursos internos, cuento con ellos para destrabarme.

¿Cuáles son estos recursos afectivos?

Todo aquello que soy capaz de sentir, todo, las llamadas buenas y las llamadas malas emociones, lo positivo y lo negativo (?), desde el amor hasta el odio, desde el rechazo hasta el deseo. Entran allí las escalas de valores, la voluntad, la atracción, la tristeza, los miedos, la culpa y, por supuesto, el propio amor del que hablamos.

Cuando yo estudiaba la Biblia con el rabino Mordejai Ederi, él solía llamarnos la atención sobre algunas aparentes contradicciones en el texto sagrado, esto es, pasajes en los cuales se decía una cosa y pasajes que más adelante parecían decir (o literalmente decían) otra distinta. Mordejai siempre aludía a que estas contradicciones estaban hechas a propósito para poder mostrar algo. Recuerdo que él citaba un pasaje bíblico que dice: "Sólo se puede amar aquello que se conoce" y otro que establece: "Sólo se puede conocer aquello que se ama" (y lo peor de todo es que ambos suenan lógicos y consistentes). La pregunta que Mordejai nos instaba a hacernos era obvia: ¿Cómo es, primero se conoce y después se ama o primero se ama y después se conoce?

Aprendimos de su mano que esta contradicción quizá esté allí para indicar que ambas cosas suceden al mismo tiempo, porque uno conoce y ama al mismo tiempo, y cuanto más conoce más ama y cuanto más ama más puede conocer. Dicho de otra manera, no puedo amar algo que no conozco y no puedo conocer algo que no amo.

El amor es, en sí mismo, un camino que habrá que recorrer de principio a fin, pero por ahora tan sólo quiero establecer la necesidad de saber que necesito de mi capacidad afectiva para darme cuenta del universo en el que vivo. ¿Cómo podría tener ganas de tomarme el trabajo y correr los riesgos de salir a conocer el mundo si no me sintiera capaz de amarlo?

Ya dijimos que un recurso es una herramienta interna que nos permite retomar el camino.

El amor es, entonces, una herramienta privilegiada para conectarme con el deseo de seguir el curso.

Las emociones se sienten más allá de que a uno le guste o no sentirlas, más allá de que quiera sentirlas con más o menos fuerza, más allá de la propia decisión. Sin embargo, si bien no puedo ser dueño de mis sentimientos, sí puedo ser dueño de lo que hago con mis sentimientos, adueñarme de ellos, y ese adueñarme responsablemente de lo que siento quizá sea la verdadera herramienta.

ACEPTACIÓN

Si uno va al diccionario, *conformar* quiere decir adaptarse a una nueva forma y también adoptar una cosa la forma de otra. Digo yo, entonces, que conformarse debe tener para nosotros también dos significados: uno fuerte y constructivo y otro oscuro y destructivo. La manera positiva del conformarse se llama aceptación y la manera negativa se llama resignación. Puedo conformarme aceptando las cosas como son, o puedo conformarme resignándome a que las cosas sean como son.

Cuando yo acepto, digo:

"Esto es así, cómo hago para seguir adelante con esta realidad."

En cambio, cuando me resigno, lo que hago es apretar los dientes y decir: "¡La puta que lo parió, es así y me la tengo que aguantar!".

Esta diferencia se basa en que el conformismo de la aceptación implica la serenidad de la ausencia de urgencias para el cambio, mientras que el conformismo de la resignación implica forzarse a quedarse anclado en la rabia, diciendo que me aguanto lo que sucede cuando en realidad sólo estoy agazapado esperando la situación y las condiciones para saltar sobre el hecho y cambiarlo, o postergando, la demostración de mi enojo.

Hay quienes creen que, en realidad, hay que conformarse de cualquier manera, aceptando o resignándose, y hay quienes creen —como yo— que la aceptación es un camino deseable y la resignación no lo es.

Seguramente hay cosas en la vida de cada uno, cosas que pasaron, que no podrían ser aceptadas jamás, y en esos casos sólo queda resignarse. Si alguien ha pasado por esos dolores inconmensurables como podría ser la muerte de un ser muy querido, ¿cómo podría, de verdad, aceptarse algo así? En este caso, como en un primer momento lo único que queda es resignarse, el conformismo de la resignación aparece como la única salida. Cuando lleguemos a *El camino de las lágrimas* será la hora de volver sobre este punto.

Podríamos quedarnos hablando sobre los recursos infinitamente; baste por ahora esta pequeña nómina de las herramientas que encontré en mi cuartito y en el de todos los que conocí:

RECURSOS INTERNOS

Autoconciencia
Capacidad de darse cuenta
Asertividad
Habilidades personales
Capacidad afectiva
Inteligencia
Principios morales

Fuerza de voluntad
Valor
Seducción
Habilidad manual
Histrionismo
Carisma
Mirada estética
Tenacidad
Capacidad de aprender
Creatividad
Percepción
Experiencia
Intuición
Planteamiento ético
Aceptación

Estas herramientas son nada más que unas pocas de las que están, te aseguro, guardadas en el cuarto que quizá nunca viste del fondo de tu casa. No importa que no las uses todos los días; no las saques, no renuncies a ellas, ni siquiera dejes de practicar con cada una de vez en cuando; ellas tienen que estar allí, quizá las necesites mañana.

Cada uno va a usar estas herramientas para lo que quiera. Las buenas herramientas no garantizan que el fin para el cual puedan ser utilizadas sea bueno.

Como sucede con todas las herramientas, no sólo hay que saber usarlas, sino que será necesario dirigir su uso. Esto es, uno puede utilizar los mismos recursos para cosas maravillosas o para cosas terribles. Si tengo un martillo, un serrucho, clavos, tornillos, maderas y metales, puedo utilizarlos para construir una casa o para fabricar un patíbulo.

El objetivo es personal; la herramienta da la posibilidad, pero la intencionalidad de quien la usa es lo que vale.

Decisión

Más adelante en el camino de la autodependencia tendremos que conquistar la *autonomía*, quizá el tramo más difícil de este recorrido.

¿A qué se referirá esta palabra que nos suena tan técnica y que generalmente asociamos con la política, la aeronavegación o los equipos directivos estratégicos de instituciones, pero nunca o casi nunca con personas comunes?

La palabra *autonomía* se compone de la suma de dos conceptos: auto-nomía. Empezando por el final, "nomía" deriva del griego *nómos*, que quiere decir ley, norma, costumbre, y de su extensión *nomia*: sistematización de las leyes, normas o conocimientos de una materia especificada (así, *astronomía* es la ciencia que sistematiza los conocimientos y las reglas que regulan el movimiento de los astros; *economía* la que sistematiza el saber relacionado al *ekos*: casa, lugar, entorno, etcétera). El comienzo de la palabra es nuestro ya conocido "auto", que significa: por uno mismo, de sí mismo.

Autónomo, etimológicamente, es aquel capaz de administrar, sistematizar y decidir sus propias normas, reglas y costumbres. Y si yo quiero ser autodependiente, primero voy a tener que animarme a ser autónomo, es decir, a establecer mis propias normas y a vivir de acuerdo con ellas.

Esto no necesariamente supone vivir bajo la ley de la selva, porque imponerse las propias normas no quiere decir que yo desconozca, descarte o desprecie las existentes en la sociedad. Mis normas pueden ser coincidentes con las de otros.[11]

De hecho, puedo revisar las normas ya existentes y encontrarlas muy adaptables a mí, en absoluta sintonía con lo que pienso y creo; y aun así es importante que goce de esta posibilidad de cuestionar, corregir y remplazar. Me parece que una parte del trabajo de vivir en sociedad es encontrarme rodeado de aquellos que en libertad eligen las mismas normas que yo.

Sostener normas coincidentes con las de la sociedad en la que vivo es una manera de asegurar una vida más serena y más feliz, porque es muy difícil ser feliz a contrapelo de todos los demás.

Cuentan de un hombre que en pleno centro de la ciudad de Buenos Aires conduce su automóvil en sentido contrario por la importante avenida Santa Fe.

Escucha por su radio un reporte de tránsito que dice: "Un automóvil se desplaza por la avenida Santa Fe en sentido contrario".

El hombre mira al frente y exclama:

"¡Un auto!", dice. "¡Ja! ¡Hay como mil! ¡Como mil...!"

Yo puedo fijarme mis propias normas y llegar a ser totalmente autodependiente, pero esto no quiere decir ignorar desafiante las leyes. En el peor de los casos significará el permiso de cuestionarlas.

Puedo imponer mis reglas a mi vida pero eso nada tiene que ver con imponerte mis normas a ti.

Hay una anécdota de la vida del doctor Fritz Perls que siempre me fascinó.

Fritz era ya un reconocido terapeuta en Estados Unidos. Un sábado en el centro de conferencias del Centro Evangelista de Big Sur, en

California, se organiza una conferencia entre cuatro representantes emblemáticos de las escuelas terapéuticas en Estados Unidos. Estaban allí convocados Rogers, Skinner, Wittaker y el propio Perls.

La cita era para las diez.

Un poco más tarde y pidiendo disculpas (como siempre) llega Fritz. Está vestido con su clásica chamarra beige arrugada (decía que no tenía mucho sentido sacarse la ropa cuando uno va a acostarse si piensa volver a ponérsela a la mañana siguiente), y un par de sandalias de cuero; lleva su larga barba de profeta desarreglada y el poco pelo despeinado por el viento. Los organizadores anuncian el comienzo de las ponencias y Carl Rogers empieza a hablar.

Muy interesado por lo que escucha, Fritz se apoya en el escritorio y automáticamente saca un papel de cigarrillo del bolsillo superior de la chamarra, se arma un cigarrillo, lo enciende y sigue atentamente la exposición mientras exhala grandes bocanadas de humo blanco.

De pronto, un hombre de la comunidad se acerca y le susurra:

—Disculpe, doctor Perls, éste es un templo y aquí no se permite fumar, perdone.

Fritz apaga el cigarrillo enseguida en una hoja de papel y dice:

—Perdone usted. Yo no lo sabía.

Unos minutos después, discretamente, Fritz sale en dirección al hall.

Rogers termina de hablar. Quinientos médicos y psicólogos aplauden sus palabras. Skinner empieza su presentación y el hombre de la comunidad se da cuenta que el doctor Perls no ha vuelto a entrar. Sale al hall a buscarlo; ya debe haber terminado su cigarrillo, pero no lo ve. Va a los baños y no lo encuentra. Sale a la calle pero el invitado ha desaparecido. Preocupado, llama a la casa del doctor para avisar de lo ocurrido.

Atiende el propio doctor Perls.

—Hola.

El hombre reconoce su típica ronca voz.

—Doctor Perls, ¿qué hace usted ahí?

—Yo vivo aquí —contesta Fritz.

—Pero usted debería estar aquí, no en su casa —argumenta el hombre un poco enardecido.

—Perdón, ¿no fue usted el que me dijo que allí no se puede fumar?
—Sí. ¿Y?
—Yo fumo. De hecho soy un fumador. Los lugares donde está prohibido fumar no son para mí.
—Bueno, doctor. Si para usted es tan importante...
—No. Yo soy incapaz de ir en contra de las reglas del lugar. No me parece justo.
—Tampoco es justo que la gente que quería escucharlo no lo escuche.
—Es verdad, pero ésa no es mi responsabilidad. Las personas que me invitaron debieron advertirme que yo no podría fumar, entonces les hubiera avisado que no contaran conmigo. Ahora no tiene remedio.

Y me parece ver en esta actitud un canto a la libertad individual, pero también un himno al respeto por las decisiones de los demás.

Porque si soy autónomo, no puedo elegir más que desde mi libertad, aunque muchas veces tenga que pagar un precio por ello.[12]

Parece que nuestro planteamiento se desplaza. Definida la autonomía, nos queda saber a qué vamos a llamar libertad.

Cuando uno empieza a pensar en este tema, la primera idea que aparece es casi siempre la misma:

Ser libre es poder hacer lo que uno quiere.

Y entonces, la pregunta que se dibuja es: ¿Existe realmente la libertad?

Porque sabemos que nadie puede hacer "todo" lo que quiere...

Nadie puede, por lo tanto, ser totalmente libre.

Si nos detenemos brevemente no podremos evitar llegar hasta esa horrible conclusión: que no podemos ser libres. Por lo menos no absolutamente libres.

Y nos consolaremos pensando que, por lo menos, podemos conquistar algunas libertades.

Por ejemplo, la libertad de pensamiento.

Acaso un poquito limitados por nuestra educación, y un poco más aún restringidos por las influencias de la publicidad, creo que podríamos acordar que tenemos la libertad absoluta de pensar lo que se nos venga en gana, sin restricciones, sin censuras, sin impedimentos.

Sin embargo, cuando nos preguntamos si somos libres, sinceramente, ¿nos referimos a esta idea de libertad? Parece ser que no. Porque al reducir el concepto de libertad al pensamiento, estaríamos omitiendo una serie de aspectos importantes que tiene que ver con lo fundamental de nuestra vida afortunadamente mucho más ligada a la acción que al pensamiento. Si algo me define en mi relación con el universo, esto es mucho más lo que hago que lo que pienso, y en el mejor de los casos, lo que hago con lo que pienso.

Llegados aquí, el asunto es el siguiente:

¿Para qué me sirve pensar libremente si no puedo actuar?

Conformarme sólo con la libertad de pensamiento conduce a no tener el espacio en el cual vivir mi vida. Sería como armar un mundo virtual de infinitos "como si" computados y programados. Un mundo de fantasía sin sorpresas con el propio intelecto como protagonista. Un "mundo feliz", como el de Huxley, absolutamente previsible y tedioso.

Una obra de teatro con infinitos ensayos pero nunca estrenada.

La libertad de pensar es muy importante, pero no ganamos nada si no somos capaces de hacer algo con lo que pensamos, si no podemos convertirla en acción, aunque sea una pequeña acción para nosotros mismos.

La acción, en cambio, puede cambiar nuestra inserción en el mundo, puede sorprendernos con lo imprevisto y, a su vez, terminar modificando lo que pensamos.

En una de mis charlas sobre este tema, una joven dijo: "Eso pasa mucho con la gente grande, están todo el tiempo pensando".

Y hay mucho de verdad en esta afirmación.

Yo no tengo nada en contra de pensar, sencillamente digo que la libertad de pensar, sola, no conduce a nada y no es una libertad de la cual uno se pueda ufanar.

Lo que importa del ejercicio de la libertad tiene que ver con la acción, con la libertad de hacer.

Al respecto, si confirmamos que *Nadie puede hacer Todo lo que Quiere*, debemos aceptar con resignación que la libertad absoluta no existe.

A partir de aquí, nos encontramos con tres alternativas:

Sostener que una libertad con limitaciones no es tal y que, por lo tanto, el concepto de libertad es una ficción inexistente. Admitir que la libertad absoluta no existe, pero que una libertad relativa, limitada, condicionada, no deja de ser libertad. O salir al encuentro de una nueva posibilidad.

Quisiera olvidar la primera alternativa lo antes posible, porque me cuesta admitir que la libertad sea una ficción. Sin embargo, es cierto que concibo la libertad deseada como un hecho binario, se es libre o no se lo es. No me parece razonable sostener la existencia de una "casi libertad". ¿Será así, como una tecla de luz: sí o no? ¿O será como la mayoría de la gente sostiene, que la libertad es un tema de grados? Es decir, que se puede ser más libre, más libre, más libre... y menos libre, menos libre, menos libre... ¿Cuatro grados de libertad, seis, ocho, veinticinco...? ¿Será un asunto de más y de menos, como un potenciómetro? ¿Se puede ser libre a medias?

Si no encontráramos otra salida, deberíamos contemplar la posibilidad de estar hablando de una de esas virtudes teologales teóricamente claras pero inalcanzables en la práctica.

Carlitos tiene catorce años y es el nuevo cadete, además de ser el sobrino predilecto de don Alberto, dueño y presidente del directorio de la gran empresa metalúrgica.

A las nueve de la mañana, mientras toma un café con leche en la oficina principal, Carlitos le dice al ejecutivo:

—Tío, como sabes, estoy yendo a la escuela a la noche; bueno, hoy tuvimos clase de lógica y la maestra explicó el concepto de teoría y práctica, pero yo me hice un lío bárbaro y al final no entendí nada. Ella dijo que si no entendíamos lo pensáramos sobre un ejemplo y a mí no se me ocurre nada. ¿Me darías un ejemplo para que yo lo entienda?

—Sí, Carlitos... A ver... Ve a la cocina y dile a María, la cocinera, que te diga la verdad, dile que hay un cliente de la empresa que se quiere acostar con ella y que nos ofrece cien mil dólares por una noche, pregúntale si ella se acostaría con el cliente a cambio de diez mil dólares...

—Pero tío...

—Anda, hijo, anda.

El muchacho hace la pregunta y la cocinera, una bonita morena de unos cuarenta, le dice:

—¡Diez mil dólares! Y... mira, la situación está tan difícil, mi marido trabaja tanto y los gastos son enormes. Así que... Sí, seguro que lo haría. Pero sólo para ayudarlo a él, ¿eh?

El muchacho vuelve y le cuenta a su tío con sorpresa:

—Dijo que sí, tío, la cocinera dijo que sí.

—Bueno, ahora ve hasta la recepción y habla con la rubia de minifalda y pídele que te diga la verdad; cuéntale que hay una fiesta para dos clientes del exterior que pagarían cien mil dólares si les conseguimos una rubia como ella por una noche, pregúntale si se iría a la cama con los dos por un cheque de diez mil.

—Pero tío, si Maribel tiene novio.

—Pregúntale de todas maneras.

Al rato el muchacho vuelve asombrado.

—Tío Alberto... dijo que sí...

—Muy bien, hijo. Presta atención: en "teoría" estamos en condiciones de hacernos de doscientos mil dólares. Sin embargo, en la "práctica" lo único que tenemos son dos putas trabajando en la empresa.

O bien la Libertad, así con mayúscula, es un mito teórico y, en la práctica no existe, o bien la libertad existe pero limitada a ciertas condiciones. El problema está en, que si definimos las limitaciones de esa libertad, otra vez aterrizamos en el punto indeseado: que la libertad no existe.

Y si la libertad no existiera, no existiría la autonomía. Y si la autonomía no existiera, no existiría la autodependencia.

Y si la autodependencia no existiera, y sabiendo que la independencia tampoco existe, no nos quedaría otra posibilidad que la dependencia.

Y entonces, entre otras cosas, habríamos llegado hasta aquí inútilmente.

¡Me niego!

Veamos ahora qué pasa cuando consideramos una libertad, con límites. ¿Límites impuestos por quién?

¿Quién decide "lo que se puede" y "lo que no se puede" hacer?

Las respuestas que comúnmente encuentro ante estas interrogantes se podrían reunir en dos hipótesis: las pautas sociales (que hacen responsable a la ley) y las pautas personales (más relacionadas con la moral cultural). En todo caso, en las charlas aparece siempre la clásica respuesta: "La libertad de uno termina donde empieza la libertad de los demás".

No hay muchas cosas que uno recuerde de la secundaria: el dúo de Vilcapugio y Ayohúma, el trío de musgos, algas y líquenes.

Y la frase mágica que todo lo explica: "La libertad de uno termina donde empieza la libertad de los demás".

Me parece encantador y nostálgico, pero creo que la libertad no funciona de este modo.

Mi libertad no termina donde empieza la libertad de nadie. Dicho sea de paso, éste es un falso recuerdo, porque la frase se refiere al derecho, no a la libertad.

Tu derecho no frena mi libertad, en todo caso legisla sobre las consecuencias de lo que yo decida hacer libremente. Quiero decir, la jurisprudencia y la ley informan sobre la pena por hacer lo que está prohibido, pero de ningún modo evitan que lo haga.

Si la libertad es hacer lo que uno quiere dentro de ciertos límites, y éstos los van a determinar los demás, la libertad personal termina dependiendo de lo que el otro me autorice a hacer. El concepto mismo de libertad se derrumba y se termina pareciendo demasiado a los tipos de dependencia de los que hablamos...

Si nos quedáramos con este planteamiento, estaríamos volviendo a la idea de la libertad decidida por los demás; y creo que es obvio que esta libertad se parece mucho a una esclavitud, aunque el amo sea gentil y comprensivo, aunque el amo sea impersonal y democrático, aunque el amo sea la sociedad toda y no un individuo.

Imaginemos juntos: un esclavo que pertenece a un amo muy bondadoso, un amo que lo autoriza a hacer casi todo lo que quiere; un amo, en fin, que le da muchísimos permisos, la mayoría de ellos negada a otros esclavos de otros amos, y aún más, muchos permisos que el mismo amo les niega a otros esclavos. Pregunto: este trato tan preferencial, ¿evita que llamemos a esto esclavitud? Obviamente la respuesta es NO.

Si son otros los que deciden qué puedo y qué no puedo hacer, por muy abierto y permisivo que sea mi dueño, no soy libre. Nos guste o no aceptarlo, somos libres de hacer cosas que vulneren las normas sociales; y la sociedad sólo puede castigar a posteriori o amenazar a priori sobre la consecuencia de elegir lo que las normas prohíben.

Así, nuestra única esperanza limitadora es dejar esta decisión en cada persona. Desde este lugar cada uno analizará lo que piensa, lo que quiere y lo que puede y decidirá después qué hace. Condicionado por estas pautas culturales, por la ética aprendida o por la moral acatada, a veces uno cree que "no puede" hacer algo que lastime al prójimo. Alguien podría acercarse más a la razón con el viejo dicho inglés que alguna vez me enseñaron Julio y Nora: "I could... but I shouldn't" (que más o menos se podría traducir así: Yo podría... pero no debería). Personalmente creo que hay que llegar más allá, y decir: Yo "puedo"... y si lo hiciera, esto diría algo de mí. Y más aún: si sabiendo que "puedo" hacer algo decidiera no hacerlo porque te daña, esto también diría algo sobre mí.

Otra creencia habitual es que la historia personal, el mandato interiorizado de nuestros padres, funciona como restricción a la libertad. Lo cierto es que seguramente es una dificultad, pero nunca una esclavitud. Porque puedo elegir aceptar, cuestionar o rechazar ese mandato, incluso puedo elegir trabajar para desacondicionarme de él.[13]

Tu historia forma parte de ti, no está fuera de ti; tu historia, aunque tú por supuesto no la elegiste y condiciona tu existencia, ahora eres tú.

Mi historia, la que hace que yo elija comer peras y no duraznos porque en mi casa se comían peras, y que condiciona mi elección, no impide que yo elija. Forma parte de mí, yo soy éste que ahora elige de esta manera, pero sigo siendo libre de elegir cualquier otra fruta. Mi condicionamiento consiste en mi tendencia a elegir siempre lo mismo, no en no poder elegir, que son cosas muy distintas.

Mi historia personal puede condicionar mi elección, pero no me quita la posibilidad de elegir.

En todo caso, si pudiendo elegir creyeras que no puedes hacer lo que quieres, no eres libre.

Sea como fuere, más allá de los demás y de mis propios condicionamientos, hay cosas que no podemos hacer. Podré salir desnudo a la calle, quizá pueda insultar a mi jefe en el banco, pero no importa lo libre que sea, no voy a poder salir volando por la ventana.

Esto implica aceptar que tenemos limitaciones concretas. ¿Es entonces la verdadera libertad una ilusión imposible de alcanzar? ¿Qué clase de libertad es una libertad condicionada siempre por algo?

Aquí estamos enredados en esta trama tejida por los que nos precedieron pensando este tema.

Hemos llegado al lugar deseado del comienzo del saber, hemos llegado a la confusión.

Me parece que para eso escribo, para confundir a todos, para transitar acompañado mis propias confusiones, para ver si de esa manera podemos llegar a algún lugar que nos sirva.

Creo firmemente que la única manera de hablar sobre temas filosóficos —y la libertad es un asunto filosófico, no psicológico— es confundiéndose.

Porque si tienes claro un concepto, y esa claridad depende de que nunca lo revisas, lo mejor que te puede pasar es que te lo empieces a cuestionar. Uno de nuestros recursos más importantes es la capacidad de entrar en confusión. Es lo único que puede dar lugar a nuevas verdades. Si uno no puede entrar en confusión respecto de los viejos sistemas de creencias, no puede descubrir nuevas cosas.

Descubrir nuevas cosas tiene que ver con explorar.

Explorar tiene que ver con sorprenderse.

Y sorprenderse implica confundirse.

Así que lo maravilloso de lo que nos pasa cuando pensamos: "¿Cómo puede ser, si yo pensaba esto y ahora no?", es que entramos en confusión.

Esta confusión sucede porque estamos en una APORÍA, como me enseña Alejandro, en un punto sin salida.

Otra vez Landrú acude en mi ayuda: "Cuando esté en un callejón sin salida, salga por donde entró".

Y todo el razonamiento que hicimos para sostener esta libertad, desde la partida, es en sí un razonamiento falso. Porque nuestra ardua tarea partió de una idea falsa, aunque en el medio hayamos pasado por conclusiones verdaderas.

El desvío proviene de confundir libertad con omnipotencia.

Porque la definición de la cual partimos ("la libertad es hacer lo que uno quiere") es la definición de omnipotencia, no de libertad.

Y no somos omnipotentes.

Nadie puede hacer todo lo que quiere.

Por mucho que yo quiera, aunque desee fervientemente que sin teñirme el pelo me crezca rubio, no sucede. ¿Por qué? Porque no está dentro de mis posibilidades. Pero no dejo de ser libre por eso. Del mismo modo, no puedo volar, no puedo evitar morir algún día, no puedo detener el tiempo, no puedo cientos de miles de cosas, y no dejo de ser libre por eso.

Además de las limitaciones que pueda tener nuestra cultura, instalar nuestra educación y determinar nuestra moral y nuestra ética, hay *limitaciones físicas* para poder hacer lo que uno desea.

Así, la libertad se define por la capacidad de elegir, pero las limitaciones que se debe imponer a esa capacidad no son aquellas condicionadas por los derechos del otro, sino por los hechos posibles.

¿Qué pasará con nosotros, cultura de humanos, sociedad del tercer milenio, que nos empeñamos en creer que ser libres es ser omnipotentes?

Poco más o poco menos, todos tenemos esta idea de libertad y entonces desde nuestra soberbia nos preguntamos: ¿Por qué no puedo hacer lo que yo quiero si soy libre?

Y cuando no podemos hacer todo lo que queremos... preferimos creer que no somos libres antes de aceptar que la definición es errónea, antes de aceptar que no somos omnipotentes.

Para no sofisticar tanto el tema, y para que no quede ninguna duda, utilizaré la fórmula de mi paciente Antonio que una tarde, al final de una sesión, irónicamente comentó: "Habrá que aceptarlo... ¡Hay cosas que NI YO puedo hacer!".

Repito: no somos omnipotentes porque hay cosas que obviamente no podemos hacer realidad, y no tienen nada que ver con las leyes de los hombres, con las normas vigentes, con las limitaciones impuestas, con la educación ni con la cultura.

De hecho, alguien puede dimensionar la idea de ser omnipotente, de hacer todo lo que quiere, de volverse Dios. Sin embargo, desde el punto de vista filosófico y racional, ni siquiera Dios podría ser omnipotente. ¿Por qué? Los argumentos formales acerca de que Dios podría terminar con el mal en el mundo y demás, para los teólogos forman parte del plan divino que uno no entiende. Es decir, Dios sí sería omnipotente porque elegiría no hacer esto por razones inaccesibles para nosotros. Pero hay un sofisma —un planteamiento lógicamente correcto, pero que llega a una conclusión irracional o que no puede demostrarse como posible— que siempre me atrajo.

El sofisma respecto de la imposibilidad de la omnipotencia es el siguiente:

- Planteamiento número uno: Dios existe.
- Planteamiento número dos: Dios es omnipotente.
- Planteamiento número tres: Si Dios es omnipotente puede hacer todo.
- Planteamiento número cuatro: Por lo tanto, puede hacer una piedrita chiquita, y puede hacer una piedra enorme, también. ¿Puede Dios hacer una piedra tan grande y tan pesada que no la pueda levantar nadie, ningún ser humano sobre la Tierra? También. Pero.... ¿puede hacer Dios una piedra tan grande y tan pesada que no la pueda levantar ni siquiera él mismo?

Ahora: si no pudiera hacerla, entonces no sería omnipotente; ya que habría una cosa que no podría hacer. Y si pudiera en efecto hacerla, entonces habría una piedra que él no podría levantar, con lo cual tampoco sería omnipotente.

Muy lejos de ser un Dios, hay infinitas cosas que yo sé que no puedo hacer. Aunque quisiera en este preciso momento cerrar los ojos, abrirlos y estar en Granada con Julia, no está dentro de lo que fácticamente puedo elegir, y no dejo de ser libre por no poder hacer eso. ¿Pero puedo yo elegir ahora bajar a la calle y en lugar de tomarme un taxi ir caminando aunque llueva torrencialmente? *Sí.* ¿Puedo yo bajar a la calle y esconderme en un callejón y golpear con un palo a la primera persona que pase? *Sí.* Hacerlo o no, depende de mí y no de mi limitación en los hechos. Es en ese terreno donde se juega la libertad, en las decisiones que tomo cuando elijo dentro de lo posible. Dicho de otra manera:

LA LIBERTAD CONSISTE EN MI CAPACIDAD PARA ELEGIR DENTRO DE LO FÁCTICAMENTE POSIBLE.

Esta definición implica que sólo se puede hablar de libertad bajo ciertas condiciones.

Primera condición: la elección debe ser posible en los hechos

¿Es posible hacer esto? (No pregunto si es deseable, si está mal, si el costo sería carísimo o si a los demás les gustaría. Ni siquiera pregunto qué pasaría si todos eligieran esto o si las consecuencias serían impredecibles. Pregunto: ¿es posible hacerse?) Lo fácticamente imposible es solamente aquello cuya imposibilidad depende de hechos concretos, cosas que no dependen de nosotros ni de nuestras opiniones ni de las opiniones de los otros.

Por ejemplo, pensemos en una situación determinada. Me he comprometido a llevar a tres amiguitos de mis hijos a sus casas. Son las 8:40 y tengo que repartir a todos antes de las 9:00. Uno vive en Mataderos, otro en Belgrano y el tercero en Avellaneda. ¡Imposible! ¡No depende de mí en este momento el no poder hacerlo!

No es un tema de libertades. Yo no puedo elegir que sean las 8:00 para poder llegar a tiempo ni puedo conseguir que el otro papá se equivoque y piense que llego a las 10:00 cuando quedé a las 9:00, tampoco tener un avión en la puerta en lugar de un auto, no puedo elegir que el otro no viva en Belgrano y viva en Caballito o que Avellaneda esté al lado de Flores.

En este ejemplo yo puedo elegir a quién dejo primero, puedo elegir quién va a llegar a tiempo y quién no, puedo elegir por qué camino voy, puedo elegir llamar o no por teléfono para avisar que voy a llegar más tarde. Todo eso depende de mí, pero dentro de lo que no está en mis posibilidades, allí no puedo elegir.

La libertad es tu capacidad de elegir algo que está dentro de tus posibilidades. Para saber cuáles son las posibilidades, necesitas lucidez para diferenciar qué es posible y qué no lo es.

Cuando planteo este tema en las charlas, una de las primeras respuestas es: "Cuando estoy enfermo o deprimido, no puedo elegir".

La depresión es una enfermedad de la voluntad, entonces hay cosas que verdaderamente un deprimido no puede hacer. Pero aunque no está dentro de sus posibilidades elegir, no deja de ser libre. Está enfermo, que es otra cosa. Y dentro de lo posible, el enfermo puede elegir hacer algo por su enfermedad o no, cosa que un enfermo terminal por ahí no puede hacer. Si es enfermo terminal no puede elegir no estar enfermo, porque estar enfermo o no estar enfermo no está dentro de las cosas que posiblemente uno pueda elegir.

Que yo tenga una ética que guía mi conducta no quiere decir que deje de ser libre, porque en realidad yo puedo seguir siendo libre y estar atado a mi ética, porque soy libre internamente, yo hago lo que quiero, sólo que algunas cosas no quiero hacerlas porque están en contra de mi moral.

Yo elijo de acuerdo a mi propia ética y a mi propia moral.

Pero, muchas veces, poner como condición para hacer tal o cual cosa el respeto por el otro, condicionar mi accionar para no dañarte u ofenderte, es muy parecido a decir: "Yo puedo hacer esto siempre y cuando a ti no te moleste...". ¿Dónde está la libertad?

Me dijo una señora: "Yo quiero esta libertad siempre y cuando el otro no sufra, porque mi libertad y mi forma de proceder pueden hacer sufrir mucho al otro".

¿Cómo es esto? ¿Y mi sufrimiento por no ser libre? Cuando yo digo que uno puede elegir hacer lo que quiere dentro de lo fácticamente posible, siempre aparece alguien que grita...

—¡Hay que respetar al prójimo!

Y yo pregunto: ¿Qué hay que respetar? ¿Por qué hay que respetar? Yo quiero saber esto.

Y el que gritó no lo dice, pero piensa:

—¡Tiene que respetar! ¡No puede hacer lo que quiere! ¡Aunque quiera y pueda hacerlo... No puede!

Los "¡No debe! ¡No puede! ¡Hay que respetar!" me llevan a preguntar: ¿Hay que respetar o soy yo el que elige?

Porque no es lo mismo "hay que respetar" que "yo elijo respetar".

Y, justamente, ésa es la diferencia entre sentirse y no sentirse libre: darme cuenta que, en verdad, soy yo el que está eligiendo.

Una de las fantasías más comunes es creer que la libertad se dirige a molestar a otro. Esta idea proviene de la educación que recibimos y hay que descartarla. Porque el hecho concreto de que yo sea libre de hacer daño a otro no quiere decir que esté dispuesto a hacerlo. Es más, que yo sea libre para dañar al otro es lo único que le da valor a que yo no lo dañe.

Lo que le da valor a mis actitudes amorosas es que yo podría no tenerlas.

Lo que le da valor a una donación es que podría no haber donado.

Lo que le da valor a que yo haya salido en defensa de una ideología es que podría no haberlo hecho, o haber salido en defensa de la ideología contraria.

Y por qué no, lo que le da valor a que yo esté con mi esposa es que, si quisiera, podría no estar con ella. Las cosas valen en la medida que uno pueda elegir, porque ¿qué mérito tiene que yo haga lo único que podría hacer? Esto no es meritorio, no implica ningún valor, ninguna responsabilidad.

En una charla pregunté qué cosas sentían que no podían hacer. Una señora de unos cincuenta años me contestó:

—Por ejemplo, no puedo irme hoy de mi casa y volver cuando se me ocurra.

—¿Qué te hace pensar que no puedes? ¿Qué es lo que te impide hacerlo? —le pregunté.

—Mi marido, mis hijos, mi responsabilidad... mi educación —me respondió.

Entonces le dije:

—Tú en este momento planteas una fantasía, la de abandonar todo, y si en realidad no lo haces, a pesar de que creas que no es así, es porque eliges no hacerlo. Quiero decir, porque eliges quedarte. Por si no queda claro: no te vas porque *no quieres*. Estás haciendo uso de tu libertad. Tú sabes que podrías elegir irte, pero no te vas; sin embargo nadie podría retenerte si hubieras elegido irte. Prefieres pensar que no puedes y te pierdes el premio mayor. Es justamente el ejercicio de la libertad lo que le confiere valor a cada decisión. Tu marido, tus hijos, tus nietos, la sociedad, las cosas por las cuales has luchado, claro que todo esto condiciona tu decisión, pero este condicionamiento no impide que tengas la posibilidad de elegir; porque otras mujeres con el mismo condicionamiento que el tuyo han elegido otra cosa. Recordemos la historia de *Amo a Shirley Valentine* (Willy Russell): la mujer que de pronto deja su casa para irse a pasear por el Egeo y se encuentra con Kostas, el marinero turco que le ofrece lo que en ese momento más busca.

Que uno haga lo que se espera de uno es también una elección, y tiene su mérito, nunca es un hecho automático. Que tú te resignes a algunas cosas como yo me resigno a otras es meritorio, porque es el producto de nuestra libre elección.

Nosotros podríamos haber elegido dejar de lado las cosas que tenemos y, sin embargo, elegimos quedarnos con estas cosas.

Éste es nuestro mérito, y merecemos un reconocimiento.

Segunda condición: las opciones deben ser dos o más

Para que haya elección debe existir más de una opción.

La cantidad de posibilidades está relacionada con mi capacidad y con el entorno en el que me muevo, pero no con la moral del entorno, sino con lo que es posible en el orden de lo real.

¿En qué situaciones existe sólo una posibilidad?

Una vez, en una de mis charlas, alguien puso el ejemplo de lo que ocurría durante la dictadura:

—No se podía salir a la calle a decir "me opongo".

—Sí se podía... por eso están los muertos —contestó una joven.

Y claro que puedes, y porque puedes es que hubo gente que murió por eso.

Y porque fue una decisión libre y porque otros no eligieron eso hace que haberlo elegido tenga el valor que tiene. Lo que importa saber es que aún en la dictadura uno sigue eligiendo, y hay que hacerse responsable de que uno decidió no jugarse la vida. No estoy haciendo un juicio ético. No estoy diciendo que habría que haberlo hecho. Estoy diciendo que cada uno eligió, con sus razones, y cada uno sabe qué piensa para sí.

Lo que realmente uno no puede elegir es el sentimiento. En ese sentido, no hay ninguna posibilidad de elegir y, sobre todo, es muy pernicioso tratar de hacerlo. Porque es muy perjudicial tratar de empujarnos a sentir cosas que no sentimos, o actuar como si las sintiéramos. Porque los sentimientos no se eligen, suceden.

En el resto de las situaciones, siempre podemos elegir. Porque aun en el caso extremo de que un señor me ponga un revólver en la cabeza y me diga: "Mátalo a él o te mato", aun en ese caso puedo elegir. Yo creo que todos podríamos justificar cualquiera de las dos elecciones. Si un señor me apunta y me dice: "Dame el dinero o te mato", está claro cuál sería la elección que cualquiera de nosotros tomaría. Y nadie juzga.

"Entre la vida y el dinero, seguramente el dinero... —diría mi abuelo. Después de todo, lo que importa es el dinero, porque la salud va y viene."

Toda vez que yo pueda decir sí o no, soy libre.

Cuando no tenga más remedio que decir sí, entonces no seré libre.

Cuando no tenga más remedio que decir no, entonces no seré libre. Pero mientras tenga opción, hay libertad.

¿Por qué?

Porque hay más de un camino, y entonces puedo elegir.

Alguien dirá, como siempre... ¿Y los condicionamientos? ¿Y los mandatos? ¿Y la educación? ¿Y la moral y las buenas costumbres? ¿Y las cosas aprendidas?

Todos estos factores, por supuesto, achicarán los caminos posibles, disminuirán las opciones, harán que en lugar de tener cien posibilidades tenga, por ejemplo, cuatro.

Es la sensación de libertad y no la libertad la que está condicionada por la cantidad de posibilidades que tengo. Cuantas más posibilidades de elección tengo, más libre me siento.

Esto se ve claramente en el tema del dinero.

¿Por qué existe en nosotros la idea de que el dinero da más libertad?

Porque aumenta algunas posibilidades. Entonces, al tener más posibilidades me siento más libre. A veces no tener dinero limita mis opciones a sólo dos, entonces muy libre no podré sentirme. Lo mismo para el ambiente social, lo mismo para la estructura familiar, lo mismo para el tipo de trabajo que hacemos.

El crecimiento conlleva un aumento de la sensación de libertad. Crecer significa aumentar el espacio que cada uno ocupa. En la medida que haya más espacio, habrá más posibilidades.

Yo no aumento mi libertad cuando crezco, pero aumento mis posibilidades y entonces me siento más libre.

Si en el espacio pequeño que ocupaba no existía más que una posibilidad y en el espacio mayor que ocupo al haber crecido aparece una posibilidad más, entonces al crecer empecé a ejercer la libertad de elegir.

Piénsenlo en las relaciones que tienen con otras personas. Los amigos que no son posesivos, que no me asfixian, me ayudan a sentirme más libre. Al contrario, con la pareja posesiva, que me ahoga, me siento menos libre, porque la relación me resta posibilidades.

Es decir, me siento más libre cuando tengo más posibilidades, y menos libre cuando tengo menos.

Tercera condición: la responsabilidad

Soy responsable por lo que elijo, justamente porque podría haber elegido otra cosa.

No puedo dejar de ser libre; por lo tanto, no puedo dejar de ser responsable de lo que elijo. No puedo dejar de ser responsable de mi propia vida.

El verbo "elegir" implica responsabilidad. Esto es:
—¿Por qué lo hiciste?
—Porque yo quise.

Responsabilidad no es obligación, es responder por lo que uno hizo.

Que otro me lo haya indicado o sugerido no quita que se trate de mi libertad de elegir y de mi decisión. Por eso la obediencia debida de los militares es una basura, una mentira. Porque alguien puede ordenarme lo que quiera, pero está en mí hacerlo o no. Y si lo hago me tengo que hacer —porque lo soy— responsable de lo que elegí.

La libertad no es liviana, a veces pesa. Porque si soy responsable, puedo llegar a sentirme culpable por lo que elegí, y puede pesarme tener que responder por esa elección.

Esto es interesante, porque hasta aquí la libertad de elegir era vivida como algo agradable y placentero, y ahora sentimos que si pudiéramos sacarnos de encima la posibilidad de elegir, delegarla, dejar que otro se hiciera cargo, nos sentiríamos muy aliviados o menos angustiados.

Querer o pretender que otro se haga cargo de nuestras elecciones es querer seguir siendo un niño chiquitito, para que otros elijan por nosotros.

¡Hay tanta gente que vive así! Vive muy incómoda, pero está convencida de que no tiene otra posibilidad porque no ha madurado en este sentido.

Digo que no van a poder escaparse de la idea de que son libres y, por lo tanto, responsables de todo lo que hacen. No hay manera de que se escapen.

No importa lo que crean, no importa lo que digan, no importa a quién le echen la culpa.

No importa que le echen la culpa a las leyes, al medio, al entorno, al condicionamiento, a la educación o a los mandatos.

Ustedes están eligiendo en cada momento su accionar. Y si no quieren aceptar esto es porque no quieren aceptar la responsabilidad que significa ser libres.

Es mi derecho y mi privilegio limitarme a mí. No eres tú el que me lo impide, no hay nada real que me lo impida; soy yo, que estoy haciendo una elección.

Las autolimitaciones son elecciones. Soy autónomo y me fijo mis propias normas y me digo: "esto no". En este caso no estoy dejando de ser libre, porque es mi elección. Tanto estoy eligiendo que si yo digo: "esto no", puedo decir mañana: "esto sí".

Si uno elige ser esclavo: ¿ahora es libre o es esclavo?

¿Se puede elegir no elegir?

Ésta es la vieja paradoja de la libertad.

Aristóteles decía: "Tengo una piedra en la mano, yo puedo elegir tener la piedra o tirarla, tengo esa elección; mientras yo tenga la piedra en la mano tengo las dos posibilidades; sin embargo, si yo tirara la piedra ahora ya no podría elegir tenerla o tirarla". Hay algunas elecciones que abren y otras elecciones que cierran.

Si uno elige ser esclavo y después puede elegir ser libre, entonces es libre, aunque sea esclavo. Si yo elijo esclavizarme a la voluntad y al deseo de alguien, sigo siendo libre, siempre y cuando yo pueda elegir cambiar esa esclavitud.

En la leyenda de Tristán e Isolda, Tristán toma por error un filtro de amor y queda perdidamente enamorado de Isolda. Entonces se vuelve su amante. El rey, que pensaba casarse con ella, se ve traicionado por Tristán y le dice: "¿Cómo pudiste hacerme esto a mí? Yo soy tu amigo y tú te acostaste con la mujer que iba a ser mi esposa". Y Tristán le responde: "¿A mí me preguntas? ¿Yo qué tengo que ver? Pregúntale a ella, que yo soy esclavo de mi corazón y ella es su dueña...".

En este caso, Tristán no eligió la traición, porque tomó del filtro del amor. En este mito no hay voluntad, entonces tampoco hay responsabilidad sobre las acciones (de hecho el rey, al escuchar esto, comprende, se compadece y lo perdona).

El problema es que en la vida real, que no es un mito, siempre somos responsables de lo que elegimos, porque no existen los filtros que nos hagan perder la voluntad.

Yo sostengo que ponerme una limitación es restringir mi capacidad de elegir, y ser libre es justamente abrir mi capacidad de elegir. Como ya dije, ser libre es elegir hacer, dentro de "lo que uno puede", que está limitado claramente por mi capacidad y condición física. Todo lo demás depende de mi elección. Yo acepto o no acepto con esto que soy. Con estos condicionamientos que son parte de mí. Con los mandatos, con los aprendizajes.

Con los condicionamientos culturales que he recibido, con las pautas sociales, con mi experiencia, con mis vivencias, con todas las cosas que finalmente han desembocado en que yo sea éste que soy.

Hoy, desde ser éste que soy, yo elijo. Soy yo el que decide.

La libertad es lo único que nos hace responsables.

En una vieja historia del pueblo judío —todos los pueblos tienen una—, la historia de Mazada, para no entregar la ciudad el pueblo entero se sacrifica hasta morir.

Entre las termitas hay un grupo que se dedica todo el tiempo a comer, como si fuera una ocupación; no hacen otra cosa. Y su trabajo es salir del hormiguero cuando éste es atacado por arañas o escarabajos. En ese momento las termitas sacrifican su vida y se dejan comer. Es decir, su función es retrasar a los escarabajos para que no lleguen al hormiguero.

Parece una actitud maravillosa, ¿hablaríamos de la valentía de estas hormigas? ¿Hablaríamos de su valor?

No, porque estas hormigas no pudieron elegir, tienen una conducta determinada genéticamente. En cambio, la gente de Mazada sí pudo elegir. El hecho concreto de haber podido elegir hace que uno pueda considerar heroica una conducta.

Es absolutamente indiscutible que cada uno de nosotros tiene la limitación de los hechos concretos, de lo que no puede hacer. Ahora faltará saber si nos vamos a animar a tomar conciencia de que no tenemos más limitaciones respecto del otro que las que cada uno decida. Es por eso que llamé "decisión" a esta etapa del viaje.

La idea de que puedo elegir solamente dentro de lo que el otro o los otros me dicen que puedo es una idea imbécil, una idea que hemos ido aprendiendo desde nuestro segundo año de vida hasta el último año de secundaria.

Esto muestra de qué manera nuestra educación nos ha conducido a ser imbéciles.

Yo he vivido toda mi vida, hasta no hace muchos años, con una imbecilidad moral poco capaz de ser empardada, y viviendo en función y atado a las historias de lo que se debía y de lo que no se debía, una imbecilidad moral tan importante y tan grande como para que yo me enterara de qué decisiones había tomado respecto de mi vida cuando ya estaba casado y tenía dos hijos.

La verdad es que nunca me había dado cuenta que estaba decidiendo; yo no estaba eligiendo, estaba haciendo lo que de alguna manera estaba pautado por mi cultura y mi educación.

Pero un día, a los treinta años, me di cuenta que en realidad no había elegido esto, y ese día tuve que elegir, porque no había más remedio.

Uno podía elegir quedarse con lo que tenía o no, porque eso era la libertad de elegir.

Esto debe haberle pasado también a mucha gente; no siempre en un momento así uno elige quedarse con lo que ha hecho. A veces uno elige que no, y entonces se enfrenta con los problemas serios de darse cuenta que gran parte de la vida que uno ha tenido ha sido producto de su imbecilidad, y empieza a darse cuenta que había recorrido caminos equivocados, y muchas veces eso es doloroso para uno y para los otros.

Sólo podremos dejar de ser imbéciles morales cuando recuperemos nuestra propia moral, cuando dejemos de creer que otros tienen que decidir o prohibir por nosotros.

Se trata de aumentar la capacidad de conciencia de cada uno para elegir lo que quiere prohibirse o permitirse. Se trata de educar a la gente para que tenga más posibilidades de elegir.

Se trata de no traer imbéciles morales al mundo, jóvenes que al no tener posibilidades para elegir terminan eligiendo la droga.

Hay que darse cuenta de que en este caso otros están eligiendo por ellos.

Hay que tratar de que los jóvenes se desimbecilicen, se vuelvan adultos, para que puedan decidir qué les conviene y qué no les conviene.

No se trata de prohibir la droga, se trata de aumentar su nivel de madurez para que no sean imbéciles, para que no se dejen arrastrar al negocio de unos pocos que manejan la droga para tratar de venderla.

No se engañen: a nadie le importa qué pasa con los jóvenes, con nuestros hijos. Lo que les importa es el dinero que se mueve alrededor de esto.

Repito: no se trata de prohibir la droga o las películas pornográficas, no se trata de prohibir la prostitución, se trata de generar cultura, información, madurez. Se trata de ayudar a los jóvenes a pensar.

Para ayudar a los jóvenes a pensar hay muchos caminos. Yo creo que el mejor camino es el de la libertad, el de mostrarles a nuestros hijos, a nuestros vecinos, a nuestros amigos, que la libertad se ejecuta todos los días cuando uno puede ser capaz de decir sí o no.

No quiero que olvidemos en nuestro razonamiento que existen por lo menos dos posturas filosóficas claramente enfrentadas que nos podrían condicionar a llegar a conclusiones diferentes: la de quienes piensan que si no hubiera sido por las leyes y las normas el hombre habría terminado por destruir al hombre definitivamente, y la de aquellos que dicen que si no hubiera sido por las leyes y las normas el hombre habría sido mucho más feliz, generoso y amable.

¿Cómo saber cuál es la postura correcta? Es muy difícil decidir sobre esto sin tomar previamente una postura ideológica. Es imposible saber si las leyes y la represión han contribuido al progreso de la humanidad al frenar el impulso destructivo supuestamente innato o, por el contrario, si es justamente el orden impuesto lo que llevó a la aniquilación de gran parte de la creatividad y la espontaneidad del ser humano, como creen los anarquistas.

Dicen las maestras, y algunas personas que asisten a mis charlas, que hacer lo que yo propongo no es libertad, sino libertinaje. ¡Libertinaje!

¡Un exceso de libertad! ¿Qué tal? ¿Qué es demasiada libertad? ¿Hacer demasiado lo que quiero o hacer lo que quiero demasiado?

La autonomía es posible únicamente para el individuo que decide convertirse en persona.

Es un gran trabajo y, por supuesto, muchas veces ni siquiera cuenta con el aplauso de los demás. Porque, como hemos ido viendo hasta aquí, la historia de creer que "los demás van a condicionar mi decisión", la historia de que "yo no puedo elegir en contra de lo que todos creen", que "yo tengo que atenerme a las normas que los demás me imponen", que "es imprescindible para mí hacer lo que todos dicen que hay que hacer", esta idea, es una idea imbecilizante. Es la contracara de la idea de la libertad de elegir.

La educación formal nos arrastra a una clara oscilación.

Por un lado, quiere convencernos de que "la libertad absoluta no existe" y, por el otro, intenta imponer que "la libertad consiste en hacer lo que se debe".

Y yo digo: ni una cosa ni la otra.

Ni la omnipotencia como punto de mira ni la obediencia debida.

LA LIBERTAD CONSISTE EN SER CAPAZ DE ELEGIR ENTRE LO QUE ES POSIBLE PARA MÍ Y HACERME RESPONSABLE DE MI ELECCIÓN.

Elegir significará, entonces, hacer mi camino para, egoístamente, llegar como en la poesía de Lima Quintana a la cima de la montaña que yo decida escalar.

Y éste será mi desafío.

El mío, el que yo elija.
Porque la cima... la cima la elegí yo.
Nadie eligió esta cima por mí.

Había una vez un carpintero que se especializaba en el armado de casas. Trabajaba para un empresario que le proporcionaba los paneles premoldeados; él los ensamblaba, remachaba las juntas, levantaba la casa y alistaba los detalles.

Un día, el carpintero decide que ya ha trabajado lo suficiente y que es la hora de dejar su tarea. Así que va a hablar con el empresario y le cuenta que se va a jubilar. Como aún le quedaba una casa por terminar, le advierte que éste será su último trabajo y que luego se va a retirar.

—¡Qué lástima! —dice el empresario—, usted es un buen empleado. ¿No quiere trabajar un poco más?

—No, no, la verdad es que tengo muchas cosas para hacer, quiero descansar...

—Bueno.

El señor termina de hacer la supuesta casa, va a despedirse del empresario y éste le dice:

—Mire, hubo una noticia de último momento, tiene que hacer una casa más. Si me hace el favor... No tiene nada más que hacer... Dedíquese exclusivamente a hacer esta última casa, tómese el tiempo que sea necesario pero, por favor, haga este último trabajo.

Entonces el carpintero, fastidiado por este pedido, decide hacerla. Y decide hacerla lo más rápido que pueda para ir a descansar, que era lo que él en realidad quería. Ya no tiene nada que defender, va a dejar el trabajo, ya no tiene que buscar la valoración de los demás, ya no está en juego su prestigio ni su dinero, ya no hay nada en juego porque él está amortizado. Lo único que quiere es hacerla rápido.

Así que junta los paneles entre sí, los sujeta sin demasiada gana, usa materiales de muy baja calidad para ahorrar el costo, no termina los detalles, hace, en suma, un trabajo muy pobre comparado con lo que él solía hacer. Y finalmente, muy rápido, termina la casa.

Entonces va a ver al empresario y éste le dice:
—¿Y? ¿La terminó?
—Sí, sí, ya terminé.
—Bueno, tome... coloque la cerradura, cierre con llave y tráigamela.

El carpintero va, pone la cerradura, cierra con llave y regresa. Cuando el empresario toma la llave, le dice:
—Éste es nuestro regalo para usted...

Puede ser que no nos demos cuenta, pero la vida que construimos todos los días es la casa donde vivimos. Y la hemos estado haciendo nosotros. Si no queremos, no nos fijemos demasiado si la casa tiene lujos o algunos detalles sin terminar, pero cuidemos muy bien cómo la vamos armando. Cuánta energía, cuánto interés, cuánto cuidado, cuánta cautela pusimos hasta acá en construir nuestra vida.

Qué bueno sería, de verdad, que empecemos, de aquí en adelante, a estar más atentos a lo que construimos.

Claro que a veces hay zonas turbulentas donde un terremoto viene, te derrumba todo lo que hiciste y tienes que empezar de nuevo. Es verdad.

¿El afuera existe? No hay duda. Pero no agreguemos a estas contingencias del afuera la contingencia de no habernos ocupado adecuadamente de construir esta casa. Porque, aunque no nos demos cuenta, esta vida que estamos construyendo es la vida en la que vamos a vivir nosotros. No estamos construyendo una vida para que viva el vecino, estamos construyendo una vida donde vamos a habitar nosotros mismos.

Y entonces, si uno se sabe valioso, si uno se quiere, ¿por qué conformarse con cualquier cosa? ¿Por qué funcionar como el carpintero del cuento?

Si te das cuenta de que mereces vivir en la mejor vida...

¿Por qué no construirte la mejor casa?

¿Por qué no procurarte la mejor vida en la cual vivir desde hoy?

Por lo tanto, no sólo la libertad existe, sino que es irremediable. Es más, somos condenadamente libres, porque además la libertad es irrenunciable.

Permanentemente estamos haciendo ejercicio de la libertad. Octavio Paz decía:

La libertad no es una idea política ni un pensamiento filosófico ni un movimiento social. La libertad es el instante mágico que media en la decisión de elegir entre dos monosílabos: sí y no.

Pasaje

Me acuerdo siempre de una escena:

Mi primo, mucho más chico que yo, tenía tres años. Yo tenía doce... Estábamos en el comedor de la casa de mi abuela. Mi primito vino corriendo y se llevó la mesilla lateral por delante. Cayó al piso y se puso a llorar.

Se había dado un golpe fuerte y poco después un bultito del tamaño de un hueso de durazno le apareció en la frente.

Mi tía, que estaba en la habitación, corrió a abrazarlo y, después de pedirme que trajera hielo, le dijo a mi primo: "Pobrecito, mala la mesa que te pegó, chas chas a la mesa...", mientras le daba palmadas al mueble invitando a mi pobre primo a que la imitara.

Y yo pensaba ¿...?

¿Cuál es la enseñanza? La responsabilidad no es tuya, que eres un torpe, que tienes tres años y que no miras por dónde caminas; la culpa es de la mesa.

La mesa es mala.

Yo intentaba entender más o menos sorprendido el mensaje oculto de la mala intencionalidad de los objetos.

Y mi tía insistía para que mi primo le pegara a la mesa...

Me parece gracioso como símbolo, pero como aprendizaje resulta siniestro: tú nunca eres responsable de lo que hiciste, la culpa siempre la tiene el otro, la culpa es del afuera, tú no, es el otro el que tiene que dejar de estar en tu camino para que tú no te golpees.

Tuve que recorrer un largo trecho para apartarme de los mensajes de las tías del mundo.

Es mi responsabilidad apartarme de lo que me daña. Es mi responsabilidad defenderme de los que me hacen daño. Es mi responsabilidad hacerme cargo de lo que me pasa y saber mi cuota de participación en los hechos.

Tengo que darme cuenta de la influencia que tiene cada cosa que hago. Para que las cosas que me pasan me pasen, tengo que hacer lo que hago. Y no digo que puedo manejar todo lo que me pasa, sino que soy responsable de lo que me pasa, porque en algo, aunque sea pequeño, he colaborado para que suceda.

Yo no puedo controlar la actitud de todos a mi alrededor, pero puedo controlar la mía. Puedo actuar libremente con lo que hago.

Tendré que decidir qué hago. Con mis limitaciones, con mis miserias, con mis ignorancias, con todo lo que sé y aprendí, con todo eso, tendré que decidir cuál es la mejor manera de actuar. Y tendré que actuar de esa mejor manera.

Tendré que conocerme más para saber cuáles son mis recursos.

Tendré que quererme tanto como para privilegiarme y saber que ésta es mi decisión.

Y tendré, entonces, algo que viene con la autonomía y que es la otra cara de la libertad: el valor. Tendré el valor de actuar como mi conciencia me dicta y de pagar el precio.

Tendré que ser libre aunque a ti no te guste.

Y si no vas a quererme, así, como soy; y si te vas a ir de mi lado, así como soy; y si en la noche más larga y más fría del invierno me vas a dejar solo y te vas a ir... cierra la puerta, porque entra viento. Cierra la puerta. Si ésa es tu decisión, cierra la puerta.

No voy a pedirte que te quedes un minuto más de lo que quieras. Te digo: cierra la puerta, porque yo me quedo y hace frío.

Y ésta va a ser mi decisión.

Esto me transforma en una especie de ser inmanejable.

Porque los autodependientes son inmanejables y sabemos que no hay nadie que los pueda manejar.

Porque a un autodependiente lo manejas solamente si él quiere, con lo cual, no es manejable, no estás manejándolo; él está manejando la situación, él se está manejando a sí mismo.

Esto significa un paso muy adelante en tu historia y en tu desarrollo, una manera diferente de vivir en el mundo y probablemente signifique empezar a conocer un poco más a quien está a tu lado.

Si eres autodependiente, de verdad, si no vas a dejarte manejar ni siquiera un poquito, es probable que algunas de las personas que están a tu lado se vayan... Quizá alguno no quiera quedarse.

Bueno, habrá que pagar ese precio también.

Habrá que pagar el precio de soportar las partidas de algunos a mi alrededor.

Y prepararse para festejar la llegada de otros. (Quizá...)

Miguel y Tomás salen de una reunión. Pasan por el guardarropa y la hermosa niña que atiende le da a Miguel un abrigo negro. El hombre saca un billete de cincuenta pesos y se lo deja sobre el mostrador. La niña sonríe seductora y dice: "Gracias".

Ya en la calle, Tomás le dice a Miguel acusadoramente:

—¿Viste la propina que le diste?

Miguel, casi sin mirarlo le contesta:

—¿Viste el abrigo que me dio?

El precio que pagamos por la autodependencia siempre es barato, porque es la única forma de asegurarnos que no pasaremos frío el próximo invierno.

Cuando uno toma decisiones para hacer cosas con el otro, cosas importantes como hacer el amor, o no importantes como caminar por una plaza, o quizá tan importantes como caminar por una plaza o no tan importantes como hacer el amor, tiene que darse cuenta que son decisiones voluntarias, tomadas para hacer al lado del otro, pero no "por" el otro, sino "con" el otro.

Es importante empezar a darnos cuenta que nuestra relación con el mundo, con los demás, con el prójimo, en realidad es hacer cosas "con" los otros.

Y que este "con el otro" es autónomo, que depende de nuestra libre decisión de hacerlo.

Que no hago cosas por ti y que por eso no me debes nada.

Que no haces cosas por mí y por eso no te debo nada.

Que, en todo caso, hacemos cosas juntos.

Y estamos alegres por eso.

Aprender a caminar juntos será un nuevo desafío, el del camino que sigue: *El camino del encuentro*.

Entonces no me quedaré dependiendo de ti y no trataré de que dependas de mí.

Dejaré de transitar este espacio, de intentar que me temas. Detestaré la necesidad de que me odies.

Cancelaré la postura de víctima, para que nunca me tengas lástima.

Y no intentaré más que me necesites.

Me conformaré con que me quieras o no.

Y en todo caso, si tú no me quieres, no te angusties por mí, siempre habrá alguien capaz de quererme.

La idea de liberarse a la que se refiere Lima Quintana en el *Poema del vigilante y el ladrón*, citado al comienzo, continúa sin contradicción en este otro que no casualmente se titula *La meta*:

Hay que llegar a la cima
Hay que arribar a la luz
Hay que darle un sentido a cada paso
Hay que glorificar la sencillez de cada cosa
Anunciar cada día con un himno

Subir por esa calle ancha que conduce hacia el éxito
Dejar atrás, para siempre, el horror y los fracasos
Y cuando entramos finalmente, orgullosos y triunfales,
Cantando por la cumbre, recién entonces
Estirar las manos hacia abajo
Para ayudar a los que quedaron rezagados.

Justo después de haber llegado, puedo pensar en ayudar al prójimo a recorrer su propio camino, que quizá no sea el mío, pero que él merece explorar.

Habrá que ver qué significa rebelarse y qué significa desobedecer.

Habrá que saber dónde está la transgresión.

Después de todo, es mi libertad de acatar las normas sabiendo que podría violarlas, lo que dignifica mi respeto a ellas.

¿Deberíamos ser siempre leales a las reglas, a las normas, a las costumbres?

Y si es así, ¿a cuáles?

¿A las tuyas?

¿A las mías?

¿A las de la mayoría?

Habrá que evaluar qué es una decisión autodependiente.

Habrá que aceptar el desafío de ser autodependiente, y entonces darme:

Más y más derecho a tomar mis propias decisiones.

Más y más espacios de desacondicionamiento.

Más y más desapego de la manía juzgadora y manipuladora del afuera.

Más y más lugares de salud.

Estos espacios no me los puede traer ni quitar nadie.

Voy a tener que construirlos yo mismo o descubrirlos en mí, pagar primero los precios y soportar con valor las heridas, para después animarme a gritar mi decisión de habitarlos.

No para morir por defenderlos, sino para vivir y compartirlos.

Si llegamos a la cima, seguramente habremos encontrado juntos una manera de hacer real lo *posible*.

La primera vez que me crucé con esta historia me llegó de la mano del maestro Osho.[14] Desde allí en estos casi veinte años, volví a encontrarme con ella muchas veces o quizá, más que significativamente, ella me encontró a mí una y otra vez. El final del camino de la autodependencia no puede ser otro que este cuento, mi propia versión de aquella tradicional historia milenaria.

Había una vez, en la antigua China, tres monjes budistas que viajaban de pueblo en pueblo dentro de su territorio ayudando a la gente a encontrar su iluminación. Tenían su propio método: todo lo que hacían era llegar a cada ciudad, a cada villa, y dirigirse a la plaza central donde seguramente funcionaba el mercado. Simplemente se paraban entre la gente y empezaban a reír a carcajadas.

La gente que pasaba los miraba extrañada, pero ellos igualmente reían y reían. Muchas veces alguien preguntaba: "¿De qué se ríen?".

Los monjes se quedaban un pequeño rato en silencio, se miraban entre ellos y luego, señalando al que preguntaba y apuntándolo, retomaban su carcajada. Y sucedía siempre el mismo fenómeno: la gente del pueblo, que se empezaba a reunir alrededor de los tres para verlos reír, terminaba contagiándose de sus carcajadas y tornaban a reír tímidamente al principio y desaforadamente al final.

Cuentan que al reír, todo el pueblo olvidaba que estaba en el mercado, olvidaba que había venido a comprar y el pueblo entero reía y reía y nada tenía la envergadura suficiente para poder entristecer esa tarde. Cuando el sol se escondía, la gente riendo volvía a sus casas; pero ya no eran los mismos, se habían iluminado. Entonces, los tres monjes tomaban su atado de ropa y partían hacia el próximo pueblo.

La fama de los monjes corría por toda China. Algunas poblaciones, cuando se enteraban de la visita de los monjes, se reunían desde la noche anterior en el mercado para esperarlos.

Y sucedió un día que, entrando en una ciudad, repentinamente uno de los monjes murió. "Ahora vamos a ver a los dos que quedan —decían algunos—, vamos a ver si todavía les quedan ganas de reír..."

Ese día más y más gente se juntó en la plaza para disfrutar la tristeza de los monjes que reían, o para acompañarlos en el dolor que seguramente iban a sentir.

¡Qué sorpresa fue llegar a la plaza y encontrar a los dos monjes, al lado del cuerpo muerto de su compañero riendo a carcajadas! Señalaban al muerto, se miraban entre sí y seguían riendo.

"El dolor los ha enloquecido —dijeron los pobladores—. Reír por reír está bien, pero esto es demasiado; hay aquí un hombre muerto, no hay razón para reír."

Los monjes, que reían, dijeron entre carcajadas: "Ustedes no entienden... él ganó... él ganó...", y siguieron riendo.

La gente del pueblo se miraba, nadie entendía. Los monjes continuaron diciendo con risa contenida: "Viniendo hacia aquí hicimos una apuesta... sobre quién moriría primero... Mi compañero y yo decíamos que era mi turno... porque soy mucho mayor que ellos dos, pero él... él decía que él... iba a ser el elegido... y ganó, ¿entienden?... él ganó". Y una nueva andanada de carcajadas los invadió.

"Definitivamente han enloquecido —dijeron todos—. Debemos ocuparnos nosotros del funeral, estos dos están perdidos."

Así, algunos se acercaron a levantar el cuerpo para lavarlo y perfumarlo antes de quemarlo en la pira funeraria como era la costumbre en esos tiempos y en ese lugar.

"¡No lo toquen! —gritaron los monjes sin parar de reír—. No lo toquen... tenemos una carta de él... él quería que en cuanto muriera hicieran la pira y lo quemaran así, tal como está. Tenemos todo escrito... y él ganó... él ganó."

Los monjes reían solos entre la consternación general. El alcalde del pueblo tomó la nota, confirmó el último deseo del muerto e hizo los arreglos para cumplirlo. Todos los habitantes trajeron ramas y troncos para levantar la pira mientras los monjes los veían ir y venir y se reían de ellos.

Cuando la hoguera estuvo lista, entre todos levantaron del suelo el cuerpo sin vida del monje y lo alzaron hasta el tope de la montaña de ramas reunidas en la plaza. El alcalde dijo una o dos palabras que nadie escuchó y encendió el fuego. Algunos pocos lagrimeaban en silencio, los monjes se desternillaban de la risa.

Y de pronto, algo extraño sucedió. Del cuerpo que se quemaba salió una estela de luz amarilla en dirección al cielo y explotó en el aire con un ruido ensordecedor. Después, otros cometas luminosos llenaron de luz el cuerpo que se quemaba, bombas de estruendo hacían subir los destellos hasta el cielo y la pira se transformó en un increíble espectáculo de luces que subían y giraban y cambiaban de colores y de sonidos espectaculares que acompañaban cada destello. Y los dos monjes aplaudían y reían y gritaban: "¡Bravo... Bravo...!".

Y entonces sucedió. Primero los niños, luego los jóvenes y después los ancianos, empezaron a reír y a aplaudir. El resto del pueblo quiso resistir y chistar a los que reían, pero al poco tiempo todos reían a carcajadas.

El pueblo, una vez más, se había iluminado.

Por alguna razón desconocida, el monje que reía sabía que su fin se acercaba y, antes de morir, escondió entre sus ropas montones de fuegos artificiales para que explotaran en la pira, su ultima jugada, una burla a la muerte y al dolor, la última enseñanza del maestro budista:

La vida no finaliza, la vida sólo nace una y otra vez.

Y el pueblo iluminado... reía y reía.

El camino del encuentro

A Héctor,
Ioschúa,
Chrystian,
Julia
y Miguel
por haberme enseñado
el amor que conlleva
la amistad.

La alegoría del carruaje II

Integrados como un todo, mi carruaje, los caballos, el cochero y yo (como me enseñaron a llamarle al pasajero), recorrimos con cierto trabajo el primer tramo del camino. A medida que avanzaba cambiaba el entorno: por momentos árido y desolador, por momentos florido y confortante; cambiaban las condiciones climáticas y el grado de dificultad del sendero: a veces suave y llano, otras áspero y empinado, otras resbaladizo y en pendiente; cambiaban, por fin, mis condiciones anímicas: aquí sereno y optimista, antes triste y cansado, más allá fastidioso y enojado.

Ahora, al final de este tramo, siento que en realidad los únicos cambios importantes eran estos últimos, los internos, como si los de afuera dependieran de éstos o simplemente no existieran.

Detenido por un momento a contemplar las huellas dejadas atrás, me siento satisfecho y orgulloso; para bien y para mal, mis triunfos y mis frustraciones me pertenecen.

Sé que una nueva etapa me espera, pero no ignoro que podría dejar que me esperara para siempre sin siquiera sentirme un poco culpable.

Nada me obliga a seguir adelante, nada que no sea mi propio deseo de hacerlo.

Miro hacia adelante. El sendero me resulta atractivamente invitante. Desde el comienzo veo que el trayecto está lleno de colores infinitos y formas nuevas que despiertan mi curiosidad. Mi intuición me dice que también debe estar lleno de peligros y dificultades pero eso no me frena, ya sé que cuento con todos mis recursos y que con ellos será suficiente para enfrentar cada peligro y traspasar cada dificultad. Por otra parte, he aprendido definitivamente que soy vulnerable pero no frágil.

Sumido en el diálogo interno, casi ni me doy cuenta de que he empezado a recorrerlo.

Disfruto mansamente del paisaje... y él, se diría, disfruta de mi paso, a juzgar por su decisión de volverse a cada instante más hermoso.

De pronto, a mi izquierda, por un sendero paralelo al que recorro, percibo una sombra que se mueve por detrás de unos matorrales.

Presto atención. Más adelante, en un claro, veo que es otro carruaje que por su camino avanza en mi misma dirección.

Me sobresalta su belleza: la madera oscura, los bronces brillantes, las ruedas majestuosas, la suavidad de sus formas torneadas y armónicas...

Me doy cuenta de que estoy deslumbrado.

Le pido al cochero que acelere la marcha para ponernos a la par. Los caballos corcovean y desatan el trote. Sin que nadie lo indique, ellos solos van acercando el carruaje al borde izquierdo como para acortar distancias.

El carruaje vecino también es tirado por dos caballos y también tiene un cochero llevando las riendas. Sus caballos y los míos acompasan su trote espontáneamente, como si fueran una sola cuadrilla. Los cocheros parecen haber encontrado un buen momento para descansar porque ambos acaban de acomodarse en el pescante y con la mirada perdida sostienen relajadamente las riendas dejando que el camino nos lleve.

Estoy tan encantado con la situación que solamente un largo rato después descubro que el otro carruaje también lleva un pasajero.

No es que pensara que no lo llevaba, sólo que no lo había visto.

Ahora lo descubro y lo miro. Veo que él también me está mirando. Como manera de hacerle saber mi alegría le sonrío y él, desde su ventana, me saluda animadamente con la mano.

Devuelvo el saludo y me animo a susurrarle un tímido "Hola". Misteriosamente, o quizá no tanto, él escucha y contesta:

—Hola. ¿Vas hacia allá?

—Sí —contesto con una sorprendente (para mí mismo) alegría—. ¿Vamos juntos?

—Claro —me dice—, vamos.

Yo respiro profundo y me siento satisfecho.

En todo el camino recorrido no había encontrado nunca a un compañero de ruta.

Me siento feliz sin saber por qué y, lo más interesante, sin ningún interés especial en saberlo.

Historia

Importancia del encuentro en el mundo actual

> *Padecemos una especie de subdesarrollo emocional que nos impulsa a ciertas conductas autodestructivas, tanto en nuestra vida pública como en la privada.*
>
> *Nos urge encontrar un camino que nos permita hallar una manera de ser más sanos, y ese camino está íntimamente relacionado con el amor y la espiritualidad. El amor es el mejor símbolo de la salud del hombre, es todo lo opuesto de la agresión, del miedo y de la paranoia, que a su vez representan la patología que nos desune.*
>
> Claudio Naranjo, *Clan*, 1984

Cuando pienso en la palabra *encuentro* en el sentido en que la cito en todo este libro, la asocio a la idea del descubrimiento, la construcción y la repetitiva revelación de un *nosotros* que trasciende la estructura del yo. Esta creación del nosotros adiciona un sorprendente valor a la simple suma aritmética del Tú y Yo.

Sin encuentro no hay salud. Sin la existencia de un Nosotros, nuestra vida está vacía aunque nuestra casa, nuestro baúl y nuestra caja de seguridad estén llenos de costosísimas posesiones.

Y, sin embargo, el bombardeo mediático nos incentiva a llenar nuestras casas, nuestros baúles y nuestras cajas de seguridad de estas cosas y nos sugiere que las otras son sentimentales y anticuadas.

Los escépticos intelectuales, ocupantes del lugar del supuesto saber, están siempre dispuestos a ridiculizar y menospreciar a los que seguimos hablando desde el corazón, desde la panza o desde el alma, a aquellos que hablamos más de emociones que de pensamientos, más de espiritualidad que de gloria y más de felicidad que de éxito.

Si alguien habla del amor es un inmaduro, si dice que es feliz es un ingenuo o un frívolo, si es generoso es sospechoso, si es confiado es un tonto y si es optimista es un idiota. Y si acaso apareciera como una mezcla de todo eso, entonces los falsos dueños del conocimiento, asociados involuntarios del consumismo diletante, dirán que es un farsante, un improvisado y poco serio mercachifle (un chanta, como se dice en Argentina).

Muchos de estos jerarquizados pensadores configuran a veces la peor de las aristocráticas y sofisticadas estirpes de aquellos que se muestran demasiado "evolucionados" como para admitir su propia confusión o infelicidad.

Otros están totalmente atrapados en su identidad y no están dispuestos a salir de su aislamiento por temor a que se descubra su falta de compromiso con el común de la gente.

A casi todos, seguramente, protegidos detrás de las murallas de su vanidad, les resulta difícil aceptar que otros, desde recorridos totalmente diferentes, propongan soluciones también diferentes.

Y, sin embargo, ya no se puede sostener el desmerecimiento de los vínculos y de la vida emocional. Cada vez más la ciencia aporta datos sobre la importancia que tiene para la preservación y recuperación de la salud el contacto y el fluir de nuestra vida afectiva y lo *Necesaria* que es la vivencia vincular con los otros. Las investigaciones y los escritos de Carl Rogers, Abraham Maslow, Margaret Mead, Fritz Perls, David Viscott, Melanie Klein, Desmond Morris y, más recientemente, Dethlefsen-Dahlke, Buscaglia, Goleman, Watzlawick, Bradshaw, Dyer y Satir, agregados a las impresionantes exploraciones y descubrimientos de Larry Dossey, nos obligan a replantear nuestros primitivos esquemas racionales de causa y efecto que la medicina y la psicología utilizaron tradicionalmente para explicar la salud y la enfermedad.

Sin embargo, si miramos a nuestro alrededor y en nuestro interior podremos percibir la ansiedad y la inquietud (cuando no el miedo) que despierta un posible encuentro nuevo. ¿Por qué? En parte, porque todo encuentro evoca una cuota de ternura, de compasión, de ensamble, de mutua influencia, de trascendencia y, por ende, de responsabilidad y compromiso.

Pero también, y sobre todo, porque significa la posibilidad de enfrentarse con los más temidos de todos los fantasmas, quizá los únicos que nos asustan todavía más que el de la soledad: el fantasma del rechazo y el fantasma del abandono.

Por miedo o por condicionamientos, lo cierto es que tenemos una creciente dificultad para encontrarnos con conocidos y desconocidos.

El modelo de pareja o de familia perdurable es, cada vez más, la excepción en lugar de la regla. Las amistades y matrimonios de toda una vida han quedado, por lo menos, "pasados de moda".

Los encuentros ocasionales sin involucramiento y los intercambios sexuales descomprometidos son aceptados sin sorpresa y hasta recomendados por profesionales y legos como símbolo de una supuesta conducta más libre y evolucionada.

El individualismo es presentado como el enemigo del pensamiento social, sobre todo por aquellos mezquinos que en el fondo desprecian las estructuras sociales o se aferran a ellas con una especie de fundamentalismo solidario que legisla lo que no sabe cómo enseñar.

Las estadísticas no son halagadoras. En Argentina, en el quinquenio 1993-1998 hubo tantos divorcios como casamientos. Casi la mitad de los niños de las grandes ciudades vive en hogares donde está ausente uno de sus padres biológicos, cifra que seguramente irá en ascenso si, como se prevé, dos de cada tres nuevos matrimonios terminarán en divorcio.

Y las estadísticas de patología individual no son menos inquietantes: aumentos de índices de depresión en jóvenes y ancianos, crecimiento de las conductas de aislamiento, falta de oferta de grupos de encuentro y menos programas de actividades posibles para personas solas cada año.

Con ayuda o sin ella, las relaciones de pareja son cada vez más conflictivas, las relaciones de padres e hijos cada vez más enfrentadas, las relaciones entre hermanos cada vez menos sólidas, y la relación con nuestros colegas y compañeros de trabajo cada vez más competitiva.

Al decir de Allan Fromme, "nuestras ciudades con sus altísimos edificios y su enorme superpoblación son el mayor caldo de cultivo para el aislamiento. No hay lugar más solitario que la ciudad de Nueva York un día de semana a la hora pico, rodeado de veinte millones de seres que también están solos".

Nosotros somos los responsables de resolver y cambiar esta situación para quienes nos siguen y para nosotros mismos.

Pensar y repensar lo complejo de la relación entre dos o más individuos únicos, distintos y autodependientes que deciden construir un vínculo trascendente es el desafío de este camino.

Quienes se animen a recorrerlo deberán estar preparados para soportar las acusaciones de aquellos que todavía no lo han recorrido y de los que nunca lo recorrerán, quienes los tildarán, en el mejor de los casos, de soñadores y sentimentales.

Aprender a vivir en relación con otros es una tarea difícil, se podría decir artesanal, que requiere de técnicas delicadas y específicas que se deben adquirir y practicar antes de utilizarlas adecuadamente, del mismo modo que un cirujano no puede operar después de haber aprobado cirugía, un constructor requiere de entrenamiento antes de levantar un gran edificio y un chef debe practicar durante años para encontrar la mejor forma de cocinar su platillo preferido.

Y esto es, entre otras cosas, porque cada uno de nosotros es un gran enigma y, por ende, nuestras relaciones son un misterio, gracioso o dramático, pero siempre impredecible.

Leo Buscaglia cuenta de un joven que, decidido a aprender a relacionarse mejor con las jóvenes de su curso universitario, se dirige a una librería y busca bibliografía que lo ayude. En un estante perdido en el fondo de la librería encuentra un libro cuyo título lo atrapa, se llama *Desde abrazar hasta amar*. El joven compra el grueso volumen y sólo al llegar a la casa se da cuenta de que ha comprado el tomo II de una enciclopedia.

Alguna vez escribí[1] que leer un libro era como encontrarse con una persona. Decía yo que había libros sorprendentes y libros aburridos, libros para leer una sola vez y libros a los que uno siempre quisiera volver; libros, al fin, más nutritivos que otros. Hoy, veinte años después, digo lo mismo desde otro lugar: *encontrarse con otro es como leer un libro*.

Bueno, regular, malo, cada encuentro con un otro me nutre, me ayuda, me enseña. No es la maldad, la inadecuación ni la incompetencia del prójimo lo que hace que una relación fracase.

El fracaso, si es que queremos llamarlo así, es la expresión que usamos para decir que el vínculo ha dejado de ser nutritivo para alguno de los dos. (No somos para todos todo el tiempo ni todos son para nosotros todo el tiempo.)

Cada uno de los encuentros en mi vida ha sido como cada libro que leí: una lección de vida que me condujo a ser éste que soy.

El hombre: naturaleza solitaria o vida social

Como se sabe, filosofía significa ante todo preguntas y, a veces, algunas respuestas siempre provisorias, nunca definitivas.

Los filósofos empezaron a pensar modernamente sobre el sentido de la vida en sociedad alrededor del siglo XV, cuando la verdad dejó de ser propiedad exclusiva del pensamiento escolástico y, por tanto, de los hombres ligados a la Iglesia. Cancelado el monopolio y aquietada la persecución del pensamiento ilustrado, cada libre pensador empujó a otros a acordar y a desacordar, a desarrollar o a confrontar las nuevas ideas sociales y políticas. Así se fue configurando un entramado de diferentes posiciones sobre el porqué y el para qué de la relación del hombre con el grupo social en el que se inserta.

La filosofía se vio forzada entonces a plantear la discusión sobre la esencia del ser humano.

Durante los primeros doscientos años de Ilustración, los filósofos parecen acordar que la sociedad y la moral van en contra de la naturaleza humana; porque dicha naturaleza es solitaria, egoísta y anárquica.

Este punto es fundamental, porque a partir de esa idea queda establecido "oficialmente" que si bien la moral está muy bien, la sociedad está muy bien y el control está muy bien… nada de eso es natural. Lo natural, advierte la mayoría de los filósofos, es la lucha del individuo por autoabastecerse, el intento de no depender de nadie. La naturaleza humana, se sostiene, sólo se fija en lo que necesita, en lo que le importa, en lo que mezquinamente desea. Todas las demás conductas, sobre todo las "sociales", son una creación del hombre civilizado y, por lo tanto, antinaturales.

A finales del siglo XVI, Montaigne (1533-1592) ya sostenía que "El hombre vive en sociedad porque lo necesita y no porque le agrade hacerlo". Sostiene que si dejáramos al hombre librado a su propio deseo, él preferiría estar solo; cuando el ser humano convive lo hace en un intento de aunar fuerzas para enfrentar la búsqueda de su propio bienestar. A cambio de recibir el apoyo, la ayuda o la fuerza que le dan los otros, el hombre acepta pagar el precio de renunciar a muchos de sus deseos personales.

Montaigne propone: "Desatemos los lazos que nos atan a los otros y los que los atan a ellos a nosotros para que cada uno pueda vivir a su modo, y conseguir entonces que su satisfacción dependa de sí mismo".

La idea de la naturaleza independiente dominó la historia de la filosofía moderna signando la búsqueda de la esencia de cada uno: el ser independiente sin ataduras con nadie. Montaigne es el primer filósofo que dice que la dependencia no sirve porque nos ubica en lugares complicados respecto de los demás.

Si Montaigne ponía el acento en desatarnos, en abolir la dependencia, Pascal aporta una mirada analítica: "No importa si nos desatamos o no, no se trata de lo que hacemos sino de establecer el porqué lo hacemos. Lo que sucede es que no estamos satisfechos con la vida que llevamos, y entonces nos juntamos para vivir un poco la vida de los otros. Queremos vivir *en* la vida de los demás y por eso nos esforzamos en que los otros nos acepten".

Según Pascal (1623-1662), esta dependencia es parte de nuestra miseria y deberíamos deshacernos de ella. Él cree que nos quedamos colgados de la vida de los demás justamente porque no estamos llegando a ser lo que deberíamos ser.

La Bruyère (1645-1696), como vimos, cree que el ser humano

es ermitaño por naturaleza y que lo social y lo gregario aparecen como creaciones humanas. Y sus ideas establecieron lo siguiente:

Al individuo no le gusta compartir la presa que cazó, pero la comparte porque la sociabilidad se ha vuelto para él una regla que acordamos por una u otra razón. La naturaleza humana no sólo es egoísta, sino más bien insaciable y solitaria.

A partir de esta idea de la esencia solitaria del ser humano, aceptada con más o menos agrado en la época, aparecen dos posturas filosóficas totalmente diferentes: una dice que hay que *combatir* esa tendencia porque es perjudicial para la sociedad y otra opina que hay que *glorificarla* y darle más fuerza. Para unos, lo ideal tiene que someterse a lo real; para los otros, lo real debe someterse a lo ideal.

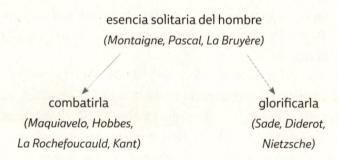

El primer filósofo que dice que hay que combatir la naturaleza solitaria y bárbara del hombre se llamaba Maquiavelo.

Para Maquiavelo (1469-1527), como se sabe, la sociedad era importante como mecanismo de control para refrenar los intereses particulares y personales de la naturaleza humana. La vida sería permanentemente una lucha a muerte donde cada uno trataría de matar al otro para conseguir lo que quiere. Según él, la gran habilidad del ser humano consiste en dominar los intereses personales para conseguir que la sociedad lleve a la superación del individuo como un todo, porque si la sociedad no cumpliera con esa pauta la vida sería una constante rivalidad.

EL HOMBRE: NATURALEZA SOLITARIA O VIDA SOCIAL   149

Esta idea, muy conocida, fue retomada por Hobbes (1588-1679) en la famosa frase: "El hombre es el lobo del hombre", lo cual parece significar que, en tanto depredadores, ante una presa deseada, dos hombres van a pelear a muerte por obtenerla si no son capaces de acordar previamente algo que los condicione a no rivalizar.

Lo que Hobbes decía, y Maquiavelo o Montaigne avalaban, es que nosotros somos esencialmente solitarios, y que la dependencia con los otros surge desde nuestro propio concepto de preservación. Los hombres nos juntamos con los otros porque de alguna manera nos conviene, y si no nos conviniera nos mantendríamos más independientes y aprenderíamos, como dice Pascal, a ser felices solos, a bastarnos con nuestra propia vida.

Estamos en los siglos XV, XVI, épocas de violentas turbulencias sociales y de cuestionamientos políticos al orden vigente. Maquiavelo enseña que si el hombre no estuviera sujeto a reglas y prohibiciones viviría en una guerra perpetua por el poder. Porque es justamente el poder lo que daría la posibilidad de tener lo que el individuo desea esencialmente.

La Rochefoucauld (1613-1680), por su parte, cree que la vida en sociedad es absolutamente imprescindible para poder sobrevivir, y si no existieran las reglas sociales, si se dejara al hombre librado a su naturaleza, la idea de que el hombre es el lobo del hombre (Hobbes) sería confirmada en los hechos permanentemente. Según La Rochefoucauld, "no podemos arriesgarnos a dejar que esta naturaleza se manifieste sin censura", por lo cual propone combatirla moralmente, con educación, con pautas. La vida en sociedad, dice La Rochefoucauld, restringe los apetitos inmoderados del hombre y le impone el ideal social: "El yo quiere erigirse en el centro de todo, quiere dominarlo todo, por lo tanto hay que tratar de combatir a ese dominador con reglas sociales que sean suficientemente estrictas y rígidas como para frenarlo, porque de lo contrario esta ambición desmedida de poder, esta sed de dominio, terminarían dominando la historia".

En este punto del planteamiento aparece el pensamiento de un filósofo más conocido por nosotros: Emmanuel Kant (1724-1804). Él dice: "El ser humano vive en una insociable sociedad", queriendo decir que la sociedad, lejos de ser una cosa elegida por el ser humano, es una transacción, algo que concretamente hace para poder responder a una necesidad. Según Kant, y tal como decía La Bruyère, la naturaleza del ser humano es la soledad, pero agrega que este ser socialmente inepto, egoísta y solitario tiene tres necesidades básicas: *sed de poder, sed de bienes materiales* y *sed de honores*.

Kant abre el pensamiento a los que siguen; comparte con Maquiavelo la idea de que el hombre necesita dominar, y con Hobbes la idea de la necesidad de tener posesiones. Lo nuevo en el pensamiento de Kant se vincula con la necesidad del hombre de ser honrado (en el sentido de aplaudido, glorificado, admirado). Es posible que el hombre tenga bienes sin necesidad de que existan los otros; puede tener dominio sobre su heredad, sobre la tierra y sobre los animales sin que existan los demás, pero ¿cómo podría tener honores en soledad? Para tener quien lo honre, necesita de otro.

Así, para Kant, creamos una sociedad para que nos dé el honor que necesitamos porque solos no podemos conseguirlo.

De alguna manera con Kant, seguimos manteniendo la idea principal: hay que combatir la naturaleza solitaria del hombre porque de lo contrario la humanidad no puede subsistir.

Como dije antes, hay pensadores que lejos de combatir la naturaleza solitaria del hombre piensan que hay que hacer lo contrario: *glorificarla*.

Desde Cicerón (106-43 a. C.) ("hay que dejarse fluir y ser... y dejar que el otro opine") hasta Diderot (1713-1784) ("el interés gobierna la conducta pero hay que dejar que el ideal se someta a lo real"), muchos filósofos construyeron planteamientos provocativos para convencer a sus contemporáneos de dejar que la naturaleza prive sobre el condicionante. Dentro de esta línea quiero referirme sobre todo a dos pensadores muy conocidos e importantes aunque no siempre, creo, bien entendidos: Sade y Nietzsche.

Sade (1740-1814), se preguntaba: "¿Por qué dejar que mis intereses personales y mis propias inclinaciones estén librados a lo que la sociedad me permite o no me permite? ¿Por qué no sentirme a mí mismo libre de salir a procurarme aquello que me gusta? ¿Por qué tengo que condicionar mi placer al permiso del otro? ¿Quién es el otro para decirme qué puedo tener o qué no puedo tener? ¿Por qué no ser realmente como digo que soy y juntarme solamente con aquellos que comparten conmigo mi propia manera de encontrar las cosas que necesito, para juntarnos a disfrutar de ellas sin depender de la aprobación de los otros?".

Según Sade, si yo soy esencialmente libre y esencialmente humano, no tengo que depender del permiso del otro. Soy un adulto y, por lo tanto, yo mismo soy el que tiene que decidir qué está bien y qué está mal para mí y, a partir de ahí, salir a buscarlo.

Su planteamiento consiste en aceptar la naturaleza independiente del ser humano en lugar de combatirla para que luego cada uno sea el dueño de su propia vida.

Nietzsche (1844-1900) hablaba del "superhombre" ("si el hombre llegara a ser lo mejor de sí mismo, dejaría de depender de los otros"). Sostenía que los seres superiores son independientes de los demás para saciar la sed a la que Kant hacía referencia. Para Nietzsche, los bienes, los honores y el poder no se consiguen dependiendo de la mirada bondadosa del otro, ni con la más adecuada inserción social, se consiguen simplemente peleando por conseguirlos y ganando la pelea.

El pensamiento de Nietzsche está muy relacionado con el planteamiento del anarquismo cuando dice: "Mis semejantes son siempre mis rivales o mis colaboradores". Es decir, yo tengo un interés, un deseo, una voluntad, y entonces me encuentro con otro que, como tiene mi mismo deseo, tiene dos posibilidades, si hace alianza conmigo, es un colaborador; si decide competir conmigo por la cosa es un rival, si no lo puedo hacer un aliado se volverá un enemigo. De modo que, viviendo entre colaboradores y rivales, o condiciono y manipulo el afuera para que se transforme en un colaborador (Maquiavelo) o directamente rivalizo con el otro y peleo hasta vencerlo.

Pero Nietzsche se pierde cuando descree de toda colaboración. Él considera que la pelea por las cosas es inevitable, y entonces concluye que el mundo es de los fuertes, de aquellos que pelean y ganan la pelea. Con relación a esto establece una moral de amos y una moral de corderos. *La moral del amo* es la de aquel que es fiel a su propia esencia, a su propio deseo. *La moral de corderos* es la de aquellos que se sienten y se saben débiles y entonces se juntan con otros conformándose con la mera supervivencia.

Para Nietzsche, los corderos desarrollan sentimientos "inferiores" como la piedad, la conmiseración y el miedo a estar un día en el lugar del que padece. Para este filósofo, la caridad funciona desde esa moral de corderos. La moral del superhombre, como él la llama, será la de alguien que no dependerá de que el otro apruebe o no apruebe, como decía Sade, sino que será leal a sus propios principios más allá de la aprobación o el permiso de los demás.

Cuando Nietzsche habla de la moral del superhombre se refiere a dos cosas: una fundamental: reinar en soledad, y otra alternativa: someter al que se oponga. Puesto en primera persona esto se enuncia así: yo soy solitario, sé lo que quiero, sé a dónde voy y no molesto a nadie, pero si te opones, entonces te someto o te destruyo.

Según Nietzsche, la sociedad en la que vive, a la cual llama "sociedad burguesa", se ha conformado con la moral de los corderos: proteger a los débiles, encontrar la postura más cómoda y unirse a los demás buscando fuerzas.

Queda claro que Nietzsche se opone a lo que afirmaba Hobbes. Un hobbesiano que leyera a *Zaratustra* diría que si uno dejara salir su esencia (el superhombre) se dedicaría a destruir a los demás. Nietzsche dice:

> Dejemos que el individuo solo encuentre su lugar y entonces la competencia no surgirá, porque cada uno dejará de estar mirando lo que el otro hace y dejará de querer lo que el otro tiene.

Más allá de la discusión sobre si el control de esta naturaleza solitaria es deseable o indeseable, lo que estos pensadores trataban de demostrar es que, combatiéndola (pensando que el hombre en absoluta libertad terminaría matando al otro) o glorificándola (enarbolando la bandera de que en libertad el hombre viviría sin molestar a nadie), en ambos casos, vivir en sociedad es una conducta aprendida y antinatural.

Desde este razonamiento aparentemente inapelable sólo tengo dos alternativas:

a) Acepto la tendencia solitaria del ser humano a pesar de su insoportable vulnerabilidad y, por ende, acato la idea de que por conveniencia debo renunciar a mis necesidades egoístas para poder convivir con los demás de quienes de alguna manera dependo.

b) Sostengo que puedo prescindir de juntarme con los demás y me alineo en la idea ser autoabastecente, renunciando a la necesidad de quedar colgado de otro que se haga cargo de mí. Concluiré creyendo que, dominando mis inseguridades, no necesito para nada vivir en sociedad.

¿Habrá otra posibilidad?

A comienzos del siglo XVIII aparece Rousseau (1712-1778) para dar vuelta al planteamiento y revolucionar las ideas que se tenían hasta ese momento. Porque Rousseau es el primero de su época que dice: es cierto que el ser humano se asocia con los otros para cazar, para ser más fuerte, para tener un colaborador en un determinado fin, pero también es cierto que a veces se asocia sin ninguna razón. Y entonces se pregunta: ¿qué otra razón lleva al ser humano a asociarse con otros seres humanos? Y sugiere que dicha razón debe estar en su naturaleza.

A diferencia de los filósofos anteriores, Rousseau concluye entonces que, lejos de ser solitaria, la naturaleza del ser humano es gregaria, social. Para él, lo que antes era visto como naturaleza solitaria y bárbara del hombre forma parte de su alejamiento de la sociedad. Plantea esa manifestación como un resultado posterior en lugar de una condición previa.

Por otro lado, Rousseau dice que el individuo tiene dos amores: el amor propio y el propio amor. Llama *amor propio* a lo que nosotros llamaríamos hoy vanidad, y *propio amor* a lo que hoy llamaríamos autoestima.

La vanidad me lleva a conseguir lo que necesito por la utilización de los demás, a utilizar a los otros para congraciarme. Así, quiero los honores (Kant) para sentirme bien, y entonces busco a los demás para que me honren. Pero también me relaciono con los demás por la necesidad de ser considerado por el otro y llenar así nuestra olla de autoestima.

Cuando Rousseau llega a esta idea, la relaciona con la idea aristotélica de que el hombre que no reconoce que necesita la vida en sociedad (o que no vive en sociedad) o es un dios o es una bestia. Esta frase de Aristóteles (384-322 a. C.) ya la había tomado Nietzsche afirmando: entonces seamos dioses, reconozcamos que no necesitamos de los otros. Pero Rousseau afirma: no somos ni bestias ni dioses, *somos seres humanos* y, por lo tanto, necesitamos esencialmente la consideración de los otros. Se refiere entonces al mito de Aristófanes, de Platón (428-348 a. C.). La característica que tiene este personaje es que se siente incompleto y busca bienes, triunfos militares, parejas, tiene hijos y nunca se siente satisfecho, hasta que un día se sienta en una mesa con alguien que le dice: "Eres Aristófanes, yo te conozco", y cuando el otro le dice esto, Aristófanes se siente por fin completo.

Aristófanes representa aquí la incompletud que sólo se resuelve cuando alguien te describe. Rousseau opina que el ser humano se junta con otros, no por utilidad, sino porque sin los otros se siente mutilado. La gran diferencia con Kant y La Bruyère es que para Rousseau la incompletud es parte de la naturaleza humana.

Rousseau es el primero que dice:

La naturaleza humana consiste en sentirse incompleto en soledad.

Esto es lo opuesto de La Bruyère, quien decía: "La naturaleza humana es la soledad y la sociedad surge como una necesidad propia de reconocimiento y valoración, de aplausos, de honores".

Dice Rousseau: "El salvaje vive en sí mismo, y cree que no necesita a nadie; el hombre sociable vive en manada y consigue de los demás protección y reconfirmación de su existencia, aplauso o alabanza. El verdadero ser humano se relaciona porque sólo así tiene sentido su vida".

Esta idea tiene tanta fuerza y es tan revolucionaria en la historia de la filosofía, que empieza a modificar el pensamiento político de su entorno.

Soy incompleto si no tengo al otro, no tiene sentido mi vida si no tengo al otro, no puedo significar mi vida si estoy solo, dice Rousseau.

Las ideas de Rousseau tienen dos derivaciones importantísimas para la historia moral. Una es el pensamiento de Adam Smith (1723-1790), un economista muy ligado a la evolución de la humanidad y los procesos sociales. Él empieza a traer la idea de la necesidad de aprobación diciendo que no nos alcanza solamente con que el otro esté y nos reconozca, necesitamos además que nos apruebe. A tal punto llega esta concepción en su pensamiento, que desarrolla toda su teoría económica afirmando que la búsqueda de la posesión de bienes no es por la riqueza en sí misma, sino porque uno sabe que con las posesiones se gana la simpatía y la aprobación de los otros. En vez de pensar en una sed esencial del hombre, piensa que esto le permite al hombre sentirse más completo.

Adam Smith es el primero en decir que la indiferencia del afuera es tan terrible que puede llegar a matar. La frase: "Lo mato con la indiferencia" está originada en su pensamiento. La mirada del otro es para él una necesidad; no podemos sobrevivir si no hay por lo menos alguien que nos dé su aprobación, y los bienes materiales son exactamente para esto. El sujeto, decía Smith, está incompleto y necesita de los otros para forjarse su identidad.

Como única alternativa para resolver esta dependencia sin colgarse de los demás, propone una posibilidad que estará reservada sólo para algunos: *Dios*. Si yo no quiero vivir dependiendo de que otro me califique, siempre me queda la posibilidad de creer que Dios es el que me puede dar esta aprobación.

La fe aparece como un recurso que me devuelve la independencia y la fortaleza sobre mí mismo, reconociendo mi necesidad social pero otra vez volviendo a la primera idea de La Bruyère: la soledad. Ahora puedo estar sin nadie, no me importa. El Jefe me va a dar su aprobación y nunca me sentiré solo, inseguro ni incompleto.

La evolución posterior ha dado algunas otras soluciones para este tema: la conciencia, el superyo. La idea moral y ética de los principios no es ni más ni menos que la introyección, la puesta adentro, de la aprobación supuesta de los demás.

Yo me siento completo únicamente si hago las cosas de acuerdo con mi conciencia, de lo contrario me siento mal, insatisfecho.

El superyo, la moral, la ética, la sociedad como una abstracción, en última instancia, son la respuesta a la necesidad de la búsqueda de simpatía y aprobación de los demás.

Georg Hegel (1770-1831), el último pensador de la época, es tan importante y revolucionario que va a influir en todos los que le siguen (Freud, Lacan, Adler, Perls, Pichon-Rivière, etcétera).

Hegel toma las ideas de Rousseau y las desarrolla a niveles inconmensurables. Dicen los que han estudiado que el pensamiento de Hegel era tan avanzado para su época que nadie lo entendía. Pasaron muchos años antes de que la humanidad pudiera entender lo que Hegel quería decir.

Todo lo que nosotros sabemos de este pensador es lo que Kojeve escribió en el libro *Interpretando a Hegel* (muchos dicen que tampoco Kojeve era muy fiel a lo que Hegel decía).

A la idea de Rousseau, Hegel le agregó que la incompletud no se resuelve ni con el reconocimiento, ni con la consideración, ni con la aprobación del otro. Hegel decía que lo que el individuo necesita, no como una cosa aprendida, sino como condición de su humanidad, es mucho más: es *la admiración* de un otro.

El individuo necesita que haya alguien que lo valore, que lo reconozca, que lo aplauda; no alcanza con que el otro le diga: "Eres Aristófanes" (porque cuando Aristófanes recibe esta mirada, no es la mirada de alguien que lo reconoce, es la mirada de alguien que le da el reconocimiento que implica admiración, dice Hegel).

Para él, la continua lucha del ser humano es por conseguir que alguien lo valore, le dé un lugar de importancia. Si no fuera así, se quedaría con esta sensación de incompletud, se sentiría mutilado, no tendría la posibilidad de sentirse satisfecho.

Hegel coincide con Rousseau en que la esencia del ser humano es sociable. Él dice: el ser humano solo y único en el mundo no sería un ser humano, sino un animal.

Estamos en 1780 y, a partir de ahí, el gran planteamiento hegeliano nos complica porque las cosas empiezan a mezclarse...

Así como en el pensamiento de Nietzsche se basaron algunas ideas políticas, las nazis entre otras, en las ideas de Hegel, su filosofía y el planteamiento del amo y del esclavo, se apoyaron varias corrientes ideológicas, entre otras, el marxismo y la fundamentación del materialismo dialéctico.

Hegel dice: siempre que hay dos individuos, cada uno de ellos quiere la admiración del otro; y en esa competencia, uno va a triunfar y el otro no. La historia de la humanidad es la sociabilidad a partir del esquema donde entre dos que se encuentran uno tiende a ser el amo y el otro tiende a ser el esclavo.

No es una idea complicada, miremos la historia de la humanidad y veremos que en realidad siempre hay dos bandos que están peleando por ser el amo y dejar al otro en el lugar del esclavo. Y esto no tiene que ver con conseguir el placer sádico de esclavizar al otro, sino con lograr, dice Hegel, su admiración, conseguir que me idolatre, que me ponga en un lugar superior, el lugar del amo. Hace recordar un poco a Nietzsche, a la moral del superhombre y del cordero, ¿verdad?

Establecido el ganador, todo parece resuelto, pero aquí aparece la paradoja: recordemos que estamos partiendo de la idea de que la completud humana se consigue sólo cuando uno recibe la admiración del otro y, por lo tanto, los que no la reciban quedarán incompletos y perderán su condición mínima de dignidad humana.

En esta batalla entre futuros amos y futuros esclavos, donde estamos compitiendo por ver quién es quién, supongamos que eres el que gana. Tú eres el amo y, por ende, yo soy el esclavo y lo admito. Ahora, eres un ser humano completo, has conseguido la admiración de alguien, la mía. Yo soy el esclavo y he perdido, tú no me admiras, todo lo contrario, me desprecias. Vas a decir: Yo gané, tú eres el esclavo, tú no eres ni siquiera un ser humano, tú no vales. Y cuando no soy ni siquiera un ser humano completo y soy despreciable... mi admiración deja de servirte. Entonces Hegel dice: el final del camino del amo es irremediablemente el vacío existencial, porque cuando finalmente consigue la admiración que necesita, ésta pierde sentido y la desprecia.

(Pequeña derivación cotidiana que veo todos los días: "Quiero que me quieras, quiero que me quieras, quiero que me quieras... Pero cuando consigo que me quieras, me doy cuenta de que eres un tarado, quizá por querer a un tipo como yo y ahora te desprecio, y ahora no me importa tu cariño".)

¿Qué hace entonces el amo? Busca a alguien más, porque la verdadera historia del amo es que siempre tiene que buscar a alguien valioso que le dé la admiración que necesita.

Para Hegel, irremediablemente, los amos están condenados a buscar un tercero, el mundo no se puede plantear de a dos, el mundo se plantea de a tres. ¿Por qué? Porque hace falta un testigo, alguien que testifique que yo sometí al otro. Con lo cual ese tercero, que no es mi sometido, me va a admirar por haber sometido a mi esclavo.

La trama vital por lo tanto requiere de tres personajes: A que pelea con B y lo vence y C que es testigo de la batalla y concede a A la admiración por ser el vencedor (sin el testigo del triunfo éste no tiene mérito ni trascendencia). Los tres personajes, nos aclara Hegel, son igualmente necesarios aunque sus papeles distan mucho de ser rígidos o permanentes.

En efecto, una vez que A vence a B, y B es descalificado como admirador, pasado el primer momento de plenitud frente al aplauso de C, se plantea lo irremediable: entre A y C, ¿quién está por encima y quién por debajo? Deberán competir entre sí, y cuando esto suceda, no importa quién triunfe —y esto es lo más interesante—, el vencedor necesitará que B, el antes esclavo, sea testigo.

El ciclo se ha completado y vuelve a comenzar infinitamente.

La paradójica lucha del amo y el esclavo. La eterna lucha de quién está por debajo de quién y hasta cuándo.

Hegel dice que la historia de la humanidad está cifrada por esta lucha, quién somete a quién en presencia de quién.

Necesito que me den admiración, pero en esta búsqueda siempre voy a terminar compitiendo con alguien, en una lucha dinámica donde el derrotado se transformará tarde o temprano en un personaje importante: el testigo de una nueva situación.

Por supuesto que las ideas de Hegel existían antes de Hegel, como las ideas de Nietzsche existían antes de Nietzsche, y las ideas de Aristóteles antes de Aristóteles, porque las ideas no son patrimonio de aquellos que las dijeron, pertenecen a la humanidad. Y esta historia que la izquierda utilizó para explicar la lucha de clases es para Hegel la historia de la humanidad.

Ésta es, dice el filósofo, la verdadera historia del hombre y la mujer frente al pecado original, es la historia de Caín y Abel, es la historia de Zeus y Cronos, es la historia de Cástor y Pólux, es la historia de todos los duelos míticos donde, en realidad, nunca hay sólo dos, siempre hay tres: dos que pelean por la aprobación de un tercero.

Esto es lo que Freud (1856-1939) vuelve a tomar cuando habla del conflicto edípico. Un conflicto planteado entre tres: un hombre, una mujer y un hijo. Una historia de rivalidades sobre quién es el amo, quién es el esclavo, quién es el testigo, un juego de rivalidades que aparece como en el mito de Tebas.

Para Freud, toda la historia de la humanidad es una repetición del conflicto edípico. Leyendo a Freud uno podría explicarse todos los fenómenos humanos, como podría explicarse toda la historia desde Montaigne o desde Nietzsche. Quizá sea cierto que en cada pequeño misterio que se resuelve, se resuelve el misterio del universo, cada vez desde un lugar diferente, cada vez desde un lugar nuevo, cada vez desde un lugar mejor.

Siempre asocio este planteamiento con una antiquísima parábola que una vez me contó un talmudista:

Para el judaísmo, el lugar más importante de la tierra era el altar del gran templo de Jerusalén, el momento más importante del año era el día de Yom Kippur cuando las puertas del arca se abrían para exponer la Torá ante el pueblo de Israel, y la persona más importante de todas era el Gran Rabino que oficiaba el servicio ante toda esa concurrencia. En ese instante la conjunción era única: la persona más importante, en el lugar más importante, en el momento más importante. La tradición judía señala que si en ese preciso instante un mal pensamiento hubiera pasado por la cabeza de ese hombre, el mundo entero habría sido destruido... Cuenta el Talmud que en realidad cada hombre es tan importante como el Gran Rabino, cada lugar es tan sagrado como aquel templo y cada momento tan trascendente como la apertura del arca. Cualquier pensamiento dañino, en la mente de cualquier hombre, puede en cualquier momento destruir el mundo.

Cuando uno lee el pensamiento de Hegel, se dice: es cierto, la humanidad realmente se ha manejado así. Y, sin embargo, lo que Hegel describe no es un modelo funcional de la sociedad, sino una situación social específica, que es la situación de rivalidad, la situación de la batalla, de la guerra. Debe existir otra posibilidad que la de competir por el espacio de admiración.

Sobre finales del siglo XIX, principios del siglo XX, empiezan a revisarse estas ideas y se hacen críticas importantes a Hegel y a sus seguidores.

Los posfreudianos critican el modelo del conflicto edípico como explicación universal. Acusan al psicoanálisis de volver demasiado a La Bruyère al sostener que el ser humano es esencialmente solitario y que se conecta con los otros por un tema de necesidades (que define sobre todo desde la teoría de lo sexual).

Freud se destaca por darle a la sexualidad el lugar de pivote sobre el cual giran casi todas las cosas. Si bien hay que aclarar que para Freud el significado de "sexual" difiere mucho del concepto coloquial de la palabra. Para el gran maestro lo sexual refiere a la libido, a la energía que ponemos al servicio de las cosas, es decir, al interés sobre hechos y personas. Lo sexual es mucho más que lo genital y puede no tener ninguna relación con el pene o la vagina.

La idea sería aproximadamente la siguiente: partiendo de la idea de La Bruyère que sostenía que el hombre se asociaba para satisfacer un deseo que no puede completar en soledad, el pensamiento psicoanalítico concluyó que si el otro es un objeto de deseo para mí, esto me llevará a juntarme con él. Hasta el concepto del instinto de muerte que liga al inconsciente con la búsqueda de la autodestrucción suena ligado a la historia del aislamiento esencial al que tendemos a volver (con la idea de la sociedad como algo antinatural metido a presión en el ser humano).

Si bien Freud es muy posterior, de alguna forma está retomando aquellas ideas de La Bruyère, de Montaigne y de Hobbes, a quien cita. La naturaleza humana, como el inconsciente, es esencialmente solitaria y egoísta y se rige por el principio del placer.

Así que el debate no se termina en Hegel, ni en Nietzsche, ni se termina en ninguno de estos pensadores. El debate sigue y posiblemente seguirá. Porque es muy difícil decir: ahora que tenemos todo sobre la mesa, éstos son de verdad los que dan origen a todas las ideas.

Porque cuando después aparecen Adler, Fromm y otros criticando las ideas de Freud, lo hacen también apoyados en los que criticaron en su tiempo a La Bruyère o a Maquiavelo.

¿Pensar al hombre como un ser solitario por naturaleza (como decía Montaigne o como dice también el psicoanálisis en un principio) o como un ser esencialmente gregario y de alguna manera incompleto cuando está solo y que necesita de los demás para sentirse completo (como sostenía Rousseau)?

En este debate, los filósofos han preferido predominantemente la idea del ser humano como solitario. Sin embargo, hay un pensador ruso contemporáneo llamado Todorov, un señor de ricitos que vive en Francia, que tiene un planteamiento muy interesante sobre este asunto.

Todorov dice que la historia de la filosofía ha tomado prioritariamente la idea del individuo en soledad por tres razones.

La primera, porque el filósofo es un individuo solitario y se toma a sí mismo como referencia.

La segunda, porque la pelea y la rivalidad hegeliana ciertamente encajan mejor con el origen de la humanidad ligado a los mitos (Caín y Abel, Cronos y Zeus). Todorov dice que la historia de la humanidad siempre empieza con *una lucha porque los que la escribieron son hombres* y no mujeres. Es decir, la maternidad, que es el verdadero origen de la humanidad, está excluida de la historia, y de estar incluida haría un origen no belicoso. Pero el hombre no pare los hijos, el hombre pelea, entonces la filosofía escrita por hombres ha generado una historia de la humanidad originada en mitos de pelea y rivalidad y no en mitos de parto y amores.

El tercer punto que me interesa de Todorov es el siguiente: la soledad del hombre es como una postura amarillista, simplificadora, porque es fácil pensar que primero fue la ameba y que los seres multicelulares aparecieron después. Es decir, él cree que es una postura facilista pensar primero el individuo solo y después la vida en sociedad, ¿por qué no pensar que aparecieron simultáneamente? Todorov opina que a la humanidad le gusta autocriticarse, leer los crímenes, los asesinatos, la prensa amarilla.

Entonces es mucho más atractivo pensar que el ser humano es destructivo y cruel, que pensarlo necesitado de los demás. Y yo modestamente coincido. Pensar que el ser humano necesita del otro para que lo mire y lo quiera tiene mala prensa. Es más popular decir que el hombre es básicamente malo que decir que es esencialmente bueno.

Después de Freud, Adler retoma a Hegel para cuestionar al maestro. Adler sostiene que la rivalidad del triángulo edípico no comienza con la sensación de desvalorización del niño frente a su madre, sino cuando aparece el padre. Es la aparición del tercero lo que trae la rivalidad, porque hasta ese momento la relación entre la madre y el hijo es de puro amor. En efecto, contrariando a Hegel, la relación entre madre e hijo es un vínculo entre dos que no plantea la competencia por la admiración ni el sometimiento del otro.

La discusión es eterna, y se relaciona con la otra idea arquetípica del psicoanálisis: el trauma del nacimiento. Para Freud, nacer es abandonar un lugar maravilloso que es el útero materno, donde somos acunados, alimentados y protegidos. Dicho así, suena muy terrible. Sin embargo, esta conclusión es producto de una interpretación de Freud, pero no es la única interpretación posible. Porque el útero materno es un lugar maravilloso hasta el cuarto o quinto mes, después empieza a ser tan incómodo que si el bebé no nace a los nueve meses se muere por falta de oxígeno.

Yo creo que el bebé nace porque ya no soporta más, porque necesita librarse de este lugar que en realidad está asfixiándolo, apretándolo; en cuanto el cuello del útero se dilata el bebé se toma un trabajo muy grande para nacer. Nace para librarse de una situación que alguna vez fue maravillosa y que hoy es de terror, así que nacer es el alivio de una situación de cárcel, donde si se queda se muere.

En la vida hay situaciones muy parecidas. Te sientes mal hasta que tocas fondo y entonces decides hacer un esfuerzo, un movimiento, buscando la salida. Quizá sea tan parecido, que a veces no nos animamos a pensar que es lo mismo que nos pasó en la panza de nuestra madre: que una vez fue maravilloso y que ahora es asfixiante, y nos quedamos ahí porque una vez fue maravilloso...

Aprender que el parto es un hecho liberador nos enseña a revisar si las situaciones actuales que vivimos no han dejado de ser maravillosas, y por haber sido antes placenteras las seguimos considerando así aunque hoy sean desastrosas.

De alguna forma, es tan difícil cuestionar a Rousseau como no acordar con Hegel. En última instancia, cuando pensamos y decimos, ponemos en palabras cosas contradictorias con lo que otros piensan y dicen. Lo novedoso de nuestro tiempo es que, en el estado actual de nuestro conocimiento, podemos admitir que planteamientos opuestos entre sí pueden ser ciertos aunque se contradigan. Quiero decir, todas las ideas coexisten y quizá todas sean en parte verdaderas, aunque esto no debe evitar que tomemos una posición personal en cada punto.

Personalmente, yo creo que Rousseau tenía razón: si no existe otro en nuestra vida, aparece la sensación de incompletud.

La definición de la identidad personal pasa necesariamente por el hecho de que haya habido un otro que diga: éste eres, como en el caso de Aristófanes.

Un otro que simpatice conmigo, que me dé su reconocimiento y que me haga saber de su aprobación.

Narciso era un joven muchacho, tan hermoso que hasta las deidades del Olimpo celaban su belleza. Un día, mientras tomaba agua en un estanque, Cupido fue mandado por los dioses para herirlo con una de sus flechas. Así fue como Narciso se enamoró de su propia imagen; tanto, que ninguna otra persona volvió a parecerle atractiva, aunque todas seguían enamorándose de él. Ése era el resultado deseado por los dioses, el sufrimiento infinito de verse privado del placer de amar.

Eco, por su parte, también había sido víctima de un conjuro, la esposa de Zeus le había quitado el don del habla.

Afrodita, la diosa del amor y de la belleza, se había compadecido de Eco y no pudiendo deshacer el hechizo anterior, lo atenuó, permitiéndole hablar pero sólo para repetir lo que otros le dijeran.

Cuenta la leyenda que un día Narciso caminaba por la orilla de un río, triste como siempre, sufriendo su pena, y desde detrás de un matorral Eco lo espiaba. Como todos los que se cruzaban con Narciso, también Eco se enamoró del joven pero no se animó a salir a su paso dado que nada podría decirle salvo que él le hablara primero. Dolorida por su condena, Eco lloró.

—¿Quién está ahí? —preguntó Narciso al escuchar el llanto.
—¿Quién está ahí? —contestó Eco.
—Soy yo, Narciso. ¿Y tú quién eres?
—Soy yo —repitió Eco.
—Sal a la luz, quiero verte —dijo el joven.
—Quiero verte —dijo Eco.
—Ven aquí entonces —demandó Narciso.
—Ven aquí —repitió Eco—, ven aquí.

Narciso temió una nueva trampa de los dioses y no se atrevió a internarse en la espesura.

—¿Tú no entiendes que necesito amar a alguien? —preguntó Narciso.
—Tú no entiendes —contestó Eco llorando.
—Si no sales ahora mismo... —exigió Narciso—, vete y adiós.
—Adiós —repitió Eco—, adiós... adiós...

El bello joven se dio cuenta de que el amor por fin llegaba a su corazón. Quizá porque al no ver a su amada no había tenido una imagen con la cual compararla; quizá porque su voz sólo le devolvía sus propias palabras... lo cierto es que sin razones para él, Narciso finalmente se había enamorado.

—Vuelve por favor —gritó—. Yo te amo.

Pero era tarde... la doncella ya no podía escucharlo.

Narciso se sentó junto al río y lloró.

Lloró como nunca había llorado, toda esa tarde y también toda esa noche. Tanto lloró Narciso que por la mañana, al salir el sol, su cuerpo se había secado y el joven amaneció transformado en una flor: el narciso, que desde entonces crece en las orillas de los ríos reclinado sobre el agua como llorando sobre su imagen reflejada.

Lo que Narciso recibía de Eco era el reflejo de su propia palabra, pero como estaba enamorado de su imagen, no tenía más remedio que enamorarse de su propia palabra, que era lo único que Eco le podía decir.

- En el mito, el espejo no es sólo de imagen, también es de palabra.

El mundo externo es una percepción, una abstracción. Yo tengo un registro interno del afuera. Por eso tengo que tratar de entender que el mundo del otro no es el mío, que no hay un mundo que podamos compartir. Podemos hacer un espacio común y transitar por él. El mundo externo es el estímulo y el mundo interno es la percepción, pero yo no tengo trato con el mundo externo.

Por ejemplo, yo te veo y, para mí, tú eres como yo te veo. Ahora, ¿cómo eres tú? Qué sé yo, cómo podría saberlo. Lo único que yo sé de ti es cómo yo te veo. Del mismo modo, lo que tú sabes de mí es lo que tú ves, no lo que yo soy. Es decir, no hay un mundo externo sobre el cual se pueda referenciar. La mirada de las cosas tiene una cuota de relatividad tan grande que las cosas se interpretan dependiendo de cómo se vean.

Un señor llamado Paul Watzlawick cuenta que en un laboratorio donde se hacen experimentos con animales, un investigador está tratando de hacer un reflejo condicionado con dos ratas en un laberinto. Entonces, cuando el señor de la bata blanca entra una ratita le dice a la otra: "¿Ves a ese señor de la bata blanca? Lo tengo totalmente amaestrado, cada vez que yo bajo esta palanca me da de comer".

Dos maneras de ver el mismo proceso, la situación es exactamente la misma.

Admitir que el único mundo es el interno implica confiar en la esencia del ser humano. Para creer que el único acceso al mundo es mi percepción, tengo que imaginar al hombre esencialmente bueno, noble, generoso y solidario. Si yo pienso que el ser humano es dañino, perverso, cruel y demás, tengo que restringirlo, no puedo dejarlo en libertad.

Afortunadamente, hay seres humanos de estos dos tipos y, como soy un optimista sin remedio, creo que el mundo está compuesto más por gente esencialmente buena, noble, amorosa y solidaria, que por gente destructiva, cruel y dañina. Será función de quienes nos creemos estas cosas tratar de ver cómo educamos a todos aquellos que son así. En principio, sabiendo que si le damos espacio y lugar al otro para que se desarrolle naturalmente, lo que el otro desarrolla es lo mejor de él, no lo peor.

Un señor muy creyente sentía que estaba cerca de recibir una luz que le iluminara el camino a seguir. Todas las noches, al acostarse, le pedía a Dios que le enviara una señal sobre cómo tenía que vivir el resto de su vida. Así anduvo por la vida, durante dos o tres semanas en un estado semimístico buscando recibir una señal divina.

Hasta que un día, paseando por un bosque, vio a un cervatillo caído, tumbado, herido, que tenía una pata medio rota. Se quedó mirándolo y, de repente, vio aparecer a un puma. La situación lo dejó congelado; estaba a punto de ver cómo el puma, aprovechándose de las circunstancias, se comía al cervatillo de un solo bocado. Entonces se quedó mirando en silencio, temeroso también de que el puma, no satisfecho con el cervatillo, lo atacara a él. Sorpresivamente, vio al puma acercarse al cervatillo. Entonces ocurrió algo inesperado; en lugar de comérselo, el puma empezó a lamerle las heridas.

Después se fue y volvió con unas ramas humedecidas y se las acercó al cervatillo con la pata para que éste pudiera beber el agua; y después se fue y trajo un poco de hierba húmeda y se la acercó para que el cervatillo pudiera comer. Increíble.

Al día siguiente, cuando el hombre volvió al lugar, vio que el cervatillo aún estaba allí, y que el puma otra vez llegaba para alimentarlo, lamerle las heridas y darle de beber. El hombre se dijo: ésta es la señal que yo estaba buscando, es muy clara. "Dios se ocupa de proveerte de lo que necesites, lo único que no hay que hacer es ser ansioso y desesperado corriendo detrás de las cosas." Así que agarró su atadito, se puso en la puerta de su casa y se quedó ahí esperando que alguien le trajera de comer y de beber. Pasaron dos horas, tres, seis, un día, dos días, tres días... pero nadie le daba nada. Los que pasaban lo miraban y él ponía cara de pobrecito imitando al cervatillo herido, pero no le daban nada. Hasta que un día pasó un señor muy sabio que había en el pueblo y el pobre hombre, que estaba ya muy angustiado, le dijo:

—Dios me engañó, me mandó una señal equivocada para hacerme creer que las cosas eran de una manera y eran de otra. ¿Por qué me hizo esto? Yo soy un hombre creyente...

Y le contó lo que había visto en el bosque...

El sabio lo escuchó y luego le dijo:

—Quiero que sepas algo. Yo también soy un hombre muy creyente, Dios no manda señales en vano, Dios te mandó esa señal para que aprendieras.

El hombre le preguntó:

—¿Por qué me abandonó?

Entonces el sabio le respondió:

—¿Qué haces tú, que eres un puma fuerte y listo para luchar, comparándote con el cervatillo? Tu lugar es buscar algún cervatillo a quien ayudar, encontrar a alguien que no pueda valerse por sus propios medios.

Casi todo puede ser visto, registrado y analizado desde varios lugares. De hecho la humanidad ha mirado al hombre y su problemática poniendo el acento en diferentes aspectos de nuestras dificultades a lo largo del último siglo.

Rollo May dice que el eje problemático del hombre en nuestra sociedad occidental judeocristiana ha ido variando aproximadamente cada veinte años y, por ende, la psicología ha ido cambiando cada dos décadas el foco de interés de sus planteamientos teóricos. May sugiere, con gran acierto, que este viraje se debe no sólo a los hechos históricos que modifican hábitos y posibilidades, sino sobre todo justamente a que las escuelas sociales y psicológicas se han ocupado de esos problemas tan adecuadamente que, de alguna manera, los han resuelto.

El mejor ejemplo es el de las dos primeras décadas del siglo XX. La problemática del hombre giraba en ese momento alrededor de los mecanismos de represión, sobre todo de la sexualidad y la falta de conocimiento de sí mismo por parte del individuo. En ese contexto aparece Freud y con su genialidad diseña una estructura, un modelo y una forma de análisis y tratamiento para esa problemática. Utilizando el psicoanálisis como herramienta, él y sus seguidores realizan tan buen trabajo que el eje fundamental de mundo interno del hombre varía de ahí en adelante. Este proceso se irá repitiendo y dando espacio a lugares hegemónicos de diferentes escuelas sociales y psicoterapéuticas que intentarán y conseguirán esclarecer y, por eso, modificar el mundo en el que se desarrollan.

Como un esquema referencial, sin ningún rigor histórico, podríamos sobrevolar las preocupaciones que tuvo nuestra sociedad durante el siglo XX (indico entre paréntesis algunas escuelas en boga o personas que contribuyeron con modificaciones).

1900-1920   Represión sexual-autoconocimiento
            (Freud, *psicoanálisis*)
1920-1940   Poder y conducta eficaz
            (Watson, *conductismo*)
1940-1960   Desarrollo humano y libertad
            (*Tercer movimiento*, Frankl, Maslow,
            Perls, Fromm, Rogers, Krishnamurti)

1960-1980	Competencia y trabajo en grupo (Ellis, Berne, *cognitiva*, *sistémica*)
1980-2000	Control personal y espiritualidad (PNL, *transpersonal*, Silva, Weiss, Chopra, Watts)

¿Cuáles son los problemas que más nos inquietarán en los próximos veinte años? Cada filósofo, cada pensador, cada analista, cada terapeuta tendrá su opinión al respecto. Para mí, el eje de nuestro desarrollo e inquietud pasará fundamentalmente por dos puntos: la crisis de valores y el aislamiento del individuo.

Es del último punto mencionado de lo que intenta ocuparse este libro.

Estas hojas de ruta conducen, o intentan conducir, al antídoto del aislamiento: el encuentro.

¿Cuáles serán las escuelas de pensamiento y quiénes serán los líderes del camino? No lo sabemos. Pero me parece que valdrá la pena prestar atención a quien yo considero uno de los diez maestros más importantes de la actualidad: el doctor Humberto Maturana.

Encuentros verticales

Acerca del amor

Justo después de haber recorrido el camino de la autodependencia, estoy por fin en condiciones de encontrarme con otros. Y dice Maturana que es justamente este *encuentro con otros* lo que nos confiere humanidad a los humanos. Y dice aún más: el homo sapiens no se volvió sapiens por el desarrollo de su intelecto sino por el desarrollo de su lenguaje. Es el lenguaje y su progresiva sofisticación lo que produjo el desarrollo intelectual y no al revés. Entonces, se pregunta el brillante chileno, ¿para qué apareció el lenguaje? ¿Para comunicar qué? Y se contesta: el Amor.

Y por supuesto que no se refiere solamente al amor romántico sino al liso y llano afecto por los demás. Se refiere, creo, al encuentro afectivo con el prójimo.

SIGNIFICADO

Pero ¿de qué se trata este Amor que Maturana define tan poderoso como para ser el responsable último de nuestro desarrollo individual? ¿Qué quiere decir hoy día esta palabra tan usada, bastardeada, exagerada, malgastada y devaluada? (si es que todavía conserva algo de su significado).

A veces, los que asisten a mis charlas me preguntan: ¿Para qué hay que ponerle definiciones a las cosas, para qué tanto afán de llamar a las cosas por su nombre como siempre dices?

Cuentan que una mujer entró a un restaurante y pidió como primer plato una sopa de espárragos. Unos minutos después, el mesero le servía su humeante plato y se retiraba.
—¡Mesero! —gritó la mujer—, venga para acá.
—¿Señora? —contestó el mesero acercándose.
—¡Pruebe esta sopa! —ordenó la clienta.
—¿Qué pasa, señora? ¿No es lo que usted quería?
—¡Pruebe la sopa! —repitió la mujer.
—Pero qué sucede... ¿le falta sal?
—¡Pruebe la sopa!
—¿Está fría?
—¡PRUEBE LA SOPA! —repetía la mujer insistente.
—Pero señora, por favor, dígame lo que pasa... —dijo el mesero.
—Si quiere saber lo que pasa... pruebe la sopa —dijo la mujer señalando el plato.
El mesero, dándose cuenta de que nada haría cambiar de parecer a la encaprichada mujer, se sentó frente al humeante líquido amarillento y le dijo con cierta sorpresa:
—Pero aquí no hay cuchara...
—¿Vio? —dijo la mujer—, ¿vio...? Falta la cuchara.

Qué bueno sería acostumbrarnos, en las pequeñas y en las grandes cosas, a poder nombrar hechos, situaciones y emociones directamente, sin rodeos, tal como son.

Yo no hablo de precisiones pero sí de definiciones. Esto es, *decidir* desde dónde hasta dónde abarca el concepto del que hablamos. Quizá por eso me ocupe de aclarar, también, de qué *No* hablo cuando hablo de amor.

No hablo de estar enamorado cuando hablo de amor.
No hablo de sexo cuando hablo de amor.
No hablo de emociones que sólo existen en los libros.
No hablo de placeres reservados para los exquisitos.
No hablo de grandes cosas.
Hablo de una emoción capaz de ser vivida por cualquiera.
Hablo de sentimientos simples y verdaderos.
Hablo de vivencias trascendentes pero no sobrehumanas.
Hablo del amor tan sólo como querer mucho a alguien.

Y hablo del querer no en el sentido etimológico de la posesión, sino en el sentido que le damos coloquialmente en nuestros países de habla hispana.

Entre nosotros, rara vez usamos el "te amo", más bien decimos "te quiero", o "te quiero mucho", o "te quiero muchísimo".

Pero ¿qué estamos diciendo con ese "te quiero"?

Yo creo que decimos: me importa tu bienestar.

Nada más y nada menos.

Cuando quiero a alguien, me doy cuenta de la importancia que tiene para mí lo que hace, lo que le gusta y lo que le duele a esa persona.

Te quiero significa, pues, me importa *de* ti; y te amo significa: me importa muchísimo. Y tanto me importa que, cuando te amo, a veces priorizo tu bienestar por encima de otras cosas que también son importantes para mí.

Esta definición (que me importa *de* ti) no transforma al amor en una gran cosa, pero tampoco lo reduce a una tontería...

Conducirá, por ejemplo, a la plena conciencia de dos hechos: no es verdad que te quieran mucho aquellos a quienes no les importa demasiado tu vida y no es verdad que no te quieran los que viven pendientes de lo que te pasa.

Repito: si de verdad me quieres, ¡te importa *de* mí!

Y por lo tanto, aunque me sea doloroso aceptarlo, si no te importa *de* mí, será porque no me quieres. Esto no tiene nada de malo, no habla mal de ti que no me quieras, solamente es la realidad, aunque sea una triste realidad (dice la canción de Serrat: "Nunca es triste la verdad, lo que no tiene es remedio...". Quizá haya que entender que eso es lo triste, que no tenga remedio).

Esa diferencia sólo cuantitativa que hago entre querer y amar es la misma diferencia que hay con la mayoría de las expresiones afectivas que usamos para *no* decir Te quiero. Decimos: me gustas, me caes simpático, te tengo afecto, te tengo cariño, etcétera.

Si yo digo que quiero a mi perro, por ejemplo (lo cual es profundamente cierto), puede no parecer una gran declaración, pero no es poca cosa. No es lo mismo mi perro que cualquier otro perro, me importa lo que le pase. Y digo que quiero a mi vecino, y al señor de enfrente, pero no al de la vuelta, a ése no lo quiero. Y estoy diciendo que mucho no me importa, aunque vive a la misma distancia de mi casa que aquellos a los que quiero; pero con éstos tengo algo y con aquél no tengo nada.

Y cuando viene mi mamá y me cuenta:

—¿No sabes quién se murió? Se murió Mongo Picho.

—Ah, se murió.

—¿Te acuerdas que venía a casa?

—No...

—Cómo que no... acuérdate.

—Bueno, me acuerdo. ¿Y?

—Se murió.

Y a mí qué me importa. La verdad, la verdad, es que no me importa nada. Pero me importa *de* mi mamá, a la que amo, y entonces, a veces, para acompañar a mi mamá, digo:

—Pobre Mongo...

Y ella me dice:

—Sí, ¿ves? Pobre...

Esto opera desde un lugar diferente de todo lo que nos han enseñado. Porque la moral aprendida parecería apuntar a un amor indiscriminado, al amor del místico, al amor supuestamente altruista, a la relación con aquellos a los que no conozco y, sin embargo, ayudo con genuino interés en su bienestar. Creo que ya dije que la diferencia en ese caso es que mi interés en ellos se deriva de mi egoísta placer de ayudar, y en todo caso de un amor genérico por los demás. Quiero decir, me importa *del* vecino de la vuelta y *del* niño de Kosovo y *del* vagabundo de Dallas más allá de ellos mismos, por su simple condición de seres humanos. Pero no me refiero aquí a esto, sino a lo cotidiano, más allá de la caridad, más allá de la benevolencia, más allá de la conciencia de ser con el todo y de aprender a amarme en los demás.

Cuando empezamos a pensar en esto, nos damos cuenta de que en realidad no queremos a todos por igual y que es injusto andar equiparando la energía propia de nuestro interés ocupándonos de todos indiscriminadamente. Me parece que querer a la humanidad en su conjunto sin querer particularmente a nadie es un sentimiento reservado a los santos o una aseveración para los demagogos mentirosos y los discapacitados afectivos (aquellos que no conocen su capacidad de amar y, por lo tanto, no aman).

Cuando me doy cuenta sin culpa de que quiero más a unos que a otros, empiezo a destinar más interés a las cosas y a las personas que más me importan para poder verdaderamente ocuparme mejor de aquellos a quienes más quiero.

Parece mentira, pero en el mundo cotidiano muchas personas viven más tiempo ocupándose de aquellos que no les importan que de aquellos a quienes dicen querer con todo su corazón. Pasan más tiempo tratando de agradar a gente que no les interesa que tratando de complacer a la gente que aman.

Esto es una necedad.

Hay que ponerlo en orden. Hay que darse cuenta.

No es inhumano que yo sea capaz de canalizar el poco tiempo que tengo para ponerlo prioritariamente al servicio de aquellos vínculos que construí con las personas que más quiero.

Tengo que darme cuenta de la distorsión que implica pasar más tiempo con quienes no quiero estar que con los que realmente quiero.

Una cosa es que yo dedique una parte de mi atención para hacer negocios y mantenga trato cordial con gente que no conozco ni me importa, y otra cosa es la perversa propuesta del sistema que sugiere vivir en función de ellos. Esto es enfermizo, aunque ellos sean mis clientes más importantes, el jefe más influyente, un empleado eficaz o los proveedores que me permiten ganar más dinero, más gloria o más poder...

Tómense un minuto para saber de verdad quiénes son las quince, ocho, dos o cincuenta personas en el mundo que les importan. No se preocupen pensando que tal vez se olviden de alguien, porque si se olvidan quiere decir que ÉSE no era importante. Hagan la lista (no incluyan a los hijos, ya sabemos que nos importan más que nada) y quizá confirmen lo que ya sabían... O quizá se sorprendan.

Pueden completar esta historia dando vuelta a la página y, sin ver la lista anterior, escribir los nombres de las diez personas para quienes ustedes creen ser importantes (dicho de otra manera, la lista de aquellos que nos incluirían en *sus* listas). No importa que sean o no las mismas diez personas del otro lado, quizá confirmen que hay personas a quienes queremos pero que mucho no nos quieren, y que hay gente que nos quiere pero que nosotros mucho no queremos.

Vale la pena investigarlo. Tiene sentido la sorpresa. Porque entonces vamos a poder discriminar con mucha más propiedad el tiempo, la energía y la fuerza que usamos en función de estos encuentros.

EL AMOR ES UNO SOLO

Hay muchas cosas que yo puedo hacer para demostrar, para mostrar, para corroborar, confirmar o legitimar que te quiero, pero hay una sola cosa que yo puedo hacer con mi amor, y es *quererte*, ocuparme de ti, actuar mis afectos como yo los sienta. Y como yo lo sienta será mi manera de quererte.

Tú puedes recibirlo o puedes negarlo, puedes darte cuenta de lo que significa o puedes ignorarlo supinamente. Pero ésta es mi manera de quererte, no hay ninguna otra disponible.

>Cada uno de nosotros tiene una sola manera de querer: la propia.

En el campo de la salud mental, muchas veces nos encontramos con alguien que mal aprendió, sin darse cuenta, que querer es golpear, y termina casándose con otro golpeador para sentirse querido (muchas de las mujeres golpeadas han sido *hijas* golpeadas).

Durante siglos se ha maltratado y lastimado a los niños mientras se les decía que esto era por el bien de ellos: "Me duele más a mí que a ti pegarte", dicen los padres.

Y a los cinco años, uno no está en condiciones de juzgar si esto es cierto o no.

Y uno condiciona su conducta.

Y uno sigue, muchas veces, comiendo mierda y creyendo que es nutritiva.

Cuando trabajé con adictos durante la época de especialización como psiquiatra, atendí a una mujer que tenía un padre alcohólico y a su vez se había casado con un alcohólico. La conocí en la clínica donde su marido estaba internado. Durante muchos años ella acompañó a su esposo a los grupos de Alcohólicos Anónimos para tratar de que superara su adicción, que llevaba más de doce años. Finalmente, él estuvo en abstinencia durante veinticuatro meses. La mujer vino a verme para decirme que, después de dieciséis años de casados, sentía que su misión ya estaba cumplida, que él ya estaba recuperado... Yo, que en aquel entonces tenía veintisiete años y era un médico recibido hacía muy poco, interpreté que en realidad lo que ella quería era curar a su papá, y entonces había redimido la historia de curar al padre curando a su marido. Ella dijo: "Puede ser, pero ya no me une nada a mi marido;

he sufrido tanto por su alcoholismo, que me quedé para no abandonarlo en medio del tratamiento, pero ahora no quiero saber nada de él". El caso es que se separaron. Un año después, incidentalmente y en otro lugar, me encontré con esta mujer que había hecho una nueva pareja. Se había vuelto a casar... con otro alcohólico.

Estas historias, que desde la lógica no se entienden, tienen mucho que ver con la manera en que uno transita por sus propias cosas irresueltas, cómo uno entiende lo que es querer.

Querer y *mostrarte que te quiero* pueden ser dos cosas distintas para mí y para ti. Y en éstas, como en todas las cosas, podemos estar en absoluto desacuerdo sin que necesariamente alguno de los dos esté equivocado.

Por ejemplo: yo sé que mi mamá puede mostrarte que te quiere de muchas maneras. Cuando te invita a su casa y cocina comida que a ti te gusta, eso significa que te quiere; ahora, si para el día que estás invitada ella prepara dos o tres de esas deliciosas comidas árabes que implican amasar, pelar, hervir y estar pendiente durante cinco o seis días de la cocina, eso para mi mamá es que te ama. Y si uno no aprende a leer esta manera, puede quedarse sin darse cuenta de que para ella esto es igual a decir te quiero. ¿Es eso ser demostrativa? ¡Qué sé yo! En todo caso ésta es *su* manera de decirlo. Si yo no aprendo a leer el mensaje implícito en estos estilos, nunca podré decodificar el mensaje que el otro expresa. (Una vez por semana, *cuando me peso*, confirmo lo mucho que mi mamá me quería ¡y lo bien que yo decodifiqué su mensaje!)

Cuando alguien te quiere, lo que hace es ocupar una parte de su vida, de su tiempo y de su atención en ti.

Un cuento que viaja por el mundo de Internet me parece que muestra mejor que yo lo que quiero decir:

Cuentan que una noche, cuando en la casa todos dormían, el pequeño Ernesto de cinco años se levantó de su cama y fue al cuarto de sus padres. Se paró junto a la cama del lado de su papá y tirando de las cobijas lo despertó.

—¿Cuánto ganas, papá? —le preguntó.
—Eh... ¿cómo? —preguntó el padre entre sueños.
—Que cuánto ganas en el trabajo.
—Hijo, son las doce de la noche, ve a dormir.
—Sí papi, ya me voy, pero ¿cuánto ganas en tu trabajo?

El padre se incorporó en la cama y en grito ahogado le ordenó:

—¡Te vas a la cama inmediatamente, ésos no son temas para que tú preguntes; y menos a la medianoche! —y extendió su dedo señalando la puerta.

Ernesto bajó la cabeza y se fue a su cuarto.

A la mañana siguiente el padre pensó que había sido demasiado severo con Ernesto y que su curiosidad no merecía tanto reproche. En un intento de reparar, en la cena el padre decidió contestarle al hijo:

—Respecto de la pregunta de anoche, Ernesto, yo tengo un sueldo de 2,800 pesos pero con los descuentos me quedan unos 2,200.
—¡Uh, cuánto ganas, papi! —contestó Ernesto.
—No tanto hijo, hay muchos gastos.
—Ah, y trabajas muchas horas.
—Sí, hijo, muchas horas.
—¿Cuántas, papi?
—Todo el día, hijo, todo el día.
—Ah —asintió el niño, y siguió—, entonces tienes mucho dinero, ¿no?
—Basta de preguntas, eres muy chiquito para estar hablando de dinero.

Un silencio invadió la sala y callados todos se fueron a dormir.

Esa noche, una nueva visita de Ernesto interrumpió el sueño de sus padres. Esta vez traía un papel con números garabateados en la mano.

—Papi, ¿me puedes prestar cinco pesos?
—Ernesto... ¡son las dos de la mañana! —se quejó el papá.
—Sí, pero ¿me puedes...?

El padre no le permitió terminar la frase.

—Así que éste era el tema por el cual estás preguntando tanto del dinero, mocoso impertinente. Ve inmediatamente a la cama antes de que te agarre con la pantufla... Fuera de aquí... A su cama. Vamos.

Una vez más, esta ocasión haciendo pucheros, Ernesto arrastró los pies hacia la puerta.

Media hora después, quizá por la conciencia del exceso, quizá por la mediación de la madre o simplemente porque la culpa no lo dejaba dormir, el padre fue al cuarto de su hijo. Desde la puerta lo escuchó lloriquear casi en silencio.

Se sentó en su cama y le habló:

—Perdóname si te grité, Ernesto, pero son las dos de la madrugada, toda la gente está durmiendo, no hay ningún negocio abierto, ¿no podías esperar hasta mañana?

—Sí, papá —contestó el niño entre mocos.

El padre metió la mano en su bolsillo y sacó su billetera de donde extrajo un billete de cinco pesos. Lo dejó en la mesita de luz y le dijo:

—Ahí tienes el dinero que me pediste.

El niño se enjugó las lágrimas con la sábana y saltó hasta su ropero, de allí sacó una lata y de la lata unas monedas y unos pocos billetes de un peso. Agregó los cinco pesos al lado del resto y contó con los dedos cuánto dinero tenía.

Después agarró el dinero entre las manos y lo puso en la cama frente a su padre que lo miraba sonriendo.

—Ahora sí —dijo Ernesto—, llevo justo nueve pesos con cincuenta centavos.

—Muy bien hijo, ¿y qué vas a hacer con ese dinero?

—¿Me vendes una hora de tu tiempo, papi?

Cuando alguien te quiere, sus acciones te dejarán ver claramente cuánto le importas.

Yo puedo decidir hacer algo que tú quieres que haga en la fantasía de que te des cuenta de cuánto te quiero. A veces sí y a veces no. Aunque no esté en mí, despertarme de madrugada el 13 de diciembre, decorar la casa y prepararte el desayuno empapelando el cuarto con pancartas, llenándote la cama de regalos y la noche de invitados... sabiendo cuánto te emociona, puedo hacerlo alguna vez. Cuando yo tenga ganas. Pero si me impongo hacerlo todos los años sólo para complacerte y lo hago, no esperes que lo disfrute. Porque si no son las cosas que yo naturalmente quiero hacer, quizá sea mejor para los dos que no las haga.

Ahora bien, si yo nunca tengo ganas de hacer estas cosas ni ninguna de las otras que sé que te gustan, entonces algo pasa.

Con la convivencia yo podría aprender a disfrutar de agasajarte de alguna de esas maneras que tú prefieres. Y de hecho así sucede. Pero esto no tiene nada que ver con algunas creencias, más o menos aceptadas por todos, que parecen contradictorias con lo que acabo de decir y con las que, por supuesto, no estoy de acuerdo.

Hablo específicamente sobre los sacrificios en el amor.

A veces la gente me quiere convencer de que más allá de la idea de ser feliz, las relaciones importantes son aquéllas donde uno es capaz de sacrificarse por el otro. Y la verdad es que yo no creo que el amor sea un espacio de sacrificio. Yo no creo que sacrificarse por el otro garantice ningún amor, y mucho menos creo que ésta sea la pauta que reafirma mi amor por el otro.

El amor es un sentimiento que avala la capacidad para disfrutar juntos de las cosas y no una medida de cuánto estoy dispuesto a sufrir por ti, o cuánto soy capaz de renunciar a mí.

En todo caso, la medida de nuestro amor no la podemos condicionar al dolor compartido, aunque éste sea parte de la vida. Nuestro amor se mide y trasciende en nuestra capacidad de recorrer juntos este camino disfrutando cada paso tan intensamente como seamos capaces y aumentando nuestra capacidad de disfrutar precisamente porque estamos juntos.

LOS "TIPOS" DE AMOR, UNA FALSA CREENCIA

Cada vez que hablo sobre estos temas en una charla o en una entrevista, mi interlocutor argumenta "depende de qué tipo de amor hablemos".

Yo entiendo lo que dicen, lo que no creo es que existan clases o clasificaciones diferentes de amor determinadas por el tipo de vínculo: te quiero *como amigo*, te quiero *como hermano, como primo, como gato, como tío... como puerta* (?).

Voy a hacer una confesión grupal: esto de los diferentes tipos de afecto lo inventó mi generación hace más o menos cuarenta o cincuenta años; antes no existía. Déjame que te cuente. En aquel entonces, los jóvenes adolescentes y preadolescentes cruzábamos nuestros primeros vínculos con el sexo opuesto en las salidas "en barra" (grupos de diez o doce jóvenes que salíamos los sábados o nos quedábamos en la casa de alguno o alguna de nosotros escuchando música o aprendiendo a bailar). En estos grupos pasaba que, por ejemplo, yo me percataba de la hermosa Graciela. Y entonces les contaba a mis amigos y amigas (a todos menos a ella) que el sábado iba a hablar con Graciela y confesarle que estaba enamorado de ella (y seguramente Graciela también se enteraba pero hacía como que no sabía). Así, el sábado, un poco más valiente que de costumbre yo me acercaba a Graciela y me "echaba un rollo" (una especie de declaración-propuesta naïve) y ella, que no tenía la menor intención de salir conmigo porque le gustaba Pedro, pero pertenecíamos al mismo grupo, ¿qué me podía decir? El grupo la podía rechazar si me hacía daño, no podía decirme: "¿Cómo piensas que me puedo fijar en ti?". No podía. Y entonces Graciela y las Gracielas de nuestros barrios nos miraban con cara de carnero degollado y nos decían: "No, cariño, yo a ti *te quiero como a un amigo*", que quería decir: "No cuentes conmigo, idiota"; lo que nos dejaba en el incómodo lugar de no saber si festejar o ponernos a llorar, porque no era un rechazo, no, era una confusión de amores.

Entonces no sabía (y después nunca supe muy bien) qué quería decir *te quiero como a un amigo*, pero yo también empecé a usarlo: *te quiero como amiga*. Una historia práctica para no decir que más allá del afecto no quiero saber nada contigo. Una respuesta funcional que supuestamente pone freno a las fantasías sexuales (como si uno no pudiera tener un revolcón con un amigo...).

Así empezó y luego se extendió:

Si no existe ni siquiera la más remota posibilidad, entonces es: *te quiero como a un hermano* (que quiere decir: preséntame a Pedro).

Y si la persona que propone es un viejo verde o una veterana achacosa, entonces hay que decir: *te quiero como a un padre* (*o como a una madre*), respuesta que, por supuesto, nunca evita su depresión...

Vivimos hablando y calificando nuestros afectos según el tipo de amor que sentimos...

Y, sin embargo, pese a nosotros, y a los usos y costumbres, no es así.

El amor es siempre amor, lo que cambia es el vínculo, y esto es mucho más que una diferencia semántica.

El ejemplo que yo pongo siempre es: si yo tengo una ensaladera con lechuga, le puedo agregar tomate y cebolla y hacer una ensalada mixta; o le puedo agregar betabel, tomate, zanahoria, huevo duro y un poquito de aceite de oliva y tendré una completa. Le puedo agregar pollo, papa y mayonesa y conseguiré un salpicón de ave. Finalmente un día le puedo poner miel, azúcar y aceite de tractor y entonces quedará una basura con gusto espantoso. Y será otra ensalada.

Las ensaladas son diferentes, pero la lechuga es siempre la misma.

Hay algunas ensaladas que me gustan y otras que no.

Hay algunos afectos que a mí me resultan combinables y algunos afectos que me resultan francamente incompatibles.

Lo que cambia en todo caso es la manera en la que expreso mi amor, en el vínculo que yo establezco con el otro, pero no el amor.

Son las otras cosas agregadas al afecto las que hacen que el encuentro sea diferente.

Puede ser que además de quererte me sienta atraído sexualmente, que además quiera vivir contigo o quiera que compartamos el resto de la vida, tener hijos y todo lo demás. Entonces, este amor será el que se tiene en una pareja.

Puede ser que yo te quiera y que además compartamos una historia en común, un humor que nos sintoniza, que nos riamos de las mismas cosas, que seamos compinches, que confiemos uno en el otro y que seas mi oreja preferida para contarte mis cosas. Entonces serás mi amigo o mi amiga.

Para mí existe *mi manera* de amar y *tu manera* de amar. Por supuesto, existen vínculos diferentes. Si te quiero, cambiará mi relación contigo según las otras cosas que le agregamos al amor, pero insisto, no hay diferentes tipos de cariño.

En última instancia, el amor es siempre el mismo. Para bien y para mal, mi manera de querer es siempre única y peculiar.

Si yo sé querer a los demás en libertad y constructivamente, quiero constructiva y libremente a todo el mundo.

Si soy celoso con mis amigos, soy celoso con mi esposa y con mis hijos.

Si soy posesivo, soy posesivo en todas mis relaciones, y más posesivo cuanto más cerca me siento.

Si soy asfixiante, cuanto más quiero más asfixiante soy, y más anulador si soy anulador.

Si he aprendido a mal querer, cuanto más quiera más daño haré. Y si he aprendido a querer bien, mejor lo haré cuanto más quiera.

Claro, esto genera problemas. Hay que advertir y estar advertido.

Decirle a mi pareja que yo la quiero de la misma manera que a mi mamá y a una amiga, seguramente provoque inquietud en las tres. Pero se inquietarían injustamente, porque ésta es la verdad.

Quiero a mi mamá, a mi esposa y a mi amiga con el único cariño que yo puedo tener, que es el mío. Lo que pasa es que, además, a mi mamá, a mi esposa y a mi amiga me unen cosas diferentes, y esto hace que el vínculo y *la manera que tengo de expresar lo que siento* cambie de persona en persona.

Los afectos cambian solamente en intensidad. Puedo querer más, puedo querer menos, puedo querer un montón y puedo querer muy poquito.

Puedo querer tanto como para llegar a aquello que dijimos que es el amor, a que me alegre tu sola existencia más allá de que estés conmigo o no.

Puedo querer muy poquito y esto significará que no me da lo mismo que vivas o que no vivas, no me da lo mismo que te pise un tren o no, pero tampoco me ocuparía demasiado en evitarlo. De hecho casi nunca te visito, no te llamo por teléfono, nunca pregunto por ti, y cuando vienes a contarme algo siempre estoy muy ocupado mirando por la ventana. Pensar que podrías sentirte dolido no me da lo mismo pero tampoco me quita el sueño.

DESENGAÑO

¿Es tan fácil darse cuenta cuando a uno no lo quieren?

¿Basta con mirar al otro fijamente a los ojos? ¿Alcanza con verlo moverse en el mundo? ¿Es suficiente con preguntarle o preguntarme...?

Si así fuera, ¿cómo se explica tanto desengaño? ¿Por qué la gente se defrauda tan seguido si en realidad es tan sencillo darse cuenta de cuánto les importamos o no les importamos a los que queremos?

¿Cómo puede asombrarnos el descubrimiento de la verdad del desamor?

¿Cómo pudimos pensarnos queridos cuando en realidad no lo fuimos?

Tres cosas hay que impiden nuestra claridad:

La primera está reflejada en el cuento "La ejecución" que relato en *Recuentos para Demián*.[2]

La historia (un maravilloso cuento nacido en Oriente hace por lo menos 1,500 años) cuenta, en resumen, de un rey poderoso y tiránico y de un sacerdote sabio y bondadoso. En el relato, el sabio sacerdote planea una trampa para el magistrado. Varios de sus discípulos se pelean para que el rey los condene a ser decapitados. El rey se sorprende de esta decisión suicida masiva y empieza a investigar hasta que "descubre" en las escrituras sagradas un texto que asegura que quien sea muerto a manos del verdugo el primer día después de la luna llena, renacerá y será inmortal. El rey, que lo único que teme es la muerte, decide pedirle a su verdugo que le corte la cabeza en la mañana del día señalado.

... Eso fue lo que sucedió y, por supuesto, por fin el pueblo se liberó del tirano. Los discípulos preguntaron:
—¿Cómo pudo este hombre que oprimió a nuestro pueblo, astuto como un chacal, haberse creído algo tan infantil como la idea de seguir viviendo eternamente después que el verdugo cortara su cabeza?
Y el maestro contestó:
—Hay aquí algo para aprender... Nadie es más vulnerable a creerse algo falso que aquel que *desea* que la mentira sea cierta.

¿Cómo no voy a entender que miles de personas vivan sus vidas en pareja o en compañía creyendo que son queridas por aquel que no las quiere o por el que no las quiso nunca?
Quiero, ambiciono y deseo tanto que me quieras, tengo tanta necesidad de que tú me quieras, que quizá pueda ver en cualquiera de tus actitudes una expresión de tu amor.
Tengo tantas ganas de creerme esa mentira (como el rey del cuento), que no me importa que sea evidente su falsedad.
Schopenhauer lo ilustra en una frase sugiriendo que "se puede querer, pero no se puede querer lo que se quiere".
La segunda causa de confusión es el intento de erigirse en

parámetro evaluador del amor del prójimo. Por lo menos desde el lugar de comparar lo que soy capaz de hacer por el amado con lo que él o ella hacen por mí.

El otro no me quiere como yo lo quiero y mucho menos como yo quisiera que me quiera, el otro me quiere a *su* manera.

El mundo está compuesto por seres individuales y personales que son únicos y absolutamente irreproducibles. Y como ya dijimos, la manera de él no necesariamente es la mía, es la de él, porque él es una persona y yo soy otra. Además, si me quisiera exactamente a mi manera, él no sería él, él sería una prolongación de mí.

Ella quiere de una manera y yo quiero de otra, por suerte para ambos.

Y cuando yo confirmo que ella no me quiere como yo la quiero a ella, ni tanto ni de la misma manera, al principio del camino me decepciono, me defraudo y me convenzo de que la única manera de querer es la mía. Así deduzco que ella sencillamente no me quiere. Lo creo porque no expresa su cariño como lo expresaría yo. Lo confirmo porque no actúa su amor como lo actuaría yo.

Es como si me transformara, ya no en el centro del universo sino en el dueño de la verdad: todo el mundo tiene que expresar todas las cosas como yo las expreso, y si el otro no lo hace así, entonces no vale, no tiene sentido o es mentira, una conclusión que muchas veces es falsa y que conduce a graves desencuentros entre las personas.

En la otra punta están aquellos que frente al desamor desconfían de lo que perciben porque atenta contra su vanidad.

A medida que recorro el camino del encuentro, aprendo a aceptar que quizá no me quieras.

Y lo acepto tanto desde permitirme el dolor de no ser querido como desde la humildad.

Hablo de humildad porque ésta es la tercera razón para no ver: "¡Cómo no me vas a querer a mí, que soy tan maravilloso, espectacular, extraordinario! Dónde vas a encontrar a otro, otra, como yo, que te quiera como yo, que te atienda como yo y te haya dado los mejores años de su vida. Cómo no vas a quererme a mí..."

Es tan fácil no quererme a mí como no querer a cualquier otro.

El afecto es una de las pocas cosas cotidianas que no depende sólo de lo que hagamos nosotros ni exclusivamente de nuestra decisión, sino de que, de hecho, suceda. Quizá pueda impedirlo, pero no puedo causarlo. Sucede o no sucede, y si no sucede, no hay manera de hacer que suceda, ni en mí ni en ti.

Si me sacrifico, me mutilo y cancelo mi vida por ti, podré conseguir tu lástima, tu desprecio, tu conmiseración, quizá hasta gratitud, pero no conseguiré que me quieras, porque eso no depende de lo que yo pueda hacer.

Cuando mamá o papá no nos daban lo que les pedíamos, les decíamos "eres mala/o no te quiero más", y ahí terminaba todo.

La decisión de dejar de amar como castigo.

Pero los adultos sabemos que esto es imposible. Sabemos que no existe nuestro viejo conjuro infantil "corto mano y corto fierro...".

LA CREENCIA DEL AMOR ETERNO

Quizá el más dañino y difundido de los mitos acerca del amor es el que promueve la falsa idea de que el "verdadero amor" es eterno. Los que lo repiten y sostienen pretenden convencernos de que si alguien te ama, te amará para toda la vida; y que si amas a alguien, esto jamás cambiará.

Y, sin embargo, a veces, lamentable y dolorosamente, el sentimiento se aletarga, se consume, se apaga y se termina... Y cuando eso sucede, no hay nada que se pueda hacer para impedirlo.

Estoy diciendo que se deja de querer.

Claro, no siempre, pero se puede dejar de querer.

Creer que el amor es eterno es vivir encadenado al engaño infantil de que puedo reproducir en lo cotidiano aquel vínculo que alguna vez tuve real o fantaseado: el amor de mi madre, un amor infinito, incondicional y eterno.

Dice Jacques Lacan que es éste el vínculo que inconscientemente buscamos reproducir, un vínculo calcado de aquél en muchos aspectos.

Ya hablaremos de esta búsqueda y de la supuesta eternidad cuando lleguemos al tema de la pareja, pero mientras tanto deshagámonos, si es posible para siempre, de la idea del amor incólume y asumamos con madurez, como dice Vinicios de Moraes, que

el amor es una llama que consume
y consume porque es fuego,
un fuego eterno... mientras dure.

Mi consultorio, en problemas afectivos, se divide en tres grandes grupos de personas: aquellas que quieren ser queridas más de lo que son queridas, aquellas que quieren dejar de querer a aquel que no las quiere más porque les es muy doloroso, y aquellas que les gustaría querer más a quien ya no quieren, porque todo sería más fácil.

Lamentablemente, todos se enteran de las mismas malas noticias: no sólo no podemos hacer nada para que nos quieran, sino que tampoco podemos hacer nada para dejar de querer.

Qué fácil sería todo si se pudiera elevar el quererómetro apretando un botón y querer al otro más o menos de lo que uno lo quiere, o girar una llave hasta conseguir equiparar el flujo de tu emoción con el mío.

Pero las cosas no son así. La verdad es que no puedo quererte más que como te quiero, no puedes quererme ni un poco más ni un poco menos de lo que me quieres.

Bien, ya sabemos lo que No Es. Pero ¿qué es realmente el amor?

NOTAS SOBRE VÍNCULO AFECTIVO

> *Eres el camino y eres la meta; no hay distancia entre tú y la meta.*
> *Eres el buscador y eres lo buscado; no hay distancia entre la búsqueda y lo encontrado.*
> *Eres el adorador y eres lo adorado.*
> *Eres el discípulo y eres el maestro.*
> *Eres los medios y eres el fin.*
> *Éste es el Gran Camino.*
>
> Osho, *El libro de la nada*

En sus orígenes, el término *vínculo* y el término *afecto* nos remiten a conceptos o acciones que pueden ser tanto negativos como afirmativos, es decir, a conceptos neutrales. Ninguno de ellos nos hace explícito si el lazo con lo otro es positivo o negativo. Debemos establecer entonces que el amor es un vínculo afectivo y que el odio también lo es, y que tanto el placer del encuentro como el dolor del desencuentro nos vinculan afectivamente.

Siendo esquemáticos, se podría clasificar los vínculos en tres grandes grupos según el punto de atención del encuentro afectivo:

a) El vínculo con un ente metafísico (Dios, fuerza cósmica, la naturaleza, etcétera).
b) El vínculo con un objeto (una obra de arte, un objeto valioso, etcétera).
c) El vínculo con lo humano (amigo, novio, familiar o uno mismo).

El primero lo asociamos comúnmente con la religión. En el segundo podemos hablar de "materialismo", de consumismo, o incluso de fetichismo.

El encuentro *con lo humano*, en su mejor dimensión, está representado por el amor del que hablo y, según Rousseau, es fuente del genuino y primigenio vínculo interpersonal.

AMOR Y AMISTAD

Cuando me enredo en estas delirantes divagaciones y pienso en ti que me lees, me pregunto si podrás compartir conmigo mi pasión por los orígenes de las palabras.

A modo de disculpa y justificación, déjame que te cuente un cuento:

La función de cine está por comenzar. Sobre la hora, una mujer muy elegante llega, presenta su boleto y sin esperar al acomodador avanza por el pasillo buscando un lugar de su agrado.

En la mitad de la sala ve a un hombre con aspecto de vaquero texano, con botas y sombrero, vestido con pantalones de mezclilla y una estridente camisa con flecos, indudablemente borracho y literalmente despatarrado por encima de las butacas centrales de las filas 13, 14, 15 y 16. Indignada, la mujer sale de la sala a buscar al responsable y lo trae tironeándolo mientras le dice:

—No puede ser... dónde vamos a parar, es una falta de respeto... bla, bla, bla...

El acomodador llega hasta el tipo, que le sonríe desde detrás de su elevada alcoholemia, y sorprendido por su aspecto lo increpa:

—¿Usted de dónde salió?

Y el borracho, tratando de articular su respuesta, le contesta extendiendo el dedo hacia arriba:

—Del... segundo piso...

No digo siempre, pero a veces, saber de dónde vienen las cosas ayuda a comprender lo que quieren decir.

La discusión filosófica con respecto al amor empieza con los griegos, que como se preguntaban por la naturaleza de todas las cosas, también se preguntaban por la del amor (lo que ya implicaba que el amor tiene una "naturaleza", porque sólo aquello que posee una naturaleza puede cuestionarse). Cuál era esa naturaleza o, en nuestros términos, ¿qué es el amor? La respuesta implica de inmediato una proposición que algunos pueden oponerse a dar como posible ya que se tiene por creencia de antemano que el amor es conceptualmente irracional, en el sentido de que no se puede describir en proposiciones racionales o significativas. Para tales críticos, el amor se limita a una expulsión de emociones que desafía el examen racional.

La palabra *amor* posiblemente no llegue al español en forma directa del latín. De hecho, el correspondiente verbo "amar" nunca se ha empleado popularmente en la mayoría de países de lengua latina. Según Ortega y Gasset, los romanos la aprendieron de los etruscos, un pueblo mucho más civilizado que dominó Roma y que influyó poderosamente en su idioma, su arte y su cultura. Pero ¿de dónde viene la palabra etrusca amor? Puede ser que tenga alguna relación con la palabra "madre" (en español antiguo, en euskera y en otras lenguas, la palabra ama significa "madre"). Corominas, sin embargo, sostiene que el latín *amare* y todos sus derivados —*amor, amicus, amabilis, amenus*— son de origen indoeuropeo y que su significado inicial hacía referencia al deseo sexual (también en inglés *love* se deriva de formas germánicas del sánscrito *lubh* = deseo).

En todo caso, siempre fue difícil definir el concepto de "amor", aun etimológicamente, y hasta cierto punto la ayuda podía venirnos una vez más de la referencia a otros términos griegos. Ellos nos hablaban de tres sentimientos amorosos: eros, philia y ágape.

El término *eros* (*erasthai*) refiere a menudo un deseo sexual (de ahí la noción moderna de "erótico"). La posición socrático-platónica sostiene que eros se busca aunque se sabe de antemano que no puede alcanzarse en vida, lo cual nos evoca desde el inicio la tragedia.

La reciprocidad no es necesaria porque es la apasionada contemplación de lo bello, más que la compañía de otro, lo que debe perseguirse.

Eros es hijo de Poros (riqueza) y Penia (pobreza). Es, pues, carencia y deseo y también abundancia y posesividad.

Platón describe el amor emparentado con la locura, con el delirio del hombre por el conocimiento, planteado como recuerdo de un saber ya adquirido por el alma, que el hombre recupera yendo a través de los sentidos hacia la unidad de la idea.

Queda claro cómo en la filosofía griega, sobre todo en la platónica, se da a este amor una significación de búsqueda que es, a la vez, conocimiento.

Por contraste al deseo y el anhelo apasionado de eros, *philia* trae consigo el cariño y la apreciación del otro. Para los griegos, el término philia incorporó no sólo la amistad, sino también las lealtades a la familia y a la polis (la ciudad).

La primera condición para alcanzar la elevación es para Aristóteles que el hombre se ame a sí mismo. Sin esta base egoísta, philia no es posible.

Ágape, en cambio, se refiere al amor de honra y cuidado que se da básicamente entre Dios y el hombre y entre el hombre y Dios, extendido desde allí al amor fraternal con toda la humanidad. Ágape utiliza los elementos tanto de eros como de philia. Se distingue en que busca una clase perfecta de amor que es inmediatamente un trascender el particular, una philia sin la necesidad de la reciprocidad.

Todos los filósofos han hablado desde entonces del amor y su significado, pero dos aportaciones que me parecen fundamentales son la del psicoanálisis de Freud y la del existencialismo de Sartre.

Según Freud, el amor es de alguna manera sublimación de un instinto (pulsión) que nos conecta con la vida, "eros" que se enfrentará en nuestra vida con un instinto de muerte, "thanatos", transformando nuestro devenir en una lucha entre dos fuerzas, una constructiva y la otra aniquiladora.

Para Sartre, amar es, en esencia, el proyecto de hacerse amar.

Como la libertad del otro es irreductible, si deseamos poseer su interés y su atención no basta con poseer el cuerpo, hay que adueñarse de su subjetividad, es decir, de su amor. "El amor —dice el existencialismo— *es una empresa contradictoria condenada de antemano al fracaso...*" El imposible aparece en la incompatibilidad entre renunciar a la subjetividad (amar) y la resistencia a perder la libertad (virtud existencial).

Aunque quizá... quizá no sea así.

Cuenta una vieja leyenda de los indios sioux que, una vez, hasta la tienda del viejo brujo de la tribu llegaron, tomados de la mano, Toro Bravo, el más valiente y honorable de los jóvenes guerreros, y Nube Alta, la hija del cacique y una de las más hermosas mujeres de la tribu.

—Nos amamos —empezó el joven.

—Y nos vamos a casar —dijo ella.

—Y nos queremos tanto que tenemos miedo.

—Queremos un hechizo, un conjuro, un talismán.

—Algo que nos garantice que podremos estar siempre juntos.

—Que nos asegure que estaremos uno al lado del otro hasta encontrar a Manitú el día de la muerte.

—Por favor —repitieron—, ¿hay algo que podamos hacer?

El viejo los miró y se emocionó de verlos tan jóvenes, tan enamorados, tan anhelantes esperando su palabra.

—Hay algo... —dijo el viejo después de una larga pausa—. Pero no sé... es una tarea muy difícil y sacrificada.

—No importa —dijeron los dos.

—Lo que sea —ratificó Toro Bravo.

—Bien —dijo el brujo—, Nube Alta, ¿ves el monte al norte de nuestra aldea? Deberás escalarlo sola y sin más armas que una red y tus manos, y deberás cazar el halcón más hermoso y vigoroso del monte. Si lo atrapas, deberás traerlo aquí con vida el tercer día después de la luna llena. ¿Comprendiste?

La joven asintió en silencio.

—Y tú, Toro Bravo —siguió el brujo—, deberás escalar la Montaña del Trueno y cuando llegues a la cima, encontrar la más bravía de todas las águilas y solamente con tus manos y una red deberás atraparla sin heridas y traerla ante mí, viva, el mismo día en que vendrá Nube Alta... Salgan ahora.

Los jóvenes se miraron con ternura y después de una fugaz sonrisa salieron a cumplir la misión encomendada, ella hacia el norte, él hacia el sur...

El día establecido, frente a la tienda del brujo, los dos jóvenes esperaban con sendas bolsas de tela que contenían las aves solicitadas.

El viejo les pidió que con mucho cuidado las sacaran de las bolsas. Los jóvenes lo hicieron y expusieron ante la aprobación del viejo los pájaros cazados. Eran verdaderamente hermosos ejemplares, sin duda lo mejor de su estirpe.

—¿Volaban alto? —preguntó el brujo.

—Sí, sin duda. Como lo pediste... ¿Y ahora? —preguntó el joven—. ¿Los mataremos y beberemos el honor de su sangre?

—No —dijo el viejo.

—Los cocinaremos y comeremos el valor en su carne —propuso la joven...

—No —repitió el viejo—. Hagan lo que les digo. Tomen las aves y átenlas entre sí por las patas con estas tiras de cuero... Cuando las hayan anudado, suéltenlas y que vuelen libres.

El guerrero y la joven hicieron lo que se les pedía y soltaron los pájaros.

El águila y el halcón intentaron levantar vuelo pero sólo consiguieron revolcarse en el piso. Unos minutos después, irritadas por la incapacidad, las aves arremetieron a picotazos entre sí hasta lastimarse.

—Éste es el conjuro. Jamás olviden lo que han visto. Son ustedes como un águila y un halcón; si se atan el uno al otro, aunque lo hagan por amor, no sólo vivirán arrastrándose, sino que además, tarde o temprano, empezarán a lastimarse uno al otro. Si quieren que el amor entre ustedes perdure, vuelen juntos pero jamás atados.

A esta lista de Eros, Philia y Ágape, me gustaría añadir entonces un concepto adicional, un modelo de encuentro: la intimidad.

Intimidad, el gran desafío

> *Estar en contacto íntimo no significa abusar de los demás ni vivir feliz eternamente. Es comportarse con honestidad y compartir logros y frustraciones. Es defender tu integridad, alimentar tu autoestima y fortalecer tus relaciones con los que te rodean. El desarrollo de esta clase de sabiduría es una búsqueda de toda la vida que requiere, entre otras cosas, mucha paciencia.*
>
> Virginia Satir

Como ya sabemos, hay diferentes intensidades en los vínculos afectivos que establecemos con los demás. En un extremo están los vínculos cotidianos sin demasiado compromiso ni importancia, a los que más que encuentros prefiero llamar genéricamente "cruces". Y los llamo así porque funcionan como tales: el camino de un hombre y de una mujer se acercan, y se acercan y se acercan hasta que consiguen tocarse; pero en ese mismo momento de unión empiezan a alejarse, alejarse y alejarse.

En el otro extremo están los vínculos más intensos, más duraderos. Nuestros caminos se juntan y durante un tiempo compartimos el trayecto, caminamos juntos. A estos encuentros, cuando son profundos y trascendentes, me gusta llamarlos "vínculos íntimos".

No me refiero a la intimidad como sinónimo de privacidad ni de vida sexual, no hablo de la cama o de la pareja, sino de todos los encuentros trascendentes. Hablo de las relaciones entre amigos, hermanos, hombres y mujeres, cuya profundidad permita pensar en algo que va más allá de lo que en el presente compartimos.

Las relaciones íntimas tienen como punto de mira la idea de no quedarse en la superficie, y es esta búsqueda de profundidad la que les da la estabilidad para permanecer y trascender en el tiempo.

Una relación íntima es una relación afectiva que sale de lo común porque empieza en el acuerdo tácito de la cancelación del miedo a exponernos y en el compromiso de ser quienes somos.

La palabra compromiso viene de "promesa", y da a la relación una magnitud diferente. Un vínculo es comprometido cuando está relacionado con honrar las cosas que nos hemos dicho, con la posibilidad de que yo sepa, anticipadamente, que puedo contar contigo. Sólo sintiendo honestamente el deseo de que me conozcas puedo animarme a mostrarme tal como soy, sin miedo a ser rechazado por tu descubrimiento de mí.

Al decir de Carl Rogers, "cuando percibo tu aceptación total, entonces y sólo entonces puedo mostrarte mi yo más amoroso, mi yo más creativo, mi yo más vulnerable".

La relación íntima me permite, como ninguna, el ejercicio absoluto de la autenticidad.

La franqueza, la sinceridad y la confianza son cosas demasiado importantes como para andar regalándoselas a cualquiera. Siempre digo que hay una gran diferencia entre sinceridad y sincericidio (decirle a mi jefe que tiene cara de caballo se parece más a una conducta estúpida que a una decisión filosófica).

En la vida cotidiana no ando mostrándole a todo el mundo quién soy, porque la sinceridad es una actitud tan importante que hay que reservarla sólo para algunos vínculos, como veremos más adelante.

Intimidad implica entrega y supone un entorno suficientemente seguro como para abrirnos. Sólo en la intimidad puedo darte todo aquello que tengo para darte.

Porque la idea de la entrega y la franqueza tiene un problema. Si yo me abro, quedo en un lugar forzosamente vulnerable.

Desde luego que sí, la intimidad *es* un espacio vulnerable por definición y, por lo tanto, inevitablemente riesgoso. Con el corazón abierto, el daño que me puede hacer aquél con quien intimo es mucho mayor que en cualquier otro tipo de vínculo.

La entrega implica sacarme la coraza y quedarme expuesto, blandito y desprotegido.

Intimar es darle al otro las herramientas y la llave para que pueda hacerme daño teniendo la certeza de que no lo va a hacer.

Por eso, la intimidad es una relación que no se da rápidamente, sino que se construye en un proceso permanente de desarrollo y transformación. En ella, despacito, vamos encontrando el deseo de abrirnos, vamos corriendo uno por uno todos los riesgos de la entrega y de la autenticidad, vamos develando nuestros misterios a medida que conquistamos más espacios de aceptación y apertura.

Una de las características fundamentales de estos vínculos es el respeto a la individualidad del otro.

La intimidad sucederá solamente si soy capaz de soslayarme, regocijarme y reposarme sobre nuestras afinidades y semejanzas, mientras reconozco y respeto todas nuestras diferencias.

De hecho, puedo intimar únicamente si soy capaz de darme cuenta de que somos diferentes y si tomo, no sólo la decisión de aceptar eso distinto que veo, sino además la determinación de hacer todo lo posible para que puedas seguir siendo así, diferente, como eres.

> LAS SEMEJANZAS LLEVAN A QUE NOS PODAMOS JUNTAR.
> LAS DIFERENCIAS PERMITEN QUE NOS SIRVA ESTAR JUNTOS.

Por supuesto que también puede pasar que, en este proceso, cuando finalmente esté cerca y consiga ver con claridad al pasajero dentro del carruaje, descubra que no me gusta lo que veo.

Puede suceder y sucede. A la distancia, el otro me parece fantástico, pero a poco de caminar juntos me voy dando cuenta de que en realidad no me gusta nada lo que empiezo a descubrir.

La pregunta es: ¿Puedo tener una relación íntima con alguien que no me gusta?

La respuesta es NO.

Para poder construir una relación de intimidad hay ciertas cosas que *tienen* que pasar.

Tres aspectos de los vínculos humanos que son como el trípode de la mesa en la cual se apoya todo que constituye una relación íntima.

Esas tres patas son:

- Amor
- Atracción
- Confianza

Uno puede estudiar y trabajar para comunicarse mejor, uno puede aprender a respetar al otro porque no sabe, uno puede aprender a abrir su corazón... pero hay cosas que no se aprenden porque no se hacen, suceden. Hay cosas que tienen que pasar.

Sin estas tres patas, la intimidad no existe. Tan así es, que si en una relación construida con intimidad desaparece el afecto, la confianza o la atracción, toda la intimidad conquistada se derrumba. El vínculo se transforma en una buena relación interpersonal, una relación intensa o agradable, pero no tendrá más la característica de una relación íntima.

Para que la relación íntima perdure, es decir, para que el trípode donde se apoya la relación permanezca incólume, tengo que ser capaz de seguir queriéndote, tengo que poder confiar en ti, tienes que seguir resultándome una persona atractiva.

Para que tengamos intimidad, es imprescindible que me quieras, que confíes en mí y que te guste.

Esto de las tres patas no sería tan problemático si no fuera por ese pequeño, diminuto y terrible detalle: *ninguna de estas tres cosas (amor, confianza y atracción) depende de nuestra voluntad.*

Lo dramáticamente importante es que yo no puedo elegir que suceda ninguna de estas tres cosas. Se dan o no se dan, no dependen de mi decisión. Yo no decido quererte, no decido confiar en ti y no decido que me gustes. Por mucho que yo me esfuerce, no hay nada que yo pueda hacer si no me pasa.

Por eso, la intimidad es algo que se da cuando, en una relación de dos, a ambos nos están pasando estas tres cosas: nos queremos, confiamos en el otro y nos sentimos atraídos. El resto lo podemos construir.

Ni siquiera podemos hacer nada para querer a alguien que ya no queremos, para que nos guste alguien que ya no nos gusta ni para confiar en alguien en quien ya no confiamos.

Por supuesto, no estoy diciendo que sentir o no sentir estas tres cosas sea independiente de lo que el otro sea o haga. Es más, sin demasiado trabajo nos podemos dar cuenta de que si bien es cierto que no puedo hacer nada para quererte, para que me atraigas o para confiar en ti, tú sí puedes hacer algo.

Yo puedo hacer cosas para que tú te des cuenta de que soy confiable, y puedo hacer cosas para tratar de agradarte y para despertar en ti el amor por mí.

Pero no hay nada que yo pueda hacer para sentir lo mismo por ti si no está sucediéndome.

Si mi afecto, mi atracción y mi confianza dependen de alguien, es mucho más de ti que de mí.

Del amor hemos hablado y seguiremos hablando, pero quiero ocuparme aquí de las otras dos patas de esta mesa.

Para que haya una verdadera relación íntima, el otro me tiene que atraer.
No importa si es un varón, una mujer, un amigo, un hermano... el otro tiene que ser atractivo para mí. Me tiene que gustar lo que veo, lo que escucho, lo que el otro es. No todo, pero me tiene que gustar.

Si en verdad el otro no me gusta, si no hay nada que me atraiga, podremos tener una relación cordial, podremos trabajar juntos, podremos cruzarnos y hacer cosas de a dos, pero no vamos a poder intimar.

Para poder intimar, además de la apertura, la confianza, la capacidad para exponerme, el vínculo afectivo, la afinidad, la capacidad de comunicación, la tolerancia mutua, las experiencias compartidas, los proyectos, el deseo de crecer y demás, como si fuera poco, el otro, fundamentalmente, tiene que gustarme, tengo que poder ser atraído por el otro.

El gusto por el otro no es necesariamente físico. Puede gustarme su manera de decir las cosas, su manera de hacer, su pensamiento, su corazón. Pero, repito, la atracción tiene que estar.

Existen algunas parejas a las que les gustaría mucho intimar, pero se encuentran con que si bien es cierto que se quieren muchísimo y que pueden confiar, algo ha pasado con la posibilidad de gustarse mutuamente: se ha perdido. Entonces llegan a un consultorio, hablan con una pareja amiga o con un sacerdote y dicen: "No sé qué nos pasa, nada es igual, no tenemos ganas de vernos, no sé si nos queremos o no", y a veces, lo único que pasa es que la atracción ha dejado de suceder hace tiempo.

Anímense a hacer un ejercicio.

Elijan a alguien con quien creen que tienen una relación íntima y hagan cada uno por separado una lista de todo lo que creen que hoy les atrae de esa persona. Atención, digo HOY. No lo que les atrajo allá y entonces, sino lo que les gusta de ese otro ahora. Después, siéntense un largo rato juntos y compartan sus listas. Aprovechen a decírselo en palabras. Es tan lindo escuchar al otro decir: "Me gusta de ti...".

De las tres patas, la de la atracción tiene una característica especial: es la única que no tiene memoria.
Yo no puedo sentirme atraído por lo que fuiste, sino por lo que eres.
Sin embargo, yo recuerdo aquel día en que te conocí. Pienso en ese momento y se alegra el alma al rememorar. Es verdad, pero eso no es atracción, es nostalgia.

Puedo amarte por lo que fuiste, por lo que representaste en mi vida, por nuestra historia. De hecho, confío en ti por lo que ha pasado entre nosotros, por lo que has demostrado ser. Pero la atracción funciona en el presente porque es *amnésica*.

La tercera pata de la mesa es la confianza y hablar de ella requiere la comprensión de algunos conceptos previos.

Hace años, cuando pensaba por primera vez en estas cosas para la presentación del tema en las charlas de docencia terapéutica, diseñé un esquema que a pesar de no representar fielmente la realidad absoluta (como todos los esquemas), nos permitirá, espero, comprender algunas de nuestras relaciones con los demás.

Digo que es justamente el manejo de la información que poseemos sobre lo interno y lo externo lo que clasifica los vínculos en tres grandes grupos:

- las relaciones cotidianas
- las relaciones íntimas
- las relaciones francas

En las relaciones del primer grupo, que son la mayor parte de mis relaciones, yo soy el que decido si soy sincero, si miento o si oculto. Es mi decisión, y no las reglas obligadas del vínculo, la que decide mi acción. ¿Pero cómo? ¿Es lícito mentir? Veinte años después sigo pensando lo que escribí en *Cartas para Claudia*:[3] el hecho de que yo sepa que puedo mentir es lo que hace valioso que sea sincero.

En las relaciones íntimas, en cambio, no hay lugar para la mentira. Puedo decir la verdad o puedo ocultarla, pero por definición estas relaciones no admiten la falsedad.

Pero ¿cuál es la diferencia entre mentir y ocultar?

Ocultar, en el sentido de no decir, es parte de mi libertad y de mi vida privada. Y tener una relación íntima con alguien no quiere decir terminar con mi libertad ni con mi derecho a la privacidad. Intimar con alguien no significa que yo no pueda reservar un rinconcito para mí solo.

Si yo tengo una relación íntima con mi esposa, entonces es parte de lo pactado que no le miento ni me miente. Supongamos que me encuentro con mi hermano y tengo una charla con él y por alguna razón decido que no quiero contarle a Perla lo que hablé con Cacho porque presumo, digamos, que a él no le gustaría. Es obvio que es mi derecho no decirle lo que hablé con mi hermano si no quiero, porque pertenece a mi vida y en todo caso a la de mi hermano. Pero cuando llego a mi casa, inocentemente mi esposa me dice: "¿De dónde vienes?". Tenemos un pacto de no mentirnos, no puedo contestarle: "Del banco", porque eso sería falso. Entonces le digo: "De estar con mi hermano", deseando que no siga preguntando. Pero en el ejemplo ella me dice: "Ah... ¿y qué dice tu hermano?". No puedo decirle: "Nada", porque sería mentirle. No puedo decirle: "No te puedo decir", porque también sería mentira (de hecho, como poder, puedo). Entonces ¿qué hago? No quiero contarle y tampoco quiero mentirle. Como tengo una relación íntima con ella, un vínculo que permite ocultar pero no mentir, entonces le digo, simplemente: *No quiero contarte*. Lo hablado con Cacho pertenece a mi vida personal, y he decidido ocultar de qué hablamos, pero no estoy dispuesto a mentir.

¿No sería más fácil una mentirita sin importancia en lugar de tanta historia? ¿Algo como "él me pidió que no lo contara" o "estuvimos hablando de negocios"? Claro que sería más fácil. Pero aunque parezca menor, esa sola mentira derrumbaría toda la estructura de nuestra intimidad. Si vas a tomarte el derecho de decidir cuándo es mejor una pequeña mentira, entonces nunca podré saber cuándo me estás diciendo la verdad.

En este nivel vincular yo no puedo saber si me estás diciendo toda la verdad, pero tengo la certeza de que todo lo que me estás diciendo es verdad.

Respecto del último estrato, el de la franqueza, reservo este espacio para aquellos vínculos excepcionales, uno o dos en la vida, que uno establece con su amigo o su amiga del alma. Un vínculo donde ni siquiera hay lugar para ocultar.

Cuando en términos de intimidad hablo de confianza, me refiero a la certeza a priori de que no me estás mintiendo. Puede ser que decidas no contarme algo, que decidas no compartir algo conmigo, es tu derecho y tu privilegio pero no me vas a mentir, lo que decidas decirme es la verdad, o al menos lo que honestamente tú crees que es la verdad. Puedes estar equivocado, pero no me estás mintiendo.

La confianza en una relación íntima implica tal grado de sinceridad con el otro, que yo no contemplo la posibilidad de mentirle.

Es importante acceder a este desafío: darse cuenta de que el amor, la atracción y la confianza son cosas que suceden o que no suceden. Y si no suceden, la relación puede ser buena, pero no será íntima y trascendente.

Siempre digo que la vida es una transacción no comercial, una transacción a secas donde uno da y recibe. La intimidad está muy relacionada con aquello que doy y aquello que recibo. Y esto es algo que a veces cuesta aprender.

Hay gente que va por el mundo creyendo que tiene que dar todo el tiempo sin permitir que le den nada, creyendo que con su sacrificio están contribuyendo a sostener el vínculo. Si supieran lo odioso que es estar al lado de alguien que da todo el tiempo y no quiere recibir, se llevarían una sorpresa.

Creen que son buenos porque están todo el tiempo dando, "sin pedir nada a cambio". Es muy fastidioso estar al lado de alguien que no puede recibir.

Una cosa es no pedir cosas a cambio de lo que doy y otra muy distinta es negarme a recibir algo que me dan o rechazarlo porque yo decidí que no me lo merezco. Muy en el fondo el mensaje es "lo que das no sirve", "tu opinión no importa", "lo tuyo no vale" y "tú no sabes".

Hay que saber el daño que le hacemos al otro por negarnos a recibir lo que el otro, desde el corazón, tiene para darnos.

La transacción que es la vida permite la entrega mutua que es, por supuesto, un pasaporte a la intimidad.

Como en todas las mesas, cada pata es indispensable. Pero en la mesa de tres, la necesidad es mucho más rigurosa.

En una mesa de cuatro patas, hasta cierto punto puedo equilibrar lo que apoyé en ella aunque falte una pata. En las mesas de tres, en cambio, basta que una esté ausente o dañada para que la mesa y todo lo que sostenía se venga abajo.

No creo que todos los encuentros deban terminar siendo relaciones íntimas, pero sí sostengo que sólo éstas le dan sentido al camino.

El amor a los hijos

El mecanismo de identificación proyectiva, por el cual me identifico con algo que proyecté, es muchas veces el comienzo de lo que comúnmente llamamos "querer a alguien". De esto se trata el sentimiento afectivo. Sucede así con todas las relaciones, pareja, amigos, primos, hermanos, sobrinos, tíos, cuñadas y amantes, sucede con todos menos con los hijos. Y la excepción se debe a una sola razón: a los hijos no se les vive como *otros*.

Como dije en *El camino de la autodependencia*,[4] cuando un hijo nace lo sentimos como una prolongación nuestra, literalmente. Y si bien es un ser íntegro y separado, que está afuera, no dejamos de vivirlo de ese modo.

Hay una patología psiquiátrica que se llama "personalidad psicopática". Puede tratarse de criminales, delincuentes, torturadores o cualquier cosa; lo único que les importa a los psicópatas es la propia satisfacción de sus ambiciones personales y, dada su estructura antisocial, no tienen inconvenientes en matar al prójimo si con ello pueden conseguir lo que desean.

Se trata de personas que no aceptan límites. Los psicópatas no pueden decir "si yo fuera él", no pueden ni por un momento pensar en función del otro, sólo pueden pensar en sí mismos. Si no pueden identificarse, tampoco pueden hacer el mecanismo de identificación proyectiva, y como el afecto empieza por la identificación, entonces no pueden querer a nadie.

Sin embargo, cuando por alguna razón un torturador tiene hijos, con ellos puede ser entrañable. Un psicópata puede llegar a hacer por los hijos cosas que no ha hecho nunca por ninguna otra persona; y lo hace aunque a la madre de esos mismos hijos la maltrate, la golpee, la humille o simplemente la ignore. Porque los hijos son vividos como una parte de él mismo, y entonces los trata como tal, con lo mejor y lo peor de su trato consigo mismo.

Esto confirma, para mí, que el mecanismo de identificación proyectiva es para con todos menos para con los hijos, porque para quererlos a ellos este mecanismo no es necesario. Para nosotros, que no somos psicópatas, los hijos son también una parte nuestra con vida afuera o, como diría Atahualpa refiriéndose a la amistad, "como uno mismo en otro pellejo".

Todos tratamos a nuestros hijos de la misma manera, con el mismo amor y, a veces, tristemente, con el mismo desamor que tenemos por nosotros mismos.

Alguien que se trata bien a sí mismo podrá tratar muy bien a sus hijos.

Alguien que se maltrata va a terminar maltratando a sus hijos.

Y, posiblemente, alguien que viva abandonándose a sí mismo, sea capaz de abandonar a un hijo.

Porque no hay otra posibilidad más que hacerles a nuestros hijos lo mismo que nos hacemos a nosotros.

Sin embargo, como hijos de nuestros padres, nosotros *no* sentimos que ellos sean una prolongación nuestra, y de hecho no lo son.

Mis hijos son para mí un pedazo de mi vida y por eso los amo incondicionalmente, pero yo no lo soy para ellos.

La sensación de pertenencia y de incondicionalidad es de los padres para con los hijos, pero de ninguna manera de los hijos para con los padres.

¿Serán capaces los hijos de sentir esto alguna vez?

Sí... por sus hijos. Pero no por mí.

El amor de los padres es un amor disparejo que se completa en la generación siguiente. Se trata de un caso de *reciprocidad diferida* o más bien, debo decir, desplazada; devolverás en tus hijos lo que yo te di.

No es ningún mérito querer a los hijos, pero para que ellos puedan querernos, van a tener que tomarse todo el trabajo... Van a tener que empezar por ver un pedazo de nosotros en el cual se puedan proyectar... identificarse luego con él... y transformar esa identificación en amor. Y entonces nos querrán (o no) dependiendo de lo que les haya pasado en ese vínculo.

Estoy hablando del amor de la madre y del padre. La vivencia de la prolongación no es una cosa selectiva de la mamá, es una vivencia de la mamá y del papá.

Hay mujeres que, además del privilegio del embarazo, creen tener el oscuro derecho de negar que a los hombres también nos sucede esto con nuestros hijos.

En una de mis charlas, una señora me dijo:

—Yo estudié que el amor de la madre por el hijo se da naturalmente, y que el amor del padre por el hijo se da a través del deseo por la madre.

Y siguió ante la mirada de la sala:

—No lo digo por mí, sino por estudios que se han hecho...

Lo que ocurre es que algunos de los primeros terapeutas eran bastante antipaternales. Yo creo que era una manera de confrontar la tradicional verticalidad de la educación escolástica. En verdad, no sé qué habrá pasado con aquellos psicoanalistas y sus hijos, pero lo que me pasó a mí y lo que le pasa a la gente que yo conozco, es que siente el amor por los hijos desde todos lados y más allá de la historia del amor por su madre. De lo contrario, no se entendería cómo un padre es capaz de dar la vida por un hijo y no siempre por su esposa. Algo debe pasar. A mí no me coincide. Es más, creo que si alguien quiere a su hijo a partir del amor a la esposa, algo muy complicado le está pasando en la cabeza. Más allá de lo que digan los libros.

Si bien es verdad que porcentualmente se ven más hijos abandonados por los padres que por las madres, habría que ver si esto demuestra que los padres son incapaces de querer a los hijos como una prolongación propia, o si es el efecto de una derivación social, donde el lugar que se le da al padre motiva esta actitud.

Si dejáramos a los padres sentir las cosas que las madres dicen sentir en exclusividad, quizá no existirían tantos papás abandonando a sus hijos.

Si la madre cree tener unívocamente derecho y posesión sobre los hijos y la sociedad la avala, ¿qué lugar le queda al papá? Es responsabilidad del papá la manutención económica y de la mamá la contención y la presencia afectiva.

Así, la estructura social dice que a la madre no se le puede separar del niño, con toda razón, y que sí se puede separar al padre del niño, con no sé cuánta razón.

Y, sin embargo, eso dicen los expertos. ¿Podemos creerles?

En la película *Juego de seducción*, un hombre de aspecto rural cuenta en cámara la siguiente historia:

Cuando yo tenía ocho años, encontré el río Perdido. Nadie sabía dónde estaba, nadie en mi condado podía decirte cómo llegar, pero todos hablaban de él. Cuando llegué por primera vez al río Perdido, me di cuenta rápidamente de que estaba allí. Uno se da cuenta cuando llega. ¡Era el lugar más hermoso que jamás vi, había árboles que caían sobre el río y algunos peces enormes navegaban en las aguas transparentes! Así que me saqué la ropa y me tiré al río y nadé entre los peces y sentí el brillo del sol en el agua, y sentí que estaba en el paraíso. Después de pasar toda la tarde ahí, me fui marcando todo el camino hasta llegar a mi casa y allí le dije a mi padre:

—Papá, encontré el río Perdido.

Mi papá me miró y rápidamente se dio cuenta de que no mentía. Entonces me acarició la cabeza y me dijo:

—Yo tenía más o menos tu edad cuando lo vi por primera vez. Nunca pude volver.

Y yo le dije:

—No, no... Pero yo marqué el camino, dejé huellas y corté ramas, así que podremos volver juntos.

Al día siguiente, cuando quise volver, no puede encontrar las marcas que había hecho, y el río se volvió perdido también para mí. Entonces me quedó el recuerdo y la sensación de que tenía que buscarlo una vez más.

Dos años después, una tarde de otoño, fuimos a la dirección de guardabosques del condado porque mi papá necesitaba trabajo. Bajamos a un sótano, y mientras papá esperaba en una fila para ser entrevistado, vi que en una pared había un mapa enorme que reproducía cada lugar del condado: cada montaña, cada río, cada accidente geográfico estaba ahí. Así que me acerqué con mis hermanos, que eran menores, para tratar de encontrar el río Perdido y mostrárselo a ellos. Buscamos y buscamos, pero sin éxito.

Entonces se acercó un guardabosques grandote, con bigotes, que me dijo:

—¿Qué estás buscando, hijo?

—Buscamos el río Perdido —dije yo, esperando su ayuda.

Pero el hombre respondió:

—No existe ese lugar.

—Cómo que no existe? Yo nadé ahí.

Entonces él me dijo:

—Nadaste en el río Rojo.

Y yo le dije:

—Nadé en los dos, y sé la diferencia.

Pero él insistió:

—Ese lugar no existe.

En eso regresó mi papá, le tiré del pantalón y le dije:

—Dile, papá, dile que existe el río Perdido.

Y entonces el señor de uniforme dijo:

—Mira, niño, este país depende de que los mapas sean fieles a la realidad. Cualquier cosa que existiera y no estuviera aquí en el mapa del servicio oficial de guardabosques de Estados Unidos, sería una amenaza contra la seguridad del país. Así que si en este mapa dice que el río Perdido no existe, el río Perdido no existe.

Yo seguí tirando de la manga de mi papá y le dije:

—Papá, dile.

Mi papá necesitaba el trabajo, así que bajó la cabeza y dijo:

—No hijo, él es el experto, si él dice que no existe...

Y ese día aprendí algo: cuidado con los expertos. Si nadaste en un lugar, si mojaste tu cuerpo en un río, si te bañaste de sol en una orilla, no dejes que los expertos te convenzan de que no existe. Confía más en tus sensaciones que en los expertos, porque los expertos son gente que pocas veces se moja.

¿Cuántos hijos habrán tenido esos expertos que excluyen del vínculo emocional a los padres?

¿En qué ríos no habrán nadado?

La verdad, ¿qué importa lo que digan los psicólogos? Qué importa lo que diga yo, lo que digan los libros, ¡qué importa lo que diga nadie! Lo que importa en el amor es lo que cada uno siente.

Porque cada uno sabe perfectamente cuánto quiere a sus hijos, porque en todo caso éste es tu río Perdido, el que no está en ningún mapa.

El primer embarazo de mi esposa no lo diagnosticó el obstetra, lo diagnosticó mi doctor. Sucedió que en dos semanas yo engordé cinco kilos, me sentía mareado, tenía náuseas, y fui a ver a mi médico. Él me revisó y me dijo:

—¿No estará embarazada Perli?

Yo le dije que no porque realmente no sabíamos nada. Así que volví a casa y le dije a mi esposa:

—¿Estás embarazada?

—No, tengo un atraso de una semana, pero no creo...

Y ocho meses después nacía Demián.

Todos los hombres han sentido envidia de no ser capaces de llevar en la panza a sus hijos, y esta envidia tiene muchos matices y redunda en muchas actitudes. Pero sobre todo, en una sociedad que carga al varón con mucho peso respecto de la responsabilidad, una sociedad que frente a un embarazo lo que les dice a las mujeres es: "Qué suerte, te felicito", y a los hombres les dice: "Se acabó la fiesta, cuate, ahora sí que vas a tener que deslomarte"... yo me pregunto: ¿Cómo el hombre no va a tener ganas de irse al cuerno? ¿No seremos nosotros los que estamos condicionando estas respuestas dándole tanto lugar de privilegio al amor de la madre y desplazando el lugar amoroso del padre?

Desde el punto de vista de mi especialidad,[5] siempre sé que hay un trastorno severo previo en alguien que no quiere a su propio hijo. Pero también sé que no necesariamente hay un trastorno estructural severo en alguien que no quiere a su papá o a su mamá. Sufrirá y padecerá la historia de no quererlos, pero no forzosamente tiene un trastorno de personalidad.

Uno podría pensar que, por la continuidad genética, este fenómeno de la vivencia de prolongación sucede sólo con los hijos biológicos. Pero no es así. A los hijos adoptivos se les quiere exactamente igual, con la misma intensidad y la misma incondicionalidad que a los hijos naturales, y esto es fantástico. Adoptar no quiere decir criar ni anotar oficialmente a alguien en nuestra libreta matrimonial, significa darle a ese nuevo hijo el lugar de ser una prolongación nuestra.

Cuando yo adopto verdaderamente desde el corazón, mi hijo es vivido por mí como si fuera un pedazo mío, exactamente igual, con la misma amorosa actitud y con la misma terrible fusión que siento con un hijo biológico.

Y así como ambos llegaron a nuestras vidas por una decisión que tomamos, así, nuestros hijos, biológicos o adoptados, son vividos como una materialización de nuestro deseo y también como la respuesta a alguna insatisfacción o necesidad de reparación. Por eso los condicionamos con nuestras historias, las buenas y las malas. Los educamos desde nuestras estructuras más sanas y también desde nuestro lado más neurótico, lo cual, como digo siempre un poco en broma y un poco en serio, quizá no sea tan malo para ellos. Pobres de mis hijos si les hubiera tocado tener dos padres normales, carentes de un nivel razonable de neurosis. ¡Imagínense!, aterrizar sin entrenamiento en un mundo como el que vivimos, lleno de neuróticos... sería un martirio.

Con Perla y conmigo, mis afortunados hijos simplemente salieron a la calle y dijeron: "¡Ah! ¡Es como en mi casa! ¡Está todo bien...!".

Aprendieron a manejarse con padres neuróticos para poder manejarse en la vida. Lo digo en tono irónico, pero es cierto.

A nuestros hijos les sirve nuestra neurosis porque, les guste o no, van a vivir inmersos en una sociedad neurótica. Decía Erich Fromm: "Si a mi consultorio llegara un hombre sano, mi función sería neurotizarlo suficientemente para que pudiera vivir adaptado".

DIVORCIO DE LOS PADRES

Antes de ser adultos, los hijos son casi exclusivamente nuestra responsabilidad, y ésta implica un cierto compromiso de sostener la institución familiar para ellos.

Cuando mis colegas, más viejos que yo, transitaban los comienzos de la psicología, la línea era más simplista en cuanto a la separación. Se decía: "Siempre es mejor para los hijos ver a los padres felices y separados que verlos juntos y peleándose".

Se hablaba con un exceso de soltura, una cierta liviandad que rozaba la desfachatez y que hoy nos asombra. Los terapeutas hemos cambiado mucho.

En nuestros días, ya no estamos tan seguros de que sea siempre así.

La mayoría de las personas que trabajamos con parejas pensamos que la estructura familiar y la relación amorosa entre padre y madre frente a los hijos (sobre todo cuanto más pequeños sean) es importante para el establecimiento de su identidad y, por ende, de su salud futura.

Nadie sabe con certeza los efectos que puede causar en la psique de un niño menor de dos años la separación de sus padres. Es muy probable que si no hay "tironeo" del niño, las consecuencias sean leves. Sin embargo, aun cuando la posibilidad de dañar sea pequeña, creo que hay que ser cauteloso con esta responsabilidad empezando desde el momento de tomar la decisión de tener hijos.

Una pareja viene a verme y me dice:

—Nos vamos a casar, queremos tener hijos...

Entonces yo les digo:

—¿Saben ustedes que si quedan embarazados a partir de aquí, nueve meses, más dos años, no pueden separarse pase lo que pase entre ustedes?

—¿Cómo que no nos podemos separar? ¿Quién lo dice?

—Yo.

Con seguridad no me escuchan, pero es lo que yo creo y, por lo tanto, les aviso.

Insisto: la amenaza que representa para un niño una situación como ésta no se puede medir.

Dense cuenta.

Tener un hijo es algo maravilloso, pero no es poca cosa e implica una responsabilidad superior, que dura, en forma gradual, enormemente hasta que tiene dos años, prioritariamente hasta que tiene cinco, especialmente hasta que tiene diez, mucho hasta que tiene quince, y bastante hasta que tiene veinticinco.

¿Y después?

Después harás de tu vida lo que quieras. Porque la verdad es que no vas a cambiar gran cosa lo que tu hijo sea, piense o diga con lo que hagas.

¿Es mejor que sigan peleándose y tirándose platos?

Depende del caso, digo yo.

Hay casos y casos. Si papá corre tras de mamá con un cuchillo por la casa, es mejor que se separen, no hay duda. Si no es así, habrá que pensar en cada situación. Por supuesto, no alcanza con el famoso "no nos queremos más".

Recuerdo que hace unos años, durante un entrenamiento como terapeuta de familia, presencié detrás de un cristal una sesión de terapia de parejas manejada por un colega genial.

Él y ella, de unos veinticinco años cada uno, exponían sus puntos más o menos similares: "No va más. Nos queremos separar... Se terminó". El terapeuta preguntó por la edad de los hijos y la mujer contestó: "El mayor tiene tres años y la bebita seis meses". Entonces el terapeuta sugirió que la separación podría dañar a los niños, y el marido dijo: "Es que no somos felices...".

"Si no son felices —dijo el colega— por su bienestar deben separarse, pero me pregunto ¿quién se va a ocupar de la infelicidad de los hijos? ¿No son felices? Aguántense, esperen un poquito, busquen la manera de convivir, sean cordiales... Lo lamento, pero hay un tema de responsabilidad para asumir. Si no querían asumirla debieron pensarlo antes. Hoy es tarde. Quizá volverá a ser el momento, pero dudo que lo sea ahora. Yo entiendo... Hay fatalidades. No pudieron evitarlo, no quisieron evitarlo, son dos tarambanas, irresponsables, no lo pensaron, se les escapó, hicieron mal los cálculos... Qué pena... pero ahora, ahora háganse cargo. Nada de lo que dicen es una excusa para permitirse dañar a los que no se pueden defender... Lo siento."

Y yo estoy de acuerdo. Antes de separarse hay que evaluar muy bien. Sobre todo cuando los hijos son menores de dos años. Abandonar la estupidez que sostienen los que nada saben: "Cuanto antes, mejor" (?). No creo.

No hay que menospreciar el daño que se puede causar a un bebé que es una esponja y que, si bien entiende todo, no puede preguntar nada.

Una pareja que tiene hijos de cualquier edad no debería separarse hasta no haber agotado todos los recursos... Todos.

Por supuesto, hay veces que no hay nada más para hacer. Los recursos se agotaron y la pareja se separa. Y así como soy de lapidario antes de la separación, después de consumada creo que es bueno saber que la vida no termina en fracaso porque se caiga un proyecto.

Si los padres no quisieron, no pudieron o no supieron seguir juntos para los hijos, es bueno pensar que papá y mamá pueden ser queridos por otra persona; que pueden llegar a armar una nueva pareja.

Y los hijos valoran esto, aunque en un primer momento se opongan.

Porque si mamá, por ejemplo, se queda sola para siempre, los hijos van a terminar acusando a papá por aquella soledad.

LOS NIÑOS CRECEN

Cuando una pareja se constituye y decide parir hijos, aunque no piense en lo que va a pasar, está asumiendo una responsabilidad fantástica, pero también dramática a futuro. Y uso esta palabra porque siempre es dramático darme cuenta de que aquél a quien amo tanto como a mí mismo, o más, me va a abandonar, me va a criticar, me va a despreciar, va a decidir en algún momento vivir su vida sin mí.

Y esto es lo que nuestros hijos van a hacer, lo que deben hacer, lo que debemos enseñarles que hagan. Con un poco de suerte los veremos abandonar el nido aunque carguen con las carencias de nuestras miserias y aunque a veces tengan que padecer los condicionamientos de nuestros aciertos.

Recomiendo una pequeña tarea.

Tomen una página y divídanla en dos columnas: una encabezada por "Recibí" y la otra por "Me faltó". En la primera columna, anoten todo lo que ustedes hayan recibido en sus casas de origen, y en la segunda, todo lo que crean que les ha faltado.

Si yo tuviera que escribir esto para mí, diría que recibí mucho amor, cuidado, protección, estímulo, normas y conciencia de la importancia del trabajo; y diría que me faltó presencia, reconocimiento, caricias y juego.

Ésta es mi historia, como yo me la cuento, la de ustedes será diferente.

Las cosas que he recibido y las cosas que me han faltado condicionaron mi manera de ser en el mundo. Indudablemente, éste que soy está claramente determinado por aquellas cosas que recibí y aquellas cosas que me faltaron.

La lista de ustedes ocasiona que sean de una determinada manera. Y serían de otra forma si hubieran recibido y les hubieran faltado otras cosas.

Ahora bien, saquémosle el jugo al ejercicio.

Cuando yo salga de la casa de mis padres para ir al mundo a buscar mi propia vida, voy a tener tendencia (no condicionamiento absoluto) a elegir a alguien, o a algunos, que en principio me puedan dar lo que me faltó. ¿Cómo podría no ir a buscar a aquellos que me den las cosas que me faltaron?

Y entonces, seguramente, yo, Jorge Bucay, fui al mundo a buscar a alguien que estuviera siempre presente, que me valorara y me reconociera, que me diera las caricias que a veces me faltaron y que fuera capaz de jugar y de divertirse conmigo (lo que recuerdo que me faltó).

Cuando crecemos, en lugar de transformar esa falta en una acusación hacia los padres, salimos a buscar lo que sentimos que nos faltó.

Sin duda, nuestra manera de evaluar lo que nos faltó está condicionada por lo que somos, pero no se trata ya de mis padres, sino de mí.

Este juego está aquí para mostrar cómo mi historia puede condicionar mi libertad para elegir, pero también para establecer que esa libertad no puede evitarse.

Y si es cierto que salgo a buscar lo que me faltó, también es verdad que lo que más tengo para ofrecer es lo que recibí. Y entonces, aunque suene incoherente, a cambio de todas mis demandas, yo voy a tener tendencia a ofrecer: mi amor, mi cuidado, mi protección, mi estímulo, mis normas y mi conciencia de la importancia de trabajar.

Y ésta es mi manera de ser en el mundo.

Salimos al mundo a buscar lo que nos faltó ofreciendo a cambio lo que recibimos.

Yo mismo estoy bastante satisfecho de dar mi amor, mi cuidado, mi protección y mis normas, cuando el otro viene y me dice: acá estoy, yo te reconozco, ven a que te acaricie, vamos a jugar... Esto no tiene nada de malo.

Lo que *no sería muy sano* es que yo conteste enojado: "Ah, no. ¡No es el momento! Porque ahora... ¡hay que trabajar...!".

A veces, la disparidad entre las cosas que pedimos y las que ofrecemos a cambio puede ser muy grande. Por supuesto, uno puede elegir para dar a cambio otras cosas que las que recibió en casa de sus padres. Porque aunque la tendencia natural es a dar estas cosas, uno ha crecido, se ha nutrido, ha aprendido.

Ojalá descubra que si bien hay un condicionamiento en lo que recibí, puedo conocerme y librarme de él para dar lo que elijo dar; y si no puedo hacerlo solo, puedo pedir ayuda.

Cuidado, ayuda no es sinónimo de terapia; es más, lamentablemente hay cosas que la terapia no enseña, cosas que hay que aprenderlas viviendo la vida. Con respecto a esas cosas, un terapeuta sirve cuando las otras instancias para recibir lo que necesito han fracasado. Sólo ahí.

Y pese a lo que ustedes crean, la mayor parte de mis colegas está de acuerdo con esto y asume con vocación y responsabilidad el papel reparador o de sustituto que el paciente necesita. Creo que cuando uno no ha recibido en la casa de los padres estas cosas que le han faltado, las va a buscar afuera. Y si uno busca, en realidad siempre encuentra. Y la verdad es que la única posibilidad de que alguien reciba algo de su terapia es que se vincule humanamente con el terapeuta. No pasa por una técnica, sino por el vínculo sano entre ellos.

Una vez, en un grupo terapéutico, una mujer que estaba muy afectada y muy dolida, en una situación personal muy complicada, hizo el ejercicio delante del grupo. Pensó mucho tiempo y dijo: "¿Qué recibí?". Y anotó: "Nada". Y agregó: "Por lo tanto, me faltó: Todo".

Cuando hice la devolución, tuvo que darse cuenta que ella vivía en el mundo exigiendo "todo", a cambio de lo cual no daba "nada".

Y por supuesto que no encontraba lo que necesitaba.

Y por supuesto que lloraba todo el tiempo sus creencias y su soledad.

Y por supuesto que se quejaba de la injusticia de que nadie le quisiera dar lo que ella necesitaba.

Porque estaba puesta en este lugar: buscaba a alguien que le diera "todo" a cambio de "nada".

La vida es una transacción: dar y recibir son dos caras de la misma moneda. Si la moneda tiene una sola cara, es falsa, cualquiera que sea la cara que falte. Es de todas formas dramático que alguien no quiera recibir "nada" a cambio de darlo "todo".

Había una vez, en las afueras de un pueblo, un árbol enorme y hermoso que generosamente vivía regalando a todos los que se acercaban el frescor de su sombra, el aroma de sus flores y el increíble canto de los pájaros que anidaban entre sus ramas.

El árbol era querido por todos en el pueblo, pero especialmente por los niños, que se trepaban por el tronco y se balanceaban entre las ramas con su complicidad complaciente.

Si bien el árbol tenía predilección por la compañía de los más pequeños, había un niño entre ellos que era su preferido. Éste aparecía siempre al atardecer, cuando los otros se iban.

—Hola, amiguito —decía el árbol, y con gran esfuerzo bajaba sus ramas al suelo para ayudar al niño en la trepada, permitiéndole además cortar algunos de sus brotes verdes para hacerse una corona de hojas aunque el desgarro le doliera un poco. El niño se balanceaba con ganas y le contaba al árbol las cosas que le pasaban en la casa.

Con el correr del tiempo, cuando el niño se volvió un adolescente, de un día para otro dejó de visitar al árbol.

Años después, una tarde, el árbol lo ve caminando a lo lejos y lo llama con entusiasmo:

—Amigo... amigo... Ven, acércate... Cuánto hace que no vienes... Trépate y charlemos.

—No tengo tiempo para esas estupideces —dice el muchacho.

—Pero... disfrutábamos tanto juntos cuando eras chico...

—Antes no sabía que se necesitaba dinero para vivir, ahora busco dinero. ¿Tienes dinero para darme?

El árbol se entristeció un poco, pero se repuso enseguida.

—No tengo dinero, pero tengo mis ramas llenas de frutos. Puedes subir y llevarte algunos, venderlos y conseguir el dinero que quieres...

—Buena idea —dijo el muchacho, y subió por la rama que el árbol le tendió para que se trepara como cuando era chico.

Luego arrancó todos los frutos del árbol, incluidos los que todavía no estaban maduros. Llenó con ellos unas bolsas de arpillera y se fue al mercado. El árbol se sorprendió de que su amigo no le dijera ni gracias, pero dedujo que tendría urgencia por llegar antes de que cerraran los compradores.

Pasaron casi diez años hasta que el árbol vio otra vez a su amigo. Era un adulto ahora.

—Qué grande estás —le dijo emocionado—; ven, súbete como cuando eras chico, cuéntame de ti.

—No entiendes nada, como para trepar estoy yo... Lo que necesito es una casa. ¿Podrías acaso darme una?

El árbol pensó unos minutos.

—No, pero mis ramas son fuertes y elásticas. Podrías hacer una casa muy resistente con ellas.

El joven salió corriendo con la cara iluminada. Una hora más tarde llegó con una sierra y empezó a cortar ramas, tanto secas como verdes. El árbol sintió el dolor, pero no se quejó. No quería que su amigo se sintiera culpable. Una por una, todas las ramas cayeron dejando el tronco pelado. El árbol guardó silencio hasta que terminó la poda y después vio al joven alejarse esperando inútilmente una mirada o gesto de gratitud que nunca sucedió.

Con el tronco desnudo, el árbol se fue secando. Era demasiado viejo para hacer crecer nuevamente ramas y hojas que lo alimentaran. Quizá por eso, cuando diez años después lo vio venir, solamente dijo:

—Hola. ¿Qué necesitas esta vez?

—Quiero viajar. Pero ¿qué puedes hacer tú? No tienes ramas ni frutos para vender.

—Qué importa, hijo —dijo el árbol—, puedes cortar mi tronco, total yo no lo uso. Con él podrías hacer una canoa para recorrer el mundo.

—Buena idea —dijo el hombre.

Horas después volvió con un hacha y taló el árbol. Hizo su canoa y se fue. Del árbol quedó sólo el pequeño tocón a ras del suelo.

Dicen que el árbol aún espera el regreso de su amigo para que le cuente de su viaje.

Nunca se dio cuenta de que ya no volverá. El niño ha crecido y esos hombres no vuelven donde no hay nada para tomar. El árbol espera, vacío, aunque sabe que no tiene nada más para dar.

Repito: nuestros condicionamientos han hecho de nosotros estos que somos, pero seguimos pudiendo elegir.

Cuando yo asuma que no es posible encontrar a alguien que pueda darme presencia, reconocimiento, caricias y juego soportando mis normas, mis exigencias y mi exceso de trabajo... quizá empiece a corregir lo que doy. Quizá aprenda a dar otras cosas. Quizá aprenda algo nuevo.

Puede suceder que en este ejercicio te encuentres sintiendo que aquello que te faltó, en realidad es lo que más das. A veces pasa...

Es que en el camino aprendo a dar lo que necesito.

Es una exploración muy interesante, una jugada maestra para tratar de obtener lo que quiero.

Por ejemplo, voy por el mundo mostrando que acepto a todos, no porque quiera aceptarlos, sino porque en realidad es lo que busco, alguien que me acepte incondicionalmente. Un pequeño intento para ver si me vuelve lo mismo que yo estoy necesitando.

Vuelvo a los hijos. Decía yo que hasta su adultez los hijos son nuestra responsabilidad. Y si uno no está dispuesto a asumir una responsabilidad como ésta, es deseable que no tenga hijos.

No es obligatorio.

En muchos países de Europa hay una tendencia a no tener hijos. Cada vez hay más parejas en el mundo que deciden no tenerlos. En Argentina también se da este fenómeno. El argumento esgrimido es: "En un mundo de sufrimiento y de crisis, donde los valores se han perdido... ¿por qué vamos a traer a otros a sufrir?".

Algunas parejas me han dicho esto en España, adonde viajo a menudo, y en mi discusión con ellos les dije que su actitud me parecía razonable, que lo podía entender intelectualmente, pero sugerí:

—Adopten uno, porque ya está, ya fue parido, y va a sufrir mucho más si ustedes no lo crían...

—No... Bueno... Nosotros tenemos mucho para disfrutar... y en realidad...

Entonces, el argumento es otro. Siempre lo fue:

—Nosotros no queremos tener hijos porque queremos pasarla bien y disfrutar. Mi pareja y yo estamos para nosotros, no queremos usar ni un poco de nuestro tiempo para nadie...

Será una postura rara de comprender para los que somos padres, pero se entiende. El argumento anterior no. Quizá por el hecho de ser médico, que me inclina a pensar que, de todas maneras, siempre la vida es mejor que la no vida. O acaso porque no estoy tan seguro de que el mundo vaya en camino de ese lugar tan agorero y nefasto.

Mi pronóstico no es el de un mundo siniestro y terrible, sino el de un mundo incierto.

Gran parte de estas cosas que nos pasan tienen origen en la velocidad de la comunicación.

Entre el año 400 —cuando se empieza a llevar registro concreto del conocimiento— y el año 1500, el conocimiento de la humanidad se multiplicó por dos. Desde el año 1500 hasta que se volvió a duplicar, pasaron doscientos cincuenta años. Es decir, llevó mil cien años que el conocimiento se duplicara por primera vez, y llevó doscientos cincuenta para que volviera a multiplicarse por dos.

La siguiente vez que se midió el conocimiento global fue en 1900, y ya era 2.5 (más que el doble), pero llevó menos tiempo: ciento cincuenta años. De allí en adelante, la velocidad de multiplicación del conocimiento se fue achicando. Hoy, en el año 2001, se supone que el conocimiento global de la humanidad, en algunas ciencias más, se multiplica por dos cada veinte años. Se calcula que para el año 2020 el conocimiento global de la humanidad se va a multiplicar cada seis meses. Cada seis meses la humanidad va a saber el doble de lo que sabía ciento ochenta días antes en casi todas las áreas.

Entonces, yo me pregunto...

¿Qué les voy a explicar a mis hijos? ¿Qué?

Todo lo que yo les enseñe, cuando ellos sean grandes, no les va a servir demasiado.

Salvo que les enseñe... cómo buscar sus propias respuestas.

Ésta es la línea pedagógica actual, que los padres estamos aprendiendo de los maestros:

—Papi... ¿cómo está compuesta el agua?

—Mira, éste es el atlas, ésta es la enciclopedia, vamos a buscarlo...

¡Aunque yo lo sepa! ¿Para qué? ¿Para hacerle creer que no lo sé? No. Para enseñarle la manera de encontrar sus propios datos.

Claro, para esto hay que renunciar a la vanidad del padre de decir:

—¡Yo te digo, hijo... H_2O, Carlitos, H_2O!

El problema está en asumir que las referencias mías me sirven a mí, no les sirven a todos. Yo puedo enseñarles a mis hijos mis referencias, pero aclarándoles que son mías. Lo que no puedo hacer es enseñarles a mis hijos mis referencias pretendiendo que sean las de ellos y que las tomen como propias.

La actitud inteligente es transmitir a nuestros hijos lo que aprendimos sabiendo que podría no servirles. Tenemos que tener esta humildad. Saber que ellos van a poder tomar de nosotros lo que les sirve y descartar el resto.

La conducta efectiva se apoya no sólo en el aprendizaje académico, sino también en el desarrollo de la inteligencia emocional y en la experiencia de vida.

Y ésta es la incertidumbre. Una incertidumbre que no es académica, que es un hecho concreto vinculado con nuestra probada incapacidad para prever el mundo en el cual vamos a vivir.

Cuando estaba en la secundaria, mi papá me decía:

—Si tú estudias una carrera, si eres trabajador, si eres honesto, si no eres vago, si no estafas a la gente, si eres consecuente, yo no te puedo asegurar que vas a ser rico, pero vas a poder darle de comer a tu familia, vas a tener una casa, vas a tener un auto, vas a poder irte de vacaciones y vas a poder educar a tus hijos y casarlos para que ellos estén bien.

Cuando mi papá me lo decía, eso era verdad. No era conocimiento académico, era conocimiento de vida; él lo había aprendido así y era cierto. Si hoy le dijera eso a mi hijo, le estaría mintiendo. Porque yo no puedo asegurarle que si estudia una carrera y es un trabajador honesto, va a poder comer todos los días. Y él lo sabe.

El mundo es incierto para nuestros hijos. No es nuestra culpa, pero es así.

El mundo de hoy es otro, y esto tiene que ver con el conocimiento. El mundo no cambia sólo en lo académico, cambia también en estas cosas.

Y entonces, yo voy a tener que aprender que no puedo seguir diciéndole estas estupideces a mi hijo, porque son mentira. Yo lo sé y él también lo sabe.

Tengo que enseñarle mis referencias, que incluyen mis valores y mis habilidades emocionales, pero tengo que tener la suficiente humildad para saber que son reglas que él puede cuestionar.

Mi papá me decía: "¡Si yo te digo que es así... es así!".

Si yo le digo a mi hijo esto hoy... ¡se atraganta de la risa! Y tiene razón. ¿Por qué va a ser así porque yo digo que es así?

La certeza de mi papá era honesta. Mi incertidumbre también.

Pero atención, no digo que no haya que decirles nada y pensar: "Total... que se arreglen". No.

Tenemos que empezar a tomar conciencia de esta situación para centrarnos más en transmitir lo mismo que transmitimos con más énfasis todavía en los valores y en las cosas que creemos, pero sabiendo que ellos van a tener que adaptarlas a su propio mundo, traducirlas a sus propios códigos. No van a poder tomarlas tal cual se las decimos.

Cada vez que hablo de este tema en una charla, alguien salta y dice: "No, porque mi generación fue la más jodida...".

Todas las generaciones creen que son la bisagra, la que más sufrió... No hay una sola generación que no me haya dicho esto.

Claro, ¡cómo no van a saltar! Saltan porque yo les estoy diciendo: Todos sus esfuerzos son inútiles. ¿Por qué no se dejan de molestar a los pobres niños?

Voy a darnos un masaje para nosotros mismos:

Nuestra generación de padres no es la peor, la peor es la de mis viejos. ¿Por qué? Porque la generación que hoy tiene entre setenta y ochenta años es la que sufrió el odioso cambio de jerarquías.

Cuando mi papá era niño y se cocinaba pollo, que era todo un acontecimiento, mi abuela lo servía y mi abuelo, que le gustaba la pata, agarraba las dos patas de pollo, se las servía para él y dejaba el resto para que los hijos agarraran. Y a nadie se le ocurría cuestionar el derecho de mi abuelo. Era un derecho del padre de familia servirse primero.

Cuando mi papá tuvo a sus hijos, ¡le habían cambiado las reglas! Entonces mi mamá servía el pollo... una pata a mi hermano... otra para para mí... y dejaba el resto para que mi papá se sirviera... ¡Pobre! ¡Nunca en su vida pudo elegir! Le cambiaron las reglas! ¡Es casi una maldad!

Lo que le pasó a la generación de mi padre no tiene nada que ver con lo que nos pasó a nosotros.

Nuestra generación ha sido privilegiada. Y la de nuestros hijos también.

Nosotros pasamos por tener el lugar de elegir. ¡Nuestros padres nunca!

Mi abuelo, que no era el privilegiado cuando era niño, sí lo fue de grande. Es decir, en algún momento ganó. Y nosotros también. ¡Los viejos que nacieron en el primer cuarto de siglo, no! Ésos no ganaron nunca.

LA FAMILIA COMO TRAMPOLÍN

La casa donde vivió el niño que fui y las personas con las que compartí mi vida familiar fueron el trampolín hacia mi vida adulta.

La familia siempre es un trampolín y en algún momento tenemos que plantarnos allí y saltar al mundo de todos los días.

Si al saltar del trampolín me quedo colgado, dependo, y finalmente nunca hago mi viaje.

Qué bueno sería animarse a saltar del trampolín de una manera espectacular. Esto es posible si el trampolín es saludable. Si la relación familiar es sana. Si la pareja es soportativa.

Este trampolín tiene cuatro pilares fundamentales. Tan fundamentales que si no son sólidos, ningún niño puede caminar por él sin caerse.

El primer pilar es el amor

Un hijo que no se ha sentido amado por sus padres tiene una historia grave: le será muy difícil llegar a amarse a sí mismo. El amor por uno mismo se aprende del amor que uno recibe de los padres. No quiere decir que no se pueda aprender en otro lado, sólo que éste es el mejor lugar donde se aprende. Por supuesto que además un niño que no ha sido amado no puede amar, y si esto sucediera para qué saldría a encontrarse con los otros.

El trampolín que no tiene este pilar es peligroso. Es difícil caminar por él. Es un trampolín inestable.

El segundo pilar es la valoración

Si la familia no ha tenido un buen caudal de autovaloración, si los padres se juzgaban a sí mismos como poca cosa, entonces el hijo también se siente poca cosa.

Si uno viene de una casa donde no se le valora, a uno le cuesta mucho valorarse. Las casas con un buen nivel de autoestima tienen trampolines adecuados.

Dice Virginia Satir: "En las buenas familias la olla de autoestima de la casa está llena". Quiere decir: los papás creen que son personas valiosas, creen que los hijos son valiosos, papá cree que mamá es valiosa, mamá cree que papá es valioso, papá y mamá creen que su familia es valiosa y ambos están orgullosos del grupo que armaron.

Cuando un hijo llega a la casa y dice: "¡Qué linda es esta familia!", ahí sabemos que el trampolín está entero.

Cuando el niño llega a la casa y dice: "¿Me puedo ir a vivir con la tía Margarita...?", estamos en problemas.

Cuando un padre le dice a un hijo: "¡Por qué no te vas a vivir con la tía Margarita!", también algo complicado está pasando.

El tercer pilar es el de las normas

Las normas deben existir con la sola condición de no ser rígidas, sino flexibles, elásticas, cuestionables, discutibles y negociables. Pero tienen que estar.

Así como creo que las reglas en una familia están para ser violadas y que será nuestro compromiso crear nuevas, creo también que este proceso debe apoyarse en un tiempo donde se haya aprendido a madurar en un entorno seguro y protegido. Éste es el entorno de la familia. Las normas son el marco de seguridad y previsibilidad necesario para mi desarrollo. Una casa sin normas genera un trampolín donde el hijo no puede plantarse para saltar...

El último pilar es la comunicación

Para que el salto sea posible, es necesaria una comunicación honesta y permanente.

Ningún tema ha sido más tratado por los libros de psicología como el de la comunicación. Léanlos en pareja, discútanlos con sus hijos, platíquenlos entre todos con el televisor apagado...

Ésta es una manera de fortalecer la comunicación, pero no es la más importante. La fundamental es aquella que empieza con las preguntas dichas desde el corazón: ¿Cómo estás? ¿Cómo pasaste el día? ¿Quieres que charlemos...?

Y sobre este pilar, exclusivamente sobre este pilar, se apoya la posibilidad de reparar los demás pilares.

Amor, valoración, normas y comunicación: sobre este trampolín el hijo salta a su vida para recorrer, primero, el camino de la autodependencia, y luego, el camino del encuentro con los otros.

Piensen en sus casas... ¿Qué pilares estaban firmes? ¿Cuáles un poco flojos? ¿Cuáles faltaron?

Y una vez saltado el trampolín, como hijo debo saber que mi vida depende ahora de mí, que soy responsable de lo que hago, que libero a mis padres de todo compromiso que no sea el afectivo, de toda obligación que ellos crean tener conmigo. Que me libero a mí de toda obligación y de toda deuda que crea tener con ellos. Conservarán su amor por mí, pero no sus obligaciones. Afirmo esto con absoluta conciencia de lo que digo. Todo lo que un papá o una mamá quiera dar a sus hijos después que éstos sean adultos, será parte de su decisión de dárselo, pero nunca de su obligación. Por supuesto, antes del fin de la adolescencia estamos obligados para con nuestros hijos, allí no es un tema de decisión.

Si le preguntan a mi mamá cómo está compuesta su familia, seguramente dirá: "Mi familia está compuesta por mi marido, mis dos hijos, mis dos nueras y mis tres nietos". Si me preguntan a mí cómo está compuesta mi familia, yo digo: "Mi esposa y mis dos hijos", no digo: "Mi esposa, mis dos hijos, mi mamá y mi papá".

Esto no quiere decir que mi mamá no sea de mi familia, o que yo no la quiera.

Mi mamá sigue queriendo que la familia seamos todos, y tiene razón.

Pero es diferente para ella que para mí.

Como padre debo saber que el trampolín debe estar listo para la partida de mis hijos, porque el encuentro con ellos es el encuentro hasta el trampolín. Luego habrá que construir nuevos encuentros, sin obligaciones ni obediencias, encuentros apoyados solamente en la libertad y en el amor.

Cuando un hijo se vuelve grande, los padres tenemos que asumir el último parto.

Hacemos varios partos con los hijos. Uno cuando el niño nace, otro cuando va a la primaria y deja la casa, otro cuando se va por primera vez de campamento y duerme fuera de la casa, otro cuando tiene su primer novio o novia, otro cuando concluye la secundaria, y el último cuando termina su adolescencia o decide dejar definitivamente la casa paterna.

En el último parto, finalmente le damos a nuestro hijo la patente de adulto. Asumimos que es autodependiente, que no tiene que pedirnos permiso para hacer lo que se le dé la gana.

En algún momento, le damos el último empujoncito, que yo llamo el último pujo, le deseamos lo mejor y, a partir de allí, le delegamos el mando.

Quedas a cargo de ti mismo, quedas a cargo de como te vaya, quedas a cargo de darle de comer a tu familia, quedas a cargo de pagar la escuela de tus hijos, quedas a cargo de todo lo que quieras para ti y para los tuyos, y en lo que no puedas hacerte cargo, renuncia.

Hace unos años atendí a una pareja que tenía un hijo al que quería ayudar. Eran "tan buenos"...

El hijo era un médico recién egresado que ganaba 1,200 pesos en el puesto del hospital y la nuera ganaba 700 trabajando como maestra en la escuela del barrio. Entre los dos casi llegaban a 2,000 pesos, que no es poco. Pero los cuatro padres, que los querían tanto, se pusieron de acuerdo y les regalaron "a los niños" un departamento en Libertador y Tagle cuyo mantenimiento era de 1,650 pesos por mes.

¿Cuál es la ayuda que les estamos dando a esos hijos?

Cuando estos dos pagan el mantenimiento, la luz, el gas y el teléfono, ya no les queda un peso para vivir. Ésta es la ayuda de algunos papás buenos, una cosa sin sentido o, peor, con un sentido nefasto: esclavizar a los hijos a depender de los padres.

Hay que aprender a terminar con la función de padre y con la función de hijo. Esto significa olvidarse de la función y centrarse en el sentido del amor. Todas las obligaciones mutuas que nos teníamos (las mías: sostenerte, aguantarte, ayudarte, etcétera, y las tuyas: hacerme caso, pedirme permiso, hacer lo que yo diga) se terminaron.

Hay que dejar que los hijos se equivoquen, que pasen algunas necesidades y soporten algunas renuncias, dejarlos que se frustren y se duelan, que aprendan a achicarse cuando corresponde. Que dejen de pedirles a los padres que se achiquen para no achicarse ellos.

Me gustaría tener la certeza de que Demián y Claudia podrán arreglárselas con sus vidas cuando yo ya no esté. Eso me dejaría muy tranquilo. Voy a hacer todo lo necesario para poder ver antes de partir lo bien que se arreglan sin mí.

Lo que nuestros hijos necesitan es que hagamos lo posible para que no nos necesiten. Ésta es nuestra función de padres.

MIS HIJOS SON HERMANOS

Cuando pensaba en este apartado del libro, me di cuenta de qué poco énfasis se ha puesto en la bibliografía sobre familia acerca de la relación entre hermanos.

Un hecho misterioso si pensamos que el aprendizaje de este vínculo es verdaderamente la primera experiencia con pares, donde las creencias y los condicionamientos puestos por nuestra educación serán indudablemente de peso en todas las restantes relaciones grupales o individuales que encontremos en nuestra vida.

Además de este mencionado hecho de los pares, el tema de los hermanos es muy importante por una razón: un hermano es en muchos sentidos el único testigo de la historia de mi infancia. Mis amigos y mis compañeros de escuela no estaban allí cuando aquellos hechos que quizá hirieron al niño que fui sucedieron.

Y más allá de que el recuerdo está teñido de nuestra selección y ciertamente los hermanos no recuerdan los mismos hechos ni el mismo significado de los mismos hechos, el compartir esta historia vivida es un handicap adicional a favor de la salud.

Las estadísticas son claras y significativas. Al hacer una evaluación de la patología neurótica, en todas las culturas los estudios coinciden en mostrar el mismo resultado: los índices patológicos más altos se dan entre los hijos únicos. Y se confirma con el siguiente grupo de incidencia. Los segundos en el ranking son los hijos mayores, esto es, los que alguna vez fueron únicos.

Obviamente, el compartir un espacio con otro me entrena para próximos encuentros más sofisticados. Las envidias, los celos, las manipulaciones y hasta las peleas entre hermanos funcionan como un trabajo de campo del futuro social.

Por supuesto que cuanto mejor resuelta esté la relación de los hermanos, la ventaja de lo fraternal quedará más en evidencia.

Muchas veces, la relación está impregnada de aquello que los padres hayan sembrado a conciencia o sin saberlo entre los hermanos. Los padres encuentran muchas veces en sus hijos un escenario ideal donde mover de forma diferente los personajes de su propia infancia para resolver sus antiguos conflictos familiares. Otras veces, los hermanos son tomados como aliados propios o de la otra parte en los conflictos de pareja. En las demás familias, los hijos siempre tienen asignado algún papel específico en los guiones de sus padres. Estoy diciendo que los padres usan a los hijos como escenario, como aliados o como actores de reparto, y que nadie puede librarse de alguna de estas tres cosas.

Así como quisiera bajar la responsabilidad de los padres en las conductas neuróticas que desarrollan los hijos, porque creo que desde la ciencia se sobrevalora el poder de los padres en ese sentido, quisiera aumentar la responsabilidad en este aspecto que creo que se menosprecia.

Yo pienso que, la mayoría de las veces, los padres somos casi únicos responsables de la mala relación entre hermanos, porque ésta tiene absolutamente que ver con cómo los hemos educado; y, especialmente, con lo que les hemos enseñado al mostrarles nuestra relación con nuestros propios hermanos y hermanas. Desde el punto de vista del afecto fraternal, nunca dejan de sorprenderme las peleas entre hermanos por la herencia, por el dinero, por el afecto de los padres, por las historias de las frases que empiezan con: "Mira, tu hermano"... O terminan con: "Por qué no haces como tu hermano...".

Aquel que tiene un hermano con el que no se relaciona, de alguna manera tiene un agujero en su estructura: ha perdido un pedazo de su vida.

Creo que no exagero si sostengo que en los conflictos entre hermanos setenta y cinco por ciento del problema ha sido enseñado por los educadores.

La historia de los hermanos es fatal cuando alguno de los hijos queda excluido del amor de los padres o, por lo menos, de su cuidado y de su atención.

No digo que se quiere a los hijos por igual, porque no es verdad. Después de un tiempo empiezan las afinidades y los padres se relacionan con cada uno de los hijos de diferente manera en diferentes momentos y con distintos grados de sintonía.

Aquella exclusión siempre es dañina, pero es peor cuando estas historias se destapan después de la muerte de los padres, cuando ya no se puede hacer nada para arreglarlo.

Con el tiempo entran en juego algunos parentescos que suelen complicar los vínculos con resultantes poco felices, como el de la nuera y el yerno...

Desde las asociaciones de los nombres, estas dos relaciones vienen signadas por la mala onda. Etimológicamente, la palabra "yerno" viene de "engendro"; no porque el yerno sea un engendro, sino porque en realidad el yerno se elegía para engendrar la prole con la hija. Pero de todas maneras de allí viene. Sobre el término "nuera" hay un viejo chiste que dice que la palabra la inventaron las madres de los novios: "NUERA... Nuera.... nu era para mi hijo esta muchacha...".

Los problemas con el yerno y con la nuera suceden porque, de alguna manera, son señalados por los ahora suegros como impostores, usurpadores de parentesco, ladrones de afectos y, por supuesto, responsables excluyentes de todo lo que nuestros hijos hacen equivocadamente.

Si los hijos son vividos como una prolongación, la familia política es muchas veces vivida como un grupo de personas extrañas que ocupan un lugar en la mesa sin ser uno de nosotros.

Sucede que este casi extraño no es ni más ni menos que la persona que mi hijo o hija eligió para compartir su vida. Y además, algunos estudios demuestran que quizá las viejas y tan tradicionales rivalidades con las suegras no estén generadas por estas vivencias, sino mucho más simbólicamente porque, tres de cada cuatro veces, la manera de ser de la suegra es estructuralmente bastante parecida a la del yerno.

Cuando hablo de amor y competencia entre hermanos, afortunadamente, no puedo dejar de acordarme del cuento del labrador y su testamento.

Cuentan que el viejo Nicasio se asustó tanto con su primer dolor en el pecho que mandó a llamar al notario para dictarle un testamento.

El viejo siempre había conservado el mal gusto que le dejó la horrible situación sucedida entre sus hermanos a la muerte de sus padres. Se había prometido que nunca permitiría que esto pasara entre Fermín y Santiago, sus dos hijos. Dejó por escrito que a su muerte un agrimensor viniera hasta el campo y lo midiera al milímetro. Una vez hecho el registro debía dividir el campo en dos parcelas exactamente iguales y entregar la mitad del lado este a Fermín, que ya vivía en una pequeña casita en esa mitad con su esposa y sus dos hijos; y la otra mitad a Santiago, que a pesar de ser soltero pasaba algunas noches en la casa vieja que estaba en la mitad oeste del campo. La familia había vivido toda su existencia del labrado de ese terreno, así que no dudaba que esto debía dejarles lo suficiente como para tener siempre qué comer.

Pocas semanas después de firmar este documento y contarles a sus hijos su decisión, una noche Nicasio se murió.

Como estaba establecido, el agrimensor hizo el trabajo de medición y dividió el terreno en dos partes iguales clavando dos estacas a cada lado del terreno y tendiendo una cuerda entre ellas.

Siete días habían pasado cuando Fermín, el mayor de los hijos del finado, entró en la iglesia y pidió hablar con el sacerdote, un viejo sabio y bondadoso que lo conocía desde que lo había bautizado.

—Padre —dijo el mayor de los hermanos—, vengo lleno de congoja y arrepentimiento, creo que por corregir un error estoy cometiendo otro.

—¿De qué se trata? —preguntó el párroco.

—Le diré, padre. Antes de morir el viejo, él estableció que el terreno se dividiera en partes iguales. Y la verdad, padre, es que me pareció injusto. Yo tengo esposa y dos hijos y mi hermano vive solo en la casa de la colina. No quise discutir con nadie cuando me enteré, pero la noche de su muerte me levanté y corrí las estacas hasta donde debían estar... Y aquí viene la situación, padre. A la mañana siguiente, la saga y las estacas habían vuelto a su lugar. Pensé que había imaginado el episodio, así que a la noche siguiente repetí el intento y a la mañana otra vez la cuerda estaba en su lugar. Hice lo mismo cada noche desde entonces y siempre con el mismo resultado. Y ahora, padre, pienso que quizá mi padre esté enojado conmigo por vulnerar su decisión y su alma no pueda ir al cielo por mi culpa. ¿Puede ser que el espíritu de mi padre no se eleve por esto, padre?

El viejo cura lo miró por encima de sus anteojos y le dijo:

—¿Sabe ya tu hermano de esto?

—No, padre —contestó el muchacho.

—Anda, dile que venga que quiero hablar con él.

—Pero padrecito... mi viejo...

—Después vamos a hablar de eso, ahora tráeme a tu hermano.

Santiago entró en el pequeño despacho y se sentó frente al cura, que no perdió tiempo:

—Dime... ¿Tú no estuviste de acuerdo con la decisión de tu padre sobre la división del terreno en partes iguales, verdad? —el muchacho no entendía muy bien cómo el sacerdote sabía de sus sentimientos—; y a pesar de no estar de acuerdo no dijiste nada, ¿no es cierto?

—Para no enojar a papá —argumentó el joven.

—Y para no enojarlo te viniste levantando todas las noches para hacer justicia con tu propia mano, corriendo las estacas, ¿no es así?

El muchacho asintió con la cabeza entre sorprendido y avergonzado.

—Tu hermano está ahí afuera, dile que pase —ordenó el cura.

Unos minutos después los dos hermanos estaban sentados frente al sacerdote mirando silenciosamente el piso.

—¡Qué vergüenza! Su padre debe estar llorando desconsolado por ustedes. Yo los bauticé, yo les di la primera comunión, yo te casé a ti, Fermín, y bauticé a tus hijos, mientras que tú, Santiago, les sostenías las cabecitas en el altar. Ustedes en su necedad han creído que su padre regresaba de la muerte a imponer su decisión, pero no es así. Su padre se ha ganado el cielo sin lugar a dudas y allí estará para siempre. No es ésa la razón del misterio. Ustedes dos son hermanos, y como muchos hermanos, son iguales. Así fue como cada uno por su lado, guiado por el mezquino impulso de sus intereses, se ha levantado cada noche desde la muerte de su padre a correr las estacas. Claro, a la mañana las estacas aparecían en el mismo lugar. Claro ¡si el otro las había cambiado en sentido contrario!

Los dos hermanos levantaron la cabeza y se encontraron en las miradas.

—¿De verdad Fermín que tú...?

—Sí, Santiago, pero nunca pensé que tú... Yo creí que era el viejo enojado...

El más joven se rio y contagió a su hermano.

—Te quiero mucho, hermanito —dijo Fermín emocionado.

—Y yo te quiero a ti —contestó Santiago poniéndose de pie para abrazar a Fermín.

El cura estaba rojo de furia.

—¿Qué significa esto? Ustedes no entienden nada. Pecadores, blasfemos. Cada uno de ustedes alimentaba su propia ambición y encima se felicitan por la coincidencia. Esto es muy grave...

—Tranquilo padrecito... El que no entiende nada, con todo respeto, es usted —dijo Fermín.— Todas las noches yo pensaba que no era justo que yo, que vivo con mi esposa y mis hijos, recibiera igual terreno que mi hermano. Algún día, me dije, cuando seamos mayores, ellos se van a hacer cargo de la familia, en cambio Santiago está solo, y pensé que era justo que él tuviera un poco más, porque lo iba a necesitar más que yo. Y me levanté cada noche a correr las estacas hacia mi lado para agrandar el terreno de él...

—Y yo... —dijo Santiago con una gran sonrisa—. ¿Para qué necesitaba yo tanto terreno? Pensé que no era justo que viviendo solo recibiera la misma parcela que Fermín, que tiene que alimentar cuatro bocas. Y entonces, como no había querido discutir con papá en vida, me levanté cada una de estas noches para correr las estacas y agrandar el campo de mi hermano.

El amor a uno mismo

Autoestima y egoísmo son tomados generalmente como términos antagónicos, aunque ambos comparten un significado muy emparentado: la idea de quererse, valorarse, reconocerse y ocuparse de sí mismo.

Cuenta una vieja historia que había una vez un señor muy poco inteligente al que siempre se le perdía todo. Un día alguien le dijo:
—Para que no se te pierdan las cosas, lo que tienes que hacer es anotar dónde las dejas.

Esa noche, al momento de acostarse, agarró un papelito y pensó: "Para que no se me pierdan las cosas...".

Se sacó la camisa, la puso en el perchero, agarró un lápiz y anotó: "la camisa en el perchero"; se sacó el pantalón, lo puso a los pies de la cama y anotó: "el pantalón a los pies de la cama"; se sacó lo zapatos y anotó: "los zapatos debajo de la cama"; y se sacó los calcetines y anotó: "los calcetines dentro de los zapatos debajo de la cama".

A la mañana siguiente, cuando se levantó, buscó los calcetines donde había anotado que los dejó, y se los puso, los zapatos donde estaban anotados, los encontró y se los puso; lo mismo sucedió con la camisa y el pantalón. Y entonces se preguntó:
—¿Y yo dónde estoy?

Se buscó en la lista una y otra vez y, como no se vio anotado, nunca más se encontró a sí mismo.

A veces nos parecemos mucho a este señor estúpido. Sabemos dónde está cada cosa y cada persona que queremos, pero muchas veces no sabemos dónde estamos nosotros. Nos hemos olvidado de nuestro lugar en el mundo. Podemos rápidamente ubicar el lugar de los demás, el lugar que los demás tienen en nuestra vida, y a veces hasta podemos definir el lugar que nosotros tenemos en la vida de otros, pero nos olvidamos de cuál es el lugar que nosotros tenemos en nuestra propia vida.

Nos gusta enunciar que no podríamos vivir sin algunos seres queridos. Yo propongo hacer nuestra la irónica frase con la que sintetizo mi real vínculo conmigo:

No puedo vivir sin mí.

La primera cosa que se nos ocurre hacer con alguien que queremos es cuidarlo, ocuparnos de él, escucharlo, procurarle las cosas que le gustan, ocuparnos de que disfrute de la vida y regalarle lo que más quiere en el mundo, llevarlo a los lugares que más le agradan, facilitarle las cosas que le dan trabajo, ofrecerle comodidad y comprensión.

Cuando el otro nos quiere, hace exactamente lo mismo.

Ahora, me pregunto: ¿Por qué no hacer estas cosas con nosotros mismos?

Sería bueno que yo me cuidara, que me escuchara a mí mismo, que me ocupara de darme algunos gustos, de hacerme las cosas más fáciles, de regalarme las cosas que me gustan, de buscar mi comodidad en los lugares donde estoy, de comprarme la ropa que quiero, de escucharme y comprenderme.

Tratarme como trato a los que más quiero.

Pero, claro, si mi manera de demostrar mi amor es quedarme

a merced del otro, compartir las peores cosas juntos y ofrecerle mi vida en sacrificio, seguramente, mi manera de relacionarme conmigo será complicarme la vida desde que me levanto hasta que me acuesto.

El mundo actual golpea a nuestra puerta para avisarnos que este modelo que cargaba mi abuela (la vida es nacer, sufrir y morir) no sólo es mentira, sino que además está malintencionado (les hace el juego a algunos comerciantes de almas).

He hablado mucho del tema en estos años, y gran parte de estos conceptos están ya publicados en mi libro *De la autoestima al egoísmo*,[6] al que te remito para no repetir.

Si hay alguien que debería estar conmigo todo el tiempo, ese alguien soy yo.

Y para poder estar conmigo debo empezar por aceptarme tal como soy. Y no quiere decir que renuncie a cambiar a través del tiempo. Quiere decir replantear la postura. Porque frente a alguna característica de mí que no me guste hay siempre dos caminos para resolver el problema.

El primero, el más común, es la solución clásica: intentar cambiar.

El segundo camino, el que propongo, es dejar de detestar esa característica y como única actitud, permitir que, por sí misma, esa condición se modifique.

Incluso para cambiar algo el camino realmente comienza cuando dejo de oponerme. Nunca voy a adelgazar si no acepto que estoy gordo.

El ejemplo que siempre pongo es una historia real que me tiene como protagonista:

Yo suelo ser bastante distraído. Cuando tenía mi primer consultorio, muy frecuentemente me olvidaba las llaves, y entonces llegaba a la puerta y me daba cuenta de que me había olvidado el llavero en mi casa. Esto generaba un problema, porque tenía que ir al cerrajero, pedirle que me abriera, hacer un duplicado de la llave, era toda una historia.

La segunda vez que me pasó decidí, furioso, que no podía pasarme más. Así que puse un cartelito en el parabrisas del auto que decía: "llaves". Me subía al auto, veía el cartelito, entraba de nuevo a mi casa y me llevaba las llaves. Funcionó muy bien las primeras cuatro semanas, hasta que me acostumbré al cartelito. Cuando te acostumbras al cartelito ya no lo ves más. Un día me olvidé las llaves otra vez, así que le pedí a mi esposa que me hiciera acordar de las llaves. Todas las mañanas ella me decía: "¿Llevas las llaves?". Pero el día que ella se olvidó, yo me olvidé y, por supuesto, le eché la culpa a ella, pero de todas maneras tuve que pagar el cerrajero.

Un día me di cuenta de que, indudablemente, no había manera; que yo era un despistado y que de vez en cuando me iba a olvidar las llaves. Por lo tanto, hice una cosa muy distinta a todas las anteriores:

Hice varias copias de las llaves y le di una al portero, una al heladero de la esquina (que era amigo mío), otra a una colega que tenía el consultorio a cinco cuadras, enganché una con las llaves del auto y me quedé con una suelta. Tenía cinco copias rondando por ahí.

Este relato no tendría nada de gracioso si no fuera porque, a partir de ese día, nunca más olvidé las llaves.

Todavía hoy el portero del departamento de la calle Serrano, cuando me ve, me dice: "No sé para qué me dio esta llave si nunca la usó".

La teoría paradojal del cambio dice que solamente se puede cambiar algo cuando uno deja de pelearse con eso.

Y si mi relación conmigo me condiciona tanto por dejar de vivir forzándome a ser diferente, imaginemos cómo condiciona mi relación con los demás creer que ellos tienen que cambiar.

Uno de los aprendizajes a hacer en el camino del encuentro es justamente la aceptación del otro tal como es. Y eso sólo es posible si antes aprendí a aceptarme.

Enojarse con el otro por cómo es significa que, para que yo pueda quererlo, *tiene* que ser como yo quiero que sea. Si tu amiga es impuntual y la esperas una hora cada vez que te citas con ella, no te enojes. ¿Quién te obliga a esperarla? Cuando yo espero a alguien que es usualmente impuntual, la razón de mi espera es *porque elijo esperarlo* y no *porque él llegó tarde*. ¿Debo hacer responsable al otro de mis propias decisiones?

Mi esposa y yo decidimos hacer nuestra ceremonia de casamiento a un horario inusual: la hora que realmente anunciaba la invitación.

Esperamos quince minutos. Más de la mitad de la gente nunca llegó o, mejor dicho, llegaron mucho después y se quedaron como media hora en la puerta pensando que nosotros todavía no habíamos llegado cuando, en realidad, ya nos habíamos ido.

Son estilos, maneras de plantear las cosas.

Cada uno espera cuanto quiere esperar.

Tu concepto de la puntualidad es tuyo y yo no lo comparto.

No tienes que ser como yo, pero no me pidas que sea como tú.

Ser adulto significa hacerse responsable de la vida que uno lleva, saber que las cosas que uno vive en gran medida las vive porque se ocupa de que así sea y, a partir de allí, animarme a quererme incondicionalmente, por egoísta que parezca.

Un día, mientras escuchaba a Enrique Mariscal, se me ocurrió transformar un cuento suyo en éste que llamé "El temido enemigo"[7] y que quiero volver a contarte aquí:

Había una vez un rey al que le gustaba saberse poderoso, y deseaba que a su alrededor todos lo admiraran por su poderío. Llamó un día a un sabio de la corte para preguntarle si había alguien más poderoso que él en el planeta, y el sabio le dijo que se había enterado de que vivía en el poblado un mago cuyo poder nadie más que él poseía: sabía el futuro.

El rey hirvió de celos y empezó a preguntar sobre este mago. Un día, cansado de que le contaran lo poderoso y querido que era el mago, el rey urdió un plan: invitaría al mago a una cena y, delante de los cortesanos, le preguntaría en qué fecha moriría el mago que había llegado al reino. En el momento que respondiera, lo mataría con su propia espada para demostrar que el mago se había equivocado en su predicción. Se acabarían, en una sola noche, el mago y el mito de sus poderes...

El día del festejo llegó y, después de la gran cena, el rey hizo la pregunta:

—¿Es cierto que puedes leer el futuro?

—Un poco —dijo el mago.

—¿Cuándo morirá el mago del reino?

El mago sonrió, lo miró a los ojos y contestó:

—Un día antes que el rey.

Al oír aquella respuesta, el rey no sólo no se atrevió a matarlo sino que, temeroso de que le pasara algo, lo invitó a quedarse a vivir en el palacio con la excusa de que necesitaba un consejero sobre unas decisiones reales.

Por la mañana, el rey mandó llamar a su invitado. Para justificar su permanencia le hizo una pregunta; y el mago, que era un sabio, le dio una respuesta correcta, creativa y justa.

El rey alabó a su huésped por su inteligencia y le pidió que se quedara un día más, y luego otro más. Todos los días el rey se tomaba el tiempo de charlar con el mago para confirmar que estaba vivo y para hacer alguna pregunta. Sentía que los consejos de su nuevo asesor eran tan acertados que terminó, casi sin notarlo, teniéndolos en cuenta en todas sus decisiones.

Pasaron los meses y los años. Y como siempre, estar cerca del que sabe vuelve al que no sabe más sabio... Así, el rey se fue volviendo poco a poco más justo y dejó de necesitar sentirse poderoso. Reinó de un modo bondadoso y el pueblo empezó a quererlo. Ya no consultaba al mago con la idea de investigar su salud, realmente iba para aprender. Y con el tiempo, el rey y el mago llegaron a ser excelentes amigos.

Hasta que un día, a cuatro años de aquella cena, el rey recordó que el mago, a quien consideraba ahora su mejor amigo, había sido su más odiado enemigo. Y recordó el plan urdido para matarlo. Como no podía ocultar ese secreto sin sentirse un hipócrita, tomó coraje, golpeó la puerta del mago y, apenas entró, le dijo:

—Tengo algo para contarte, mi querido amigo, algo que me oprime el pecho.

—Dime —dijo el mago— y alivia tu corazón.

—Aquella noche, cuando te invité a cenar y te pregunté sobre tu muerte, yo no quería saber tu futuro, planeaba matarte ante cualquier respuesta que me dieras, quería que tu muerte desmitificara tu fama. Te odiaba porque todos te amaban... Estoy tan avergonzado...

El mago le dijo:

—Has tardado mucho en decírmelo, pero me alegra porque me permite decirte que ya lo sabía. Era tan clara tu intención, que no hacía falta ser adivino para saber lo que ibas a hacer... Pero como justa devolución a tu sinceridad, debo confesarte que yo también te mentí. Inventé esa absurda historia de mi muerte antes que la tuya para darte una lección que hasta hoy estás en condiciones de aprender:

Vamos por el mundo odiando y rechazando aspectos de los otros, y hasta de nosotros mismos, que creemos despreciables, amenazantes e inútiles... y, sin embargo, si nos damos tiempo, terminamos viendo lo mucho que nos costaría vivir sin aquellas cosas que en un momento rechazamos.

Nuestras vidas están ligadas por la amistad y la vida, no por la muerte.

El rey y el mago se abrazaron y festejaron brindando por la confianza de esa relación que habían construido juntos.

Cuenta la leyenda que, esa misma noche, misteriosamente, el mago murió mientras dormía, y que al enterarse, el rey cavó en el jardín con sus propias manos una tumba para su amigo, justo debajo de su ventana, y que allí se quedó llorando al lado del montículo de tierra hasta que, agotado por el llanto y el dolor, volvió a su habitación.

Cuenta la leyenda que esa misma noche, veinticuatro horas después de la muerte del mago, el rey... murió en su lecho mientras dormía.

Quizá por casualidad... Quizá de dolor... Quizá para confirmar la última enseñanza del maestro.

Este cuento es la expresión de dos cosas: el amor y el egoísmo.

Se supone que el egoísmo es patológico cuando va en desmedro del otro, cuando me impide compartir. Pero ¿por qué el otro se vería dañado y afectado por el hecho de que yo me quiera mucho?

Sabemos ya que el amor no se agota, que mi capacidad de amar es ilimitada y, por lo tanto, que es ridículo pensar que por quererme mucho a mí mismo no me va a quedar espacio para querer a los demás.

Con el egoísmo pasa exactamente lo mismo que lo que le pasaba al rey con el mago.

El egoísmo es para mí un mago poderoso, capaz de revelarnos algunas verdades sobre nosotros mismos. Pero vivimos rechazándolo, lo queremos matar, sin darnos cuenta de que no podríamos vivir sin él.

Si conseguimos, como en el cuento, hacernos amigos del mago, amigarnos con nuestro egoísmo, entonces no sólo podremos servirnos de él para engrandecernos sino que podremos volvernos más generosos, más nobles, más sabios, más solidarios y más inteligentes.

Todo lo que cada uno se quiere a sí mismo es poco. Con seguridad, a todos todavía nos falta querernos más.

Ocurre que cuando al individuo se le prohíbe ser egoísta, para encontrar un lugar donde quererse, cuidarse y atenderse, se vuelve mezquino, ruin, codicioso, canalla y jodido. El individuo se vuelve despreciable porque cree que tiene que elegir entre él y el otro, y cuando se elige a sí mismo cree que lo hace en contra de su moral. La idea que anima a concebir el egoísmo como un desmedro de los otros es plantearse la vida como una batalla mortal. Pero eso no siempre es cierto. Habrá habido, y seguramente seguirá habiendo, batallas a muerte, pero analizar el mundo de este modo en todo momento es una visión limitada con la cual no comulgo.

Hasta que el individuo no descubre su mejor egoísmo, el poderoso mago dentro de él, no se da cuenta de que él es el centro de su existencia y decimos entonces que está descentrado. Quiero decir, que vive y gira alrededor de cosas externas, que hace centro en otras cosas.

Por supuesto, algunos aspectos de nuestro mundo están compartidos; tú y yo podemos charlar, podemos ponernos de acuerdo y también en desacuerdo, podemos tener espacios en el mundo del otro y espacios comunes a los dos. Pero cuando tú te vas... te vas con tu mundo y yo me quedo con el mío.

Si yo renuncio a ser el centro de mi mundo, alguien va a ocupar ese espacio. Si giro alrededor tuyo empiezo a estar pendiente de todo lo que digas y hagas. Entonces vivo en función de lo que me permitas, de lo que me des, de lo que me enseñes, de lo que me muestres, de lo que me ocultes...

Y, por otro lado, cuando me doy cuenta de que soy el centro del mundo de otro, me empiezo a asfixiar, me pudro, me canso y quiero escapar...

Mi idea del encuentro es: dos personas centradas en ellas mismas que comparten su camino sin renunciar a su centramiento. Si no estoy centrado en mí, es como si no existiera. Y si no existo, ¿cómo podría encontrarte en el camino?

¿Por qué es tan difícil aceptar esta idea del encuentro?

Porque va en contra de todo lo que aprendimos. Hemos aprendido que si algo para ti es importante, debe serlo también para mí. Porque estamos entrenados en privilegiar al prójimo.

Pero vengo yo, Jorge Bucay, y provoco, escandalizo, pateo la puerta y digo:

"¡Para nada! En realidad, lo que yo miro es más importante que lo que mira el otro; mis ojos son prioritarios a los ojos del otro."

Cada vez que explico este pensamiento, alguien salta indignado: "¡Eso es egocéntrico!". Y yo digo: "Sí, claro que es egocéntrico". Como todas las posturas individualistas, esta postura es egocéntrica. Es individualista, egocéntrica y saludable, las tres cosas.

Indefectiblemente, para aprender esta idea del encuentro hay que desandar la otra, la de la dependencia. Se nos mezclan, seguramente, pero hay que seguir trabajando.

Hay que tener el valor de ser el protagonista de nuestra vida. Porque si se cede el papel protagónico, no hay película.

Cuando estamos en una negociación, el otro puede decir muy enojado: "Pero al final tú estás haciendo lo que a ti te conviene".

Sí, estoy negociando para hacer lo que más me conviene a mí, ¿para qué otra cosa negociaría?

¿Desde qué lugar negociaría si no me prefiriera a mí antes que a ti?

Negocio con otro porque es imposible hacer todo lo que yo quiero, y si pudiera hacerlo, sin dañar al otro, quizá lo haría.

¿Por qué no?

Puedo quererte y estar dispuesto a ceder un poco porque además de quererme a mí te quiero a ti; pero entre los dos, no hay ninguna duda de que me prefiero a mí.

Así como en *El camino de la autodependencia*[8] expliqué que había dos tipos de egoísmo, uno que se oponía a la solidaridad (de ida) y otro que coincidía con la solidaridad (de vuelta), y que este último se educaba, creo que también se educa y hay un buen gusto en la moral.

No se nace sabiendo disfrutar el compartir, tampoco es obligatorio, pero se puede aprender.

Al principio, la música clásica parece medio chirriante, pero después se aprende a escuchar a Tchaikovsky; después ballet; y después, si uno se anima un poquito más, empieza a encontrarle el placercito al barroco; y después empieza a escuchar música sinfónica.

Uno va educando su oído y no pierde el gusto por lo anterior, porque está aprendiendo. Y va creciendo hasta, quizá, escuchar y disfrutar de la ópera...

Cuando no hemos sido entrenados para mirar pintura, vemos un cuadro famoso y no entendemos. Pero así como se aprende a escuchar música, se aprende a entender pintura. Se lee sobre pintura y se aprende a mirar.

La moral también se aprende.

Nadie puede hacer que me guste Goya, nadie puede obligarme a que me guste Picasso, pero si yo aprendo, si yo crezco, si yo educo mi buen gusto, va a crecer la posibilidad de que me gusten esas cosas, voy a encontrar aquello que realmente está ahí, para poder extraerlo y disfrutarlo.

Cuanto más disfruto, cuanto más placer soy capaz de sentir, más entrenado está mi amor por mí. Si cuidarte y darte desde el amor me da placer, por qué no pensar que es desde la búsqueda de este placer que yo actúo y ejerzo el amor que te tengo.

Cómo no va a ser así, si el amor por ti proviene del amor por mí.

Hay que darse cuenta de que hay en el mundo personas, cosas y hechos muy importantes, pero ninguna más importante para mí que yo mismo. Porque nos guste o no nos guste, repito, cada uno de nosotros es el centro del mundo en el que vive.

Si en un grupo dices:

—Yo defiendo bien mis lugares porque tengo la autoestima bien elevada.

El otro te dice:

—Oye, qué bien, ¿quién es tu terapeuta?

En cambio, si dices:

—Yo defiendo muy bien mis lugares porque soy bien egoísta.

El otro te dice:

—¡Bucay está loco; tonto, cambia de terapeuta!

Apuesto con todo mi corazón por nosotros. Pero si vas a forzarme a elegir...

entre tú y yo... yo.

Encuentros horizontales

El sexo, un encuentro especial

La actividad sexual de todos empezó con el contacto erótico y sensual con el propio cuerpo. La masturbación no tiene nada de malo, es maravillosa, una gran fuente de placer independiente, pero tiene un solo problema: no es suficiente. Si uno quiere más... entonces tiene que buscar más allá, y lo primero que saldrá a buscar es otra mano parecida a la propia.

Éste es el descubrimiento de la homosexualidad, por la cual transitamos todos por un tiempo, la actuemos o no. La homosexualidad no tiene nada de malo, es maravillosa, puede dar mucho placer, pero tiene un solo problema: no es suficiente. Si uno quiere más... entonces, tiene que complicarse, tiene que buscar lo diferente. Y la complicación es enredarse con el otro sexo.

Éste es el descubrimiento de la heterosexualidad. Por supuesto, la heterosexualidad no tiene nada de malo, es maravillosa, y uno puede conseguir gran placer de ella, pero tiene un solo problema: no es suficiente.

> *Si uno quiere más... entonces tiene que llegar a la abstinencia y a la meditación.*
>
> *Pero antes de llegar ahí hay que haber tenido todo el sexo que uno desee. Porque a la abstinencia nunca se llega antes de sentir que todo el placer encontrado ha sido insuficiente...*
>
> Osho

Me gusta citar a Osho cuando empiezo a hablar de la sexualidad porque, aunque no acordemos del todo con alguno de los planteamientos (no creo que yo pueda llegar a ese descubrimiento de insuficiencia que me lleve a la abstinencia...) ciertamente, la sexualidad genera más de una complicación. Pero como la naturaleza siempre hace las cosas con algún sentido, esta complicación debe tener uno. ¿Cuál es el sentido?

La procreación en sí misma no alcanza a justificar tanto desarrollo, pues existía antes de la sexualidad. Antes de la aparición de las especies sexuadas, la biología nos muestra que los seres vivos se reproducían (división celular, brotación, etcétera).

La pregunta se reformula: ¿Por qué la naturaleza inventa la procreación sexual?

Y una de las respuestas que enseña la biología es: por la evolución.

Si una célula madre da origen a dos células simplemente dividiéndose por la mitad y cada una de las hijas se transforma en una célula nueva y joven, cada progenie resultará forzosamente idéntica a la original, dado que se gesta a partir de la información encerrada en el código genético de su madre.

Para poder dar origen a una descendencia diferente del progenitor, para asistir a la creación de algo distinto, hace falta que haya diferencia en el material genético entre las generaciones. La forma que la naturaleza encontró fue conseguir que dos células diferentes se cruzaran entre sí y entremezclaran su información generando así células distintas de ellas mismas.

Aparece entonces la posibilidad de que la cruza genere variación y, por lo tanto, evolución.

Sólo desde el intercambio entre sexos se puede producir una procreación que genere evolución.

Para la biología, la heterosexualidad es la conquista de ese camino evolutivo. También entre los humanos la homosexualidad es muchas veces un tránsito hacia la heterosexualidad.

Desde mi opinión personal, lo único que los homosexuales se pierden, si es que se pierden algo, es el contacto con lo diferente. No es lo mismo estar hablando con un amigo que con una amiga, no es lo mismo lo que pasa al compartir una experiencia de trabajo con una persona del mismo sexo que con una persona del sexo opuesto. No es lo mismo, claro que no, convivir con alguien de tu sexo que con alguien del sexo opuesto (odio esto del sexo opuesto pero me parece tan estúpida cualquier otra manera de decirlo que me resigno).

El contacto entre un hombre y una mujer genera de por sí evolución, genera la posibilidad de conquistar a partir de lo diferente nuevos espacios de desarrollo.

La suma de la mirada femenina y la mirada masculina, que se consigue en gran medida por el solo hecho de pertenecer a otro sexo, nos enriquece siempre.

Esto conduce a pensar que la sexualidad, más allá de su función procreadora, tiene para nosotros además otra función importantísima: favorecer el encuentro entre otro y yo.

El sexo es un punto más de encuentro entre los seres humanos y, como tal, un aspecto más de su posibilidad de comunicación.

Y por supuesto (con o sin el acuerdo de Osho): el placer.

La sexualidad es para el ser humano, más que para ningún otro ser vivo, una fuente de placer.

En la especie humana, el encuentro sexual se produce, las más de las veces, sin estar ligado a la intención de procrear.

Pero como en nuestra cultura no hay placer sin culpa, entonces al hablar de sexualidad aparece la historia del placer culposo.

Cuando éramos niños, la masturbación era una historia dramática, terrible y peligrosa que las madres y los padres censuraban y criticaban.

Algunos de los mitos que excedían el castigo de Dios eran, para los varones, la amenaza del crecimiento de pelos en la palma de la mano... o de volverse tarado... o de terminar loco (algunos hemos quedado un poco locos pero dudo que sea sólo por eso).

Para las mujeres, la censura amenazaba con el peligro de lastimarse y no poder tener hijos cuando fueran grandes.

Los padres de hoy aprendimos que la masturbación es parte de la evolución normal de nuestros hijos, y al comprenderlo hemos dejado de hacer de la exploración que efectúan en sus propios cuerpos un motivo de persecución o de miradas censuradoras.

Afortunadamente, la sexualidad ya no es una cosa vedada de la que los niños no puedan hablar.

Sin intención de ser excluyente, me parece importante aclarar que me propongo escribir aquí sobre el encuentro heterosexual entre adultos sanos (o mejor dicho, crecidos no demasiado neuróticos).

Me contaron un cuento muy divertido.

Una señora va a una aerolínea a comprar dos pasajes en primera clase a Madrid. En la conversación, al pedir los nombres de los pasajeros el empleado descubre que el acompañante de la señora es un mono. La compañía se opone y el argumento de que si ella paga el pasaje puede viajar con quien quiera es radicalmente rechazado.

Si bien en un principio la compañía adopta esta actitud, una oportuna carta de recomendación de un político de turno logra que le den un permiso para llevar el mono, no en un asiento sino en una jaula, como marcaba la norma, tapado con una lona, pero en la zona del equipaje de las azafatas en el fondo de la cabina del avión.

La mujer acepta la negociación de mal grado y el día del vuelo sube al avión con la jaula cubierta con un lona verde que lleva bordado el nombre del mono: FEDERICO. Ella misma lo traslada al estante de puerta de tijera del fondo y se despide de él: "Pronto estaremos en tu tierra, Federico, como se lo prometí a Joaquín".

Da un vistazo para controlar el lugar y vuelve a primera clase a acomodarse en su asiento.

A mitad del viaje, una azafata muy atenta tiene la ocurrencia de convidar al mono con un plátano y, para su sorpresa, se encuentra con que el animal está tirado inmóvil en el piso de la jaula. La azafata ahoga un grito de horror y llama al comisario de a bordo, no tan preocupada por el mono como por su trabajo. Todos sabían que la señora dueña del mono venía muy recomendada.

En el avión se arma un tremendo desastre. Todos corren de aquí para allá. El comandante se acerca a Federico y le hace respiración boca a boca y masaje cardiaco. Durante más de una hora intentan reanimarlo, pero no ocurre nada. El animal está definitivamente muerto.

La tripulación decide enviar un cable a la base para explicar la situación. La respuesta que reciben tarda media hora en llegar. Hay que evitar que la pasajera se entere de lo sucedido. "Si la señora hace un escándalo posiblemente los dejen a todos en la calle. Tenemos una idea. Sáquenle una foto al mono y mándenla por fax al aeropuerto de Barajas en Madrid. Nosotros daremos instrucciones para remplazar el simio apenas aterrice el avión".

El personal a cargo efectúa la orden al pie de la letra. Envían la foto y en el aeropuerto ya se están llevando a cabo los preparativos para la operación de sustitución. Mientras esperan que el avión aterrice, comparan la foto del mono de la pasajera con el mono conseguido. Al mono muerto le falta un diente; entonces le arrancan uno con una tenaza al falso Federico. Luego ven que aquel tiene una marca rojiza en la frente, así que con matizador maquillan al mono nuevo. Detalle por detalle arreglan las diferencias hasta que finalmente un rápido hachazo equipara el largo de sus colas. Terminan el trabajo justo cuando el avión aterriza. Los asistentes suben rápidamente, sacan a Federico de la jaula, lo tiran al cesto de basura y ponen al mono nuevo en su lugar. Lo tapan con la lona y el comisario es designado para entregarlo.

Con una sonrisa, el hombre entrega la jaula a la señora mientras le dice:

—Señora, su mono.

La señora levanta la lona y dice:

—¡Ay, Federico! Estamos otra vez en tu tierra.

Pero cuando lo mira bien, exclama:

—¡Éste no es Federico!

—¿Cómo que no es? Mire, tiene rojizo acá, le falta el dientito...

—¡Éste no es Federico!

—Señora... todos los monos son iguales, ¿cómo sabe que no es Federico?

—Porque Federico... estaba muerto.

Y entonces todos se enteran de lo que nunca pensaron. La señora llevaba el mono a España para enterrarlo, porque era una promesa que le había hecho a su marido antes de morir.

Lo cierto del cuento es que nadie sabe mejor que yo lo que llevo en mi equipaje, lo que yo llevo lo sé yo.

¿Quién me va a decir a mí cómo tengo que viajar?

Elegí este cuento como comienzo para decir que no se puede hablar de sexo desde otro lugar que no sea el de la propia experiencia, que es el equipaje que cada uno carga.

Como en estas cosas no hay verdades reveladas, y si las hay yo no las tengo, es necesario aclarar que las cosas que digo pertenecen a lo que yo creo como terapeuta, como persona y como individuo sexuado que vive en esta sociedad que compartimos. Por lo tanto, se puede estar de acuerdo o en desacuerdo con ellas, es decir, no tienen por qué ser valederas para todos.

En primer lugar, hace falta desmitificar algunas creencias que hemos heredado sobre nuestra sexualidad.

La primera es que el sexo saludable, pleno, disfrutable, inconmensurable y no sé cuántos "ables" más, *tiene* que venir por fuerza ligado al amor.

Es una idea interesante, falsa, pero interesante.

Tanto ligamos el sexo al amor que hablamos de "hacer el amor" como si fuera un sinónimo de encuentro sexual. Y la verdad es que no son sinónimos.

El sexo es una cosa y el amor es otra.

Si bien es cierto que pueden venir juntos, a veces no es así.

No necesariamente la sexualidad viene con el amor.

No necesariamente el amor conlleva sexualidad.

Así como alguna vez dije que el amor tenía que ver con el sentimiento puro y no hacía falta incluir el deseo sexual, digo en esta oportunidad que el sexo no necesita incluir al amor para ser verdadero.

Uno puede elegir incluirlo.

Uno puede decidir que ésta es su manera de vivir el sexo y el amor, y es una decisión personal. Pero no es una decisión genérica, válida para todos.

Amor y sexo son dos cosas tan independientes como un saco y un pantalón. Uno puede ponerse las dos cosas juntas y, si combinan, quizá hagan un traje, y puede ser lindo verlos juntos. Pero uno puede usar un pantalón de mezclilla con una camisa, un pantalón negro con una sudadera verde, y esta combinación puede quedar bien o mal, pero siguen siendo dos cosas diferentes.

Ahora, para hablar de relaciones sexuales hace falta saber qué entendemos por esta expresión.

Me acuerdo siempre del viejo chiste que me contaron de una señora un poco ingenua que sale de una charla mía y en el pasillo de la sala le dice al marido:

—Dime viejo, ¿nosotros tenemos relaciones sexuales?

El marido la mira y le dice:

—¡Sí, claro, mi amor, claro que tenemos!

Y ella dice:

—¿Y por qué nunca las invitamos?

Vamos a tener que saber una vez más de qué hablamos. Si uno quiere hablar de sexo va a tener que animarse a llamar a las cosas por su nombre. Esto significa no hacer ninguna vuelta para no decir algo porque sea prohibido, feo, mucho menos porque suene pornográfico u obsceno.

Y quiero avisar ahora que desde aquí hasta el final, en este capítulo, un culo es un culo. No es: ni el lugar donde termina la espalda, ni un trasero, ni la parte de atrás, ni una nalga, ni un glúteo, ni un agujero incógnito y turbio... Un culo es un culo.

Pido disculpas por esto, porque sé que a algunos lectores las palabras pueden sonarles hirientes. Pero como no está claro qué significa y de dónde viene todo aquello que llamamos sexo, por unas páginas vamos a levantar, con los que decidan seguir leyendo, las barreras que impiden escribir algunas palabras. Y no me parecería mal que alguien saltara hasta el próximo capítulo donde hablo de la pareja, porque hay que defenderse de lo que a uno le molesta.

En lo cotidiano, uno no usa la expresión "relaciones sexuales" Hay otras palabras que tampoco usamos, y que suenan peores todavía, por ejemplo, "coito", que suena a prequirúrgico, a tapabocas, a sin tocarse; o "cópula", que puede hacernos pensar en un perro en una sala de experimentos; o "pinchar", que suena demasiado grosero e incluso antiguo. La dificultad de "encamarse" es que no termina de definir, es como más geográfico; y respecto de "fornicar", mi tío Fernando sigue creyendo que es una tarjeta de crédito.

Para mí hay tres maneras de referirse a la relación sexual, que son las tres palabras que más usamos en Argentina.

Entonces, me gusta decir que vale la pena, para saber de qué hablamos, diferenciar entre "fifar", "coger" y "hacer el amor".

FIFAR

Fifar, en el habla popular de Buenos Aires, es un sinónimo vulgar y simpático de tener un encuentro sexual intrascendente. Es por definición incidental, descomprometido y de alguna forma deportivo. Es el hecho puro, concreto y mecánico de uno que vio pasar a otro y por alguna razón terminó en una cama.
El diálogo posible después de fifar sería:
Ella: I love you, darling.
Él: Lo ¿qué?
Y nunca entendieron nada de lo que el otro estaba diciendo. Se encontraron pero no establecieron ningún vínculo, ningún diálogo verdadero. Puede ser placentero o displacentero, pero nada más.
Fifar es acostarse con un culo, con un auto, con una cara atractiva, con mi propia calentura del día. El otro es sólo un accidente, un partenaire, alguien que cumple una función para que podamos tener un intercambio de fluidos.

COGER

En cambio, coger, que usamos coloquialmente en Argentina, define un algo más. Coger es una palabra que a mí me parece injustamente maltratada, porque se le ve como una "mala palabra" y, sin embargo, es el término que usamos cotidianamente para hablar de sexo, lo cual no es casual.
En casi todos los idiomas del mundo, la palabra más popular para definir el acto sexual, la que se usa en la calle, siempre tiene un sonido /k/, /j/ o /f/, dos o todos ellos, porque estos tres fonemas le dan a la palabra la fuerza que tiene que tener para significar lo que representa ("cushé" en francés, "fuck" en inglés, "follar" en España, "litfok", en hebreo).
El intercambio sexual tiene mucha historia como para dejarlo en una palabra tibia.

Fonéticamente, "coger" tiene esta fuerza.

Por otro lado, etimológicamente, "coger" viene de *coligere*, que quiere decir ligar o relacionar algo entre dos, y por lo tanto también deriva de *ligere* que quiere decir elegir, seleccionar. Del mismo modo que "coger" en español puro es tomar, agarrar algo, "coger" es establecer un vínculo con aquello que yo tomo o elijo, con aquello que he seleccionado por alguna razón.

"Coger" denota un modelo de vínculo donde no solamente se fifa por deporte, hay más, hay un vínculo entre las personas, algo les pasa. Este algo puede ser muchas cosas: afecto, simpatía, atracción trascendente, atracción fugaz, experiencia compartida, etcétera, pero hay necesariamente un vínculo establecido.

Se puede fifar con cualquiera, pero no se puede coger con cualquiera.

Para coger, hace falta involucrarse, tener un vínculo.

HACER EL AMOR

Hacer el amor es coger cuando el vínculo que hay entre nosotros es el amor.

Si yo no amo, no puedo hacer el amor. Lo puedo llamar como quiera, pero no es un acto amoroso, y como no es un acto amoroso no es hacer el amor.

No tiene nada de malo coger sin hacer el amor.

No es mejor hacer el amor que coger.

No es mejor coger que fifar.

Son tres cosas diferentes y ninguna es mejor o peor que la otra.

En todo caso, sería bueno saber qué estamos haciendo en cada momento, para esclarecer lo que nos pasa. Y no creer que necesariamente para tener una actividad sexual hace falta hacer el amor. A fin de cuentas, es una decisión personal.

Por ejemplo, yo puedo decidir que fifar, a mí, Jorge Bucay, no me interesa más, que no me parece divertido, que no es suficiente.

Podría decidir que el hecho de coger no me interesa más y que me interesa solamente hacer el amor. Y podría centrarme en esta elección. De hecho, para mí es mucho mejor coger que fifar y es mucho más placentero hacer el amor que coger. Pero no por esto voy a hacer creer a los demás que lo único que sirve, que lo único bueno, valedero y sano es el sexo que se tiene haciendo el amor. Esto es así con mi equipaje y en mi etapa del viaje.

Decirlo de otra manera sería no sólo una exageración sino, además, una gran mentira.

Que yo agregue cosas al hacer el amor para hacer la relación más completa, más trascendente, más intensa o más energéticamente movilizadora para mí, no quiere decir que coger no sea sexo ni que fifar no sirva.

Ninguna de las tres formas excluye la posibilidad de disfrutar.

Uno puede comer un helado de crema.

Uno puede comer un helado de crema y bañarlo en chocolate.

Uno puede comer un helado de crema bañado en chocolate y ponerle una frutilla arriba.

Suponiendo que a mí me gustan estas tres cosas, cada vez, el helado resultante será más rico.

Pero esto no quiere decir que el helado de crema solo no sea un helado, que el helado sin frutilla no sea rico, etcétera.

A medida que pasa el tiempo, uno se va poniendo más exigente con su sexualidad. Como si con el correr de los años conformara menos el mero placer y se buscara más comprometidamente aquellos encuentros que realmente satisfacen.

Hacer el amor implica una conexión con el amor que no se da todo el tiempo, ni siquiera entre dos personas que se aman.

Esto permite, por suerte, que las relaciones sexuales con una pareja estable no sean siempre iguales; permite vaivenes, encuentros y desencuentros, distancias y aproximaciones, toda una serie de situaciones que no tienen por qué pensarse como problema.

Por supuesto, si alguien ha llegado a conquistar la idea de hacer el amor, el día que se encuentra con que hace tiempo sólo puede coger con su pareja, siente que algo está faltando, entonces tendrá que plantearse dónde ha quedado aquello que conquistaron juntos.

SEXO Y REPRESIÓN

Culturalmente nos enseñan que tener sexo es hacer el amor. Sobre todo a las mujeres. Durante muchísimos años, y todavía hoy, aunque parezca mentira, a las mujeres, pero sólo a ellas, se les enseñó que el único sexo permitido era el que estaba ligado al amor.

Se les enseñó que tener sexo sin amor era impertinente, sucio, feo, malo, dañino, perverso o, por lo menos, no era de niñas bien. Así, antes de casarse podían amar a cualquiera, pero coger... con nadie.

Con todo derecho, habrá quienes piensen que los tiempos han cambiado, que la cosa no es tan así, que la educación de las mujeres hoy en día es otra, que han ido evolucionando y liberándose de muchas cosas que sus madres y sus abuelas les enseñaban.

Y es verdad.

Sin embargo, hay manifestaciones de esta diferenciación injusta y discriminadora respecto de lo sexual que siguen sin cambiar.

Mal que nos pese, en esta cultura y en nuestros países, seguimos educando sexualmente de manera diferente a varones y mujeres.

Pero sobre todo, más allá de la voluntad de educar con igualdad, los viejos condicionamientos se siguen filtrando.

En *¿Para qué sirve un marido?*, Mercedes Medrano[9] dice algo más o menos así:

> Yo soy una mujer soltera, tengo cuarenta años, soy periodista, vivo sola, no dependo de nadie, no tengo pareja, tengo una casa, me pago los gastos y hago lo que quiero con mi vida. Y entonces, cada vez que yo quiero ligar con alguien (ligar en España es el equivalente de fifar) yo digo que éste es mi derecho y que yo puedo acostarme con quien quiera porque mi cuerpo es mío y después de todo, me digo, el

placer sexual y el orgasmo me pertenecen a mí, no tengo que rendirle cuentas ni darle explicaciones a nadie, así que no tengo por qué establecer compromisos posteriores con alguien con quien yo me vaya a la cama porque tengo la misma libertad que los hombres de hacerlo. Así que elijo al tipo que me gusta y lo invito a mi departamento y me acuesto con él y tengo sexo sólo porque así lo decido y sólo porque mi cuerpo es mío y me pertenece. Y me acuesto diciéndome todo esto. Y cuando me levanto, irremediablemente... estoy enamorada.

Ella cuenta esto para dar a entender que si bien en teoría todo queda muy claro, la educación sexual que ella y su madre y su abuela han recibido sigue condicionando su conducta. El aprendizaje es que si hubo sexo, después tiene que haber amor, porque si no el producto queda como bastardeado.

Yo no tengo nada en contra de que el amor venga incluido. Lo que detesto es la idea de que sea imprescindible. Pero, sobre todo, detesto la idea discriminadora de creer que hay una diferencia entre la sexualidad de los hombres y la sexualidad de las mujeres.

Por supuesto, hay una diferencia en lo anatómico, hay una diferencia en la función o en la forma, pero así como creo que los hombres y las mujeres tienen la misma disposición y la misma posibilidad de crecer, de evolucionar, de decir y de pensar, creo que tienen la misma capacidad y las mismas limitaciones en la sexualidad.

Excepto en aquellos aspectos pautados socialmente.

Excepto en la conducta derivada de las creencias que algunos han sembrado en nosotros y que nosotros seguimos sosteniendo.

Hay que deshacerse de esas creencias discriminadoras. Creo que de algunas ya nos hemos deshecho, pero todavía quedan rastros.

Si le preguntamos a un grupo de cien mujeres y hombres en Argentina si están dispuestos a admitir que su pareja alguna vez ha tenido un desliz sin importancia, más de setenta y cinco por ciento de las mujeres lo admitirá en privado y menos de diez por ciento de los hombres aceptará la remota posibilidad.

No hay correspondencia entre lo que creen los hombres y lo que creen las mujeres.

Las estadísticas indican que parece más lícito para una mujer que para un hombre pensar que quizá su pareja haya tenido un desliz.

La pregunta es: ¿por qué?

Porque es más lícito para un hombre tener aventuras.

¿Por qué pensar que un hombre podría y una mujer no?

Entonces... me acuerdo de cuando éramos jóvenes. A los varones nos decían: "Cógete a todas, menos a tu novia".

Mi hermano tiene cinco años más que yo. Cuando yo tenía catorce —hace treinta y siete años—, él tenía una novia, y a veces, los viernes, mi hermano salía sin la novia. A mí me sorprendía, no entendía por qué la novia lo dejaba. Entonces él me decía:

—Porque yo a ella la quiero de verdad.

Y yo decía:

—¿Y?

—Entonces le tengo mucho respeto.

—¿Y?

—Entonces hay cosas que yo no voy a hacer con ella...

Entonces yo le decía:

—¿Y ella sabe?

—Sí.

—¿Y no se enoja?

—Bueno, se enojó. Pero después habló con la madre...

—¿Y?

—Entonces la madre le dijo que ella no tenía que enojarse, que al contrario, eso demostraba que yo era un buen muchacho.

Esto, créanme, es verdad, literalmente pasó (y prefiero pensar que ya no pasa).

Entonces, las madres de aquellas novias de mi hermano o mías les enseñaban a sus hijas que los hombres teníamos ciertas "necesidades fisiológicas".

Se entiende que esto no tiene ningún asidero en lo real, no hay un solo libro de medicina que hable de esto, pero algún varón pícaro un día lo inventó y calzó tan bien que, como las jóvenes no podían tener relaciones antes del matrimonio, avalaban que los muchachos tuvieran sus aventuras por ahí.

Claro, las jóvenes preguntaban: "¿Y nosotras no tenemos necesidad fisiológica?", porque sentían cosas. Y las madres, claro, les explicaban que no tenían. ¿Por qué no tenían? Porque tenían... ¡el alivio de la menstruación!

¡Qué infames! Suena —y es— de terror, pero este argumento fue parte del concepto educativo hasta hace veinte años. Se decía que la menstruación era un alivio porque "depuraba la sangre", y entonces con la sangre depurada de toxinas las mujeres no tenían "esos" deseos. Como el hombre no tenía esta depuración de la menstruación, entonces tenía que resolver su incontenible necesidad fisiológica, porque si no la resolvía... ¡le dolían los testículos!

Y lo peor de todo es que el mundo entero creía esto, ¡incluso los hombres!, que nos montábamos en la historia de que nos dolía, que nos apretaba, que hace mucho que no...

Esto parece absurdo hoy, sin embargo, la impronta se mantiene. Esto es lo grave.

Nosotros, que sabemos que no es así, seguimos funcionando como si así fuera, permitiéndoles algunas licencias a los hombres como si tuvieran la necesidad fisiológica y no permitiéndoselas a algunas mujeres como si tuvieran el alivio de la menstruación.

Y no es que el dolor testicular no exista, sino que era una historia planteada por los hombres.

Después de un round de caricias subidas de tono (franela, como se decía entonces), el varón decía: "¡No me vas a dejar así!".

¿Y ella? ¿Por qué ella no decía: "No me vas a dejar así"? Como si ella no sintiera nada... ¿Qué pasaba con el "así" de ella?

Esta historia espantosa condiciona nuestra creencia hasta tal punto que seguimos diferenciando la sexualidad entre hombres y mujeres, diciéndoles a nuestras hijas que las mujeres tienen más para perder.

Escucho estas frases y me parece increíble que la educación represiva de hace más de cincuenta años siga causando estragos.

La educación ha cambiado, es cierto, estas cosas no se escuchan en verdad, los jóvenes mismos son más sanos, sin lugar a dudas.

Y, sin embargo, hace falta admitir con humildad que nuestra ignorancia pasada influye todavía en nuestras vidas.

En los hechos concretos, la iniciación sexual de los jóvenes de hoy está muy lejos de ser la espantosa iniciación sexual que teníamos nosotros.

Un tío o un amigo nos llevaba para que "debutáramos" con una de las mujeres "de vida alegre", como decían ellos. Parecía algo importante, porque ahí uno se graduaba de hombre y el tío se quedaba tranquilo, convencido de que uno no era puto, cosa que era fundamental demostrar. Entonces el tío iba a ver al padre de uno y le decía: "Ya está". Y el padre de uno entendía que se podía quedar tranquilo. Porque... "Dios no permita".

En fin, el debut del hijo varón era un placer y un alivio para la familia, porque significaba la certeza de que el muchacho no iba a ser homosexual; pero para él, en general, era una porquería.

En mi barrio había que hacerlo antes de los dieciocho, porque de lo contrario no quedaba otra que mentir mucho. Después me enteré de que no era el único que mentía...

A nadie se le ocurriría iniciar a ninguna mujer, y mucho menos hacer un festejo.

Hoy en día, en nuestros hogares, cuando la nena viene a hablar de esto, los padres "modernos y psicologizados" dicen solemnemente: "Ajá... ¿Lo pensaste bien, no? Porque mira que...".

Pero no hay placer ni festejo por la hija que inició su vida sexual, ni siquiera alivio.

Seguimos educando como si la sexualidad fuera diferente para mujeres y varones.

Y esto es manejado por una estructura machista de pensamiento.

Mal que nos pese, aunque intentemos superar esta mirada y luchar juntos, hombres y mujeres, por el pie de igualdad respecto de muchas cosas, incluida la liberación que significa poder decidir sobre nuestra vida sexual, no lo estamos haciendo.

Esta enseñanza no es producto de una inocencia de la cultura, ni producto de enaltecer la sexualidad, sino que tuvo en su origen un sentido específico: fortalecer la monogamia o, mejor dicho, la fidelidad, sobre todo de las mujeres.

Porque si a ella le enseñaron que se ama una sola vez en la vida y para siempre, como vimos antes, y el sexo se puede tener solamente cuando se ama, el resultado es una garantía absoluta de fidelidad. Es decir, la mujer no puede coger con nadie, salvo con su marido.

Por el contrario, como al hombre le enseñaron que el sexo y el amor son cosas distintas, bien puede creer que se ama una sola vez en la vida y para siempre, pero esto no le impide irse a coger con quien quiera. Y si encima aprendió que la esposa debe ser casta, pura y angelical... entonces puede terminar cogiendo con todas menos con su mujer.

A favor del conflicto edípico, el psicoanálisis explica que eróticamente uno está inevitablemente conectado a su mamá. Cuando el niño tiene cuatro años, esto no es problema, pero después, cuando cumple doce, empieza a serlo. Porque si hay un tabú generalizado en todas las culturas, es éste: *con la madre no se coge.* Con el padre, algunas culturas dicen que sí; con los hermanos y los primos, también; pero con la madre está prohibido en todas las culturas de todos los tiempos. Entonces, uno se da cuenta solito de que su deseo está mal, que no se hace. ¿Qué pasa con este pequeño caballerito de doce años que quiere cogerse a su madre? En el mejor de los casos, se identifica con su papá y le dice internamente: "Cógetela tú, papi, que lo haces bien", y se siente tranquilo. Pero no siempre es tan fácil. Lo cierto es que tiene que hacer algo con su deseo que no sea estrictamente cogerse a la madre.

Y lo que en general hace es tomar esta imagen de mujer única que es la madre y dividirla en dos imágenes antagónicas: una, la mujer santa, casta, pura y angelical, que representa a la madre, con la cual, por supuesto, no se coge. Y otra, la mujer puta (no la que cobra, sino la que goza) para disfrutar, con la cual se coge, absolutamente; de hecho está para eso.

Casi todos los hombres llegamos al mundo sexual adulto con esta imagen dividida. Las mujeres pertenecen a dos grupos: madres y putas. Cuando un varón busca a una muchacha para coger, sabe dónde encontrarla. Cuando busca a una joven para formar pareja y casarse, recurre al grupo de las madres. Entonces sucede algo que parece lógico pero que a él lo asombra:

No sabe por qué, pero no tiene ganas de coger con ella. ¡Quiere coger con todas las demás menos con la que eligió!

Y es lógico, porque fue elegida sobre la impronta del aspecto amado de su mamá.

Setenta por ciento de los tipos que están en pareja y tienen un vínculo estable con esa mujer que eligieron y que les resulta maravillosa para estar en pareja, tiene que salir a putear por ahí porque las que realmente lo calientan son las otras.

Y para agravar este asunto, las madres les han enseñado a las hijas que hay que ser casta y pura, no puta.

¿Cómo resolvemos esta conducta disociada de un modo saludable? Encontrando a una mujer cuya actitud personal tenga tales características que nos permitan volver a unir las imágenes que alguna vez separamos. Esto es, una mujer que pueda sumar los aspectos de los dos grupos arquetípicos: el de las madres y el de las putas.

Dice un paciente mío que cuando uno tiene una mujer capaz de ser madre y de ser puta, tiene una mujer *de puta madre*.

Y es cierto y es maravilloso, no sólo para ese hombre.

Cuando una mujer se anima a ser madre y puta, tierna y sensual, buena y erótica, se siente otra vez completa.

Las mujeres también tienen que aprender que no hay diferentes grupos, que ser puta no es ser prostituta, es saber disfrutar del sexo.

La mujer ideal, decía Schopenhauer, es una princesa en la vida social, una avara en los gastos y una puta en la cama. No como la mía —decía él—, que es una princesa en los gastos, una puta en la vida social y una avara en la cama.

Si para que los hombres no tengan que buscar afuera, la mujer tiene que reunir la actitud de una madre y la actitud de una puta, ¿qué aspectos tiene que reunir el hombre para que la mujer no tenga que buscar otro hombre afuera?

Porque también hay dos imágenes de hombre: el asexuado (protector, paternal, etcétera) y el potro (sensual y musculoso).

Las mujeres suelen decir que su expectativa del hombre es que sea cuidadoso, tierno, protector, que tenga swing y sea un caballero. Queda claro que éste es uno de los dos aspectos. ¿Cuál es entonces el equivalente masculino de la mujer que disfruta del sexo? Porque el hombre dice con orgullo en la mesa del café: "¡Mi mujer es bien puta!...". ¿Qué dicen las mujeres cuando hablan de esta cuestión?

En mis charlas, las mujeres dicen que tiene que ver con muchas cosas, pero terminan en la ternura.

A mi juicio, la pretensión de los hombres de que las mujeres sean putas en la cama no tiene un equivalente exacto en el lenguaje de las mujeres. Y posiblemente no lo tenga porque culturalmente está aceptada la exigencia del hombre, pero no todavía la exigencia de la mujer.

Si para la mujer el sexo estaba ligado al amor, entonces no estaba ligado necesariamente al placer.

El placer provenía de la entrega hacia el hombre amado, pero no de la práctica sexual en sí misma. ¿Cuál es el equivalente masculino más aproximado de la mujer *de puta madre*? No lo sé, y me temo que hasta que no lo descubramos el lugar va a ser ocupado por el playboy seductor y mujeriego que promete lo que jamás cumple. Quizá sea hora de poner en palabras (y dejo este desafío para alguna lectora) la manera de definir al hombre *de puta madre*. Para encontrarlo, aunque todavía no lo podamos nombrar, valdrá la pena, para las mujeres, acercarse a la fusión de las imágenes, y para los hombres, animarnos a ver en todas a la mujer completa que deseamos encontrar.

Me parece que mujeres y hombres somos seres sexuados que podemos elegir. Creo que para una señora a la que le encantaría acostarse con todo el mundo, quedarse con un solo señor es un esfuerzo. Habría que ver si debe hacerlo o no. En todo caso, la fidelidad es parte del pacto con su pareja. Y cada pareja puede hacer el pacto que quiera.

No hay diferencia en la apetencia sexual de los hombres y las mujeres.

La "necesidad fisiológica del hombre" es la trampa con la cual durante décadas los hombres hemos engañado a las mujeres. Es una cárcel donde sólo entran ellas. La mujer queda presa de un solo hombre y el hombre queda en libertad.

Es que, además, se trataba de eso, de tenerlas engañadas para que pensaran que no podían tener sexo con otro hombre porque el sexo se tenía sólo por amor y si no era de prostitutas... Porque, como decía la tía Gloria: "Para ir a la cama con un tipo que no es tu marido y no cobrar, mejor ser honrada".

Ligando el sexo al amor, las mujeres tenían una única manera de tener sexo sin necesidad de prostituirse: ser fieles.

Pero, más allá de esto, como ya no se puede sostener la idea de que los hombres tienen necesidades fisiológicas y las mujeres no, aparecen nuevos mitos para remplazar aquél:

- Que el hombre tiene más necesidad que la mujer.
- Que potencialmente el hombre es más apto para disfrutar que la mujer.

- Que es el hombre el que aporta el deseo porque ella no lo siente.

El mito sostiene que las mujeres, por constitución, por esencia o porque son más espirituales y porque son madres no les interesa tanto el sexo. Que los hombres son, por ende, más "sexuados" que las mujeres.

Por supuesto, estos mitos siempre encuentran estadísticas, más o menos ajustadas al deseo del encuestador, que los avalen.

En 1925, un informe médico alemán aseguraba que setenta por ciento de las mujeres era frígida. En el mismo informe, solamente cinco por ciento de los hombres admitía padecer alguna disfunción sexual.

El resultado confirmaba que el lugar de la mujer en la sexualidad era estar a disposición del deseo del hombre.

En 1945 (el primer *Informe Hite*) con la influencia de la corriente psicoanalítica, las disfunciones masculinas empiezan a quedar al descubierto y las mujeres empiezan a animarse más a disfrutar sin cargar con la acusación de ser prostitutas por ello.

Sobre la mitad del siglo, las mujeres frígidas eran cuarenta y cinco por ciento y el equivalente en el hombre cercano a diez por ciento.

La superioridad sexual del hombre (diez contra cuarenta y cinco) estaba a salvo.

Aunque parezca increíble, hasta 1960 ni la medicina ni la psicología habían hablado *nunca* de orgasmo femenino. Y no se hablaba porque la fantasía era que no existía. El planteamiento subliminal era: ¿Para qué nos vamos a ocupar tanto del placer de la mujer si la mitad de las mujeres no siente nada?

En 1960, Masters & Johnson, por primera vez, hablan, estudian y escriben sobre el orgasmo femenino. Con el cambio del lugar de la mujer en el mundo y la tendencia a equiparar derechos civiles, laborales y sexuales, las mujeres no sólo se animaron a sentir lo que eran capaces de sentir, sino además (y éstos son los cambios que se advierten en los informes) a decir lo que sentían.

Y la diferencia en los porcentajes comienza a disminuir.

En los setenta se demuestra que muchas de las mujeres catalogadas como frígidas en las estadísticas anteriores no son frígidas sino anorgásmicas, que no es lo mismo. Estas mujeres sí se excitan aunque no lleguen al orgasmo, y por ello en las nuevas estadísticas la cantidad de mujeres frígidas (incapaces de excitarse) baja rápidamente. Ya no son cuarenta y cinco de cada cien, sino sólo diez o doce; el resto son anorgásmicas pero no frígidas.

Para agravar la hegemonía masculina aparece un dato adicional, un descubrimiento revolucionario. Se descubre que la eyaculación es una cosa y el orgasmo es otra.

Si bien treinta por ciento de las mujeres es anorgásmica en los informes sexuales de los setenta, treinta por ciento de los hombres también lo es.

Y esto es una revolución. La idea de que cada eyaculación conlleva siempre un orgasmo se derrumba para siempre.

Ésta es una grave herida para el narcisismo del hombre. Nosotros, que estábamos convencidos de no tener problemas con el orgasmo porque teníamos eyaculación, descubrimos que no era así. Por primera vez nos enteramos de que un orgasmo es mucho más que una eyaculación. Nos enteramos de que un hombre puede tener una eyaculación, dos, tres, cinco, veintiocho, treinta y cinco, ciento cuarenta y tres... Pero que un orgasmo es otra cosa.

Empezamos a ver que la respuesta orgásmica masculina es más o menos parecida a la respuesta orgásmica femenina. Que no hay muchas diferencias entre un orgasmo masculino y un orgasmo femenino desde el punto de vista de lo que sucede en el individuo como un todo.

Y si bien es cierto que la mayor parte de las veces el orgasmo coincide con la eyaculación, eso no quiere decir que cada vez que hay una eyaculación haya un orgasmo.

Sin embargo, todavía los porcentajes podían sostener el mito de la superioridad sexual masculina:

Como treinta por ciento de anorgásmicos incluía diez por ciento de impotentes, y las mujeres sumaban cuarenta y cinco por ciento de anorgásmicas, se seguía diciendo que éstas eran más incapaces de disfrutar que los hombres.

Cuando esto se publicó comenzó a suceder lo increíble. El cambio de planteamiento que la mujer tenía de su sexualidad, a partir del conocimiento de estos datos, le dio el permiso de animarse a disfrutar, y cuarenta y cinco por ciento de mujeres anorgásmicas empezó a bajar hasta dieciséis por ciento, porcentajes similares a los que encontramos entre los hombres (por lo menos en aquellos que están dispuestos a admitir la diferencia entre un orgasmo y una eyaculación).

Sabemos desde entonces que hay tantos anorgásmicos como anorgásmicas y, lo que es más halagador, hay tantas mujeres capaces de disfrutar un encuentro sexual como hombres con esa capacidad.

El orgasmo masculino no es sólo una excreción de líquido seminal con algunos espermatozoides, un poco de jugo prostático y una sensación de alivio transitorio. Un orgasmo es una respuesta global que tiene que ver con lo biológico, pero también con lo psíquico, lo psicológico y lo espiritual.

Un orgasmo es una respuesta física de todo el cuerpo frente a una expresión de placer tan intensa que provoca una transitoria pérdida de control.

El orgasmo es una expresión del cuerpo tan descontrolada, que en estudios encefalográficos realizados en personas que estaban manteniendo una relación sexual se ve que durante el orgasmo hay espinas irritativas de crisis seudoconvulsivas que semejan una pequeña crisis epiléptica transitoria (esto es, aparece, se desarrolla y termina).

Repito: no hay orgasmo sin pérdida de control.

Entonces, cuando pensamos en relaciones sexuales donde todo está controladito, donde un señor y una señora terminan, él eyaculando y ella sintiéndose satisfecha, donde todo está muy aséptico y muy bien demarcado, sabemos que allí puede haber placer, pero ¿orgasmo? Orgasmo no.

El orgasmo necesariamente se cursa con descontrol. No hay

ninguna posibilidad de que alguien tenga un orgasmo si todo está absolutamente bajo control.

Por alguna razón que yo en verdad desconozco, el Río de la Plata tiene el privilegio de tener un extraño culto al orgasmo. Los argentinos, sobre todo, y nuestros hermanos uruguayos también, tenemos una historia peculiar que va aún más allá.

Primero porque vivimos nuestra sexualidad como si de lo que se tratara fuera únicamente de conseguir el orgasmo.

¿Cuánto dura un orgasmo? ¿Diez segundos, quince, veinte, treinta con mucha suerte?

Pensar que lo único que vale la pena de la relación son los últimos treinta segundos, la verdad es que es una miseria. Pensar que toda la historia sexual es solamente para esos quince segundos es ser un miserable...

No puede ser así, y de verdad no lo es.

Si bien es cierto que —dicen los técnicos— una relación sexual tiene una duración promedio de veintiún minutos, en ese tiempo pueden y deberían pasar muchas cosas.

La sexualidad tiene que ver con todas esas cosas, y si bien una de ellas es el orgasmo, no es la única y posiblemente ni siquiera sea la más importante.

Habrá que aprender a recalificar el orgasmo y quitarle ese contexto tan cargado de mérito.

Porque los argentinos no sólo tenemos instalado el culto al orgasmo, sino que además hacemos de la cantidad de orgasmos la evaluación de la cantidad de placer conseguido.

Porque acá la cosa no es solamente si tuviste orgasmo. ¡Es cuántos! Se supone que cuanto más... ¡mejor!

Entonces, en la mesa del café, los hombres nos reunimos y hablamos sobre sexo...

—No... porque yo, anoche... —dándose aires—: ¡Tres!
—Yo me acuerdo la otra tarde... —dice el otro—: ¡Cinco!

—Si es por eso, en un picnic... —dice un tercero— me eché ¡catorce!

—Qué tarados son —dice el muchacho que sabe—, la historia no es uno, se trata de cuántos le sacas a ella... Porque mi mujer conmigo, por ejemplo, menos de tres... nunca.

—¡No! —dice el otro—, si es por eso la mía, cuando yo uno, ¡ella seis!

Y entonces, todos le preguntan al que guarda silencio:

—¿Y la tuya, Pepe?

—No, no, no, la mía... ¡es multiorgásmica!

"¡Biónica!", piensa uno.

Y llega a la casa fastidiado y acusándose: "¿¡Y yo qué hago casado con este pedazo de carne!? ¡Multiorgásmica! ¡Que lo parió, soy un tarado! ¿Cómo no me avisaron antes para que yo supiera elegir una de ésas? ¿Qué hay que hacer para conseguirla?".

¡Multiorgásmica! Suena fantástico. Y empiezan a aparecer artículos en las revistas para mujeres (editadas por hombres) sobre "Cómo llegar a ser en la cama lo que todo hombre desea", el tantra del sexo en el matrimonio, los misterios del punto G y la dieta de la mujer insaciable.

Cuando pensamos la sexualidad desde el orgasmo todo es muy complicado. Primero que nada, porque de verdad no tiene esa importancia. Y segundo, porque se deriva en un tema puesto al servicio de una competencia entre los hombres que no tiene nada que ver con las mujeres con quienes estos hombres vienen de estar.

Cuando un hombre le pregunta a una mujer "cuántos", no es por ella, es para contarlo en el café, es para registrarlo ahí; no tiene que ver con lo que está pasando sexualmente entre ellos.

Y cuando pregunta si terminaste o no terminaste, es porque hay una amenaza para él, que ha sido entrenado pensando que para ser un macho viril, probado y exacerbado, tiene, primero, que haber tenido su correspondiente eyaculación, y luego dejarla a ella "extasiada" (como todo amante que se precie). Y éste es el culto a la inseguridad masculina y no al verdadero encuentro con la mujer. Ningún hombre va a estar fácilmente dispuesto a admitir que esto es así, por mucho que lo diga yo.

Y cuando algunos hombres que no volverán a leer mis libros se sientan agredidos por mis ideas, van a decir: "¿Qué sabe ese gordo idiota? ¡Seguro que es puto!".

Está todo bien, y yo entiendo.

Lo que digo es amenazante para nuestro ego narcisista.

Voy a ayudar a desmerecer al autor para tranquilizar al auditorio.

Lo digo públicamente para que los hombres que me leen no se fastidien, yo mismo he evolucionado en mi rendimiento sexual. Con el tiempo he pasado del famoso "Dos sin llegar a sacarla" de mi adolescencia, al actual "Tres sin llegar a ponerla..."

Así que no se preocupen, no importa nada, ése soy yo.

En la historia de estar tan pendiente de la cantidad de orgasmos propios o del otro, uno se pierde lo que está pasando.

Pero esto no es lo peor. Tenemos un mito que es tan telúrico como el chimichurri o el dulce de leche: el mito del orgasmo simultáneo.

Si admitimos que el orgasmo es dejar de controlar, si lo mejor que me puede estar pasando en la cama con el otro es que yo esté gozando tanto como para perder el control, y eso es el orgasmo, cuéntenme cómo hicimos para descolgar la absurda idea del orgasmo simultáneo, la idea de que para que una relación sea buena, ventajosa y apropiada, ¡tenemos que terminar juntos!

Si el orgasmo es descontrol, ¿de dónde se saca la idea de que debemos terminar a la vez? Y además ¿cómo construyo la coincidencia?

Ésta es una idea absurda y caprichosa, no tiene ningún sentido. Es como si mi esposa y yo decidiéramos un día ir a comer milanesas a un restaurante y por capricho se nos ocurriera que tenemos que comer el último bocado juntos. ¿Se entiende? Entonces nos traen las milanesas y las empezamos a comer mirando la milanesa del otro, a ver cuán rápido o cuán lentamente come para, a su vez, apurarnos un poco para comer a la par... Imagínense el diálogo:

—Estás comiendo un poco rápido.
—No, eres tú el que masticas demasiado.
—No, no, no... eres tú.
—Porque tu milanesa es más chica.
—No, la tuya era más grande.
—Espera un poco, no te apures.
—Espera que ahora me falta.
—Espera que tomo agua...
—Ándale, ahora sí.
—¿Estás lista?
—¡A la una... a las dos... y a las tres!

Y ¡pumba!, finalmente comemos el último bocado de milanesa, nos miramos y decimos: ¡Qué maravilloso! Y salimos a la calle orgullosos para decirle a la gente que comimos el último bocado de milanesa juntos...

¡A quién le interesa! Y, además, ¡¿qué importancia puede tener?! Es peor que ridículo, porque no es gracioso.

Porque no es comer el último pedazo de milanesa juntos, es perder el control, es intentar controlar lo que, si sucede adecuadamente, es incontrolable.

La historia de los gemidos de la habitación de al lado en los hoteles baratos es significativa:

—Vamos.
—Apúrate.
—No, para un poqui... No, sigue.
—Espera...
—Vamooos.
—No me apu...
—¿Ya?
—No, no, no.
—Sí, sí...
—Ahora tú.
—Ahora yo.
—¿Y?

—No, no, espera un poquito...
—Ay...
—¿Qué pasó?
—Se me escapó. ¡Qué estúpido!
¿Cuál es el fundamento de toda esta tontería?

Yo no tengo ninguna duda de que la sexualidad tiene que ver con el placer compartido; tengan la plena certeza de que es así.

Pero de ahí a creer que el placer compartido tiene que darse exactamente en el mismo instante geográfico, geométrico y planimétrico es una estupidez.

No vale la pena cancelar el placer del encuentro pensando en la coincidencia de llegar juntos al orgasmo.

Lo que importa es que entendamos para qué estamos ahí. Y *seguro* que no estamos ahí para tener un orgasmo en el mismo momento, ni siquiera para tener un orgasmo.

Puede ser que suceda, que estemos comiendo milanesas con mi esposa y los dos coincidamos en el último bocado, nos miremos y digamos: "Uy, mira, comimos juntos el último bocado, qué maravilla". Pero de ahí a tratar de que suceda...

(Y para darle un poco de humor al asunto, diría que si bien terminar juntos no tiene ninguna importancia, conviene que sea en el mismo día, eso sí. Es más, conviene estar juntos cuando suceda, y esto también es verdad.)

Tratar de controlar el descontrol del orgasmo es evitar el orgasmo.

Aquí sería importante hacer una salvedad. Postergar mi placer para obtener más placer, demorarme porque me da placer hacerlo, es una cosa, pero creer que ésta es mi obligación para que tú tengas tu orgasmo, es otra cosa, es quedarse anclado en el control. Y entonces sucede que cuando me podía descontrolar, ya no puedo hacerlo porque pasó el momento.

Cuando un hombre tiene un orgasmo de verdad, no un mero alivio del agua de las aceitunas, no quiere más... Entonces, el problema del orgasmo simultáneo es que si él se vino y tú te quedaste, ahora te quedaste sola.. Y esto es triste. Pero yo me pregunto:

¿Por qué habrá que irse en ese momento? Digamos, podemos esperar tres o cuatro minutos y empezar de nuevo, ¿por qué no?

Si no terminamos al mismo tiempo, ¿por qué abandonar el encuentro ahí?

Si no terminamos juntos, será en la próxima, será en la que sigue o en lo que sigue, en todo lo que viene después. Habrá que esperar un ratito, mientras él está en el síndrome de las seis y media (vieron las agujas a las seis y media, ¿no?), pero nada más.

Diez minutos es el periodo refractario fisiológico, y después puedes querer más o no, puedes retomar el juego o no.

Alguien podría decir: "Pero ¿si uno tiene eyaculación precoz, cómo hace? Tiene que controlar...".

¡Está en los libros! ¡Hay páginas y páginas de todo lo que hay que hacer para postergar la eyaculación! Desde pensar en tu jugador de futbol favorito hasta meterse un dedo en el culo, desde mirar televisión hasta pensar en tu suegra, desde clavarte la uña en el lóbulo de la oreja hasta pedirle a tu mujer que te apriete un testículo... ¡Por favor! ¡Yo no lo puedo creer!

Un hombre que padece de eyaculación precoz ha sido intimado por su pareja a resolver su problema o...

Desesperado, el hombre consulta a un famoso sexólogo de la ciudad que ha adquirido fama por los éxitos conseguidos en pacientes con problemas como el suyo.

El médico lo examina, le hace preguntas, lo mira con un aparato de extraños rayos azules y luego le dice:

—Bueno, mi amigo. Buenas noticias, estamos en condiciones de curarlo de su problema.

—¿Sí, doctor? Qué suerte, ¿qué tengo que hacer?

—Mire, el método es sencillo pero requiere de cierta paciencia para ejecutarlo.

—¿Qué quiere decir paciencia, doctor? ¿Cuánto tiempo voy a tardar hasta curarme?

—Mire, depende de cada paciente, pero yo diría que en quince días va a estar en condiciones de intentar una relación con su esposa.

—No, doctor... De ninguna manera, esto tiene que resolverse hoy mismo... mi esposa se va a divorciar si no lo soluciono.

—Mire señor, nunca he intentado el método con esa urgencia, pero si usted se anima a esforzarse y dedicarme el día, quizá esta noche pueda dar la nota.

—Lo que sea, doctor, lo que sea.

—Muy bien. Comencemos entonces. ¿Comida francesa, italiana o española?

—No sé, doctor, ¿qué me dice?

—Elija, hombre. Usted decide...

—Bueno... no sé... italiana, doctor.

—Bien. Vamos.

Médico y paciente salen de la consulta y se meten, guiados por aquél, en el restaurante de Giusseppe, el de la esquina.

—Se trata de esto. Usted debe aprenderse el menú de memoria.

—¿Cómo?

—Sí, sí. Primero tres o cuatro entradas, tres o cuatro platos principales y tres o cuatro postres...

—¿Y?

—Después de aprenderlos se los va a repetir mentalmente hasta que se transformen para usted en un mantra, en una frase automatizada...

—¿Y?

—Así hasta recordar todo el menú. Mis estudios demuestran que no hay nada más inhibitorio del orgasmo que pensar en comida. Así que cuando usted llegue a su cama para encontrarse con su mujer empezará a repetirse la lista de platos aprendida y entonces pospondrá su eyaculación.

—Maravilloso, doctor.

—Bien. Vamos a ver. ¿Qué primeros platos elige para empezar?

—Eh... Vitel toné... Ensalada Capresse... Mozzarella in carrozza... Pan de pizza...

—Muy bien, repita eso a ver.

—Vitel toné. Ensalada Capresse. Mozzarella in carrozza...
—¡Pan de pizza!
—Ah, sí, pan de pizza.
—Siga... ahora cuatro platos.
—Canelones alla Rossini... Lasagna.... Bagna Cauda... Lingüini putanesca...
—Repita, repita.
—Canelones. Lasagna. Bagna Cauda. Lingüini putanesca.
—Ahora todo hasta aquí. Vamos.
—Vitel toné. Ensalada Capresse. Mozzarella in carrozza. Pan de pizza. Canelones alla Rossini. Lasagna. Bagna Cauda. Lingüini putanesca.

Así sigue la memorización durante horas y horas hasta que el paciente memoriza entera la carta del restaurante, cerca de cincuenta platos y más de doce postres.

El paciente, repitiendo su lista, se dirige al departamento.
—Vitel toné. Ensalada Capresse. Mozzarella...

Repitiendo la lista entra en su casa.
—... Canelones alla Rossini. Lasagna. Bagna Cauda...

Y al ver a la mujer le dice:
—Vieja, vamos al dormitorio. El médico es un genio, estoy curado.

La mujer y su marido entran en el cuarto y se tiran en la cama. Ella se acuesta de espaldas boca arriba para recibirlo. El hombre se planta frente a ella, se saca los calzoncillos y dice:
—Vitel toné... Ensalaaaa... ¡Mozo! ¡Café y la cuenta!

Me alegra mucho que nos podamos reír de esto, porque éstas son las miserias de nuestra cultura, lo que nos pasa, lo que hacemos. Es siniestro pensar que así vivimos, creyendo estas barbaridades, cuando podríamos darnos cuenta de que no es así desde muchos lugares.

Sobre eyaculación precoz, Masters & Johnson tienen un trabajo donde se preguntan algo maravilloso: ¿Qué es precoz? Rápido. ¿Cuánto es rápido? No se sabe. Y entonces descubren que la eyaculación precoz es un fenómeno de ciertos hombres con ciertas mujeres. Que no le pasa a un hombre con todas las mujeres. De modo que definen la eyaculación precoz como una disfunción de la pareja, es decir, del vínculo.

Entonces sucede que Juan es eyaculador precoz con María pero no con Susana.

Que Patricia es frígida con Pedro pero no con Esteban.

Y que Alejandra, que no pudo tener un solo orgasmo con José, es un hacha con Julio.

Y esto no es porque Julio y Esteban sepan más que Juan o Pedro. No es porque unos sean más expertos que otros, es porque los vínculos tienen más sintonía, es porque nos hemos encontrado y armonizado.

La química de la pareja es fundamental en este asunto. Porque hay hasta olores que nos vinculan, aspectos que ni siquiera podemos manejar. Uno llega a la cama con alguien, no le gusta el olor, se deshace el encanto y lo que tiene que pasar no pasa. Y no digo que el otro esté sucio, es el olor del otro. Hay aspectos como el olor, el tacto, la sensación con la mirada... miles de cosas que pasan o que lamentablemente no pasan.

La sexualidad incluye mucho más que el contacto genital.

Pero cuidado, pensar que el sexo es un pito dentro de una vagina es una idea necia.

En el siglo XXI esto ya no puede ser cierto. No podemos pensar que nuestra sexualidad se corresponde con el contacto de dieciocho centímetros cuadrados de piel.

La sexualidad tiene que ver con muchas más cosas, no sólo con la penetración y la mera historia del orgasmo. Tiene que ver con una función fundamental relacionada no ya, por supuesto que no, con la procreación, sino con el contacto, el placer, la comunicación y el encuentro con el otro.

Pensar que el placer reside en quién acaba antes y quién después, pensar que el placer se define en si terminé o no terminé, es la historia de los tipos que se quejan porque creen que tienen el pito corto (noventa y cinco por ciento). Y entonces uno se pregunta: ¿Corto como para qué? ¿Cuál es la idea de lo corto? ¿De qué se trata la fantasía de la virilidad relacionada con el tamaño del pito?

Hay dos órganos fundamentales, que son los que más intervienen en la sexualidad: la piel y el cerebro. Si bien es cierto que en una etapa hay una genitalización de la energía relacionada con la libido, esto es sólo en el momento preorgásmico. En el resto del tiempo habrá que ver cómo administramos toda la energía que nos sucede.

La excitación sexual es energía que se acumula y que circula por todo mi cuerpo. Tratar de localizarla en los genitales, en una erección o en cierta humedad, me parece que es demasiado nimio. La sexualidad le sucede a todo mi yo.

Si no encontramos nuestra satisfacción, sería bueno ver qué nos pasa a nosotros. Porque existe una fantasía harto peligrosa desde el punto de vista formal: creer que el problema lo tiene solamente el otro.

El problema se coloca en el otro:

"Lo que pasa es que tú eres frígida..."
"Lo que pasa es que tú eres eyaculador precoz..."

Mi propuesta es colocar el problema en el desencuentro entre nosotros.

Seguimos juntos, buscamos, intentamos, probamos, pedimos ayuda, invitamos a alguien... En fin, lo decidimos juntos, pero no lo colocamos en el otro.

Sepamos aceptar que no es culpa de uno o del otro. Lo nuestro no está funcionando por alguna razón.

Dejemos de lado los dedos acusadores que apuntan al culpable del fracaso sexual.

Sería bueno ver qué es lo que está pasando entre nosotros con la eyaculación precoz, con la falta de excitación, con esta falta de lubricación tuya, con esta falta de erección mía, con esta falta de orgasmo que tienes o que tengo.

Hay que entender que estas disfunciones tienen que ver con nosotros dos, con lo que nos pasa, con un desencuentro entre nosotros. Porque la sexualidad siempre es algo compartido.

Y como las dificultades son compartidas, se solucionan compartidamente.

La sexualidad no consiste ni se define en el tamaño, en las dimensiones, en las estructuras, y tiene que ver, básicamente, con la actitud.

El mundo está plagado de historias de culos grandes y chicos, de dimensiones de pitos, de senos prominentes o no, y de cosas que, en verdad, no se relacionan en nada con el encuentro sexual en sí mismo.

Deshagámonos del culto al orgasmo, del culto a la eyaculación con orgasmo, del culto al orgasmo simultáneo. Lleguemos a la cama solamente para disfrutar. Y si en este curso de disfrutar sucede una eyaculación, bien. Y si no sucede, no sucede.

¿Quién dice que para disfrutar hay que tener una eyaculación o un orgasmo?

El orgasmo es la irremediable consecuencia de haberla pasado bien en la cama, pero no el objetivo.

Hay que abandonar la idea de que la sexualidad es el pito parado. Creer que coger tiene que ver con la erección y la vagina lubricada es una idea mezquina. El placer de la sexualidad es mucho más que eso.

En una de mis charlas, un señor me dijo:

—Pero si alguien quiere serruchar durante una hora, no puede sin erección...

Entonces, yo le contesté:

—Al que se siente mal porque quiere serruchar durante una hora y el pito no se le para, yo le diría: bájate de la idea de querer serruchar durante una hora y el pito se te va a parar durante una hora y media.

Nuestros órganos sexuales no responden a nuestra cabeza. Le decimos "párate" y no se para. Le decimos "ahora no te pares" y se para.

Un matrimonio está paseando por París en su luna de miel. Estando en Montmartre, ven un cartel que dice: "Tony, el macho latino". Interesados en ver de qué se trata, entran a ver el show.

Previsiblemente, Tony, un musculoso con cara de italiano, bigotes, un tipo muy hercúleo de unos treinta años, aparece en el escenario contoneándose y a los pocos minutos tiene una erección interesante. Delante de Tony hay un atril, y en el atril, una nuez. Tony se para frente al atril y con un movimiento pélvico logra partir la nuez. Todo el mundo aplaude... Ellos se sorprenden. Ella sale codeándolo, diciendo: "¿Viste, no?", y se van a su casa.

Pasan veinticinco años y vuelven a París. Cuando pasan por ese lugar de Montmartre, ven un cartel que dice: "Tony, el macho latino".

—¡Otra vez, no puede ser el mismo Tony! —dicen.

Entonces entran y aparece Tony, de unos sesenta años. Está musculoso todavía, pero un poco arrugadito, medio canoso, un poquito más fláccido. En el escenario ven un atril, y en el atril, un coco.

Los tipos se quedan helados. Tony se concentra y... ¡zaz! Una erección y ¡toc!, el coco cae partido por la mitad. El marido, desbordado, siente el orgullo de ser hombre y la envidia pertinente de que otro consiga lo que uno no puede. Entonces se acerca a Tony y le dice:

—Disculpe, ¿usted es el mismo Tony que estaba acá hace veinticinco años?

—Sí.

—¡Pero es increíble! Nosotros lo vimos hace veinticinco años y partía una nuez, ¡y ahora un coco! ¿Cómo puede ser?

Y Tony dice:

—Bueno... la vista no da...

Salvando las distancias, hay que descartar la pretensión de conseguir cosas programadamente. No hay por qué querer coger una hora, dos horas ni media hora. Me parece que hay que querer todo el tiempo que uno tenga ganas. Y en ese tiempo uno hará con lo que tiene lo que puede y hasta donde puede. Y en todo caso, ésa será la sexualidad que uno puede en ese momento.

Ésta es, para mí, la sexualidad sana.

Noventa y cinco por ciento de los hombres y las mujeres que presenta disfunciones sexuales (anorgasmia, eyaculación precoz, impotencia) tiene lo que se llama la anticipación del fracaso. Esto es, piensa que no va a poder y entonces después no puede, piensa en lo que tendría que pasar y después no pasa. Gran parte de nuestro fracaso sexual depende de esto.

A partir de los estudios sexuales realizados desde los años sesenta para acá, hoy sabemos que setenta y cinco por ciento de los problemas sexuales se cura sólo cuando el individuo cancela la expectativa de que tiene que ser diferente.

La mayoría de los terapeutas sexuales recetan a sus pacientes un ejercicio casi infalible:

"Vayan a la cama, hagan de todo, pero no cojan."

Esto es: cancelen la exigencia de estar lubricado, erecto, firme, durando, etcétera. Y lo que sucederá será que bajará la expectativa y la sexualidad comenzará a funcionar de otra manera.

No puede elegir el que tiene una exigencia previa. Y el que tiene una exigencia previa tiene que aprender que su pito y su vagina no responden a su cabeza, que responden a la emoción, al sentir, al cuerpo y a la vivencia del encuentro.

Hay, por supuesto, algunas pocas razones físicas que podrían determinar una incapacidad de erección o de excitación, pero representan en conjunto dos por ciento de todas las consultas por disfunción. Los demás, la inmensa mayoría, llegan a este odioso lugar desde sus propios bloqueos personales.

Un tipo, que tenía una impotencia muy grave y una relación muy complicada con su mujer, empezó a ir a un médico que hacía hipnosis. Después de ocho sesiones, el tipo llega a la casa, le dice a la esposa que lo espere un minutito, va al baño y se encierra cinco minutos. Al rato sale hecho una furia... excitado, erotizado, transpirado, sudoroso, erecto. Se tira arriba de la mujer, le arranca la ropa con los dientes y le hace el amor espectacularmente.

Al día siguiente llega, se encierra otra vez en el baño cinco minutos, sale y otra vez se le tira encima, hace todas las posiciones, colgado de la lámpara, el salto del tigre... todo.

Al otro día otra vez: los números, las categorías, los animalitos, los personajes de la televisión, los dibujitos, ¡todo!

Pero siempre, antes de hacer el amor, se encierra en el baño. Entonces a ella le llama la atención: ¿Qué hará en el baño?, ¿será una parte de su terapia?, se pregunta. Hasta que un día decide espiarlo...

El tipo entra, se mete en el baño y la mujer lo mira por el ojo de la cerradura. Entonces ve al tipo mirándose atentamente frente al espejo diciendo: "No es mi esposa... No es mi esposa... No es mi esposa...".

Una de las cosas que deserotiza a los hombres de un modo bastante complicado tiene que ver con cargar a su compañera el rótulo de esposa.

(Posiblemente un resabio de aquello de la puta y la madre, ¿se acuerdan?)

La sexualidad es tan importante en la vida que valdría la pena empezar a pensarla como un desafío. El desafío de la sexualidad plena.

¿Qué significa una sexualidad plena?

La relación sexual plena debería incluir por partes iguales ternura y erotismo.

A mí me gusta decir simbólicamente que habría que llegar a la cama con un ramo de flores y un video pornográfico. Ésta sería la suma.

FLORES + VIDEO

Y como otras veces hago, permíteme usar estas letras como iniciales de la conducta sexual que te deseo.

LA F VAMOS A USARLA PARA HABLAR DE LAS FANTASÍAS

Quizá no en vano esté la F al principio del planteamiento. Porque de una manera o de otra todo empieza con la fantasía. Pero al seguir en el tiempo estas fantasías se multiplican y generan lo que yo creo que es una de las distorsiones más graves de la sexualidad de la pareja. Por alguna razón estamos condicionados a no compartir nuestras fantasías, ni siquiera aquellas que incluyen a nuestra pareja. Y esto es un grave error. Nada mejor que un cuarto lleno de "ratones" para crear un clima de encuentro sexual. Uno de los ejercicios favoritos que receto a parejas con problemas es sentarlos en un café más o menos oscuro y susurrarse al oído las fantasías de cada uno. El resultado es siempre el mismo. La pareja viene sorprendida de las coincidencias y reprochándose no haberse animado antes a compartir. Contarte mis fantasías es un acto de entrega y una fuente de placer para el compañero que no hay que escatimar.

En una de mis charlas, una mujer me preguntó si era patológico incorporar la fantasía de un tercero cuando se te acaban las ideas. En todo caso, es patológico si uno de los dos no quiere. Pero aclaro, la fantasía de un tercero no tiene por qué llegar "porque se nos acabaron las ideas"; el tercero o la tercera, los cuartos y los quintos son solamente una fantasía más. Y tanto es así que la verdad, la mayor parte de las veces, ni siquiera hace falta traer verdaderamente a un tercero. Porque las fantasías no necesitan actuarse para disfrutarlas, las fantasías sexuales se disfrutan con sólo compartirlas con el otro. Muchísimas parejas fantasean con escenas que jamás actuarían y se excitan y lo disfrutan. No es una propuesta, forma parte del juego.

LA L ES DE LUGARES

Si uno quiere tener un vínculo creativo, hace falta ser capaz de cambiar lugares. Hay que animarse a buscar nuevos lugares. ¡Nuestros dormitorios son tan deserotizantes! Están diseñados para ver televisión, para comer, para jugar con los niños, para escuchar el radio, para leer... para cualquier cosa menos para coger. Va a llegar un momento en que se volverá insoportable.

Hay que ir a los moteles y aprender cómo se hace un lugar para coger y armarse el dormitorio así. Valdría la pena. Las visitas se van a horrorizar un poco, pero uno va a pasar unas noches maravillosas. Y si no quieren hacer esto, bueno, empiecen a coger en otro lado; cojan en la sala, cojan en el elevador, en cualquier lado. No se puede coger siempre en el mismo lugar. Agrego, si no cambian de lugar, de hora o de posición van a terminar cambiando de partenaire. Créanme.

LA O ES PARA RECORDARTE QUE TE OCUPES DE TI

Todos pensamos en la cosa de a dos, en el placer de dar placer. Y estoy de acuerdo. Sin embargo, la gente que sabe dice que esto ha cambiado.

Hubo un tiempo en que la mujer estaba en función de darle placer al hombre, luego el hombre creyó que su función sexual era darle placer a la mujer. Hoy sabemos que la función sexual de cada uno en la cama es exactamente la misma: disfrutar uno. Y que estamos allí, primero, para conectarnos con nuestro propio placer, y segundo, para dar placer al otro, cuando eso me dé placer. Estoy allí, primero, para ocuparme de mí mismo, para hacer las cosas que a mí me dan placer, aunque tú también las sientas. No estoy para dar placer aunque algo me resulte desagradable, porque esto sería no ocuparme de mí mismo.

LA R ES DE ROMANTICISMO

Aquí reside el punto concreto de la ternura. No dejar que la lujuria me distraiga de animarme a ser romántico, y a la vez, no dejar que el romanticismo me distraiga de la exploración. Ser romántico en la cama es no olvidarse que el amor quizá ronde la alcoba mientras disfrutamos del sexo. Y si es así, qué mejor que poner en un gesto, en una palabra, en un cuidado, lo que siento.

SIGUE LA E DE EXPLORACIÓN

Exploración es creatividad. Por ejemplo, ¿cuántas veces se puede coger con la esposa de uno los sábados a las cinco y media, en el mismo lugar, en la misma cama, con la misma luz y en la misma situación? No sólo cambiar de lugares, quizá cambiar de ideas, entornos, situaciones, marcos, formas, posiciones, horas.

El explorador occidental llega a la India. Entra en un templo tántrico y ve en las paredes escrito por todos lados el número 85. Un montón de monjes recorren el lugar cantando una canción que dice: "85... 85... 85...". El explorador pregunta:
—¿De qué se trata?
El que parece más anciano de los monjes le dice:
—85 son las posiciones para hacer el amor descritas en el Kama-Sutra.
El explorador exclama sorprendido:
—¡¿85?! Pensar que yo conozco sólo una: el hombre arriba y la mujer abajo.

Los monjes lo miran sorprendidos y siguen recorriendo el templo al grito de:
—¡86... 86... 86...!

Habrá que animarse a buscar nuevas maneras. Si yo vengo cogiendo con mi mujer los sábados a las cinco y media, yo arriba y ella abajo, si no soy capaz de cambiar de hora y no soy capaz de cambiar de posición, de cama y de día, voy a terminar cambiando de mujer.

Escríbele a tu pareja qué cosa te gustaría hacerle la próxima vez e imagínate qué quisiera hacerte ella. Pídele que te escriba una nota similar. Si descubren que había cosas que no sabían, vean qué cosas pueden comprometerse a hacer por el otro disfrutándolo ustedes también.

LA S DE FLORES ES LA DE LOS SENTIDOS

Y éste es un punto sustancial: no limitarme a la percepción de un solo sentido. No pensar que la sexualidad se reduce al contacto genital, y mucho menos al contacto de piel a piel. En la vida sexual hay que usar los cinco sentidos: hay que poder oler, hay que poder gustar, hay que poder oír, hay que poder ver y hay que poder tocar. Hay que animarse a coger, con todos los sentidos en función de coger. Porque cuando se coge, lo que pasa es lo más importante que podría pasar.

LA V DE VIDEO ES PARA RECORDAR VACIARSE DEL AFUERA

Cuando uno llega a la cama (o a la terraza, o a la cocina) el abc del comienzo es dejar afuera lo de afuera. No se puede coger pensando en lo que pasó en el trabajo, en lo cara que está la cebolla, en la discusión que tuve con la vecina o en la pelea con el señor de enfrente. Y si a priori sé que no voy a poder vaciarme del afuera, entonces, bueno sería no tener sexo ese día.

AL LLEGAR A LA I TE INVITO A VOLVERTE IRRACIONAL

Tengo que ser tan intuitivo y tan vivencial como para animarme de verdad a ser imaginativamente irracional. Esto quiere decir: ser capaz de llevar mis fantasías a puntos irracionales de mi imaginación, no ser tan atado, animarme a ser un poco loco en esto de imaginar cosas junto contigo.

Cuentan que Dios le dijo un día a Adán:
—Adán, tengo una buena y una mala noticia para darte.
—¿Cuál es la buena?
—La buena es que voy a regalarte dos nuevos órganos para incluir en tu cuerpo.
—Muchas gracias, ¿de qué se trata?
—El primero es un cerebro pensante, que pondré en tu cabeza. Te servirá para razonar, para calcular y para resolver cualquier problema que tengas.
—¡Uy, qué bien! ¿Y el segundo?
—El segundo es un pene, que colgaré entre tus piernas. Ése te pemitirá momentos de placer exquisitos y encuentros espectaculares con Eva.
—Muchas gracias, mi Señor, realmente creo que voy a hacer un muy buen uso de estos dos regalos. ¿Cuál es la mala noticia?
—La mala noticia es que no vas a poder usar los dos al mismo tiempo.

LA D ES DIVERSIÓN

Este concepto es para mí fundamental. ¡El sexo tiene que ser divertido! ¡No puede ser un rito serio y formal! Si el rito es una cosa seria, algo no está funcionando bien. El sexo está para que disfrutemos, pero también para que la pasemos bien, para divertirnos. En dos sentidos: el humor, el estado de ánimo, y en cuanto a que sea diverso, diferente cada vez.

LA PENÚLTIMA LETRA, LA E ES PARA RECORDARTE QUE EXPRESES TU SENTIR

Expresarme es además gemir, gritar, gruñir, llorar, reír, tentarme, hablar. Expresarme significa no frenar las historias. Si hoy no podemos coger porque los niños están despiertos y sólo podríamos coger en silencio, entonces... cojamos otro día. Si no va a haber lugar para expresar mis emociones, vayamos a coger a otro lado. Salvo que esto sea parte del juego.

LA ÚLTIMA REFIERE EL PUNTO MÁS IMPORTANTE: OLVÍDESE DEL ORGASMO

Si yo puedo compartir mis fantasías, puedo ir cambiando de lugares, puedo ocuparme de mí, puedo conseguir espacio para el romanticismo, explorar, ser creativo, usar todos los sentidos, vaciarme del afuera, ser irracionalmente imaginativo, divertirme y animarme a expresar mis sentimientos, me queda un solo desafío: olvidarme del orgasmo. Si quieren disfrutar de su sexualidad, olvídense del orgasmo. Dejen que pase cuando pase, pero olvídense mientras están allí. El orgasmo está muy lejos de ser lo más importante e imprescindible. Precisamente porque consiste en el descontrol, hay que dejar que el orgasmo sea y no focalizarse en que pase.

F	fantasías para compartir
L	lugares para cambiar
O	ocuparse de uno
R	romanticismo presente
E	explorar el encuentro
S	sentidos para incluir

+

V	vaciarse del afuera
I	irracionalidad suprema
D	diversión imprescindible
E	expresión del sentir
O	olvidarse del orgasmo

Según los orientales, el sexo es la máxima expresión de la iluminación.

La iluminación es enunciada por los místicos como la disolución del yo. Esto es: ser un todo con el otro. Durante ese instante donde yo pierdo el control, por un momento dejo de ser yo y puedo conseguir la fantasía de fundirme con el otro.

Fundirse con el otro es el deseo supremo del amor.

La mente vacía de pensamientos, el éxtasis de la aceptación del otro, la ausencia de expectativas y de memoria y la entrega total al presente son los hitos del camino que lleva al sexo como iluminación.

Si fuéramos capaces de llegar a esta vivencia, aunque sea de vez en cuando...

Yo no creo que todas las relaciones sexuales sean gloriosas y magníficentes, ni que en todas se pueda llegar a la disolución del yo. Por eso digo: ojalá que podamos muchas veces.

Quiero decir, por lo menos de vez en cuando hay que desacondicionarse, dejar de controlar, entregarse...

Pero surge la pregunta, hasta dónde. ¿No será peligroso tanto descontrol, no hay peligro de caer en la perversión?

En todo caso habría que determinar, primero, qué es lo perverso y qué no lo es.

Habrá que animarse entonces a saber quién soy, qué elijo, qué me gusta y qué voy a hacer con ello. Empezar a pensar qué estamos haciendo nosotros para mejorar nuestros problemas de anorgasmia, eyaculación precoz, impotencia, frigidez...

Hay personas que no están satisfechas con su vida sexual pero que no están dispuestas a hacer nada al respecto. Hay que entender que nuestra sexualidad es muy importante.

Los argentinos somos un poco moderados, aprensivos, mojigatos con la sexualidad.

Cuentan en España que un señor se encuentra con una mujer hermosa en un bar y la invita a pasar la noche. Tienen una velada de sexo y lujuria espectacular y a la mañana siguiente mantienen este diálogo:

Si ella es estadunidense, dice: "Very good...".

Si ella es italiana, dice: "Faciamo l'otra volta...".

Si ella es española, dice: "Zi me llegaz a dejarr deshpuéz de eshto... te mataré".

Y si ella es argentina, dice: "¡Ay... qué pensará usted de mí!".

Esto habla de nosotros, de nuestra idea vergonzante de la sexualidad, que es producto de una educación mezquina respecto de nuestra libertad sexual.

Porque la sexualidad tiene mucho que ver con la libertad personal.

Ser libre es elegir con quién, cuánto, cómo, dónde.

HETEROSEXUALES, HOMOSEXUALES O BISEXUALES. MASTURBACIÓN

Nosotros no somos heterosexuales, homosexuales o bisexuales. Somos sexuales. Tenemos una sexualidad que es energía interna que pugna por expresarse. No es casual que los vínculos homosexuales aumenten en poblaciones donde hay sólo hombres o sólo mujeres, como en las cárceles, los hospitales, barcos, instituciones psiquiátricas, etcétera. Porque esta energía sexual que se acumula como la carga de una batería, tiene que actuarse desde algún lugar. Y posiblemente, si estoy solo, la masturbación sea la mejor conducta sexual a la que puedo acceder. Llegado el caso que por alguna razón yo no pudiera tener vida sexual, es más sano masturbarse que sublimar la sexualidad transformándola en exceso de trabajo, por decir una transformación usual.

Potencialmente, si consideramos al hombre como sexual, ni homo, ni hetero ni bi, alguien que puede aceptar la bisexualidad como parte de su identidad, puede entonces elegir lo que quiere. A mí me parece tan patológico un homosexual que dice que no resiste la fantasía de acostarse con una mujer, como un heterosexual que vive cuidándose de que un tipo no se le acerque. Yo conozco muchos tipos que están en una relación sexual con una mujer que quieren, y cuando ella les acaricia la espalda y llega hasta el culo, gritan: ¡No me toques el culo, eh, qué te crees, que soy puto yo! Y la mujer dice: ¿Qué pasó?

Y yo también me pregunto: ¿qué pasó?

Y digo: pasó que se asustó.

La erogenización que producen las zonas genitales, incluido el ano, es para los dos sexos igual. Habrá zonas más erógenas para cada uno de nosotros, pero pensar que no puedo permitir que alguien me roce debe esconder algo...

Algo debe pasar con los tipos que obsesivamente creen que el coito anal les da más placer que el coito vaginal. Me parece que alguna connotación tiene... En algunos casos ésta es la expresión de un conflicto homosexual bastante mal resuelto. Para llegar a la heterosexualidad, sin hablar de si la homosexualidad es o no un tránsito, hay que tener resueltos estos conflictos homosexuales, cosa que, en general, las mujeres tienen mejor resuelta que los hombres.

La razón es que el primer objeto amoroso de una mujer es su mamá, como en el caso del hombre.

El hombre comienza su sexualidad en la vida con un vínculo heterosexual y quizá continúe en forma consciente con un vínculo heterosexual por el resto de su vida.

La mujer, que establece como primera medida un vínculo homosexual, tiene que dejarlo para llegar después al vínculo heterosexual. Esto implica un trabajo.

Cuando una mujer es heterosexual ha pasado de un vínculo a otro. Quizá por eso los homosexuales sean más varones que mujeres. Y quizá por eso los hombres necesiten negar el componente homosexual, porque es sentido como poco masculino.

No hay conciencia de que la elección sexual no amenaza la condición de varón o la virilidad.

Ser homosexual no significa ser femenino. La mariconada tiene que ver con una pérdida de identidad. Una mujer homosexual no tiene por qué ser un camionero y un hombre homosexual no tiene por qué ser afeminado.

Maricón, homosexual y puto son tres cosas totalmente diferentes y no necesariamente tienen relación entre sí. No todos los afeminados son homosexuales, no todos los homosexuales son putos y no todos los putos son maricas.

Hay que aprender a diferenciar para aprender quién es uno, después de todo...

Si mi libertad es, como digo yo, mi capacidad de elegir cuando tengo opción, entonces...

Ser libre es poder encontrarme para ver qué es lo que voy a hacer en la cama o qué es lo que no voy a hacer en la cama.

El significado de la sexualidad ha cambiado. Hace cincuenta

años, nuestra educación nos decía que el hombre tenía que debutar, aprender, entrenarse y hacerse maestro del acto sexual para luego enseñarle a su mujer, asexuada totalmente hasta ese momento. Y así las mujeres se quedaban más o menos asexuadas toda su vida, teniendo como maestro a alguien que, en general, no había aprendido mucho pero que decía que era el que sabía.

Por suerte y por lucha esto no existe más.

Primero, porque las mujeres saben que no tienen por qué esperar a sus hombres para aprender de ellos.

Segundo, porque los hombres ya sabemos que no aprendimos tanto.

Y tercero, porque ya no hay ninguna duda de que el único lugar donde se puede aprender es en la cama. Y, por lo tanto, si un hombre quiere aprender, va a tener que aprender de una mujer.

La historia de que los hombres les tienen que enseñar a las mujeres es un mito, y por supuesto machista.

Puedes aprender algunas cosas por ti mismo, de la exploración, pero no mucho estando solo. El otro, por intuición y por experiencia, es el que enseña. Así aprendemos, para alguna vez enseñar.

Lo que en un vínculo resulta maravilloso, puede no ser tan maravilloso en otro vínculo.

Habrá que darse tiempo para este aprendizaje. Y para eso hace falta estar comprometido con el otro.

POCAS PALABRAS ACERCA DEL DESEO

Si la sexualidad funciona como un trámite, estamos en problemas.

Hay una sola razón para tener sexo: el deseo. No puedo llegar a la cama porque estoy aburrido, porque no tengo otra cosa para hacer, porque estoy muy tenso, porque hay que cumplir para que no te vayas a coger con otra o con otro, para no masturbarme.

La única buena razón para llegar a la cama con alguien es sentir el deseo de ir a la cama con ese alguien.

Además porque no hay nada más erotizante que sentirme deseado por el que está a mi lado. Sea yo varón o mujer, nada me excita más que sentir que aquel que yo deseo me desea.

De alguna forma es un misterio... porque si lo que me excita es que tú estés caliente conmigo y lo que te excita a ti es que yo esté caliente contigo, ¿cómo fue que empezamos?

A veces empieza porque te veo y me surge el deseo. Te espero y me ratoneo. Soñé contigo y te voy a buscar... Pero muchísimas veces empieza afuera, antes de que nos veamos. Empieza con la calentura que surge en mí a partir de otras cosas que pasan en el afuera y que no son tú.

"Eh... No, doctor, ¿me está diciendo que me caliente con el aviso donde está la mujer con los senos y que después llegue a mi casa pensando que me voy a coger a mi mujer? Eso es un asco..."

Así es. Si quieren pensar que es un asco, piénsenlo. Pero es así. Me erotizo con lo que pasa afuera y es ese erotismo justamente el que importo a la relación y el que genera el deseo.

Si les molesta importar excitación a su pareja no lo hagan, serán muy felices y cogerán menos.

Nada es igual que el deseo del que deseo. Éste es el gran afrodisiaco, sobre todo en la pareja. Por eso es tan importante sentirlo y que se note.

Cuentan que una mujer llega a un consultorio médico porque tenía tortícolis. Entra con el cuello torcido, el médico la revisa, le hace una radiografía, no encuentra lesiones anatómicas y le dice:

—¿Hace mucho que lo tiene?

—No... —dice la mujer—, hace unos doce o quince años.

—¿Y usted a qué se dedica?

—Bueno, trabajo en una oficina, hago las cosas de la casa...

—¿Y tuvo algún golpe?

—No, nunca.

El médico piensa, no sabe qué preguntar...

—¿La alimentación?

—Normal, como todo sin problema.
—¿Algún deporte violento?
—No, nada. Juego a las cartas.
Como el médico ya no sabe qué preguntar, le dice:
—¿Vida sexual?
—Normal, dos o tres veces por semana... él arriba y yo abajo... normal.
—Bueno, él arriba y usted abajo o al revés.
—¿Está loco? ¿Cómo veo la tele?

Si uno no es capaz de estar realmente comprometido con lo que está pasando, la posibilidad de disfrutar del vínculo sexual no existe.

En una encuesta realizada para el último *Informe Hite*, los encuestados contestaron a esta pregunta: ¿cuál es la frecuencia sexual máxima y mínima que usted consideraría normal? Las respuestas van desde un máximo de una vez por día hasta un mínimo de una vez cada quince días. Cualquier frecuencia entre estos dos extremos es considerada normal por la sexología. (Una frecuencia menor como promedio no es anormal ni patológica, pero es poco. Una frecuencia mayor como promedio tampoco es anormal, pero es mentira...)

Dos veces por semana es lo que setenta por ciento de las parejas estables encuestadas refiere como su frecuencia habitual.

En Argentina, el ritmo según las mujeres es entre una y dos voces por semana y según los hombres tres o cuatro por semana. Esto genera dudas sobre la conducta fiel o infiel de los señores o sobre la necesidad de los hombres de decir que cogemos más porque nuestra educación nos dice que entonces somos más hombres.

Se trata del mito de que los hombres estamos siempre listos, lo cual, obviamente, no es cierto.

Si queremos hacer algo por la sexualidad de todos, habría que:

- Insistir en que los padres reciban educación sexual para poder transmitirla. El aprendizaje empieza desde la cuna.

- Evitar censurarnos. La censura en el encuentro sexual es perniciosa. Hay que trabajar con nuestra libertad y con lo que yo llamo autonomía, la capacidad para imponernos nuestras propias normas.
- Revalorizar la sexualidad hasta conseguir que recupere el enorme valor que tiene.

Si tratamos de reprimir la conexión con nuestro deseo, cada vez somos más esclavos de él.

En la medida que dejemos ser a nuestro deseo; en la medida que asumamos nuestra sexualidad como parte de nosotros y no nos avergoncemos de ello; en la medida que aceptemos nuestras inquietudes, nuestras fantasías y nuestro encuentro sexual con la persona que nosotros decidamos; en la medida que podamos vivir esta historia con libertad, sin frenar y sin reprimir, nuestra sexualidad se va a volver más libre y vamos a poder dejar de pensar en ella.

La metáfora que dan algunos iluminados es que uno puede mantener la mano abierta toda su vida, pero cerrada... apenas un rato. Tarde o temprano, después de tener la mano cerrada, vas a tener que aflojar.

Manteniendo abierta nuestra conducta sexual podremos tener una sexualidad más sana, más placentera y, sobre todo, podremos mejorar nuestra capacidad de entrega.

Si ocultamos, reprimimos y escondemos nuestro deseo, en algún momento éste explotará, se volverá pernicioso y terminaremos haciendo cosas dañinas para los demás.

¿Qué es normal y qué es anormal? ¿Cuál es el límite entre lo que se puede y lo que no se puede? ¿Qué está bien y qué está mal? ¿Cuál es el límite entre lo normal y lo patológico? ¿Qué cosa es sana y qué cosa enferma?

Yo creo que si los dos están de acuerdo y disfrutan de lo que está pasando, sin involucrar a quien no quiere involucrarse, nada, *repito*, nada es anormal.

Palinuro de México (fragmento)

Ella y yo hacíamos el amor diariamente.
En otras palabras,
los lunes, los martes y los miércoles
hacíamos el amor invariablemente...
Los jueves, los viernes y los sábados,
hacíamos el amor igualmente...
Por último los domingos
hacíamos el amor religiosamente.
Hacíamos el amor compulsivamente.
Lo hacíamos deliberadamente.
Lo hacíamos espontáneamente.
Hacíamos el amor por compatibilidad de caracteres,
por favor, por supuesto, por teléfono,
de primera intención y en última instancia,
por no dejar y por si acaso,
como primera medida y como último recurso.
Hicimos el amor por ósmosis y por simbiosis:
y a eso le llamábamos hacer el amor científicamente.
Pero también hicimos el amor yo a ella y ella a mí:
es decir, recíprocamente.
Y cuando ella se quedaba a la mitad de un orgasmo
y yo, con el miembro convertido en un músculo fláccido no podía
   llenarla,
entonces hacíamos el amor lastimosamente.
Lo cual no tiene nada que ver con las veces en que yo me
imaginaba que no iba a poder, y no podía,
y ella pensaba que no iba a sentir, y no sentía,
o bien estábamos tan cansados y tan preocupados que ninguno de
los dos alcanzaba el orgasmo.
Decíamos, entonces,
que habíamos hecho el amor aproximadamente.

O bien a Estefanía le daba por recordar las ardillas que el tío
Esteban le trajo de Wisconsin
que daban vueltas como locas en sus jaulas olorosas a creolina,
y yo por mi parte recordaba la sala de la casa de los abuelos,
con sus sillas vienesas y sus macetas de rosas,
esperando la eclosión de las cuatro de la tarde...
así era como hacíamos el amor nostálgicamente,
viniéndonos mientras nos íbamos tras viejos recuerdos.
Muchas veces hicimos el amor contra natura,
a favor de natura,
ignorando a natura.
O de noche con la luz encendida,
o de día con los ojos cerrados.
O con el cuerpo limpio y la conciencia sucia.
O viceversa.
Contentos, felices, dolientes, amargados.
Con remordimientos y sin sentido.
Con sueño y con frío.
Y cuando estábamos conscientes de lo absurdo de la vida,
y de que un día nos olvidaríamos el uno del otro,
entonces hacíamos el amor inútilmente.
Para envidia de nuestros amigos y enemigos,
hacíamos el amor ilimitadamente, magistralmente,
   legendariamente.
Para honra de nuestros padres, hacíamos el amor moralmente.
Para escándalo de la sociedad, hacíamos el amor ilegalmente.
Para alegría de los psiquiatras, hacíamos el amor
   sintomáticamente.
Hacíamos el amor físicamente,
de pie y cantando,
de rodillas y rezando,
acostados y soñando.
Y sobre todo,
y por la simple razón

de que yo lo quería así
y ella también,
hacíamos el amor...
voluntariamente.

FERNANDO DEL PASO

El amor en la pareja

Hay otro sendero unos metros a mi derecha. Alguien con quien me encontré me hizo notar su presencia, corre paralelo a éste pero está bastante más arriba. Parece hermoso. Si me tomara el trabajo de llegar hasta allí podría ver algunas cosas que desde donde estoy no se alcanzan a distinguir (siempre se ve más allá desde un lugar más alto). Me doy cuenta de que escalar no sería una tarea fácil y que aun después de llegar, caminando a esa altura podría caerme y lastimarme. También me doy cuenta de que no estoy obligado a hacerlo.

Sin embargo, me invaden dos emociones, por un lado me frena la sensación del absurdo esfuerzo inútil, ya que mirándolo desde aquí parecería que los dos caminos llegan al mismo lugar, por otro me anima, misteriosamente, la intuición de que sólo lograré completarme si me atrevo a transitar el camino elevado. ¿Qué hacer?

Desde hace más de medio siglo la sociedad parece estar enseñando que la pareja es necesariamente una especie de antesala del matrimonio, éste un pasaporte a la familia y aquélla la garantía de hospedaje eterno (hasta que la muerte los separe) en una especie de sofisticado centro de reclusión al que deberíamos ansiar entrar como si fuera la suprema liberación.

El mecanismo propuesto opera así: uno escoge una pareja, se pone de novio, acuerda una fecha de casamiento, participa de la tal ceremonia e ingresa con su cónyuge en una especie de prisión llamada con cierta ironía el "nidito de amor". Llegados ahí, uno le echa el primer vistazo sincero al compañero de cuarto. Si le agrada lo que ve, se queda allí. Si no es así, empieza a planear su escape de prisión para salir a buscar otra pareja, rogando tener mejor suerte o reclamando ayuda para aprender a elegir mejor.

La solución del problema de la insatisfacción en la vida de parejas desdichadas, planteada modernamente por la sociedad que supimos construir, es separarse, comenzar otra vez con otra persona mejor para uno. En otras palabras, para ochenta por ciento de todas las parejas, y cincuenta por ciento de los matrimonios, que la pareja haya fracasado es la consecuencia de la incapacidad de cada uno para elegir a la persona adecuada.

En Argentina siempre nos jactamos de ser capaces de encontrarle un problema a cada solución. El problema que aporta esta solución es que el cambio de destino carcelario es siempre muy doloroso. Hay que repartir los bienes, los males, los hijos y los regalos; hay que pasar por el dolor de abandonar los sueños; hay que soportar perder los lugares y abandonar a algunos amigos; y como si eso fuera poco, hay que vivir con el residuo del miedo a la intimidad y con la desconfianza de que las siguientes relaciones también puedan fallar. Ni qué hablar del daño emocional a los otros habitantes del nido, si los hay. Los hijos, que muchas veces se imaginan que son de alguna forma responsables de esa ruptura y otras son arrastrados a permanecer en el lugar de trofeos disputados, terminarán preguntándose, de cara a su propio dolor, si valdrá la pena transitar el proyecto de construir una familia.

Planteado así, el único antídoto para todo este dolor parece ser lamentable: permanecer prisionero, cerrar la puerta con llave, abrir una pequeña ventana por donde espiar la vida y conformarse con mejorar un poco la relación matrimonial durante el resto de nuestra existencia, deseando secretamente que no sea demasiado larga. En el mientras tanto se supone que uno aprende a sobrevivir en un matrimonio hueco, a llenarse de comida, de alcohol, de drogas, de trabajo, de televisión o de fantasías de infidelidad.

¿HAY OTRA POSIBILIDAD?

Existe un enfoque de las relaciones amorosas más alentador y, a mi modo de ver, más preciso.

La pareja no es un estado inmutable de dos personas que no cambian. Es más bien un viaje por un camino elevado psicológica y espiritualmente que comienza con la pasión del enamoramiento, vaga a través del escarpado trecho de descubrirse y culmina en la creación de una unión íntima, divertida y trascendente, capaz de renovarse en la reelección mutua, una y otra vez, durante toda la vida. La construcción de un vínculo de este tipo no se apoya en la habilidad para poder conquistar al compañero o a la compañera perfecta ni en la suerte de cruzarse algún día con la persona ideal, sino en el darse cuenta definitivamente de que:

> La creencia heredada del mito del amor
> como prisión es falsa.

La pareja no es una prisión, ni un lugar donde engancharse o quedarse atrapado, sino un camino del desarrollo de ambos. Un camino elevado y quizá riesgoso. Pero sin duda uno de los más hermosos y nutritivos caminos que se pueden escoger.

Redefinir la pareja significa hablar sobre amor y esto implica saber de qué cosas hablamos cuando hablamos de ese sentimiento en un vínculo tan especial como es el que se entabla entre un hombre y una mujer que planean seguir juntos el camino.

Este amor es, como está dicho, un sentimiento idéntico a los otros amores y, como propuse muchas páginas atrás, se define como el genuino interés por el bienestar del otro.

En la ensalada de la pareja, sin embargo, lo vertical de mi capacidad de amar se entrelaza con lo horizontal de mi deseo.

Uno podría analizar el tema de esa mezcla desde múltiples lugares, podríamos por ejemplo hablar de este amor romántico pensando sólo en un paisaje hermoso, al lado de la persona amada, mirando el mar o las estrellas y tomados de la mano, aunque si nos pusiéramos demasiado poéticos no nos quedarían demasiadas ganas de seguir hablando.

Así que intentemos llegar a un acuerdo desde un lugar más reflexivo, empezando por preguntarnos qué significa y qué alcances tiene esta atracción hacia otra persona.

EL MISTERIO DE LA ATRACCIÓN ROMÁNTICA

La idea del amor romántico surgió de un eco filosófico tanto platónico como aristotélico literariamente derivado del poeta romano Ovidio y su *Ars Amatoria*. Nótese que en la antigua Grecia la mujer estaba destinada a las tareas del hogar y al servicio del hombre, y por lo tanto no existía el respeto o sentimiento de consideración para con ella (recordemos que la Atenas de entonces no carecía en este sentido de sus propias contradicciones. Por un lado se ufanaban de la ateniense igualdad de derechos para todos los ciudadanos de la polis, y por otro determinaban autoritariamente que los esclavos, los extranjeros y las mujeres no tenían ese privilegio simplemente porque no eran ciudadanos). El griego practicaba entonces el amor de sí o el amor a la idea. Amaba la belleza de hombres y mujeres, pero no a esos hombres y a esas mujeres.

El amor medieval, en cambio, era motivado por un respeto profundo hacia la dama, por ejemplo, pero no debía ser consumado. Era etéreo y trascendental y activamente alimentado por actos de caballerosidad y galantería, en absoluto contraste con la tradicional persecución acosadora de los apasionados amantes enamorados.

Más contemporáneamente asistimos a posturas encontradas con lo que los sentidos nos dicen sobre nuestro interior. El determinismo físico cree que el mundo se puede medir y determinar y, por ende, cada acontecimiento es la consecuencia de los componentes biológicos de la química del cuerpo humano. Por este mismo camino, los genetistas invocan la teoría de los genes que forman los criterios determinantes en lo sexual o en el tipo de elección romántica. Algunos neurobiologistas reducen todos los exámenes del amor a la motivación fisicoquímica del impulso sexual.

Muchos conductistas dicen que el amor no es otra cosa que una respuesta emocional frente a otro por quien se siente físicamente atraído, y que por ello la acción de amar abarca gran parte del comportamiento, incluso cuidar, escuchar, ocuparse de alguien, preferir a otros.

El expresionista considera el amor como la manifestación de un estado interno hacia el amado que, no importa cómo se manifieste (palabras, poesía, regalos, presencia, cuidados), tendrá como finalidad el alivio catártico del enamorado. El placer es poner en acción mi sentimiento más allá del otro.

TEORÍA DE LA PRESERVACIÓN DE LA ESPECIE

Últimamente, siguiendo el estilo de cómo se encaran las nuevas investigaciones, científicos de varias disciplinas han estado trabajando convergentemente para profundizar nuestro entendimiento del amor en la pareja, y de cada área de investigación se han derivado valiosos conocimientos. Los biólogos aportaron que hay una cierta "lógica" relacionada con la elección de pareja. Los hombres se sienten naturalmente atraídos por mujeres jóvenes, de piel suave, ojos brillantes, cabello brilloso, buena estructura ósea, labios rojos, mejillas rosadas y senos turgentes, no en razón de lo que está de moda sino porque estas características indican una buena salud y buen nivel hormonal, signos de que una mujer se encuentra en el mejor momento para procrear. Las mujeres escogen a su pareja desde otros lugares. Como la juventud y la salud física no son esenciales para la función reproductiva masculina, las mujeres instintivamente prefieren parejas con características de asertividad manifiesta, la capacidad para dominar, la resistencia emocional, y sus habilidades económicas. La suposición es que éstas son las garantías de la supervivencia del grupo familiar.

Sin embargo, aunque los factores biológicos desempeñan un papel clave en nuestros intentos amorosos, el amor debería ser más que esto.

TEORÍA DE MERCADO DE VIRTUDES Y DEFECTOS

La idea básica de la teoría de intercambio es que elegimos la pareja pensando que se adaptará a nosotros. Evaluamos y nos fijamos mutuamente en el atractivo físico, el nivel económico y el rango social de cada uno, lo mismo que en varios rasgos de la personalidad tales como la amabilidad, la creatividad y el sentido del humor. Con la velocidad de una computadora, sumamos las calificaciones y si los números son aproximadamente equivalentes, una luz verde se enciende y avanzamos. Según los psicólogos sociales, no solamente nos interesan la juventud, la belleza y el rango social, sino la totalidad de la persona. Por ejemplo, el hecho de que una mujer se encuentre pasada de años o de que un hombre tenga un trabajo de baja categoría puede compensarse por el hecho de que él o ella sean personas encantadoras, inteligentes o compasivas.

TEORÍA DEL RECONOCIMIENTO

Una tercera idea agrega otra dimensión al fenómeno de la atracción. La teoría de la búsqueda del reconocimiento sostiene que el factor importante en la elección de pareja es la forma en que la relación con ese otro podría incrementar nuestra valoración de nosotros mismos. La pregunta que surge en este momento es: ¿Cómo afectará a mi ego el hecho de estar con esta persona? Todos hemos experimentado orgullo cuando la presa más apetecible de la reunión finalmente salía del salón con nosotros.

A este valor adicional que me confiere ser el elegido por el que es codiciado por otros lo voy a llamar "la búsqueda del placer narcisista de la relación". El reclamo de una mirada privilegiada, selectiva y puntual que quizá empezó con la necesidad de ser el preferido de mis padres y sobre todo el amado de mi madre. Porque la mirada de la madre no es remplazable. Tanto para los hombres como para las mujeres, la madre representa la única persona con quien alguna vez fuimos uno.

A partir de esta idea, Lacan cree que finalmente la búsqueda permanente del ser humano es la de alguien que me pueda dar lo que alguna vez tuve de mi madre, ser uno con el otro.

Su planteamiento es que en cada persona que encontramos buscamos este amor incondicional que creemos haber tenido con ella y la unión de nuestra vida intrauterina.

Por eso dice Lacan: "El amor es pedirle un imposible a alguien que no existe".

Es decir, te imaginas que el otro es el que no es y a ese alguien imaginario le pides algo que es imposible: que sea uno contigo, que seas más importante en su vida que él mismo.

En definitiva, ser tan imprescindible para su existencia, que *nunca* te pueda abandonar...

TEORÍA SOCIAL

Desde el punto de vista sociopolítico, puede verse incluso al amor como una instancia de la dominación social de un grupo (hombres) sobre otro (mujeres), y esto se refleja en el idioma y la etiqueta socialmente construida. La teoría es a menudo atractiva para las posturas radicalizadas del feminismo, el cual plantea el amor romántico como un subproducto del patriarcado y, análogamente a la definición marxista de la religión (el opio de los pueblos), llega a decir que el amor es el opio de las mujeres y considera las relaciones sociales (familia, costumbres, idioma, política, instituciones) como reflejo de las estructuras sociales más profundas que dividen a la gente en clases, sexos, carreras y ni qué decir de la moda.

TEORÍA DEL ENRIQUECIMIENTO ESPIRITUAL

La visión espiritualista del amor incorpora las nociones místicas de todos los tiempos y culturas. Encontramos otro con quien compartimos la sensación de ser incompletos y nos valemos de nuestras ventajas para completarnos, para complementarnos, para formarnos. El contacto con el otro nos permite indagar en nuestras carencias, buscar, formarnos, darnos cuenta, cambiar, crearnos, descubrirnos mejores.

La pareja permite que yo me descubra y tenga el placer de ayudar a que el otro se descubra.

La pareja constituye, pues, un encuentro privilegiado en mi camino hacia mí mismo, un encuentro simultáneo con lo otro y con lo mismo. Se parte de uno para llegar a la unidad.

El encuentro en pareja da lugar a la novedad, un espacio compartido que propicia el conflicto y la creación de nuevos paradigmas.

Si, como ya dije, el encuentro con el otro es siempre una nueva oportunidad para encontrarse con uno mismo, el vínculo de pareja es en este sentido el mejor de los encuentros.

En este encuentro los dos marchamos hacia la meta de la individualidad, pero juntos.

TEORÍA DEL 1 + 1 = 3

El amor saca de su aislamiento a la personalidad individual conduciéndola al "nosotros" de la completud. La idea de la media naranja, fantasía de la pareja como una unidad, se apoya en esta concepción de ser uno con el otro, de que los dos renunciemos a nuestra identidad para construir un yo superior más elevado y poderoso.

Platón cuenta que los seres humanos fueron alguna vez mitad masculinos y mitad femeninos, de hecho tenían dos caras, cuatro manos y genitales de ambos sexos. Esta unidad, parece ser, los volvía extremadamente poderosos, y estos hermafroditas empezaron a desafiar a los dioses. El Olimpo no era un lugar donde vivían deidades capaces de tolerar las rebeldías, así que los dioses decidieron matar a los humanos. Cuenta el mito que a último momento una toma de conciencia narcisista los frenó: "Si los matamos a todos no habrá quien nos adore y nos ofrezca sacrificios". Zeus ideó la solución: "Cortaré a cada uno de los humanos en dos mitades con vida propia, así su fuerza disminuirá y no habrá más desafíos". La idea fue aplaudida y la escisión tuvo lugar. Apolo volvió invisibles las heridas. Y los humanos divididos en hombres y mujeres empezaron a poblar la tierra. Sin embargo, cuenta la leyenda que el esfuerzo de todo el Olimpo no pudo evitar que quedara algo del recuerdo de aquella unidad y que por eso los seres humanos siguen buscando permanentemente su otra mitad, para recuperar su fuerza y completud.

En esta teoría buscamos acercarnos a aquellos que percibimos que serán capaces de sacrificar su identidad a cambio de que nosotros hagamos lo propio en beneficio de la constitución de la pareja.

TEORÍA DEL PAPEL COMPLEMENTARIO

Con aportaciones de muchas escuelas psicoterapéuticas, estas teorías intentan demostrar que la búsqueda de la pareja se encamina tendencialmente hacia las personas que sean más capaces de desempeñar el papel necesario para sostener nuestras neurosis. Es decir, buscamos a aquéllos y aquéllas con quienes reproducir la situación de conflicto internalizada que define quiénes somos o reafirma la vigencia de nuestro argumento de vida.

Así, para el planteamiento psicológico clásico las situaciones emocionales irresueltas en nuestra infancia configuran el trauma que da punto de partida a nuestro conflicto y abre la puerta a la repetición neurótica de la situación dolorosa. Para conseguirlo busco y encuentro personas a quienes pueda percibir como capaces de actuar de forma similar a los personajes de mi historia infantil. Quiero decir, personas suficientemente parecidas casi siempre a alguno de mis padres por identidad o por oposición.

Un gran trabajador de los condicionamientos de nuestra conducta, John Bradshaw, conmovió al mundo cuando desarrolló su concepto del niño herido. Simplificando al extremo la idea, se diría que cada uno de nosotros ha dejado la infancia con el registro del daño recibido a manos de los mayores (violencia, desprecio, desamor, maltrato) y hemos archivado esas lastimaduras en una estructura que Bradshaw llama "el niño interior", interiorización del niño que alguna vez fuimos que sigue sufriendo por aquellas heridas y busca sanarlas. Desde esta visión, si no me doy cuenta de que debo reparar por mí mismo ese condicionamiento, terminaré eligiendo a mi pareja entre aquellos que creo que pueden hacerse cargo de ese niño.

Eric Berne decía que anida en nosotros una especie de experto en psicología, él lo llamó "el pequeño profesor". Es tan intuitivo, decía el creador del análisis transaccional, que con una sola mirada es capaz de diagnosticar el juego que el otro juega y decidir si se complementa con el nuestro.

Nos acercamos por las afinidades pero nos mantenemos juntos por las diferencias, porque son ellas las que nos permiten utilizar los conflictos como herramientas de nuestro crecimiento y considerar al otro mi maestra o maestro cuando discutimos (en lugar de tratarlo como un enemigo), para poder enriquecerme con todo aquello de lo que el otro es capaz y yo no...

Y podría seguir enunciando teorías que intentan explicar el encuentro de dos que deciden armar una pareja. Pero hay un aspecto enigmático relacionado con la selección de pareja que ninguna teoría termina de explicar.

Durante el curso de tu vida, tú has conocido a miles de personas, haciendo un cálculo conservador, supongamos que varios cientos de ellas resultaron lo suficientemente atractivas físicamente o tenían el suficiente éxito como para llamar tu atención. Cuando reducimos este campo aplicando la teoría de intercambio social podríamos llegar a cincuenta o cien personas de este grupo selecto, quienes tendrían un "valor de puntos" combinado igual al tuyo o superior. Lógicamente, tú tendrías que haberte enamorado de varios cientos de personas. Y, sin embargo, la mayoría de los individuos solamente se ha sentido profundamente atraída por algunas pocas personas. Conclusión: algo falta en las teorías.

Y creo que lo que falta es justamente lo inexplicable, el verdadero misterio, la magia.

Porque es ciertamente inexplicable que alguien "pierda la cabeza" por otra persona, que alguien no pueda pensar en otra cosa que el amado, que alguien llore durante semanas esperando una llamada de aniversario que no llegó... Estas emociones violentas e irracionales que pueden suceder únicamente cuando ese alguien está enamorado.

Es que estar enamorado no es amar.

Porque amar es un sentimiento y estar enamorado es una pasión.

Las pasiones, por definición, son emociones desenfrenadas, fuertes, absorbentes, intensas y fugaces como el destello de un flash, que son capaces de producir transitoriamente una exaltación en el estado de ánimo y una alteración de la conciencia del mundo del que la siente.

Hay que entender esto para poder diferenciar después el enamoramiento del amor.

Este caos emocional tiene, lamentable y afortunadamente, una duración muy corta.

Digo lamentablemente porque mientras lo vivimos nos gustaría, a pesar de todo, permanecer en la fascinante intensidad de cada una de las vivencias, y digo afortunadamente porque creo que nuestras células explotarían si este estado se prolongara más allá de unas cuantas semanas.

Inmerso en esa pasión perturbadora, nadie puede hacer otra cosa que no sea estar, pensar o recordar a la persona de la cual está enamorada. Se trata, pues, de un estado fugaz de descentramiento (uno cree que el centro de la vida de uno es el otro), una especie de locura transitoria que, como dije, se cura sola y, en general, sin dejar secuelas.

Durante el tiempo que dura el enamoramiento (dicen los libros que entre cinco minutos y tres meses, no más), uno vive en función del otro: si llamó, si no llamó, si está, si no está, si me miró, si no me miró, si me quiere, si no me quiere...

Estar enamorado es enredarse en un doloroso placer, el de la disolución en el otro.

Si nos detuviéramos a pensarlo en serio nos daríamos cuenta de lo amenazante para nuestra integridad que sería vivir en ese estado.

Juan Carlos Benítez, un escritor costarricense, describe la felicidad de estar enamorado en un texto que creo maravilloso:

Cuando estaba enamorado, había mariposas por todas partes, la voluptuosidad de la pasión me carcomía la cabeza. Durante todo ese tiempo no escribí, no trabajé, no me encontré con los amigos. Vivía pendiente de los movimientos o de la quietud de mi amada; consumía montañas de cigarrillos y toneladas de vitaminas, me afeitaba dos y hasta tres veces por día; hacía dietas, caminatas. Me perseguía hasta la certeza la paranoia del engaño, pensaba todo el tiempo en besarla, en mirarla, en acariciarla. Durante semanas gasté demasiado dinero, demasiada esperanza, demasiada crema para el sol, demasiada esperma y demasiado perfume. Escuchaba demasiada música clásica, utilizaba demasiado tiempo, consumí toda mi tolerancia y agoté hasta la última de mis lágrimas. Por eso siempre digo recordando esos momentos: Nunca he sufrido tanto como cuando era feliz.

La confusión reinante entre estos términos, más la malintencionada idea de homologarlos, ha sido y es causante de horribles desencuentros en las parejas.

"Ya no es como antes...", "Las parejas con el tiempo se desgastan..." y "No estoy más enamorado... me voy", son algunas de las frases que escucho en mi consultorio y leo en los medios, apoyadas en la idea de que los matrimonios deberían continuar enamorados "como el primer día".

Es muy lindo pensarlo posible, y a uno le gustaría creérselo, pero es mentira.

El estado ideal de una pareja no es el de aquellos primeros meses en que estaban enamorados, sino el de todo el tiempo en que se aman en el sentido cotidiano, verdadero.

Probablemente desde la fantasía, a mí me gustaría estar enamorado de mi esposa después de veinte años, porque estar enamorado es algo realmente encantador. Aunque, con toda seguridad, si yo estuviera enamorado de mi esposa, de verdad enamorado de mi esposa, en este preciso momento no estaría escribiendo este libro.

Si yo estuviera enamorado, sentiría que esto es perder el tiempo.

Si yo estuviera enamorado de mi esposa, en este preciso momento no tendría nada de ganas de estar acá, porque estaría pensando en estar allá, en encontrarme con ella, o en todo caso en escribirle un poema, pero siempre alrededor de ella, porque ella sería el centro de mi vida.

Cuando en un vínculo que comienza con esa pasión, estar enamorado da paso al amor, todo sale bien. De hecho nada mejor podría pasarnos.

Pero cuando no conduce allí, el desenamoramiento sólo deja detrás de sí una sensación de ciudad devastada, la ruina emocional, el dolor de la pérdida, el agujero de la ausencia.

Y uno se pregunta: ¿Por qué terminó? ¿Porque no era cierto? ¿Porque era poco? ¿Porque era mentira?...

No. Se terminó simplemente porque era una pasión.

En un vano intento de aportar algunos datos sobre la magia y sin ninguna posibilidad de saber por qué sucede, me atrevo solamente a establecer dos hechos que, sin lugar a dudas, son necesarios para que el enamorarse suceda:

a) El otro debe tener (o yo imaginar que tiene) una virtud o cualidad que yo (aunque sea por el momento) sobrevaloro. Quiero decir, eso que el otro es, tiene o hace me parece increíblemente valioso. (Si en ese momento de mi vida sobrevaloro la estética, me enamoraré de alguien que se ajuste a los modelos de belleza del momento; si en ese momento me parece fundamental el dinero, me enamoraré de alguien que tenga buena situación económica; y lo mismo con la inteligencia, el color de la piel, la simpatía, etcétera.)

b) Para enamorarme es imprescindible que yo tenga la predisposición "enamoradiza". Quiero decir, que yo esté dispuesto a perder el control racional de mis actos enamorándome. Si bien este concepto está en contra de nuestra idea de que enamorarme me pasa más allá de mi deseo, parece ser que esto es cierto después, cuando ya estoy enamorado. Es decir, antes, si yo no estoy dispuesto a dejarme arrastrar por la pasión, si no estoy decidido a vivir descentrado, si me niego a perder el control, el enamoramiento no sucede.

En una charla, una señora me preguntó si no podía ocurrir que uno hiciera centro en otro, no por estar enamorado, sino por no poder hacerse cargo de su propia vida. Yo le contesté que a simple vista puede parecerse, pero que es bien diferente.

Uno siempre sabe que está enamorado cuando está pasando, y sabe que el otro se volvió el centro de su vida por esa circunstancia. Cuando esto sucede porque soy un imbécil que no puede hacerse cargo de su propia vida, a los demás puede parecerles, pero no es lo mismo.

Una cosa es estar enamorado, otra cosa es ser un idiota irresponsable, son cosas diferentes.

Una cosa es ser un soñador y otra es no despertarse para ir al trabajo.

Una cosa es que yo te mire con ojos embelesados y parezca un bobo, y otra muy distinta que yo sea un bobo y que mis ojos parezcan embelesados.

Es verdad que cuando estoy enamorado a veces parezco un imbécil, pero no necesariamente lo soy. (Podría suceder que un imbécil esté enamorado, pero una cosa no debe deducirse de la otra.)

De todas maneras, y aunque aceptemos que no es un estado permanente, convengamos en que durante esos fugaces momentos de pasión uno parece abrir su corazón a otra realidad mayor y vive cada pequeño hecho con una intensidad que posiblemente añore cuando la pasión se termine. Al decir del poeta Antonio Machado.

> En el corazón tenía
> la espina de una pasión.
> Logré arrancármela un día.
> Ya no siento el corazón.
> [...]

> Aguda espina dorada
> quién te pudiera sentir
> en el corazón...
> clavada.

Estar enamorado y amar son dos cosas maravillosas, pero no hay que confundirlas.

Hay que entender que si bien la pasión de estar enamorado es maravillosa, en realidad amar no es menos maravilloso. Amar es fantástico porque si bien es verdad que no tiene la intensidad de las pasiones, seguro que no, tiene una profundidad de la que el estar enamorado adolece.

Es por esa profundidad que el amor es capaz de aportar estabilidad al vínculo pagando con la desaparición del embrujo y la fascinación. Porque se puede amar con los pies sobre la tierra, mientras que estando enamorado se vive en las nubes.

Lo cierto es que, me guste o no, el enamoramiento se acaba. Y cuando esto sucede con suerte vuelvo a centrarme en mí y desde allí puedo permitir que florezca el amor verdadero.

La más bella definición de amor que escuché en mi vida es la de Josef Zinker: "El amor es el regocijo por la sola existencia del otro".

La frase evoca un sentido casi supremo del amor, el más profundo y el más intenso.

Posible o no, éste será el objetivo más deseable: llegar a amar tanto que me alegre sólo por el hecho de que el otro exista.

¿Y no existe un amor apasionado que pueda durar toda la vida?

El otro día corregí a una paciente que hablaba de su noviazgo y me decía que estaba "perdidamente" enamorada de él.

Entonces yo le decía: qué lástima que no puedas decir "encontradamente" enamorada.

Amor apasionado es el nombre que le reservo a aquellos vínculos donde, amándonos tanto como para poder construir una pareja sin dejar de ser nosotros mismos, de vez en cuando podemos encontrarnos enamorándonos de esa misma persona con la cual vivimos desde hace años. Encontradamente enamorados.

Cuando esto pasa es siempre hermoso, aun cuando nuestros enamoramientos no coincidan en el tiempo.

A veces pasa que llego a mi casa feliz y sonriente y veo a Perla distinta, está más linda, más joven, más comprensiva.

Me doy cuenta (por experiencia) de que estoy enamorado.

Y entonces con cara de no-sé-qué le digo "Hooooolaaaaa...", y ella me contesta "Hola". Y yo ya sé que esta vez no coincidimos.

Que esto ocurra no quiere decir que nos rechacemos mutuamente, sólo no hay encuentro desde ese lugar. Esa noche podremos charlarlo y quizá hacer el amor, pero no es como aquellas otras noches.

Cuando nos sorprendemos los dos enamorados cada uno del otro en el mismo momento, es grandioso. Durante el tiempo que dure (unos días o un par de semanas) sentimos la intensidad del enamoramiento más la profundidad del amor. Nuestra relación se ilumina y nosotros con ella. Todo es espectacular y maravilloso... Y pasa. Y volvemos encantados nada más y nada menos que al puro amor, ya sin la pasión, pero con las pilas llenas de ganas hasta el próximo romance.

Los re-enamoramientos ocasionales son la condición para mantener joven a una pareja a lo largo del camino compartido.

Por supuesto que la lógica más simple nos puede informar que enamorarse no es algo que se puede programar y, por lo tanto, que encontrarse enamorado con el otro en el mismo momento depende del azar.

Nadie puede decir: "Bueno, yo tengo vacaciones en tal fecha, así que vamos a enamorarnos ahí". ¡No puede ser!

Y, sin embargo, ahí está la magia.

De todas maneras sucede.

Sucede que él y ella se van de vacaciones, se sustraen del mundo cotidiano, se van a una playita lejana, solos porque los niños ya son grandes y se fueron por su lado, y de pronto junto al mar algo pasa, de pronto la química olvidada que se quedó en aquel tiempo en el cual nos enamoramos renace. Y sucede que ella y él se vuelven a enamorar. Igual que antes pero diferente porque ellos son diferentes aunque convivan durante ese tiempo los seis: los dos que son, los dos que fueron, el sentimiento y la pasión.

Claro que cuando la pareja vuelve dice: ¡ah... se terminó! Y le echa la culpa a Buenos Aires.

Pero no es cierto, se terminó porque de verdad era bueno que se terminara.

Muchas personas, especialmente mujeres, me dicen que sería bueno que ese enamoramiento no se terminara "al volver de la playita", que viajara con nosotros de vuelta a Buenos Aires. Yo creo que no. Creo que hay que dejarlo en la Patagonia, en Cancún, en donde sea y viajar nosotros hacia él cada vez que ambos lo deseemos.

No vivas acá pensando qué lindo era allá. Tampoco pensando qué lindo era cuando estábamos enamorados, añorando el pasado. Esto que sucede ahora, que es amor, es fantástico comparado con el desamor. Así que ¿por qué compararlo con lo que pertenece a otro club?

LAS PRUEBAS DEL AMOR: DEMOSTRACIÓN, FIDELIDAD Y CONVIVENCIA

Demostración

Uno de los temas que surge cuando hablo de enamorarse, reenamorarse y amar de verdad, es la demostración, es decir, cuán demostrativo es el otro.

Siempre digo que demostrar quiere decir probar sin lugar a dudas que algo es verdad. Si yo tengo que demostrarte es porque parto de la idea que tú no me crees, de lo contrario no hay demostración necesaria.

Entonces pregunto: ¿Por qué tendría que demostrar que te quiero? ¿Para probártelo?

¿Quién es el que duda y necesita pruebas?

Si tú eres el que no crees éste es un problema tuyo, no un problema mío. ¿Por qué habría yo de demostrarte que te quiero?

Nadie "tiene que" demostrar nada.

Borremos de la frase el verbo demostrar, porque suena terrible.

Para mí, el reclamo de la demostración afectiva implica en sí mismo un sinsentido.

Si yo te dijera que tengo una cicatriz verde en la palma de la mano, tú podrías creerme o no creerme. Si me crees, lo haces antes de que abra la mano. Porque si me crees sólo cuando abro la mano y la pongo frente a tus ojos, entonces le crees a tu vista, no a mí. Si yo tengo que demostrar que tengo una cicatriz verde en la mano, es porque no me crees, entonces te la muestro y luego tú piensas que me crees porque la viste. Pero sigues sin creerme, sólo le crees a tus ojos.

Nadie te puede demostrar el amor, porque en la demostración le crees a lo que ves, al otro no le crees nada. Otro tanto pasa con la palabra mostrar, que presupone que no ves.

Si de vez en cuando me dices "te quiero" para mostrarme que me quieres, la verdad es que no me sirve, así que no lo hagas. Ahora, si tú me dices "te quiero" porque es lo que sientes, más allá de demostrarme nada, por favor no dejes de hacerlo, porque quiero que sepas que me place escucharte. Y a pesar de mi placer nunca lo hagas en función de mí, hazlo en función tuya y de tu sentir o no lo hagas.

No sirven los actos de amor dirigidos a que el otro se entere de que lo quiero: "Mira qué lindo lo que te regalé para tu cumpleaños, ¿ves cuánto te quiero...?".

Ésta es una historia mezquina e irrazonable para conseguir que el otro devuelva con la misma moneda.

Claro que me encanta que me quieran, que la gente se acerque y me diga "te quiero", pero no para mostrarme que me quiere, sino porque siente ganas de decírmelo. Basta de la aprendida historia absurda de decir *Te quiero* para escuchar *Yo también te quiero*.

"Tengo que acordarme de que tengo que comprar un regalo de aniversario, porque si no mi esposa va a pensar que ya no la quiero más."

(Agrego yo: Más que pensar, se va a dar cuenta.)

Lo importante de toda relación interpersonal no es que yo te diga que te quiero, ni que te lo demuestre. Lo importante es si tú te sientes querido o no.

Por eso propongo que la próxima respuesta que des cuando alguien te diga *te quiero* sea:

Lo sé.

Cuando uno recibe esta respuesta del otro, siente que su sentimiento llega; no hay un eco enfrente, el otro lo registra. Y entonces uno cierra el círculo.

Hay que explorar esto.

Cuando otro me quiere y yo me siento querido, la sensación de satisfacción de ambos es grandiosa. Él siente que lo percibo; que lo registro; que, de verdad, lo que él siente es importante.

También puede quererme y no ser capaz de actuar lo que siente.

Hay gente que te manda flores todos los días y no te quiere nada. Y también hay gente que vive con otros que nunca han mostrado nada en toda su vida, y sin embargo se siente querida, gente que sabe que aunque el otro no haga las cosas que otros hacen, cuando lo mira a los ojos sabe.

Yo tengo un amigo entrañable que es un tipo de llamar por teléfono, de ocuparse y mostrar y actuar.

Me siento muy querido.

Y yo, que por ahí no soy tan actuador de esas cosas o estoy más ocupado, a veces me siento y le pregunto:

—¿Tú sabes que yo te quiero mucho?

Y entonces él me dice:

—Sí, claro que lo sé... Tú eres así, yo ya lo sé.

Y no está precisando que yo le diga, que yo lo llame, que me acuerde de su cumpleaños y que le mande un regalo, porque la verdad es que no le hace falta a nuestro amor.

Cuando hago alguna de estas cosas, entonces él registra y lo agradece.

¿Puedo querer al otro y que el otro no me quiera?

¿Puede ser que a mí me importe mucho del otro y que al otro no le importe nada de mí?

¿Por qué no?

Tengo un paciente que, harto ya de que su novia lo despreciara y lo dejara plantado y se fugara los viernes por la noche, un día le dijo:

—Mira, el viernes te espero en mi casa, si no vienes esa noche no vengas más porque me voy a suicidar.

Entonces ella le dijo:

—¡Pero no! ¿Cómo te vas a suicidar? Escúchame...

—No hablemos más. Si no vienes, vas a enterarte de mí por los periódicos.

El sábado a la mañana suena el teléfono en la casa de él. Mi paciente atiende.

—Bueno —escucha.

Era la novia.

—Hola, no viniste —recrimina él.

Pausa. Ella contesta.

—¡Cómo! ¿No te mataste?

Sucede cotidianamente; no es forzoso ni obligatorio que al otro le importe lo que a mí me importa, o que al otro yo le importe tanto como él me importa a mí. Y hay que asumirlo.

Los suicidios relacionados con el amor no son pertinentes.

Se suicida por amor aquel que necesita tanto ser amado por el otro que no se quiere lo suficiente a sí mismo.

Se suicida por amor aquel que no puede soportar la idea de que la persona que tanto quiere no lo quiera.

El suicidio es, en este caso, una salida obviamente poco práctica y muy poco saludable.

Pero el mayor problema es que la gente utiliza la amenaza suicida para joder al otro. La idea de amenazar con el suicidio para hacer sufrir, esta protesta a lo bonzo, es una de las estupideces que todos deberíamos dejar de pensar.

"Mira cómo me mortifico por ti" o "Te quedas conmigo o salto por la ventana" constituyen planteamientos nefastos.

¿Cuál es la ganancia si el otro no te va a querer para disfrutar contigo, sino para que no te mueras? Se trata de un manejo de culpa. Y la culpa es un sentimiento inventado.

Estamos entrenados para tratar de manejar la conducta del otro. Si yo consigo que tú te sientas culpable, entonces estás en mis manos.

No hay que morir por el otro, sino vivir para disfrutar juntos...

Fidelidad

Estudiando psicología comparada para encontrar raíces de la conducta humana en la conducta animal, observamos algunos hechos muy simbólicos que sirven para pensar en nuestros hábitos monogámicos.

Estudiando cualquier especie nos encontramos con una norma: cuando uno de los dos, el macho o la hembra, es más agresivo que el otro, la comunidad se organiza en harenes. Por ejemplo, entre los leones, donde el macho es más agresivo que la hembra, cada macho se aparea con varias leonas que "le pertenecen".

Entre las arañas, en cambio, donde la agresiva es la hembra, sucede al revés, cada hembra tiene varios machos que la sirven.

Ahora bien, si ninguno de los dos individuos de la especie es tendencialmente agresivo, entonces se organizan en comunidades. Todos los machos se relacionan sexualmente con todas las hembras y las crías pertenecen a la manada. Y cuando en una especie macho y hembra son agresivos, entonces el esquema tendencial es la monogamia.

Pensemos en nosotros. Traslademos este esquema a la raza humana.

Aquellas culturas donde el hombre detenta cierta agresividad y tiene un lugar hegemónico respecto de la mujer, por ejemplo en las viejas culturas de Oriente, tienen una estructura donde el hombre tiene varias esposas. Por el contrario, en el mito de las amazonas, donde la mujer guerrera tiene el papel hegemónico, son las mujeres las que sostienen harenes de hombres.

En los años sesenta, durante el movimiento hippie en el mundo, partidario de la no violencia, hombres y mujeres vivían en comunidad, los miembros del grupo tenían relaciones no excluyentes entre todos y los hijos pertenecían a la comunidad.

La mayor parte de la sociedad se apoya en estructuras sociales monogámicas. ¿Qué te parece que dice esto de nuestra agresividad?

Si yo necesito establecer que mi esposa es parte de mi territorio y mi esposa necesita establecer que yo soy parte del suyo, es razonable pronosticar que reclamemos la fidelidad de la monogamia.

Yo creo que se trata de una elección en cada momento, y que en este sentido no hay diferencia entre las mujeres y los hombres.

La fidelidad forma parte de nuestro desarrollo social, en esta cultura y en este momento es así; no me atrevo a asegurar que dentro de treinta años esto siga siendo vigente.

La palabra infidelidad viene de *fidelidad*, y fidelidad viene de *fiel* y fiel de *fe*.

Fiel es el que tiene o profesa una determinada fe, por eso los creyentes de una religión se llaman fieles. El fiel de la balanza se llama así porque es digno de credibilidad, porque es fiel al peso. Fiel es el que cree, infiel el que no cree.

Cuando una señora tiene una aventurilla con un profesor de tenis, por decir algo, o con un señor cualquiera, llegado el caso se dice que es infiel.

Ahora, infiel quiere decir que no cree. ¿En qué no cree? No cree que en su vínculo de pareja pueda encontrar lo que está buscando. Ésta es la infidelidad.

Infidelidad es no creer que vas a encontrar en el vínculo que tienes conmigo lo que estás buscando y que lo vas a buscar en otro lado.

El que es infiel no le es infiel al otro, sino a su vínculo de pareja.

A veces es cierto que no encuentro en mi relación de pareja lo que estoy buscando. Siempre tengo dos posibilidades: elegir renunciar por lo menos transitoriamente a lo que estaba buscando o elegir no renunciar y salir a buscarlo. En la segunda posibilidad tengo que correr el riesgo que implica no creer en la pareja que armé.

Cuando mi abuela decía: "Busca afuera el marido lo que no encuentra en el nido", todos nos reíamos, nos parecía una chochera de la vieja. Y hoy, medio siglo después, me encuentro diciendo casi lo mismo...

Tanto un hombre como una mujer salen a buscar fuera del matrimonio, o fuera de la pareja, cuando creen que conseguirán algo que suponen que no pueden encontrar en su vínculo actual (a veces ese "algo" es pasión, romance y aventura, pero otras es peligro, novedad y juego).

La salida de buscar lo que me falta en otro no suele ser la salida que soluciona.

La idea de que al estar con otro u otra, donde no hay rutina y desgaste, todo va a estar maravilloso, es falsa. La verdad es que lo novedoso también se volverá rutina si yo no modifico mis actitudes.

A veces la motivación es más oscura.

Por ejemplo: un señor de cincuenta y seis años un día se da vuelta, mira su historia y dice:

—*¡Qué vida de mierda!*

Mira a un lado, ve a su esposa y dice:

—*¡Es culpa de esta bruja!*

¿Por qué lo dice? Porque es más fácil pensar *es culpa de esa bruja* que pensar *yo soy un idiota*.

Y sigue el señor cincuentón con su soliloquio:

—*¿Cuándo empezó todo? Cuando tenía veinticuatro años y me casé con esta estúpida. Y por culpa de ella llevé la vida que tuve hasta ahora. ¡Tengo que volver a buscar la vida perdida!*

¿Dónde?

En una mujer de veinticuatro años que me haga recordar quién era yo a los veinticuatro.

Y siguiendo este mecanismo básico, sale a buscar el camino perdido.

Es siempre una actitud negadora la que culpa al otro de cagarnos la vida.

Y lo peor de todo (lo he visto) es que a veces la pareja cree que es así y lo justifica.

Obviamente, sin necesidad de estar buscando "una nueva vida", a cualquiera le puede pasar cruzarse con alguien, tener fantasías y sentir el deseo. Esto es así. Creo que hay que ser muy tonto o muy tonta para pensar que aquella persona a la cual uno ha elegido presumiblemente para toda la vida es la única en el mundo que nos erotiza, la única que nos genera fantasías, la única linda entre todas y demás.

Me parece que hay en el mundo otras personas que uno puede encontrar atractivas.

Ahora bien. Cada uno decidirá después *qué hace* con esas fantasías.

"Ah no, doctor, si voy a admitir que tengo estas fantasías y no voy a actuarlas esto sería una represión, no seguir adelante me puede provocar un trauma... yo lo leí en un libro..."

Yo creo que no, que es un tema de elección, que uno evalúa costos en diferentes momentos de su vida y elige. Puede elegir seguir adelante o no hacerlo, sin tener que padecer ningún trauma por eso. (Respecto de la represión, por supuesto que es un poco menor que la necesaria para negar las fantasías y anestesiar el deseo.)

Ahora, si me lo prohíbo por estar casado y vivo haciéndote responsable de todo el placer que me estoy perdiendo por culpa tuya, en algún momento te voy a pasar una factura. Y esto es espantoso. En tal caso sería bueno ver qué pasa con nuestro matrimonio y no qué pasa con mi deseo.

Lo que más me gusta de mi relación de pareja es que mi esposa y yo sabemos que cualquiera de los dos podría hacer una elección diferente.

Lo que nos gusta de nuestra relación es saber que nos elegimos mutuamente porque así se nos da la gana.

Ésta es la verdadera historia de la fidelidad.

No es que yo viva en la pecera.

Yo sé que hay en el mundo mujeres más lindas que mi esposa, más altas que mi esposa, más inteligentes, y algunas hasta tienen más dinero, ya lo sé. Y supongo que mi esposa sabe que hay en el mundo hombres más altos, más flacos, más inteligentes, más buen mozos y que hablan mucho menos que yo...

Los dos sabemos esto. Lo que a mí me pasa es que yo no dejo de tener una aventura porque me lo prohíbe mi matrimonio, porque eso sería engañarla. Dejo de tenerla porque yo lo decido.

El pacto entre mi esposa y yo surge porque nosotros no queremos otra cosa, no porque nos sometemos a una ley que viene fijada desde afuera.

Mi esposa sabe, tan bien como yo, que no debería dejar de hacer nada porque yo estoy en su vida. En todo caso es una elección de ella, que ella haga lo que quiera, y yo haré después lo que me parezca, o lo que pueda. Si ella decide tener una aventura, después yo decidiré si quiero seguir teniendo una esposa que tiene una aventura o no, y ella decidirá, si yo tengo una aventura, si quiere o no seguir. De lo que estoy seguro es de que no cabría entre nosotros la mentira.

Estoy hablando de mi relación de pareja, cada uno puede hacer el pacto que quiera.

Éste es el pacto entre nosotros, podríamos haber pactado otra cosa y pactamos ésta.

Cualquier violación de ese pacto implica de alguna manera falsear al otro, implica una transgresión respecto de lo pactado.

Esto no tiene nada que ver con que yo pueda querer a otra persona, amar a otra persona y hasta sentirme atraído por otra persona. Lo que en todo caso tenemos entre nosotros pactado es no tener historias con esas otras personas.

No pactamos no sentir, porque sería estúpido no sentir. Sería estúpido que yo le diga a mi esposa: A partir de ahora vamos a pactar que ningún otro hombre te va a resultar más atractivo que yo. Lo que sí podemos pactar es que ella y yo no tengamos aventuras sexuales.

El pacto con la pareja puede ser verbalizado o implícito. La mayoría de las parejas que yo conozco tiene un pacto de fidelidad conyugal implícito. Yo creo que si no se pacta nada en contrario, el pacto establecido es éste.

Pero cuidado, porque hay parejas que no tienen este pacto. En América Latina, en la mayoría de los matrimonios de clase media o media alta, el pacto virtualmente establecido es el de mutua fidelidad, pero el que realmente se lleva a la práctica es un pacto donde él tiene permiso de tener alguna aventura y ella no.

Éste es el verdadero pacto establecido más allá de lo que se diga.

La prueba es que cuando él tenía una aventura, la familia, la sociedad, le decía a ella: "Bueno, mira, fue una canita al aire, lo tienes que perdonar, piensa en tu familia...".

Y cuando ella tenía una aventura, le decían a él: "¿Te vas a quedar ahí, cornudo consciente? Eres un estúpido...".

Ésta es la historia del contexto doméstico, claramente un pacto diferente para el hombre que para la mujer. Posiblemente, la cultura quiere convencer a los hombres de que somos polígamos por naturaleza y a las mujeres de que son monógamas. Pero esto ha cambiado.

Las mujeres tienen sensaciones y registros, inquietudes sexuales no ligadas a los afectos, exactamente igual que los hombres.

Que algunas mujeres se lo permitan y otras no se lo permitan, que crean que está bien o crean que está mal, que repriman o no repriman, es otra historia.

Pero el sexo sin amor existe, como existe el amor sin sexo, como por suerte existe el sexo con amor, y como por suerte existe nada, ni sexo ni amor, y todas estas cosas son las posibilidades de relación entre un hombre y una mujer.

Cómo no va a pasar que uno se sienta atraído, movido, inspirado o seducido por alguien que a uno le gusta, por qué no va a pasar. Esto no quiere decir que si uno encuentra a alguien que le guste tiene que salir corriendo a la cama, porque, afortunadamente, si bien no somos los hacedores de lo que sentimos, sí somos dueños de nuestras acciones.

Repito, no somos responsables de las emociones, pero sí de lo que hacemos con las emociones.

Yo no puedo decidir si fulana o fulano me atrae o no me atrae, si lo quiero o no lo quiero, no es tema de mi decisión. Pero lo que hago con estas emociones sí forma parte de mi decisión.

Yo no puedo evitar sentirme atraído por la señorita que vive a la vuelta de mi casa, pero otra cosa es que yo no pueda evitar acostarme con ella. Por supuesto que puedo evitarlo, depende de mí. Eso es ejercer la libertad, y no ejercerla es decir: quisiera pero no puedo.

La verdad es que yo me acuesto con quien quiero y que mi esposa se acuesta con quien ella quiere, por eso es tan valioso que ella se acueste conmigo.

Si en lugar de esto mi esposa pensara que yo me acuesto con ella porque estoy obligado por el casamiento y porque no tengo ninguna posibilidad, ¿qué valor tendría que nos acostáramos juntos?

Sin la libertad de elegir no puede haber un vínculo amoroso.

Decir que es amoroso aquel vínculo donde los dos andan como perro y gato celándose, es una estupidez.

Decir que yo no confío en ti porque te quiero mucho, es una taradez.

Decir que en realidad te controlo, te celo y te persigo porque tengo mucho miedo a perderte, es una tontería.

Los celos tienen como motor las propias inseguridades.

Confío en lo que yo te quiero y me siento querido por ti, no ando teniendo miedo de que tú tengas una historia por ahí.

Con la fidelidad pasan cosas muy interesantes. A veces la gente cree que los celos son una expresión del amor, que si alguien no te cela debe ser que mucho no te ama, y que si alguien te ama te tiene que celar. Para mí son asociaciones absurdas.

Ambrose Bierce define los celos como un miedo que uno tiene de perder al otro, aunque agrega: si lo perdiera por lo que tiene miedo de perderlo no valdría la pena haberlo conservado.

Que yo deje de acostarme con otra señorita porque tengo miedo de que mi esposa se entere es una porquería para con mi esposa, porque en realidad esto no es una elección, y la verdad es que el amor es algo tan importante, tan sólido, tan fuerte y tan maravilloso, que solamente puede estar estructurado sobre la libertad.

No tengo espacio para mostrarte que te quiero si no puedo mover un paso porque ahí estás tú controlando.

No se puede amar sin libertad, no se puede amar estando prisionero.

En general, la fidelidad tiene que ver con una pauta social que se establece desde la posesividad y, también, con una pauta personal.

Si ella y él deciden pactar que pueden tener aventuras extramaritales, ¿quién dice que no pueden?

Dado que no necesariamente el sexo está ligado al amor, las personas pueden tener un juego de seducción que no sea necesariamente por amor. Puede ser sexualmente puro.

Cada vez más hay parejas en el mundo donde la exclusividad no funciona y donde está establecido explícitamente que hay permisos sexuales pero no afectivos.

No, en Argentina, somos muy sicilianos para permitirnos esas cosas. Pero en países sajones, en algunos sitios de Estados Unidos, en los países nórdicos, sobre todo, el planteamiento es diferente.

Me puedo imaginar a Ella diciendo: "Querido, ahora regreso, me voy a acostar con el señor de enfrente" y Él mientras enciende su habano dice: "Cuidado al cruzar mi amor, que hay mucho tráfico...".

A mí no me parece ni bien ni mal. La gente no pacta libertad sexual porque en general es posesiva.

No se trata de aceptar la fidelidad como una pauta establecida socialmente, sino de abrir la puerta para que se quede el que se quiera quedar y que salga el que quiera salir. Y entonces confirmar que el otro se queda. Esto es lo maravilloso.

Ser fiel por norma no es un acto de amor, es un absurdo.

Convivencia

Convivir es mucho más que estar juntos, mucho más difícil, mucho más desgastante, mucho más movilizador, mucho más...

La convivencia implica necesariamente la constitución de una lista de pactos que mientras no convivíamos no eran necesarios.

Por eso la convivencia representa en sí misma una gran puesta a prueba para el vínculo amoroso. Es bien diferente que nos peleemos y te lleve a tu casa y vuelva a la mía, o cuelgue el teléfono y no te llame hasta que se me pase, o no atienda el timbre para ignorarte, que discutir a rabiar pero dormir en la misma cama toda la noche.

Las parejas más jóvenes parecen haber tomado conciencia de estas dificultades y han diseñado pactos de convivencia transitoria.

Primero fueron las escapadas de vacaciones, después la convivencia desde unas semanas antes de casarse, luego se fueron a vivir juntos para después casarse, y ahora conviven en lugar de casarse. Esta evolución no me alegra, pero es lo que está sucediendo.

Yo creo que el establecimiento formal de un vínculo no puede ni debe ser motivo de burla. Mucho tiempo me llevó entender que casarse, tanto para hombres como para mujeres, cierra un ciclo que de otras maneras queda abierto. El casamiento es parte de un rito que separa un antes y un después.

Casarse o no casarse no cambia gran cosa de cara al futuro, quienes quieren separarse lo harán de todas maneras. Primero, porque el divorcio existe en Argentina. Segundo, porque aunque el divorcio no existiera, ¿qué me podría retener a mí al lado de mi esposa si yo no quisiera estar con ella? ¿Qué juez va a venir a decirme: No, usted *tiene* que vivir acá? Esto es estúpido, es ridículo pensar que estás obligado a vivir al lado de quien no quieres vivir. Nadie puede obligar a nadie a quedarse donde no quiere.

La gente que quiere irse y no se va se queda porque no está dispuesta a pagar el precio.

El tema de los papeles ha dejado de ser importante con el paso del tiempo.

Nos hemos dado cuenta todos de que somos nosotros quienes decidimos nuestro lugar de residencia. Soy yo el dueño de mis relaciones.

Y si sucede que, por ejemplo, te enamoraste de alguien más allá de tu posibilidad, si no lo pudiste evitar y quieres vivir ese amor, vas a venir, te vas a sentar conmigo y con mucho dolor me vas a decir: me pasa esto, y como me pasa esto quiero esto y pretendo lo otro.

Y se terminó. Entonces decidiremos qué hacer, y después... después veremos.

Porque no tengo dudas que si me quieres, no vas a hacerme daño a sabiendas.

Hay cosas que ni hace falta pactar y hay cosas que sí.

Hace algunos años diseñé para una pareja de amigos un contrato conyugal. Esta serie de acuerdos y aseveraciones no funciona como una lista maniquea sobre lo que se debe y lo que no. Funciona como una referencia sobre la cual pensar los pactos que cada uno tiene explícitos o implícitos en el propio matrimonio.

CONTRATO CONYUGAL

Más allá del amor
por Jorge Bucay

1. *Definición*. El matrimonio es un compromiso afectivo, espiritual y social pensado para proyectar, compartir y disfrutar, en un marco seguro y trascendente.
2. *Duración*. El contrato se firma para toda la vida, pero el pacto debe ser renovado cada cinco años, debiendo renegociarse los términos. Si no hubiera acuerdo de un nuevo contrato, este convenio expira.
3. *Propiedad*. Las partes acuerdan definitivamente no considerar al otro como parte de sus propiedades. Se entiende que *mi esposa, mi marido* o *mi pareja* son términos coloquiales que no implican dominio.
4. *Vida en común*. La mayor parte del tiempo habitarán juntos. Las tareas serán compartidas. Los dos se abstendrán de regañar al cónyuge, aunque cada uno puede recordar al otro sus responsabilidades con tacto y delicadeza. Cada uno lavará su propia ropa interior.
5. *Dinero*. Marido y mujer compartirán a partes iguales la responsabilidad de los gastos, cada uno conservará su cuenta bancaria y abrirán una compartida para el proyecto en común. Si en la división de tareas uno de los dos generara más dinero que el otro, el ingreso será de todos modos compartido, disponiendo cada uno del dinero que necesite. Ambos evitarán decir al otro cómo y en qué debe gastar el dinero.

6. *Disputas*. Los desacuerdos no serán considerados nefastos. Dado que se trata de dos individuos diferentes, se da por sentado que habrá desacuerdos. En esos casos la pareja encontrará el tiempo para buscar un acuerdo. Si no lo encontrara acordarán el desacuerdo. Si hace falta una decisión urgente, se dará prioridad a la decisión del más capacitado o idóneo en el tema.
7. *Peleas*. Dado que los miembros son seres humanos y no máquinas, las disputas pueden generar discusiones y peleas. Las partes se comprometen a discutir sin faltarse el respeto ni psíquica ni físicamente.
8. *Comunicación*. Las partes se comprometen a estar siempre abiertas al diálogo. Él tratará de hablar con ella aunque esté enfadado y ella tratará de no castigarlo a él restringiendo el contacto físico.
9. *Sexo*. Queda claramente establecido que la sexualidad de la pareja estará regulada únicamente por el deseo. Ninguno de los dos se sentirá obligado nunca a satisfacer los deseos del otro salvo que esto satisfaga sus propios deseos. A todos los demás efectos se establece que ninguna conducta sexual está prohibida, es sucia o pecaminosa si ambos acuerdan explorarla.
10. *Fidelidad*. La pareja puede pactar libremente esta regla optando entre cualquiera de las siguientes posibilidades:

    a) La relación sexual es excluyente.
    b) Podría haber otras relaciones pero sin compromiso afectivo.
    c) Cada uno decide libremente sobre sus relaciones extramaritales.

    En *b)* y *c)* habría que acordar si estas otras experiencias deben contarse o deben ocultarse.
    Cualquiera que sea la opción, derechos y obligaciones serán idénticas para los dos.

11. *Niños*. La pareja tendrá hijos sólo en caso de que ambos deseen tenerlos (y en el momento en que ambos coincidan en el deseo).

Mientras tanto, los dos acuerdan que un aborto sería una decisión hiriente y, por lo tanto, será responsabilidad de ambos evitar un embarazo no deseado.

12. *Familias*. Cada uno tendrá con su familia de origen las relaciones que crea conveniente y aceptará la actitud que el otro tenga con ellos. Esto incluirá el derecho de cada uno de no dejarse presionar por sus suegros.
13. *Amigos*. Cada uno conservará sus amigos y amigas. No es imprescindible acordar ni hacer amistad con los amigos del otro, ni tampoco incluir los propios en la pareja.
14. *Control*. Cada uno renuncia expresamente a ejercer control sobre el tiempo, el aspecto, el cuerpo, los gustos y la forma de actuar del otro. Cada uno se hará responsable de sus acciones y de la acciones decididas en conjunto, pero no de las decisiones individuales del otro.
15. *Divorcio*. Cualquiera de los dos puede querer divorciarse cuando sienta que lo que han proyectado juntos ha perdido vigencia. El otro no se opondrá. Si existieran hijos menores, la pareja acuerda agotar los recursos para salvar el vínculo y proteger a los niños. Respecto de los bienes se acuerda que todo lo adquirido durante la vida en común será repartido y todo lo personal será conservado por cada uno.
16. *De forma*. Estos artículos podrán ser revisados a solicitud de cualquiera de los dos y modificados con el acuerdo de ambas partes. Violar alguna de estas cláusulas se considera suficiente causa para la ruptura del contrato y el infractor soportará como única pena el pleno derecho de su cónyuge de abandonar el vínculo.
17. *Firma del contrato*. El presente contrato no tiene ninguna validez jurídica, civil ni comercial. Es de uso exclusivamente privado y no puede ser esgrimido como argumento en un litigio. Para dejar esto claramente establecido debe ser firmado con la mano izquierda, sin ceremonia y sin testigos.

FECHA   FIRMAS

¿Y hará falta tomarse tanto trabajo?

Contesto: creo que sí.

Pero ¿no alcanza con el amor y con el deseo?

Contesto: creo que no (aunque, sin lugar a dudas, es un maravilloso lugar desde donde empezar a compartir un camino).

Quizá deba aclarar una vez más que éste no es "EL PACTO CONYUGAL del matrimonio normal", sino sólo una idea. Habrá otras parecidas y diferentes. Habrá algunas más rígidas y otras más elásticas, adaptables a cada matrimonio y a cada momento del matrimonio. Habrá finalmente quienes piensen que no hay nada que pactar y menos por escrito, quienes consideren ridículo establecer normas de conducta acordadas, quienes se fastidien frente a la sola idea de un contrato conyugal... y quizá tengan razón. Hablo sólo de aquellas cosas que han servido para mi vida y de las señales que fui encontrando en MI camino. Las comparto... por si acaso.

Creo que la resistencia de algunos de nosotros a los pactos se debe a que los vivimos como si fueran las paredes de aquella prisión a la que me refería al principio.

Intento demostrar que no sólo no es tal, sino que más bien es todo lo contrario.

Un pacto de respeto a la individualidad, un contrato de mutuo acuerdo explicitado y consensuado, un modelo renovable de convivencia, un conjunto de pautas que por definición son cuestionables y modificables permanentemente, lejos de esclavizar liberan. Más que transformarse en celda, un pacto se constituye en una llave de entrada y de salida de cada encuentro.

Faltaría contestarse, con toda sinceridad, si somos capaces de establecer una pareja pactando clara y definitivamente que no tienes por qué desear lo que a mí me gusta.

Y que nos debemos mutuo respeto por encima de todas las cosas.

Y que esto implica no sólo aceptar sino HONRAR nuestras diferencias.

Y que la prisión no es tal porque una pareja es una elección de un lugar donde estar.

Y que la puerta estará siempre abierta (por lo menos para salir).

No solemos elegir voluntariamente esa libertad para nosotros, seguramente porque no queremos concedérsela a los demás; sin embargo, de todas maneras la tenemos porque la libertad es un derecho irrenunciable y una condición inevitable.

Aunque escojamos armarnos nuestras propias cárceles de ideas, levantando paredes y forjando rejas de acero detrás de las cuales nos sentiremos encerrados, claro, pero con la seguridad que solamente se puede obtener de lo previsible, de lo estático, de lo eterno. Aunque allí dentro me muera de asfixia, de angustia o de aburrimiento.

Queremos pensar que se ama una sola vez en la vida y para siempre, aunque sepamos que no es verdad. Preferimos retorcernos de miedo controlando lo que el otro hace cuando no estamos juntos y seguir aferrados a la idea de que no podríamos vivir el uno sin el otro, aunque sabemos que sin el amado la vida igual continúa aunque no continúe igual.

Y lo pensamos, en gran medida, porque hemos sido enseñados a creer en estas mentiras. Falsedades para sostener la idea de la prisión deseable, pero también para condicionar una forzada fidelidad o una machista exclusividad (hasta hace treinta o cuarenta años los hombres pretendían ser únicos en la historia de las mujeres de bien, y las mujeres se conformaban con ser la última de los hombres de bien).

En este aspecto nuestra medrosa educación ni siquiera ha sido equitativa. Las víctimas señaladas de esta distorsión son las mujeres. Se hayan dado cuenta o no, gran parte de las mujeres de aquellos tiempos ha sido condicionada por esta idea de que la mujer tenía que conformarse con un solo amor y con un solo varón, para toda la vida.

Ángeles Mastretta le hace decir a uno de los personajes:

Cuando la expectativa de vida de una mujer era de cuarenta y cinco años, con un amor era suficiente, pero ahora que una va a vivir como ochenta... con un solo amor no alcanza. ¡Por lo menos dos!

La historia de que se ama una sola vez en la vida y para siempre es mentira.
Es mentira que sea necesariamente para siempre y es mentira que no pueda ser más que una vez en la vida.

Un día, por el caminito de un pueblo, me cruzo con un señor que después de separarse de su primera mujer se había vuelto a casar. Yo lo conocí cuando todavía estaba casado con la primera. Aquella relación aparentaba ser espectacular. En un momento determinado, cada uno por su lado había dedicado toda su locuacidad a describir el amor que sentía.

En la mesa, mientras las mujeres traían unas empanadas, alguien le pregunta cómo le va con este segundo matrimonio, y él cuenta de lo mucho que ama a su segunda mujer. Cuando ese alguien, que había conocido su relación anterior, le pregunta si pudo dejar de amar a la primera para poder amar a la segunda, él responde:

—¡No! ¡Aquello no era amor, el verdadero amor es éste!

¿Por qué negar ese amor? Él no podía aceptar que había amado, que había dejado de amar y que ahora amaba a otra mujer. Tenía que desprestigiar el otro amor para poder darle lugar a éste. Los viudos y las viudas a veces hacen lo mismo, dicen: éste es el verdadero amor, el otro no lo era y ahora me doy cuenta; o peor: aquél era el verdadero amor y entonces no podré nunca volver a amar a nadie verdaderamente.

Me gusta remarcar que se puede amar a alguien, que se puede dejar de amar y que se puede después amar a otra persona.

En una de mis charlas, alguien me preguntó:

"¿Y no se puede amar a los dos a la vez?"

Tenemos mucho miedo a esta pregunta, porque si aceptáramos y asumiéramos que se puede amar a más de una persona a la vez, ¿qué sería de nuestra seguridad?

Si sostengo:

Que se ama una sola vez en la vida es mentira...

Que el amor está indisolublemente ligado al sexo es mentira...

Que el verdadero amor es eterno es mentira...

Si declamo:

Que no se puede volver a amar después de haber amado es mentira...

Que mis afectos dependen de mi voluntad es mentira...

Defenderme contándome la historia de los tipos de amores, es mentira...

Si, encima de todo, ahora dijera que es posible amar a más de una persona a la vez....

¿Qué nos quedaría?, ¿la catástrofe?

Es una posibilidad: la absoluta inseguridad sobre el futuro; por mucho que estemos juntos hoy, mañana no se puede saber.

Pero hay otra posibilidad: junto con las mentiras, desterrar también la idea de la catástrofe y valorar la relación que realmente uno tiene.

Porque...

Ahora que yo sé que no se ama una sola vez ni para siempre, me doy cuenta de que mi esposa bien podría haberme dejado de amar o podría dejar de amarme mañana...

Ahora que sé que el sexo no necesariamente está ligado al amor, me entero de que ella podría elegir con quién va a tener relaciones sexuales.

Ahora que sé que la persona que amo puede amar a más de una persona a la vez, me doy cuenta de que sentirme querido no garantiza que ella no ame a otros.

Ahora que yo sé que se deja de amar y que ella elige sobre su propia vida...

Ahora...

Cuando yo llego a mi casa y mi esposa realmente está para encontrarse conmigo y para amarnos, entonces le doy a ese encuentro el valor que tiene.

Ahora que sé todo esto, y estoy seguro de que ella lo sabe, la conciencia de nuestra libertad de elección lejos de ser una catástrofe es el pasaporte a una relación de pareja más plena y trascendente.

Si a pesar de la conciencia ella y él deciden seguir juntos, entonces es maravilloso.

Si negamos la conciencia de los hechos para sostener lo que ya no sucede, aparece la verdadera catástrofe.

—Vieja —dice él—, ¿por qué no matamos un pavo para nuestro aniversario?

—No me parece una buena idea —dice ella, que ya no lo aguanta—. ¿Qué culpa tiene el pavo? ¿Por qué no matamos mejor a tu amigo José que nos presentó?

Un matrimonio vivo es un vínculo donde todavía palpita la pareja y no un museo recordatorio de todo lo que fuimos, ni un panteón donde se guardan los restos de nuestra pareja muerta.

La única pareja posible es la que se da entre dos individuos iguales que deciden establecer un acuerdo y lo hacen. Rousseau dice que no estamos obligados a obedecer ninguna ley en cuyo establecimiento no hayamos participado.

La pareja es un pacto que nos une, y aunque todo pacto conlleva una cierta puesta de límites, este pacto no está en oposición a la libertad de cada uno; por el contrario, la observación del contrato y la posibilidad de revisarlo y repactar constituyen la libertad.

Son estos puntos de acuerdo con el otro los que nos vinculan como unidad.

Pero atención, esta unidad no es estática, está en continuo movimiento y cambio. Es imprescindible ir modificando lo pactado para mantener el equilibrio inestable que es el vínculo de pareja.

El cambio es constante y es gracias a él que seguir juntos tiene sentido.

Pasaje

Este relato llegó a mis manos hace unos meses por Internet.
Contaba en aquel entonces una historia muy parecida a ésta, pero el sentido final del cuento era espantoso: de una maravillosa idea, alguien había hecho una horrible pancarta de discriminación y resentimientos; algo parecido a lo que ocurre entre algunos amados cuando el camino deja de ser el mismo.
Decidí, pues, como tantas otras veces, rescribir el relato para que llevara el mensaje que yo le creía merecedor:

Esta historia nos lleva a la época del rey Arturo y los caballeros de la Mesa Redonda, tiempo de hechicería y castillos de puentes levadizos, tiempo de intrigas y batallas heroicas, tiempo de dragones mágicos que arrojan fuego por la boca y de paladines de honor y valor ilimitados.
El rey Arturo había enfermado. En tan sólo dos semanas su debilidad lo había postrado en su cama y ya casi no comía. Todos los médicos de la corte fueron llamados para curar al monarca pero nadie había podido diagnosticar su mal. Pese a todos los cuidados, el buen rey empeoraba.
Una mañana, mientras los sirvientes aireaban la habitación donde el rey yacía dormido, uno de ellos le dijo a otro con tristeza:
—Morirá...

En el cuarto estaba sir Galahad, el más heroico y apuesto de los caballeros de la Mesa Redonda y el compañero de las grandes lides de Arturo.

Galahad escuchó el comentario del sirviente y se puso de pie como un rayo, tomó al sirviente de las ropas y le gritó:

—Jamás vuelvas a repetir esa palabra, ¿entiendes? El rey vivirá, el rey se recuperará... Sólo necesitamos encontrar al médico que conozca su mal, ¿oíste?

El sirviente, temblando, se animó a contestar:

—Lo que pasa, sir, es que Arturo no está enfermo, está embrujado.

Eran épocas donde la magia era tan lógica y natural como la ley de gravedad.

—¡Por qué dices eso, maldición! —preguntó Galahad.

—Tengo muchos años, mi señor, y he visto decenas de hombres y mujeres en esta situación, solamente uno de ellos ha sobrevivido.

—Eso quiere decir que existe una posibilidad... Dime cómo lo hizo ése, el que escapó de la muerte.

—Se trata de conseguir un brujo más poderoso que el que realizó el conjuro; si eso no se hace, el hechizado muere.

—Debe haber en el reino un hechicero poderoso —dijo Galahad—, pero si no está en el reino lo iré a buscar del otro lado del mar y lo traeré.

—Que yo sepa hay solamente dos personas tan poderosas como para curar a Arturo, sir Galahad; uno es Merlín, que aun en el caso de que se enterara tardaría dos semanas en venir y no creo que nuestro rey pueda soportar tanto.

—¿Y la otra?

El viejo sirviente bajó la cabeza moviéndola de un lado a otro negativamente.

—La otra es la bruja de la montaña... Pero aun cuando alguien fuera suficientemente valiente para ir a buscarla, lo cual dudo, ella jamás vendría a curar al rey que la expulsó del palacio hace tantos años.

La fama de la bruja era realmente siniestra. Se sabía que era capaz de transformar en su esclavo al más bravo guerrero con sólo mirarlo a los ojos; se decía que con sólo tocarla se le helaba a uno la sangre en las venas; se contaba que hervía a la gente en aceite para comerse su corazón.

Pero Arturo era el mejor amigo que Galahad tenía en su vida, había batallado a su lado cientos de veces, había escuchado sus penas más banales y las más profundas. No había riesgo que él no corriera por salvar a su soberano, a su amigo y a la mejor persona que había conocido.

Galahad calzó su armadura y montando su caballo se dirigió a la Montaña Negra donde estaba la cueva de la bruja.

Apenas cruzó el río, notó que el cielo empezaba a oscurecerse. Nubes opacas y densas perecían ancladas al pie de la montaña. Al llegar a la cueva, la noche parecía haber caído en pleno día.

Galahad desmontó y caminó hacia el agujero en la piedra. Verdaderamente, el frío sobrenatural que salía de la gruta y el olor fétido que emanaba del interior lo obligaron a replantear su empresa, pero el caballero resistió y siguió avanzando por el piso encharcado y el lúgubre túnel. De vez en cuando, el aleteo de un murciélago lo llevaba a cubrirse instintivamente la cara.

A quince minutos de marcha, el túnel se abría en una enorme caverna impregnada de un olor acre y de una luz amarillenta generada por cientos de velas encendidas. En el centro, revolviendo una olla humeante, estaba la bruja.

Era una típica bruja de cuento, tal y como se la había descrito su abuela en aquellas historias de terror que le contaba en su infancia para dormir y que lo desvelaban fantaseando la lucha contra el mal que emprendería cuando tuviera edad para ser caballero de la corte.

Allí estaba, encorvada, vestida de negro, con las manos alargadas y huesudas terminadas en larguísimas uñas que parecían garras, los ojos pequeños, la nariz ganchuda, el mentón prominente y la actitud que encarnaba el espanto.

Apenas Galahad entró, sin siquiera mirarlo la bruja le gritó:

—¡Vete antes de que te convierta en un sapo o en algo peor!

—Es que he venido a buscarte —dijo Galahad—, necesito ayuda para mi amigo que está muy enfermo.

—Je... je... je... —rio la bruja—. El rey está embrujado y a pesar de que no he sido yo quien ha hecho el conjuro, nada hay que puedas hacer para evitar su muerte.

—Pero tú... tú eres más poderosa que quien hizo el conjuro. Tú podrías salvarlo —argumentó Galahad.

—¿Por qué haría yo tal cosa? —preguntó la bruja, recordando con resentimiento el desprecio del rey.

—Por lo que pidas —dijo Galahad—, me ocuparé personalmente de que se te pague el precio que exijas.

La bruja miró al caballero. Era ciertamente extraño tener a semejante personaje en su cueva pidiéndole ayuda. Aun a la luz de las velas Galahad era increíblemente apuesto, lo cual sumado a su porte lo convertía en una imagen de la gallardía y la belleza.

La bruja lo miró de reojo y anunció:

—El precio es éste: si curo al rey y solamente si lo curo...

—Lo que pidas... —dijo Galahad.

—¡Quiero que te cases conmigo!

Galahad se estremeció. No concebía pasar el resto de sus días conviviendo con la bruja, y, sin embargo, era la vida de Arturo. Cuántas veces su amigo había salvado la suya durante una batalla. Le debía no una, sino cien vidas... Además, el reino necesitaba de Arturo.

—Sea —dijo el caballero—, si curas a Arturo te desposaré, te doy mi palabra. Pero por favor, apúrate, temo llegar al castillo y que sea tarde para salvarlo.

En silencio, la bruja tomó una maleta, puso unos cuantos polvos y brebajes en su interior, recogió una bolsa de cuero llena de extraños ingredientes y se dirigió al exterior, seguida por Galahad.

Al llegar afuera, sir Galahad trajo su caballo y con el cuidado con que se trata a una reina ayudó a la bruja a montar en la grupa. Montó a su vez y empezó a galopar hacia el castillo real.

Una vez en el castillo, gritó al guardia para que bajara el puente, y éste con reticencia lo hizo.

Franqueado por la gente de aquella fortaleza que murmuraba sin poder creer lo que veía o se apartaba para no cruzar su mirada con la horrible mujer, Galahad llegó a la puerta de acceso a las habitaciones reales.

Con la mano impidió que la bruja se bajara por sus propios medios y se apuró a darle el brazo para ayudarla. Ella se sorprendió y lo miró casi con sarcasmo.

—Si es que vas a ser mi esposa —le dijo— es bueno que seas tratada como tal.

Apoyada en el brazo de él, la bruja entró en la recámara real. El rey había empeorado desde la partida de Galahad; ya no despertaba ni se alimentaba.

Galahad mandó a todos a abandonar la habitación. El médico personal del rey pidió permanecer y Galahad consintió.

La bruja se acercó al cuerpo de Arturo, lo olió, dijo algunas palabras extrañas y luego preparó un brebaje de un desagradable color verde que mezcló con un junco. Cuando intentó darle a beber el líquido al enfermo, el médico le tomó la mano con dureza.

—No —dijo—. Yo soy el médico y no confío en brujerías. Fuera de...

Y seguramente habría continuado diciendo "...de este castillo", pero no llegó a hacerlo; Galahad estaba a su lado con la espada cerca del cuello del médico y la mirada furiosa.

—No toques a esta mujer —dijo Galahad—; y el que se va eres tú... ¡Ahora! —gritó.

El médico huyó asustado. La bruja acercó la botella a los labios del rey y dejó caer el contenido en su boca.

—¿Y ahora? —preguntó Galahad.

—Ahora hay que esperar —dijo la bruja.

Ya en la noche, Galahad se quitó la capa y armó con ella un pequeño lecho a los pies de la cama del rey. Él se quedaría en la puerta de acceso cuidando de ambos.

A la mañana siguiente, por primera vez en muchos días, el rey despertó.

—¡Comida! —gritó—. Quiero comer... Tengo mucha hambre.

—Buenos días, majestad —saludó Galahad con una sonrisa, mientras hacía sonar la campanilla para llamar a la servidumbre.

—Mi querido amigo —dijo el rey—, siento tanta hambre como si no hubiera comido en semanas.

—No comiste en semanas —le confirmó Galahad.

En eso, a los pies de su cama apareció la imagen de la bruja mirándolo con una mueca que seguramente remplazaba en ese rostro a la sonrisa. Arturo creyó que era una alucinación. Cerró los ojos y se los refregó hasta comprobar que, en efecto, la bruja estaba allí, en su propio cuarto.

—Te he dicho cientos de veces que no quería verte cerca del palacio. ¡Fuera de aquí! —ordenó el rey.

—Perdón, majestad —dijo Galahad—, debes saber que si la echas me estás echando también a mí. Es tu privilegio echarnos a ambos, pero si se va ella me voy yo.

—¿Te has vuelto loco? —preguntó Arturo—. ¿A dónde irías tú con este monstruo infame?

—Cuidado, alteza, estás hablando de mi futura esposa.

—¿Qué? ¿Tu futura esposa? Yo he querido presentarte a las jóvenes casaderas de las mejores familias del reino, a las princesas más codiciadas de la región, a las mujeres más hermosas del mundo, y las has rechazado a todas. ¿Cómo vas ahora a casarte con ella?

La bruja se arregló burlonamente el pelo y dijo:

—Es el precio que ha pagado para que yo te cure.

—¡No! —gritó el rey—. Me opongo. No permitiré esta locura. Prefiero morir.

—Está hecho, majestad —dijo Galahad.

—Te prohíbo que te cases con ella —ordenó Arturo.

—Majestad —contestó Galahad—, existe sólo una cosa en el mundo más importante para mí que una orden tuya, y es mi palabra. Yo hice un juramento y me propongo cumplirlo. Si tú te murieras mañana habría dos eventos en un mismo día.

El rey comprendió que no podía hacer nada para proteger a su amigo de su juramento.

—Nunca podré pagar tu sacrificio por mí, Galahad, eres más noble aún de lo que siempre supe —el rey se acercó a Galahad y lo abrazó—. Dime aunque sea qué puedo hacer por ti.

A la mañana siguiente, a pedido del caballero, en la capilla del palacio el sacerdote casó a la pareja con la única presencia de su majestad el rey. Al final de la ceremonia, Arturo entregó a sir Galahad su bendición y un pergamino en el que cedía a la pareja los terrenos del otro lado del río y la cabaña en lo alto del monte.

Cuando salieron de la capilla, la plaza central estaba inusualmente desierta; nadie quería festejar ni asistir a esa boda; los corrillos del pueblo hablaban de brujerías, de hechizos trasladados, de locura y de posesión...

Galahad condujo el carruaje por los ahora desiertos caminos en dirección al río y de allí por el camino alto hacia el monte.

Al llegar, bajó presuroso y tomando a su esposa amorosamente por la cintura la ayudó a bajar del carro. Le dijo que guardaría los caballos y la invitó a pasar a su nueva casa. Galahad se demoró un poco más porque prefirió contemplar la puesta del sol hasta que la línea roja terminó de desaparecer en el horizonte. Hasta entonces sir Galahad tomó aire y entró.

El fuego del hogar estaba encendido y, frente a él, una figura desconocida estaba de pie, de espaldas a la puerta. Era la silueta de una mujer vestida en gasas blancas semitransparentes que dejaban adivinar las curvas de un cuerpo cuidado y atractivo.

Galahad miró a su alrededor buscando a la mujer que había entrado unos minutos antes, pero no la vio.

—¿Dónde está mi esposa? —preguntó.

La mujer giró y Galahad sintió su corazón casi salírsele del pecho. Era la más hermosa mujer que había visto jamás. Alta, de tez blanca, ojos claros, largos cabellos rubios y un rostro sensual y tierno a la vez. El caballero pensó que se habría enamorado de aquella mujer en otras circunstancias.

—¿Dónde está mi esposa? —repitió, ahora un poco más enérgico.

La mujer se acercó un poco y en un susurro le dijo:

—Tu esposa, querido Galahad, soy yo.

—No me engañas, yo sé con quién me casé —dijo Galahad— y no se parece a ti en lo más mínimo.

—Has sido tan amable conmigo, querido Galahad, has sido cuidadoso y gentil conmigo aun cuando sentías que aborrecías mi aspecto, me has defendido y respetado tanto como nadie lo hizo nunca, que te creo merecedor de esta sorpresa... La mitad del tiempo que estemos juntos tendré este aspecto que ves, y la otra mitad del tiempo, el aspecto con el que me conociste... —la mujer hizo una pausa y cruzó su mirada con la de sir Galahad—. Y como eres mi esposo, mi amado y maravilloso esposo, es tu privilegio tomar esta decisión: ¿qué prefieres, esposo mío? ¿Quieres que sea ésta de día y la otra de noche o la otra de día y ésta de noche?

Dentro del caballero el tiempo se detuvo. Este regalo del cielo era más de lo que nunca había soñado. Él se había resignado a su destino por amor a su amigo Arturo y allí estaba ahora pudiendo elegir su futura vida. ¿Debía pedirle a su esposa que fuera hermosa de día para pasearse ufanamente por el pueblo siendo la envidia de todos y padecer en silencio y soledad la angustia de sus noches con la bruja? ¿O más bien debía tolerar las burlas y desprecios de todos los que lo vieran del brazo con la bruja y consolarse sabiendo que cuando anocheciera tendría para él solo el placer celestial de la compañía de esta hermosa mujer de la cual ya se había enamorado? Sir Galahad, el noble sir Galahad, pensó y pensó y pensó, hasta que levantó la cabeza y habló:

—Ya que eres mi esposa, mi amada y elegida esposa, te pido que seas... la que tú quieras ser en cada momento de cada día de nuestra vida juntos...

Cuenta la leyenda que cuando ella escuchó esto y se dio cuenta de que podía elegir por sí misma ser quien ella quisiera, decidió ser todo el tiempo la más hermosa de las mujeres.

Cuentan que desde entonces, cada vez que nos encontramos con alguien que, con el corazón entre las manos, nos autoriza a ser quienes somos, invariablemente nos transformamos.

Abandonamos para siempre las horribles brujas y los malditos ogros que anidan en nuestra sombra para que, al desaparecer, dejen lugar a los más bellos, amorosos y fascinantes caballeros y princesas que yacen, a veces dormidos, dentro de nosotros. Hermosos seres que al principio aparecen para ofrecerlos a la persona amada, pero que terminan infaliblemente adueñándose de nuestra vida y habitándonos permanentemente.

Éste es el aprendizaje cosechado a lo largo del camino del encuentro.

El verdadero amor no es otra cosa que el deseo inevitable de ayudar a otro para que sea quien es.

Mucho más allá de que esa autenticidad sea o no de mi conveniencia.

Mucho más allá de que, siendo quien eres, me elijas o no a mí, para continuar juntos el camino.

El camino de las lágrimas

A Moussy,
a Susana,
a Jay,
a Bachi,
cuyas ausencias me enseñaron
el camino de las lágrimas.

La alegoría del carruaje III

Mirando hacia la derecha me sobresalta un movimiento brusco del carruaje.

Miro el camino y me doy cuenta de que estamos transitando por el acotamiento.

Le grito al cochero que tenga cuidado y él inmediatamente retoma la senda.

No entiendo cómo se ha distraído tanto como para no notar que dejaba la huella.

Quizá se esté poniendo viejo.

Giro mi cabeza hacia la izquierda para hacerle una señal a mi compañero de ruta y dejarle saber que todo está en orden... pero no lo veo.

El sobresalto ahora es intenso, nunca antes nos habíamos perdido en ruta.

Desde que nos encontramos no nos habíamos separado ni por un momento.

Era un pacto sin palabras.

Nos deteníamos si el otro se detenía.

Acelerábamos si el otro apuraba el paso.

Tomábamos juntos el desvío si cualquiera de los dos decidía hacerlo...

Y ahora ha desaparecido.

De repente no está a la vista.

Me asomo infructuosamente observando el camino hacia ambos lados.

No hay caso.

Le pregunto al cochero, y me confiesa que desde hace un rato dormitaba en el pescante. Argumenta que, de tanto andar acompañados, muchas veces alguno de los dos cocheros se dormía por un ratito, confiado en que el otro se haría vigía del camino.

Cuántas veces los caballos mismos dejaban de imponer un ritmo propio para cabalgar al que imponían los caballos del carruaje de al lado.

Éramos como dos personas guiadas por un mismo deseo, como dos individuos con un único intelecto, como dos seres habitando en un solo cuerpo.

Y de repente,

la soledad,

el silencio,

el desconcierto...

¿Se habría accidentado mientras yo distraído no miraba?

Quizá los caballos habían tomado el rumbo equivocado aprovechando que ambos cocheros dormían...

Quizás el carruaje se había adelantado sin siquiera notar nuestra ausencia y proseguía su marcha más adelante en el camino.

Me asomo una vez más por la ventanilla y grito:

—¡Hola!

Espero unos segundos y le repito al silencio:

—¡Hooolaaaa!

Y aún una vez más:

—¿Dónde estás?

...

Ninguna respuesta.

¿Debería volver a buscarlo...,

sería mejor quedarme y esperar a que llegue...,

o más bien debería acelerar el paso para volver a encontrarlo más adelante?

Hace mucho tiempo que no me planteaba estas decisiones.

Había decidido allá y entonces dejarme llevar a su lado adonde el camino apuntara.

Pero ahora...

El temor de que estuviera extraviado y la preocupación de que algo le haya pasado van dejando lugar a una emoción diferente.

¿Y si hubiera decidido no seguir conmigo?

Después de un tiempo me doy cuenta de que por mucho que lo espere nunca volverá.

Por lo menos no a este lugar.

La opción es seguir o dejarme morir aquí.

Dejarme morir.

Me tienta esa idea.

Desengancho los caballos y le pido al cochero que se apee.

Los miro: carruaje, cochero, caballos, yo mismo...

Así me siento, dividido, perdido, destrozado.

Mis pensamientos por un lado, mis emociones por otro lado, mi cuerpo por otro, mi alma, mi espíritu, mi conciencia de mí mismo, allí paralizada.

Levanto la vista y miro al camino hacia delante.

Desde donde estoy, el paisaje parece un pantano.

Unos metros al frente la tierra se vuelve un lodazal.

Cientos de charcos y barriales me muestran que el sendero que sigue es peligroso y resbaladizo...

No es la lluvia lo que ha empapado la tierra.

Son las lágrimas de todos los que pasaron antes por este camino mientras iban llorando una pérdida.

También las mías, creo... pronto mojarán el sendero...

Empezar el camino

Así empieza el camino de las lágrimas.

Así, conectándonos con lo doloroso.

Porque así es como se entra en este sendero, con este peso, con esta carga.

Y también con una creencia inevitable, aunque siempre engañosa, la supuesta conciencia de que no lo voy a soportar.

Aunque parezca increíble todos pensamos, al comenzar este camino, que es insoportable.

No es culpa nuestra, o por lo menos no es solamente nuestra culpa...

Hemos sido entrenados por los más influyentes de nuestros educadores para creer que somos básicamente incapaces de soportar el dolor de una pérdida, que nadie puede superar la muerte de un ser querido, que moriríamos si la persona amada nos deja y que no podríamos aguantar ni siquiera un momento el sufrimiento extremo de una pérdida importante, porque la tristeza es nefasta y destructiva...

Y nosotros vivimos así, condicionando nuestra vida con estos pensamientos.

Sin embargo, como casi siempre sucede, estas "creencias" aprendidas y transmitidas con nuestra educación son una compañía peligrosa y actúan la mayoría de las veces como grandes enemigos que empujan a costos mucho mayores que los que supuestamente evitan. En el caso del duelo, por ejemplo, llevarnos al enfermizo destino de extraviarnos de la ruta hacia nuestra liberación definitiva de lo que ya no está.

Hay una historia que dicen que es verídica.

Aparentemente sucedió en algún lugar de África.

Seis mineros trabajaban en un túnel muy profundo extrayendo minerales desde las entrañas de la tierra. De repente un derrumbe los dejó aislados del afuera sellando la salida del túnel. En silencio cada uno miró a los demás. De un vistazo calcularon su situación. Con su experiencia, se dieron cuenta rápidamente de que el gran problema sería el oxígeno. Si hacían todo bien les quedaban unas tres horas de aire, cuando mucho tres horas y media.

Mucha gente de afuera sabría que ellos estaban allí atrapados, pero un derrumbe como éste significaría horadar otra vez la mina para llegar a buscarlos, ¿podrían hacerlo antes de que se terminara el aire?

Los expertos mineros decidieron que debían ahorrar todo el oxígeno que pudieran.

Acordaron hacer el menor desgaste físico posible, apagaron las lámparas que llevaban y se tendieron en silencio en el piso.

Enmudecidos por la situación e inmóviles en la oscuridad era difícil calcular el paso del tiempo. Incidentalmente sólo uno de ellos tenía reloj. Hacia él iban todas las preguntas: ¿Cuánto tiempo pasó? ¿Cuánto falta? ¿Y ahora?

El tiempo se estiraba, cada par de minutos parecía una hora, y la desesperación ante cada respuesta agravaba aún más la tensión. El jefe de mineros se dio cuenta de que si seguían así la ansiedad los haría respirar más rápidamente y esto los podía matar. Así que ordenó al que tenía el reloj que solamente él controlara el paso del tiempo. Nadie haría más preguntas, él avisaría a todos cada media hora.

Cumpliendo la orden, el del reloj controlaba su máquina. Y cuando la primera media hora pasó, él dijo "ha pasado media hora". Hubo un murmullo entre ellos y una angustia que se sentía en el aire.

El hombre del reloj se dio cuenta de que a medida que pasaba el tiempo iba a ser cada vez más terrible comunicarles que el minuto final se acercaba. Sin consultar a nadie decidió que ellos no merecían morirse sufriendo. Así que la próxima vez que les informó que había transcurrido la media hora, habían pasado en realidad cuarenta y cinco minutos.

No había manera de notar la diferencia así que nadie siquiera desconfió.

Apoyado en el éxito del engaño la tercera información la dio casi una hora después. Dijo "pasó otra media hora"... Y los cinco creyeron que habían pasado encerrados, en total, una hora y media y todos pensaron en cuán largo se les hacía el tiempo.

Así siguió el del reloj, a cada hora completa les informaba que había pasado media hora.

La cuadrilla apuraba la tarea de rescate, sabían en qué cámara estaban atrapados, y que sería difícil poder llegar antes de cuatro horas.

Llegaron a las cuatro horas y media. Lo más probable era encontrar a los seis mineros muertos.

Encontraron vivos a cinco de ellos.

Solamente uno había muerto de asfixia... el que tenía el reloj.

Ésta es la fuerza que tienen las creencias en nuestras vidas.

Esto es lo que nuestros condicionamientos pueden llegar a hacer de nosotros.

Cada vez que construyamos la certeza de que algo irremediablemente siniestro va a pasar, no sabiendo cómo (o sabiéndolo) nos ocuparemos de producir, de buscar, de disparar o como mínimo de no impedir que algo (aunque sea un poco) de lo terrible y previsto efectivamente nos pase.

De paso (y como en el cuento) el mecanismo funciona también al revés:

Cuando creemos y confiamos en que de alguna forma se puede seguir adelante, nuestras posibilidades de avanzar se multiplican.

Claro que si la cuadrilla hubiera tardado doce horas, no hubiera habido pensamiento que salvara a los mineros. No digo que la actitud positiva por sí misma sea capaz de conjurar la fatalidad o de evitar las tragedias. Digo que las creencias autodesvalorizantes indudablemente condicionan la manera en la cual cada uno se enfrenta a las dificultades.

El cuento de los mineros debería obligarnos a pensar en esos condicionamientos. Y esto será lo primero que hay que aprender. Es imprescindible empezar por aquí porque uno de los más condicionantes y falsos mitos culturales que aprendimos con nuestra educación es justamente el de que no estamos preparados para el dolor ni para la pérdida.

Repetimos casi sin pensarlo:

"No hubiera podido seguir si perdía aquello."
"No puedo seguir si no tengo esto."
"No podría seguir si no consigo lo otro."

Cuando hablo de los mecanismos generadores de nuestra dependencia, digo siempre que cuando yo tenía algunas horas o días de vida era claro (aunque yo no lo supiera todavía) que no podía sobrevivir sin mi mamá o por lo menos sin alguien que me diera sus cuidados maternales. Mi mamá era por entonces literalmente imprescindible para mi existencia porque yo no podía vivir sin ella. Después de los tres meses de vida seguramente me hice más consciente de esa necesidad pero descubrí además a mi papá, y empecé a darme cuenta de que verdaderamente no podía vivir sin ellos. Algún tiempo después ya no eran mi papá y mi mamá, era MI familia, la fuente de donde "brotaba" todo lo necesario, amor, compañía, juego, protección, regalos, valoración, consejo...

Mi familia incluía a mucha gente: incluía a mi hermano, algunos tíos y alguno de mis abuelos. Yo los amaba profundamente y sentía, me acuerdo de esto, que no podía vivir sin mi familia.

Después apareció la escuela, y con ella, mis maestros, la señorita Angeloz, el señor Almejún, la señorita Mariano y el señor Fernández, a quienes creí, a su tiempo, imprescindibles en mi vida. En la escuela República del Perú conocí también a mi primer amigo, el entrañable "Pocho" Valiente, de quien pensé en aquel momento que nunca, nunca, podría separarme.

Siguieron después mis amigos de secundaria, y por supuesto Rosita...

Rosita, mi primera novia, sin la cual, por supuesto, yo SABÍA que no podría vivir.

Y después el grupo de teatro, los amigos del billar, y la universidad, que encarnaba la carrera, el futuro, la profesión; yo pensaba, claro, que no podía vivir sin mi carrera.

Hasta que después de algunas novias también imprescindibles conocí a Perla.

Yo sentí inmediatamente lo que creía no haber sentido nunca antes: que no podía vivir sin ella.

Quizá por eso hicimos una familia sin la cual no sabría cómo vivir.

Y así, despacito y con tiempo, fui sumando ideas, descubriendo más imprescindibles: el hospital, mis pacientes, la docencia, algunos amigos, el trabajo, la seguridad económica, el techo propio y aún después más personas, más situaciones y más hechos sin los cuales ni yo ni nadie en mi lugar podría razonablemente vivir.

Hasta que un día...

Exactamente el 23 de noviembre de 1979.

Sin ninguna razón para que sea ese y no otro el día.

Me di cuenta de que yo no podía vivir sin mí.

Nunca, nunca, me había dado cuenta de esto.

Nunca había notado lo imprescindible que yo era para mí mismo.

¿Estúpido, verdad?

Todo el tiempo sabía yo sin quién no podría vivir, y nunca me había dado cuenta, hasta los treinta años, que sobre todo, no podía vivir sin mí.

Fue interesante desde allí y hasta aquí de todas formas, confirmar cada día que me sería verdaderamente difícil vivir sin algunas de esas otras cosas y personas, pero esto no cambiaba ni un poco el valor del nuevo darme cuenta:

ME SERÍA IMPOSIBLE VIVIR SIN MÍ.

Entonces empecé a pensar que alguna de las cosas que había conseguido y algunas de las personas sin las cuales creía que no podía vivir quizás un día no estuvieran. Las personas podían decidir irse, no necesariamente morirse, simplemente no estar en mi vida. Las cosas podían cambiar y las situaciones podían volverse totalmente opuestas a como yo las había conocido. Y empecé a saber que debía aprender a prepararme para pasar por esas pérdidas.

Por supuesto que no es lo mismo que alguien se vaya a que ese alguien se muera. Seguramente no es lo mismo mudarse de una casa peor a una casa mejor, que al revés. Claro que no es lo mismo cambiar un auto todo desvencijado por un auto nuevo, que a la inversa.

Es obvio que la vivencia de pérdida no es la misma en ninguno de estos ejemplos, pero es bueno aclarar desde el comienzo que siempre hay un dolor cuando se deja en el antes algo que era, para entrar en otro lugar donde no hay otra cosa que lo que es. Y esto que es no es lo mismo que era hasta ahora.

Y repito, este cambio sea interno o externo conlleva SIEMPRE un proceso de activa adaptación a lo que tiene de nuevo lo diferente y a lo que tiene de diferente lo nuevo, aunque sea mejor.

Este proceso se conoce con el nombre de "elaboración del duelo" y como ya lo sugiere su nombre es penoso.

Por obvio que parezca yo nunca dejaré de advertirlo a los que empiezan este camino:

Los duelos... duelen.

Y no se puede evitar que duela.

Ciertamente pensar (o darme cuenta) de que voy hacia algo mejor que aquello que dejé, es muchas veces un excelente premio de consolación, una pequeña alegría que compensa el dolor que causa lo perdido. Pero atención:

> COMPENSA pero no EVITA,
> APLACA pero no CANCELA,
> ANIMA a seguir pero no ANULA el dolor.

Siempre me acuerdo del día que dejé mi primer consultorio.

Era un departamentito alquilado, realmente miserable, de una sola pieza chiquitita, oscuro, interno, bastante desagradable. Me gustaba bromear, en aquel entonces, diciendo que no me dedicaba al psicoanálisis ortodoxo porque el paciente acostado no entraba en ese consultorio, debía estar sentado.

Un día, cuando empezaron a mejorar mis ingresos, decidí dejar ese departamento para irme a un consultorio más grande, de dos piezas, mejor ubicado.

Para mí era un salto impresionante, un símbolo de mi crecimiento y una manera de medir que todo empezaba a funcionar en mi profesión.

Y, sin embargo, dejar ese lugar, donde yo había empezado, abandonar ese primer consultorio que tuve, me costó muchísimo. Si no hubiera sido por mi hermano Cacho que vino a ayudarme a sacar las cosas, me hubiera quedado sentado, como estaba cuando él llegó, mirando las paredes, mirando los techos, mirando las grietas del baño, mirando el calentador eléctrico... porque no hubiera podido ni empezar a poner las cosas en las cajas.

Y aun cuando Cacho llegó me acuerdo que me dijo:
—¿Qué pasa?
—No, nada... lo estoy haciendo despacito —dije, y mi hermano me dijo:
—Deja de lamentarte, que tengo la camioneta ahí abajo.

Él me había venido a ayudar, y empezó a descolgar los cuadros y a ponerlos en el piso, y yo decía cosas como:
—No, éste déjalo para lo último... —y absurdamente lo volvía a colgar en "su lugar".

Él guardaba cosas en las cajas y yo las sacaba para mirarlas...

Él bajaba en el ascensor para llevar algunos trastos a la camioneta y cuando volvía yo había colgado algún otro cuadro...

Así durante largas horas...

Y todo para poder dejar ese lugar y partir hacia algo mejor, hacia el lugar que había elegido para mi futuro y para mi comodidad...

Lo increíble es que yo lo sabía y lo tenía muy presente, pero esto no evitaba el dolor de pensar en aquello que dejaba.

Las cosas que uno deja siempre tienen que elaborarse.

Siempre tiene uno que dejar atrás las cosas que quedaron en el ayer.

Lo que quedó atrás en el pasado ya no está aquí, ni siquiera, repito, ni siquiera si sigue estando... (?)

Quiero decir, hace treinta años que estoy casado con mi esposa, yo sé que ella es siempre la misma, tiene el mismo nombre, el mismo apellido, la puedo reconocer, se parece bastante a aquella que era, pero también sé que no es la misma.

Desde muchos ángulos es totalmente otra.

Por supuesto que físicamente hemos cambiado ambos (yo mucho más que ella), pero más allá de eso cuando pienso en aquella Perla que Perla era, de alguna manera se me confronta con ésta que hoy es. Y en las más de las cosas me parece que ésta me gusta mucho más que aquélla.

Y digo es fantástica esta Perla si la comparo con la que fue, es maravilloso darse cuenta de cuánto ha crecido, es espectacular;

pero esto no quiere decir que yo no haya tenido que hacer un duelo por aquella Perla que ella fue.

Y fíjense que no estoy hablando de la muerte de nadie, ni del abandono de nadie, simplemente estoy hablando de alguien que era de una manera y que es hoy de otra.

Una vez más, que el presente sea aún mejor que el pasado, no significa que yo no tenga que elaborar el duelo.

Así que digo, hay que aprender a recorrer este camino, que es el camino de las pérdidas, hay que aprender a sanar estas heridas que se producen cuando algo cambia, cuando el otro parte, cuando la situación se acaba, cuando ya no tengo aquello que tenía o creía que tenía (porque ni siquiera es importante si verdaderamente lo tenía o no). Un duelo necesario aun para elaborar la pérdida que conlleva la cancelación de un proyecto, el abandono de una ilusión o la certeza irreversible de que nunca tendré lo que esperaba o deseaba tener algún día.

Este recorrido tiene sus reglas, tiene sus pautas. Este camino tiene sus mapas, y conocerlos ayudará seguramente a llegar más entero al final del sendero.

Un científico excepcional que se llamaba Korzybski decía que en realidad TODOS construimos una especie de esquema del mundo en el que habitamos, un "mapa" del territorio en el que vivimos. Pero el mapa, aclara bien Korzybski, no es el territorio.

El mapa es apenas *nuestro* mapa. Es la idea que *nosotros* tenemos de cómo es la realidad, aunque muchas veces esté teñida por nuestros prejuicios. De hecho aunque no se corresponda exactamente con los hechos, aunque esté muy lejos de parecerse a la realidad de los demás, es en ESE nuestro mapa donde vivimos.

No vivimos en la realidad sino
en nuestra imagen de ella.

Si en mi mapa tengo registrado que aquí en mi cuarto hay un árbol, aunque no lo haya, aunque nunca haya existido, segura y comprensiblemente yo voy a vivir esquivando este árbol por el resto de mi vida.

Aunque el árbol no esté en el mapa de ustedes y ustedes pasen por ese lugar sin miedos ni registro alguno.

Y cuando me vean esquivar el tronco ustedes me van a decir:

—¿Qué haces, estás loco?

Desde afuera de mi mapa esta conducta puede parecer estúpida y hasta graciosa, en los hechos, muchas veces puede resultar hasta peligrosa.

Dicen que una vez un borracho caminaba distraído por un campo. De pronto vio que se le venían encima dos toros, uno era verdadero y el otro imaginario.

El tipo salió corriendo para escapar de ambos, hasta que consiguió llegar a un lugar donde vio dos enormes árboles.

Un árbol era también imaginario, pero el otro por suerte era verdadero.

El borracho..., borracho como estaba, intentó subirse al árbol imaginario...

Mientras lo intentaba, el toro real agarró al pobre desgraciado.

Y por supuesto... colorín... colorado...

Es decir, depende de cómo haya trazado este mapa de mi vida, depende del lugar que ocupa cada cosa en mi esquema, depende de las creencias que configuran mi ruta, así voy a transitar el proceso de la pérdida. Un camino que empieza cuando sucede o cuando me doy cuenta de una pérdida, y termina cuando esa pérdida ha sido superada.

LA UTILIDAD DE LAS LÁGRIMAS

No se puede hablar de duelos y de pérdidas desconociendo el pequeño malestar que seguramente va a producirnos hablar sobre estos temas. Me justifico pensando que es un malestar que de alguna manera vale la pena, en el sentido de aprender algunas cosas o revisar algunas otras, para sistematizar lo que, posiblemente, todos sabemos. Dicho de otra forma, yo no creo que algo de lo que escriba acá será extraño o misterioso para los que lo lean. De una o de otra manera todos hemos visto, hemos pasado, hemos sentido o hemos estado cerca de lo que otros sentían con relación a un dolor. Con diferentes estilos y palabras casi todo lo que leas ha sido escrito, dicho o enseñado antes de hoy.

Una de las cosas que he aprendido es que pensar, por ejemplo, en la muerte de un ser querido es una cosa para quien lo ha vivido y otra para quien solamente habla de ello. Una mala noticia para los que leen esto es a la vez una situación afortunada para mí, porque yo al momento de escribir esto no pasé por la muerte de ningún familiar cercano (mis dos padres, con más de ochenta abriles, sobrellevan su vejez con una más que razonable salud psíquica y física).

Por mucho que yo haya leído sobre esto, por mucho que yo haya visto sufrir a otros, por mucho que yo haya acompañado a otros, siento que es casi insolente escribir del tema sin haber pasado por ese lugar sin haberlo padecido personalmente, y esta aclaración es de algún modo una disculpa por animarme a hacerlo. Yo sé que en este punto, el de los duelos, la experiencia de lo vivido y padecido enseña de verdad mucho más, muchísimo más, que todo lo que cualquiera pueda leer.

Pero este libro no habla sólo de la muerte de seres queridos. A lo largo de nuestras vidas las pérdidas constituyen un fenómeno mucho más amplio y, para bien o para mal, universal. Perdemos no sólo a través de la muerte sino también siendo abandonados, cambiando, siguiendo adelante. Nuestras pérdidas, como ya dije, incluyen también las renuncias conscientes o inconscientes de nuestros sueños románticos, la cancelación de nuestras esperanzas irrealizables, nuestras ilusiones de libertad, de poder y de seguridad, así como la pérdida de nuestra juventud, aquella irreverente individualidad que se creía para siempre ajena a las arrugas, invulnerable e inmortal.

Pérdidas que al decir de Judith Viorst nos acompañan toda una vida, pérdidas necesarias como ella las llama, pérdidas que aparecerán cuando nos enfrentemos, no sólo con la muerte de alguien querido, no sólo con un revés material, no sólo con las partes de nosotros mismos que desaparecieron, sino también cuando transitemos por algunos hechos ineludibles que la autora nos describe como algunas tomas de conciencia inevitables...

Es irremediable aceptar y saludable saber...

que por mucho que nos quiera nuestra madre va a dejarnos y nosotros vamos a dejarla a ella;

que el amor de nuestros padres nunca será exclusivamente para nosotros;

que aquello que nos hiere no siempre puede ser remediado con besos;

que tendremos que aceptar el amor mezclado con el odio y lo bueno mezclado con lo malo;

que tu padre (o tu madre) no se casarán contigo ni aunque consiguieras ser como tu familia esperaba que seas (es más, posiblemente ni siquiera aprueben del todo la persona que elegiste para remplazarlos en tu corazón);

que algunas de nuestras elecciones están limitadas por nuestra anatomía;

que existen defectos y conflictos en todas las relaciones humanas;

que los deseos de las personas que amamos no siempre coinciden con los nuestros y a veces ni siquiera son compatibles con ellos;

que no importa cuán astutos y cuidadosos seamos, a veces nos toca perder...

que nuestra condición en este mundo es implacablemente pasajera.

Y lo más difícil de aceptar (por lo menos para mí), aunque no por difícil menos cierto:

Somos absolutamente incapaces de poder ofrecer a nuestros seres queridos la protección que quisiéramos contra todo peligro, contra cualquier dolor, contra las frustraciones, contra el tiempo perdido, contra la vejez y contra la muerte.

Estas pérdidas forman parte de nuestra vida, son constantes universales e insoslayables. Y las llamamos pérdidas necesarias porque crecemos a través de ellas.

De hecho, somos quienes somos gracias a todo lo perdido y a cómo nos hemos conducido frente a esas pérdidas.

Por supuesto que trazar este mapa nos pone en un clima diferente del que alguno de ustedes puede haber encontrado recorriendo el camino de la autodependencia o el del encuentro. El clima de éstos era el clima de descubrirse uno mismo, de descubrir el disfrute, de ser lo que uno es junto a otros. Pero hablar de la elaboración del duelo no parece un tema que nos remonte al disfrute, que nos remonte a la alegría, porque tiene una arista que como venimos diciendo nos conecta con el dolor. Pero este camino, el de las lágrimas, es el que nos enseña a aceptar el vínculo vital que existe entre las pérdidas y las adquisiciones.

Este camino señala que debemos renunciar a lo que ya no está, y que eso es madurar.

Asumiremos al recorrerlo que las pérdidas tienden a ser problemáticas y dolorosas pero sólo a través de ellas nos convertimos en seres humanos plenamente desarrollados.

Dijimos al empezar que el objetivo último del camino de las lágrimas es la elaboración del duelo por una pérdida.

ELABORACIÓN Y DUELO

Elaboración que deriva de labor, de tarea

Duelo que deriva de dolor

Como lo dice Sigmund Freud en *Melancolía y duelo*, la elaboración del duelo es un trabajo... un TRABAJO.
El trabajo de aceptar la nueva realidad.

PROCESO DE ACEPTACIÓN

Que quiere decir tiempo y cambio

Que quiere decir dejar de pelearme con la realidad que no es como yo quisiera

EL CICLO DEL CONTACTO

Todas las pérdidas son diferentes y por eso no se puede ponerlas en conjunto en la misma bolsa ni analizar todos los procesos de duelo desde el mismo lugar. Sin embargo, desde el punto de vista psicológico, la diferencia tendrá que ver con la dificultad para hacer ese trabajo, o con los matices del camino; pero las etapas y el desarrollo del proceso del duelo son más o menos equivalentes en una separación, en una pérdida material sin importancia o frente a la muerte de alguien muy cercano. Cualquier proceso de adaptación a una pérdida se puede describir, más allá de sus causas, empezando en un punto cero, común a toda situación posible, que las nuevas ciencias de la conducta llaman indistintamente el punto de inicio o el punto de retirada.

Para comprender mejor este concepto es necesario entrar en una descripción un poco más teórica, o por lo menos más técnica.

Cada persona responde a los estímulos del afuera siguiendo un determinado patrón de conducta. Gran parte de la descripción de nuestra relación con el universo que nos rodea se podría sintetizar en dicho patrón, un juego permanente y alternante de contacto y retirada.

El punto cero (inicio o retirada) es el lugar donde uno se encuentra aislado de lo que todavía no pasó, o al margen de algo que está pasando de lo que todavía no se enteró.

Un estímulo que está afuera sin ninguna relación con la persona.

Si estoy por entrar en una reunión donde hay gente que no conozco, la situación de punto cero sería antes de entrar, quizá todavía antes de viajar hacia la reunión.

Cuando llego me enfrento con la situación de la gente reunida.

Agradable o desagradable tengo una sensación. Esto es: siento algo. Mis sentidos me informan cosas. Veo la gente, siento los ruidos, alguien se acerca. Tengo sensaciones, olfativas, auditivas, visuales, corporales, quizá me tiembla un poco el cuerpo y estoy transpirando. Después de las sensaciones "me doy cuenta", tomo conciencia de lo que pasa. Esto es, analizando mi percepción, deduzco que la reunión es de etiqueta, que hay muchísima gente y me digo: "Uyyy, algunos me miran". Me doy cuenta de lo que está pasando, de qué es esto que está estimulando mis sentidos.

Después de que me doy cuenta o tomo conciencia de lo que pasa se movilizan mis emociones. Siento un montón de cosas, pero no ya desde los sentidos, oídos, ojos, boca, no. Empiezo a sentir que me asusta, me gusta o me angustia. Siento placer, inquietud y excitación. Siento miedo, ganas, deseo, placer de verlos o temor por el resultado del encuentro.

Emociones que bullen dentro mío.

Una vez que estas emociones están, empiezan a pugnar por transformarse en acción. Siento la energía en mí que hace fuerza para empujarme a actuar.[1] Me asusto y me voy, me quedo y empiezo a hablar, hablo por allí o acá, decido contar mis emociones, o no contarlas y esconderlas, o disimularlas o cualquier otra acción.

Es el momento del contacto, el punto clave.

Contacto es la posibilidad de establecer una relación concreta con el estímulo de afuera.

Contacto es: no sólo tengo sensaciones, me doy cuenta, movilizo y actúo, sino que además vivo, me comprometo con la situación en la cual estoy inmerso. Estoy en contacto.

Y después de estar en contacto durante un tiempo, por preservación, por salud, por agotamiento del ciclo, o por resolución de la emoción, hago una despedida y una retirada.

Me alejo para quedarme conmigo y para volver a empezar.

Pensemos un ejemplo clásico, el del pintor con su cuadro.

El pintor se para frente a la tela que aún no comienza a pintar y tiene la sensación de desafío que le proporciona la blancura de la tela. Se da cuenta del vacío que tiene enfrente y se vuelve aún más consciente de que hay algo para hacer con lo que está frente a sus ojos. El artista asiste, se podría decir que sin poderlo evitar, a la irrupción de sus emociones. Empieza a sentir cosas frente a esta tela en blanco y el deseo de pintar. Y entonces realiza una acción, agarra un pincel con pintura y una espátula, se acerca a la tela y pinta sobre ella, que es la transformación en acción de una emoción que sentía.

Después de dar cuatro o cinco pinceladas, el pintor se detiene, da unos tres pasos atrás y mira.

Éste es el momento antes de la retirada.

Al retirarse y mirar, se da cuenta, percibe lo que ahora ve y tiene la sensación de lo que ha puesto en la pintura. Sólo unos segundos o unos minutos después se da cuenta de cómo está su obra y tiene otra vez un caudal de emociones, tiene otra vez conciencia de lo que ve y otra vez asume que hay algo por hacer. Otra vez esta sensación se transforma en una acción. El artista se acerca al pincel y a la paleta. Por algún tiempo vuelve a pintar, antes de retroceder, para un nuevo comienzo del ciclo.

Toda nuestra vida está signada de momentos donde desde la distancia o el aislamiento uno descubre sensaciones y moviliza emociones, que como dijimos son energía potencial al servicio de lo que sigue.

Cuando consigo transformar esas emociones en una acción congruente, ésta me pone en contacto con la cosa. La vivo, opero en ella y en pequeña o gran medida la modifico.

Cuando la situación se agota o cambia con mi intervención (o cuando yo me agoto de la vivencia), me retiro otra vez pero no en el sentido de irme, sino de volver a recomenzar.

Este pequeño esquema, como dijimos un poco técnico, es la base de lo que significa la actitud experiencial ante la vida, y lo traigo a cuento para poder dejar establecido que el proceso del duelo no es ni más ni menos que una particular situación de "contacto y retirada" y que el camino de las lágrimas es el sendero de aprender a recorrer este ciclo sin interrupciones, sin dilaciones, sin estancamientos y sin desvíos.

En la elaboración del duelo el estímulo percibido desde la situación de ingenua retirada es la pérdida. A veces de inmediato y otras no tanto me doy cuenta de lo que está pasando, he perdido esto que tenía o creía que tenía. Y siento. Se articulan en mis sentidos un montón de cosas, no mis emociones todavía, sino mis sentidos. Y luego, frente a esta historia de impresiones negativas o desagradables, me doy cuenta cabal de lo que pasó.

Aparecen y me invaden ahora sí un montón de emociones diferentes y a veces contradictorias que preceden, como siempre, al movimiento. La emoción es lo que prepara al cuerpo para la acción. La emoción sola es la mitad del proceso. La otra mitad es la acción. Así que lo que hago enseguida es cargarme de energía, de potencia, de ganas. Transformar en acciones estas emociones me permitirá la conciencia verdadera de la ausencia de lo que ya no está. Y es la toma de conciencia de lo ausente, el contacto con la temida ausencia lo que me permitirá luego la aceptación de la nueva realidad, un definitivo darme cuenta antes de la vuelta a mí mismo.

Me gustaría compartir contigo un cuento que me llegó hace algunos años de manos de algunos lectores y que a mi vez regalé en un importante y exitoso momento de su vida a mi querido amigo Marcelo.

Martín había vivido gran parte de su vida con intensidad y gozo. De alguna manera su intuición lo había guiado cuando su inteligencia fallaba en mostrarle el mejor camino.

Casi todo el tiempo se sentía en paz y feliz; pero ensombrecía su ánimo, algunas veces, esa sensación de estar demasiado en función de sí mismo.

Él había aprendido a hacerse cargo de sí y se amaba suficientemente como para intentar procurarse las mejores cosas. Sabía que hacía todo lo posible para cuidarse de no dañar a los demás, especialmente a aquellos de sus afectos. Quizá por eso le dolían tanto los señalamientos injustos, la envidia de los otros o las acusaciones de egoísta que recogía demasiado frecuentemente de boca de extraños y conocidos.

¿Era suficiente para darle significado a su vida la búsqueda de su propio placer?

¿Soportaba él mismo definirse como un hedonista centrando su existencia en su satisfacción individual?

¿Cómo armonizar estos sentimientos de goce personal con sus concepciones éticas, con sus creencias religiosas, con todo lo que había aprendido de sus mayores?

¿Qué sentido tenía una vida que sólo se significaba a sí misma?

Ese día, más que otros, esos pensamientos lo abrumaron.

Quizá debía irse. Partir. Dejar lo que tenía en manos de los otros. Repartir lo cosechado y dejarlo de legado para, aunque sea en ausencia, ser en los demás un buen recuerdo.

En otro país, en otro pueblo, en otro lugar, con otra gente, podría empezar de nuevo. Una vida diferente, una vida de servicio a los demás, una vida solidaria.

Debía tomarse el tiempo de reflexionar sobre su presente y sobre su futuro.

Martín puso unas pocas cosas en su mochila y partió en dirección al monte.

Le habían contado del silencio de la cima y de cómo la vista del valle fértil ayudaba a poner en orden los pensamientos de quien hasta allí llegaba.

En el punto más alto del monte giró para mirar su ciudad quizá por última vez.

Atardecía y el poblado se veía hermoso desde allí.

—Por un peso te alquilo el catalejo.

Era la voz de un viejo que apareció desde la nada con un pequeño telescopio plegable entre sus manos y que ahora le ofrecía con una mano mientras con la otra tendida hacia arriba reclamaba su moneda.

Martín encontró en su bolsillo la moneda buscada y se la dio al viejo que desplegó el catalejo y se lo alcanzó.

Después de un rato de mirar consiguió ubicar su barrio, la plaza y hasta la escuela frente a ella.

Algo le llamó la atención. Un punto dorado brillaba intensamente en el patio del antiguo edificio.

Martín separó sus ojos de la lente, parpadeó algunas veces y volvió a mirar. El punto dorado seguía allí.

—Qué raro —exclamó Martín sin darse cuenta de que hablaba en voz alta.

—¿Qué es lo raro? —preguntó el viejo.

—El punto brillante —dijo Martín—, ahí en el patio de la escuela —siguió, alcanzándole al viejo el telescopio para que viera lo que él veía.

—Son huellas —dijo el anciano.

—¿Qué huellas? —preguntó Martín.

—Te acuerdas de aquel día... debías tener siete años; tu amigo de la infancia, Javier, lloraba desconsolado en ese patio de la escuela. Su madre le había dado unas monedas para comprar un lápiz para el primer día de clases. Él había perdido el dinero y lloraba a mares —contestó el viejo. Y después de una pausa siguió—: ¿Te acuerdas de lo que hiciste? Tenías un lápiz nuevecito que estrenarías ese día. Te arrimaste al portón de entrada y cortaste el lápiz en dos partes iguales, sacaste punta a la mitad cortada y le diste el nuevo lápiz a Javier.

—No me acordaba —dijo Martín—; pero eso ¿qué tiene que ver con el punto brillante?

—Javier nunca olvidó ese gesto y ese recuerdo se volvió importante en su vida.

—¿Y?

—Hay acciones en la vida de uno que dejan huellas en la vida de otros —explicó el viejo—, las acciones que contribuyen al desarrollo de los demás quedan marcadas como huellas doradas...

Volvió a mirar por el telescopio y vio otro punto brillante en la vereda a la salida del colegio.

—Ése es el día que saliste a defender a Pancho, ¿te acuerdas? Volviste a casa con un ojo morado y un bolsillo del abrigo arrancado.

Martín miraba la ciudad.

—Ése que está ahí en el centro —siguió el viejo— es el trabajo que le conseguiste a don Pedro cuando lo despidieron de la fábrica... y el otro, el de la derecha, es la huella de aquella vez que juntaste el dinero que hacía falta para la operación del hijo de Ramírez... las huellas esas que salen a la izquierda son de cuando volviste de un viaje porque la madre de tu amigo Juan había muerto y quisiste estar con él.

Apartó la vista del telescopio y sin necesidad de él empezó a ver cómo miles de puntos dorados aparecían desparramados por toda la ciudad.

Al terminar de ocultarse el sol, todo el pueblo parecía iluminado por sus huellas doradas.

Martín sintió que podía regresar sereno a su casa.

Su vida comenzaba, de nuevo, desde un lugar distinto.

Las pérdidas son necesarias

Comenzar de nuevo, dejar atrás, aprender otras formas, no depender de la mirada de alguien, caminar sin bastones... estas y no otras son las cosas que han hecho de nosotros, los adultos, las personas que finalmente somos. Porque somos, en gran medida, el resultado de nuestro crecimiento y de nuestro desarrollo y tanto uno como otro dependen de la manera en que hayamos podido o no enfrentar nuestras pérdidas: experiencias penosas pero por lo dicho determinantes de nuestra manera de ser en el mundo, que incluye por supuesto la propia manera de enfrentar los duelos.

Nadie puede crecer si no ha experimentado antes en sí mismo gran parte de las emociones y sensaciones que definen las palabras de esta lista:

> Impotencia
> Irreversibilidad
> Desolación
> Enojo
> Dolor
> Vacío
> Ausencia
> Desamparo

Angustia
Desconcierto
Nostalgia

No importa desacordar en la pertinencia de cada término de la lista en relación con las demás porque algunas cosas son pertinentes sólo para quien las dice, pero lo cierto es que éstas son las palabras que la mayoría de las personas asocia cuando se enfrenta con la posibilidad o la necesidad de enfrentarse a una pérdida.

Solamente darle un vistazo sería suficiente para comprender lo odioso y amenazante que resulta cada pérdida para nuestro corazón. Creo que en una decisión rápida todos quisiéramos erradicar esta lista de nuestro diccionario, no sólo para poder evitar toparnos con ellas en nuestras vidas sino (sobre todo) para intentar erradicarlas permanentemente del camino de los que amamos.

Y, sin embargo, está claro que se evoluciona y aprende desde las frustraciones. Nadie puede moverse hacia su madurez sin dolor.

¿Eso qué quiere decir, que hace falta sufrir para poder crecer?

¿Estamos diciendo que hace falta conectarse con el vacío interno para poder sentirse adulto?

¿Tengo que haber pensado en la muerte para seguir mi camino?

Digo yo que sí. Que lamentablemente hace falta haber pasado por cada una de estas cosas para llegar a la autorrealización. La lista describe en buena medida parte de las vivencias y sensaciones de un proceso NORMAL de la elaboración del duelo, y como ya dijimos los duelos son experiencias imprescindibles y parte de nuestro crecimiento. Ninguna de estas palabras es en sí misma una enfermedad, ninguna de estas sensaciones es anormal, ninguna de ellas es una amenaza a nuestra integridad.

Puede ser que en un momento alguien pueda tener un duelo menos denso, no tan complicado, un proceso que no se desarrolle con tanto sufrimiento ni tanta angustia... puede ser. Pero también puede ser que otra persona o esa misma en otro momento transite otro duelo que incluya todas estas cosas y algunas más.

Leer estas cosas quizá dispare algunos recuerdos y desde allí movilice algunos asuntos personales, quizás algunos eventos no del todo resueltos, en realidad lo produce en mí el mero hecho de escribirlas; por eso es que, más que otras veces, te pido que te sientas con derecho a disentir, que te permitas decir "no estoy de acuerdo" o "yo creo justo lo contrario", que te animes a pensar que soy un idiota o putearme por sostener esto que digo.

No te dejes tentar por el lugar común de pensar que si lo dice el libro entonces *esto* es lo que "se debe" o "no se debe" sentir, porque un duelo siempre ha sido algo personal y siempre lo va a ser.

Tomemos algunos miles de personas y pintémosle de tinta negra los pulgares. Pidámosles después que dejen su huella en las paredes. Cada una de las manchas va a ser diferente, no habrá dos idénticas porque no hay dos personas con huellas dactilares idénticas. Sin embargo, todas tienen características similares que nos permiten estudiarlas y saber más de ellas.

Cada uno de nuestros duelos es único y cada manera de afrontarlos es irrepetible...

Y, sin embargo, también es cierto que cada duelo se parece a todos los otros duelos propios y ajenos en ciertos puntos que son comunes y nos ayudarán a entenderlos. De hecho, ayudar en un duelo implica conectar a quien lo padece con el permiso de expresar sus emociones, cualesquiera que sean, a su manera y en sus tiempos. Todos los terapeutas del mundo (que disentimos en casi todo) estamos de acuerdo en que la posibilidad de encontrar una forma de expresión de las vivencias internas ayudará a quienes están transitando por este camino a aliviar su dolor.

DESAFÍO DE LA PÉRDIDA

Para entender la dificultad que significa enfrentarse con una pérdida nos importa entender qué es una pérdida. Cuando, como siempre hago, busqué en el diccionario etimológico el origen de la palabra, me sorprendió encontrar que *pérdida* viene de la unión del prefijo *per*, que quiere decir al extremo, superlativamente, por completo, y de *der*, que es un antecesor de nuestro verbo dar.

La etimología me obligaba a asociar la pérdida con el hecho de haber dado o quizá de haberse dado por completo. Quizá la sensación de haberlo entregado todo a alguien o a algo que ya no está.

Y entonces pensé que debía haber un error porque cuando uno da de corazón, en general no siente la pérdida. Lo perdido en todo caso es lo que alguien, la vida o las circunstancias te sacan.

Y me acordaba de Nasrudín...

—He perdido la mula, he perdido la mula, estoy desesperado, ya no puedo vivir, no puedo vivir si no encuentro mi mula. Aquel que encuentre mi mula va a recibir como recompensa: mi mula.

Y la gente decía:

—Estás loco, has enloquecido. ¿Perdiste la mula y vas a ofrecer como recompensa tu propia mula?

Y él dice:

—Sí, porque a mí me molesta no tenerla, pero mucho más me molesta haberla perdido.

Porque el dolor de la pérdida no tiene tanto que ver con el no tener como con la situación concreta del mal manejo de mi impotencia, con lo que el afuera se ha quedado, con esa carencia de algo que yo, por el momento al menos, no hubiera querido que se llevara.

En el duelo siempre hay algo que se me saca, algo a lo que no hubiera querido renunciar, algo que no hubiera deseado perder.

Quizá pienso ahora, AHÍ ESTÁ LA BASE ETIMOLÓGICA de la palabra.

La palabra pérdida nos habla de la imposición que la vida me hace obligándome a conceder mucho más de lo que estaría dispuesto a dar.

Quizá lo que sucede es que en el fondo yo, y tú y todos, pretendemos nunca desprendernos totalmente de nada. Quizá la vivencia de lo perdido es nuestra respuesta a la idea del "ya no más". Un "ya no más" impuesto que no depende de mi decisión ni de mi capacidad. Una especie de renuncia forzada a algo que hubiera preferido seguir teniendo... "¿Pero cómo podría evitarlo?"

Ya vimos que las emociones redundan en que yo me prepare para la acción, una manera de conectarme activamente con el estímulo. Atención que conectarse quiere decir ESTAR en sintonía con lo que está pasando, es decir, establecer una relación entre lo que hago, lo que siento, lo que percibo y el estímulo original. Es por esta razón que conexión también puede querer decir salir corriendo (aunque esta actitud no suene muy "conectora").

Esta respuesta (MI respuesta) me conecta DURANTE UN TIEMPO con la situación y la modifica, aunque no sea más que en mi manera de percibir el estímulo y pasado ese tiempo (variable con diferentes estímulos, con diferentes personas y con diferentes momentos de la misma persona frente a idéntico estímulo), pasado ese momento, la conexión, en el mejor de los casos, se agota, se termina y pierde vigencia, para permitirme volver al estado de reposo.

Este ciclo de la experiencia se reproduce en cada una de las situaciones, minuto tras minuto, instante tras instante, día tras día de nuestras vidas. Y como no podía ser de otra manera, también frente a la dolorosa situación de la muerte de alguien.

Lo que me pasa a mí y a ti y a todos en un caso como éste recorre exactamente el mismo circuito:

   I. percibo la situación del afuera,
  II. me conecto con una determinada emoción,
 III. movilizo una energía,
  IV. que se va a tener que transformar en acción
   V. para que establezca contacto con esa situación concreta,
  VI. hasta que esa situación se agote
 VII. y vuelva al reposo.

Este camino, en el caso de la muerte de alguien, se llama "elaboración del duelo".

Lo que vamos a hablar es acerca de cómo esta elaboración se da no sólo frente a la muerte, frente a la desaparición física de alguien, sino en muchas otras situaciones. Vamos a hablar sobre el tema de la muerte específicamente y vamos a hablar del temor a todas las otras pérdidas, de la enfermiza conexión que no se agota, del apego y del desapego.

PÉRDIDAS GRANDES Y PEQUEÑAS PÉRDIDAS

Cada pérdida, por pequeña que sea, implica la necesidad de hacer una elaboración.

Todas.

No sólo las grandes pérdidas generan duelos sino que cada pérdida lo implica.

Por supuesto que las grandes pérdidas generan comúnmente duelos más difíciles, más largos o más intensos, pero las pequeñas también implican dolor y trabajo.

Un dolor que duele y un trabajo que hay que hacer, que no sucede solo.

Una tarea que casi nunca transcurre espontáneamente, con uno mismo como espectador.

Es interesante destacar que si bien todo transcurre en general naturalmente sin necesidad de empujarlo o buscarlo, la elaboración del suceso implica como mínimo cierta concientización, cierta disposición a actuar (un darme cuenta y un hacer lo que debo).

Un camino que como ya está dicho es doloroso y que no por elegido ni por necesario es forzosamente placentero.

Bueno, pero no hay que ser dramático, ¿por qué tendría que estar pensando que me voy a separar de las cosas? Podría haber y de hecho hay muchas cosas que tomo para toda la vida. A ellas puedo aferrarme tranquilo porque estarán a mi lado hasta mi último minuto, porque yo he decidido que estén conmigo para siempre...

Respuesta: mentira.
Éste es el primero de los aprendizajes del ser adultos.
Me guste o no, voy a ser abandonado por cada persona, por cada cosa, por cada situación, por cada etapa, por cada idea, tarde o temprano, pero inevitablemente.
Y si así no fuera, si yo me muriera antes de que me dejen y no quiero aceptar que de todas maneras todo seguirá sin mí, deberé admitir que seré yo el que abandona y sería innoble no estar alerta, para no retener, para no atrapar, para no apegar, para no encerrar, para no mentir sobre falsas eternidades incumplibles.
¿Cuánto puedo yo disfrutar de algo si estoy cuidando que nada ni nadie me lo arrebate?
Supongamos que esta estatuita en su escritorio, ese adorno o aquel cenicero están hechos de un material cálido y hermoso al tacto.
De paso, estamos tan poco acostumbrados a registrar táctilmente las cosas que el ejemplo suena impertinente. Tenemos muy poca cultura en el mundo sobre la importancia del sentido del tacto. Uno puede encontrar en los negocios de regalos de todo el mundo objetos para satisfacer la vista y el oído, dulces y alimentos para satisfacer el gusto, perfumes y otras cosas para satisfacer el olfato, todo se vende, pero casi no hay cosas a la venta para disfrutar con el tacto. Es una cosa particular, no hay una cultura táctil, como si las manos sólo sirvieran para sostener, agarrar, pegarle a otro o cuando mucho acariciar, pero no hay buen registro del placer de tocar.
Vamos a imaginar que algo de lo que hay ahora sobre la mesa es una de las pocas cosas que sabemos que son agradables al tacto.
Supongamos ahora que yo la tomo firmemente entre mis manos porque me parece que alguien me la quiere quitar. La aprieto

muy fuerte para evitar que me la quiten. ¿Qué pasará si el peligro permanece (aunque sea imaginario) y yo consigo retener el objeto en mi poder? Dos cosas.

La primera es que me daré cuenta de que se acabó el placer; ya no tengo ninguna posibilidad de disfrutar táctilmente de esto que yo aprieto. (Pruébenlo ahora, pongan algo fuertemente entre sus manos y aprieten. Fíjense si pueden percibir cómo es al tacto. No pueden. Lo único que pueden percibir es que están agarrando, que están tratando de evitar que esto se pierda.)

La segunda cosa que va a pasar cuando retengo tenazmente es que aparecerá el dolor. (Sigan aferrando el objeto con fuerza para que nadie pueda quitárselos y vean lo que sigue.) Lo que sigue a aferrarse siempre es el dolor. El dolor de la mano cerrada, el dolor de una mano que, apretada, obtiene un único placer posible, el placer de que no ha perdido, el único goce que tiene la vanidad, el de haber vencido a quien me lo quería sacar, el placer de "ganar"... Pero ningún placer que provenga de mi relación con el objeto en sí mismo.

Esto pasa en la estúpida necesidad de poseer algunos bienes inútiles. Esto pasa con cualquier idea retenida como baluarte. Y esto pasa con la posesividad en cualquier relación, aun en aquellos vínculos más amorosos (padres e hijos, parejas). De hecho lo que hace de mis vínculos, sobre todo los más amorosos, espacios disfrutables es poder abrir la mano, es aprender a no vincularnos desde el lugar odioso de atrapar, controlar o retener sino de la situación del verdadero encuentro con el otro que, como ya debo haber aprendido recorriendo el camino del encuentro,[2] sólo puede ser disfrutado en libertad.

Mucha gente cree que no aferrarse significa no comprometerse.

Un concepto que yo no comparto pero entiendo.

La distorsión parece deducirse de pensar que, como sólo me aferro a quienes son importantes para mí, entonces el aferrarse es un símbolo de mi interés y por lo tanto (?)... mi no aferrarme queda evidenciado como la falta de compromiso del desamor (??).

Esto es lo mismo que deducir que como los muertos no toman Coca-Cola, si dejas de tomar coca-cola te volverás inmortal.

Tiene el mismo fundamento pensar que si tu pareja no te cela quiere decir que no te quiere.

Que es la misma idea de aquellos que creen que si uno no se enoja no se pone en movimiento.

Que es lo mismo que creer que si no te obliga la situación nunca haces nada.

Que es la misma idea de que si no le exiges a tu empleado no rinde.

Que es la misma idea de que si los abogados no tuvieran un día límite para entregar sus escritos nunca los entregarían (...bueno, eso es cierto).

Que es lo mismo que justificar el absurdo argumento de las guerras que se hacen para garantizar la paz.

También están los que, en el otro extremo, creen lo mismo pero proponen lo contrario. Los que intentan evitar el sufrimiento del duelo no comprometiéndose afectivamente con nada ni con nadie.

Este pensamiento se ha ido volviendo una manera de vivir en este conflictivo y hedonista mundo que habitamos; una pauta cultural, enseñada, aprendida y muchas veces ensayada, pero de todas formas una alternativa que, por lo menos yo, considero inaceptable.

El planteamiento es el de comprar una póliza de seguro contra el dolor de una futura pérdida pagando como prima no entregar el corazón a nada ni a nadie. Posiblemente este "seguro contra el sufrimiento" no pueda evitar tu dolor por completo, pero con seguridad sufrirás mucho menos. Tan seguro te lo digo como predigo que también perderás gran parte de la posibilidad de disfrutar un genuino encuentro con los demás. No es que no sea posible disfrutar sin necesidad de sufrir por ello, pero el goce es imposible mientras estoy escapando obsesivamente del dolor.

La manera de no padecer "de más" no es amar "de menos", sino aprender a no quedarse pegado a lo que no está, cuando el momento de la separación o de la pérdida nos toca. La manera es disfrutar de esto y hacer lo posible para que sea maravilloso, mientras dure. La manera es vivir comprometidamente cada momento de la propia vida. La manera es, por fin, no vivir mañana pensando en este día de hoy que fue tan maravilloso, porque mañana deberé asumir el compromiso con lo que mañana esté pasando, para poder hacer de aquello también una maravilla.

Mi idea del compromiso es la del anclaje a lo que esté pasando en cada momento y no a lo que viene y menos a lo que pasó. Quedarse pegado a las cosas de ayer es como un compromiso con lo anterior. Es vivir colgado del pasado, cultivando lo que ya no es.

Es, como se dice en el campo, ocuparme de los tomates que la helada arruinó descuidando la lechuga que necesita del sol ahora.

¿Qué pasa si uno se anima a re-descubrir su relación con el otro cada día?

¿Qué pasa si uno decide animársele al compromiso sólo por hoy?

¿Qué pasa si nos obligamos a renovar el compromiso con el otro diariamente, en lugar de una vez y para siempre?

Para muchos, temblorosos, inseguros, estructurados, transformará nuestra relación en un vínculo *light*, poco comprometido, pero yo digo justamente todo lo contrario.

La más comprometida y afirmada respuesta a un vínculo afectivo es simplemente estar dispuestos a no apegarnos a esa persona, a esa situación, a esa relación. Si mañana, esto que tanto placer te da, se termina, debes ser capaz de tomar la decisión de dejarlo ir, pero hasta que llegue ese momento (que quizá no llegue en tu vida), mientras no suceda el final intenta ser TODO compromiso.

Yo no soy ejemplo de nada, pero tengo sobre el punto una postura que comparto con mi pareja. Mi esposa y yo tenemos un pacto entre nosotros que acordamos hace más de treinta años y que establece claramente que el día que alguno de los dos decida que no quiere estar más al lado del otro, deberíamos separarnos.

No el día después, ESE día.

Creer que por esto yo no estoy comprometido con mi esposa después de veinticinco años de casado, me parece una liviandad.

TENGO EL COMPROMISO DE LOS QUE PROCLAMAN QUE SE COMPROMETEN POR AMOR Y NO EL DE AQUELLOS QUE AMAN POR COMPROMISO.

Light es la decisión de no comprometerse ni aquí ni ahora, dejando la apertura y el riesgo para otro momento, para otro lugar, para otra realidad, y no creo que esto represente ninguna solución.

La salud de tus relaciones con los demás se mide en tu manera de estar comprometidamente mientras dure, investigar, detectar y revisar si esto que tienes es lo que tienes o es el cadáver de aquello que tuviste, y si es un cadáver comprometidamente despedirte de él y con igual compromiso salirte de lo que ya se terminó.

Me gustaría contarte un cuento:

Había una vez un hombre que estaba escalando una montaña. Estaba haciendo un escalamiento bastante complicado, una montaña en un lugar donde se había producido una intensa nevada. Él había estado en un refugio esa noche y a la mañana siguiente la nieve había cubierto toda la montaña, lo cual hacía muy difícil la escalada. Pero no había querido volverse atrás, así que de todas maneras, con su propio esfuerzo y su coraje, siguió trepando y trepando, escalando por esta empinada montaña. Hasta que en un momento determinado, quizá por un mal cálculo, quizá porque la situación era verdaderamente difícil, puso el pico de la estaca para sostener su cuerda de seguridad y se soltó el enganche. El alpinista se desmoronó, empezó a caer a pico por la montaña golpeándose salvajemente contra las piedras en medio de una cascada de nieve.

Pasó toda su vida por su cabeza y cuando cerró los ojos esperando lo peor, sintió que una soga le pegaba en la cara. Sin llegar a pensar, de un manotazo instintivo se aferró a esa soga. Quizá la soga se había quedado colgada de alguna amarra... si así fuera, podría ser que aguantara el chicotazo y detuviera su caída.

Miró hacia arriba pero todo era la ventisca y la nieve cayendo sobre él. Cada segundo parecía un siglo en ese descenso acelerado e interminable. De repente, la cuerda pegó el tirón y resistió. El alpinista no podía ver nada pero sabía que por el momento se había salvado. La nieve caía intensamente y él estaba allí, como clavado a su soga, con muchísimo frío, pero colgado de este pedazo de lino que había impedido que muriera estrellado contra el fondo de la hondonada entre las montañas.

Trató de mirar a su alrededor pero no había caso, no se veía nada. Gritó dos o tres veces, pero se dio cuenta de que nadie podía escucharlo. Su posibilidad de salvarse era infinitamente remota; aunque notaran su ausencia nadie podría subir a buscarlo antes de que parara la nevisca y, aun en ese momento, cómo sabrían que el alpinista estaba colgado de algún lugar del barranco.

Pensó que si no hacía algo pronto, éste sería el fin de su vida.

Pero ¿qué hacer?

Pensó en escalar la cuerda hacia arriba para tratar de llegar al refugio, pero inmediatamente se dio cuenta de que eso era imposible. De pronto escuchó la voz. Una voz que venía desde su interior que le decía "suéltate". Quizás era la voz de Dios, quizá la voz de su sabiduría interna, quizá la de algún espíritu maligno, quizás una alucinación... y sintió que la voz insistía "suéltate... suéltate".

Pensó que soltarse significaba morirse en ese momento. Era la forma de parar el martirio. Pensó en la tentación de elegir la muerte para dejar de sufrir. Y como respuesta a la voz se aferró más fuerte todavía. Y la voz insistía "suéltate", "no sufras más", "es inútil este dolor, suéltate". Y una vez más él se impuso aferrarse más fuerte aún, mientras conscientemente se decía que ninguna voz lo iba a convencer de soltar lo que sin lugar a dudas le había salvado la vida. La lucha siguió durante horas, pero el alpinista se mantuvo aferrado a lo que pensaba que era su única oportunidad.

Cuenta esta leyenda que a la mañana siguiente la patrulla de búsqueda y salvamento encontró al escalador casi muerto. Le quedaba apenas un hilito de vida. Algunos minutos más y el alpinista hubiera muerto congelado, paradójicamente aferrado a su soga... a menos de un metro del suelo.

Y digo que, a veces, no soltar es la muerte.
A veces la vida está relacionada con soltar lo que alguna vez nos salvó.
Soltar las cosas a las cuales nos aferramos intensamente creyendo que tenerlas es lo que nos va a seguir salvando de la caída.
Todos tenemos una tendencia a aferrarnos a las ideas, a las personas y a las vivencias.
Nos aferramos a los vínculos, a los espacios físicos, a los lugares conocidos, con la certeza de que esto es lo único que nos puede salvar. Creemos en lo "malo conocido" como aconseja el dicho popular.
Y aunque intuitivamente nos damos cuenta de que aferrarnos a esto significará la muerte, seguimos anclados a lo que ya no sirve, a lo que ya no está; temblando por nuestras fantaseadas consecuencias de soltarlo.

LO QUE SIGUE

Cuando hablamos del camino de las lágrimas hablamos de aprender a enfrentarse con las pérdidas desde un lugar diferente. Quiere decir no sólo desde el lugar inmediato del dolor, que dijimos que siempre existe, sino también desde algo más, desde la posibilidad de valorar el recorrido a la luz de lo que sigue. Y lo que sigue, después de haber llorado cada pérdida, después de haber elaborado el duelo de cada ausencia, después de habernos animado a soltar, lo que sigue, es otra cosa.

Lo que sigue es el encuentro con un yo mismo enriquecido por aquello que hoy ya no tengo, que pasó por mí, pero también por la experiencia vivida en el proceso.

Esto es difícil de aceptar.

> **Es horrible admitir que cada pérdida conlleva una ganancia.**
> **Que cada dolor frente a una pérdida terminará necesariamente con un rédito para mí.**
> **Y, sin embargo, no hay pérdida que no implique una ganancia.**
> **No hay una pérdida que no provoque necesariamente un crecimiento personal.**

Me dirás:

"Es horrible pensar que la muerte de un ser querido significa una ganancia para mí."

Yo entiendo, y puedo dejar afuera de esta conversación la muerte de un ser querido, puedo ponerla en el casillero de las excepciones aunque no me lo creo. Lo que nos complica este punto es pensar en lo "deseable" de la idea de ganancia mezclado con lo "detestable" de la idea de la pérdida de un ser querido. Quizá sea más fácil aceptar lo que digo si te aclaro que de alguna manera estoy hablando de un beneficio secundario que se cosecha como consecuencia del indeseable momento del duelo y no de lo beneficioso de pasar por la situación de la muerte de un ser querido.

En todo caso la muerte de algún ser querido es un hecho inevitable en nuestras vidas y el crecimiento que de eso deviene también.

Permítaseme establecer provisoriamente que éstas son situaciones especiales.

Dejemos para más adelante el tema de la muerte de los que amamos y vamos a hablar por el momento de todas las otras pérdidas.

Vamos a tratar de mostrar y demostrar durante todo este capítulo que en cada una de las otras pérdidas hay una ganancia que es como mínimo el pasaporte al crecimiento, lo cual significa un pasaporte para vivir mejor.

Cuando preguntamos a la gente cómo le va en la vida, recibiremos como respuesta que la mayoría de la gente dice que no le va tan bien como quisiera o que la pasa francamente mal.

Casi sesenta y cinco por ciento de la población urbana de Occidente asegura que no le va bien.

Si uno trata de confirmar estas respuestas preguntando si sufren, nos aseguran que sí. Algunos dicen que mucho, otros que un poco, pero si nos guiamos por sus respuestas concluiremos sin dudarlo que la mayoría dice que sufre.

Es obvio que a nadie le gusta sufrir, y por lógica entonces ese sufrimiento es "algo inevitable" que nos alcanza, que nos salpica, que nos toca, que nos invade a nuestro pesar.

¿POR QUÉ SUFRIMOS?

Sufrimos cuando nos damos cuenta de que no tenemos algo deseado, o cuando nos enteramos de alguna pérdida; cuando lo obtenido está demasiado distante de lo esperado y cuando creemos que para algunas cosas ya es tarde.

El sufrimiento, sentenciaba Buda, es universal, pero tiene una sola raíz.

Y esa raíz, decía el maestro, es el deseo.

Deseos, apego, anhelos y expectativas; he aquí las raíces de nuestro sufrimiento. Y si allí se originan, sigue Buda, el sufrimiento se puede evitar, el dolor tiene solución.

La solución es dejar de desear. Aceptar. Soltar. Cancelar la imperiosa urgencia de que las cosas sean diferentes de como son.

Deja de pretender tener ya todo lo que quisieras tener en este momento, material, afectivo o espiritual y el sufrimiento va a desaparecer.

Un sacerdote jesuita que se llamaba Anthony DeMello jugaba a veces en sus charlas:

—¿Quieres ser feliz? —decía—. Yo puedo darte la felicidad en este preciso momento, puedo asegurarte la felicidad para siempre. ¿Quién acepta?

Y varios de los presentes levantaban la mano...

—Muy bien —seguía DeMello—, te cambio tu felicidad por todo lo que tienes, dame todo lo que tienes y yo te doy a cambio la felicidad.

La gente lo miraba. Creían que él hablaba simbólicamente, y reía...

—Y te lo garantizo —confirmaba—, no es broma.

Las manos empezaban a descender... y él decía, riéndose como un Buda:

—Ahh... No quieren... Ninguno quiere.

Y entonces él explicaba.

Identificamos nuestro ser felices con nuestro confort, con el éxito, con la gloria, con el poder, con el aplauso, con el dinero, con el gozo, con el placer instantáneo; y no parecemos estar ni un poquito dispuestos a renunciar a algo de eso. Ni siquiera a cambio de ser felices.

Sabemos que gran parte de nuestro sufrimiento proviene de lo que hacemos diariamente para tener estas cosas, pero nadie puede convencernos de que renunciemos a ellas.

Nadie nos puede hacer creer que dejaríamos de sufrir si diéramos el gran paso de dejar de anhelar.

Y, sin embargo, es tan claro.

Somos como el alpinista aferrados a la búsqueda de cosas materiales como si fueran la soga que nos va a salvar. No nos animamos a soltar este pensamiento porque pensamos que sin posesiones lo que sigue es el cadalso, la muerte, la desaparición. Sabemos que lo conocido nos ocasiona sufrimiento, pero no estamos dispuestos a renunciar a ello. La idea de soltar las cosas para recorrer el camino más liviano nos es desconocida, y entonces no tenemos ninguna posibilidad de dejar de sufrir, porque encima de la frustración se instala en nosotros una cierta contradicción.

Pero es necesario admitir que para nosotros, occidentales, nos es imposible dejar de desear, aunque también sabemos que es imposible poseer infinitamente y para siempre todo lo que deseamos, porque no somos omnipotentes.

Es decir:

No dejamos de fabricar deseos.

Ninguno de nosotros puede ni podrá jamás tener todo lo que desea.

Desear y no obtener es la fuente del sufrir.

¿Existe una solución para esta trampa?

Creo que sí.

La llave podría buscarse por el camino de aprender a entrar y salir del deseo.

Para ello es imprescindible desarrollar la habilidad de desear sin quedarme atrapado en el deseo, querer sin agarrarme como se agarra un alpinista de la soga que cree que le va a salvar la vida. En pocas palabras: aprender a soltar.

Pongamos un ejemplo:

Posiblemente sería muy placentero viajar en el auto más caro y lujoso que existe, aunque sea de aquí a cinco cuadras, pero ¿debería sufrir si ese auto no está disponible para mí en este momento?

Digo que si el auto está sería maravilloso disfrutar de un paseíto a bordo (aun uno cortito como el propuesto, un viajecito de cinco cuadras), pero si no está... quizás haya otro auto. Y si no... quizá pueda caminar. Y si llueve... quizá pueda conseguir un paraguas. Y si no lo consigo... quizá pueda renunciar a ir...

Quizá, se me ocurre ahora que lo pongo por escrito, quizás hasta pueda renunciar a ciertos hábitos y gracias a que el auto no está disponible... disfrutar de caminar bajo la lluvia.

Si yo pudiera descubrir mi posibilidad de disfrutar en cualquiera de estas situaciones, si yo puedo imaginar algún grado de alegría en cada una de estas posibilidades, entonces no habría ningún sufrimiento esperándome en el ejemplo.

En cambio, si yo fijo gran parte de mis ilusiones y expectativas, si yo decido que lo único que me puede hacer feliz en este momento es que sea éste y ningún otro el auto que me lleve... entonces aparece lo que yo llamo "el momento de las vocales quejosas".

"Aaaah... Qué gran defraudación"
"Ooooh... Qué terrible pérdida"
"Eeeeh... Es que yo siempre fui en auto" y
"Uuuh... Yo no voy a soportar tener que caminar".

Si pudiéramos burlarnos de nuestras miserias lo llamaríamos *"el momento del sufrimiento garantizado"*.

Pero por suerte no somos tan necios como para hacer depender nuestra felicidad de un paseo en auto. Y entonces... debe pasar por otro lado, ¿qué es lo que me hace sufrir?

El tema está en mi apego, en mi manera de relacionarme con mis deseos.

El problema es no saber entrar y salir de las situaciones.

No poder aceptar la conexión y la desconexión con las cosas.

No haber aprendido que el obtener y el perder son parte de la dinámica normal de la vida considerada feliz.

Te preguntarás por qué me desvío hacia la felicidad, el apego y la capacidad de entrar y salir si estoy hablando de pérdidas, de lágrimas, de abandonos y de muertes. No es desvío. Muerte, cambio, pérdida y VIDA PLENA están íntimamente relacionados desde el comienzo de los tiempos, como lo demuestran los estudios de los símbolos que han encarado sucesivamente la antropología, la historia de los pueblos primitivos y la psicología. A través de los tiempos cada símbolo tiene arquetípicamente un significado, como lo analizó el genial C. Jung en sus estudios acerca de la estructura simbólica por antonomasia: las cartas del tarot.

En el tarot existe, por ejemplo, una carta que representa y simboliza la muerte. Se trata del arcano número 13, que la tradición popular identifica con la famosa calavera, la guadaña y la túnica. La imagen misma de la muerte.

Los símbolos se repiten una y otra vez en todas las culturas y en todos los tiempos; y, sin embargo, a pesar de lo aterrador de la imagen, esta carta no representa como símbolo la llegada de la muerte en sí misma, sino que para los que más saben del tema encarna el cambio. Simboliza el proceso por el que algo deja de ser como es, para dar lugar a otra cosa que va a ocupar el lugar que aquello que ya no está ocupaba antes.

La sabiduría popular o el inconsciente colectivo sabe desde siempre que las pequeñas muertes cotidianas y quizá también los más tremendos episodios de muerte simbolizan internamente procesos de cambio.

Vivir esos cambios es animarnos a permitir que las cosas dejen de ser para que den lugar a otras nuevas cosas.

Elaborar un duelo es, pues, aprender a soltar lo anterior.

Es cuando temo a las cosas que vienen, cuando me agarro de las cosas que hay.

Me quedo centrado en las cosas que tengo porque no me animo a vivir lo que sigue.

Me convenzo de que no voy a soportar el dolor que significa que esto se vaya para justificar mi manera de aferrarme a todo lo anterior...

Y desde esta posición, seguramente no podré conocer, ni disfrutar, ni vivir lo que sigue.

Casi te escucho:

"...pero cuando uno pierde cosas que quiere, siente que le duele, y a veces sufre mucho por lo que no está".

Sí, y el tema está en ver qué hacemos para quedarnos sólo con el dolor, pero renunciando al sufrimiento.

Hay miles de cosas que te invitan a recorrer el camino de las lágrimas,
porque además de las personas que uno pierde
hay situaciones que se transforman,
hay vínculos que cambian,
hay etapas de la propia vida que quedan atrás,
hay momentos que se terminan,
y cada una de estas cosas representa una pérdida para elaborar.

Si me doy cuenta de que TODO de alguna manera va a pasar, concluiré asumiendo que es MI responsabilidad enriquecerme al despedirlas.

Imagínate que yo me aferrara a aquellas cosas hermosas de mi infancia, que me quedara pensando lo lindo que fue ser niño, o viviera añorando aquel momento en el que era un bebé y mi mamá me daba el pecho y se ocupaba de mí y yo no tenía nada que hacer más que lo que tuviera ganas, o aún más, me quedara, como el alpinista, agarrado del recuerdo de la imaginaria seguridad del útero de mi mamá, pensando que este estado supuestamente es ideal.

Imagínate que me quedara en cualquier etapa anterior a mi vida, que decidiera no seguir adelante.

Imagínate que decidiera que algunos momentos del pasado han sido tan buenos, algunos vínculos han sido tan gratificantes, algunas personas han sido tan importantes, que no los quiero perder, y me agarrara como a una soga salvadora de estos lugares que ya no soy.

Imagínate que yo hiciera eso y tú lo hicieras también. No existiría este libro, ni tu interés de leer estas palabras, ni el deseo de seguir avanzando en la vida. Los dos moriríamos allí, en el pasado, paralizados y congelados como en el cuento. Seguramente esto no es lo que deseamos, esto no podría ser bueno para mí ni para nadie.

Y, sin embargo, dejar cada uno de estos lugares fue doloroso, dejar mi infancia fue doloroso, dejar de ser el bebé de los primeros días fue doloroso, dejar el útero fue doloroso, dejar nuestra adolescencia fue doloroso.

Todas estas vivencias implicaron una pérdida, pero gracias a haber perdido algunas cosas hemos ganado algunas otras.

Puedo poner el acento en esto diciendo que no hay una ganancia importante que no implique de alguna forma una renuncia, un costo emocional, una pérdida.

Ésta es la verdad que se descubre al final del camino de las lágrimas:

Que los duelos son imprescindibles para nuestro proceso de crecimiento personal, que las pérdidas son necesarias para nuestra maduración y que ésta a su vez nos ayuda a recorrer el camino.

Cuanto más aprenda yo a soltar, más fácil va a ser que el crecimiento se produzca; cuanto más haya crecido menor será el desgarro ante lo perdido; cuanto menos me desgarre por aquello que se fue, mejor voy a poder recorrer el camino que sigue. Madurando seguramente descubra que por propia decisión dejo algo dolorosamente para dar lugar a lo nuevo que deseo.

—Gran maestro —dijo el discípulo—, he venido desde muy lejos para aprender de ti. Durante muchos años he estudiado con todos los iluminados y gurús del país y del mundo y todos han dejado mucha sabiduría en mí. Ahora creo que tú eres el único que puede completar mi búsqueda. Enséñame, maestro, todo lo que me falta saber.

Badwin el Sabio le dijo que tendría mucho gusto en mostrarle todo lo que sabía, pero que antes de empezar quería invitarlo a tomar un té.

El discípulo se sentó junto al maestro mientras él se acercaba a una pequeña mesita y tomaba de ella una taza llena de té y una tetera de cobre.

El maestro alcanzó la taza al alumno y cuando éste la tuvo en sus manos empezó a servir más té en la taza que no tardó en desbordarse.

El alumno con la taza entre las manos intentó advertir al anfitrión:

—Maestro... maestro.

Badwin, como si no entendiera el reclamo, siguió vertiendo té que, después de llenar la taza y el plato, empezó a caer sobre la alfombra.

—Maestro —gritó ahora el alumno—, deja ya de echar té en mi taza. ¿No puedes ver que ya está llena?

Badwin dejó de echar té y le dijo al discípulo:

—Hasta que no seas capaz de vaciar tu taza no podrás poner más té en ella.

Hay que vaciarse para poder llenarse.

Una taza, dice Krishnamurti, sólo sirve cuando está vacía.

No sirve una taza llena, no hay nada que se pueda agregar en ella.

Manteniendo la taza siempre llena ni siquiera puedo dar, porque dar significa haber aprendido a vaciar la taza. Parece obvio que para dar tengo que explorar el soltar, el desapego, porque también hay una pérdida cuando decido dar de lo mío (como la etimología ya lo había anticipado, ¿te acuerdas?)

Para crecer entonces voy a tener que admitir el vacío. El espacio donde por decisión, azar o naturaleza ya no está lo que antes podía encontrar.

Ésta es mi vida. Voy a tener que deshacerme del contenido de la taza para poder llenarla otra vez. Mi vida se enriquece cada vez que yo lleno la taza, pero también se enriquece cada vez que la vacío... porque cada vez que yo vacío mi taza estoy abriendo la posibilidad de llenarla de nuevo.

Toda la historia de mi relación con mi crecimiento y con el mundo es la historia de este ciclo de la experiencia del que ya hablamos. Finalmente la vida consiste en establecer contacto con los hechos, agotar el contacto y retirarse, desde allí empezar otra vez el registro, otra vez cargarme de energía, otra vez emocionarme y otra vez actuar, otra vez conectarme, otra vez agotarme de contacto y volver a retirarme.

Entrar y salir.

Llenarse y vaciarse.

Tomar y dejar.

Vivir estos duelos para mi propio crecimiento. Aunque no siempre el proceso sea fácil, aunque no siempre esté exento de daño.

Tengo encima de mi mesa de trabajo una moneda de plata que me regalaron mis colegas del Colegio de Psicólogos de Guadalajara cuando estuve en su ciudad dando una conferencia sobre este mismo tema. Si ahora quisiera mirarla más de cerca para examinar su hermoso grabado podría hacerlo fácilmente y sin ningún esfuerzo. No pasa gran cosa salvo que en la mesa queda el lugar vacío donde estaba apoyada la moneda. Pero si pongo un poquito de pegamento aquí, en la moneda, cuando la levante, posiblemente quede una marca sobre el mantel, y si miráramos con una lupa veríamos que algo de las capas superficiales de la tela del mantel fueron arrancadas junto con la moneda. Ahora imaginemos que en lugar de un simple pegamento pongo un poco de algún firme adhesivo industrial. Si le permito que se seque, cuando alce la moneda, pedacitos de mantel van a quedar pegados a él y no voy a necesitar ninguna lente para notarlo, el daño será evidente. Ahora imagínate que hago ojales en el mantel y hago algunos agujeros en la madera y con un hilo metálico fabrico una red de alambre para mantener la moneda sujeta al mantel y, ya que estoy en eso, pego con cemento el mantel a la mesa. Supongamos ahora que quiero levantar la moneda para admirar, otra vez, sus grabados; no sólo voy a tener que hacer un esfuerzo más grande para poder separar estas dos cosas y levantar la moneda sino que cuando lo haga, si consigo hacerlo, posiblemente, el mantel se destruya, un pedazo de la mesa quede dañado y la moneda quede en malas condiciones.

Tomando este ejemplo parece evidente que cuanto mayor sea el apego que siento a lo que estoy dejando atrás (cuanto más poderoso sea el pegamento), mayor será el daño que se produzca a la hora de la separación, a la hora de la pérdida, a la hora de vivir el duelo.

No es imprescindible que sea así, pero en general sucede que cuanto más quiero a alguien, más tiendo a apegarme y éste será entonces, ahora podemos comprenderlo, el principio de verdad sobre el que se construye aquella idea de que el que ama se arriesga a sufrir y la horrible conclusión (además engañosa y falsa) de que "Si uno no ama no sufre".

Y yo digo que lamentablemente en relación con el dolor, el amor es más que un riesgo, es casi una garantía; porque en cada relación amorosa comprometida es más que probable que haya aunque sea un poquito de dolor, aunque no sea más que el dolor de descubrir nuestras diferencias y de enfrentar nuestros desacuerdos. Pero este compromiso es la única manera de vivir plenamente y como suelo decir:

Vivir vale la pena.

Esta pena es la que de alguna manera me abre la puerta de una nueva dimensión. Es el dolor inevitable para conseguir otra cosa más importante. Es la condición imprescindible para sostener mi propio crecimiento.

Nadie crece desde otro lugar que no sea haber pasado por un dolor asociado a una frustración, a una pérdida.

Nadie crece sin tener conciencia de algo que ya no es.

EL DUELO POR LO QUE NUNCA FUE

Existen duelos que a simple vista parecen diferenciarse de los demás. Se trata del dolor que padecen los que, teniendo la fantasía de llegar a tener algo, aterrizan un día en la conciencia de que no lograrán tenerlo jamás.

No hay en estos casos ninguna pérdida, porque cómo se puede perder lo que no se tuvo. Y entonces... ¿Cómo se podría sentir esto como una pérdida?

Parece ser una excepción. Parece ser el duelo por no tener lo que nunca tuvo.

Me digo que debe haber algo que se tuvo que tener para que se justifique la existencia de la pérdida.

Me contesto que hay, por supuesto, algo que sí se tuvo.

Se tuvo la ilusión.

Se tuvo la fantasía.

Se tuvo el sueño.

Y lo que se está perdiendo cuando uno sufre es esa ilusión, es esa fantasía, y si se da cuenta, va a tener que elaborar el duelo para poder separarse de esto que ya no está.

Un sueño mío no es algo que podría haber sido, un sueño mío es en sí mismo. Está siendo en este momento.

Mis ilusiones, mis fantasías y mis sueños, si son sentidos y son conscientes, son.

Y puedo aferrarme a mis sueños, como me aferro a mis realidades, como me aferro a mis relaciones.

Cuando la realidad me demuestra que esto no va a suceder, es como si algo muriera, y como con las personas tiendo a quedarme aferrado a esta fantasía.

Igual que con las realidades, lo mismo que con los hechos, hace falta soltar.

Pero para esto tengo que aceptar que el mundo no es como yo quiero que sea, y esto implica un duelo para elaborar.

Tengo que aceptar que el mundo es como es y amigarme con el hecho de que así sea.

Tengo que aceptar que mi buen camino no pase quizá por tener todo lo que yo sueño.

Quizá pase por donde ni siquiera imaginé.

Pero si no me animo a soltar la soga de un sueño no podré seguir mi ruta hacia mí mismo.

DEJAR ATRÁS

Madurar siempre implica dejar atrás algo perdido aunque sea un espacio imaginario, y elaborar un duelo es abandonar uno de esos espacios anteriores (internos o externos), que siempre nos suenan más seguros, más protegidos, y aunque sea, más previsibles.

Dejarlo para ir a lo diferente. Pasar de lo conocido a lo desconocido.

Esto irremediablemente nos obliga a crecer.

Que yo sepa que puedo soportar los duelos, y sepa que puedo salirme si lo decido, me permite quedarme haciendo lo que hago, si ésa es mi decisión.

La contracara del cuento del alpinista es la historia de don Jacobo.

Don Jacobo vive en la Avenida Santa Fe, entre el pasaje Pirulo y la calle Mengano.

Hay un quiosco de diarios en Santa Fe y Mengano y otro quiosco de diarios en Santa Fe y Pirulo.

Don Jacobo toma café todas las mañanas en Santa Fe y Pirulo y antes de entrar al bar compra el diario en esa misma esquina.

Por alguna razón misteriosa (quizá por algún prejuicio antisemita) el quiosquero de Santa Fe y Pirulo maltrata a don Jacobo. Siempre le habla en mal tono, le tira el diario en lugar de dárselo en la mano, le pasa mal la cuenta, le entrega el más arrugado de los ejemplares.

El mozo del bar que lo atiende siempre y le tiene afecto le dice:

—Oiga, don Jacobo, ¿por qué deja que lo maltrate?

—¿Y qué quiere que le haga?

—No, no quiero que haga nada, pero si este tipo lo trata de esta manera, ¿por qué no compra el diario en otro quiosco? Después de todo cuando viene de su departamento pasa por el quiosco de Mengano antes de llegar al bar.

Don Jacobo mira al mozo y le contesta:

—Este hijo de puta me maltrata sin ninguna razón... ¿y yo voy a dejar que ÉL decida dónde YO compro el diario? ¡De ninguna manera!

¿Es esto resistirse a elaborar el duelo?

No, creo que no.

Resistir el duelo sería aferrarse al vínculo, sería corregir mi conducta, esperar que el otro me trate bien o seguir quejándome del maltrato.

Indudablemente, mejor resolución para el maltrato, en el chiste de don Jacobo, hubiera sido aceptar la pérdida de un lugar donde comprar el diario, procesar el duelo y dejar de esperar que esto cambie. Aceptar que puedo comprar el diario en otro lado donde me traten bien.

Pero como dice don Jacobo, seguramente será muy bueno para mi futuro que, después del duelo, yo decida dónde quiero comprar el diario. Puede ser que yo sea un idiota si le sigo comprando el diario a ese hijo de puta, pero ser un idiota no es un tema que impida vivir el duelo.

Impedir o resistir el duelo es otra cosa.

De *El rey Juan*, la obra de W. Shakespeare...

Felipe habla con Constanza, que ha perdido a su hijo durante la última batalla.

De hecho ignora si su hijo ha muerto, pero intuye que probablemente no lo vuelva a ver con vida.

Constanza llora y gime, se lamenta y llora más todavía, desesperada y dolorida.

Entonces Felipe le dice:

—Lloras tanto a tu hijo, estás tanto con el dolor, que parece que quisieras más a tu dolor que a tu hijo.

Y Constanza le contesta:

—El dolor de que mi hijo no esté vive en su cuarto, duerme en su pieza, viste sus ropas, habla con sus mismas palabras, y me acompaña a cada lugar adonde me acompañaba antes mi hijo, ¿cómo podría no querer a mi dolor, si es lo único que tengo?

Porque el dolor a veces, es cierto, acompaña al que sufre, ocupando el mismo lugar que antes habitaba la persona.

No importa qué lugar ni cuánto lugar ocupaba el desaparecido en tu vida, el dolor siempre está listo para llenar todos esos espacios.

Y es necesario entender que si bien esta sensación de estar acompañado por el dolor no es agradable, por lo menos no es tan amenazante como parece ser el vacío.

Por lo menos el dolor ocupa el espacio.

El dolor llena los huecos.

El dolor evita el agujero del alma.

¿Qué pasaría si no estuviera el dolor para llenar esos huecos?

EL PROCESO DE INTERIORIZACIÓN

Una parte del proceso de aceptación y elaboración consiste en la ardua tarea de descubrir y dejar vivir adentro mío las cosas que otro dejó.

Dejar nacer y durar en nuestro interior algo del que ya no está. Este mecanismo, penúltima etapa de un duelo sano, no necesita de la muerte del otro para operar en nuestro beneficio. Trabaja sobre la ausencia del que de alguna manera, muerto o no, ya no está. Sea porque su enfermedad lo cambió tanto que ya no es el que era, sea porque el simple paso del tiempo haga que ya no pueda estar de la manera en que estaba. Puede ser que esté aquí físicamente a nuestro lado, tiene su misma cara, el mismo nombre y número de documento, pero no la misma expresión, quizá conserve la misma voz pero ya no dice las mismas palabras, y hasta quizá sean las mismas palabras pero ya no significan lo mismo...

Ya no es la misma persona. Ya no es.

No está más allí afuera... Pero sí puedo darme cuenta de lo que dejó en mí, está adentro.

Y cuando puedo llegar aquí, entonces, aun dolorosamente, puedo recuperar la alegría de su presencia viva. Porque esta vigencia se significa en poder mantener viva su figura en mí.

La vida es la continuidad de la vida, más allá de la historia puntual.

Cada momento de nuestra vida se muere para dar lugar al que sigue,

cada instante que vivimos va a tener que morirse para que nazca uno nuevo,

que nosotros después vamos a tener que estrenar (como dice Serrat).

Hace falta estrenarse una nueva vida cada mañana si es que uno decide soportar la pérdida de la propia vida diferente que terminó ayer.

Pero si sigues llevando la anterior, la anterior, y la anterior, tu vida se hace muy pesada.

A mí me parece que todo el misterio de poder lidiar con nuestras pérdidas no consiste en otra cosa que en animarse justamente a vivir los duelos, animarse a dolerse como parte del camino, animarse a padecer el dolor. Y digo el dolor, no el sufrimiento. Una vez más, sufrir es quedarse "amorosamente" vinculado a la pena como antes me vinculaba al placer que me daba lo perdido.

Quiero poder abrir la mano y soltar lo que hoy ya no está, lo que hoy ya no sirve, lo que hoy no es para mí, lo que hoy no me pertenece.

No quiero retenerte, no quiero que te quedes conmigo porque yo no te dejo ir.

No quiero que hagas nada para quedarte más allá de cuanto quieras.

Mientras yo deje la puerta abierta voy a saber que estás acá porque te quieres quedar, porque si te quisieras ir ya te habrías ido.

Hay un poeta argentino que se llama Hamlet Lima Quintana, un hombre cuya poesía admiro muchísimo. Y él escribió "Transferencia", y dice:

> Después de todo, la muerte es una gran farsante.
> La muerte miente cuando anuncia que se robará la vida,
> como si pudiera cortar la primavera,
> porque al final de cuentas,
> la muerte sólo puede robarnos el tiempo,
> las oportunidades de sonreír,
> de comer una manzana,
> de decir algún discurso,
> de pisar el suelo que se ama,
> de encender el amor de cada día.
> De dar la mano, de tocar la guitarra,
> de transitar la esperanza.
> Sólo nos cambia los espacios.

Los lugares donde extender el cuerpo,
bailar bajo la luna o cruzar a nado un río.
Habitar una cama, llegar a otra vereda,
sentarse en una rama,
descolgarse cantando de todas las ventanas.
Eso puede hacer la muerte.
¿Pero robar la vida?... Robar la vida no puede.
No puede concretar esa farsa... porque la vida...
la vida es una antorcha que va de mano en mano,
de hombre a hombre, de semilla en semilla,
una transferencia que no tiene regreso,
un infinito viaje hacia el futuro,
como una luz que aparta
irremediablemente las tinieblas.

Y a mí me parece que Lima Quintana tiene razón.

La desaparición del otro, que uno asocia con la muerte, solamente puede ser vivida así si uno no puede interiorizar a los que ha perdido.

Si uno se anima, entonces la muerte es una gran farsante. La enfermedad es una gran farsante.

Pueden llevarse algunas cosas de ese otro. Pero no pueden robármelo porque de alguna manera ese otro sigue estando adentro mío.

Tristeza y dolor, dos compañeros saludables

Siempre hay más, mucho más que dolor en un duelo.
Hay por ejemplo cierto orgullo de llegar adonde nunca había estado.
Donde nunca pensé que llegaría a estar.
Hay oculto en cada adiós un silencioso bienvenido.
Las despedidas son más un tema de la vida que de la muerte.
Porque en última instancia y desde el principio
nuestra historia y la de todos
es tan sólo una mezcla extraña de finales y principios.

Y lo sé porque otros que vivieron me contaron
porque otros que sufrieron primero crecieron después desde el dolor.
Muertes que parieron nuevas vidas,
pérdidas que condujeron a encuentros
y ausencias presentes que llenaron vidas vacías

> *librándolas del martirio de presencias ausentes.*
>
> *Es por eso que sé, que avanzo y que no estoy sola,*
> *que camino día y noche acompañada por muchos otros.*
> *Otros que dejaron su marca en el sendero*
> *y que encontraron solamente caminando,*
> *el sentido verdadero del camino recorrido.*
>
> MARTA BUJÓ, *No todo es dolor*

En el lenguaje de todos los días solemos equiparar el dolor con el sufrimiento, y la tristeza con la depresión.

Si buceamos en las etimologías del duelo nos encontraremos que más allá de la hablada relación con el dolor existen además otras dos derivaciones interesantes.

Una, la que relaciona el origen del duelo emparentado con el antiguo vocablo *dwel*, que quiere decir batalla, pelea entre dos; y que en este caso, sugiere para mí que desde el mismo significado etimológico se debe pensar que en el proceso interno de la elaboración de una pérdida, se establece una lucha, un duelo de hegemonías; por ejemplo entre la parte de mí que acepta la pérdida, atada a la realidad, y la otra, la que quiere retener, la que no está dispuesta a soltar lo que ya no está.

La otra derivación lingüística nos vincula a la palabra latina *dolos* (origen también de nuestro jurídico *dolo*) que quiere decir engaño, estafa, falsedad y que quizá nos obligue a pensar en el engaño de todos los que nos han enseñado a creer que podríamos conservar para siempre lo que amábamos, y que todo lo deseado podía ser eterno.

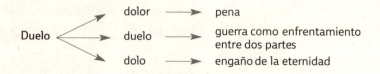

Cuando hablamos del camino de las lágrimas estamos poniendo el acento ciertamente en la vinculación del duelo con el dolor por lo perdido, pero no olvidemos que una guerra sucede en nuestro interior y que el bando de "los buenos" es el que quiere aceptar que lo ausente ya no está; y no olvidemos tampoco que transitamos este camino soportando la frustrada decepción de confirmar que la infantil creencia de las cosas eternas se ha estrellado contra la realidad de una pérdida.

DUELO NORMAL

Estar de duelo no es estar enfermo. Más bien, al contrario, el proceso que conlleva la superación de una pérdida es la garantía de desarrollo, crecimiento y salud.

Frente a la vivencia de la pérdida el proceso de duelo se establece para poder seguir adelante en nuestro camino, para poder superar la ausencia. Asociamos inevitablemente la palabra duelo con la muerte, pero voy a repetir muchas veces en este libro que el proceso de elaboración de un duelo sucede (o mejor dicho, sería bueno que sucediera) frente a cualquier pérdida, definiendo como vivencia de pérdida simplemente la situación interna frente a lo que ya no está. Es decir, un duelo puede generarse también a partir de una acción voluntaria, como decidir mudarme o dejar a alguien, y también desde hechos ineludibles como el paso del tiempo, por ejemplo.

En este camino que es el de las lágrimas se nos presentan también algunos senderos que nos alejan del final. Uno es un supuesto atajo, otro un desvío que conduce a una vía muerta.

Hay muchos rumbos dentro de cada alternativa, pero no existe más que un camino saludable: el del proceso de elaboración del duelo normal.

La negación de la pérdida es un intento de autoprotección contra el dolor y contra la fantasía de sufrir. Si bien es cierto que, como veremos, una etapa normal del recorrido puede incluir un momento de bloqueo de la realidad desagradable, lo consideramos un desvío cuando la persona se estanca en esa etapa y sigue negando la pérdida más allá de los primeros días.

La negación es una forma de fuga, un vano intento de huida de lo doloroso. Y digo vano porque la negación nos lleva al punto de partida, no resuelve nuestra pérdida, sólo la posterga y apuesta a que lo podrá hacer eternamente. El negador vive en un mundo de ficción donde lo perdido todavía no se fue, donde el muerto vive, donde lo que pasó nunca pasó. No es el mundo mágico donde todo se resolvió felizmente, sino la realidad detenida en el momento en que todo estaba por comenzar. El universo congelado en el instante anterior a saber lo que hubiera preferido no enterarme.

El desvío hacia el sufrimiento en cambio es la decisión de no seguir avanzando. Es una especie de pacto con la realidad que conjura un mayor dolor o un trato con la vida ante la posibilidad de tener que soltar lo perdido y mi deseo de no soltarlo nunca. Y entonces nos detenemos y nos apegamos a lo que se fue, reconociendo que no está pero instalándonos en el lugar del sufrimiento. Sufrir es hacer crónico el dolor. Es transformar un momento en un estado; es apegarse al recuerdo de lo que lloro para no dejar de llorarlo, para no olvidarlo, para no renunciar a eso, para no soltarlo sustituyéndolo por mi sufrimiento.

En este sentido el sufrimiento es siempre una enfermiza manera de lealtad con los ausentes. Es como volverse adicto al malestar, es como evitar "lo peor" eligiendo "lo peor de lo peor". El sufrimiento es racional aunque no sea inteligente, induce a la parálisis, es estruendoso, exhibicionista, quiere permanecer y para ello reclama compañía, pero no como consuelo sino porque necesita testigos.

El dolor en cambio es silencioso, solitario, implica aceptación, estar en contacto con lo que sentimos, con la carencia y con el vacío que dejó lo ausente.

El sufrimiento pregunta por qué aunque sabe que ninguna respuesta lo conformará, para el dolor en cambio se acabaron las preguntas.

El proceso de duelo siempre nos deja solos, impotentes, descentrados, responsables y sobre todo tristes.

El dolor es irracional porque conecta con un sentimiento: la tristeza. Una emoción normal y saludable, aunque displacentera porque significa extrañar lo perdido.

Aunque la tristeza puede generar una crisis, permite luego que uno vuelva a estar completo, que suceda el cambio, que la vida continúe en todo su esplendor.

La más importante diferencia entre uno y otro es que el dolor siempre tiene un final, en cambio el sufrimiento podría no terminar nunca.

La manera en que el sufrimiento podría perpetuarse es desembocando en una enfermedad llamada comúnmente depresión. Por si no queda suficientemente claro, la depresión no es la tristeza y su uso popular indistinto es un gran error y una fuente de dañinos malos entendidos. La depresión *es una enfermedad* de naturaleza psicológica, que si bien incluye un trastorno del estado de ánimo, excede con mucho ese síntoma.

Partiendo del significado de "depresión" como "pozo, hundimiento, agujero, presión hacia abajo o aplastamiento", entenderemos la enfermedad como una disminución energética global que se manifiesta como falta de voluntad, ausencia de iniciativa o

falta de ganas de hacer cosas, trabajos, actividades, etcétera;

en la afectividad se expresa como tristeza, vacío existencial, culpa, sensación de soledad, etcétera;

en la mente se crea pesimismo, acrecentamiento de pensamientos pesimistas cada vez más dominantes, inseguridad, etcétera.

Hay que sumar todas las características de una enfermedad para poder diagnosticarla, quiero decir, que una persona se sienta triste, o pesimista, o insegura o se encuentre desganada no necesariamente garantiza que esté deprimida.

El diagnóstico de depresión es competencia del especialista y no de las evaluaciones de las revistas que empiezan en el supuesto test del estilo de:

"¡...si usted sacó más de quince puntos está deprimido!"

Entre muchas otras cosas porque también se puede estar deprimido sin padecer ninguno de los síntomas clásicos de la depresión.

Según su causa, las depresiones se suelen dividir en externas e internas.

Vamos a hablar solamente de las primeras. Estos cuadros depresivos son desencadenados por definición por hechos del afuera que inciden sobre una posiblemente previa falta de armonía interna.

¿Cuáles son esas causas externas? Las desilusiones afectivas, los conflictos interpersonales, la marginación o aislamiento por parte de otras personas, la jubilación, los problemas económicos, la muerte de un ser querido, un fracaso matrimonial, etcétera.

Pero como las antedichas situaciones no producen el mismo efecto en todas las personas, comprendemos que las causas externas inmediatas no son suficientes.

En la mayoría de estas depresiones el factor desencadenante aparece para sumarse a otros hechos del paciente, no tan circunstanciales: baja capacidad de frustración, miedos patológicos, preocupaciones prolongadas, pesimismo, tensión nerviosa, fobia social, tendencia al aislamiento y la soledad, personalidad dependiente, fuerte añoranza del pasado, rigidez de pensamiento, y por supuesto, duelo patológico.

Los deprimidos tienden a deformar sus experiencias, malinterpretar acontecimientos tomándolos como fracasos personales. Exageran, generalizan y tienden a hacer predicciones negativas del futuro.

Conocer estas causas puede servirnos como ayuda para salir de una depresión o como prevención si no se está en ella, porque la clave para solucionar el problema se encuentra en el nivel de comprensión y, por consiguiente, de cambio en la forma de encarar estas vivencias, un poco más lejos de su ombligo.

Si el individuo deprimido pudiera mejorar lo que opina de sí mismo, del mundo, de sus propios pensamientos; si no olvidara practicar alguna actividad física y centrara la atención en comunicarse con personas más optimistas y escucharlos atentamente; si escuchara a Mozart, asistiera a cursos, desarrollara su creatividad e intentara ser más útil a la sociedad a la que pertenece; podríamos decir sin duda que ha mejorado su pronóstico y por ende su futuro...

Un paso más allá de la depresión podríamos hallar otra enfermedad, también muchas veces invocada sin propiedad: la melancolía.

Ya en 1917 Freud comparaba el duelo con la melancolía, porque en ambos casos existe:

un estado de ánimo profundamente doloroso,
un cese del interés por el mundo exterior,
la cancelación de la capacidad de amar,
la inhibición de todas las funciones.

Pero la melancolía coexiste además con la pérdida del sentimiento de sí.

Dicho de otra forma, en el duelo es el mundo el que se muestra empobrecido, mientras que en la melancolía es además el propio yo del sujeto el que está vacío, devaluado, despreciable y, aún más, lo invade una visión del futuro llena de expectativas negativas a la vez que está seguro de que su sufrimiento continuará indefinidamente.

En el duelo se puede localizar fácilmente qué es lo que se ha perdido, mientras que el melancólico ya no sabe o nunca supo lo que ha perdido, porque lo que ha perdido es su conciencia del propio yo.

De alguna manera los duelos patológicos nos conectan con lo que ocurre en la melancolía: ante la pérdida del objeto, el sujeto en lugar de retirar la energía psíquica (libido) depositada en el objeto desaparecido y dejarla libre para desplazarse a otro objeto, se retrotrae al yo y ahí se queda, identificándose con el objeto perdido.

Freud dice que la angustia es la reacción ante el peligro que supone para la integridad del sujeto la pérdida del objeto, mientras que el dolor y la tristeza son la verdadera reacción ante el examen de realidad que me priva de algo.

Cada tipo de pérdida implica experimentar algún tipo de privación y las reacciones suelen ser en varias áreas:

> Psicológicas
> Físicas
> Sociales
> Emocionales
> Espirituales

Las reacciones psicológicas pueden incluir rabia, culpa, ansiedad o miedo.

Las reacciones físicas incluyen dificultad para dormir, cambio en el apetito, quejas somáticas o enfermedades.

Las reacciones de tipo social incluyen los sentimientos experimentados al tener que cuidar de otros en la familia, el deseo de ver o no a determinados amigos o familiares, o el deseo de regresar al trabajo.

Las reacciones emocionales pueden redundar en extrañar, recordar, llorar o patalear como un niño.

Las reacciones espirituales pueden ir desde el cuestionamiento de la fe, la búsqueda de nuevos referentes religiosos, el ingreso a vivencias de búsquedas mágicas de contacto con el pasado.

La respuesta cultural en el caso de la muerte de alguien, por ejemplo, es diferente en cada tiempo y en cada lugar.

Hay reglas, costumbres y rituales para enfrentar la pérdida de un ser querido que son determinadas por la sociedad y que forman parte integral de la ceremonia del duelo.

Pero a pesar de las diferencias en cualquier entorno el proceso de duelo normal induce a liberarse de algunos lazos con la persona fallecida, lo cual es indispensable para reintegrar al que queda al ambiente en donde la persona ya no está y construir nuevas relaciones para conseguir reajustarse a la vida normal.

Esta actividad requiere mucha energía física y emocional, y es común ver personas que experimentan una fatiga abrumadora. Este agotamiento no debe etiquetarse de depresión, sino muchas veces son los efectos transitorios de un duelo normal.

EL RESULTADO DE AFRONTAR EL DOLOR

Cuesta trabajo poder soltar aquello que ya no tengo; poder desligarse y empezar a pensar en lo que sigue. De hecho esto es, para mí, el peor de los desafíos que implica ser un adulto sano, saber que puedo afrontar la pérdida de cualquier cosa.

Éste es el coraje, ésta es la fortaleza de la madurez, saber que puedo afrontar todo lo que me pase, incluso puedo afrontar la idea de que alguna vez yo mismo no voy a estar.

Quizá pueda, por el camino de entender lo transitorio de todos mis vínculos, aceptar también algunas de las cosas que son las más difíciles de aceptar, que no soy infinito, que hay un tiempo para mi paso por este lugar y por este espacio.

Cuentan que había una vez un hombre que fue a visitar a un rabino muy famoso para hacerle una consulta religiosa.

Cuando entró en la casa vio que estaba totalmente vacía. Sólo había dos banquetas, un colchón tirado en el piso y una mesa muy rudimentaria.

El visitante hizo la consulta y después le preguntó al rabino:

—Perdón, rabino, ¿dónde están sus muebles?

Y el rabino le dijo:

—¿Dónde están los tuyos?

El hombre contestó:

—Yo no soy de esta ciudad, estoy aquí de paso.

—Yo también estoy de paso —dijo el rabino.

Me parece que vivimos en un mundo de adquisiciones y de posesiones a las cuales nos quedamos agarrados; que vivimos en un mundo donde a principios del siglo pasado la sociedad industrial nos prometió algo que en realidad nunca pudo cumplir y que quizá nosotros no nos enteramos, nos prometió que si nosotros podíamos satisfacer todos nuestros deseos íbamos a ser felices. Nos prometió que si podíamos comprar todo lo que quisiéramos, entonces íbamos a estar bien y no íbamos a sufrir y todo lo demás. Nos mintieron. Era mentira, ¿saben? Era mentira. La historia demostró que eso era una mentira.

¿Qué es el duelo?

> ...Y el Principito dijo:
> —Bien... Eso es todo.
> Vaciló aún un momento; luego se levantó y dio un paso... No gritó. Cayó suavemente, como cae un árbol en la arena. Ni siquiera hizo ruido.
> Y ahora, por cierto, han pasado ya seis años... Me he consolado un poco porque sé que verdaderamente volvió a su planeta, pues al nacer el día no encontré su cuerpo. Desde entonces, por las noches, me gusta oír las estrellas; son como quinientos millones de cascabeles...
>
> ANTOINE DE SAINT-EXUPÉRY,
> *El Principito*

Con todo lo hablado hasta aquí, estamos en condiciones de definir el concepto de duelo, dejando fuera de nuestras descripciones y definiciones al llamado duelo patológico, con el que nos meteremos más adelante.

> EL DUELO ES EL DOLOROSO PROCESO NORMAL
> DE ELABORACIÓN DE UNA PÉRDIDA,
> TENDIENTE A LA ADAPTACIÓN Y ARMONIZACIÓN
> DE NUESTRA SITUACIÓN INTERNA Y EXTERNA
> FRENTE A UNA NUEVA REALIDAD.

Elaborar el duelo significa, pues, ponerse en contacto con el vacío que ha dejado la pérdida de lo que no está, valorar su importancia y traspasar el dolor y la frustración que comporta su ausencia.

Convencionalmente podríamos decir que un duelo se ha completado cuando somos capaces de recordar lo perdido sintiendo poco o ningún dolor, cuando hemos aprendido a vivir sin él, sin ella, sin eso que no está. Cuando hemos dejado de vivir en el pasado y podemos invertir de nuevo toda nuestra energía en nuestra vida presente y en los vivos a nuestro alrededor.

Éstas son *algunas* de las sensaciones corporales que sienten los que están de duelo. Es el llamado duelo del cuerpo:

- Insomnio
- Palpitaciones
- Opresión en la garganta
- Dolor en la nuca
- Temblores
- Nudo en el estómago
- Dolor de cabeza
- Punzadas en el pecho
- Pérdida de apetito
- Náuseas
- Fatiga
- Sensación de falta de aire
- Pérdida de fuerza
- Visión borrosa
- Dolor de espalda

Hipersensibilidad al ruido
Dificultad para tragar
Oleadas de calor

No es de extrañar que algunas personas que conviven con muchos o todos estos síntomas se sientan un poco desquiciadas. Sentimiento que se vuelve compartido con los demás cuando éstos ven al que está de duelo llorando desconsolado, de pronto y sin ningún disparador del afuera; suspirando con la mirada perdida; llamando al ser querido que ya no está; buscando estar solo pero quejándose de la soledad en la que se encuentra; alternando noches de casi no dormir con otras de no poder despertarse; distraído y olvidadizo; contando sus pesadillas; desinteresado por su sexualidad y de casi todas las cosas, aunque a veces y sin ningún compromiso con lo que hacen, no paren de hacer cosas y cosas y cosas...

RECOMENDACIONES PARA RECORRER EL CAMINO DE LAS LÁGRIMAS (Y SOBREVIVIR)

> *El pesar oculto, como un horno cerrado, quema el corazón hasta reducirlo a cenizas.*
> William Shakespeare

LOS DOS DECÁLOGOS

Los diez Sí

1. *Permiso*

Date el permiso de sentirte mal, necesitado, vulnerable...

Puedes pensar que es mejor no sentir el dolor, o evitarlo con distracciones y ocupaciones, pero de todas maneras, con el tiempo, lo más probable es que el dolor salga a la superficie. Mejor es ahora.

Acepta que posiblemente no estés demasiado interesado en tu trabajo ni en lo que pasa con tus amistades durante un tiempo, pero métete en el duelo con todas sus consecuencias. Tu vida será diferente mientras recorres este camino, muy probablemente tendrás que cambiar transitoriamente algunos hábitos, seguramente te sientas vacío...

Permítete sentir el dolor plenamente porque el permiso es el primer paso de este camino y ningún camino se termina si antes no se comienza a recorrerlo.

2. Confianza

Confía en tus recursos para salir adelante. Acuérdate de cómo resolviste anteriores situaciones difíciles de tu vida.

Si quieres sanar tu herida, si no quieres cargar tu mochila con el peso muerto de lo perdido, no basta pues con esperar a que todo se pase o con seguir viviendo como si nada hubiera pasado. Necesitas dar algunos pasos difíciles para recuperarte. No existen atajos en el camino de las lágrimas.

Vas a vivir momentos duros y emociones displacenteras intensas en un momento en el que estás muy vulnerable. No te exijas entonces demasiado. Respeta tu propio ritmo de curación y créeme cuando te digo esto: estás en condiciones de afrontar lo que sigue, porque si estás en el camino lo peor ya ha pasado.

Confía en ti por encima de todas las dificultades, y si lo haces te garantizo que no te defraudarás. El pensamiento positivo me transforma siempre en mi propio entrenador, tanto más en el desafío de un duelo.

3. Nuevos ojos. Nuevas puertas

Estamos a veces tan cegados por nuestra propia cólera, dolor, o desgano que no vemos las "nuevas puertas" que se abren.

Todos hemos oído la frase "Cuando una puerta se cierra, otra se nos abre". Creo que es verdad; pero sucede que a veces no estamos dispuestos a dar vuelta al picaporte.

Es fácil pensar "¿Qué de bueno podría venir de esta pérdida?" y, sin embargo, cada día oímos historias de la gente que ha superado batallas físicas, mentales y emocionales para alcanzar, contra todas las probabilidades, objetivos impensados. Lee sobre algunos "milagros médicos" y vas a tener una buena idea de lo que hablo. Lee la vida de Helen Keller y no vas a tener ninguna duda.

4. Aceptación

Aunque sea la cosa más difícil que has hecho en toda tu vida, ahora tienes que aceptar esta dura realidad: estás en el camino de las lágrimas y no hay retorno. El camino sólo sigue hacia delante. Mientras creas en algún pequeño lugarcito que el otro volverá, que la situación va a volver a ser la que era, que el muerto va a regresar, nunca terminarás el recorrido.

La muerte siempre llega, demasiado tarde o demasiado temprano, siempre es un mal momento para que la gente se muera.

Hablar de tu pérdida, contar las circunstancias de la muerte, visitar el cementerio o el lugar donde se esparcieron los restos, todo puede ayudar, poco a poco, a ir aceptando el hecho de la pérdida. De hecho, si existe una remota posibilidad de que la pérdida no sea definitiva, deberás elegir entre seguir esperando y no recorrer el camino o decidir que es definitiva aunque los hechos permitan una tenue esperanza. De todas maneras no te dañará haber recorrido el camino si lo que diste por perdido aparece, pero puede dañarte mucho más seguir esperando lo que nunca sucederá. De hecho, todos sabemos cuánto más difícil es aceptar la pérdida de un ser querido si nunca pudiste ver el cadáver o nunca se recuperó.

Es una gran tentación quedarse refugiado en la idea de que desde el cielo el otro está y me cuida. No tiene nada de malo la creencia religiosa de cada uno, al contrario, es un excelente aliado, pero cuidado con utilizarla para minimizar su desaparición física. Cuidado con llegar a creer que entonces no necesito hacer el duelo.

5. Conexión con la vida

Llega un momento en que sabes que es necesario soltar el pasado. La vida te espera llena de nuevas posibilidades.

No hay nada malo en querer disfrutar, en querer ser feliz, en querer establecer nuevas relaciones... En el caso de la pérdida de una pareja, no hay motivo para avergonzarse si aparece de nuevo el deseo sexual. En realidad, el corazón herido cicatriza abriéndose a los demás. El duelo es establecer que lo muerto queda afuera pero mi vida continúa.

Una adolescente escribió a su madre después de perder a su padre: "Me doy cuenta de que mis amigos también necesitan de mi amor y yo del de ellos; y eso no significa que ya no recuerde o no siga amando a mi papá".

6. Gratitud

Es necesario valorar las cosas buenas que seguimos encontrando en nuestra vida en esta situación de catástrofe y sentirnos agradecidos por su presencia. Sobre todo, algunos vínculos que permanecen (familiares, amigos, pareja, sacerdote, terapeutas) y aceptan mi confusión, mi dolor, mis dudas y seguramente mis momentos más oscuros. Todo sería mucho más difícil sin ellos.

Para cada persona lo que hay que agradecer es diferente: seguridad, contención, presencia y hasta silencio.

7. Las tres D: mucho descanso, algo de disfrute y una pizca de diversión

Date permiso para sentirte bien, reír con los amigos, hacer bromas. Es tu derecho y además será de gran ayuda que busques sin forzar tu propio ritmo momentos para disfrutar. Recuerda que hasta el ser querido que no está querría lo mejor para ti. Los malos momentos vienen por sí solos, pero es voluntaria la construcción de buenos momentos. Empecemos por saber con certeza que hay una vida después de una pérdida, prestemos atención a los signos, señales y oportunidades a nuestro alrededor. No las uses si no tienes ganas, pero no dejes de registrarlas.

8. Aprendizaje

Hacer el duelo significa también aprender a vivir sin algo, sin alguien, de otra forma.

Es aprender a tomar nuevas decisiones por ti mismo, aprender a desempeñar tareas que antes hacía otro, aprender nuevas formas de relación con la familia y amigos, aprender a vivir con algo menos. A veces este aprendizaje no incluye a otros, el duelo es aprender a vivir sin esa capacidad que he perdido. La experiencia es muchas veces un maestro muy cruel. Empieza tu vida de "nuevo". No otra vez.

9. Definiciones

La idea de qué significa morirse es tan teórica que vivencialmente puede ser diferente para cada uno. Lo que importa no es coincidir en una posición respecto de la muerte, sino establecer que es una de las cosas que cada uno tiene que tener definidas. Hay muchas cosas que se pueden tener sin resolver, pero hay cuatro o cinco que es necesario tener "acomodadas":

tu identidad sexual,
tu posición filosófica,
tu relación con tus padres,
tu proyecto de vida,
y una postura frente a la muerte.

¿Qué sucede después de la muerte? ¿Cómo lo vas a saber si nadie lo sabe?
No importa cuál sea tu postura les puedo asegurar que después de la muerte va a pasar lo que ustedes creen que va a pasar.
En el fondo lo mismo da.
Si ustedes creen que van a reencarnar, está bien, si creen que se van al cielo o al infierno, está bien, si ustedes creen que no hay nada más, está bien. Lo que sea que crean, está bien. Pero tienen que tener una posición tomada.
Le preguntaron a Woody Allen, una vez, si él creía que había vida después de la muerte. Allen contestó que no sabía, que estaba muy ocupado tratando de saber si podía vivir un poco *antes* de morir.

10. Compartir lo aprendido

Cuando tengas una parte del camino recorrida, háblales a otros sobre tu experiencia. Enséñales a otros que no minimicen la pérdida, ni menosprecien el camino. Contar lo que aprendiste en tu experiencia es la mejor ayuda para sanar a otros haciéndoles más fácil su propio recorrido e increíblemente facilita tu propio rumbo.

Los diez No

1. *Esconderse*

Nunca cierres tu corazón al dolor. Registra y expresa las emociones que surjan, no las reprimas.

No te hagas el fuerte, no te guardes todo para adentro. Con el tiempo el dolor irá disminuyendo. Si hay algo que opera siempre aliviando el trayecto es justamente encontrar la forma y darse el permiso de sentir y expresar el dolor, la tristeza, la rabia, el miedo por lo perdido. Recorrer el camino de punta a punta es condición para cerrar y sanar las heridas. Y este camino se llama el camino de las lágrimas. Permítete el llanto. Te mereces el derecho de llorar cuanto sientas. Posiblemente sufriste un golpe brutal, la vida te sorprendió, los demás no supieron entender, el otro partió dejándote solo. Nada más pertinente que volver a nuestra vieja capacidad de llorar nuestra pena, de berrear nuestro dolor, de moquear nuestra impotencia. No escondas tu dolor. Comparte lo que te está pasando con tu familia, amigos de confianza... Llorar es tan exclusivamente humano como reír. El llanto actúa como una válvula liberadora de la enorme tensión interna que produce la pérdida. Podemos hacerlo solos si ésa es nuestra elección, o con nuestros compañeros de ruta para compartir su dolor, que no es otro que nuestro mismo dolor. Cuando las penas se comparten su peso se divide. Cuando el alma te duele desde adentro no hay mejor estrategia que llorar.

No te guardes todo por miedo a cansar o molestar. Busca a aquellas personas con las cuales puedes expresarte tal y como estás. Nada es más impertinente y perverso que interrumpir tu emoción con tus estúpidos condicionamientos de tu supuesta fortaleza protectora del prójimo.

2. Descuido

Muchos de los que recorren el camino están tan ocupados en su proceso interno, están tan atentos a su sentir penoso que no prestan atención a su propio cuerpo. Pasados los primeros días puede resultar muy útil que decidas por unas semanas imponerte un horario para levantarte, un horario para las comidas, una hora para acostarte... y lo sigas.

Aliméntate bien y no abuses del tabaco, del alcohol, ni de los medicamentos. De hecho si para ayudarte en estos momentos fuera necesario tomar algún medicamento, deberá ser siempre a criterio de un médico y nunca por los consejos de familiares, amigos y vecinos bien intencionados. De todas maneras es bueno no deambular "buscando" el profesional que acepte recetar los psicofármacos para "no sentir" porque lejos de ayudar pueden contribuir a hacer crónico el duelo.

3. No te apures

Recorrer el camino requiere tiempo y dicen que el tiempo lo cura todo.

Pero cuidado que el tiempo solo quizá no alcance.

Lo que realmente puede ayudar es lo que cada uno hace con el tiempo.

No te hagas expectativas mágicas. Prepárate para las recaídas. Un suceso inesperado, una visita, el aniversario, la navidad te vuelven al principio, es así.

No puedes llorar hoy lo de mañana, ni seguir llorando lo de ayer. Para hoy es tu llanto de hoy, para mañana el de mañana.

¿Estás utilizando este día para *aceptar* que estás de duelo, para reconocer que lo perdido ha muerto y no lo vas a recuperar?

¿Estás utilizando el día de hoy para sentir tus emociones intensamente y para expresar *el dolor* que supone esta pérdida?

¿Estás utilizando este día para *aprender a vivir* sin esa persona querida?

¿Estás utilizando el día para volver a *centrarte en ti mismo*?

Vive solamente un día cada día.

4. Olvidar la fe

Algunas cosas simplemente no son para ser manejadas por uno solo. Incluso toda la ayuda que puedes tener puede no proporcionar la comodidad que realmente se necesita para sobrellevar lo que sucedió.

Muchas personas encuentran que llevar estos problemas a Dios es una manera tranquilizadora de aligerar la carga que hace que el corazón les pese.

Después del primer momento donde la furia tiene a Dios como uno de sus destinatarios favoritos, es útil regresar a la iglesia, al templo, a la charla con el sacerdote o pastor.

Es el momento de aprender a no pedir que las cosas se resuelvan de la manera que quisiéramos que resultaran, sino pedir en su lugar que Dios nos ayude a aceptar los cambios y nos ayude a ver las opciones.

5. Autoexigencia

No te maltrates. Aunque las emociones que estás viviendo sean muy intensas y displacenteras (y seguramente lo son) es importante no olvidar que son siempre pasajeras...

Uno de los momentos más difíciles del duelo suele presentarse después de algunos meses de la pérdida cuando los demás comienzan a decirte que ya tendrías que haberte recuperado. Sé paciente. No te apures. Respeta tus formas, tus tiempos y tus espacios. Jamás te persigas creyendo que ya deberías sentirte mejor.

Tus tiempos son tuyos. Recuerda que el peor enemigo en el duelo es no quererse.

6. El miedo de volverse loco

Todos podemos vivir sentimientos intensos en respuesta a la situación de duelo sin que esto te lleve a ningún desequilibrio. La tristeza, la rabia, la culpa, la confusión, el abatimiento y hasta la fantasía de morir son reacciones habituales y comunes a la mayoría de las personas después de una pérdida importante o de la muerte de un ser querido.

Necesitas sentir el dolor y todas las emociones que lo acompañan: tristeza, rabia, miedo, culpa... Habrá personas que te dirán: "Tienes que ser fuerte". No les hagas caso. No tienes que ser nada ni dejar de ser nada. No tienes que dar explicaciones ni pedir permisos, ni sentir que cometes una falta por no ser del todo coherente en algunos instantes.

Tu alma ha sido mutilada y hoy resiente lo que le falta.

7. Perder la paciencia

A pesar de lo anterior, debo decirte que no seas exigente con los demás.

Ignora los intentos de algunas personas de decirte cómo tienes que sentirte y por cuánto tiempo, no todos comprenden lo que estás viviendo. Amorosamente intentarán hacer que te olvides de tu dolor, lo hacen con buenas intenciones para no verte triste, tenles paciencia pero no te ocupes de complacerlos. Más bien apártate un poco gentilmente y busca a quienes puedan permitirte "estar mal" o desahogarte sin miedo cuando lo sientes así. De todas maneras, quizá sea mejor que durante un tiempo prestes más atención a la intención de quienes te rodean más que a lo que dicen en palabras. A veces los que uno pensaba que serían los mejores compañeros de ruta no pueden compartir tu momento. Soportan tan mal el dolor ajeno que interrumpen tu proceso y retrasan tu paso hacia el final del camino. De todas maneras una vez más no te fastidies con ellos por eso.

8. Autosuficiencia

No dejes de pedir ayuda. No interrumpas tu conexión con los otros, aunque ellos no estén hoy recorriendo este camino. Necesitas su presencia, su apoyo, su pensamiento, su atención. Dale la oportunidad a tus amigos y seres queridos de estar cerca. Todos los que te quieren desearían ayudarte, aunque la mayoría no sabe cómo hacerlo. Algunos tienen miedo de ser entrometidos. Otros creen que te lastiman si te recuerdan tu pérdida. Necesitas que te escuchen, no que te den su opinión de lo que deberías hacer, sentir o decidir. No te quedes esperando su ayuda y mucho menos pretendiendo que adivinen. Pide lo que necesitas. No es más sabio ni más evolucionado el que no precisa ayuda, sino el que tiene conciencia y valor para pedirla cuando la necesita.

9. No tomes decisiones importantes

Decisiones como vender la casa, dejar el trabajo, o mudarte a otro lugar, aparecen como muy tentadoras en los primeros tramos del recorrido. Calma. Éstas son decisiones trascendentes que se deben tomar en momentos de suma claridad y no mientras nos inunda un cierto grado de confusión inevitable. La mayor parte de las veces nada se pierde con esperar y hasta es preferible dejar este tipo de cosas para un poco más adelante.

Con el mismo razonamiento, sobre todo en los primeros tiempos inmediatos a la pérdida, no parece conveniente iniciar una nueva pareja, decidir un embarazo, acelerar un casamiento. Podríamos lamentarlo después.

Hay urgencias que no se pueden postergar, pero conviene respetar la norma de no cruzar los puentes antes de llegar a ellos.

10. *El olvido*

No intentes olvidar lo que pasó, al contrario. Recuerda. Sin morbosidad pero sin escapismos.

El proceso de duelo permite buscar para tu ser querido el lugar que merece entre los tesoros de tu corazón.

Es poder pensar en él, y no sentir ya ese latigazo de dolor.

Es recordarle con ternura y sentir que el tiempo que compartiste con él o con ella fue un gran regalo.

Y esto es cierto para todas las pérdidas. La elaboración permite darle un sentido a todo lo que has vivido hasta aquí con lo ausente.

Es entender con el corazón en la mano que el amor no se acaba con la muerte.

En cierto modo, nunca volverás a estar como antes de una pérdida significativa, porque ésta inevitablemente te cambia, pero puedes elegir si ese cambio será para mejor.

Quiero terminar este capítulo con este cuento...

Un pescador va todas las noches hasta la playa para tirar su red; sabe que cuando el sol sale, los peces vienen a la playa a comer almejas, por eso siempre coloca su red antes de que amanezca.

Tiene una casita en la playa y baja muy de noche con la red al hombro.

Con los pies descalzos y la red medio desplegada entra en el agua.

Esta noche de la cual habla el cuento, cuando está entrando siente que su pie golpea contra algo muy duro en el fondo.

Toquetea y ve que es algo duro, como unas piedras envueltas en una bolsa.

Le da rabia y piensa: "Quién es el tarado que tira estas cosas en la playa". Y se corrige: "En mi playa".

"Y encima yo soy tan distraído, que cada vez que entre me las voy a llevar por delante..." Así que deja de tender la red, se agacha, agarra la bolsa y la saca del agua. La deja en la orilla y se mete con la red adentro del agua.

Está todo muy oscuro, y quizá por eso, cuando vuelve, otra vez se lleva por delante la bolsa con las piedras, ahora en la playa.

Y piensa: "Soy un tarado".

Así que saca su cuchillo y abre la bolsa y tantea. Hay unas cuantas piedras del tamaño de pequeñas toronjas pesadas y redondeadas.

El pescador vuelve a pensar: "Quién será el idiota que embolsa piedras para tirarlas al agua".

Instintivamente toma una, la sopesa en sus manos y la arroja al mar.

Unos segundos después siente el ruido de la piedra que se hunde a lo lejos. ¡Plup!

Entonces mete la mano otra vez y tira otra piedra. Nuevamente escucha el ¡plup!

Y tira esta para el otro lado, ¡plaf! Y luego lanza dos a la vez y siente ¡plup-plup! Y trata de tirarlas más lejos y de espaldas y con toda la fuerza, ¡plup-plaf!...

Y se entretiene escuchando los diferentes sonidos, calculando el tiempo y probando de a dos, de a una, a ojos cerrados, de a tres... tira y tira las piedras al mar.

Hasta que el sol empieza a salir.

El pescador palpa y toca una sola piedra adentro de la bolsa.

Entonces se prepara para tirarla más lejos que las demás, porque es la última y porque el sol ya sale.

Y cuando estira el brazo hacia atrás para darle fuerza al lanzamiento el sol empieza a alumbrar y él ve que en la piedra hay un brillo dorado y metálico que le llama la atención.

El pescador detiene el impulso por arrojarla y la mira. La piedra refleja el sol entre el moho que la recubre. El hombre la frota como si fuera una manzana, contra su ropa, y la piedra empieza a brillar más todavía. Asombrado la toca y se da cuenta de que es metálica. Entonces empieza a frotarla y a limpiarla con arena y con su camisa, y se da cuenta de que la piedra es de oro puro. Una piedra de oro macizo del tamaño de una toronja. Y su alegría se borra cuando piensa que esta piedra es seguramente igual a las otras que tiró.

Y piensa: "Qué tonto he sido".

Tuvo entre sus manos una bolsa llena de piedras de oro y las fue tirando fascinado por el sonido estúpido de las piedras al entrar al agua. Y empieza a lamentarse y a llorar y a dolerse por las piedras perdidas y piensa que es un desgraciado, que es un pobre tipo, que es un tarado, un idiota...

Y empieza a pensar si entrara y se consiguiera un traje de buzo y si fuera por abajo del mar, si fuera de día, si trajera un equipo de buzos para buscarlas, y llora más todavía mientras se lamenta a los gritos...

El sol termina de salir.

Y él se da cuenta de que todavía tiene la piedra, se da cuenta de que el sol podría haber tardado un segundo más o él podría haber tirado la piedra más rápido, de que podría no haberse enterado nunca del tesoro que tiene entre las manos.

Se da cuenta finalmente de que tiene un tesoro, y de que este tesoro es en sí mismo una fortuna enorme para un pescador como él.

Y se da cuenta de la suerte que significa poder tener el tesoro que todavía tiene.

Ojalá pudiéramos ser siempre tan sabios como para no llorar por aquellas piedras que quizá desprevenidamente desperdiciamos, por aquellas cosas que el mar se llevó y tapó, y estuviéramos, de verdad, preparados para ver el brillo de las piedras que tenemos y dispuestos a disfrutar de ellas por el resto de nuestra vida.

Etapas del camino

Imaginemos que alguien se lastima. Supongamos un joven sano jugando al futbol descalzo con sus amigos en un campo. Corriendo un pase para meter un gol pisa un lugar donde hay algo filoso, una piedra, un pedazo de vidrio, una lata vacía y se lastima. El joven sigue corriendo, alcanza la pelota y a pesar del dolor que siente al afirmar el pie para patear le pega a la pelota con toda su fuerza venciendo al arquero y ganando el partido.

Todos festejan y él se sienta en el pasto, se mira, y se da cuenta de que sangra, ve el pequeño corte que se hizo en la planta del pie cerca del talón.

¿Cuál sería la evolución normal y saludable para esta herida?
¿Cómo son las etapas por las que va a pasar esta herida?
Tal como vimos, muchas veces, en un primer momento parece un accidente sin importancia y todo continúa como si no pasara nada. El muchacho sigue corriendo con la pelota, la señora sigue cortando el pan con el cuchillo filoso y el carpintero no nota que se lastimó hasta que una gota de sangre mancha la madera. En ese instante muchas veces ni siquiera hay sangre, el cuerpo hace una vasoconstricción, achica el calibre de los vasos sanguíneos, inhibe los estímulos nerviosos, y establece un periodo de *impasse*, un mecanismo de defensa más fugaz cuanto mayor sea la herida.

Inmediatamente aparece el dolor agudo, intenso y breve, a veces desmedido, que es la primera respuesta concreta del cuerpo que avisa que algo realmente ha pasado.

Y después, la sangre, que brota de la herida en proporción al daño de los tejidos.

La sangre sigue saliendo hasta que el cuerpo naturalmente detiene la hemorragia. En la herida se produce un tapón de fibrina, plaquetas y glóbulos: el coágulo que sirve entre otras cosas para que la herida no siga sangrando.

Cuando está el coágulo hecho, empieza la etapa más larga del proceso. El coágulo se retrae, se seca, se arruga, se vuelve duro y se mete. El coágulo se transforma en lo que vulgarmente llamamos "la costra".

Pasado un tiempo los tejidos nuevos que se están reconstruyendo de lo profundo a lo superficial empujan "la costra" y la desplazan hacia fuera hasta que se desprende y cae.

La herida de alguna manera ya no duele, ya no sangra, está curada; pero queda la marca del proceso vivido: la cicatriz.

ETAPAS DE SANACIÓN DE UNA HERIDA NORMAL

I. Vasoconstricción
II. Dolor agudo
III. Sangrado
IV. Coágulo
V. Retracción del coágulo
VI. Reconstrucción tisular
VII. Cicatriz

Éste es más o menos el proceso evolutivo normal de una herida cortante. Si una parte de este proceso no sucede algo puede estar funcionando mal. Quiero decir, si un paciente, ante una herida cortante más o menos importante, no sangra, algo está mal. Uno podría pensar "mira qué suerte, no perdió sangre", no es suerte, el tipo está en shock, y podría morir.

Y por supuesto cuanto más grande la herida más larga, más tediosa y más peligrosa es cada etapa. Siempre es así, cuanto más grande es la herida, más tarda en cicatrizar y más riesgo hay de que algo se complique en algún momento de la evolución. Si nos estancamos en cualquiera de estas etapas siempre vamos a tener problemas.

De todas maneras no hablo de esto para explicar cómo evoluciona una herida cortante, sino porque hace poco me sorprendí al darme cuenta de la enorme correspondencia que existe entre las etapas que cada uno puede deducir por su propia experiencia con lastimaduras y la situación aparentemente compleja de elaborar un duelo.

Un duelo es, como hemos dicho, la respuesta normal a un estímulo, una herida que llamamos pérdida. Porque la muerte de un ser querido es una herida, dejar la casa paterna es una herida, irse a vivir a otro país es una herida, romper un matrimonio es una herida. Cada pérdida funciona, en efecto, como una interrupción en la continuidad de lo cotidiano, como una cortadura es una interrupción en la integridad de la piel.

Si entendimos cómo sana una herida, vamos a tratar de deducir juntos qué pasa con la elaboración de un duelo. Por esta coherencia del ser humano veremos que los pasos que sigue la sanación emocional son básicamente los mismos, no se llaman igual, pero como vamos a ver, con un poco de suerte, quizá resulten equivalentes. Vamos a tomar como ejemplo de pérdida la situación de muerte de un ser querido.

Cuando nos enteramos de la muerte de alguien muy querido lo primero que sucede es que decimos "no puede ser".

NEGACIÓN Y CUESTIONAMIENTO

Pensamos que debe ser un error, que no puede ser, decimos internamente que no, pensamos que es demasiado pronto, que no estaba previsto, que en realidad estaba todo bien...

Esta primera etapa se llama la etapa de la incredulidad.

Y aunque la muerte sea una muerte anunciada, de todas maneras hay un momento donde la noticia te produce un shock. Hay un *impasse*, un momento donde no hay ni dolor, la sorpresa y el impacto te llevan a un proceso de confusión donde tú no entiendes lo que te están diciendo. Por supuesto que cuanto más imprevista, más inesperada sea la muerte, cuanto más asombrosa sea la situación, más profunda será la confusión, más importante será el tiempo de incredulidad y más durará.

Esto tiene un sentido y es el mismo que tiene en la herida la situación de *impasse*, "economizar" la respuesta cicatrizadora. Si el suceso no tiene importancia y es algo que va a pasar rápidamente el cuerpo se protege; bien, la psique también se protege hasta evaluar, por si acaso, por si fue un error, por si acaso haya entendido mal, se protege desconfiando de la realidad, entrando en una confusión para permitirnos la distancia de esta situación.

Ya vimos que hay un ciclo de experiencia, de la retirada al contacto. No se puede pasar directamente de la percepción a la acción o de la percepción al contacto, va a tener que existir un proceso, va tener que pasar un tiempo. Y este tiempo que hace falta se logra mediante este pequeño congelamiento del shock, la no-respuesta.

Así que en un principio, la persona va a tener un momento donde va a estar absolutamente paralizada en su emoción, en su percepción, en su vivencia, y lo que va a tener es un momento de negación, de desconfianza, un tiempo de *impasse* entre la parálisis y el deseo de salir corriendo hacia un lugar donde esto no esté pasando, la fantasía de despertar y que todo sea nada más que un sueño.

Esta etapa puede ser un momento, unos minutos, unas horas o días como sucede en el duelo normal o puede volverse una negación feroz y brutal. En los niños esta historia funciona a veces con un rigor absoluto; y mientras el mundo y su familia están evolucionando el niño está como si no hubiera pasado nada, está paralizado en esta situación; en realidad, negando todo lo acontecido porque no sabe cómo procesarlo. A veces pasa, en medio de un velatorio, con pequeños que tienen diez, doce, quince años y a veces más; uno piensa que deberían ser totalmente conscientes de lo que está pasando, pero están como si nada, y uno pregunta:

"¿No quería a su abuelo, a su madre, a su hermano?"

Y la familia contesta:

"Lo quería muchísimo, estamos todos muy sorprendidos."

Están en la etapa de la incredulidad. A veces en situación de negación patológica y muchas otras en una normal respuesta de defensa frente a lo terrible, un intento no demasiado consciente de NO enloquecer.

La llamo respuesta de negación con fines didácticos aunque en realidad en este momento lo fundamental no es negación sino un estado confusional. La persona en cuestión no entiende nada, no sabe nada de lo que pasa y aunque aparezca a veces muy conectado no tiene cabal registro de lo que está sucediendo.

Cuando se consigue traspasar esa etapa de incredulidad entonces no tenemos más remedio que conectarnos con el agudo dolor del darnos cuenta. Y el dolor de la muerte de un ser querido en esta etapa es como si nos alcanzara un rayo. Después de todos nuestros intentos para ignorar la situación, de pronto nos invade toda la conciencia junta de que el otro murió. Y entonces la situación nos desborda, nos tapa, de repente el golpe emocional tan grande desemboca en una brusca explosión.

Esta explosión dolorosa es la segunda etapa del duelo normal y se llama "regresión".

¿Y por qué la llamamos "regresión"?

Porque lo que en los hechos sucede es que uno llora como un niño, uno patalea, uno grita desgarradoramente, demostraciones para nada racionales del dolor y absolutamente desmedidas. Actuamos como si tuviéramos cuatro o cinco años. No hay palabras concretas, no decimos cosas que tengan sentido, lo único que hacemos es instalarnos en estado continuo de explosión emocional. Intentar razonar con nosotros en ese momento es tan inútil como sería intentar explicarle a un niño de cuatro añitos por qué su ranita fue aplastada por el auto.

En esta etapa tampoco hay ninguna posibilidad de que quien está de duelo nos escuche. El de la primera etapa no porque estaba en shock por la noticia, negando, evitando y confundido; este otro porque está desbordado por sus emociones, absolutamente capturado por sus aspectos más primarios, sin ninguna posibilidad de conectarse, en pleno dolor irracional.

Así como al hacerme la herida física no me di cuenta y de pronto fue el dolor el que me avisó. De repente al saber por qué me dolía empecé a sangrar.

Así, cuando las emociones desbordadas empiezan a salir, empiezo a sangrar.

Y la sangre que sale no es la de la tristeza, porque el primer sangrado, la tercera etapa, la que empieza tras tener conciencia de lo que pasó se llama la etapa de la furia.

Ya he llorado, ya he gritado, ya he moqueado, ya me arrastré por el piso, ya hice todo lo irracional que me conectaba al dolor infinito, ya intenté negar lo que pasaba y ahora irremediablemente, a veces más rápido y otras más lento, a veces más tiempo y a veces menos, llega un momento de furia.

Furia es rabia, mucha, mucha, mucha rabia. A veces muy manifiesta como rabia y otras veces disimulada, pero siempre hay un momento en el que nos enojamos.

¿Con quién? Depende.

A veces nos enojamos con aquellos que consideramos responsables de la muerte: los médicos que no lo salvaron, el tipo que manejaba el camión con el que chocó, el piloto del avión que se cayó, la compañía aérea, el señor que le vendió el departamento que se incendió, la máquina que se rompió, el ascensor que se cayó, etcétera, etcétera. Nos enojamos con todos para poder pensar que tiene que haber alguien a quien responsabilizar de todo esto.

O nos enojamos con Dios. Si no encontramos a nadie o aún encontrándolo nos ponemos furiosos con Dios.

O quizá nos enojamos con la vida, literalmente con la vida, con la circunstancia, con el destino. Y empezamos a putear y reputear la vida que nos arrebata el ser querido.

Lo cierto es que con Dios, con la vida, contigo mismo, con el otro, con el más allá, con alguien, siempre hay un instante en el que conectamos con la furia. Ahora con éste y después con aquel otro.

O no. En lugar de eso o además de eso nos enojamos con el que se murió. Nos ponemos furiosos porque nos abandonó, porque se fue, porque no está, porque nos dejó justo ahora, porque se muere en el momento que no era el adecuado, porque no estábamos preparados, porque no queríamos, porque nos duele, porque nos molesta, porque nos fastidia, porque nos complica, porque nos jode, porque nos caga, porque, porque, porque, sobre todo porque nos dejó solos de él, solos de ella.

A veces si se muere mi mamá, me enojo con mi papá porque sobrevivió. Me enojo con el hermano mayor de mi viejo, porque él vive y mi papá se murió.

El caso es que sea con el afuera, sea con las circunstancias, sea con Dios, con la religión, con el vecino, sea con el que no tiene nada que ver o con quien sea, me enojo.

Me enojo desde lugares que en general no pueden ser muy razonables.

Me enojo con cualquiera a quien pueda culpar de mi sensación de ser abandonado.

No importa si es razonable o no, el hecho es que me enojo.

Pero ¿cómo puede ser que yo me enoje?

La verdad es que yo sé que los otros no son culpables de esto que los acuso. Lo que pasa es que la furia tiene una función, como la tiene el sangrado.

La furia está allí para lograr algunas cosas, como la sangre sale para permitir el proceso que sigue.

La furia tiene como función anclarnos a la realidad, traernos de la situación catastrófica de la regresión y prepararnos para lo que sigue; tiene como función terminar con el desborde del descontrol de la regresión, pero también intentar protegernos, por un tiempo más, del dolor de la tristeza que nos espera.

Escribí una vez un cuentito apoyado en alguna historia que una vez escuché en España, y que muchos años después supe que ya había inspirado a Khalil Gibran.

Mi cuento se llama "La tristeza y la furia" y alguna vez apareció en alguno de mis libros.

Para los que no lo conocen, brevemente es más o menos así:

Aun estanque mágico llegaron una vez a bañarse haciéndose mutua compañía la tristeza y la furia.

Llegaron junto al agua, se sacaron las ropas, y desnudas entraron a bañarse.

La furia, apurada, como siempre, inquieta sin saber por qué, se bañó y rápidamente salió del estanque. Pero como la furia es casi ciega se puso la primera ropa que manoteó, que no era la suya, sino la de la tristeza. Vestida de tristeza, la furia se fue como si nada pasara. La tristeza, tranquila y serena, tomándose el tiempo del tiempo, como si no tuviera ningún apuro, porque nunca lo tiene, mansamente se quedó en el agua bañándose mucho rato y cuando terminó, quizás aburrida del agua, salió y se dio cuenta de que no estaba su ropa. Si hay algo que a la tristeza no le gusta es quedar al desnudo, así que para no estar así, al descubierto, se puso la única ropa que había, la ropa de la furia. Y así vestida de furia siguió su camino. Cuentan que a veces cuando uno ve a otro furioso, cruel, despiadado y ciego de furia, parece que estuviera enojado, pero si uno se fija con cuidado se da cuenta de que la furia es un disfraz y que detrás de la furia está escondida la tristeza.

Esta furia que aparece aquí, en esta tercera etapa, es la furia que esconde la tristeza que se viene. La tristeza todavía no va a aparecer porque el cuerpo está preparándose para soportarla. Por ahora la furia es lo que priva y si todo va bien, la furia va a pasar. Pero hemos visto que para que pare la sangre habrá que taponar la herida con algo. Algo que sea justamente el resultado del sangrar. Porque si el paciente siguiera sangrando se moriría. Si el paciente siguiera furioso se moriría agotado, destrozado por la furia.

Algo tendrá que parar esta sangre, algo tendrá que actuar como tapón, como si fuera un coágulo. Este derivado *construido de la misma sustancia* de la furia, que la remplaza y la frena se llama culpa.

En el proceso natural de la elaboración de un duelo aparece la culpa.

Y entonces en esta etapa nos empezamos a sentir culpables. Culpables por habernos enojado con el otro (se murió y yo encima puteándolo). Culpables por enojarnos con otros. Culpables con Dios. Culpables por no haber podido evitar que muriera. Y empezamos a decirnos esas estupideces:

...por qué le habré dicho que fuera a comprar eso...
...si no le hubiera prestado el auto...
...si yo no le hubiera pagado el pasaje no podría haber ido a Europa...
...debería haberlo mandado al médico...
...si lo hubiera presionado un poco más se hubiera salvado...
...si yo hubiera estado entonces no se hubiera muerto...
...quizá me llamó y yo no estaba...

¿Para qué hacemos esto?

Porque sabemos lo que se viene, y estamos intentando defendernos. Aparecen estas fantasías omnipotentes como para salvarnos de la sensación de impotencia que seguirá después.

Culparnos es una manera de decretar que *yo* lo hubiera podido evitar. De paso, nos culpamos también por todo aquello que no pudimos hacer,

por no haberte contado lo que nunca supiste,

por no haberte dicho en vida lo que hubiéramos querido decirte,

por no haberte dado lo que podíamos haberte dado,

por no haber estado el tiempo que podíamos haber estado,

por no haberte complacido en lo que podíamos haberte complacido,

por no haberte cuidado lo suficiente,

por todo aquello que no supimos hacer y que tanto reclamabas.

Y no puedo enojarme contigo que me privaste del tiempo de hacerlo porque la furia ya pasó y porque ahora estoy coagulando para salirme de la bronca, y entonces conectado por este tiempito con el peso de la culpa.

Pero la culpa también es una excusa, también es un mecanismo.

La culpa es como ya lo he dicho tantas veces una versión autodirigida del resentimiento, es la retroflexión de la ira. Por eso digo que está configurada de la misma sustancia que la furia, como el coágulo es de la misma sustancia que la sangre. La culpa no dura porque es ficticia y cuando se queda nos estanca en la parte mentirosa omnipotente y exigente del duelo.

Pero si no hacemos algo que nos detenga, naturalmente aparece la retracción del coágulo, como pasaba con la herida. Voy metiéndome, voy volviéndome seco. Y llego a una etapa, la quinta, la más horrible de todas, la etapa de la desolación.

La etapa de la desolación es la de la verdadera tristeza.

Ésta es la etapa temida. Tanto que gran parte de lo anterior pasó para evitar esto, para retrasar nuestra llegada aquí.

Aquí es donde está la impotencia, el darnos cuenta de que no hay nada que podamos hacer, que el otro está irremediablemente muerto y que eso es irreversible.

Piense yo lo que piense y crea yo lo que crea, crea en el mundo por venir o no, en el mundo de después o no, en el mundo eterno o no, crea yo o no que en algún lugar está mirándome y que nos vamos a encontrar, crea lo que crea, lo cierto es que en este lugar no hay nada que yo pueda hacer. Y esto me conecta con la impotencia.

Y como si fuera poco aquí está también mi otro temido fantasma, el de la soledad. La soledad de estar sin el otro, con los espacios que ahora quedaron vacíos.

Conectados con nuestros propios vacíos interiores.

Conectados con la sensación concreta de que he perdido algo definitivamente.

No hay muchas cosas definitivas en el mundo, salvo la muerte.

Y ahora, darnos cuenta de todo esto.

Después de recorrer todo este camino, ahora retraerse, ponernos para adentro. Ahora darnos cuenta de esta sensación, la sensación de eternidad de su ausencia.

Nos damos cuenta de que las cosas no van a volver a ser como eran y no sabemos con certeza pronosticar de qué manera van a ser.

Y tomo absoluta conciencia... y siento la sensación de ruina... como si fuera una ciudad devastada... como si algo hubiera sido arrasado dentro de mí... como si yo fuera una ciudad bombardeada. (Me acuerdo de las imágenes de Varsovia después de la destrucción de los nazis, nada en pie, todo era escombros.) Así me siento como si en mi interior sólo hubiera escombros.

Éste es el momento más duro del camino. En honor a esta etapa se llama el camino de las lágrimas. Ésta es la etapa de la tristeza que duele en el cuerpo, la etapa de la falta de energía, de la tristeza dolorosa y destructiva.

No es una depresión, si bien se le parece, claro que se le parece.

¿En qué? En la inacción. La depresión aparece justamente cuando me declaro incapaz de transformar mi emoción en una acción. A veces los deprimidos no están tristes, están deprimidos, pero no están tristes. Y éstos están tristes, no sé si están deprimidos, quizá sí, quizá no, pero lo que seguro están es desesperados... Están verdaderamente des-esperados.

Pero no es la desolación de la inquietud. Cuando nos encontramos con estas personas y los miramos a los ojos, nos damos cuenta de que algo ha pasado, que algo se ha muerto en ellos. Y es muy triste acompañar a alguien que está en este momento. Es triste porque comprendemos y sentimos. Porque nos "compadecemos" de lo que le pasa, quiero decir "padecemos con" esa persona. Es lógico que así sea porque quien se ha muerto en realidad es este pedacito de la persona que de alguna manera llevaba adentro.

Los intentos para salirse de esta situación tan desesperante son infinitos. Sin necesidad de que nos estemos volviendo locos para nada, puede ser que en esta etapa tengamos algunas sensaciones y percepciones extrañas:

despertar en la noche sintiendo la voz del difunto que nos habla,

escuchar la puerta como si entrara,

creer que alguien que vimos en el Metro era la persona que ya no está,

sentir el ruido en la cocina que hacía cuando cocinaba los pasteles que siempre hacía,

escuchar en la calle misteriosamente la música que siempre escuchaba,

asistir a la extraña aparición de esa billetera que nunca estuvo aquí.

Aunque sepamos que no es cierto tenemos la impresión de que en realidad el otro está entre nosotros. Impresión que lleva a muy buen negocio a los espiritistas y a toda esta gente que aprovecha estos momentos, sabiendo que quien está de duelo se encuentra sumamente vulnerable.

Se trata de verdaderas seudoalucinaciones, que si bien son normales no dejan de obligarnos a pensar dónde anda nuestra salud mental.

Por ejemplo, yo no tengo dudas respecto de los olores de las personas y de las cosas y lugares, yo recuerdo el olor de la casa de mi abuela, el olor como percepción asociada al recuerdo, todo esto me parece sumamente real. Si vuelvo a la que fue la casa de mi abuela y reconozco el olor, esto no tiene ningún misterio, es el olor del lugar que asocio con mi abuela. Ahora bien, si yo voy a un lugar donde sé que mi abuela nunca estuvo y huelo su olor, debe ser que hay un olor que me hace acordarme del de mi abuela, pero si yo interpreto que ese olor ES porque mi abuela estuvo o está ahí, posiblemente mi situación emocional me está haciendo una mala jugada. Porque una seudoalucinación no es una alucinación. Clínicamente es: yo sé que lo que estoy percibiendo no es, pero lo estoy percibiendo. La persona tiene la sensación, pero sabe que es su cabeza la que está haciendo la trampa. Es muy fuerte para la persona pasar por estos eventos y muchos llegan a asustarse.

Durante el camino de las lágrimas algunas personas tienen tanto deseo de que sea cierto que el otro está cerca que quisieran poder percibirlo. O revuelven la casa una y otra vez buscando en algún lugar solitario la carta que el muerto debe haber dejado, el mensaje que escribió para mí, la explicación que me da ahora que no está de lo inexplicable.

Están tan deseosos y tan necesitados que a veces podrían enredarse en creer cualquier cosa. Como suelen por supuesto creerle a las personas que les dicen que pueden conectarlos con la persona muerta.

Un momento de tristeza, de visiones, de creencias, de miedos y de incertidumbres. Un tiempo muy expuesto al engaño de los estafadores de ilusiones. Y así sucede lamentablemente demasiadas veces.

Lo malo de esta etapa de desolación es que es desesperante, dolorosa, inmanejable. Lo bueno es que pasa, y que mientras pasa, nuestro ser se organiza para el proceso final, el de la cicatrización, que es el sentido último de todo el camino.

Cómo podría prepararme para seguir sin la persona amada si no me encierro a vivir mi proceso interno, cómo podría reconstruirme si no me retiro un poco de lo cotidiano.

Eso hacen la tristeza y el dolor por mí, me alejan, para poder llorar lo que debo llorar y preservarme de más estímulos hasta que esté preparado para recibirlos, me conectan con el adentro para poder volver al afuera a recorrer los dos últimos tramos del camino de las lágrimas: la fecundidad y la aceptación.

Ahora podemos sostener el esquema de correspondencia más completo:

HERIDA		DUELO
Vasoconstricción	→	Incredulidad
Dolor agudo	→	Regresión
Sangrado	→	Furia
Coágulo	→	Culpa
Retracción del coágulo	→	Desolación
Reconstrucción tisular	→	Identificación y fecundidad
Cicatriz	→	Aceptación

En el final mismo de esta etapa de desolación uno empieza a sentir cierta necesidad de dar, muchas veces darle al que se fue. Desde un punto de vista psicodinámico quizá tenga que ver con salirse del odioso cepo de la impotencia que siempre termina incomodándome. Salir de este lugar donde siento que no puedo hacer nada. Esta sensación que digo es inexplicable, pero que seguramente tiene que ver con mis lazos vitales con el mundo de lo que amo, es el principio de la salida.

Aunque muy lejos de ser la salida, es el principio de la salida, un intento de resolver en mi cabeza lo que no puedo resolver en los hechos. Este principio de salida se llama identificación y me acerca al establecimiento de la etapa de la fecundidad.

De la desolación se empieza a salir identificándonos con algunos aspectos del muerto y a veces hasta idealizando transitoriamente algunas características, para poder hacerlas mías. Cuando el proceso es normal sucede como una revalorización un poco exagerada de las virtudes reales del ausente y da lugar a la razonable crítica posterior.

Hablando de un niño que se murió puedo decir "era tan lindo, el más inteligente del grado, era maravilloso, y estaba llamado a grandes cosas". Pero si sigo diciendo que era la encarnación de lo perfecto, que era el más lindo niño que nunca existió y que era demasiado para este mundo y por eso Dios lo quería con él, estoy perdido. Erré el camino y la revaloración se transformó en idealización. Ya no estoy viendo las cosas. No hay nada peor que confundir valorar con idealizar: una me permite elaborar el dolor, la otra lamentablemente es una manera de no salirse de él.

Después de haber penado y llorado la ausencia me doy cuenta de que me alegra escuchar un tango cuando antes yo nunca escuchaba tangos, que me empieza a gustar cocinar, como a ella le gustaba, cuando en mi puta vida cociné o que empiezo a disfrutar de los paseos al aire libre, que en realidad nunca lo entendía, y empiezo a probar los dulces caseros que ella dejó y que tanto le gustaban y termino diciendo "pobres de mis padres que siempre los criticaba y ahora yo estoy haciendo lo mismo".

Ésta es la cuota de identificación irremediable con el que no está; que empieza cuando me doy cuenta de cuántas cosas teníamos de parecidos y termina cuando sin darme cuenta empiezo a hacer algunas que nunca hacía, como si quisiera terminar de parecerme.

EL PROCESO DE IDENTIFICACIÓN, PUENTE A LO QUE SIGUE

¿Por qué es un puente?
Porque es empezar a salir.
¿Por qué?
Porque sin identificación no puede haber fecundidad.
¿Qué es fecundidad?
Es empezar a hacer algunas acciones dedicadas a esa persona, o por lo menos con conciencia de que han sido inspiradas por el vínculo que tuvimos.

En esta etapa voy a animarme a la alquimia emocional.

Voy a aprender a transformar una energía ligada al dolor en una acción constructiva.

Éste es el comienzo de lo nuevo. Ésta es la reconstrucción de lo vital, éste es el comienzo: lograr que mi camino me lleve a algo que de alguna manera se vuelva útil para mi vida o para la de otros.

Inspirados en la estructura original de los grupos de autoayuda (expandidos por el mundo a partir de la exitosa experiencia de AA) se han creado infinidad de grupos autogestionados de personas que comparten lo que les ha pasado. Hay grupos de padres que han perdido un hijo, grupos de huérfanos, grupos de familiares de accidentados, grupos de gente que sufre de la misma enfermedad que yo sufro. Grupos de tarea que se ocupan de brindar ayuda a aquellos que atraviesan un momento del camino que yo recorrí y que como materialización de esto que estoy llamando duelo fecundo organizan obras para apoyar a otros que se encuentran en un momento difícil.

Ésta es la etapa fecunda, la de la transformación del duelo sólo doloroso y aislado en una historia que le dé un sentido adicional a la propia vida.

Si esto se puede hacer entonces se llegará a la aceptación.

LA ÚLTIMA ETAPA DEL CAMINO DE LAS LÁGRIMAS

Aceptación es por fin el equivalente de la cicatrización.
¿Qué quiere decir aquí aceptar?
Resignados quizá ya estábamos desde antes. Ya habíamos descubierto que no podíamos hacer nada para cambiar lo sucedido...
Y entonces... ¿qué es lo que hace falta aceptar?
La aceptación en un proceso de duelo quiere decir dos cosas.
La primera es discriminarse. La palabra no es linda, pero no hay otra. Discriminarse de la persona que se murió, separarse, diferenciarse, asumir sin lugar a dudas que esa persona murió y yo no. Quiere decir el muerto no soy yo. Quiere decir, la vida terminó para ella o para él, pero no terminó para mí. Quiere decir re-situarse en la vida que sigue. La segunda cosa que quiere decir aceptar es "interiorizar".
Recuerden, venimos de la identificación (él era como yo) y de la discriminación (pero no era yo). Y, sin embargo, yo no sería quien soy si no lo hubiera conocido. Algo de esa persona quedó en mí. Esto es la interiorización. La conciencia de lo que el otro dejó en mí y la conciencia de que por eso siguen vivas en mí las cosas que aprendí, exploré y viví.
Lacan, un hombre brillante con el que tengo muy pocas coincidencias evidentes y demasiadas coincidencias sustanciales, dijo algo fantástico respecto del duelo:

UNO LLORA A AQUELLOS GRACIAS A QUIENES ES.

Y a mí me parece increíblemente sabio este pensamiento, esta idea.
Me parece que todo lo que ha pasado conmigo es porque de alguna manera que yo sé (y aunque no lo sepa), gracias a esta persona yo soy quien soy. Todos los seres que quiero en el mundo han tenido que ver con esto que yo soy hoy.
Y aclaro a pesar de que estamos siguiendo la línea del duelo por

las muertes que esto no sucede sólo con el fallecimiento de alguien. Siempre que lloro por una pérdida, aun en el caso de un divorcio (o sobre todo en el caso de un divorcio), lloro por perder lo que, me guste o no, ha sido determinante en que yo sea quien soy.

Cuando decíamos al principio del libro que no importa el tiempo compartido, que no importa si te sacaron esto que lloras o no, si lo dejaste por algo mejor o por nada, no importa, el dolor de la pérdida es por la despedida de aquello, persona, cosa, situación, o vínculo, gracias a quienes de alguna manera soy.

Y aquí termina el camino.

¿Por qué? Porque yo me doy cuenta de que todo lo que esa persona me dio no se lo llevó con ella, me doy cuenta de que puedo tener dentro de mí lo que esa persona dejó en mí, que es una manera de tener a la persona conmigo.

La discriminación y la interiorización me permitirán aceptar la posibilidad de seguir adelante, a pesar de que, como en todas las heridas, también quedará una cicatriz.

¿Para siempre? Para siempre. Entonces no se supera. Se supera pero no se olvida. Las cicatrices cuando el proceso es bueno ya no duelen y con el tiempo se mimetizan con el resto de la piel y casi no se notan, pero están ahí.

Cuando yo hablo de esto me toco el muslo izquierdo y digo

Acá está, ésta es la cicatriz de la herida que me hice cuando me lastimé, yo tenía diez años.

¿Me duele?

No, ni siquiera cuando me toco.

No me duele.

Pero si me miro de cerca

la cicatriz... está.

ETAPAS DEL DUELO NORMAL

I. Incredulidad	Parálisis Negación Confusión
II. Regresión	Llanto explosivo Berrinche Desesperación
III. Furia	Con el causante de la muerte Con el muerto, por abandono
IV. Culpa	Por no haberlo podido salvar Por lo que no hicimos
V. Desolación	Impotencia Desasosiego Seudoalucinaciones Idealización Idea de ruina
VI. Fecundidad	Acción dedicada Acción inspirada Identificación
VII. Aceptación	Discriminación Interiorización

Supe de la existencia de Maxine Kumin a partir del libro de Judith Viorst.

Este capítulo no puede terminar de otra manera que con mi humilde versión de su poema titulado "El hombre de las muchas eles", que escribiera después de la muerte de su hermano, víctima de una larga y dolorosa enfermedad neurológica.

   Al conocer los nombres de tu mal,
     nos mentimos como los miembros de cualquier consejo
     y todos juramos conservar nuestros papeles
     hasta el acto final bajo tu mando.

   Al principio fue casi fácil,
     la enfermedad te obligó a que renunciaras a tu mano izquierda,
     pero tu diestra creció más y más sabia,
     como el malabarista de un rey exigente
     y cuando tu pierna derecha insensible te falló,
     te serviste del bastón montañero
     que nuestro padre usaba los domingos de misa.

   Sin embargo el campo de batalla menguaba mes a mes.
     Cuando ya no pudiste tragar la carne,
     cocimos y molimos tu alimento
     y torcimos la pajita para que bebieses el chocolate.
     Y cuando más tarde... dejaste de hablar,
     aún podías escribir las preguntas y tus respuestas
     en la pizarra mágica que conservábamos de niños.
     Simplemente, levantabas la página
     y volvías a empezar.

   Tres meses antes de tu muerte, ¡qué suerte!,
     paseamos y rodamos
     por las calles de nuestro querido pueblo,

para sorprender la primavera
siguiendo sus floridas huellas.

Y tú, hermano, escribías los nombres
de cada ridícula flor que yo desconocía:
lluvia de la gruta,
espuela de la azucena
y escribiste aún, en la pizarra,
lila,
magnolia,
oleandro,
clavelina.

¡Ay! hombre de las muchas eles.
¡Ay! mi hermano querido,
¡Ay! mi astuto botánico fantasma.

Me gustaría no volver a pronunciar
más nunca
esos extravagantes nombres vegetales.

Me gustaría guardar esas palabras,
esconderlas...
como si fueran un conjuro,
y reservarlas para invocarte...
cada vez que te extrañe.

Después del recorrido

> *En el peor momento de mi vida, cuando la angustia había llegado a ser insoportable y todo parecía haber perdido sentido, una mano tendida hacia mí me dio la fuerza de luchar por salir del pozo. La mano que más necesitaba, la de mi esposa muerta un año antes, que en mis sueños me decía simplemente... No puedo verte así...*
>
> PATRICK JENNINGS

Un duelo ha sido elaborado cuando la persona es capaz de pensar en el fallecido sin el dolor intenso. Cuando es capaz de volver a invertir sus emociones en la vida y en los vivos. Cuando puede adaptarse a nuevos roles. Cuando aunque sea por un instante experimenta serenidad, gratitud y paz.

Sin embargo, aún en ese momento queda una etapa más para los duelos.

Una postcicatrización.

El tiempo del después.

He recorrido todo el camino de las lágrimas. De punta a punta. ¿Por qué falta algo?

Porque el que elabora no olvida la pérdida después de terminado el proceso de duelo.

Cuando llega el cumpleaños del que se fue, o el aniversario de bodas, o el cumpleaños del nieto, o la navidad, en cada uno de esos momentos se revive la historia y la cicatriz enrojece apenas y hasta vuelve a doler un poquito.

Se trata de las "reacciones de aniversario" según los libros y que yo prefiero llamar "el recuerdo de la cicatriz", porque todo sucede como si no fuera yo sino *su* dolor sorpresivo lo que me recuerda el pasado. Si bien es cierto que cada año las cicatrices hablan en voz más tenue, a veces pasa mucho tiempo hasta que dejan de recordarnos lo perdido. Supongo que hay algunas cicatrices más memoriosas que duelen para siempre.

TIEMPO DE DUELO

¿Cuánto dura un duelo normal?

¿Existe un tiempo normal de duelo?

Los libros dicen que sí y los pacientes dicen que no.

Y yo he aprendido a creerle a los pacientes.

La verdad es que si existe es tan variable y sujeto a tantas circunstancias que de todas maneras es impredecible, no se sabe. Cada uno tiene sus propios tiempos.

Lo que sí creo es que existen tiempos mínimos.

Creo que pensar que alguien puede terminar de elaborar el duelo de un ser querido en menos de un año es difícil si no mentiroso.

Y ¿por qué digo menos de un año caprichosamente?

Porque en un año suceden la mayoría de las primeras veces. Y las primeras veces son siempre dolorosas y porque cada primera vez es una primera vez.

El primer año suele ser, aunque nos pese, un doloroso catálogo de estrenos de nuevos duelos.

Y cada uno de esos estrenos opera como un pequeño túnel del tiempo... por el que uno vuelve una y otra vez a la vivencia pasada. Aunque, por suerte, cada vez sabe más del camino de retorno. Casi siempre la segunda navidad es menos dolorosa que la primera.

Quizá los tiempos naturales se correspondan con lo que decían nuestras abuelas:

Un mes de duelo absoluto,
seis meses de luto riguroso,
un año de medio luto,
veinticuatro meses de guardar constricción.

Estos periodos se parecen bastante a los tiempos psicológicos, que refieren los que han recorrido el camino por la pérdida de alguien muy querido.

El primer mes es terrible, los primeros seis meses son muy difíciles, el primer año es bastante complicado y después empieza a hacerse más suave. No hay que olvidar que si he vivido casi toda mi vida reciente sabiendo que otro existía, vivir el duelo de su ausencia implica empezar una nueva historia.

Por lo dicho (del síndrome de las primeras veces) yo diría que un duelo por la muerte de un ser querido nunca podría durar menos de un año y posiblemente si algo no lo interrumpe no dure mucho más allá de dos años y medio. También creo que si después del primer año uno sigue estando clavado en el lugar del primer día, quizá sea una buena idea pedir ayuda. A veces es imprescindible que alguien me acompañe en el proceso aunque no sea más que para mostrarme por dónde *no* está la salida del laberinto.

Los grupos de pares posiblemente no aportan el dato científico, ni funcionan bajo supervisión terapéutica. En general no tienen intención profesional sino que operan para mí desde el maravilloso lugar del cuento zen.

Cheng-hu se encontraba perdido en un laberinto. De la cámara principal salían cincuenta caminos distintos. Le había llevado una semana explorar nueve de ellos.

—A menos que tenga suerte —se dijo—, moriré antes de encontrar el camino correcto.

No terminaba de pensar esto cuando se encontró con Shin-tzu. No se conocían pero Cheng creyó que Shin era la respuesta a su ruego.

—Qué suerte que te encuentro —dijo Cheng—, estoy perdido entre tanto camino. Tú podrás decirme cuál conduce a la salida.

—Yo también estoy perdido —contestó Shin.

—Qué mala suerte —se quejó el primero—, encuentro a alguien y no me sirve de nada.

—¿Por qué dices que no te sirvo? —preguntó Shin.

—Dijiste que estabas perdido... —contestó Cheng, como si fuera obvio su razonamiento.

—Me imagino que habrás recorrido algunos caminos sin poder salir. Yo he recorrido por mi parte doce caminos que no conducen a ninguna parte, juntos los dos sabemos mucho más del laberinto que antes de encontrarnos y eso es indudablemente mejor que nada.

Predecir cuánto tiempo nos tomará completar el proceso de recuperación es difícil. Algunos podrán hacerlo en unos meses, para otros se requerirán años. La cantidad de tiempo invertido depende de muchas variables que interfieren y crean distintos patrones. La intensidad del apego al difunto (tipo de relación), intensidad del shock inicial, presencia/ausencia de la aflicción anticipatoria (cuando la persona tiene tiempo de afligirse previamente a la muerte del ser querido, por ejemplo, en casos de enfermedad crónica y muerte esperada), las características del superviviente (personalidad propensa a la aflicción, o insegura, ansiosa con baja autoestima; excesivos autorreproches; enfermedad mental previa, o incapacidad física; duelos previos sin resolver; incapacidad para expresar sentimientos); crisis concurrentes (problemas graves que se presenten simultáneamente), obligaciones múltiples (crianza de los hijos, dificultades económicas, etcétera), disponibilidad de apoyo social, características de la muerte (muerte súbita/ muerte anticipada), situación socioeconómica y religiosidad son algunos de los factores que influyen en la duración del duelo. Así, es probable que todos nos recuperemos en tiempos diferentes.

Dice la gente que hace terapia sistémica que nuestra vida opera como un sistema donde cada engranaje se relaciona con otros, si sacamos un engranaje, todo el sistema cambia.

Los pacientes dicen: "Nada es igual que antes". Y tienen razón.

Resituarse significa saber qué voy a hacer con la nueva situación, desde los lugares más espirituales y emocionales, y desde los lugares más banales y materialistas.

Significa asumir que quizá tenga que ocuparme también de manejar el dinero que el otro manejó durante toda su vida. Significa que tendré que ocuparme de la casa, de la familia, de los trámites de la sucesión y de mi nuevo proyecto de vida.

Significa ocuparme de cosas que no me gustan en un momento donde no tengo ganas. Es una tarea horrible, pero la tengo que hacer mientras me ocupo como puedo del lugar que le voy a dar a la imagen interiorizada de lo perdido.

Así que éstos son los objetivos del duelo:

ELABORAR

REENCONTRARSE

REUBICAR

Tres obstáculos que vencer, porque sin hacer alguna de estas tareas terminaremos cargando un cadáver sobre la espalda en un camino cuesta arriba.

Indudablemente hay cosas que ayudan al recorrido y otras que lo dificultan. Algunas de las que lo hacen más fácil son los ritos.

Yo siempre fui un antirritualista. Siempre los ritos me parecieron absurdos, sobre todo aquellos que rondaban la muerte.

La verdad es que la humanidad ha ido deshaciéndose de los ritos, y volviéndose cada vez más aprensiva con respecto a la muerte. La muerte tiene entre nosotros esta connotación tabú, lo prohibido y a la vez venerado de las cosas de las que no se puede hablar ni tocar.

Una vez por semana o cada quince días suena el teléfono en el consultorio...

Alguien dice: murió fulano (tío, suegra, exesposo), ¿debe ir al funeral o no?

El abuelo ha muerto, ¿se debe permitir a los niños estar en el velorio?

La madre de los sobrinos ha muerto, ¿qué hay que decirle a los niños?

Como si se dudara si conviene que los chicos sepan que la muerte es verdad.

Como si fuera conveniente mentirle una eternidad falsa para que no se entere porque es muy chiquito y sufre.

Lo que nosotros estamos produciendo escondiendo la muerte a nuestros niños no tiene nombre, no podemos llegar a medir las consecuencias de sugerir que la inmortalidad es una posibilidad.

Y esto tiene que ver con el habernos alejado de los ritos. Los ritos están diseñados para el aprendizaje y la adaptación del hombre a diferentes cosas. Una de ellas para que el individuo acepte la muerte y acepte la elaboración del duelo.

Los ritos tienen que ver con la función de aceptar que el muerto está muerto y con la legitimación de expresar públicamente el dolor, lo cual como vimos es importantísimo para el proceso.

Los ritos, aprendí yo de mis pacientes, son importantes. Aprendí esto de una paciente que un día me contó que iba al cementerio todos los domingos. Ella visitaba la tumba de su marido muerto. Recuerdo que le preguntaba nada ingenuamente: "Doña Raquel, ¿hace falta que vaya todos los domingos?, ¿no puede dejar de ir alguna semana?". Ella me dijo: "No es que lo contradiga, doctor, yo sé que usted me quiere ayudar, pero no funcionaría. Yo quise hacer eso, antes de venir a verlo a usted, traté de dejar de ir, pero si no voy el domingo al cementerio después me siento mal toda la semana". Me puse serio y sentencié: "Usted se siente mal cuando no va porque se siente culpable". Raquel comprensivamente me dijo: "No, doctor, qué me voy a sentir culpable... mi marido hace dos años que murió, no me siento culpable, pero sabe qué pasa, yo voy ahí, me siento un rato, lloro, me quedo hablándole unos minutos y después me voy. Fuera del domingo yo no lloro en toda la semana. Pero cuando dejo de ir, ando llorando por todos lados. El cementerio me da a mí un lugar y un espacio para llorar".

A mí me impresionó, y me hizo entender que yo estaba equivocado. Designar un espacio, un momento y un lugar para conectarse con el dolor, funciona de verdad. Un rito que ordena y protege. Un rito que aporta un lugar serio y un tiempo sincero donde expresar, para no tener que expresarlo en cualquier lugar y en cualquier momento.

Esto es la historia. La historia de poder soltar.

Mientras lo tengo conmigo, lo tengo.

Cuando no lo tengo, no lo tengo más.

¿Se va a ir? ...¿es su decisión? ...está muy bien.

¿Se va a quedar? ...¿es su decisión? ...está muy bien.

Pero cuando esté conmigo a mí me gustaría que esté conmigo.

Eso sí, intensamente. Comprometidamente.

Vivo mi relación con mis amigos con toda la intensidad. Y si un día mis amigos se van, seguramente voy a decirles "no quiero" y seguramente me van a decir "me voy a ir igual"... y yo voy a soltar.

Uno de mis mejores amigos en el mundo está viviendo ahora en Nueva York. Y la verdad es que fue muy dolorosa su partida. Han pasado veinte años, nos vemos muy poco, hablamos de vez en cuando por teléfono, lo sigo amando, quizá más que antes, pero ahora... lo puedo soltar... y saber que está conmigo.

Si pudiéramos ver esto, ver la continuidad en nosotros. Si pudiéramos darnos cuenta de lo trascendentes que somos, quizá podríamos vivir las pérdidas con otra mentalidad, desde otro lugar, con una nueva actitud, con la curiosidad y la excitación que tiene frente a lo nuevo aquel que no le teme.

Si el camino no se recorre por completo porque el caminante decide quedarse en algún lugar del recorrido, si se tarda más tiempo del razonable en llegar a destino o si pierde el rumbo en un desvío hablamos de duelo patológico.

DUELO PATOLÓGICO

Como se adivina desde su nombre llamamos así al duelo que se aleja de la elaboración saludable de la pérdida. Y se podría definir como una interrupción (voluntaria o no) del proceso de duelo normal. Si lo equiparáramos a nuestra metáfora es un proceso de cicatrización en el que la herida nunca llega a cicatrizar.

La mayoría de los duelos patológicos suceden como consecuencia de alguna de estas cuatro distorsiones:

El duelo nunca empieza,

se detiene en alguna de las etapas,

progresa hasta un punto y rebota hacia alguna etapa anterior,

o se atasca intentando evitar una etapa.

Aunque algunos duelos muy conflictivos resultan de la morbosa combinación o alternancia de varios de estos mecanismos.

Es importante dejar en claro que lo enfermizo no aparece *porque* existe un duelo sino que aparece *con* el duelo. Esta diferencia es mucho más que un detalle porque señala que un duelo patológico es *siempre* la expresión de una patología previa, es decir, hay algo que está complicado desde antes y que sale a luz con el proceso de duelo.

Los especialistas nos hablan de diferentes tipos de duelos enfermizos:

El duelo ausente: en el que la persona que debe vivir el proceso se defiende tanto o sufre un shock tan grande que no puede salir de la primera etapa. La pérdida es negada, sublimada u ocultada en un estado de confusión frente al mundo, que se prolonga en el tiempo.

El duelo conflictivo: que sucede en aquellos casos en que sin darse cuenta una persona utiliza la situación del duelo como excusa o argumento para justificar otros conflictos; por ejemplo para no responsabilizarse de la vida que le queda por vivir.

El duelo retrasado: un duelo que se deja pendiente hasta aclarar el conflicto interno que evoca la pérdida. Es el típico caso de la persona que descubre frente a la pérdida de un familiar sentimientos tan ambivalentes (amor-odio, o tristeza-alivio) que no sabe si alegrarse o entristecerse.

El duelo desmedido: cuando la expresión emocional se desborda, a veces hasta excediendo los límites de la integridad propia o la de terceros. Es el caso de todos los intentos suicidas de los que sufren una pérdida, que en realidad pretenden hacer una gran huida pensando que no pueden soportar tanto dolor.

El duelo crónico: que es aquel en el que el proceso se recicla infinitamente sin terminar nunca. El que vive la pérdida termina resignificando el proceso de duelo y poniéndolo al servicio de alguno de sus aspectos neuróticos. Muchos pacientes de duelo crónico creen que terminar de elaborar el duelo los alejará del recuerdo amoroso del que ya no está.

Todas estas respuestas de mala adaptación al duelo son patologías que requieren casi siempre un enfoque terapéutico especializado, sobre todo cuando coexisten como es frecuente con ciertos trastornos psíquicos importantes como trastornos de integración social (agresividad, aislamiento, dependencia), abuso de drogas o alcohol, síntomas de depresión grave, conductas anormales con relación a lugares u objetos del fallecido, ideas recurrentes de la propia muerte y llamativa ausencia de pena.

Dado que las más de las veces el que está en la situación no puede diagnosticar su propio desvío, la principal ayuda del entorno de sus afectos debería ser contribuir con suavidad y afecto a la concientización de lo que pasa y acompañar a la persona hasta la ayuda profesional. Esto es doblemente importante cuando la permanencia de los que padecen de duelos patológicos en esa situación agrava su pronóstico y dificulta su tratamiento. Los duelos prolongados requieren a veces abordajes complicados que revisten gran importancia y que podrían llegar a incluir medicamentos.

Un punto especial es el diagnóstico de la patología (o no patología) de la ausencia de dolor intenso frente a una muerte o una separación o una pérdida de cualquier tipo. No siempre la ausencia de un duelo florido y ostensible es patológica.

Me decía Cecilia:
—Cuando me divorcié estaba tan satisfecha de haber podido separarme que ni recuerdo haberme sentido de duelo. Mis amigas dicen que lo estoy negando y eso me preocupa...

Me dijo Juan Carlos:
—Después de que mi abuelo estuvo en terapia intensiva casi un año, su muerte fue más una bendición que una desgracia. A veces me siento un monstruo desafectivizado...

Estas y otras frases parecidas son usuales en un consultorio psicoterapéutico.

Son, como digo yo, el lamento de

"Los que se sienten mal porque no se sienten mal."

Muchas veces en una separación no hay duelo ostensible, no por una patología, sino porque el verdadero duelo se hizo antes de la decisión final.

Y otro tanto pasa en las agonías prolongadas cuando lo que más se siente muchas veces es alivio porque el proceso de duelo se va viviendo mientras el enfermo se muere.

Otras veces el enfermo sufre enormemente y entonces sin que medie ninguna distorsión en los que quedan, la muerte combina el dolor de la pérdida con una cuota de doble alivio inevitable, alivio por el final del sufrimiento que padecía el enfermo y también del propio dolor al verlo sufrir.

En estos casos no se trata de verdaderos duelos ausentes sino de *duelos anticipados*.

Como se ve, el camino del duelo parece tener muchos matices y peculiaridades, pero en última instancia es siempre el mismo; cambian los tiempos, cambia la intensidad, cambia el acento en alguna faceta pero siempre hay un proceso en un duelo y siempre hay un duelo frente a una pérdida. Si no lo hay y no lo hubo anticipadamente hay que pensar que algún mecanismo de defensa está bloqueando la conexión con el dolor.

Es bastante común recibir la consulta de una madre que se lamenta de que su esposo no la acompaña en el dolor de la muerte del hijo de ambos. La verdad es que debo admitir que los hombres siempre parece que estamos intentando defendernos del dolor "a como dé lugar" y como la sociedad nos avala la dedicación absoluta a nuestro rol de proveedores incansables en general nos escapamos a través del trabajo.

Durante un tiempo una defensa puede ser aceptable; sin embargo, si se mantiene en el tiempo el dolor reprimido tenderá a expresarse de otras formas: mal humor, reacciones violentas, somatización, adicciones, etcétera, etcétera.

En el otro extremo de los que no se animan a entrar están los que no se animan a salir.

Estos dolientes caminantes de las lágrimas no están dispuestos a dejar ir la presencia ausente de lo que no está. Como en el caso de Constanza, no se permiten soltar lo pasado y asumir la sensación de soledad que conlleva la pérdida.

ETAPAS DE UN DUELO CRÓNICO

En cualquier lugar que se interrumpa el duelo la cicatriz no se produce y el duelo no sana. Todo el proceso de la reconstrucción posterior a la herida consiste en que el cuerpo pueda llegar a la retracción del coágulo, ¿recuerdas?, porque ahí es donde empieza el proceso de regeneración de los tejidos. Cuando el coágulo se achica y los bordes de la herida se acercan, el tejido nuevo empieza a surgir desde abajo y el daño va camino a sanar.

Algo que no dijimos, pero seguro recuerdas, es que en este momento, en cualquier lastimadura, la herida pica. Ha dejado de doler, pero cuando el coágulo se empieza a retraer, pica. El escozor es desde el punto de vista fisiológico un dolor pequeño, chiquitito, insignificante, pero un dolor al fin. No sentimos la necesidad de un analgésico pero sí el impulso de rascarnos.

Pero cuidado... porque si uno se arranca la costra, la herida empieza a sangrar nuevamente y estamos otra vez atrás.

Éste es el duelo patológico, el duelo de las heridas que nunca cicatrizan.

En el hospital uno ve, en medicina, hombres y mujeres que vienen con heridas que tienen dos o tres años, y uno no entiende por qué, pero pregunta y descubre que cada vez que llegan a la casa se arrancan la costra, porque les molesta, porque les pica, porque queda fea. Y vuelven a empezar y nunca dejan que la herida cicatrice.

Cuidado con escaparse otra vez del dolor y la desolación. Cuidado con no querer vivir esto, porque si para escapar de esta etapa arrancamos la costra volviendo atrás el duelo puede hacerse crónico.

Pasan quince años, veinte años, y cada vez que uno llega hasta acá, porque le teme tanto a la desolación, huye hacia la rabia, escapa a la negación, se vuelve un niño, se queda en la culpa, corre hacia atrás, a cualquier lado con tal de no pasar por esta tristeza infinita, con tal de no enfrentarse con el alma en ruinas. Y si no hacemos algo para que se termine el círculo vicioso volvemos una y otra vez para atrás y cambiamos el dolor por sufrimiento y nos instalamos en él. ¿Y qué es el algo que hay que hacer? Más bien es lo que no hay que hacer. No hay que rascarse, hay que animarse a vivir el dolor (la picazón) de la etapa de la tristeza desolada, y dejar que el río fluya confiando en que somos suficientemente fuertes para soportar el doler de la pena.

Hablo de seguir peleando por llegar al final del camino y me acuerdo de una historia que siempre me hace reír mucho. Permíteme que te la cuente aunque no sea más que para aflojar un poco nuestro corazón de tanto tema doloroso.

Había una vez un mendigo que se encontró por azar en la puerta de una posada que tenía colgado un gran cartel con el nombre del lugar. Se llamaba "La posada de san Jorge y el dragón".

Imagínense la situación: está nevando y el mendigo tiene hambre y mucho frío, pero no tiene dinero. Golpea la puerta de la posada. Se abre la puerta y aparece una señora con cara de muy pocos amigos, y le dice:

—¿Qué quiere?

El mendigo dice:

—Mire, yo tengo hambre y frío...

—¿Tiene dinero? —le grita la mujer.

—No, dinero no tengo —y ¡plafff! la mujer le cierra la puerta en la cara.

El tipo se queda así desolado.

Se está por ir, pero decide insistir.

Entonces golpea otra vez.

—¿Y ahora qué quiere? —le dice la señora.

—Mire, le vengo a pedir por favor que me dé...

—Acá no estamos para hacer favores, acá estamos para hacer negocios. Esto es una posada, un negocio, ¿no sabe lo que es una posada? ¡Así que si no tiene dinero se va! ¡Y si no tiene para comer, muérase!

¡Plaff!, otra vez la puerta en la cara.

El tipo se está por ir, pero decide insistir.

Una vez más golpea la puerta y dice:

—Mire, señora, discúlpeme...

—¡Discúlpeme, nada! Mire, si no se va, le voy a tirar un balde de agua fría encima. ¡Fuera!

Y ¡plaff!, vuelve a cerrar la puerta de un golpe.

El tipo baja la cabeza y retoma su camino.

Se está yendo y al llegar a la esquina alza la vista y ve nuevamente el cartel que dice "La posada de san Jorge y el dragón".

Entonces decide volver. Por última vez golpea la puerta.

La señora le grita desde adentro:

—¿Y ahora qué quiere?

El mendigo le contesta:

—Mire, en lugar de hablar con usted, ¿no puedo hablar con san Jorge?

Yo creo que deberíamos ocuparnos, darnos cuenta, buscar la manera, encontrar los lugares, descubrir el cómo, hallar las personas, buscar los caminos para conectarnos con las mejores cosas que tenemos.

Y las mejores cosas que tenemos son la lucha, el deseo de seguir adelante, las ganas de vivir la vida que a pesar de enfrentarnos con dolores y temores, repito, vale la pena ser vivida.

EL TERCER ESCAPE

Hemos visto cómo detrás de un duelo ausente o detrás de un sufrimiento eterno puede esconderse por igual la decisión de no vivir el duelo. La huida negadora y el cambio de dolor por sufrimiento son dos de los tres desvíos en los que uno se puede perder en el camino de las lágrimas.

El tercer "rebusque", por usar el término de Berne, para no terminar de soltar al que no está es la idealización.

Este desvío está un poquito después de haber pasado por la desolación y se confunde con el sendero correcto de la identificación.

En la práctica de consultorio el que idealiza al que se murió viene sosteniendo una y otra vez que nadie hacía esto como él, o que nadie siquiera podrá hacerlo más, que en aquello era maravilloso y en eso otro sensacional... y que si había algo que hacía mal era tan poco que no lo recuerda porque en realidad ni siquiera tenía importancia.

Lo que hacía bien el finadito era espectacular y cuando no estaba haciendo nada bueno era en realidad porque yo no lo notaba.

Gardel, que cada día canta mejor; Rodrigo, que se volvió santo; Favaloro, que se volvió mártir; y Gilda, que desde el cielo nos mira y nos cuida a todos.

Ésta es la necesidad de eternizarlos para que no nos abandonen, para no discriminarse, para no soltarlos.

Una salida peligrosa, un verdadero escape hacia delante, que abre la posibilidad de quedarnos estancados en la idea de que quizá ya no haga falta terminar con el duelo; idealizando su memoria puedo mantenerlo vivo.

El desagradable nombre técnico de este proceso es *momificación de lo perdido*. Como las películas de terror, embalsamar el cadáver para ponerlo a la mesa y servirle comida todos los días, para decir acá está. Éste es el lugar de papá, de la abuela o del tío Juan y donde nunca nadie más se sentó.

La salida sana es aceptar que el que se murió quizás era en muchos sentidos maravilloso y en muchos otros no tanto y en algunos pocos una mierda, como todos.

Tiene que ver con aceptar que cada uno de nosotros (y el que no está era en vida uno de nosotros) tiene aspectos fantásticos y aspectos siniestros, que cada uno de nosotros tiene una parte buena y una parte jodida.

Tiene que ver con darse cuenta de que cada persona, cada cosa, cada situación, cada lugar tiene cosas que me gustan y cosas que no me gustan.

¿Qué pasa cuando algo que ya no está tiene nada más que las cosas que me gustaban?

De pronto todos los defectos, todas las cosas horribles que detestaba eran mínimas, todo aquello por lo que puteaba no parece importante, y todo lo bueno es único, espectacular e incomparable.

Bien, eso es idealizar. Negar todo lo malo que tenía lo perdido y sobrevalorizar lo bueno. En las personas que han desaparecido de alguna manera tiene que ver con negarles lo humano, con endiosar al que se fue.

He visto en mis veinte años de profesión algunas cosas de verdad siniestras con respecto a la idealización. He visto delante de mis ojos negar vehementemente algunos aspectos deplorables y nefastos del que se murió, por los cuales esa misma persona deseó meses atrás que al otro lo atropellara un camión.

La idealización funciona desde muchos lugares como una prueba de magia, haciendo aparecer en el otro cosas que en realidad no tenía y desapareciendo de él sus peores miserias. Idealizar es deshumanizar, y también, como con los vivos, es una manera de no aceptarte. Si te acepto debería despedirte, debería admitir que eras quien eras y que ya no estás. En cambio si te idealizo no hace falta, te pongo en un plano superior para poder quitarte lo terrenal y entonces renunciar a separarme momificándote, santificándote y haciendo de tu recuerdo un culto. Y lo que sucede en muchos casos, es que la familia entera idealiza. Y abracadabra... aparentemente está todo bien, porque finalmente coincidimos...

Pero la verdad es que tampoco sirve, y tarde o temprano la mentira de la inmaculada esencia queda al descubierto y el golpe es aún más duro que su muerte.

O peor aún. La mentira se vuelve "un secreto de familia" y el que ya no está, un intocable. La imagen perfecta se sostiene para achicar a los que quedan y para despreciar a los que lleguen. Nadie podrá nunca relacionarse sin comparar al que se acerque con la imagen intachable del que murió, encontrando por ejemplo a la nueva pareja de mamá insoportable, desubicado y poca cosa.

Lamentablemente la muerte no hace nada para mejorar lo que era el que murió y esto es así más allá de todas las creencias de la elevación del espíritu y la purificación de las almas. Me parece importantísimo poder perdonar al difunto, pero no olvidar quién fue en vida. Perdonar es cancelar sus deudas, pero no es olvidar que no las pagó.

La idea es seguir luchando y peleando para llegar al lugar del contacto genuino con la imagen real. Al lugar de la aceptación.

Había una vez una isla donde habitaban todas las emociones y todos los sentimientos humanos que existían. Convivían por supuesto el temor, el odio, la sabiduría, el amor, la angustia, todos estaban ahí.

Un día, el Conocimiento reunió a los habitantes de la isla y les dijo:

—Tengo una mala noticia para darles: la isla se hunde.

Todas las emociones que vivían en la isla dijeron:

—¡No, cómo puede ser! ¡Si nosotros vivimos aquí desde siempre!

El Conocimiento repitió:

—La isla se hunde.

—¡Pero no puede ser! ¡Quizás estás equivocado!

—Yo nunca me equivoco —aclaró el Conocimiento—, si les digo que se hunde, es porque se hunde.

—¿Pero qué vamos a hacer ahora? —preguntaron los demás.

Entonces, el Conocimiento contestó:

—Bueno, hagan lo que quieran, pero yo les sugiero que busquen la manera de dejar la isla... hagan un barco, un bote, una balsa o algo para irse porque el que permanezca en la isla desaparecerá con ella.

—¿No podrías ayudarnos? —preguntaron todos, porque confiaban en su capacidad.

—No —dijo el Conocimiento—, la Previsión y yo hemos construido un avión y en cuanto termine de decirles esto volaremos hasta la isla más cercana.

Las emociones dijeron:

—¡No! ¡Pero no! ¿Y nosotros?

Dicho esto, el Conocimiento se subió al avión con su socia y llevando como polizón al Miedo, que como no es zonzo ya se había escondido en el avión, dejaron la isla.

Todas las emociones se dedicaron a construir un bote, un barco, un velero... todos... salvo el Amor.

Porque el Amor estaba tan relacionado con cada cosa de la isla que dijo:

—Dejar esta isla... después de todo lo que viví aquí... ¿Cómo podría yo dejar este arbolito, por ejemplo...? Ah... compartimos tantas cosas.

Y mientras cada uno se dedicaba a construir una manera de irse, el Amor se subió a cada árbol, olió cada rosa, se fue hasta la playa y se revolcó en la arena como solía hacerlo en otros tiempos, tocó cada piedra... y quiso pensar con esta ingenuidad que tiene el Amor: "Quizá se hunda un ratito y después...".

Pero la isla... la isla se hundía cada vez más.

Sin embargo, el Amor no podía pensar en construir porque estaba tan dolorido que sólo podía llorar y gemir por lo que perdería.

Y otra vez tocó las piedritas, y otra vez se arrastró en la arena y otra vez se mojó los piecitos.

—Después de tantas cosas que pasamos juntos... —le dijo a la isla.

Y la isla se hundió un poco más...

Hasta que, finalmente, de ella sólo quedó un pedacito. El resto había sido tapado por el agua.

Justo en ese momento, el Amor se dio cuenta de que la isla se estaba hundiendo de verdad y comprendió que si no conseguía irse el amor desaparecería para siempre de la faz de la Tierra. Así que entre charcos se dirigió a la bahía, que era la parte más alta de la isla. Fue con la esperanza de ver desde allí a alguno de sus compañeros y pedirles que lo llevaran.

Buscando en el mar vio venir el barco de la Riqueza y le hizo señas y la Riqueza se acercó un poquito a la bahía.

—Riqueza, tú que tienes un barco tan grande, ¿no me llevarías hasta la isla vecina?

Y la Riqueza le contestó:

—Estoy tan cargada de dinero, de joyas y de piedras preciosas que no tengo lugar para ti. Lo siento —y siguió su camino sin mirar atrás.

El Amor se quedó mirando, y vio venir a la Vanidad en un barco hermoso, lleno de adornos, caireles, mármoles y flores de todos los colores que llamaba muchísimo la atención. El Amor se estiró un poco y gritó:

—Vanidad... Vanidad... llévame contigo.

La Vanidad miró al Amor y le dijo:

—Me encantaría llevarte, pero... tienes un aspecto... ¡estás tan desagradable, sucio y desaliñado... perdón, afearías mi barco! —y se fue.

Y cuando pensó que ya nadie más pasaría vio acercarse un barco muy pequeño, el último, el de la Tristeza.

—Tristeza, hermana —le dijo—, tú que me conoces tanto, tú sí me vas a llevar, ¿verdad?

Y la Tristeza le contestó:

—Yo te llevaría, pero estoy tan triste que prefiero seguir sola —y sin decir más se alejó.

Y el Amor, pobrecito, se dio cuenta de que por haberse quedado ligado a estas cosas que tanto amaba iba a hundirse en el mar hasta desaparecer.

Y el Amor se sentó en el último pedacito que quedaba de su isla a esperar el final... Cuando, de pronto, escuchó que alguien lo chistaba:

—Chst-chst-chst...

Era un viejito que le hacía señas desde un bote de remos.

El Amor dijo:

—¿A mí?

—Sí, sí —dijo el viejito—, a ti. Ven conmigo, yo te salvo.

El Amor lo miró y dijo:

—Mira, lo que pasó fue que yo me quedé...

—Yo entiendo —dijo el viejito sin dejarlo terminar—, súbete, yo te voy a salvar.

El Amor subió al bote y empezaron a remar para alejarse de la isla, que en efecto terminó de hundirse unos minutos después y desapareció para siempre.

Cuando llegaron a la otra isla, el Amor comprendió que seguía vivo, que iba a seguir existiendo gracias a este viejito, que sin decir una palabra se había ido tan misteriosamente como había aparecido.

Entonces, el Amor se cruzó con la Sabiduría y le dijo:

—Yo no lo conozco y él me salvó, ¿cómo puede ser? Todos los demás no comprendían que me quedara, él me ayudó y yo ni siquiera sé quién es...

La Sabiduría lo miró a los ojos y dijo:

—Él es el Tiempo. Y el Tiempo, Amor, es el único que puede ayudarte cuando el dolor de una pérdida te hace creer que no puedes seguir.

Diferentes tipos de pérdidas
Duelos por muerte

> *Hablar de nuestra pena nos ayuda a calmarla.*
>
> Pierre Corneille

Tal como lo hemos dicho, los duelos no son el patrimonio exclusivo de la muerte de alguien porque como dijo Rochlin:

> *Somos seres imperfectos limitados por lo imposible.*

Hay un duelo por delante en la vida de todo aquel que sufre una pérdida, que atraviesa un cambio, que deja una realidad para entrar en otra.

En este capítulo vamos a animarnos a hablar un poco de la dolorosa experiencia de los duelos por la desaparición física de un otro.

LA MUERTE DE UN SER QUERIDO

> *La muerte es algo natural, incontrastable e inevitable.*

> *Hemos manifestado permanentemente la inequívoca tendencia a hacer a un lado la muerte, a eliminarla de la vida. Hemos intentado matarla con el silencio. En el fondo nadie cree en su propia muerte. En el inconsciente cada uno de nosotros está convencido de su inmortalidad. Y cuando muere alguien querido, próximo, sepultamos con él nuestras esperanzas, nuestras demandas, nuestros goces. No nos dejamos consolar y, hasta donde podemos, nos negamos a sustituir al que perdimos.*
>
> SIGMUND FREUD, 1917

La muerte de un ser querido, cualquiera que sea el vínculo, es la experiencia más dolorosa por la que puede pasar una persona.

Toda la vida, en su conjunto, duele. Nos duele el cuerpo. Nos duele la identidad y el pensamiento. Nos duele la sociedad y nuestra relación con ella. Nos duele el dolor de la familia y los amigos. Nos duele el corazón y nos duele el alma.

En esta pérdida, como en ninguna otra situación, el dolor atraviesa el tiempo.

Duele el pasado,
        duele el presente
                y especialmente duele el futuro.

Esta experiencia tan dramática es parte inevitable de la vida adulta y la probabilidad de pasar por ella aumenta a medida que pasa el tiempo. El riesgo de vivir un duelo por alguien querido crece con mi propio envejecer y con mi propio riesgo vital.

Frente al desgarro que significa la ausencia, parecería que solamente el regreso del ser amado podría significar "un verdadero consuelo", y el darse cuenta de que eso es imposible suma la impotencia absoluta al dolor de la ausencia.

A veces me da la sensación que nuestra sociedad, tan "dolorofóbica", siempre intenta subestimar la experiencia dolorosa y discapacitante del duelo. Y cuando lo denuncias te dice que lo hacía con la mejor de las intenciones, para ayudar al que sufre la pérdida a salir adelante. Pareciera que un individuo en duelo debiera ocuparse justo en esos momentos de demostrar que es sano y normal y por ello, según el prejuicio popular, esforzarse para superar la pérdida con rapidez y sin ayuda de ningún tipo.

Nada más lejos de la verdad, como fue dicho.

No hay ninguna duda de que las herramientas más útiles en estos momentos son un abrazo cariñoso, la posibilidad de compartir nuestra historia, el llanto acompañado, el hombro firme dispuesto a recibir nuestra cabeza cansada y el oído amoroso atento a nuestra necesidad de hablar. Nadie mejor que nuestra familia para atender estas demandas.

Los que estudian el proceso del duelo nos explican que ésta es la razón de por qué la muerte de un miembro de la familia de origen (padre, madre, abuelo) suele ser tan conmocionante. No sólo afecta a cada integrante individualmente sino que afecta al grupo como un todo, lo cual complica la situación de todos porque es paradójicamente en la familia misma donde podemos encontrar el mejor apoyo y la más útil ayuda (de la situación especial que es la muerte de un hijo hablaremos más adelante, al final de este capítulo).

Es imprescindible que en estos casos la familia transforme su debilidad en una fortaleza y haga lo que sea necesario para permanecer más unida que antes en estas situaciones y no dejarse tentar por las inculpaciones, recriminaciones y celos que ya no tienen vigencia ni ayudan a ninguno. Es necesario (yo diría mejor imprescindible) compartir el dolor con valentía y extremo respeto por los estilos individuales. La situación es demasiado dolorosa como para que cada uno tenga que recuperarse solo o buscar el apoyo fuera de su hogar, con aquéllos a los que no les pasa lo mismo que a nosotros...

En esos duelos, los peores días del año suelen ser las fiestas. Más allá de la ya explicada reacción de aniversario, esto sucede porque dentro de la familia estos eventos evocan demasiados recuerdos de aquellos momentos llenos de alegría e inundados de la presencia de los ausentes. Imágenes que ahora contrastan con la tristeza del duelo compartido.

Cada fin de año, por ejemplo, con su tradicional balance de lo hecho, suele complicar aún más la situación dolorosa de la pérdida.

LAS DIFERENCIAS

Uno de los aspectos más sorprendentes que aparecen frente a una muerte es el darse cuenta de que no todos manifestamos nuestro dolor de la misma forma:

¿Por qué siento que no puedo soportar este dolor y mi amiga que también perdió a su esposo no se ve o no se siente tan mal?

¿Por qué me siento desfallecer frente a la muerte de mi madre y mi hermano no?

Las reacciones varían (y es normal que así sea) no sólo entre diferentes personas (aun miembros de una misma familia), sino también en uno mismo en diferentes momentos vitales, en diferentes edades o en distintas circunstancias en las que se encuentra uno cuando sucede la pérdida.

Hay varios factores, circunstancias y fenómenos que se podrían considerar elementos de ayuda a la elaboración de un duelo y también los hay que ponen en riesgo el proceso de evolución de un duelo normal. Por ejemplo, en general cuanto más rápida, imprevista y traumática sea la muerte, mucho mayor será el impacto emocional y lo mismo sucederá cuanto más afecte esa pérdida a la vida diaria del sujeto.

Igualmente, la elaboración de un duelo estará condicionada por el grado de facilidad o dificultad que tenga la persona a la hora de expresar lo que siente.

El grado de presencia o ausencia de estos o aquellos factores puede hacer que el proceso de elaboración sea más natural o más disfuncional.

LOS DIEZ FACTORES QUE INTERVIENEN A LA HORA DE DETERMINAR EL PREVISIBLE GRADO DE SALUD DE UN DUELO

1. La calidad de la relación con la persona (íntima o distante, o con asuntos inconclusos).
2. Forma de la muerte (por enfermedad o accidente, súbita o previsible).
3. La personalidad de uno (temperamento, historia, conflictos personales).
4. Participación en el cuidado del ser querido antes de fallecer.
5. Disponibilidad o no de apoyo social y familiar.
6. Problemas concomitantes (dificultades económicas, enfermedades).
7. Pautas culturales del entorno (aceptación o no del proceso de duelo).
8. Edades extremas en el que pena (muy viejo o muy joven).
9. Pérdidas múltiples o acumuladas (perder varios seres queridos al mismo tiempo).
10. Posibilidad de ayuda profesional o grupal (capacidad de pedir ayuda).

EL SUICIDIO DE UN SER QUERIDO

La muerte por suicidio merece en este apartado un matiz adicional dado que como norma suele dificultar y a veces hasta impedir la elaboración y superación del duelo.

Y esto se debe a que la mayoría de las veces, por más que uno lo intenta, nunca consigue entender las razones que llevaron a un ser querido a quitarse la vida.

El suicidio deja siempre detrás de sí muchas preguntas.

Después de que un ser querido atenta contra su vida, es natural sentir mucha rabia y enfado hacia la persona que te abandona. Si, como hemos dicho, es casi esperable enojarse con el que se muere aunque haya muerto en un accidente, cuánto más lógico suena enojarse cuando él o ella decidieron su propia muerte.

A veces me parece que si el suicida tuviera real conciencia del daño que produce en la familia cercana, sobre todo en los hijos cuando los hay, no se suicidaría.

Si de verdad supiera lo que los hijos irremediablemente piensan cuando su padre o su madre decide matarse o dejarse morir...

Ni siquiera pensó en mí.
Yo no era una buena razón para seguir viviendo.
Si sólo hubiera estado a su lado en ese momento,
lo hubiera evitado.
No le importó lo que a mí me pasaría.

Y esto es muy doloroso para poder sustentar después la autoestima del que queda.

Claro que el que se suicida no puede pensar en esto en ese momento.

De alguna manera su capacidad de análisis deductivo está interrumpida y no le permite razonar adecuadamente (si así no fuera, posiblemente ni siquiera estaría en condiciones de matarse, porque su propio instinto de conservación lo detendría).

Frente a un suicidio seguramente también nos invade un exagerado y a veces absurdo sentimiento de culpabilidad. Nos sentimos mal por algo que dijimos o no hicimos, como si una actitud diferente de nuestra parte hubiera podido por sí sola cambiar el desenlace.

Es necesario tener muy claro después de una muerte de estas características que ninguno de nosotros pudo elegir por él o por ella, que la decisión del suicidio fue enteramente suya. Aceptar que a pesar de todo lo que uno hubiera podido decirle, las palabras nunca alcanzan para cambiar una decisión tomada.

Aun frente al suicido de un ser cercano, a medida que la tormenta de emociones va calmándose, surge poco a poco la aceptación. Habrá que darse tiempo para llegar allí, porque un duelo por suicidio puede necesitar más tiempo para sanar. Habrá que ser paciente y trabajar mucho la idea del respeto por la elección del otro, aunque uno no esté de acuerdo, aunque se sienta perjudicado, aunque no lo entienda.

DUELO ANTICIPADO

El tema genera cierta controversia aun a la hora de decidir a qué se refiere. En este libro hablaré de él como el proceso que ocurre en anticipación de una pérdida previsible y que incluye muchos de los síntomas de un duelo normal.

Los siguientes aspectos están siempre presentes:

1. tristeza,
2. preocupación por la persona que va a morir,
3. ensayo mental de la situación del deceso,
4. ajuste previo a las consecuencias de la muerte,
5. vivencia efectiva de la despedida al paciente.

De todas maneras hay un error ingenuo en la utilidad que pueden tener estos duelos. Error que se genera en la falsa idea de que hay un volumen de tristeza fijo y que si se experimenta antes disminuye la pena que "queda" para después de la pérdida.

Afortunada o lamentablemente las emociones no funcionan así.

De todas maneras esto no significa que los duelos anticipados no sirvan para nada, porque de hecho algunos estudios aportan datos que documentan que el duelo de anticipación puede mejorar la capacidad de adaptación de los familiares y a veces acortar el tiempo de recuperación del dolor de la pérdida.

Para dejar claro que los especialistas no se ponen de acuerdo, un amplio grupo de investigadores afirma, en cambio, que la anticipación del duelo casi nunca ocurre y que cuando se intenta es perniciosa para todos. Ellos dicen con buenos argumentos que aceptar la muerte de una persona querida antes de tiempo podría dejar al familiar con la culpa posterior de haber abandonado al paciente antes del final. En lo desaconsejable se suma también el hecho de que el paciente que percibe a su alrededor la actitud familiar experimente un dolor adicional por la percepción no confirmable de su supuesta muerte inminente.

En todo caso lo que seguramente existe es la natural anticipación por agotamiento de los familiares de pacientes en largas agonías, aunque en estos casos tampoco se evita por completo el dolor del momento efectivo de la muerte.

INTEGRAR EL PENSAMIENTO CON EL SENTIMIENTO

Una cosa es ponerse triste, y otra muy distinta es poder llorar.

Saber que uno está enojado no es lo mismo que expresar mi enojo.

Aceptar conscientemente un sentimiento no produce necesariamente la capacidad de expresarlo. Y en el caso del dolor de un duelo, está claro que el proceso necesita de ambas caras de esta misma moneda.

En el duelo, el cuerpo se acoraza (en muchos casos literalmente se endurece por la contractura muscular defensiva y bloqueante), se defiende tratando de amortiguar el impacto que produce el dolor.

Poder expresar los sentimientos que produce una pérdida, ya sea la pena, la rabia o el miedo, nos ayuda a enfrentar el dolor para poder luego cicatrizar la herida del alma.

Si permanecemos "fuertes" sólo estamos tapando el dolor y esta represión no sólo impide el final del duelo sino que conspira contra nuestro crecimiento, impide ser definitivamente adultos.

El dolor puede y va a enseñarnos irremediablemente a darle un nuevo sentido a la vida, va a cambiar valores y prioridades.

Por ejemplo, aunque sea doloroso hasta enunciarlo, es natural que (afortunadamente) pasemos alguna vez por el duelo de la muerte de nuestros padres.[3] Es natural aunque nos cueste aceptarlo que asistiremos en nuestras vidas a la desaparición física de otros seres queridos, y algunos peligrosamente tan jóvenes como nosotros...

QUIZÁS AHORA TE PAREZCA IMPOSIBLE,
PERO CON EL TIEMPO
SE SUPERA INCLUSO LA MUERTE DE LA PERSONA AMADA.
Y LLEGA EL DÍA EN EL QUE PUEDES DECIR
QUE LA VIDA CONTINÚA
Y QUE TE SIENTES FELIZ DE ESTAR VIVO,
SIN NECESIDAD DE OLVIDAR
A QUIEN YA NO ESTÁ.

DUELO POR VIUDEZ

BLUES DEL FUNERAL

Paren todos los relojes,
corten el teléfono
eviten que el perro ladre
silencien los pianos
y con un sonido suave entren el ataúd,
cierren las puertas
impidan que vuelen los aviones.
ha muerto
coloquen crespones
callen a los niños
desaparezcan las flores
vacíen el océano
y limpien el fondo;
pensé que el amor duraría para siempre:
me equivoqué.
era mi norte, mi sur, mi este y mi oeste
mi semana de trabajo
y mi domingo de descanso,
mi mediodía,
mi medianoche,
mi conversación,
mi canción;
ya no se necesitan las estrellas,
sáquenlas todas;
llévense la luna
y desmantelen el sol;
pues nada volverá a ser como antes.

W. H. AUDEN (1907-1973)

Cuando la realidad conocida se rompe, lo seguro y ordenado se vuelve caótico.

El mundo parece hostil y nada puede aliviar la incertidumbre y la inseguridad.

Cuando el provisorio orden era compartido con otro que ya no está, aparece la desesperación y el vacío.

Sólo por la interacción se mantiene el sentido del individuo en el mundo y su identidad, quizá por eso los que pierden a su pareja dicen haber perdido una parte esencial de ellos mismos y se sienten extraños y ausentes.

Tal como lo aseguran dos colegas argentinas, especializadas en duelo, la licenciada Silvia Alper y la doctora Diana Liberman, la pérdida del esposo o de la esposa siempre impone un grado superlativo de desorden, menoscaba el sentido de la vida y amenaza la identidad.

La consecuencia más extrema e irreversible es lo que se ha dado en llamar el "síndrome del corazón roto", donde la muerte del cónyuge precipita la propia.

Hace muchos años, mientras yo era practicante en la guardia médica del Instituto de Cirugía de Haedo, recibimos un llamado para atender una emergencia en una casa cercana al hospital. Dos médicos, una enfermera, el camillero, el chofer y yo nos subimos con el equipo de resucitación necesario a la ambulancia y en menos de cinco minutos llegamos a una humilde casa del barrio.

Entramos al cuarto de la enferma, una mujer de unos setenta años en paro cardiaco. Lamentablemente no hubo mucho para hacer y pese a todas las maniobras confirmamos que el hecho era irreversible.

Con dolor le contamos a la hermana de la paciente, que estaba en el cuarto, que no había nada más que hacer y que íbamos a llevar el cuerpo al hospital para los certificados y trámites.

La señora salió del cuarto y le dijo a un señor que, según nos enteramos después, era el marido de la mujer fallecida:

—María murió.

El hombre palideció.

Se dejó caer en una pequeña silla de mimbre y dijo:

—Me quiero morir...

Ésas fueron sus últimas palabras.

Nada pudimos hacer los seis profesionales presentes, ni el equipo que traíamos, ni la posibilidad de trasladarlo de inmediato.

El hombre dijo: "Me quiero morir", y se derrumbó.

Dadas las condiciones de la muerte, se hizo una autopsia de su cuerpo que arrojó un resultado que todos preveíamos:

Estallido cardiaco.

La muerte de su compañera le había ROTO EL CORAZÓN... literalmente.

En los países sajones la muerte del cónyuge es la primera de las situaciones listadas por intensidad en una estadística de "situaciones dolorosas", que ha sido tomada como referencia desde hace muchísimo tiempo y confirmada año tras año.

Para estas estadísticas (que seguramente no darían iguales resultados en nuestros países latinos) la desaparición del marido o de la esposa sería la máxima causa de dolor entre la población de entre veinticinco y setenta años. La estadística es ésta:

LISTA DE CAMBIOS	DOLOR
Muerte del cónyuge	100
Condena efectiva en la cárcel	91
Muerte de un familiar cercano (hijo)	83
Divorcio	80
Despido del trabajo, reducción de gastos	76
Muerte de un familiar cercano (hermano, padres)	65
Enfermedad personal o accidente grave	60
Casamiento	50
Muerte de un amigo cercano	48

Jubilación	45
Enfermedad o accidente grave de un familiar	44
Dificultades sexuales	39
Crecimiento de la familia (nacimiento, adopción)	39
Gran cambio financiero	38
Muerte de una mascota	37
Cambio de trabajo	36
Discusiones repetidas con la esposa	35
Hipoteca bancaria de más de $ 150,000	31
Gran cambio en el trabajo (promoción o transferencia de local)	29
Hijo o hija que dejan la casa (matrimonio, universidad, ejército)	29
Problemas legales	29
Esposa que comienza a trabajar	26
Mudanza, remodelación o refacción en la casa	25
Problemas graves con el jefe	23
Cambios en la vida social	18

Cuando pregunté a alguno de mis maestros de Estados Unidos la razón de esta discordancia, argumentando que, para nosotros, la lista sería encabezada sin lugar a dudas por la situación de la muerte de un hijo, me contestó con un argumento que no alcanzó a convencerme, pero me obligó a pensar en una arista que hasta entonces yo no había tenido en cuenta.

Cuando un hijo se muere y la pareja se mantiene unida, hay dos a los que les está pasando lo mismo, hay alguien que puede comprender, porque lo comparte, lo que nos pasa. En cambio cuando la pareja es la que muere, a nadie... repito, a nadie, le está pasando lo mismo. Estamos verdaderamente solos en nuestro dolor.

El hombre y la mujer que se quedan solos en el nido se definen como quebrados (así lo expresan muchas veces). Éstas son algunas de las cosas que dicen los viudos y las viudas:[4]

La herida nunca se borra del todo.
El dolor de la pérdida de la pareja te desgarra internamente y uno se pregunta cómo seguir viviendo.
El silencio hiere los oídos, el hogar se convierte sólo en una casa.
El llanto y la rabia se vuelven tu diaria compañía.
No puedes definir si sientes pena por el que se fue o por ti mismo.
¿Cómo seguir respirando, caminando, haciendo lo cotidiano sin ella?
¿Mi capacidad de amar podría seguir existiendo?
Después de la muerte de la pareja uno está desparramado como una baraja de naipes arrojada al aire.

No se puede generalizar, pero cuando muere la pareja de alguien después de muchos años de convivencia, la identidad que está irremediablemente armada en relación con el vínculo se ve lógicamente amenazada.

El gran desafío es, pues, poder encontrar las herramientas y los recursos necesarios para reconstruirse y hacer frente a una vida que por ser totalmente distinta se nos aparece tan difícil.

En un planteamiento más que interesante Lopata define hasta diez "tipos de soledad" diferentes que podrían llegar a padecer (a la vez) aquellos que viven el duelo por la muerte de la pareja.

1. Extrañan a la persona en concreto.
2. Extrañan el hecho de sentirse queridos.
3. Extrañan la posibilidad de querer a otro.
4. Extrañan una relación profunda.
5. Extrañan la sensación de que hay alguien en casa.
6. Extrañan la posibilidad de compartir las tareas.
7. Extrañan la forma de vida de la gente casada.
8. Extrañan la satisfacción de ir acompañados.
9. Extrañan la vida sexual.
10. Extrañan las amistades en común.

DIFERENCIAS DE GÉNERO

Dado que la expectativa de vida de las mujeres al nacer es mayor que la de los hombres de su misma clase y condición,[5] la viudez de las sociedades civiles urbanas de Occidente es un fenómeno que tiene mayor incidencia entre las mujeres.

Dice mi amigo Eduardo:
Mucha igualdad de género, mucho sexo débil, mucho derechos de las mujeres a salarios justos y demás... ¡pero el mundo está lleno de viudas!

Muchas mujeres fueron educadas para idealizar el amor, y siempre dependieron del hombre para subsistir social, económica y por consiguiente psíquicamente. Si bien la dependencia económica está disminuyendo, la psíquica continúa, por lo que no pueden evitar sentirse desamparadas cuando pierden al compañero.

Un hombre en actividad que pierde a su mujer puede sentirse desconsolado, triste y amenazado por su futuro de soledad, pero difícilmente se derrumba totalmente. Esto se debe a que en nuestra cultura las mujeres estructuran su identidad (es decir, su subjetiva definición de quiénes son y para qué están en el mundo) en torno de los vínculos, mientras que la mayoría de los hombres la construyen en torno de su trabajo.

Si hombres y mujeres hicieran suya la frase de Ortega y Gasset: "Yo soy yo y mi circunstancia".

Ellos dirían de sí mismos: "Yo soy yo y todo lo que sé hacer".

Las mujeres dirían en cambio: "Yo soy yo y todos aquellos a quienes amo".

SEGUIR SIN MI PAREJA

Mi amiga Silvia Salinas escribió un libro cuyo título nos inicia en este camino, se llama *Todo (NO) terminó* y nos habla de la necesidad de darnos cuenta de que después de una pérdida se puede volver a amar, a pesar del dolor, y a sorprendernos sabiendo que el dolor y el amor pueden no sólo sucederse sino además coexistir.

La persona que murió no se pierde, porque, como hemos visto, es interiorizada emocionalmente. Los que quedan vacantes son los roles que ocupaba.

Cuando murió mi esposa sentí que su muerte era como un tsunami. Fui perdiendo poco a poco a todos mis amigos, mis hábitos, mis lugares favoritos, la posibilidad de disfrutar de la música que más me gustaba.

No sabía cómo se pagaba la luz, dónde se compraba la fruta ni cómo se conseguía la leche.

Mis hijos, mis vecinos y mis nietos me trataban como si fuera un inútil.

Un día me di cuenta de que sólo había para mí dos opciones: la vida y la muerte y también me di cuenta de lo atractiva que era para alguna de mis partes más heridas la segunda posibilidad.

Sin embargo a partir de ese día algo cambió. Junté a todos mis familiares en la cocina de mi casa y les dije:

—Quiero que sepan que me quedé viudo, no descerebrado.

Ese día todo empezó a retomar su rumbo.

Entonces digo que en esta historia y en todas las que se le parecen si creo que "yo no podría soportar que no estés"... realmente no voy a poder soportarlo.

Que es la misma historia de los de:

"yo nunca voy a poder dejar de fumar"... y siguen fumando.

Y los de:

"nunca voy a poder hacer una dieta para adelgazar"... y siguen comiendo de más.

Mientras yo me crea que nunca podría algo, cualquier cosa, lo más seguro es que no voy a poder.

Esto es así.

Los humanos llevamos con nosotros el peso de nuestra capacidad (a veces subconsciente) de transformar en realidad, si de nosotros depende, nuestras más catastróficas profecías. Si yo me creo que no voy a poder soportar tu ausencia, si me creo que no puedo seguir sin ti, si me convenzo de que mi vida ha terminado, es posible que todo eso suceda.

Déjame que te cuente algo que sucede realmente en una tribu en el norte de África.

Es costumbre que cuando alguien comete un hecho muy grave, por ejemplo mata a otro miembro de la tribu, se hace una junta, una reunión de todos los jefes de la tribu.

Si lo encuentran culpable lo condenan a muerte. Lo maravilloso es que la condena significa hacerle una marca con tinta en el hombro. Es una marca rara, que en la tribu es el símbolo de la muerte.

A partir de ese día el condenado es alojado en una carpa a unos diez metros de los otros, nada más. Nadie lo toca, nadie le hace nada, si quiere comer, come, si quiere beber, bebe, nadie le dirige la palabra, nadie habla con él, está muerto.

Dos meses después de la condena, el reo muere, muere sin que nadie le haya tocado un pelo. Y no muere porque le pase algo en especial, ni porque la marca sea venenosa, muere sólo porque cree que se tiene que morir.

En esa cultura y en ese rito él está convencido de que estando condenado a muerte y, teniendo la marca, se va a morir, y por supuesto se muere, literalmente, se muere.

Como ya lo dije, cuando la pareja muere todos sus roles quedan vacantes y hay que aprender a reacomodarse.

No es que me duela sólo el haber perdido un contador, un jardinero, un compañero sexual y un padre protector...

No es que me lastime sólo el haberme quedado sin cocinera, ama de llaves, planchadora, consejera, compañera sexual y enfermera...

Pero también es eso.

Según los especialistas, un duelo termina cuando uno puede volver a insertarse en la vida con nuevos proyectos, cuando decide que ya no está "muerto" y entonces puede pasar del dolor intenso e insoportable a otro dolor también presente pero menos intenso, y de allí, con el tiempo, al amor por otros (la familia, una nueva pareja, los amigos).

Después de la muerte de tu pareja es ciertamente muy difícil permitirse una nueva relación. No es indispensable hacerlo, pero es importantísimo saber que es posible.

DIVORCIO

Recordar es el mejor modo de olvidar.

SIGMUND FREUD

Quizá suene raro encontrar esta palabra como título aquí, mezclada entre muertes y duelos funerarios. Y, sin embargo, si volvemos unas páginas atrás a revisar la cuestionada estadística de dolores que allí aparece, veremos que el divorcio está vivencialmente bastante cerca de la catastrófica situación de muerte de la pareja.

Si revisamos las características de lo expuesto para los viudos y viudas y, sobre todo, si volvemos a leer la lista de las soledades vivenciales de los que están de duelo, nos encontraremos con los mismos dolores que nos cuenta cada uno de nuestros amigos que acaba de divorciarse. También ellos nos hablan de la ausencia física del compañero o de la compañera, de sus dificultades afectivas, de la pérdida de amigos y posibilidades, de la dificultad para recomenzar una vida normal.

Me he entrevistado con cientos de personas en toda mi vida como terapeuta y me he cruzado con algunos miles de parejas que padecen cada día, y sobre todo cada noche, las consecuencias de su pésima relación interpersonal, de la falta de proyectos comunes o de la terminación del amor, pero a pesar de su sufrimiento por estas cosas, me dicen y declaman por el mundo que hacen todo lo que hacen y que harían más todavía porque no soportarían el dolor que significa enfrentarse con una separación. Hombres y mujeres que aparentan mucha seguridad y lucidez en otras áreas de sus vidas, pero que viven cagándose la vida porque creen que no podrían soportar vivir durante seis meses el dolor que les ocasionaría no estar más en pareja o la pérdida de su matrimonio con esa persona.

Siempre me parece que eso no es amor, ni tiene nada que ver con él. Eso es estar enganchado con alguien y no estar cerca de él.

Estar juntos y conectados es vivir una relación donde él o ella pueden irse, acercarse, distanciarse para hacer sus cosas antes de regresar o quedarse y decidir hacer otra cosa que la que el otro quiere. Una relación donde lo propio nunca descarta lo compartido.

Otra cosa es estar enganchados.

ENGANCHES, MANIPULACIÓN Y CODEPENDENCIA

Engancharse no es estar juntos, es retener, aprisionar, anclar, enredar, rellenar todos los espacios del otro creyendo que así lo completo. Pero la dependencia nunca sirve para completar ni para conectarse con el otro. Sólo sirve para tironear, para retener, para atrapar al otro y creer que con eso impido para siempre que se pueda ir.

Esto no es estar juntos ni tiene que ver con amor. Esto es un disfraz de la manipulación y un intento de controlar la vida del otro.

"Para escaparte de mí vas a tener que lastimarte y lastimarme, porque en este enganche estamos los dos atrapados."

Plantear las cosas así es siempre un síntoma de disfuncionalidad en el vínculo y no hace falta indagar mucho para encontrarse con la manifiesta incomodidad de ambos cuando las relaciones toman este cauce. Lo extraño es que a pesar de eso pareciera que nos seducen estas situaciones de control, propias y ajenas, nos encanta estar enredados en estos vínculos "seguros", vivimos de alguna manera armando estrategias, conscientemente o no, para tener al otro atrapado, para que el otro no se escape, para que no se vaya. Nos llenamos la boca diciendo estupideces escalofriantes que solemos levantar como estandartes de las relaciones de pareja ideales:

"Los dos somos uno."
"Somos una sola carne."
"Yo para el otro y el otro para mí."

Y la máxima preferida de estos supuestos "amantes infinitos":

"No puedo vivir sin ti."

Si por un momento pudiéramos desprendernos de la caricia narcisista que tanto nos agrada comprenderíamos lo infame de este símbolo que condena a ambos al sufrimiento garantizado. Uno haciendo depender SU VIDA del otro y éste teniendo que hacerse responsable por la existencia de su amado o su amada. ¡Qué pesado suena!

Un planteamiento un poco más tibio pero igualmente condicionante es el de aquellos que te dicen, con cara de carneros degollados...

"Ah... me haces tan feliz."

Y yo digo siempre, aunque te encante la mentira de creerte que eres tan poderoso como para hacer feliz a la persona que amas: no aceptes esa responsabilidad. ¡No aceptes!

No tanto porque no sea cierto (nunca lo es), sino porque si aceptas que eres capaz de hacer feliz al otro vas a tener que aceptar que en algún momento con todo derecho te digan:

"Me arruinas la vida."

No tienes el poder de hacerme feliz, nunca lo tuviste, aunque yo quiera concedértelo, aunque quisieras tenerlo; y, por eso, tampoco el poder para hacerme infeliz.[6]

Me puede lastimar algo que hagas, algo que digas, eso sí, seguramente. Pero ¿hacerme sufrir? La verdad que no.

Piénsalo. ¿Qué puede hacer el otro?

*"Podría hacer todo lo que a ti no te gusta
y nada de todo lo que te agrada."*

Muy bien, comprendo.

Pero si hace todo lo que te disgusta, ¿para qué te quedas a su lado?

"Me quedo porque lo quiero".

Bueno, acepto tus razones, pero... si te quedas porque lo quieres, ¿es el otro el que te está haciendo sufrir? De ninguna manera.

Soy yo quien elijo a esta persona, soy yo quien decide quedarse, soy yo el responsable de mi dolor. Soy yo el que me hago sufrir.

Es posible que no sea sólo yo, pero seguro que tiene que ver más conmigo que contigo.

Sobre todo por el condicionamiento que produce en mí, aquello que al principio llamamos el "sistema de creencias" de cada uno. En este caso, si me creo que MI felicidad es TU responsabilidad...

   Si para que yo sea feliz tú tienes que hacer tal cosa y tal otra.
   Y para que yo sea feliz tú tienes que conducirte de tal manera.
   Y para que yo sea feliz tú no tendrías que decir estas cosas ni tales otras.
   Y no deberías ni pensar en ellas.
   Si para que yo no sufra tú deberías querer exactamente lo que yo quiero, en el exacto momento en que yo lo quiero y, por supuesto, dejar de querer ninguna otra cosa (no sea cosa que lo quieras en un momento que no es el momento en que yo la quiero)...
   Estoy en problemas...

   Pero a veces no estoy tan claro o no quiero enterarme de cómo son las cosas o no soporto hacerme responsable de mis carencias y prefiero pensar que sufro por tu culpa.
   Sin embargo, no me voy, me quedo.
   ¿Para qué me quedo? O en todo caso, ¿qué excusa me doy?
   Atención (y no te rías)

> *"Estoy esperando que cambies..."*

O peor aun,

> *"Me quedo para cambiarte."*
> *"Para conseguir que seas diferente."*
> *"Para lograr que quieras exactamente eso que yo quiero."*

   Y todo esto por qué... porque no soporto la idea de perderte.
   Para no perderte, te voy a cambiar.
   Lo cual significa que primero voy a martirizarte y martirizarme aunque en la práctica después de todas maneras termine perdiéndote. Tres dramas al precio de uno.

ACEPTAR Y SOLTAR

Es mucho y perturbador lo que hacemos todos para intentar evitar una pérdida. Nunca queremos tener que pasar por la elaboración de un duelo y menos cuando no fuimos nosotros los que elegimos estar en esa situación.

Aunque cabe siempre una pregunta: ¿estamos tan al margen de la decisión de separarse que nos anuncia nuestra pareja?

Después de todo, ¿quién quiere estar al lado de alguien que ya no te quiere? Yo no, tú tampoco, y seguramente ninguno de los que leen esto en este momento.

Cuando me doy cuenta de esto, dejo de pretender agarrarte, dejo de querer engancharte, abro los brazos y permito que te vayas; sabiendo que una vez que termine de elaborar esta pérdida la herida no dolerá, una vez que renuncie a lo que ya no está, voy a quedar libre de ese pasado, para elegir con quién quiero seguir el camino, si es que pretendo seguir acompañado. Pero preferimos tratar de ver cómo hacemos para manipular la conducta del otro para que haga lo que nosotros queremos, antes que pasar por el camino de las lágrimas y dar lugar, después de llorar, a una persona que sea más afín con mis gustos y principios.

En algunos casos es como si obtuviéramos más placer en establecer nuestro poder, que en buscar otro que quiera lo que yo quiero, aunque las más de las veces es la voz de mi yo más neurótico que me alerta: quizá no encuentre nunca más a alguien que me quiera (*porque quién me va a querer ahora*); me dice que me quede, que insista, que retenga a mi compañero o compañera (*porque más vale malo conocido...*), y etcétera, etcétera, etcétera...

Pero el motor no es el amor, es el miedo a lo que sigue, es la falsa seguridad que me da lo conocido, es la ilusión de tranquilidad que encuentro en lo que supuestamente tengo (aunque en realidad ya no lo tenga de verdad).

Lo puedo comprender y hasta justificar, pero no tiene nada que ver con el amor.

Con mi mejor amigo, con mi hermano, con mi hijo, cuando nuestras apetencias no coinciden es claro que lo mejor que nos puede pasar es que cada uno de nosotros pueda hacer lo que en realidad tiene ganas y encontrarnos después, posiblemente, para compartir aquello que más le gustó y aquello que más me gustó a mí.

Con la pareja pasa exactamente lo mismo, pero para poder llevarlo a la práctica hay que aprender a soltar, y para eso hay que empezar por dejar de temerle a la pérdida.

"¡Ah, no!, ¿y si ella sale con un amigo y resulta después que el amigo le gusta más que yo?, mejor que no salga con ningún amigo, mejor que no vea a ningún hombre, mejor que use anteojeras por la calle, mejor que nunca salga a la calle."

"¡Ah no!, y si él sale con sus amigos y se encuentra con otra chica, y si después los dos... vaya a saber... mejor lo controlo, mejor lo celo, mejor me le cuelgo encima para que no haya ninguna posibilidad de que me abandone."

Éste es un martirio persecutorio y siniestro producto de mi propia dificultad para enfrentarme con la pérdida.

¿¡Y decimos que lo hacemos porque los queremos mucho!?

¿¡Y pretendemos que nos crean!?

¡Qué descarados somos... y qué mentirosos!

La verdad es que nos cuesta aprender a soltar, no nos enteramos de que el único camino que conduce al crecimiento es el de elaborar los duelos que inevitablemente voy a enfrentar por las cosas que queden en el pasado y que la historia de mis pérdidas es el necesario pasaporte para llegar a lo que sigue.

>Si de noche lloras
>porque el sol no está,
>las lágrimas
>te impedirán ver las estrellas.
>
>RABINDRANATH TAGORE

Seguir llorando aquello que ya no está, me impide disfrutar esto que tengo ahora.

Enfrentarse con lo irreversible de la pérdida, en cambio, es aceptar el duelo, saber que aquello que era, *ya no es más* o por lo menos no es como era.

De hecho las cosas NUNCA son como eran. Nunca es lo mismo.

Decía Heráclito:

> IMPOSIBLE BAÑARSE DOS VECES EN EL MISMO RÍO.
> NI EL RÍO TRAE LA MISMA AGUA NI YO SOY YA EL MISMO.

No digo cambiar por cambiar, ni dejar por capricho, ni abandonar porque sí; sino darme cuenta de que cuando algo ha muerto, cuando algo ha terminado, es un buen momento para empezar a soltar.

Cuando ya no sirve, cuando ya no quiere, cuando ya no es; es el tiempo de soltar.

La verdad es que la pregunta que hago a todos es la que me hago a mí.

Si mañana yo llego a mi casa y mi esposa, después de veinticinco años de casados, me dice que no me quiere más... ¿qué pasa?

Dolor, angustia, tristeza y más dolor.

Y luego las dudas, me pregunto:

¿Quiero yo seguir viviendo con alguien que no me quiere?

Yo, no ella, *yo* ¿quiero seguir?

La quiero enormemente.

¿Es suficiente? ¿Puedo yo quererla por los dos?

La verdad... que no.

Y la verdad es que ésta es la historia: como sé que no puedo determinar que me quieras ni quererte por ambos, entonces... te dejo ir.

No te atrapo, no te agarro, no te aferro, no te aprisiono.

Si te amo de verdad, si alguna vez te amé, no voy a querer retenerte.

Y no te dejo ir porque no me importe, te dejo ir porque me importa muchísimo.

Te abro la puerta porque, como ya te dije alguna vez, no existe un amor que no se apoye en la libertad.

"Pero, Jorge, hay situaciones, momentos, donde una pareja pelea y lucha por el vínculo y después de un tiempo de roces se vuelven a encontrar."

Sí, es verdad. Hay miles de parejas que antes de encontrarse debieron separarse. Hay muchas que se separaron y nunca se volvieron a encontrar y por supuesto hay miles más que no se separaron nunca y vivieron amargándose la vida, día tras día, semana tras semana, durante el resto de su existencia. Pero el final de la historia de una pareja nunca está determinado por la fuerza o la habilidad de cada uno de los dos para mantener prisionero al otro.

En un divorcio, la elaboración del duelo también significa aprender que en una separación la pérdida de este vínculo puede muy bien conducir a un encuentro mayor, a un vínculo nuevo, sano, diferente, recién nacido y sin las pesadas "herencias" del vínculo muerto.

Cuando una pareja en problemas viene a consultar a un terapeuta, basta que uno de los dos sienta sinceramente que todo terminó, que no quiere nada más, que no tiene emociones comprometidas en ese futuro común, que se acabó el deseo... basta que uno sostenga que agotó todos los recursos pero no le pasa nada... basta eso para que el profesional sepa que es poco lo que puede hacer, que no hay mucho para rescatar.

Si hay deseo, si se quieren, si se aman, si todavía les importa a cada uno el otro, si creen que hay algo que se pueda hacer, aunque no sepan qué, los problemas se pueden resolver (o mejor dicho se puede intentar).

Pero repito, si para alguno de los dos, verdadera y definitivamente se terminó; se terminó para ambos y no hay nada más por hacer. Por lo menos en esta vuelta del carrusel.

Quizás haya más vueltas y quizás en la próxima se saque la sortija montada en el mismo pony... Pero si uno solo no quiere, dos no pueden juntos y entonces hay que asumir que en esta vuelta no hay más premios para repartir.

Y entonces el terapeuta, su mejor amiga y a veces hasta la pareja misma deberá decirle al que no quiere:

—Tengo malas noticias... Lo siento, se terminó.

—¿Y ahora? —preguntará.

—No lo sé. Seguramente te duela. Pero lo sobrellevarás.

Y agrego yo:

Te puedo garantizar que puedes soportar lo que sigue.

Si no te aferras superarás el duelo.

Si no pretendes retenerlo vas a sobrevivir a la pérdida.

Salvo que estés convencido que te vas a morir por esto.

Cuentan que había una caravana en el desierto. Al caer la noche la caravana se detiene.

El muchachito encargado de los camellos se acerca al encargado de guiar la caravana, y le dice:

—Tenemos un problema, tenemos veinte camellos y diecinueve cuerdas, así que ¿cómo hacemos?

—Bueno, los camellos son bastante bobos, en realidad, no son muy lúcidos, así que ve al lado del camello que falta y haz como que lo atas. Él se va a creer que lo estás atando y se va a quedar quieto —aconseja.

Un poco desconfiado el chico va y hace como que lo ata y el camello en efecto se queda ahí, paradito, como si estuviera atado.

A la mañana siguiente, cuando se levantan, el cuidador cuenta los camellos, y están los veinte.

Los mercaderes cargan todo y la caravana retoma el camino. Todos los camellos avanzan en fila hacia la ciudad, todos menos uno que queda ahí.

—Jefe, hay un camello que no sigue a la caravana.

—¿Es el que no ataste ayer porque no tenías soga?

—Sí. ¿Cómo lo sabe?
—No importa. Anda y haz como que lo desatas, porque si no va a seguir creyendo que está atado, y si él sigue creyéndose atado, no empezará a caminar.

LA PÉRDIDA DE UN HIJO

Después de ser sometido a la primera operación de su cáncer de laringe en 1920, Freud pierde en una epidemia a su hija Sophie. Todos los que estaban en contacto con él en ese momento aseguran que fue la primera vez que lo vieron llorar.

Sumamente afectado por esta pérdida, el maestro del psicoanálisis y posiblemente una de las mentes más privilegiadas de la historia de la humanidad, le escribe esto a Ferenczi.

> Me preparé durante varios años, desde que fueron llevados a la guerra, para la posible muerte de alguno de mis hijos varones... y ahora ha muerto mi hija. Como soy profundamente increyente, no tengo a nadie a quien acusar y me doy cuenta de que no existe ninguna instancia a la que pueda llevar mi inconsolable queja.
>
> SIGMUND FREUD

La muerte de una persona querida es el suceso más desestructurante y doloroso en el cual puedo pensar, y entre todas las muertes imaginables, la pérdida súbita de un hijo es sin lugar a dudas la peor.

Alrededor de veinte por ciento de los padres que tuvieron la desgracia de pasar por ella asegura, diez años después, que no llegará a superarlo nunca.

Es que en la muerte de un hijo, al dolor, a la congoja y a la sensación de aniquilamiento afectivo hay que agregarle la vivencia de la propia mutilación.

La mayoría de los padres vive este acontecimiento como la pérdida de una parte central de sí mismos y como la destrucción de todas las perspectivas y de sus esperanzas de futuro.

La muerte de un hijo es considerada en todas las culturas un hecho antinatural, una inversión del ciclo biológico normal, y quizá por eso es emocionalmente inadmisible. Es clásico mencionar que ni siquiera existe una palabra, equivalente a huérfano o viudo que sea capaz de darle nombre a los que penan un hijo muerto.[7]

Un dolor como éste no sólo va asociado a perturbaciones psicológicas, sobre todo en la atención y en las emociones, sino que también repercute con reacciones biológicas y neurovegetativas. En un duelo de estas características se produce un incremento en la producción de catecolaminas que repercute en los ritmos biológicos, aparecen alteraciones del sueño y del apetito, vómitos, mareos, taquicardia y temblores. El nivel de adrenalina continuado debilita el sistema inmunitario, aumenta la frecuencia de somatizaciones digestivas, circulatorias y de la piel. En el primer año del duelo aumenta el número de consultas al médico, se incrementa en promedio el consumo de alcohol, tabaco y otras drogas. Entre las mujeres se multiplica la incidencia de cáncer de mama, y entre los hombres la frecuencia de infecciones y accidentes. En algunas estadísticas el nivel de alteraciones es acusado como el causante de que los padres que han perdido hijos tengan un mayor índice de mortalidad en los dos primeros años del duelo.

Y estas terribles consecuencias, hay que admitirlo, se deben no sólo al dolor intrínseco de la situación de la muerte, sino también a las diferencias entre los estilos que los hombres y las mujeres tienen de enfrentarse en general con algunos momentos difíciles (no sólo los duelos).

Es sabido que los hombres tienden a abstraerse de la visión global refugiándose en el detalle.

Las mujeres son capaces de actuar guiadas por sus emociones e intuiciones en lugar de someter todo a la tiranía del pensamiento lógico.

El hombre tiende a resolver el problema adentro antes de accionar en el afuera.

Las mujeres se animan a expresar sus emociones con autenticidad en lugar de rumiar para adentro el dolor (por aquello de "los hombres no lloran").

Los desencuentros se suceden muchas veces porque ella necesita hablar sobre la muerte y volver sobre los detalles mientras él se angustia tanto como ella con el tema, pero preferiría no hablar más sobre el asunto. Tanto es así que muchas de las discusiones de los primeros tiempos rondan la necesidad de ella de visitar la tumba de su hijo y el deseo de él de no volver a pisar un cementerio nunca. Es así como desde afuera, si los vemos al año, ella no ha conseguido verdaderamente adaptarse a la situación y su mayor consuelo son sus amigas que la escuchan con paciencia, los libros y quizá la fe, en tanto que él ha comenzado hace varios meses a reacomodarse a la nueva realidad, apoyándose en general en el trabajo, o en un *hobby* o en las tareas de reparaciones de la casa.

Mantener a la pareja unida es, pues, todo un desafío. Las mujeres se quejan de que sus maridos no las comprenden en su dolor, que no entienden que no tienen deseos de tener vida sexual, que no quieren salir ni divertirse. Los hombres están molestos porque dicen que además de un hijo han perdido a su compañera, que no se puede abandonar todo, que hay que ser fuertes y que su esposa no lo escucha.

Es importante ser capaces de mantenerse lo más unidos posible. El otro es la única persona en el mundo al que le está pasando exactamente lo mismo que a uno. Sin embargo, hay que aprender a hacerlo sin colgarse del compañero y sin asfixiarlo. Ayuda mucho aprender a poner en palabras los sentimientos, fantasías y deseos y ser capaces de escuchar los de la pareja.

Después de enunciar todas estas diferencias y dificultades es fácil entender por qué una de cada cuatro parejas que atraviesan esta situación (es decir, veinticinco por ciento) termina separándose.

Éstos son solamente algunos de los problemas que son capaces de amenazar la continuidad de un matrimonio que está viviendo un duelo por la muerte de un hijo:[8]

Me siento totalmente abandonado(a).
La relación de pareja ha pasado a un segundo plano.
No quiero opinar, actuar ni proponer porque temo molestarlo(a).
Ella/él siempre interpreta mal mis actitudes.
Me siento excluido del proceso de duelo de mi pareja, parece que el dolor le perteneciera sólo a él/ella.
Siento que ya ni me tiene en cuenta.
Siento que las etapas felices, alegres y apasionadas son irrecuperables.
No puedo hacer nada porque me siento obligada(o) a permanecer a su lado por solidaridad frente a su dolor.
Tengo mucho miedo de que todo se haya terminado.
Me molesta la manera como él/ella habla de lo que pasó.
De los dos yo tengo que ser el/la fuerte para sostenerla(o).
Yo sé que no es así, pero a veces me parece que ella/él tuvo de alguna manera la culpa de lo que sucedió, y me siento mal de pensar eso.
Cuando yo estoy mejor, él/ella está peor y al revés. No coincidimos nunca.
Muchas veces me doy cuenta de que me irrita su presencia.
Su actitud respecto de la cama y el sexo es insoportable.

QUÉ HACER Y QUÉ NO HACER

Es necesario que desde el comienzo ambos padres decidan (cualquiera que sea el estado previo de su vínculo) mantener un diálogo abierto y frecuente que permita sincerar los sentimientos, las fantasías y los miedos de cada uno. Un contacto fluido entre los padres evitará tener que sumar al dolor, el aislamiento, la soledad o la incomprensión, que dificultarían una buena elaboración del duelo. No olvidemos que como dijimos el otro padre es la única persona en el mundo a la cual le está pasando lo mismo que a uno, lo que hace de la relación de pareja el mayor y el mejor apoyo frente a la trágica pérdida.

Es difícil decir esto, pero en mi experiencia como terapeuta he visto que muchas veces es aconsejable alejarse todo lo que se pueda de la gente que, sin tener demasiado vínculo con el que sufre, se acerca porque quiere ayudar "en este momento tan difícil".

La mayoría de los apenas conocidos y seudofamiliares no tienen ni idea de qué hacer con este tema y se ocupan solamente de decir tonterías porque creen ciertas un montón de tonterías.

Es sorprendente escuchar a los que sostienen a los cuatro vientos que cuanto más pequeño el niño fallecido, más fácil será para los padres superar el trance. Parece que se empeñaran en prorratear el dolor. Sostienen que si un niño de diez años muere, nuestro dolor será diez veces mayor que si muere un bebé de un año y así sucesivamente. Obviamente esto es ridículo. Sería como preguntar si hubiera sido más fácil enterrar a nuestro hijo cuando lo hicimos o un año después. Ésta no sólo es una interrogante llena de crueldad sino además una pregunta imposible de responder. No hay mejor tiempo, ni menos dolor.

Perder un hijo es una tragedia terrible pase cuando pase. Tanto que la mayor parte de los que pasaron por esta situación asegura que el dolor nunca se va por completo. Si esto es así, es comprensible lo molesto que es soportar a los que nos informan que ya deberíamos estar mejor. Algunos se ocupan de acercarnos alguna pastilla o insisten en forzarnos a beber alcohol, a salir de noche para distraernos un poco, a ir al cine con amigos, y otras cosas asegurando que debemos hacerlo porque "nos va a hacer bien". Estas y otras propuestas por el estilo, en realidad, sólo pretenden alejarnos del dolor, creyendo que eso es bueno y positivo.

Muchas veces hasta los que más te quieren son capaces de sugerir algunas barbaridades. Seguramente nadie tiene mala intención, pero ellos no soportan verte sufrir y tu enorme dolor es como una amenaza a su integridad que tratan de acomodar inventando "soluciones" para acortar tu sufrimiento... Que otro hijo es la solución a tu dolor. Que necesitas olvidar a tu hijo y seguir con tu vida. Que tienes que sacar inmediatamente todas sus fotos de la casa. Que hay que pensar en otras cosas...

Lo cierto es que ninguno es capaz de entender lo que verdaderamente le pasa a un padre o a una madre que llora la muerte de un hijo o de una hija... del mismo modo que yo mismo quizá no pueda llegar a darle la dimensión que verdaderamente tiene.

Quizá por eso la elaboración del duelo por un hijo es el evento más solitario y más aislante en la vida de una persona. ¿Cómo puede entender alguien que no ha pasado por lo mismo la profundidad de este dolor? Muchos padres dicen que los amigos se convierten en extraños y los extraños se convierten en amigos.

Los grupos de apoyo o de autoayuda son muchas veces el único oasis más o menos seguro para que los padres que han perdido un hijo puedan compartir lo más profundo de su pena con otros que han pasado por los mismos sentimientos. Muchos de estos grupos de autogestión están llenos de personas fuertes y comprensivas que están dedicadas a ayudar a padres que recién sufren la pérdida de su hijo para que encuentren esperanza y paz en sus vidas.

En estos grupos los padres pueden aprender:

A aceptar que les pasa lo mismo que lamentablemente le ha sucedido a muchos antes.

A darse cuenta de que su sufrimiento no significa que están enloqueciendo.

A permitirse su propia forma de vivir su duelo, sin imitar ni comparar el propio dolor con las expectativas de otros.

A sentirse solidarios con lo sucedido a otros.

A asumir con responsabilidad la función de contener, apoyar y entender a la pareja y aceptar con amor los cambios transitorios y comprensibles que puedan darse en su actitud.

A darse cuenta de que si no se dejan destruir la tragedia terminará afianzando a la pareja y haciéndola más fuerte.

A aceptar el dolor y pasar por él hasta lograr superarlo.

Alguna vez un paciente me dijo, con mucha sabiduría, que el dolor que sentía frente a la muerte de su hijo era como un préstamo.

"Voy a tener que devolver ese préstamo tarde o temprano. Siento que cuanto más lo postergue, más altos serán los intereses y las multas."

Es imprescindible aceptar que la profundidad de este dolor no es una enfermedad, sino la reacción normal de un ser humano sensible frente a la experiencia más difícil que una persona puede vivir.

PÉRDIDA DE UN EMBARAZO

"...Me hice yo misma la prueba de embarazo y cuando se formó el aro en el medio, yo tomé la primera foto de mi bebé. Aborté dos meses después. No puedo creer que sea capaz de extrañar a alguien desconocido; no entiendo todavía cómo puede dolerme tanto la pérdida de lo que nunca tuve."

La pérdida de un bebé sin nacer no es solamente la interrupción de la vida potencial de la criatura dentro de la panza de su madre, es también, y sobre todo, la pérdida de sueños y fantasías hechas. Y muchas veces esta pérdida es más dolorosa y este sufrimiento dura más tiempo que la pérdida de alguien al que efectivamente hemos conocido o con quien hemos compartido largos periodos de nuestra vida.

Dejar salir esta pena es, como siempre, la clave de cómo manejar el trauma emocional que sucede a un aborto. Como en los otros duelos, tampoco aquí hay un tiempo límite para completar las etapas de la elaboración y quizá la mayor diferencia con otros duelos es que aquí la sensación de soledad con la que se vive este proceso es infinita.

Puede suceder que el médico obstetra no consiga ser el mejor consejero. La obstetricia es considerada socialmente como una especialidad "feliz", con relativamente pocas muertes y plagada en general de grandes satisfacciones de los clientes. Cuando falla un embarazo, un doctor poco experimentado o uno que aporte sus propios conflictos sin resolver puede entrar en una crisis personal si se acusa de haber sido incapaz de ayudar al bebé o a su madre para impedir esta pérdida. Aunque resulte extraño, la medicina está muy lejos de tener un conocimiento acabado del tema del aborto espontáneo. Puede suceder y de hecho sucede que ni la mujer que abortó ni el médico que la asiste consigan nunca las respuestas definitivas a sus preguntas. Pero si bien el profesional puede encontrar serenidad en el siguiente parto que asista, algunas horas después, la frustrada madre, con mucha menos experiencia, puede quedarse en el desesperado lugar de la duda al no saber por qué sucedió, no entender muy bien cómo fue y muchas veces con la incertidumbre a la que la arrastra la inevitable pregunta: "¿Y qué pasará la próxima vez?".

Y recuerdo ahora una frase que encontré hace años en los labios de una mujer que había perdido a su hijo de cuarenta y dos años en un accidente de trenes:

"Sólo hay una cosa que me puedo imaginar aún más terrible que la muerte de mi hijo. Mucho pero mucho peor sería... no haberlo siquiera conocido."

La abracé con emoción y con la gratitud que se siente cuando alguien te da una enorme lección de vida, y en un mínimo intento de devolver algo de lo mucho que me había dado ella le regalé al terminar esa sesión este viejo cuento tradicional:

Cuentan que había una vez un señor que padecía lo peor que le puede pasar a un ser humano, su hijo pequeño había muerto.

Desde la muerte y durante años se acostaba en la noche y no podía dormir.

Solamente lloraba y lloraba hasta que amanecía.
Un día, cuenta el cuento, aparece un ángel en su sueño y le dice:
—Basta ya... Debes seguir sin él.
—Es que no puedo soportar la idea de no verlo nunca más —dice el hombre.
El ángel se apiada y propone:
—¿Lo quieres ver?
Y entonces sin esperar su respuesta lo agarra de la mano y lo sube al cielo.
—Ahora lo veremos. Mira —le ordena el ángel mientras señala con su dedo la blanca esquina, al final del empedrado de oro macizo.
Por la acera empiezan a pasar un montón de niños, vestidos como angelitos, con alitas blancas y una vela encendida entre las manos. Niños y niñas con rostros angelicales desfilan frente a ellos, con indescriptibles expresiones de paz en sus caritas rosadas.
—¿Quiénes son? —pregunta el hombre.
Y el ángel le responde:
—Éstos son todos los niños que han muerto en estos años... Todos los días hacen este paseo para nosotros. Son tan puros, que su solo paso limpia de toda suciedad los cielos enteros.
—Y mi hijo... ¿está entre ellos? —pregunta el recién llegado.
—Sí, ahora lo vas a ver.
Y pasan cientos y cientos.
—Ahí viene —avisa el ángel.
Y el hombre lo ve aparecer. Está radiante, bellísimo, lleno de vida, exactamente como él lo recordaba.
Sin embargo, hay algo que lo conmueve. Entre todos, su hijo es el único niño que lleva su vela apagada...
Mientras el padre se contacta con una enorme pena por su hijo, el chico lo ve, viene corriendo hacia él y lo abraza.
El hombre también lo abraza con fuerza y no puede evitar hacerle la pregunta que tanto le angustia en ese momento:
—Hijo, ¿por qué no tienes luz?, ¿no encienden tu vela como a los demás?

—Sí, claro que sí, papá, cada mañana encienden mi vela como hacen con todos los demás. ¿Pero sabes lo que pasa?... que cada noche tus lágrimas apagan la mía.

El niño secó con sus manitas las mejillas de su padre y le rogó:

—Deja de llorarme, papá... deja de llorar.

DUELOS POR OTRAS PÉRDIDAS

A veces me gustaría volver a ser el que era cuando soñaba con llegar a ser el que soy.

...un graffiti en las *Libretas de José*

No siempre las pérdidas que padecemos y lamentamos están relacionadas con la desaparición de otra persona. A veces la inquietud de la pérdida aparece frente a un cambio sustancial de situación que acontece no ya en el entorno de mi relación con el mundo sino en el pequeño cosmos de todo lo que compone esta persona que soy. Cambios en mi cuerpo, en mi espíritu, en mi ideología, en mis sentimientos. En este capítulo quiero mostrar que un duelo interno ni siquiera se refiere por fuerza a la muerte, basta con la idea del propio bienestar real o imaginariamente amenazado, para desatar el mecanismo. Se puede (y sucede) estar de duelo por la conciencia de la pérdida de la juventud, la amenaza de la salud, la cancelación definitiva de las perspectivas, la pérdida efectiva de ciertas posesiones...

VEJEZ

Una pérdida se hace consciente por la imagen interna de algo que ya no está, aunque lo perdido se haya desvanecido casi sin saberse.

Es evidente que cada edad del ser humano conlleva experiencias diferentes y vivencias especiales. Es evidente también que la prolongación progresiva de nuestra expectativa de vida hace cada vez más novedosas estas experiencias. Es evidente, por último, que podemos escoger vivir nuestras sorpresas con curiosidad y con alegría o regodearnos entre los lamentos de la conspiración del tiempo para hacernos cada día más desgraciados.

En una carta que el gran maestro de la psicología Sigmund Freud le envía a Lou Andreas-Salomé en 1915, le pregunta:

¿Qué grado de espiritualidad hay que alcanzar para soportar el horror de la vejez? Nuestra mente no es capaz de acceder profundamente a la idea de la cercanía de la propia muerte. Quizá sólo se le pueda soportar buscando en la ficción del teatro la pluralidad de las vidas ajenas, para morir una y otra vez con el héroe y sobrevivir siempre a él.

Lo cierto es que crecidos o no, un día notamos que aquella juventud maravillosa que tuvimos se ha desvanecido, desaparecido, terminado, derrumbado, esfumado, disipado, evaporado... (y hay más sinónimos a los cuales no quiero recurrir para no amargar a los que tienen más de cuarenta). Lo peor no es que haya sido maravillosa (porque desaparece igual aunque no lo haya sido), lo peor, para muchos, es que ha sido y no es más.

Todo empezó un día como otro cualquiera
en el que iba caminando por la calle
sin molestar a nadie
sin llamar la atención...
y de repente
vaya a saber por qué
un adolescente me preguntó la hora.
Me dijo simplemente:
—¿Tiene hora, señor?

> A mí.
> Me dijo... ¡Señor!
> ¡Y me trató de usted!
> ¡A mí!
> ¡Pendejo insolente!
> ... Y lo peor
> es que hace de esto
> más de quince años.

Según mi amiga Julia, a partir de momentos como éste nuestra vida sufre una crisis de identidad brusca porque nos invade un *insight* masivo. Nunca nos habíamos dado cuenta de que éramos (y somos) mucho más jóvenes que nuestro cuerpo.

Y empieza a parecernos que la primera parte de nuestra vida debe haber sido filmada en cámara lenta; o peor, percibimos que de repente el director (¿se habrá vuelto loco?) está apurando las escenas como si tuviera urgencia en terminar de filmar la película de nuestra historia.

> *Nunca me preocupé por la edad,*
>   *y ahora menos.*
> *Lo único que lamento*
>   *es lo rápido que ha sucedido todo.*

Como en este poema no nos da miedo envejecer, solamente NOS MOLESTA y todo hace pensar que a medida que pasa el tiempo, cada vez nos molesta más.

La vida es siempre una sucesión de situaciones repetidas y nuevas que nos obligan a replantearnos el camino recorrido. Pequeñas o grandes crisis que se suceden unas a otras: los hijos pequeños con sus grandes problemas y los mayores que nos vienen a agobiar con sus problemas a veces demasiado pequeños pero vividos por ellos como catástrofes universales. Y nosotros incondicionalmente a su lado, como debe ser pero esperando como sabemos el momento en que alzarán el vuelo y seguirán sin nosotros; nuestros hombres que a medida que envejecemos probablemente empiecen a fijarse (o sigan fijándose con más intensidad) en otras mujeres que ahora les parecen (y nos parecen) más deseables y bonitas; y nuestras mujeres que probablemente dejen de encontrarnos tan deseables, potentes y resolutivos. El espejo nos muestra cómo aparecen canas en nuestras sienes, arrugas alrededor de los ojos, piel que se afloja debajo de los brazos y el abdomen que desagradablemente se insinúa hacia el mundo.

Y eso que nuestra generación ha crecido con oportunidades que nuestros padres y abuelos no tenían. No estoy hablando solamente de cirugías, implantes y tratamientos antioxidantes o polivitamínicos, me refiero sobre todo a las ventajas de poder estudiar, los mecanismos de inserción social, el crecimiento de nuestro confort y la prolongación global de las expectativas de vida.

Hasta hace nada pensábamos que el hecho de cumplir los cuarenta años marcaba un punto de no retorno en nuestras vidas. Repetíamos sin demasiada conciencia lo que nos venía de nuestros abuelos o padres:

"Lo que no se hace hasta los cuarenta, después no se hace."

Ahora, cerca de los sesenta (y quizá como mecanismo de defensa) yo no creo que sea así para nada, ni siquiera a mi edad. Me siento muy orgulloso cuando recuerdo que mi papá cambió de trabajo al cumplir los setenta y ocho o que mi mamá está pensando en publicar un libro de cocina árabe, cuando ya cumplió los ochenta...

Es evidente, no todo es malo, pensemos en lo que quizá ganamos con el tiempo:

experiencia,
presencia,

libertad,
intelectualidad,
serenidad,
desapego,
sensatez.

Nos haría muy bien no olvidarnos de esta lista antes de declararnos deprimidos al comprobar con cada cumpleaños cómo la fatídica cifra de nuestra edad está más cerca de los tres dígitos que del momento de nuestro nacimiento...

Los cuarenta tienen algo de simbólico. Quizá porque injustamente parecen marcar la mitad de nuestra existencia (la mayoría de las personas no espera vivir más de ochenta años) y esto hace que los cuarenta sigan representando un punto de inflexión (antes representaban el comienzo de la edad madura).

En algún momento entre los cuarenta y los cincuenta todos comenzamos a pensar en el pasado.

Reflexionamos, quizá de más, sobre el sentido que ha tenido el tiempo de nuestra vida ya transcurrida. Se abre un periodo de la meditación, una etapa de búsqueda y reencuentro con algunos olvidados aspectos de nuestro interior.

A esto se suma que, en nuestro entorno, nuestros conocidos también maduran, y algunos lamentablemente no tanto más viejos que nosotros aparecen ante nuestros ojos como si hubieran envejecido a una velocidad asombrosa.

De hecho los vemos y al llegar a casa comentamos:

—Hoy vi a Fulanita... está destruida, arruinada, le agarró el viejazo, ¿estará enferma?

Y en silencio rogamos que se trate de algún problema de salud para no imaginar que ella podría estar diciendo lo mismo de nosotros al llegar a su casa.

Para completar nuestra crisis con el paso del tiempo, a veces los amigos tienen el mal gusto de morirse (a esta edad tan inadecuada), confrontándonos con la realidad de una muerte, no necesariamente cercana, pero sí más posible, o por lo menos más pensable.

Indudablemente nuestros años maduros nos sumergen por esas razones, y no sólo por ellas, en el mundo de un duelo especial, la elaboración de una pérdida impalpable pero presente que nos provoca dolor e inquietud.

Si estás transitando esta etapa y te das cuenta de lo difícil que te resulta soportar la idea de que estás envejeciendo (perdón... quise decir madurando), te propongo seis medidas *negativas* para hacer más *positiva* tu experiencia:

1. *No* trates de ser quien no eres (sobre todo quien ya no eres).
2. *No* le pongas frenos a tu vida y déjala fluir libremente.
3. *No* tengas prejuicios que ya no necesitas sostener.
4. *No* juzgues tus necesidades como un síntoma de debilidad.
5. *No* reprimas los sentimientos de tristeza que pueden invadirte.
6. *No* dudes en relacionarte con gente, estar acompañado, expresarte o pedir ayuda.

¿QUÉ ES ENVEJECER?

> *El drama de la vejez no consiste en ser viejo, sino en haber sido joven y recordarlo...*
>
> OSCAR WILDE

El envejecimiento (igual que la muerte) es una de las pocas características "democráticas" y ecuánimes de nuestra condición humana; algo que nos unifica y define a todos más allá de nuestras diversidades y de la realidad de un mundo tan cambiante.

Algunos de los signos más notables del envejecimiento *normal* en los humanos son:

la disminución de la fuerza de los músculos,

el deterioro de la habilidad del sistema inmunitario para responder a las enfermedades,

la pérdida de la densidad de los huesos, y el endurecimiento de las articulaciones,

la caída de pelo y la sequedad de las mucosas,

la pérdida de la elasticidad de la piel y las arrugas,

el desgaste de algunos órganos vitales,

y la disminución de algunas funciones psíquicas complejas.

Fenómeno Hayflick y factor tiempo

Sin embargo, los médicos estamos hoy de acuerdo en que envejecer no es una enfermedad. El efecto que hoy conocemos como *senescencia*[9] ocurriría aunque todas las enfermedades desaparecieran definitivamente de la faz de la Tierra.

La senescencia, aunque sea doloroso admitirlo, empieza, por cierto muy lentamente, un poco después de la pubertad con la aparición de milimétricas placas de ateroma (pequeños depósitos de sustancias que endurecen y achican los vasos) en las arterias mayores. Un proceso "normal" que se va instalando con mayor magnitud a medida que transcurre el tiempo (y que algunas enfermedades y trastornos metabólicos podrían acelerar).

Los maravillosos estudios del doctor Hayflick establecen sin margen de dudas que cada célula tiene programado a priori su propio envejecimiento. Es decir que, normalmente, cada célula viva de nuestro cuerpo trae consigo un límite en su potencial de crecimiento y de reproducción.

En el hoy incuestionable informe se llamó a esto el *efecto reloj celular*.

Hayflick empezó por demostrar que el número de células que

son capaces de duplicarse en cualquier ser vivo, simple o complejo, es inversamente proporcional al tiempo vivido por su organismo (a más edad menos duplicación).

La llegada al límite reproductivo es el principal cambio del proceso de senescencia y el causante del aumento de incidencia y susceptibilidad a ciertas enfermedades.

La falta de entrada al sistema de nuevas y potentes células jóvenes, que sustituyan a las ya desgastadas y envejecidas células, disminuye, como es previsible, la capacidad del cuerpo para acomodar pequeñas distorsiones funcionales y la habilidad para reparar sin secuelas ciertos daños en el cuerpo, haciendo entrar en funcionamiento un ejército de células más jóvenes.

Los últimos estudios de microscopía electrónica parecen indicar que este proceso se debe al acortamiento progresivo de una estructura fundamental para la célula, el telémero, que al "gastarse" en las puntas se vuelve progresivamente incapaz de reproducir sustancias imprescindibles.[10]

La cantidad total de un ser vivo de células "scenescent" (no tan jóvenes) que dejan de dividirse y no funcionan en plenitud,[11] contribuye a disminuir el funcionamiento homeostático del organismo total.

YA SE TIENE EVIDENCIA DE QUE ESTA CARACTERÍSTICA SENESCENTE ES HEREDITARIA Y POR LO TANTO TAMBIÉN LO ES LA TENDENCIA FAMILIAR AL ENVEJECIMIENTO PRECOZ O A LA LONGEVIDAD.

Más lentamente o más rápidamente todos estamos envejeciendo; tengamos veinticinco o sesenta y cinco años de edad, cuarenta o ciento diez. Envejecemos... y esto lejos de ser una mala noticia significa específicamente que estamos vivos y debería ser un motivo de celebración.

Un día a los cuarenta años pensé: en el fondo del espejo me espía la vejez, es incansable, al final me atrapará.

Leído en un graffiti anónimo

Casi nadie tiene apuro en morirse, y tenerlo es, por lo menos para mí y para la mayoría de mis colegas, un signo de que algo no funciona demasiado bien en la psique de la persona. Uno de los principales logros de la ciencia en estos últimos cien años ha sido el aumento en la expectativa de vida del ser humano, que ha pasado en los países desarrollados de cuarenta y siete a más de setenta y cinco años. Para bien y para mal éste no es un fenómeno restringido a ciertas áreas del planeta, aunque se manifieste con diferente intensidad en los países más industrializados de Europa y en la población más acomodada de Estados Unidos. El promedio de edad de la población en estos países desarrollados aumenta a un ritmo sin precedentes y tiende a seguir elevándose, lo cual sumado a la decisión de los habitantes del "viejo" mundo de restringir su intención procreativa ha dado lugar a un fenómeno nunca visto: una CUARTA parte de la población de estos países tiene hoy más de sesenta años. Cabe aclarar que, muy lejos de esos avances y decisiones, solamente en Latinoamérica la población mayor de sesenta años sumará para el año 2020 la friolera de ochenta millones de almas.

Las pruebas se hacen evidentes con sólo abrir los ojos y mirar a nuestro alrededor, y serán cada vez más notables. A pesar de vivir en Argentina, que lamentablemente está muy lejos de ser el emblema del modelo de calidad de vida de los países más longevos, mi padre, que cumplió noventa años, no es una rara excepción entre sus amigos y familiares.

Según los especialistas de la "nueva" y pujante disciplina, la gerontología, todavía nos falta mucho para llegar al límite de nuestras vidas, que podría ser según nos dicen alrededor de los ciento veinte años.[12]

TIPOS DE ENVEJECIMIENTO

Hemos hablado hasta aquí especialmente del envejecimiento "biológico", el que todos conocemos y de alguna manera tememos, por lo dicho. Sin embargo existe también un envejecer "social" que está relacionado con el rol "secundario y pasivo" que nuestra sociedad, llena de prejuicios, le impone a los ancianos. Es la suma de ambos envejeceres y no solamente el primero la responsable de los problemas que aquejan a las personas de edad avanzada, a los que se trata como si por decreto fueran personas necesariamente discapacitadas, amnésicas, crónicamente enfermas, sin deseos sexuales y con necesidad desmedida de atención y de cuidados.

Este prejuicio es la consecuencia de las limitaciones que alguna vez eran verdaderamente padecidas por aquellos que pasaban la barrera de los cincuenta o sesenta años, pero no tiene sentido en el momento actual. Hoy, la mayoría de las personas no sufre marcados trastornos físicos, intelectuales ni sociales hasta muy pasados sus setenta. El enlentecimiento de algunos procesos motores, cognoscitivos y sensoriales se supera sobradamente con motivación, práctica y voluntad, permitiendo que las personas de edad superen sus desventajas y se desempeñen con eficiencia.

Afortunadamente la vejez es cada vez menos sinónimo de dependencia forzada, y solamente una de cada cinco personas en la edad de setenta años presenta alguna discapacidad funcional importante. Otro tanto se debe decir de la vida sexual. Dice José Fernando que "la sexualidad muere un día después que lo entierran a uno".

Por supuesto que el deseo y las fantasías permanecen intactos (a veces crecen). Lo que cambia en todo caso es la manera de manifestarla, la frecuencia o la forma de llevar adelante un encuentro. La sexualidad sigue tan viva como antes, aunque para regocijo de los más tiernos ya no se le limite a la genitalidad y se privilegie los abrazos, la compañía, las palabras de amor, las caricias.

ENVEJECER AMARGO

Nunca me gustó y hoy en día casi me enoja escuchar a la gente que recita como si fuera una verdad indiscutible aquel falso paradigma:
Los hijos se vuelven con el tiempo los padres de sus padres.
Los hijos son hijos y lo serán siempre, los padres son los padres y lo seguirán siendo aun cuando pierdan poder o capacidad para ser autosuficientes.
Trastocar ese orden me suena a mí, si lo pienso mal, como una especie de venganza subliminal y, si lo pienso mejor, como el absurdo intento de pagar una deuda que solamente se puede cancelar en los propios hijos y cuya sola existencia contraría el verdadero sentido del amor auténtico.

> El hombre que envejece con amargura, envejece con odio, resentimiento. Sus arterias se envenenan, mortifican el cerebro y producen la metamorfosis de la sangre en bilis. Colapsa el aparato circulatorio, detenido por su pesadez. Momifica el cuerpo, degrada la visión, paraliza las manos. La amargura conduce al viejo a la muerte y a los suyos a la tragedia.
>
> Ignacio Quintana

El anciano amargado junta enojo frente a lo que cree una devolución injusta. Reprime la violencia y en general la transforma en odio social, en quejas vindicativas o en reclamos de reconocimiento, para lo que terminan fabulando falsas grandezas o mintiendo antiguas virtudes inexistentes. Megalomanía de defensa, como la llamamos los terapeutas, que los lleva a exigir a veces con amenazas el reconocimiento de un cargo o de un rol de poder, una condecoración inmerecida o una fatua admiración de su entorno...
Estos estereotipos son injustos y van en detrimento de la vitalidad de la sociedad, así como de la dignidad de los individuos.

ENVEJECIMIENTO FECUNDO

El dulce envejecimiento consiste en llevar una vida productiva y sana dentro de la familia, la sociedad y la economía.

La vejez activa refleja el deseo y la capacidad de la persona, cualquiera que sea su edad, para mantenerse involucrada en actividades productivas.

Es imprescindible trabajar desde antes de nuestra propia vejez para desarrollar una cultura donde los años vividos sean valorados por la experiencia y la sabiduría que implican y no por el grado de deterioro que conlleven. Una sociedad donde los mayores generen respeto en lugar de desprecio; donde los más viejos sean escuchados y cuidados en lugar de ser recluidos y discriminados. Para lograrlo es imprescindible el trabajo de todos y el apoyo mutuo entre generaciones.

La vejez no depende de la suma de una cantidad de años, sino de la calidad de vida que hayamos tenido como seres integrales que somos.

En última instancia, cada uno de nosotros debe aceptar que es el mayor responsable de su propio envejecimiento. No es solamente la sociedad, ni la herencia, ni el medio ambiente ni la fuerza destructiva de los mitos sobre la vejez lo que marcará el estilo de vida que tengamos en esta última etapa de nuestra existencia, es también y sobre todo lo que nosotros hayamos hecho hasta llegar allí (incluida, claro, la manera en que hayamos tratado a nuestros mayores).

Dice Elena Jabif que frente a la vejez hay siempre cuatro posiciones. Tres de ellas son dramáticamente tristes. La del viejo que se cree viejo, la del viejo que se cree joven y la del viejo que se cree muerto. La cuarta suena maravillosa y factible. Es la del viejo que vive la segunda parte de su vida con tanto valor como la primera.

> Me he resignado a la vejez y a la ceguera, del mismo modo que uno se resigna a la vida. A los veinticuatro años se trata de ser Hamlet, de ser Byron, de ser Baudelaire.
> Y uno cultiva su desdicha...
> A los ochenta años, quizás un poco tarde, advertí que la desdicha no era necesario cultivarla.
>
> Jorge Luis Borges

EL DUELO POR LA SALUD PERDIDA

> La existencia humana debería ser como un río, pequeño en su nacimiento, corriendo por su cauce estrecho, precipitándose luego con pasión sobre las rocas.
> Gradualmente, el río se ensancha, las márgenes se borran, y las aguas fluyen mansamente... Al final, sin ninguna fractura visible, se unen al mar, despojadas de toda turbulencia.
>
> Bertrand Russell

El psicoanálisis freudiano propone la vida como una permanente lucha entre dos aspectos instintivos, Eros y Thanatos, el deseo de vivir procurando imponerse a los deseos inconscientes de morirse. Dos situaciones nos obligan a tomar conciencia de esa lucha: la enfermedad conectándonos con el peligro y el envejecimiento que nos fuerza a caer en el irremediable desamparo que sentimos cuando la ilusión de ser inmortal se desvanece definitivamente.

Elizabeth Kubler-Ross es posiblemente la persona que más ha estudiado y escrito acerca de la muerte, el duelo y las situaciones que rodean a ambas. Siguiendo sus investigaciones nos damos cuenta de que frente a la noticia de un diagnóstico confirmado de una enfermedad grave se sucede casi siempre una serie de reacciones, que a nosotros nos recordarán las ya vistas etapas de elaboración del duelo por una pérdida. Esto no debería extrañarnos si pensamos que la persona ha perdido nada más y nada menos que su salud o la fantasía infantil de que gozaría de ella eternamente.

Enfrentarse con el duro diagnóstico de una enfermedad de mal pronóstico, aunque sea a largo plazo, nos adentra en un recorrido que se elabora en cinco etapas:

> Negación
> Rabia
> Negociación
> Depresión
> Aceptación

PRIMERA ETAPA. LA NEGACIÓN

La primera reacción de una persona que se entera de que sufre una enfermedad grave es levantar sus primeros mecanismos de defensa para postergar, aunque sea un poco, el impacto de la agresión que la noticia necesariamente implica.

Esta primera barrera defensiva lo lleva a decir y sentir:

> no quiero,
> no puede ser,
> debe ser un error.

La persona se convence de que ha habido una equivocación, los resultados de laboratorios o radiografías no son los suyos o el médico se ha equivocado gravemente.

Muchas veces repite los exámenes, cambia de médico o consulta a algún mago, sanador o charlatán en un desesperado intento de obtener otra respuesta.

La negación es un mecanismo normal que nos ha acompañado a lo largo de toda nuestra vida y ante la noticia de una muerte factible se hace presente para conceder una tregua entre la psique y la realidad. Una búsqueda desesperada del tiempo necesario para pensar en el futuro de manera más serena, tomando distancia temporal de lo que sigue, buscando una más saludable adaptación al evento que apareció demasiado abruptamente. La negación es un verdadero intento de amortiguar el efecto del primer impacto.

SEGUNDA ETAPA. LA RABIA

Cuando el enfermo acepta por fin la realidad, intenta todavía rebelarse contra ella, y entonces sus preguntas y sentimientos cambian. Nacen otras preguntas:

¿Por qué yo?
    ¿Por qué ahora?
        No es justo.

La envidia comienza a corroer su pensamiento. El enojo con la vida, con Dios y con todos los que supuestamente "era más lógico" que se encontraran en esa situación.

Los mayores, los enfermos, los malos, los débiles, los odiados desde antes, merecían más esta noticia que él. Aparece una especie de deseo de tener la vida de los demás y un enojo que a veces llega a ser violento puede inundar el mundo a su alrededor, nada le parece bien, nada le conforma. Todo lo que ve le produce dolor, odio y rencor. Y aunque parezca mentira su autoestima atropellada por la realidad se da cuenta de que necesita (y es verdad) expresar su rabia para poder librarse de ella.

TERCERA ETAPA. LA NEGOCIACIÓN

Esta etapa refiere al paciente diagnosticado al pensamiento mágico más primitivo. Aparecen las ideas de negociar la enfermedad, el tiempo o el pronóstico.

Se piensa en hacer un trato, con la vida, con Dios, con el diablo, con el médico...

Aunque la realidad imponga que es demasiado tarde, el fumador promete que dejará el vicio para siempre.

Se trata por supuesto de una nueva conducta defensiva: la regresión. Un canje que pretende sanación a cambio de buena conducta. La gran mayoría de estos pactos son secretos y sólo quienes los hacen tienen conciencia de ello.

Déjame que te cuente un cuento...

Había una vez un hombre que estaba decidido a disfrutar de la vida. Él creía que para eso debía tenerse suficiente dinero.

Había pensado que no existe el verdadero placer mientras éste deba ser interrumpido por el indeseable hecho de tener que dedicarse a ganar dinero.

Pensó, ya que era tan ordenado, que debía dividir su vida para no distraerse en ninguno de los dos procesos: primero ganaría dinero y luego disfrutaría de los placeres que deseara.

Evaluó que un millón de dólares sería suficiente para vivir toda la vida tranquilo.

El hombre dedicó todo su esfuerzo a producir y acumular riquezas.

Durante años, cada viernes abría su libro de cuentas y sumaba sus bienes.

—Cuando llegue al millón —se dijo— no trabajaré más. Será el momento del goce y la diversión. No debo permitir que me pase lo de otros —se repetía—, que al llegar al primer millón empiezan a querer otro más.

Y fiel a su duda hizo un enorme cartel que colgó en la pared:

Solamente un millón.

Pasaron los años.
El hombre sumaba y juntaba. Cada vez estaba más cerca.
Se relamía anticipando el placer que le esperaba.
Un viernes se sorprendió de sus propios números:
La suma daba 999,999.75.
¡Faltaban 25 centavos para el millón!
Casi con desesperación empezó a buscar en cada saco, en cada pantalón, en cada cajón las monedas que faltaban... No quería tener que aguardar una semana más.
En el último cajón de un armario encontró finalmente los veinticinco centavos deseados.
Se sentó en su escritorio y escribió en números enormes:

$$1'000,000$$

Satisfecho, cerró sus libros, miró el cartel y se dijo:
—Solamente uno. Ahora a disfrutar...
En ese momento sonó la puerta.
El hombre no esperaba a nadie. Sorprendido fue a abrir.
Una mujer vestida de negro con una hoz en la mano le dijo:
—Es tu hora.
La Muerte había llegado.
—No... —balbuceó el hombre—, todavía no... No estoy preparado.
—Es tu hora —repitió la Muerte.
—Es que yo... El dinero... El placer...
—Lo siento, es tu hora.
—Por favor, dame aunque sea un año más, yo postergué todo esperando este momento, por favor...
—Lo lamento —dijo la Muerte.
—Hagamos un trato —propuso desesperado—: yo he conseguido juntar un millón de dólares, llévate la mitad y dame un año más. ¿Sí?
—No.

—Por favor. Llévate 750,000 y dame un mes...
—No hay trato.
—900,000 por una semana.
—No hay trato.
—Hagamos una cosa. Llévatelo todo, pero dame aunque sea un día. Tengo tantas cosas por hacer, tanta gente a la que ver, he postergado tantas palabras... por favor.
—Es tu hora —repitió la Muerte, implacable.
El hombre bajó la cabeza resignado.
—¿Tengo unos minutos más? —preguntó.
La Muerte miró unos pocos granos de arena en su reloj y dijo:
—Sí.
El hombre tomó su pluma, un papel de su escritorio:

Lector:
Quienquiera que seas.
Yo no pude comprar un día de vida con todo mi dinero.
Cuidado con lo que haces con tu tiempo.
Es tu mayor fortuna...

CUARTA ETAPA. LA DEPRESIÓN

Finalmente todos los pasos anteriores se agotan y fracasan en el intento de alejarnos de la realidad. Frente al simple paso del tiempo, en el mejor de los casos o ante el desarrollo de la enfermedad, el diagnóstico se impone.

Pero todavía el paciente suele intentar controlar la realidad durante un tiempo y entonces juega a la anticipación catastrófica de la decadencia física (muchas veces exagerada), a su supuesta imposibilidad de trabajar, a la desesperación que sufre por los problemas económicos y familiares que todavía no aparecen (y a veces nunca lo harán), a la sensación de inutilidad y discapacidad futura, sufriendo por la fantasía de llegar a constituir una carga innecesaria. Estas ideas en sí mismas alcanzarían para provocar un estado natural de depresión. Lo particular en este caso es que estas ideas no son sólo la causa de la depresión, sino también y sobre todo su consecuencia.

Sófocles pinta a Edipo en la tragedia con una vida vagabunda, miserable y ciego:

> Tened piedad del pobre fantasma de Edipo
> pues ese viejo cuerpo ya no es él.

La depresión es más bien el resultado de la conciencia de lo ya perdido, como ya lo hemos dicho, y un proceso de preparación ante la propia posibilidad de la propia muerte. Por supuesto que como es predecible esta etapa se resuelve más rápidamente cuando el paciente encuentra el coraje y el entorno donde poder expresar la profundidad de su angustia y recibir la contención que necesita frente a sus temores y fantasías.

QUINTA Y ÚLTIMA ETAPA. LA ACEPTACIÓN

Llegar aquí requiere que la persona haya tenido el acompañamiento y el tiempo necesarios para superar las fases anteriores.

La aceptación solamente aparece cuando la persona ha podido elaborar su ansiedad y su cólera, ha resuelto sus asuntos incompletos y ha podido abandonar la postura autodiscapacitante de la depresión. Sea como fuere y más allá de cuánto se tardó en llegar hasta aquí y cuánto esfuerzo haya demandado, a esta etapa se llega casi siempre muy débil y cansado. Quizá como consecuencia del trabajo de desprenderse del mundo y de alejarse de las personas de las etapas anteriores, ahora está en cierto sentido anestesiado afectivamente. Ahora, como regla general, prefiere estar solo, preparándose para su futuro, haciendo evaluación y balance de su vida. Una experiencia que siempre es privada, personal y excluyente.

En los casos de enfermedades terminales el paciente que llega hasta aquí ha comenzado su despedida para poder renunciar a lo anterior en paz y armonía.

Llegar hasta esta etapa es conquistar paz. Sin felicidad ni dolor (el dolor, en todo caso, aparece muchas veces en quienes rodean al enfermo que también deben adaptarse a que su ser querido prefiera el silencio y la soledad, como manera de vivir lo que le queda).

Si bien no hay evidencia que indique que *todas* las personas atraviesan estas etapas ni se podría demostrar que haya un movimiento secuencial de una etapa a otra, es indudable que como recorrido se parece mucho a las cosas que a la mayoría de los pacientes con diagnósticos graves le ha pasado o le está pasando.

Éste es un modelo flexible diseñado para ayudar al paciente, a su familia y a sus seres queridos a comprender lo que está sucediendo y darles fortaleza, serenidad y sabiduría para enfrentar lo que sigue.

Para los médicos las etapas del paciente se corresponden a otros cinco momentos evolutivos. Las cinco etapas clásicas de la evolución clínica de cualquier enfermedad:

- prediagnóstico,
- diagnóstico,
- etapa aguda y tratamiento de ataque,
- cronicidad
- y resolución (recuperación o muerte).

En el área de tratamiento de enfermedades terminales es notable ver cómo la penúltima etapa es con mucho la más importante y la más prolongada estadísticamente hablando. No sólo por el acortamiento de las anteriores sino también porque la ciencia ha conseguido la prolongación efectiva de ella misma, retrasando la muerte del paciente. Por ejemplo, afortunadamente cada año más personas continúan su existencia con buena calidad de vida, después de ser diagnosticadas de cáncer (y cada vez son más las que finalmente mueren por otras causas que nada tienen que ver con aquel diagnóstico ni con su tratamiento).

ALGUNAS CONCLUSIONES

Sean ésta u otras las etapas que se dan en la práctica, el duelo se puede interpretar siempre con la actitud de respuesta posible y vivencial frente al cambio que ocasiona la pérdida.

Detrás de cada una de las situaciones de las que hemos hablado hay una pérdida para elaborar, aún detrás de aquellas que a simple vista implican solamente modificaciones positivas, por llamarlas de alguna manera.

Para decirlo una vez más

Cada vez que algo llega,
desplaza a lo anterior, que deja de ser.

Cada vez que algo se va,
deja lugar a lo que sigue.

Sean los cambios que sean:

- Cambios (pérdidas o desarrollo) de propósitos y futuro.
- Cambios (agregado o disminución) en el patrimonio personal y el modo de vida.
- Cambios en lugar de residencia (de progreso o de involución).
- Cambios laborales (incluidos los ascensos y cambios de destino).
- Cambios en las relaciones y vínculos (amigos, parientes, casamientos, enamoramientos y desenamoramientos).
- Cambios en las posturas ideológicas, religiosas o filosóficas.
- Cambios en la salud (deterioro y aun sanación de enfermedades).

Todos estos procesos y la infinita nómina que cada uno podría agregar implican pequeñas o grandes muertes que no debemos subestimar y que implican una despedida y una elaboración.

Como lo refleja Marta Bujó en su poema "Volar sin alas", ni siquiera hace falta que el cambio haya sucedido en el mundo de lo real, el duelo se abre también desde sucesos imaginarios.

VOLAR SIN ALAS

Es posible volar sin tener alas
y nadar sin necesidad de ser un pez.
Puedo sentarte frente a mí mientras me tapo
los ojos con las manos,
y hasta sentir que te toco aunque no estés aquí.
Pero, cómo podría, sin ser Neruda,
decirte lo que quiero decirte
y que lo oigas como quiero que lo oigas

De vez en cuando me digo:
quizá es cierto que nos conocemos desde hace siglos
y me subo al delirio y me relamo
y hasta creo recordar nuestros caminos desandados
y aquellos maestros compartidos,
El arte de amar...
El Principito...
Y aquel hermoso libro, el de La casa redonda...
que alguna vez
debimos leer juntos.

Y un minuto después, ya estoy diciendo:
No puede ser verdad.
Nunca exististe
y si exististe, jamás nos encontramos.
Porque si todo fuera como yo me lo imagino,

jamás podría perdonarte
tu inoportuno y absurdo silencio
de estos últimos cincuenta años.

MARTA BUJÓ
(de *Antología de un tiempo que no fue*)

De alguna manera y aunque me duela admitirlo, cada día que empieza es también la historia de la pérdida de mi día anterior, un día hasta el cual yo era quien fui, porque ya no soy el que era ayer y no volveré a serlo.

Yo puedo pensar en esto o hacerme el distraído, ignorando la pura verdad. Puedo no querer saber que no soy el mismo Jorge Bucay de hace diez años; pero aunque no me quiera enterar de que *no lo soy*, afortunada y lamentablemente las fotos lo demuestran.

¿Es este Jorge mejor que el de antes?

¿Me gusta más o menos?

¿Es cierto que está más maduro o simplemente se pudrió?

Preguntas que cualquiera podría querer contestar. Asuntos en todo caso opinables. Pero éste no es el punto en cuestión.

El punto es que aun quien no me conozca y no vaya a conocerme nunca puede asegurar sin riesgo de equivocarse que hubo algunos cambios.

Y es más, podría asegurarnos este desconocido testigo que aquel que yo era es *causa y efecto* de este que soy.

Si otros lo pueden deducir sin haberme visto nunca, ¿cómo podría yo mismo negarlo?

Yo, Jorge Bucay, no soy el Jorge Bucay que era hasta ayer y sé que mañana no voy a ser el que hoy soy.

Ahora mi pregunta cambia:

¿Debería, sabiendo lo que sé, resignarme a vivir en duelo permanente?

Siempre me gustó la idea de aquellos poetas que se refieren al dormir y al soñar como el espacio ausente donde se elaboran estos pequeños duelos cotidianos. Me desprendo durante la noche de lo que dejo atrás y me despierto cada día con la ganancia que me dejó el día que pasó.

Y digo ganancia en el sentido de la suma y no en el sentido del progreso o de la riqueza. Lo digo como manera de establecer que éste que soy es *aquél más lo vivido*, y ese agregado es la ganancia (aun cuando lo ganado a veces pudiera no ser del todo deseable).

Y es importante recordar que capitalizar esta ganancia es necesariamente el resultado de asumir una renuncia, de aceptar una pérdida, de aprender a soltar.

Aferrados al recuerdo de mantener y sostener aquello que fuimos, no habrá ninguna posibilidad de crecer, ni de aprender, ni de llegar a ser quienes verdaderamente somos.

Cuentan que...

Había una vez un derviche que era muy sabio y que vagaba de pueblo en pueblo pidiendo limosna y repartiendo conocimientos en las plazas y los mercados del reino.

Un día, mientras mendigaba en el mercado de Ukbar se le acerca un hombre y le dice:

—Anoche estuve con un mago muy poderoso, y él me dijo que viniera hoy aquí, a esta plaza. Me aseguró que me iba a encontrar con un hombre pidiendo limosna y que ese mendigo a pesar de su aspecto miserable me iba a dar un tesoro que iba a cambiar mi vida para siempre. Así que cuando te vi me di cuenta de que tú eras el hombre, nadie tiene peor aspecto que tú... Dame mi tesoro.

El derviche lo mira en silencio y mete la mano en una bolsa de cuero raído que trae colgando del hombro.

—Debe ser esto —le dice... Y le acerca un diamante enorme.

El otro se asombra.

—Pero esta piedra debe tener un valor increíble.

—¿Sí? Puede ser, la encontré en el bosque.

—Bien. Ésta es. ¿Cuánto te tengo que dar por ella?

—No tienes por qué darme algo por ella. ¿Te sirve para algo? A mí no me sirve para nada, no la necesito, llévatela.

—¿Pero me la vas a dar así... a cambio de nada?

—Sí... sí. ¿No es lo que tu mago te dijo?

—¡Ah! Claro. Esto es lo que el mago me dijo... gracias.

Muy confundido el hombre agarra la piedra y se va.

Pero media hora más tarde vuelve. Busca al derviche en la plaza hasta que lo encuentra y le dice:

—Toma tu piedra...

—¿Qué pasa? —pregunta el derviche.

—Toma la piedra y dame el tesoro —dice el hombre.

—No tengo nada más para darte —dice el derviche.

—Sí tienes... Quiero que me des la manera de poder deshacerte de esto sin que te moleste.

Dicen que el hombre permaneció al lado del derviche durante años hasta que aprendió el desapego.

Ayudar en el duelo

El simple hecho de preguntar amorosamente a alguien que vive un duelo por lo sucedido, la sencilla frase que propone al que sufre hablar sobre "cómo fue que pasó", cuando está dicha sin morbosidad, permite al que está dolido revivir su experiencia y facilita la integración de la pérdida aunque obviamente lo conecte con su experiencia dolorosa. La escucha comprensiva y el acompañamiento no exigente de los amigos, familiares y vecinos ayudarán al que vive la pérdida a dejar aunque sea algo de la pesada carga de angustia y poder recorrer el camino de las lágrimas un poco más liviano.

Si homologamos el proceso de duelo a la cicatrización de una herida, podemos pensar que la ayuda se podrá equiparar al trabajo realizado cuando se limpia una herida. Tal como aquél la ayuda puede ser enormemente dolorosa al principio, pero poco a poco el sufrimiento disminuye y se aleja el riesgo de una complicación en el proceso de cicatrización.

Este proceso de limpieza y curación consiste en ayudar a los que elaboran un duelo a aceptar la pérdida, a expresar libremente el dolor propio de la aflicción, a reubicarse sin el difunto y a re-situar emocionalmente la imagen interna del que ha muerto en la vida del que queda.

Si bien la mejor herramienta para esta ayuda es el amor, su

utilidad se multiplica si el que acompaña es capaz de acercarnos algún conocimiento tranquilizador de lo que nos sucede.

Yo no quisiera que nadie se sienta obligado a estar con su amigo mientras éste llora una pérdida, pero sí pretendo que si quiere estar o si decide ayudar su ayuda sea más útil.

Si es muy obvio, o debería serlo, que el duelo no es una enfermedad, podemos encontrar en las estadísticas médicas algunos datos inquietantes:

Noventa por ciento de las personas sufre trastornos del sueño durante el duelo.

Cincuenta por ciento padece seudoalucinaciones auditivas o visuales.

Cincuenta por ciento tiene síntomas similares a los que condujeron al fallecido a la muerte.

Cuatro por ciento de parientes cercanos fallece en el primer año de duelo.

Aunque los números nos parezcan alarmantes, es necesario comprender que cualquier cambio obliga al que lo vive a adaptarse a la nueva situación. Un hecho más simple cuanto menos importante sea lo que se ha modificado, y más complicado y brutal cuanto más significativo y trascendente sea el cambio.

En un duelo por la muerte de un ser querido los cambios y adaptaciones se suceden en varios niveles y todos implican un tremendo trabajo y grandes desafíos. Un proceso que siempre implica partes iguales de desestabilizacion, inseguridad y estrés:

El trabajo que lleva reorganizar los sistemas comunicacionales.

El ajuste de las reglas al funcionamiento de cada área.

La adecuada y eficaz redistribución de los roles.

Y el aprendizaje de no contar con algunos viejos recursos.

Ésta es la parte de ayudar al otro a comprender lo que le pasa; la otra tarea, la de acompañar, tiene que ver con estar y sobre todo con NO HACER lo que no debe hacerse:

- No hagas lo que hace la gente "porque es lo que se acostumbra". No olvides que lo que más necesita el que está de duelo al principio es hablar y llorar.
- No hagas lo que no quieras hacer. No ayudes más que hasta donde tu corazón te pida y no hasta donde tu cabeza te exija.
- No digas frases hechas, diseñadas vaya a saber por quién para "estos casos". Si no sabes qué decir lo mejor es no decir nada porque al no saber podemos terminar en expresiones que no son de gran ayuda:

"Tienes que olvidar."
"Mejor es así."
"Deja de sufrir."
"El tiempo todo lo cura."
"Mantente fuerte por los niños."
"Es la voluntad de Dios."
"Es ley de vida."

- No dar órdenes ni decirle que tiene que sobreponerse, ya lo hará a su tiempo. Sólo escuchar y estar presente, sin pensar que hay que levantarle el ánimo. No empeñarse en animarlo ni en tranquilizarlo.
- No pensar que el que está de duelo necesita de nuestros consejos sabios, si no se te ocurre qué hacer, lo mejor quizá será intentar colaborar en algunas tareas cotidianas. El simple papeleo diario o el poner orden en un ropero puede ser para alguien que está de duelo un desafío imposible de afrontar.
- No le digas que lo comprendes si no pasaste por una situación similar.
- No intentes buscar una justificación a lo ocurrido.
- No le quites importancia a lo que ha sucedido hablándole de lo que todavía le queda, ni intentes hacerle ver las ventajas de una nueva etapa en su vida. Aunque fuera cierto, no es el momento.

Y sobre todo:

- No interrumpas NUNCA la expresión del dolor del que sufre. Las más de las veces, la gente que corta las emociones del otro no lo hace por la declarada supuesta intención de protegerlo de su sufrimiento, sino con la verdadera y oculta intención de protegerse de sus propias emociones dolorosas.

Sentir y expresar el dolor, la tristeza, la rabia, el miedo... por la muerte de un ser querido. Repetir y evocar los recuerdos es parte del camino que hay que recorrer para cerrar y curar la herida dejada por la pérdida. Interrumpir un relato del pasado o negarse a compartir fotos o anécdotas de la persona fallecida, para no llevar al llanto al que está de duelo, es un grave error que sólo sirve para añadir más dolor al dolor.

No hay que temer nombrar y hablar de la persona fallecida. Está claro que es beneficioso permitir y alentar al que está de duelo para que hable del ser querido que ha muerto tanto como necesite (y no más de lo que necesite). Si al hacerlo rompe a llorar, no tienes que decir o hacer nada en especial, lo que más necesita en esos momentos es tu presencia, tu cercanía, tu compañía y tu afecto. Tampoco temas llorar o emocionarte con su llanto. No hay nada de malo en mostrar tu pena, en mostrar que a ti también te afecta lo que ha pasado, en mostrar que te duele ver a tu amigo o familiar en esa situación.

Recordar a la persona amada es un consuelo para los supervivientes, aunque a veces hasta los más cercanos no puedan comprenderlo. Una pareja de padres que atendí alguna vez me decía: "Es muy triste recordar cómo los parientes y los amigos más íntimos rehuían hablar o siquiera pronunciar el nombre de nuestra hija. Desviaban la conversación hacia cualquier otro tema. Tal vez tenían miedo de alterarnos o de hacernos llorar, pero actuaban como si pensaran que la muerte de un hijo fuera contagiosa".

LAS PRIMERAS HORAS. EL ENTIERRO Y MÁS

Un ítem aparte para la más desacreditada de las ayudas y una de las más importantes. Ocuparse de establecer y llevar a cabo los rituales funerarios (entierro, velatorio, avisos fúnebres) y las urgencias de las primeras horas (llamadas, cuentas, pagos, manutención mínima de la casa). Quizá parece cruel decirlo así, pero el aspecto de algo no cambia su veracidad, éste es uno de los roles imprescindibles del acompañamiento que necesita el que está de duelo y que sólo la familia más cercana o los amigos del corazón se atreven a desempeñar porque a veces implica incluso tomar decisiones por otra persona, que puede después criticar o reprocharnos. Todas las sociedades han desarrollado rituales (costumbres o ceremonias) alrededor de la muerte de un ser querido. Ritos que cambian de cultura en cultura y de tiempo en tiempo pero cuyo sentido parece ser siempre el mismo.

Ya he dicho que aprendí a entender que *ciertos ritos son hitos* y por lo tanto son importantes en sí mismos, aunque no sea más que para separar el antes del después.

Además los rituales fúnebres parecen cumplir con cinco funciones:

- Preservar a los supervivientes y ayudarles a enfrentarse a la muerte.
- Mostrar la realidad de la pérdida y permitir la expresión pública del dolor.
- Hacer conocer la pérdida y permitir la expresión de solidaridad y apoyo.
- Despedirse del muerto junto con los demás.

Y un sentido más simbólico y gregario...

- Comprobar que el grupo continúa viviendo y de alguna forma confirmando el triunfo de la vida sobre la muerte.

PROCURAR EL TIEMPO NECESARIO PARA EL DUELO

Según lo cuentan la mayoría de los que pasaron por allí, el principio del camino de las lágrimas suele ser muy acompañado, pero eso no dura demasiado. Ni siquiera suficiente. Según la queja de muchos de ellos al poco tiempo la mayoría de los que se acercaron y prometieron compañía y apoyo de todo tipo han desertado.

En una vieja serie de televisión el protagonista se despierta la mañana siguiente a la ceremonia fúnebre por el entierro de su esposa y mientras mira sus ojos hinchados en el espejo rajado del baño de su cuarto, se pregunta:

¿Dónde están ahora, apenas después del entierro, todos los que hace un par de horas se ofrecieron a estar cerca de mí hasta que me repusiera?

Injusta o no esta sensación existe y cuando sucede es muy desoladora.

Obviamente no es necesario mudarse a la casa del que está de duelo, ni obsesionarse con la idea de no alejarse de él o de ella ni por un segundo.

El contacto puede mantenerse de muchas maneras, no es tema de presencia física concreta, aunque la incluye. Una visita breve, un café compartido, un corto paseo, una carta, un correo electrónico o una llamada telefónica pueden ser suficientes para romper su soledad y recordarles que allí estamos.

Especialmente cuando así lo piden.
Especialmente durante el primer año.
Especialmente en las fiestas y los aniversarios.[13]

Hace unos años una paciente que acababa de perder a su padre me mandó una copia de esta carta que no sabemos quién escribió y que alguien le mandó en un correo electrónico. Están allí reflejadas, con la pureza de lo coloquial, las verdaderas necesidades de alguien que en pleno proceso de duelo decide compartir con su amiga el dolor a corazón abierto.

CARTA A MI MEJOR AMIGA

Por favor, quiero que sepas que yo necesito que me sostengas. Aunque no te lo diga y aunque a veces te diga que no.

Puede que por el momento no sea capaz de pedirte ayuda porque estoy bastante aturdida, pero siempre preciso saber que estás ahí.

Debes saber que yo no espero que me hagas sentir bien ni que hagas que desaparezca mi pena. En este momento nadie puede.

Lo que necesito es que me ayudes a calmarme, que aceptes mi dolor y que seas tan sabia como para soportar tu impotencia cuando no te dejo ayudarme.

Si no puedes llamarme porque no soportas tu dolor o no quieres aguantar el mío, dímelo. Yo lo voy a entender mejor que si pusieras excusas de todo tipo.

Espero que puedas entender mis enojos y perdonar mis exabruptos.

No eres tú ni los demás los que me enojan. Es saber que he perdido para siempre a quien más quería.

No trates de evitar mis lágrimas. Verme llorar puede ser duro para ti, pero es un modo saludable de expresar un poco de mi pena.

Te aseguro que llorar es bueno para mí, por eso cuando me encuentres llorando trata de sentarte a mi lado y dejarme llorar al lado tuyo, ése será un gran consuelo.

No trates de conformarme comparando mi pérdida con otras peores. Mi pena es mía e intransferible.

No me digas que lo que sucedió fue "porque Dios lo quiso". Oír esto no me consuela en este momento y sólo agrega confusión espiritual y desolación a lo que siento.

No me digas que: "Fue lo mejor que podía pasar" porque sé que no es verdad.

No me digas: "Me imagino cómo te sientes". Nadie puede. En todo caso, por favor, pregúntame cómo me siento hoy y yo trataré de contarte.

No me pidas que "deje esto atrás, que olvide y que siga adelante con mi vida".

Ésta es mi vida.

Y entiéndeme si no puedo compartir los momentos felices que estás viviendo. Me gustaría poder.

Si quieres de verdad hacer algo conmigo, intenta ofrecerme encuentros específicos... un almuerzo, una tarea hogareña, una hora libre. Yo estoy demasiado herida para poder pensar más allá de hoy o para decidir un programa atractivo.

Necesito hacer el duelo, sabes.

Necesito ser yo, y necesito no olvidar.

Quiero sólo encontrar una manera de recordar en paz.

Te pido que me abraces, que me toques el pelo y que digas que cuento contigo, que puedes cuidarme y que quieres acompañarme en este camino.

El camino de las lágrimas, tan árido y fantasmal.

Finalmente, amiga querida, te ruego que aceptes mi duelo, sin interferir y que admitas mi sufrimiento sin resistencias.

Yo siempre recordaré el amor sanador que me ofreciste.

AYUDA DE LA SOCIEDAD. AYUDA DE DESCONOCIDOS

Las intervenciones terapéuticas para el duelo son variadas e incluyen terapia individual y de grupo. Sabemos que los métodos que fueron efectivos en el tratamiento de duelos menos complicados difieren de los métodos usados en duelos más complejos, pero la suma de todas las formas de actuar en asistencia al duelo dista mucho de ser infinita.

Los métodos de tratamiento más usados y efectivos en los últimos cinco años, según las encuestas mundiales, incluyen:

Los grupos de ayuda mutua autogestionados.
La psicoterapia dinámica de tiempo limitado (terapia breve).
Las intervenciones sobre comportamiento de inspiración cognitiva.
El tratamiento farmacológico con terapia de apoyo.
El entrenamiento en desensibilización al trauma de orientación conductista.
La terapia gestáltica y los talleres temáticos.
Y algunos pocos más.

La gran mayoría de los duelos (normales) transcurren sin complicaciones y se completan saludablemente dentro de un tiempo razonable sin intervención externa.

El apoyo de grupos sociales, familiares y amigos así como el aporte de personas calificadas o profesionales entrenados puede de todas formas ayudar a mejorar la calidad del proceso de duelo.

Las metas de orientación para la ayuda descritas por Worden reproducen algunos de los conceptos que hemos hablado para el acompañamiento no profesional, pero dándole una vuelta más que solamente podría quedar en manos de alguien que no esté directamente comprometido personalmente con la pérdida, para conseguir así la garantía de cierta cuota de no contaminación.

Estos objetivos y métodos de la intervención profesional o grupal describen lo que la tarea asistencial debe buscar y hacer. Según Worden, no son más que diez:

1. Ayudar a la persona en duelo a aceptar la pérdida, invitándola a hablar acerca de ella y de las circunstancias que la rodearon.
2. Ayudar a identificar los sentimientos relacionados con la pérdida (rabia, culpa, ansiedad, tristeza), no criticando su presencia, más bien avalando su expresión.
3. Ayudar a vivir sin el fallecido y a tomar sus propias decisiones.

4. Ayudar a independizarse emocionalmente del fallecido y establecer relaciones nuevas.
5. Ayudar a enfocar su duelo en situaciones especiales como cumpleaños y aniversarios.
6. "Autorizar" la tristeza dejando saber que es lo apropiado e informando de las diferencias individuales de este proceso.
7. Dar apoyo continuo, incondicional y sin límite de demanda.
8. Ayudar a la persona a entender su propio comportamiento y su estilo de duelo.
9. Identificar problemas irresueltos y eventualmente sugerir ayuda profesional psicoterapéutica más prolongada y profunda.
10. Escuchar... comprender... escuchar... comprender... escuchar... y comprender.

TERAPIA PROFESIONAL PARA PACIENTES EN DUELO

La terapia está indicada en personas que manifiestan un duelo complejo o anormal. Si tuviera que definir su objetivo abreviadamente, sonaría casi paradójico:

UNA PERSONA QUE NECESITA AYUDA
PARA PODER RECIBIR AYUDA.

En términos un poco más técnicos, identificar y resolver los conflictos de separación que interfieren con la culminación de su proceso de duelo.

Una terapia de duelo puede ser individual o de grupo, pero en ambos casos es necesario como en cualquier terapia (o tal vez en estos casos sea imprescindible) por un lado descartar cualquier patología orgánica que esté sobreagregada (especialmente si hay síntomas físicos) y por el otro establecer un "contrato" terapéutico claro que defina tiempo previsto de terapia (que se podrá corregir si es necesario), costo, expectativas y enfoques.

La terapia de duelo requiere hablar sobre todo acerca de la persona fallecida y de la relación que la persona que consulta tenía con ella. El terapeuta deberá reconocer si hay emociones mínimas o exageradas alrededor de la pérdida. A veces una descripción persistente e idealizada de la persona fallecida puede indicar la presencia de sentimientos ambivalentes de amor-odio. Una buena relación terapéutica puede ayudar al que está de duelo a ver que la culpa, rabia u otros sentimientos "negativos" no impidan ni desplacen a otros más positivos ni viceversa.

Las más de las veces las complicaciones en el proceso surgen debido a algún duelo anterior mal resuelto. Los conflictos relacionados con pérdidas anteriores deben ser manejados con habilidad y entrenamiento para poder resolver satisfactoriamente el presente duelo.

La terapia de duelo incluye también lidiar con la resistencia del consultante al proceso de duelo, identificar los asuntos pendientes con el fallecido y también con reconocer y acomodar las pérdidas y ganancias secundarias como resultado del fallecimiento.

Por último, el doliente debe ser ayudado a aceptar lo irreversible de la pérdida, y visualizar lo que será su vida después de recorrer hasta el final el húmedo camino de las lágrimas.

A veces el tratamiento psicoterapéutico profesional es indispensable y a veces no es suficiente.

Cuando pasado un tiempo el paciente continúa estancado en el lugar del duelo patológico y no parece querer hacer nada para salirse de donde está trabado, puede ser que necesite ayuda a base de medicamentos.

Dejando en claro, una vez más, que me resisto a que esto sea tomado como norma y más aún a que sea la elección de primera instancia, cuando un paciente ni siquiera puede, pobre, escuchar a quienes pretenden ayudarlo, la medicación terapéutica puede abrir una puerta por donde poder entrar, para poder ayudar.

Pero atención: la medicación es un parche, no soluciona nada.
Nada.
Nadie se cura de un duelo tomando antidepresivos.
Nadie.
Lo único que la medicación puede hacer es abrir la puerta.
Y a veces hace falta.
A veces...
La mejor de las drogas es sin lugar a dudas la presencia sostenida de quienes amorosamente deciden acompañar al que pena; y aun de ellos habrá que cuidar al paciente.

Habrá que alentarlo y acompañarlo hasta que encuentre en su entorno a los que puedan darle

Respeto
Permisos
Compañía
Sostén
Ayuda concreta
Facilidades
Propuestas
Presencia

Habrá que advertirle y alejarlo por el momento de aquellos que asegurándole su amor y buenas intenciones le hablen de:

Esforzarse
Empujar
Manipular
Salvar
Interrumpir
Olvidar
Invadir
Disimular
Apurar

Aceptemos, como ayudadores profesionales que somos, que puede haber alguien que está muy triste, con mucho dolor, y que con sinceridad no quiere por ahora que le ayudes a salirse de ese lugar. Aceptemos también el derecho de quien no está loco, sino de duelo, a que decida cuándo es su tiempo. Hay que tener mucho cuidado, hay que ser muy respetuoso. A veces es muy difícil saber si estás molestando o estás ayudando.

A estos pacientes más que a los otros deberíamos ayudarlos, aunque no sea más que a no sucumbir a los manejos sociales (de familiares cercanos, padres o amigos) que intentan cargarlo con la presión culposa de los "hazlo por mí" y los "tienes que salir".

Que siguen con

"piensa en nosotros..."
"tienes familia..."
"porque tus hijos..."
"porque tu esposo..."
"porque fulano..."
"porque mengano..."

Puede que sea una buena idea recordarle al paciente que hay otras cosas importantes en su vida, pero no lo es forzar una actuación y menos desde la culpa. Como terapeuta me importa más llamarle la atención para que se ocupe de terminar con el duelo cuando sea capaz de hacerlo por él mismo y para él mismo.

Les digo a los que están de duelo:

En medio de este luto que tienes, en medio de este dolor, te llama tu mejor amiga.

La mejor amiga que tienes en el mundo te llama y te dice:

—Yo sé que estás mal, pero te necesito, así que, por favor, deja lo que estás haciendo, sal de tu casa, ven, ayúdame, necesito de verdad que me consueles, necesito de verdad que me contengas, necesito que me ayudes a amigarme con la vida, porque estoy en un momento muy difícil, por favor ven.

A pesar de tu duelo, ¿qué crees que harías?
Y en general los dolientes respiran hondo pero siempre dicen:
—Iría.
—Irías, ¿seguro?
—Sí, sí.
Y entonces agrego como el mago de una feria:
—Tu mejor amiga eres tú. Y te estás pidiendo eso. ¿Vas a ir o no?

APÉNDICE. ALGUNAS SITUACIONES ESPECIALES

Vivir el duelo entre los más jóvenes

La muerte es una realidad que nos acompaña en nuestra vida. Desde que nacemos, todos sabemos que hemos de morir. Es un hecho natural, pero cuesta mucho tratarlo con naturalidad. Por eso hay que ir preparando el terreno para abordar y hablar de esta realidad con nuestros hijos.

Antes de que los hijos se encuentren con la realidad de la muerte de personas cercanas y queridas, hay situaciones y actitudes de la vida cotidiana que ayudarán al niño, desde muy pequeño, a irse acercando al hecho de la muerte. La rotura de un juguete, la muerte de una mascota o la historia de un personaje histórico pueden ayudarnos a explicar lo que significa una pérdida definitiva.

No hay que preocuparse de que nos vean tristes o llorando; al contrario, esto hará que el hijo se sienta más acompañado y que se dé cuenta de que sus sentimientos también son compartidos por los seres que más quiere. Si ve que los adultos intentan esconder y disimular sus sentimientos, aprenderá pronto a no expresarlos y se sentirá solo con su dolor. Aunque no siempre muestren sus emociones, éstas son intensas y muy desestabilizadoras, sobre todo si no las pueden expresar. Si perciben que sus sentimientos (rabia, miedo, tristeza...) son aceptados por su familia, los podrán sacar más fácilmente, y esto les ayudará enormemente.

Frases como "no llores", "no estés triste", "tienes que ser valiente", "no está bien que pienses esto o aquello" pueden cortar la libre expresión de emociones y bloquear crónicamente la expresión del dolor.

Cuando les mostramos lo que sentimos, tanto el niño como el adolescente nos perciben más cercanos, y es más fácil entonces que nos digan también lo que les está pasando. Es básicamente ésta la razón para no tener miedo de mostrar los propios sentimientos. En todo caso la única excepción a mencionar sería evitar que tanto los más pequeños como los que ya son jóvenes adolescentes presencien (si se puede evitar) escenas de pérdida de control de los adultos que los tienen a su cargo.

El niño de duelo

Acompañar a un niño durante un duelo significa ante todo tener el cuidado de no caer en la fácil tentación de *apartarle* de la realidad que se está viviendo, con el pretexto de ahorrarle sufrimiento.

Aunque posiblemente no esté en condiciones de comprender todavía qué es la muerte (¿es que acaso nosotros la comprendemos?), es perfectamente sensible a la reacción de los adultos que lloran y sufren a su alrededor, se da cuenta de los cambios en la rutina de la casa, y con toda seguridad percibe y resiente la ausencia de contacto físico con la persona fallecida... En otras palabras cualquier niño, aun los más pequeños, percibe que algo pasa y le afecta.

Por eso, por más que resulte doloroso y difícil hablar de la muerte con el niño, es mejor hacerlo lo antes que se pueda. Se trata de encontrar no sólo un buen momento y un lugar adecuado sino también de explicar, con un lenguaje adecuado a su edad, lo ocurrido sin dramatismo y sin mensajes confusos. Es importante invitarlo a preguntar lo que no le quede claro y tratar de contestar todas sus preguntas. Si no se tiene respuesta deberá decirse sencilla y amorosamente "No lo sé".

A los más pequeños les costará entender lo que significa la muerte. Será necesario ser pacientes para explicar una y otra vez el significado de algo definitivo e irreversible. Recordar que para iniciar adecuadamente el proceso de duelo es necesario para cualquiera dejar de esperar al ser querido, y para eso el niño debe llegar a comprender también que éste no regresará nunca.

En el caso de familias religiosas y observantes este suele ser el momento para poder hablar del sentimiento de conexión con lo espiritual o más concretamente de la relación del hombre y un Dios que no abandona nunca, ni en la vida ni en la muerte.

Algunas frases que las abuelas solían decir para proteger a los más pequeños del dolor terminaban muchas veces teniendo consecuencias más catastróficas que el esperable dolor por la muerte de un abuelo o de un tío muy querido.

Una frase como "Se ha quedado dormido para siempre" bien puede generar el temor del niño a dormir (por el miedo de no poder despertarse)...

"Se ha marchado de viaje" podría terminar en una crisis de pánico cada vez que deban subirlo a un auto o a un tren...

"Está muy lejos y no puede volver" puede redundar en que a pesar de todo el niño permanezca aguardando.

Lo mejor posiblemente sea utilizar la metáfora de los cuentos o los ejemplos traídos de la naturaleza como la caída de las hojas, la muerte de los animales, o el ciclo vital de algunos insectos (a mis hijos les encantaba que yo les hablara de las mariposas y siempre se fascinaban con el hecho de su corta vida de solamente un día). A veces es bueno explicar que todos, también los médicos y las enfermeras, hicieron lo posible para curarlo, pero que, a veces, el cuerpo está tan herido o enfermo que las medicinas no lo pueden curar.[14]

Muchos padres se angustian frente a la actitud a tomar frente a temas como velorio, cadáver, entierro...

Mi postura personal y terapéutica es que hay que permitir y animar al niño a asistir y participar en lo que está pasando a su alrededor. Con la sola precaución de explicarle antes qué verá, qué escuchará y por qué; tomar parte del rito puede ayudarle a comprender qué es la muerte y a iniciar mejor el proceso de duelo. Esto incluye también permitir que el niño vea el cadáver (no si está dañado, deformado o irreconocible).

Es importante para su evolución y elaboración saber que quien ha muerto deja de moverse, no respira, no come, no habla, no hace pis ni caca, y ya no siente dolor, ni frío, ni hambre...

Una vez más si el niño no quiere ver el cadáver o participar en algún acto no es bueno forzarlo con ningún argumento.

Ocuparse de los hijos

Si los padres o el padre superviviente están demasiado afectados para ocuparse del niño, puede ser conveniente que otra persona se responsabilice de acompañarlo durante estos primeros momentos. Por supuesto que lo mejor es que sea alguien cercano al niño, una persona que le permita expresar sus emociones y que sea capaz de contestar a sus preguntas. Si un niño tiene dos años y su abuelito se murió, hay que decirle "el abuelito murió" y sostener lo que siga. Yo creo que somos nosotros los que en realidad nos asustamos de las respuestas verdaderas. Cuando muere un ser querido, todos necesitamos consuelo y sentirnos rodeados de un ambiente de confianza y de seguridad y esto sólo puede darse cuando decimos la verdad.

Básicamente hay cuatro o cinco grandes preguntas que generan otros tantos temores en el niño ante la muerte de, por ejemplo, uno de sus padres:

¿Por qué se murió?
¿Fue culpa mía?
¿Me pasará esto a mí?
¿Quién me va a cuidar?
¿Quién va a jugar conmigo ahora?

Como algunos niños parecen creer que la muerte es "contagiosa" pueden pensar, si por ejemplo su padre muere, que están en peligro de ser abandonados también por la madre.

Es imprescindible asegurarle, en este ejemplo, que la madre está triste pero que se encuentra bien y que no le va a pasar lo mismo. Darle la certeza que ella estará a su lado y seguirá ocupándose de cuidarlo lo mejor posible.

Es muy importante fortalecer en los primeros momentos el contacto físico. Acercarse, sentarlo a nuestro lado, sostenerlo en brazos, abrazarlo, escucharlo, llorar junto con él... Y que esto no signifique un impedimento para dejarlo solo en su habitación o permitirle salir a jugar con sus amigos...

Una de las emociones más frecuentes y por otra parte más comprensible es la de la rabia por haber sido abandonado por el que murió. Esta verdadera "bronca" aparece de mil maneras: irritabilidad, pesadillas, juegos ruidosos, travesuras y a veces con síntomas, vómitos, fiebre, golpes...

Si esto sucede habrá que empezar por buscar y encontrar la manera de que exprese su enojo, gritando, corriendo, golpeando...[15] y estar alerta sobre alguno de los síntomas de peligro como podrían ser:

Pérdida de interés por las actividades que antes le gustaban.
Dificultades para conciliar el sueño.
Pérdida de apetito o lo opuesto.
Miedo de quedarse solo.
Comportamiento regresivo (hacerse pis, hablar como un bebé...).
Imitación excesiva de la persona fallecida.
Expresiones repetidas del deseo de reencontrarse con el fallecido.
Aislamiento.
Fracaso escolar importante o negativa de ir a la escuela.
Negación, ansiedad, llanto fácil.

Sustitución del fallecido por otra figura familiar (llamar papá al tío).
Reiteración de ideas.
Síntomas físicos que permanecen en el tiempo.
Y hasta reacciones hostiles.

Respetar su manera de afrontar la pérdida

La principal diferencia entre la pena de un niño y la de un adulto es que la del niño puede aparecer de una manera más intermitente que en los adultos, aunque el proceso dura mucho más tiempo. El proceso de duelo tiene que ser analizado varias veces durante el desarrollo de la vida de un niño que revivirá la pérdida con frecuencia durante toda su infancia (al ir de campamento, en su graduación) y también en los momentos importantes de su vida adulta (matrimonio, nacimiento de un hijo, etcétera).

Los niños no reaccionan a la pérdida de la misma forma que los adultos, y podrían no demostrar sus sentimientos tan abiertamente. Su comportamiento en general dice más que sus palabras. Para espanto de sus padres un niño puede jugar a hacerse el muerto como manera de ventilar a través del juego sus sentimientos más ocultos o jugar a dialogar con la persona fallecida como si estuviera allí presente en carne y hueso. Estos padres, madres o hermanos imaginarios deben ser respetados si no se prolongan en el tiempo y sobre todo si el niño admite con facilidad que es un juego.

Lo más habitual es que el niño elabore el duelo alternando fases de preguntas y expresión emocional, con intervalos en que no menciona para nada el asunto.

El duelo en el adolescente

Dado que la adolescencia suele ser de por sí una etapa difícil, la irrupción brusca de una muerte suele complicar al joven la tarea de hacerle frente a todos los cambios, dificultades y conflictos propios de su edad.

Como el niño, el adolescente tampoco expresa lo que siente, pero en este caso es porque se convence de que debe comportarse como si se las arreglara solo. Pensamiento muchas veces avalado por alguna tía que en una intervención muy poco feliz le dice por ejemplo, a un jovencito de quince, que ante la muerte de su padre él debe sostener emocionalmente a su madre para que no se caiga...

¡Pobrecito!

Él, que no se siente en condiciones de sobrevivir a su propia angustia, se le exige hacerse cargo del dolor de su madre.

El gran peligro de estas actitudes de negación o postergación del duelo es por supuesto que la pena se transforme con el tiempo en resentimiento, miedo, impotencia o depresión... la antesala de empezar a preguntarse por qué y para qué vivir.

Además de signos de depresión algunos adolescentes pueden mostrar alguno de estos comportamientos preocupantes:

- Dificultades para dormir, impaciencia, baja autoestima.
- Fracaso escolar e indiferencia hacia su aspecto personal.
- Deterioro de las relaciones familiares o con los amigos.
- Abuso de alcohol y otras drogas, peleas callejeras, sexualidad promiscua.
- Negación del dolor, alarde de fuerza y madurez o práctica de deportes de riesgo.
- Cambio de hábitos, de pareja y de núcleo social (siempre para peor).

Como en todos los casos se impone frente a cualquier complicación la recomendación de un diagnóstico profesional.

A pesar de su aspecto de casi adulto, la inmadurez emocional de los jóvenes requerirá mucho apoyo afectivo para emprender el doloroso y difícil camino de las lágrimas.

Muchas veces los adolescentes pensarán (al igual que muchos padres) que el verdadero alivio vendrá de la mano de sus pares y la ayuda útil de la presencia de sus amigos, pero cuando se trata de la muerte, salvo que alguno haya pasado por una situación familiar, los jóvenes se sienten impotentes y asustados y lo más probable es que se alejen ignorándolo totalmente.

Uno de los episodios más vergonzantes de mi vida fue mi actitud frente a la muerte de la madre de mi amigo Salvador, mientras éramos compañeros en la secundaria. Ella era para mí una madre adicional, igual que la mía era para mi amigo "Lume". Y, sin embargo, frente a la noticia de su muerte, lo único que sentí fue que el cuerpo se me paralizaba. Me acuerdo de la sensación de querer salir corriendo literalmente y no poder. Después del entierro saqué un pasaje en tren a Mar del Plata y desaparecí por diez días. Hoy sé que fue una huida, y que no podía comprender del todo lo que estaba pasando; pero en ese momento lo único que yo pensaba era en alejarme lo más posible de un dolor insoportable que me oprimía el pecho y no me dejaba respirar. Definitivamente yo no estaba preparado para poder contener lo que imaginaba era la ruptura del corazón de mi amigo, ni para forzarme a enfrentarme a la muerte de esa maravillosa mujer.

Muchos años después pude reparar en mi interior aquella actitud, acompañando hasta el final y aun después a otro amigo que perdía a su madre en una cruel agonía.

Acompañar al que va a morir

> The ultimate gift of love
> is letting someone
> die in their own way.

Dice el Dalái Lama que para no ser arrancado de cuajo por una tormenta, el árbol cuenta casi exclusivamente con sus raíces. Si ellas son fuertes y están bien hundidas en la tierra, el árbol tolerará sin problemas los embates del viento más fuerte. Pero cuidado, advierte el Lama, el árbol no puede pretender empezar a echar raíces cuando la tormenta ya está en el horizonte. En este caso, como en otros, cuando surge la necesidad quizá sea tarde.

Del mismo modo, las decisiones que afectan la etapa final de la vida deben ser tomadas antes de que llegue el momento. Aunque estos temas nunca son placenteros ni fáciles de hablar, cada uno debe hacerse del lugar y encontrar el espacio para tratar con quienes decida sus sentimientos y preferencias acerca de aquellas decisiones.

En los últimos años de la mano del avance de la medicina y la tecnología, cada vez es más posible que la situación de la muerte no sea una sorpresa total. El diagnóstico precoz, los tratamientos paliativos y la terapia de crisis, sumados a la eficiencia de las salas de cuidados intensivos, nos dan frecuentemente el tiempo de acompañar al que está por partir a su último viaje. Sin embargo, debido a la naturaleza sensibilizadora y de alguna manera triste de estas decisiones, creamos una especie de "conspiración del silencio" que pospone o prohíbe que se hable del asunto, como si temiéramos que al sacar el tema convocáramos a la muerte (como si el árbol creyera que ocuparse de sus raíces fuera capaz de anticipar la tormenta).

Los pacientes argumentan que no quieren preocupar a sus familias.

La familia teme que el paciente se deprima o se dé por vencido.

Los médicos (salvo los que se dedican al tema) se sienten incómodos hablando de la muerte y no quieren preocupar al paciente y a la familia.

Los amigos más cercanos no quieren ser ellos los que empiecen a hablar de ese momento, aunque estarían dispuestos a ayudar si se les pide que participen.

Todos piensan que hay mucho tiempo por delante para hablar acerca de eso.

Sin embargo, cuando llega el tiempo de tomar las decisiones que el momento final exige, no se toman, se postergan peligrosamente y en la emergencia terminan finalmente siendo tomadas por terceros lejanos o desconocidos que no saben los verdaderos deseos del paciente y su familia.

De cualquier manera, lo más importante y significativo del acompañamiento final es, como su nombre lo indica, la presencia. El simple pero difícil acto de estar cerca del ser querido en el último tramo de la vida. Una decisión que sólo puede servir si es tomada con el corazón. Una posibilidad también, si todo ha sido hablado, de compartir sin que sea necesariamente dramático, un momento importante, el último de esta vida, con la persona amada.

Un cuento clásico...

Después de haber sostenido la posición de avanzada como la misión encomendada, el sargento había ordenado la retirada.

Las tropas enemigas se acercaban y había que regresar a las propias filas entre la metralla y el bombardeo.

A la carrera la mayoría de los soldados se zambulló en la trinchera del lado seguro.

—Sargento —dijo Antonio—, Pedro no está.

—Cuánto lo siento —contestó el sargento—, debe haber caído durante la retirada.

Antonio agarró el fusil y se puso de pie.

—¿Qué hace, soldado? ¡Agáchese inmediatamente! —ordenó el sargento.

—Voy por él —dijo Antonio.

—¡Quédese donde está! —ordenó—, aun cuando pudiera encontrarlo, no tiene sentido correr ese riesgo. Lamentablemente Pedro ha sido alcanzado por las balas del enemigo.

—No le estoy pidiendo permiso —dijo Antonio y empezó a correr hacia la zona que acababan de abandonar.

—¡Soldado! —gritó inútilmente el sargento—, ¡soldado!

Media hora después, cuando todos lo daban también por muerto, Antonio regresa arrastrándose con una bala en su pierna y una chapa de identificación apretada en su mano derecha. Era la placa que había arrancado del cuerpo sin vida de Pedro.

El sargento saltó de la trinchera para ayudar a Antonio a llegar. Mientras lo empujaba literalmente dentro del enlodado lugar le gritaba a los enfermeros que le pusieran un torniquete en la herida para detener la hemorragia.

—Te dije que no valía la pena —le dijo mientras señalaba la placa de metal.

—Valía —dijo Antonio.

—No entiendo... ¿Por qué valía la pena? De todas maneras él está muerto y ahora estás herido gravemente. Podía haber perdido dos hombres en lugar de uno.

—¿Sabe, sargento? —dijo Antonio, con una increíble sonrisa en sus labios llenos de moretones y de sangre seca— ...Cuando lo encontré todavía vivía... me acerqué y le tomé las manos. Él abrió los ojos y me miró... Casi sonrió... Claro que valió la pena... Antes de morir en mis brazos me dijo: "Sabía que vendrías".

Salida y pasaje

> *El que muere no puede llevarse en su viaje nada de lo que consiguió y tiene; pero se llevará, con seguridad, todo lo que dio.*
>
> Padre Mamerto Menapace

Después de recorrer por primera vez el camino de las lágrimas uno siempre se da cuenta de que la mejor manera de afrontar y superar las pérdidas en nuestras vidas es ocupándonos en forma permanente de nuestra salud y de la felicidad que seamos capaces de crear a nuestro alrededor.

Solamente así se podrá tomar cada pérdida como lo que es, una parte más de la vida y del aprendizaje.

Éste es el propósito de hablar de estos temas, muchas veces inquietantes y muchas más para algunos, dolorosas: desarrollar una nueva conducta y una mayor aceptación de los duelos, empezando por alentar y avalar toda manifestación de dolor propio o ajeno exponiéndolas a cara descubierta y sin miedo de ser rechazado, aislado o expulsado por hacerlo.

Es necesario comprender y aceptar que en última instancia toda relación con el universo y tanto más con nuestro limitado mundo social es efímera. Para poner solamente algunos ejemplos evidentes:

Cada pareja termina de una o de otra manera.
Cada triunfo se acaba.
Cada meta puede volverse inalcanzable.
Cada momento presente pasará.
Cada vida llega a su fin.

He tratado de establecer siguiendo las enseñanzas de muchos, pero sobre todo los conceptos de Judith Viorst, que el duelo es una emoción apropiada y pertinente y que las pérdidas son imprescindibles para nuestro crecimiento personal.

El duelo no es, pues, una mala palabra, ni la expresión de la debilidad de alguien frente a una muerte, no es una emoción que hay que evitar a cualquier precio ni algo para esconder de la mirada de los amigos ni de la de los enemigos.

En un grupo de autogestión de padres que han perdido hijos me encontré un gran cartel que colgaba muy visible en la entrada de su lugar de reunión. Decía:

Bienvenidos sean los tres:
tú, tu risa y tus lágrimas.

Todos aprenderemos tarde o temprano, sobre todo en carne propia, que recuperarse de un duelo necesita tiempo, igual que una herida, igual que un resfrío, igual que el rearmado de un castillo de naipes que una brisa derrumbó...

Sólo con un duelo se aprende la experiencia de vivir un duelo, y quizás esta experiencia no alcance para garantizar una fácil resolución del próximo, pero seguramente me habrá enseñado alguna de estas cuatro cosas:

I. Que... el único camino para terminar con las lágrimas es a través de ellas.
II. Que... nadie puede recorrer el camino por ti.
III. Que... es la idea del dolor insoportable lo que hace pesado el recorrido, y no lo insoportable del dolor.
IV. Que... los duelos saludables difícilmente se recorren en soledad.

El paso por el doloroso y necesario camino de las lágrimas nos dejará más resueltos, maduros y crecidos, más allá de lo difícil que nos haya resultado el recorrido.

Al final de cada recorrido encontraremos siempre el premio de resignificación de lo perdido y la transformación de nuestro dolor en fecundidad.

Déjame que te regale un último cuento.

Con toda seguridad uno de los cuentos más tristes y más bellos que recuerdo:

La historia de Guedalia el leñador.

En un pueblito judío de Polonia su gente se preparaba para la más sagrada de sus festividades: Yom Kippur. El día del perdón.

Al salir la primera estrella y como todos los años el pueblo casi desaparecía entre las montañas porque nadie hacía otra cosa que estar en el templo rezando y ayunando para asegurar así que el buen Dios los inscribiera a cada uno y al pueblo entero en su libro para un buen año.

Durante todo un largo día ningún judío observante comía ni bebía ni trabajaba ni se divertía. Sólo se consagraba a la oración.

Estaba oscureciendo cuando el último de los jasidim del pueblo llegó jadeante al templo gritando:

—Rabino... rabino.

—¿Qué pasa? —dijo el Baal Shem Tov.

—Tenemos un problema gravísimo. Hay que solucionarlo. Dios nos va a castigar. El pueblo entero volará por el aire con su furia...

—Cálmate... ¿Qué es lo que pasa?

—Yo venía apurado para el pueblo y para llegar a tiempo crucé por el camino de la montaña y pasé cerca de la cabaña de Guedalia... Y allí estaba el gigante frente a una gran mesa llena de comida y bebida dispuesto a darse un atracón de alimentos que le llevaría más de veinticuatro horas tragar. Yo pensé que él no se había dado cuenta del día o de la hora, así que me acerqué a saludarlo y advertirle. Pero apenas me vio llegar y antes de dejarme hablar me gritó:

"Ya sé que estamos empezando el Yom Kippur, pero yo como cuando quiero y cuanto quiero. ¡Fuera de aquí!"

—Y vi brillar la furia en sus ojos y pensé que debía contártelo a ti. Tú eres el rabino de este pueblo y tú debes salvarnos de la ira de Dios por esta ofensa.

—¿Qué pretendes que haga? Empieza Kippur, hablaré con él el lunes...

—Estás loco, ¿cómo el lunes? ¿No te das cuenta? Para el lunes Dios puede destruir toda la región.

—No, no, no, no —agregaron todos los demás—, tienes que ir ahora para salvarnos a todos de ese salvaje que nos quiere matar. Mientras tanto, rogaremos a Dios que tenga paciencia hasta que hables con él y no destruya este pueblo por los pecados de Guedalia.

El Baal Shem Tov agarró su vara de caminar y se dirigió al bosque donde estaba la cabaña del leñador.

Desde lejos se veía la gran mesa de madera llena de carnes y frutas y verduras iluminada con lámparas de aceite. Al llegar, la noche había caído y el día del perdón había empezado. En efecto, Guedalia estaba comiendo como si nunca hubiera probado bocado. Era impresionante. El leñador era realmente un gigante, tan alto como un pino, tan ancho como un ombú, tan fuerte como un roble. Y allí estaba esa mole comiendo y bebiendo casi sin parar para respirar.

—¿Qué pasa, Guedalia? ¿Por qué estás comiendo el día de hoy, que es el día del perdón? Puedes comer todos los otros días, pero hoy podrías acompañarnos en nuestro ayuno.

—No —dijo Guedalia.

—¿Por qué no, Guedalia? ¿Te hemos ofendido?

—No tengo tiempo para conversar. Tengo todo esto para comer y mañana ya debo volver a trabajar...

—¿Por qué dices que debes comer toda esa comida?, ¿cuál es la necesidad de comer tanto?

Guedalia siguió comiendo desesperadamente sin contestar una palabra.

Baal Shem Tov se sentó en el suelo en silencio y comenzó a rezar.

Así se pasaron toda la noche y todo el día siguiente. Ninguno de los dos durmió. Uno rezando y el otro comiendo. Finalmente la primera estrella apareció de nuevo en el horizonte y el Baal Shem Tov se levantó y se acercó a Guedalia.

La mesa estaba vacía salvo por algunas migas de pan que se habían escapado a la voracidad del único comensal.

El rabino lo miró sin decir nada y Guedalia le habló:

—Un día cuando yo tenía diez años mi padre me llevó con él al bosque. Estaba intentando enseñarme a usar el hacha. Habíamos ido con nuestras dos mulas cargadas de provisiones, unas mantas y las hachas al hombro. Todo sucedió tan rápidamente... cuatro cosacos aparecieron de la espesura, agarraron a mi padre y empezaron a revisar las alforjas de las mulas buscando licor y comida. Después de adueñarse de lo que quisieron empezaron a burlarse de mi padre. Lo empujaban e insultaban tirando de su barba y pateándole el trasero. En un momento uno de ellos dijo: "Danos el dinero que tengas".

Mi padre pobre nunca tenía más que unas monedas de cobre en el bolsillo, así que las sacó y se las dio. "¿Esto es todo, basura?, ¿esto es todo lo que tienes?", le dijeron. "No te mereces seguir viviendo."

Y entonces entre tres lo ataron a un árbol mientras el otro me sujetaba en el aire con una mano y me decía: "Mira y aprende, pequeño judío, aprende"...

Rociaron a mi padre con un poco de aceite y le prendieron fuego...

Mi padre era pequeño y delgado y se consumió en un instante, casi sin llamas.

Los cosacos se fueron.

Y ese día yo juré que durante el resto de mi vida yo iba a comer tanto, iba a ser tan grande, iba a juntar tanta grasa como para estar seguro de que si alguna vez algo igual me pasaba yo iba a arder tan intensamente, iba a largar un humo tan negro, que desde cualquier parte del mundo se vería la columna de humo espeso y todos sabrían que en ese lugar estaban quemando a un hombre.

El Baal Shem Tov se acercó a Guedalia, lo besó en la frente y volvió al pueblo.

Cuentan que desde entonces el rabino solía decir:

—Si alguna vez este pueblo se salva de alguno de los castigos de Dios, que todos sabemos que se merece, si se salva les digo... será gracias a Guedalia.

El camino de la felicidad

*A los que amo y me aman
sin dependencia.
A los que no temen que los caminos nos separen
porque saben de los reencuentros.
A los que quieren ser felices...
a pesar de todo.*

La alegoría del carruaje IV

Adelante el sendero se abre en abanico.
Por lo menos cinco rumbos diferentes se me ofrecen.
Ninguno pretende ser el elegido, sólo están allí.
Un anciano está sentado sobre una piedra, en la encrucijada.
Me animo a preguntar:
—¿En qué dirección, anciano?
—Depende de lo que busques —me contesta sin moverse.
—Quiero ser feliz —le digo.
—Cualquiera de estos caminos te puede llevar en esa dirección.
Me sorprendo:
—Entonces... ¿da lo mismo?
—No.
—Tú dijiste...
—No. Yo no dije que cualquiera te llevaría; dije que cualquiera puede ser el que te lleve.
—No entiendo.
—Te llevará el que elijas, si eliges correctamente.
—¿Y cuál es el camino correcto?
El anciano se queda en silencio.
Comprendo que no hay respuesta a mi pregunta.
Decido cambiarla por otras:

—¿Cómo podré elegir con sabiduría? ¿Qué debo hacer para no equivocarme?

Esta vez el anciano contesta:

—No preguntes... No preguntes.

Allí están los caminos.

Sé que es una decisión importante. No puedo equivocarme...

El cochero me habla al oído, propone el sendero de la derecha.

Los caballos parecen querer tomar el escarpado camino de la izquierda.

El carruaje tiende a deslizarse en pendiente, recto, hacia el frente.

Y yo, el pasajero, creo que sería mejor tomar el pequeño caminito elevado del costado.

Todos somos uno y, sin embargo, estamos en problemas.

Un instante después veo cómo, muy despacio, por primera vez con tanta claridad, el cochero, el carruaje y los caballos se funden en mí.

También el anciano deja de ser y se suma, se agregan los caminos recorridos hasta aquí y cada una de las personas que conocí.

No soy nada de eso, pero lo incluyo todo.

Soy yo el que ahora, completo, debe decidir el camino.

Me siento en el lugar que ocupaba el anciano y me tomo un tiempo, simplemente el tiempo que necesito para tomar esa decisión.

Sin urgencias. No quiero adivinar, quiero elegir.

Llueve.

Me doy cuenta de que no me gusta cuando llueve.

Tampoco me gustaría que no lloviera nunca.

Parece que quiero que llueva solamente cuando tengo ganas.

Y, sin embargo, no estoy muy seguro de querer verdaderamente eso.

Creo que sólo asisto a mi fastidio, como si no fuera mío, como si yo no tuviera nada que ver.

De hecho no tengo nada que ver con la lluvia.

Pero es mío el fastidio, es mía la no aceptación, soy yo el que está molesto.

¿Es por mojarme?

No.

Estoy molesto porque me molesta la lluvia.
Llueve...
¿Debería apurarme?
No.
Más adelante también llueve.
Qué importa si las gotas me mojan un poco, importa el camino.
No importa llegar, importa el camino.
En realidad nada importa, sólo el camino.

Palabras iniciales

Una tarde, hace muchísimo tiempo, Dios convocó a una reunión. Estaba invitado un ejemplar de cada especie.

Una vez reunidos, y después de escuchar muchas quejas, Dios soltó una sencilla pregunta:

"¿Entonces, qué te gustaría ser?"

A la que cada uno respondió sin tapujos y a corazón abierto:

La jirafa dijo que le gustaría ser un oso panda.

El elefante pidió ser mosquito.

El águila, serpiente.

La liebre quiso ser tortuga, y la tortuga, golondrina.

El león rogó ser gato.

La nutria, carpincho.

El caballo, orquídea.

Y la ballena solicitó permiso para ser zorzal...

Le llegó el turno al hombre, quien casualmente venía de recorrer el camino

> *de la verdad, hizo una pausa, y esclare-*
> *cido exclamó:*
> *"Señor, yo quisiera ser... feliz."*
>
> Vivi García, *Me gustaría ser*[1]

Nunca pensé que escribiría un libro con este título.

De hecho, me parece imposible que tú mismo lo estés leyendo. "El camino de la felicidad" suena tan cursi... parece sugerir que yo creo que hay *un* camino hacia la felicidad.

Tengo muchas disculpas que esgrimir, pero la principal es que en la serie *Hojas de ruta*, cada uno de los libros anteriores fue definido, desde el título, con el nombre de uno de los caminos a recorrer: el de la autodependencia, el del encuentro, el de las lágrimas... ¿Cuál podría haber sido el nombre de este camino final sino el de la autorrealización, el de la felicidad?

Sin embargo, quiero decirte desde el primer párrafo que de ninguna manera pienso que haya un único camino hacia la felicidad.

Y si lo hubiera, yo no lo conozco.

Y si lo conociera, no creo que pudiera describirse en un libro.

Me pasé la mayor parte del último decenio dictando conferencias sobre salud y psicología de la vida cotidiana; pero nunca noté, hasta el último año, lo poco que había hablado sobre el ser feliz. No había escrito nada sobre el tema. Al igual que muchas personas, había dedicado bastante tiempo a reflexionar acerca de la felicidad y, sin embargo, en mis conferencias, escritos y programas de televisión me ocupaba de otros asuntos que seguramente consideraba en ese momento más serios y que parecían por ello merecer más atención de mi parte.

¿Por qué descuidé la felicidad? Posiblemente lo consideré un tema ligero, más propio de las revistas "livianas" que lo enmarcan con fotos de gente linda posando entre paisajes soñados.

Claro que en lo personal siempre quise ser feliz, pero recuerdo haberme reprochado un artículo en el cual admitía este deseo. Para mí, como para casi todo el mundo, sostener "quiero ser feliz" era sinónimo de solicitar la patente de bobo, hueco o pobre de espíritu.

Desde mi formación científica y moral, hablar de felicidad suponía forzosamente grandilocuentes frases obvias, excesivamente románticas y llenas de lugares comunes.

Seguramente por todo eso el tema me pareció durante años un asunto del que debían ocuparse los separadores de libros, no los terapeutas de profesión y menos los escritores, ni siquiera los aficionados, como yo.

Sin embargo, la felicidad es un tema tan profundo y tan necesitado de estudio como lo son la dificultad de comunicación, la postura frente al amor o la muerte y la identidad religiosa (en efecto, temáticas para nada divorciadas del objeto de esta serie *Hojas de ruta*).

EL COMIENZO

En su libro *El hombre en busca del sentido*, el doctor Viktor Frankl —quien sobrevivió a los campos de concentración nazis— nos dice que si bien sus captores controlaban todos los aspectos de la vida de los reclusos, incluyendo si habrían de vivir, morir de inanición, ser torturados o enviados a los hornos crematorios, había algo que los nazis no podían controlar: cómo reaccionaba el recluso a todo esto.

Frankl dice que de esta reacción dependía en gran medida la misma supervivencia de los prisioneros.

Las personas son idénticamente diferentes; es decir, todas tienen dificultades y facilidades, pero la correspondencia es dispar: lo que para algunos es sencillísimo para otros es sumamente difícil y viceversa. Habrá quienes toquen el piano mejor y aprendan más rápido y otros que lo hagan peor aun que yo, pero *todos* seguramente, con algunas instrucciones y disciplina, podemos llegar a tocar el piano mejor de lo que lo hacemos ahora.

Y siguiendo esa idea del gran maestro vienés, me animo a asegurar que exactamente lo mismo sucede en el caso de la felicidad.

*Todos, seguramente, podemos entrenarnos
para ser más felices.*

No encuentro una relación forzosa entre las circunstancias de la vida de la gente y su nivel de felicidad. Si las circunstancias externas determinaran per se la felicidad, se trataría de un tema sencillo y no de un tema complejo; es decir, bastaría conocer las circunstancias externas de una persona para saber si es feliz.

Podríamos jugar a predecir la felicidad de acuerdo con dos sencillas evaluaciones:

Si a la persona le pasan buenas cosas → Es Feliz.
Si a la persona le pasan cosas malas → Es Infeliz.

De donde se podría llegar a la conclusión de que dada la azarosa distribución por lo menos de las malas cosas, ser feliz pasaría a ser un tema de mera coyuntura. Una deducción falsa e infantil o, peor todavía, malintencionadamente para esquivar responsabilidades.

Sin embargo, nada puede evitar que tarde o temprano debamos aceptar que nuestra felicidad es responsabilidad propia de cada uno; quizá la más trascendente de las responsabilidades puesto que su búsqueda no sólo es un objetivo de la especie humana, sino, además, uno de los rasgos que la definen.

Todos los hombres y mujeres del planeta deseamos ser felices, trabajamos para ello y tenemos derecho a conseguirlo.

Quizá más aún, estamos obligados a ir en pos de esa búsqueda.

EL FACTOR F

Un sacerdote decía siempre a sus feligreses que ser desdichado es más fácil, mucho más fácil que ser feliz.

"Cuando me siento desdichado —aclaraba— me digo que estoy tomando la salida más sencilla, que estoy dejando que algunos hechos me alejen de Dios.

"La felicidad —explicaba— es algo por lo que debemos trabajar y no un mero sentimiento resultado de que nos ocurra algo bueno."

No puedo opinar sobre su planteamiento teologal, pero coincido en su propuesta de que *ser o no felices parece depender mucho más de nosotros mismos que de los hechos externos.*

Intentaré mostrar que cada uno es portador del principal —aunque no único— determinante de su nivel de felicidad. Un factor variable de individuo en individuo, y cambiante en diferentes etapas de una misma persona, al que voy a llamar, caprichosamente, "factor F".

Aun a riesgo de simplificarlo demasiado, lo defino básicamente como la suma de tres elementos principales:

I. *Cierto grado de control y conciencia del intercambio entre nosotros y el entorno.*

No puedo ser feliz si no me doy por enterado de mi activa participación en todo lo que me pasa.

II. *El desarrollo de una actitud mental que nos permita evitar el desaliento.*

No puedo ser feliz si siempre renuncio al camino ante la primera dificultad.

III. *El trabajo para alcanzar sabiduría.*

No puedo ser feliz si me refugio en la ignorancia de los que ni siquiera quieren saber que no saben.

Es obvio, pues, que este libro se centra más en la idea de la felicidad como actitud vital que en el análisis de la emoción subyacente.

Y me parece importante aclarar esto de entrada, cuando escucho que la mayoría de las personas hablan de la felicidad como si fuera un sinónimo de estar alegre, y yo estoy seguro de que no es así.

Esta última *Hoja de ruta* tiene como única motivación revisar juntos la numerosa combinación de aspectos que configuran los tres elementos de nuestro "factor F" y aprender qué podemos hacer para desarrollarlo.

Los tres caminos previos: autodependencia, amor y duelo

El arte de morir bien y el arte del bien vivir son uno.

Epicuro

El budismo —explica el Dalái Lama— presta mucha atención a las actitudes que adoptamos ante nuestros enemigos porque el odio puede ser el mayor obstáculo para el desarrollo de la felicidad.

Ciertamente, para alguien que practica la espiritualidad, los enemigos juegan un papel crucial en su postura de vida.

Si seguimos esta línea de pensamiento, resulta evidente que para alcanzar una práctica cabal de amor y aceptación es indispensable el desarrollo de la paciencia y la tolerancia.

Si todos fuéramos capaces de aprender a ser pacientes y tolerantes con nuestros enemigos, el resto de las cosas resultaría mucho más fácil y tanto la compasión como el amor fluirían a partir de allí con toda naturalidad.

No hay fortaleza mayor que la paciencia.

No hay peor aflicción que el odio.

Había una vez un discípulo de un filósofo griego al que su maestro le ordenó que durante tres años entregara dinero a todo aquel que le insultara, una tarea relacionada con su actitud peleonera y prepotente.

Una vez superado ese periodo y cumplida la prueba, el maestro le dijo:

—Ahora puedes ir a Atenas y aprender sabiduría.

Al llegar allí, el discípulo vio a un sabio sentado a las puertas de la ciudad que se dedicaba a insultar a todo el que entraba o salía.

También insultó al discípulo...

Éste se echó a reír, mientras agradecía bajando la cabeza ante cada improperio.

—¿Por qué te ríes cuando te insulto? —le preguntó el sabio.

—Porque durante tres años he estado pagando por esto mismo que ahora tú me ofreces gratuitamente —contestó el discípulo.

—Entra en la ciudad —dijo el sabio—, es toda tuya...

Más que el valor del sufrimiento y la resistencia, lo que permitió al discípulo afrontar de un modo tan efectivo una situación difícil fue su capacidad para cambiar el punto de vista.

La capacidad para cambiar la perspectiva es, sin duda, una de las herramientas más efectivas a nuestra disposición.

Los caminos recorridos antes sirven justamente, y quizá únicamente, para poder cambiar la perspectiva que nuestra educación puede haber distorsionado.

Haber transitado estos caminos nos ha enseñado, de una vez y para siempre...

que dependemos en exclusividad de nosotros mismos,

que necesitamos de los demás pero de ningún otro específico para seguir el camino,

que podemos soportar y superar el dolor de la pérdida y el abandono,

en resumen:

que nuestra vida es nuestra excluyente responsabilidad.

Por ejemplo, cuando me doy cuenta del placer del encuentro, aprendo también que el estado de enamoramiento pasional pasa y que el tiempo forzosamente modifica la realidad y quienes somos frente a ella.

Desmond Morris, en su libro *El contrato animal*, describe los cambios normales que se producen en la necesidad de intimidad del ser humano. Sugiere que pasamos cíclicamente por cuatro fases:

Fase I: Acércate un poco más.
    Fase II: Abrázame fuerte, te lo ruego.
        Fase III: Afloja un poco, por favor.
            Fase IV: ¡Déjame solo de una vez!

Y más allá del humor del planteamiento, en términos de mi propia posición respecto del amor, me gusta pensar que los afectos carcelarios no son buenos amores. Pero eso sólo se aprende después de encontrarse sin depender y admitiendo la posibilidad de las lágrimas.

Cuando consideré todo esto por primera vez, me pareció encontrar algo peor aun que el odio al que se refería el Dalái Lama: el apego a ciertas estructuras, la rigidez de conceptos y la intolerancia con los otros.

Después de leer más, me di cuenta de que toda mi lista no era otra cosa que una enumeración de maneras de disfrazar el odio.

Sabiendo por mi profesión que el amor y el odio no necesariamente se excluyen, sino que conviven muchas veces en vínculos ambivalentes, trabajo como terapeuta y docente defendiendo el valor del *encuentro*, del *compromiso* y del *desapego*, considerándolos tres pilares de nuestra salud mental.

Por eso, a veces digo que el gran desafío de ser persona es aprender dos cosas: aprender a entrar y aprender a salir.

UN TEMA INTERESANTE

> *La muerte es el único fenómeno que no ha sido corrompido por la sociedad. El hombre lo ha contaminado todo y sólo la muerte permanece aún virgen, sin corromper, sin ser tocada por las manos de la gente. El hombre no puede poseerla ni comprenderla, no puede hacer una ciencia de ella; se encuentra tan perdido, que no sabe qué hacer con la muerte. Es por eso que la muerte es la única cosa esencialmente pura que queda ahora en el mundo.*
>
> OSHO

La muerte, al igual que el amor, representa para todos un tema sin duda *interesante*. Digo *interés* en su sentido primigenio y olvidado: cuando la palabra nombra aquello que multiplica, aumenta, produce, es decir, aquello que es creador (aún decimos que el dinero genera *interés*).

No es que la muerte simplemente nos importe, sino que nos interesa en tanto se nos revela como productora, creadora y amplificadora de la vida.

La muerte nos coloca en un estado *interesante* de cara a la vida. Y desde allí la resignifica, la recrea.

Al experimentar una pérdida, nuestra vida se potencia, se vuelve más intensa.

Las pérdidas y el amor, en tanto *interesantes*, marcan profundamente nuestra vida y nos sitúan frente al otro.

> TANTO EL AMOR EN CUANTO VIDA,
> COMO LA PÉRDIDA EN CUANTO MUERTE,
> NECESITAN UNO DEL OTRO PARA PODER SER.

Cuando abandonamos la dependencia, cuando nos rodea el amor o nos enfrentamos a la idea de la muerte, hay una *transformación*, una inmensa mutación, un nuevo nacimiento, el parto de un nuevo ser. No se es nunca el mismo otra vez; la conciencia de la autodependencia, la idea de la finitud de las cosas y la inmensidad del amor nos ponen en situaciones límite, ya que son experiencias extremas en las que solemos darnos cuenta de la ausencia total de control externo e interno.

Pero tendemos a depender en vez de amar. Y al no amar, no podemos experimentar el dolor de la muerte en forma genuina; sólo lamentamos la indefensión de la ausencia.

Dice Gurdjieff:

> Para vivir verdaderamente es necesario renacer.
> Para renacer es imprescindible morir.
> Y para morir es imprescindible despertar.

Alcanzar la vida plena es la sucesión de varios despertares a los que se llega por vía de lo que hemos llamado, en esta serie, *caminos*.

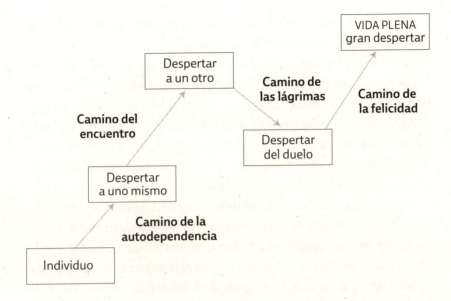

Es necesaria la libertad de la autodependencia para experimentar el amor.
Es necesario el amor para experimentar el duelo de una pérdida.
Es necesario el dolor de la muerte para superarla.
Es necesario haber pasado por muchas muertes antes de encontrar el camino de la felicidad.

Este esquema busca revelar, una vez más, el poder con que actúa el duelo sobre nuestras vidas.

Respecto del desarrollo cognitivo del individuo, la muerte tiene más trascendencia que el amor; es decir, la muerte aporta más que el amor al conocimiento de la vida. Y si bien es cierto que las pérdidas no necesitan ser deseadas, no es menos cierto que ellas estarán en nuestra ruta.

Pero no parece sensato desear la muerte para adquirir dicho conocimiento, es suficiente con despertar.

Cito pues, completando a Gurdjieff, a un periodista estadunidense llamado Ambrose Bierce:

Si quieres que tus sueños se vuelvan realidad, es necesario despertar.

Para Hegel, toda la historia de la humanidad tiene una dinámica dialéctica. La realidad es esencialmente contradictoria y la conciencia humana sólo puede captarla por partes y en fases sucesivas —despertares, diría yo. La realidad no existe toda a un tiempo ni es conocida por entero en un solo momento, sino que *va siendo* a lo largo del tiempo. Fundamentalmente, el *conocimiento* y la *realidad* son una misma cosa, un movimiento hacia un punto final, el absoluto, que no es meramente el término, sino *el todo, el ser que se completa mediante su evolución.*

El movimiento dialéctico es descrito por Hegel como un proceso de fases —o momentos de la dialéctica— que han recibido corrientemente los nombres de *tesis, antítesis* y *síntesis.* La tesis es la afirmación de algo; la negación o antítesis supone un contraste a la vez que un conflicto. El empuje dialéctico lleva a una visión de conjunto, a un tercer momento de mediación o intento de solución de la contradicción. Todo acaba en una nueva posición, que asume y, a la vez, supera el punto de partida inicial, con lo que de nuevo puede iniciarse el proceso dialéctico.

El proceso ha de acabar en la comprensión total de la realidad y del sí mismo como un saber completo, absoluto, sin conflicto. En el punto culminante, de síntesis (¿felicidad?), las contradicciones se han superado y los momentos que nos han permitido llegar hasta esta nueva instancia se nos revelan desde ahora como necesarios.

Miramos hacia atrás y nos damos cuenta de que los momentos que hubiéramos deseado que nunca sucedieran nos han hecho llegar hasta la satisfacción absoluta en que nos encontramos.

Tesis: encuentro con uno y con otros. Amor.
Antítesis: muerte, separación, pérdida.
Síntesis: felicidad, etapa absoluta, completud del individuo.

LAS DIFICULTADES SE NOS REVELAN, PUES, COMO ETAPAS POSITIVAS DE LA VIDA, YA QUE SON ELLAS LAS QUE NOS PERMITEN LLEGAR A LA FELICIDAD.

A menudo creemos que el conflicto y la frustración significan la *pérdida de la felicidad*. Pero esto sólo es cierto si se identifica la felicidad con la postura infantil de la vida manejada por el deseo de satisfacción infinita del principio del placer.

Las pérdidas traen siempre aparejada una crisis en el individuo, pero no necesariamente una pérdida de la felicidad.

La palabra *crisis* —siempre lo digo— es un término asociado injustamente con la negatividad. Tal vez esto se deba a que *crisis* significa básicamente *cambio*, y nuestra sociedad teme al cambio, prefiere mantenerse en el confort de la estabilidad.

Lo diferente es temido y rechazado.

Sin embargo, avanzar es siempre dejar atrás lo que ya no *es* y enfrentarse con otra cosa.

> EL ÚNICO TEMOR QUE ME GUSTARÍA QUE SINTIERAS
> FRENTE A UN CAMBIO ES EL DE SER INCAPAZ
> DE CAMBIAR CON ÉL; CREERTE ATADO A
> LO MUERTO, SEGUIR CON LO ANTERIOR,
> PERMANECER IGUAL.

Occidente cree que la vida es corta. Se dice que desde el nacimiento a cada momento nos acercamos un poco más a la muerte y esto crea tensión, angustia, ansiedad.

Todas las comodidades, todos los lujos, todas las riquezas pierden el sentido, porque no podemos llevarlas al más allá junto con nosotros. En Occidente se va solo hacia la muerte.

Oriente, en cambio, está más relajado. Primero, porque no le da tamaña importancia a la muerte; es solamente un cambio de forma. Segundo, porque al no haber final (sino cambio) puede estar distendido y consciente de sus riquezas interiores que se irán con uno adonde vaya, incluso más allá de la vida. La muerte no puede llevárselas.

Dice un proverbio sufí:

Lo único que de verdad tienes es aquello que no podrías perder en un naufragio.

MORS JANUA VITAE

Esta frase latina —*la muerte es la puerta de la vida*— merece una reflexión.

En la antigüedad, nacimiento y muerte se fundían en el concepto de *iniciación*, un encuentro importantísimo, un momento crucial, de cara a lo social.

El nacimiento y la muerte no eran términos separados y se resignificaban el uno en el otro para hacer del iniciado un verdadero ser socialmente aceptable.

El no iniciado había nacido sólo biológicamente, tenía únicamente un padre y una madre *físicos*. Para convertirse en un ser *vivo* para la *sociedad* debía pasar por el acontecimiento simbólico de la *muerte* iniciática y el re-*nacimiento* a su nueva vida.

Yo mismo hago una aclaración similar cuando separo los conceptos *individuo* y *persona*.

En Oriente, la muerte no significaba el final sino tan sólo la culminación de *una* vida, un clímax: el ser no se acaba, es transportado a otro cuerpo, a otra vida, a su nuevo lugar.

En la tradición budista e hindú, esta noción ocupa un lugar fundamental. El término *samsâra*, que significa "dar vueltas", representa la transmigración de las almas en el seno del ciclo infinito de encarnaciones sucesivas. Según esta creencia, todos los seres vivos renacen continuamente cambiando su destino y sus diversas formas de existencia en función de los actos de las vidas anteriores. Tal concepción es utilizada por la mayoría de las creencias de Oriente para sostener la idea de la liberación del alma mediante esta cadena de reencarnaciones y alcanzar así la salvación.

Dichas culturas tienen una disposición a resolver el problema del dolor de sus miembros por medio de rituales y ceremonias, a través de espacios para elaborar la pérdida y la frustración con un gran soporte social, pero nunca escapando del sufrir como si fuera algo nefasto.

Platón, que también de alguna manera sostenía esta creencia, decía que la muerte debía entenderse como la liberación del alma de la cárcel corporal: las sucesivas reencarnaciones permiten la purificación de las almas antes de poder reintegrarse plenamente al mundo de las ideas, lugar donde se da finalmente la posesión de la sabiduría.

Estas ideas, como es lógico que suceda, aparecen solidariamente ligadas a una *concepción cíclica del tiempo*, en la cual no se propone definición de principio ni de fin.

En la Edad Media, la teología se impuso a la filosofía; la nueva función de ésta quedó transitoriamente relegada a explicar desde la razón a la primera. La lectura e interpretación de la Biblia jugaban un papel fundamental en este periodo marcando una única concepción del tiempo. No había ciclos sino linealidad.

Los místicos medievales hablaban mucho de muerte, es verdad, pero lo hacían mientras pensaban en la vida eterna. Estos hombres buscaban la unión con Dios, la cual suponía un *morir para vivir eternamente* en lo buscado. Se perseguía la eternidad *por amor*, suponiendo que lo amado sólo sería alcanzado después de la muerte.

El punto máximo del amor era coincidente con la muerte.

El cuerpo del místico moría y su alma pasaba a la inmortalidad formando parte de Dios.

Las doctrinas dualistas y religiosas, más que asumir la muerte como negación de la vida, lo que hicieron fue menospreciar esta última convirtiéndola en meramente corporal y declarándola sólo un "tránsito" hacia otra forma de vida. Es decir, en lugar de pensar la muerte trataron de teorizar la resurrección. Resurrección que mucho después, en la modernidad, se vería afectada por el surgimiento y la hegemonía de las disciplinas científicas.

La psicología nos ha explicado que el nacimiento, en cuanto suceso individual irreversible y traumático, se parece bastante a la muerte. Analizado desde este ángulo, se puede comprender que el cristianismo y muchas religiones hayan intentado desde su origen circunscribir de alguna manera ese suceso *mortal* que es el nacimiento, mediante un sacramento iniciático colectivo: el bautismo.

Para los dioses, la muerte no es más que un prejuicio.
NIETZSCHE

Últimamente se han producido hechos contradictorios alrededor del tema de la muerte. Por el lado del aspecto más comercial, todo parece florecer alrededor de los difuntos: se ha multiplicado la cantidad de velatorios, de servicios y de cementerios que compiten entre sí por los espacios de publicidad en todos los medios. Por el lado social, el diálogo sobre el morir prácticamente se ha suprimido.

Lo malo es que todo esto implica un gran error, porque así como en la vida encontramos el significado de la existencia, en la muerte podemos y debemos encontrar un significado adicional a la vida.

SI EL AMOR NOS AYUDA A DISCRIMINAR EL ODIO,
LA MUERTE NOS MUESTRA EL VALOR DE LA VIDA.

Sin conciencia de nuestra finitud, postergaríamos todo para otro momento. El convencimiento de nuestra muerte nos impulsa a trabajar, a hacer, a producir, sin posponer inútilmente nuestro destino.

Y no sólo me refiero a la muerte individual. Sabemos hoy que también se extinguen las especies (a pesar de Darwin), desaparecen las razas y mueren los pueblos. Y lo más angustiante quizá sea que muchas veces debemos admitir que la desaparición de una especie no se debió solamente a una persecución o una exclusión externa consecuencia de un cambio en las condiciones de vida, sino ocasionalmente al agotamiento de los agentes vitales que desde el interior dirigen la especie.

Si la búsqueda de la felicidad, como dijimos, le da un sentido último y compartido a la existencia de las personas, la presencia de la muerte nos pone a todos frente a la enorme responsabilidad de hacer de la defensa de la vida el sentido mismo de dicha existencia.

La vida cobra sentido en cuanto se revela como un tránsito, y ese tránsito en lo humano es un camino necesariamente amoroso. El amor marca al individuo, aunque la muerte parece hacerlo aún más, dado que se puede vivir sin amar pero no sin muerte.

Si se sacara de la vida el placer, se podría aunque no fuera más que sobrevivir. En cambio, si se pretendiera esquivar todo dolor, toda muerte, en ese escape evitaríamos también la vida.

El amor y el duelo me ponen frente a lo más propio de mí: la capacidad de aprendizaje.

Amor y dolor son en sí mismos los disparadores fundamentales que ofrece el vivir.
Ambos son acción, efecto, motivación y resultado del desarrollo del individuo.

ESTAMOS HECHOS PARA BUSCAR LA FELICIDAD

Es evidente que los sentimientos de amor, afecto, intimidad y solidaridad coexisten casi siempre con mayores niveles de felicidad. No sólo poseemos el potencial necesario para amar, sino que, como dije en *El camino del encuentro*,[2] la naturaleza básica o fundamental de los seres humanos es el amor mismo.

La ira, la agresividad y la violencia pueden surgir, pero se producen cuando no soportamos ser frustrados en nuestro intento de conseguir ser amados, apreciados, reconocidos o valorados. Aquellas emociones no son, pues, parte de nuestra naturaleza saludable, sino más bien subproductos tóxicos de la degradación de la tendencia amorosa innata.

> LA HUMANIDAD TARDARÁ MUCHO O POCO TIEMPO
> EN SABERLO, PERO TARDE O TEMPRANO COMPRENDERÁ
> QUE ASÍ COMO EL HOMBRE APRENDE A RENUNCIAR
> A CIERTOS ALIMENTOS QUE LO DAÑAN,
> DEBE TAMBIÉN APRENDER A RENUNCIAR
> A CIERTAS EMOCIONES QUE LO PERJUDICAN.

Revisar nuestros presupuestos sobre la naturaleza fundamental de los seres humanos, pasando de lo competitivo a lo cooperativo, abre nuevas posibilidades para todos.

El niño recién nacido sirve como ejemplo perfecto y prueba de esta teoría. En el momento de nacer —supone la psicología clásica— tiene una sola cosa en su mente: la satisfacción de sus propias necesidades y su bienestar individual.

Sin embargo, si dejamos de lado este supuesto y nos dedicamos a observar a un niño recién nacido y a los que lo rodean, en los primeros momentos veremos que el bebé está aportando, por lo menos, tanto placer como el que recibe.

Muchos biólogos vienen sosteniendo que los cachorros de todas las especies están biológicamente programados para reconocer y responder siguiendo una pauta biológica profundamente enraizada que provoca comportamientos bondadosos, tiernos y atentos en el cuidador, comportamientos que a su vez también son instintivos. Son muy pocas las personas que no experimentan un verdadero placer cuando un bebé las mira y les sonríe. Bien podría sostenerse que éste es un recurso de la naturaleza para que aumente la oportunidad de un recién nacido de ser cuidado y atendido tanto como necesita para su supervivencia.

Este ser que muchas veces solemos describir como un tirano egoísta y exigente, más bien parece una criatura dotada de un mecanismo diseñado para seducir y complacer a los demás.

Por supuesto que en este camino vamos abandonando la noción hegeliana del amo y el esclavo para concluir que la humanidad está diseñada desde el amor y no desde la agresión. Parece fácil desde aquí demostrar la naturaleza bondadosa y generosa de los seres humanos con el sencillo argumento de que el niño nace ya con una capacidad innata para aportar placer a otro, a la persona que lo cuida.

Si pudiéramos centrarnos en este análisis de los hechos, nuestra relación con el mundo que nos rodea cambiaría inmediatamente.

Ver a los demás con ternura nos permite relajarnos, confiar, sentirnos a gusto y ser más felices.

Me pregunto entonces: ¿cómo no sentir ternura si, aunque sea por un instante, consigo imaginarme al bebé que cada uno de mis más detestados adversarios fue en algún momento?

TODOS SOMOS SEMEJANTES

Siempre he creído que todos somos iguales, seres humanos en proceso de volvernos personas, al decir de Carl Rogers. Pero es cierto que cuando ponemos el acento en nuestras diferencias, aparecen algunos obstáculos y la comunicación corre riesgo de terminar en desencuentros.

Claro que hay grandes diferencias entre nosotros: el bagaje cultural, el estilo de vida, las discrepancias en nuestra fe y hasta el color de nuestra piel.

Y sin embargo... tenemos básicamente la misma estructura física, la misma naturaleza emocional y, en gran medida —si despreciamos algunos matices—, más o menos la misma historia biográfica.

En suma, nos pasan, nos han pasado y nos seguirán pasando a *todos* las mismas cosas, que por otra parte —sostengo— son las mismas que les han pasado a nuestros abuelos y a los abuelos de nuestros abuelos por los tiempos de los tiempos.

Posiblemente por eso, cada vez que conozco a alguien tengo la sensación de que me encuentro con alguien como yo, y este pensamiento ha operado como un gran asistente en mi profesión, porque siempre es más fácil empezar a comunicarse cuando el otro es un semejante.

Por supuesto, repito, *somos diferentes*, pero estas diferencias NO nos separan.

Y no sólo no lo hacen, sino que validan el sentido del encuentro y alientan nuestro crecimiento por vía del aprendizaje, dado que sólo se aprende de lo diferente.

Con alguien que sólo sepa lo que yo sé y con quien acuerde en cada detalle, podré comunicarme fácilmente, compartir ideas y experiencias, pero poco y nada podré aprender en esa relación.

FELICIDAD Y RAZÓN

Es innegable que las personas deben usar su mente si desean ser felices; pero el hecho de que el pensamiento y la inteligencia sean esenciales para comprender la felicidad no implica, de ninguna manera, que gozar de la capacidad intelectual de los genios ofrezca mejores posibilidades de ser feliz.

No obstante, necesitamos la conciencia de que vivir plenamente exige un grado mínimo de reflexión, la disciplina para superar nuestra natural inclinación a la urgencia hedonista y la sabiduría de interrogarnos y responder, sinceramente, a la pregunta:

¿Soy feliz haciendo esto que hago?

Obviamente, esta interrogante conlleva la necesidad de una definición previa:

¿Existe la felicidad?

¿Es una realidad o una ficción?

¿Es un mito, como dijo alguna vez la gran Tita Merello?

¿Es sentir amor, como cantaba Palito Ortega?

Una vez escuché a un cínico (en el sentido filosófico) sostener que la *felicidad* era una palabra inventada por algunos poetas para que rime con *amistad* y *eternidad*.

La cita, más allá del contenido, plantea una propuesta bastante complicada, significativa y no poco trascendente. Porque sobre el significado de la felicidad —al igual que sobre algunos otros conceptos— es necesario tener una posición tomada.

No creo que haga falta tener una definición clara sobre todas las cosas, pero hay por lo menos cinco cosas sobre las cuales un individuo en proceso de crecimiento debería definir su posición; una postura mínima de resolución, un enfoque claro, una decisión tomada; no importa si es ésta, aquélla, la de enfrente o la otra, importa que sea la propia, la conozca y la defienda coherentemente en sus acciones.

Cuando estoy en una charla con colegas, siempre digo que un buen terapeuta no es alguien que deba tener *todo resuelto*, pero *sí* es alguien que debería haber resuelto esas cuatro o cinco cosas importantes, aquéllas en las que seguramente sus pacientes o sus consultantes van a tener problemas, muchas veces serios.

En cuanto al resto de las cosas, quizá su postura no sea fundamental. *Pero para trabajar en salud mental, repito, estas pocas cosas puntuales deben estar resueltas o, por lo menos, claramente acomodadas.*

Déjame desarrollar la idea tomando una de ellas como ejemplo: *la relación con los padres*.

Si cualquier persona no tiene resuelto este tema, está en problemas; pero si pretende dedicarse a ser terapeuta, su problema garantiza una complicación para alguien más.

¿Qué quiere decir *tenerlo resuelto*? En este caso quiere decir *fuera del punto de conflicto*.

La resolución —que puede ser tan detestable como: "no los quiero ver nunca más"— no me parece trascendental, pero debe estar tomada sincera y comprometidamente.

Para graficar lo contrario (*no* tener resuelta la relación con los padres) incluiría los siguientes planteamientos: ¿los mato o los salvo? ¿Los voy a ver o no los veo nunca más? ¿Los quiero o los odio? ¿Las dos cosas o ninguna?

Y esto es lo que no sirve.

Es en este sentido que vale la pena preguntarse:

¿Qué significa para mí la felicidad?

Fíjate que lo importante no es definir la felicidad de todos, ni qué debe significar para los demás. Lo importante, lo imprescindible —me siento tentado de decir *lo urgente*—, es decidir qué significa la felicidad para cada uno.³

En este libro no intento describir LA posición que hay que tener, sino UNA posición, que incidentalmente es la mía.

En especial, porque sobre el significado de la felicidad no se puede legislar. Cuando uno intenta llegar a algún lugar, transitar un espacio, muchas veces se ocupa de buscar las propias maneras. En mi caso, cuando advertí que no podía definirme respecto de la *felicidad*, empecé a ocuparme del asunto con más inquietud, y dediqué más tiempo a pensar este punto hasta encontrar, por fin, una posición que fuera coherente y armónica con el resto de mis ideas.

Tú tendrás que buscar la propia, seguramente. Y es casi predecible que no coincidamos.

De todos modos, compartir las reflexiones de mi itinerario tal vez pueda servir para aclarar puntos oscuros en las rutas que te hayas trazado (mi necesidad de ser útil se conforma con algún punto de contacto).

No es otra la idea que motiva este libro.

Porque lo que importa es ir en pos de una respuesta.

¿Y no sería mejor esperar que la vida me la acerque?

Lo que importa a la hora de encontrar respuestas es —me parece a mí— relacionarse con la duda en lugar de intentar escapar de ella; ir hacia el conflicto; buscar una salida aun sabiendo que ésta será la puerta de entrada a nuevas dudas, y así hasta el infinito.

"Ir hacia" nos lleva, como definición, a una palabra que tiene cientos de significados siniestros y uno solo amoroso y generador. Me refiero al concepto de *agresividad*.

Agresivo etimológicamente quiere decir "lanzarse hacia algo" y es lo contrario de *regresivo* (de retroceder, de ir para atrás; en términos "psi", escapar hacia el pasado).

No hay ninguna felicidad, y de eso estoy seguro, que se pueda obtener del escapar, y mucho menos de huir hacia el pasado.

Agresivo, tal como yo lo entiendo, no quiere decir "que es hostil", quiere decir que enfrenta las cosas, que no huye, que no mira para otro lado, que no delega la responsabilidad, que se compromete.

El primer paso del desarrollo de nuestro "factor F" es la necesidad de definir nuestra posición acerca del significado de la felicidad, relacionándonos agresivamente con nuestras dudas, con nuestros condicionamientos y con nuestras contradicciones; comprometiéndonos en esta búsqueda hasta el final, es decir, para siempre.

LA FELICIDAD, CUALQUIERA QUE SEA NUESTRA DEFINICIÓN, TIENE QUE VER CON UNA POSTURA DE COMPROMISO INCONDICIONAL CON LA PROPIA VIDA.

Un compromiso con la búsqueda única, personal e intransferible del propio camino. Tan personal y tan intransferible como la felicidad misma.

Puedo compartir lo que tengo...
Puedo contarte lo que siento...
Puedo dedicarte lo que hago...
Puedo elegirte y estar contigo en mis momentos más felices.
Pero no puedo compartir mi felicidad.

NO PUEDO... AUNQUE ME DUELA...
NO PUEDO HACERTE FELIZ.

¿Qué es la felicidad?

EMPEZAR A BUSCAR LA FELICIDAD

En cada encuentro de lo que llamo "docencia terapéutica" —charlas participativas centradas en el cambio—, y especialmente cuando voy a hablar de temas acerca de los cuales todo es opinable, lo primero que pido es que los presentes se animen a dar su opinión, a decir lo que realmente piensan.

Si estuvieras aquí sentado entre otros yo te estaría preguntando: "¿Existe la felicidad? Y si existe, ¿qué es?".

Y probablemente contestarías algunas de las cosas que otros contestaron:

- Para mí, la felicidad es una palabra que integra un montón de conceptos, sensaciones, sentimientos... es parte de la vida, momentos que se van dando a lo largo de la vida...
- La felicidad como estado no existe, a lo sumo existen momentos felices. Yo me acuerdo cuando nació mi hijo; en ese momento era absolutamente feliz, pero después, cuando me presentaron la cuenta de dos días de sanatorio, la felicidad desapareció.
- La felicidad es algo que en un momento nos hace sentir plenos; quizá sean momentos efímeros, quizá pocos en la vida,

pero bien vale la pena vivir para disfrutar de cada uno de esos momentos a medida que se van presentando.
- La felicidad pasa por disfrutar los momentos buenos y tomar los momentos dolorosos con estoicismo.
- En cada momento de la vida, uno tiene diferentes metas, y a medida que vamos llegando a esas metas, llegamos a la felicidad. Por ejemplo, a mí en este momento me gustaría conseguir algo y para mí eso sería la felicidad.
- La felicidad es un invento de los políticos y los psicólogos pero en realidad no existe, es una zanahoria para que sigamos empujando.
- La felicidad es recorrer el camino que conduce a algo que uno cree que es la felicidad.
- La felicidad es la tranquilidad interior. ¿Y cómo se consigue? Con mucho trabajo personal.
- Para ser feliz se necesita mucha terapia, porque sin las cosas claras no se puede ser feliz.
- Felicidad es sentir la alegría de vivir.
- Ser feliz es haber hallado a Dios en cada cosa.
- Estar bien, estar contento y tener cerca a los que uno más quiere, sobre todo a la familia.
- Ser feliz es que no te falte nada... No tener problemas.
- Para mí la felicidad es netamente una sensación. Tener un hijo es algo concreto y tomar decisiones, hacerte cargo, puede no ser tan concreto, pero te hace feliz.
- En el mundo de hoy ser feliz es tener un millón de dólares, un millón de horas para gastarlos y un millón de amigos con quienes compartirlo.[4]

Cabe preguntarse entonces...
¿Se corresponde la felicidad con alguna de las definiciones y no con las demás?
¿Será la suma de todas las posturas enunciadas?

¿Estará la verdadera definición desparramada en fragmentos de cada una de las posiciones?

Responder a estas preguntas será nuestro segundo paso, porque antes deberíamos intentar una mínima coincidencia sobre lo que es importante y lo que no lo es.

El primer paso no es encontrar la propia definición de felicidad, sino darse cuenta, como ya dije, de la importancia que tiene buscar esa definición. Que cada uno de nosotros acepte que tiene por delante este desafío, porque sin esta coincidencia primaria, desconfío de que valga la pena que sigas adelante con este libro.

Después de valorar la necesidad de encontrar tal definición, y después de saber de qué hablamos, podremos encarar este recorrido que yo considero el más importante y trascendente de la vida: el camino de la felicidad.

Con el mínimo acuerdo que justifique la necesidad de las definiciones, me animo a agrupar las opiniones mencionadas al comienzo del capítulo en tres posturas base.

a) *La felicidad no existe o no es posible*: que es la postura de los ESCÉPTICOS IRREDUCTIBLES.
b) *Existe pero son solamente momentos felices*: la postura de los que llamo POSITIVOS CON LIMITACIONES.
c) *Existe y se puede conquistar en forma definitiva*: que es la opinión de los OPTIMISTAS INCURABLES.

Es verdad que existe una posición más (que no voy a incluir en la lista). Es la postura de los que denomino SOFISTICADOS DILETANTES INSOPORTABLES.

Preguntados por la felicidad pueden llegar a decir cosas más o menos como éstas: "De algún modo, esta clase de cuestionamientos que evocan el concepto y la idea de felicidad está ligada a un trascender del self voluntario o accidental hacia puntos tangibles o intangibles, en espacios que el ego conquista en determinado momento, consciente o inconscientemente, y que en modo permanente o transitorio devienen en un trastocamiento de la esencia en más".

No voy a ocuparme de los primeros porque de todas maneras no van a estar leyendo este libro y, en todo caso, aunque lo estuvieran leyendo no estarían dispuestos a revisar su posición por lo que yo opine.[5]

Por los últimos (los de fuera de la lista) tampoco quiero extenderme demasiado por dos razones. La primera, porque reconozco que alguna vez caminé por esa vereda y todavía tengo las suelas de mis zapatos apestando a mierda. La segunda razón la resumiré plagiando la frase con la que Giovanni Papini hace referencia a su segunda esposa: "No hablaré de ella porque una palabra no alcanzaría y dos sería dedicarle demasiado tiempo".

Este descarte autoritario no es tan grave como parece, dado que las dos posiciones restantes representan por lo menos noventa por ciento de las creencias de la gente común acerca de la felicidad.

Sin embargo, hay entre ambas una gran diferencia si uno se anima a pensarlas en profundidad, empezando por el punto de vista meramente semántico:

No es lo mismo SER feliz que ESTAR feliz

La idea de *estar feliz*, relacionada con la suma de momentos de plenitud, implica un concepto de lucha: tratar de estar alegre cada vez más tiempo, conseguir cada día más buenos momentos, trabajar para buscar ese estado de goce, intentar estar contento con más y más frecuencia. En definitiva, saberse feliz sin perder de vista que solamente son momentos, que no se trata de *serlo* sino de *estarlo*: estar feliz. Si se consigue encadenar estos momentos, sostienen algunos, se podría hasta tener la "falsa idea" de que se ES feliz, por lo menos hasta que un duro revés nos despierte a la realidad.

La idea de la felicidad como la capacidad de *soportar estoicamente los momentos dolorosos, si no se puede evitarlos*, pertenece también a este grupo, sosteniendo un *estar* feliz vinculado a momentos gloriosos y plenos que uno intentaría prolongar no permitiendo que nada los interrumpa o, en un sentido más amplio, decidiendo que dichos momentos de dolor son el precio a pagar para acceder a los otros, los momentos felices.

Aceptar que existe el concepto de *ser feliz* tiene punto de partida en una posición absolutamente distinta. La felicidad se constituye aquí en un estado más o menos permanente y más o menos divorciado de los avatares del "mundo fáctico", aunque no esté bien definido por dónde y con qué se accede a ese estado.

Realmente, la generalidad de las personas parece acordar más con el primer concepto que con el segundo, al que se suele calificar de ingenuo, cuando no de malintencionado o engañador.

La mayoría de la gente que admite cierto grado de felicidad en su vida dice que no se ES feliz, sino que, cuando mucho, se puede ESTAR feliz algunas veces o por épocas. Con gran esfuerzo conseguiremos que acepten, en todo caso, que existen los "muy afortunados", es decir, los que ESTÁN felices más tiempo.

Tal concepto reafirma el testimonio de todos aquellos que han tenido y siguen teniendo muchos momentos de alegría y satisfacción y muy pocos de lacerante angustia, y se declaran felices justificándolo en una especie de "promedio emocional".

En lo personal, no creo que la felicidad crezca en los momentos de esplendor ni que necesariamente deba derrumbarse en los episodios dolorosos.

En mi opinión, quienes creen que la felicidad consiste en instantes *no han podido incorporar todavía el concepto de que incluso los malos momentos forman parte de un fenómeno más general, el cual podría configurar un contexto donde sea posible ser feliz.*

Encontrar lo bueno dentro de lo malo, por ejemplo, te permitiría casi con seguridad sentirte más feliz incluso en momentos difíciles.

Tampoco parece muy útil esperar la felicidad como un momento de compensación a un precio pagado en sufrimiento. Sería mejor construir una realidad que permita sentirla sin que dependa del alivio de los malos momentos previos (recuerda el síndrome del zapato dos números más chico que conté en *Recuentos para Demián*).[6]

La verdad es que la búsqueda de la felicidad es inherente a nosotros, lo sepamos o no y sea cual fuere la forma en que la denominamos. Llamémosla el deseo de pasarla bien, el camino del éxito o la necesidad de autorrealización, esta búsqueda forma parte irrenunciable de nuestra vida.

Y con la idea que cada uno tenga respecto de ella, iniciará este camino cuando lo desee o cuando llegue a él, o cuando no le quede más remedio.

RENDIRSE JAMÁS

> *Uno busca lleno de esperanzas*
> *el camino que los sueños*
> *prometieron a sus ansias...*
>
> Tango "Uno",
> de Mores y Discépolo

De esto se trata, en gran medida, el "ser o no ser" felices. Se trata de qué hicimos con nuestros sueños.

Porque sueños tenemos todos:

- sueños propios y sueños prestados
- sueños humildes y sueños de grandeza
- sueños impuestos y sueños olvidados
- sueños horribles y sueños encantadores

Nuestra vida está llena de sueños.

Pero *soñar* es una cosa y ver *qué hacemos con nuestros sueños* es otra.

Por eso, la pregunta inicial es, siguiendo al tango, qué hicimos, qué hacemos y qué haremos con esa búsqueda llena de esperanzas que los sueños, ellos, prometieron para bien y para mal a nuestras ansias. El *sueño* del que hablamos no es una gran cosa en sí mismo: una imagen de algo que parece atractivo, deseable o por lo menos cargado de cierta energía propia o ajena, que se nos presenta en el mundo del imaginario.

Nada más y nada menos.

Si dejo que el sueño me fascine, si empiezo a pensar "qué lindo sería", ese sueño puede transformarse en una *fantasía*. Ya no es el sueño que sueño mientras duermo. La fantasía es el sueño que sueño despierto; el sueño del que soy consciente, el que puedo evocar, pensar y hasta compartir. "Qué lindo sería" es el símbolo de que el sueño se ha vuelto algo más cercano.

Ahora bien, si me permito probarme esa fantasía, si me la pongo como si fuera un saco y veo qué tal me queda, si me miro en el espejo interno para ver cómo me sienta y demás... entonces la fantasía se vuelve una ilusión. Y una ilusión es bastante más que una fantasía, porque ya no la pienso en términos de que sería lindo, sino de "cómo me gustaría". Porque ahora es mía.

Ilusionarse es adueñarse de una *fantasía*.

Ilusionarse es hacer propia la imagen soñada.

La ilusión es como una semilla: si la riego, si la cuido, si la hago crecer, quizá se transforme en *deseo*. Y eso es mucho más que una ilusión, porque el "qué lindo sería" se ha vuelto un "yo quiero". Y cuando llego ahí, son otras las cosas que me pasan. Me doy cuenta de que aquello que "yo quiero" forma parte de quien yo soy.

En suma, el *sueño* ha evolucionado desde aquel momento de inconsciencia inicial, hasta la instancia en que claramente se transformó en *deseo* sin perder el contenido con el cual nació.

Sin embargo, la historia de los sueños no termina aquí; muy por el contrario, es precisamente acá, cuando percibo el deseo, donde todo empieza.

Es verdad que estamos llenos de deseos; pero éstos, por sí mismos, no conducen más que a acumular una cantidad de energía necesaria para empezar el proceso que conduzca a la *acción*. Porque... ¿qué pasaría con los deseos si nunca llegaran a transformarse en una acción? Simplemente acumularíamos más y más de esa energía interna que sin vía de salida terminaría tarde o temprano explotando en algún accionar sustitutivo (una acción que en mi experiencia profesional y personal no suele ser para nada deseable).

En *Cartas para Claudia*[7] relaté en detalle la experiencia Zeigernik. El experimentador explicaba, a principios del siglo XX, que cada intención se encuentra cargada de una determinada cantidad de energía motivacional, la cual sólo se agota cuando la tarea que la originó ha sido terminada.

Este fenómeno por sí solo podría explicarnos por qué si un sueño permanece escondido y reprimido puede terminar en un deseo que enferma, volviéndose síntoma; y aun si con suerte no llegara a somatizarse, el *deseo* sin *acción* es capaz de interrumpir toda conexión pertinente con nuestra realidad de aquí y ahora (una interrupción conocida en psicología conductual como "efecto Zeigernik").

El deseo es nada más (y nada menos) que la batería, el nutriente, el combustible de cada una de mis actitudes.

> EL DESEO ADQUIERE SENTIDO CUANDO SOY CAPAZ
> DE TRANSFORMARLO EN UNA ACCIÓN.

Cuentan que tres astronautas, un alemán, un japonés y un argentino, fueron convocados a un prolongado desafío espacial: estarían durante tres años en una nave, orbitando un lejano planeta y aislados de todo contacto con la Tierra. A cada uno se le permitió llevar consigo lo que quisiera siempre y cuando no excediera el límite de peso marcado para el despegue: 40 kilos por astronauta.

El alemán dijo que siempre había querido aprender inglés pero que nunca había tenido tiempo ni oportunidad de estudiarlo, así que ésta sería una gran ocasión. El día de la partida apareció con dos enormes baúles que reunían exactamente 40 kilos de libros, videos y material de audio para el curso.

El japonés dijo que su única motivación en la vida era el amor por su novia, así que el día de la partida apareció con una japonesita que, enfundada en su traje espacial, pesaba exactamente 40 kilos.

El argentino dijo que lo que más le gustaba en la vida era fumar habanos de buena calidad, así que el día de la partida llegó con un recipiente lleno de cajas de puros de La Habana que pesaba exactamente 40 kilos.

Los tres astronautas subieron a la nave y fueron lanzados exitosamente a su misión.

Tres años después, la nave es devuelta a la Tierra. Miles de personas acuden a ver salir de la cabina a los héroes del momento.

Se abre la escotilla:

—*Hello... hello* —dice el alemán sonriendo—, *how are you my friends* —saluda en perfecto inglés.

Minutos después sale el japonés con una espléndida sonrisa en los labios. Detrás, su mujer con un bebé en brazos y tomada de su mano una hermosa niña de ojos rasgados...

Pasan dos minutos y aparece el argentino, sale casi corriendo desesperado con dos cigarros en cada mano y tres en la boca:

—Un cerillo, por favor, quién me da un cerillo... fuego por favor... fuego...

El deseo *me sirve* únicamente en la medida en la que se encamine hacia la acción que lo satisfaga.

Nuestra mente trabaja en forma constante para transformar cada *deseo* en alguna *acción*.

Para ser más contundente:

> CADA COSA QUE YO HAGO
> Y CADA COSA QUE DECIDO DEJAR DE HACER
> ESTÁ MOTIVADA POR UN DESEO,
> PUEDA YO IDENTIFICARLO O NO.

Ser más conscientes de este proceso es uno de los objetivos de toda psicoterapia.

Construir acciones coherentes con estos sueños convertidos en deseos es otro.

Elegir entre dos acciones posibles, producto de dos deseos contradictorios es el último y muchas veces el más difícil.

Ésta es la razón y el motivo de la psicología de todas las escuelas y de todos los terapeutas del mundo.

Éste es el sentido de mi tarea y el tema de aquello a lo que dedico mi vida.

Por supuesto que no voy a hablar aquí de cómo se hace para transformar los deseos en acciones "efectivas". Primero porque hay miles de libros de verdadera autoayuda, algunos buenos y otros no tanto, que hablan exclusivamente de eso; y segundo porque la felicidad que pienso no necesariamente se relaciona con la efectividad de las acciones, sino con lo que el tango sugiere:

encontrar el *camino que los sueños prometieron...*

Condicionamientos reacondicionados

Todos hemos crecido alimentados por una determinada cultura, que si bien no es incuestionable ni lapidaria, funciona como un inevitable condicionante de cómo actuamos, sentimos y pensamos. Es decir, nosotros somos también el resultado de una formación que nos dio la cultura en la que nos movimos.

Si una parte importante de esta formación personal estuvo dada por la escuela, los padres, los amigos, etcétera, otra parte vino enganchada a las cosas que leímos sin que nadie nos pidiera que leyéramos.

En este sentido, los de mi generación (los que tenemos más de treinta) leíamos historietas, que en aquel entonces en Buenos Aires se llamaban "revistas mexicanas" y que hoy llamaríamos "cómics de superhéroes".

Nuestros héroes eran Superman, Batman, el Llanero Solitario, el Zorro y otros *heroicísimos* justicieros enmascarados. Les cuento esto porque algunos no tan jóvenes pueden creer que los superamigos de entonces son los mismos que aparecen en la tele, pero no, en los dibujitos de hoy aquéllos apenas si son viejos héroes remozados.

¿Cuáles serán los héroes equivalentes que actualmente monopolizan la atención de los jóvenes? Quizá sean los mutantes X-Men o los Power Rangers, los Pokémon, los Digimon y no sé cuántos más... (mi sobrino de cuatro años se acuerda de los nombres de todos, me cuenta de sus dueños, habilidades, evoluciones y no sé cuántas cosas más... y yo escucho sin entender de qué me habla).

Aquella cultura de los superhéroes alimentaba en nuestra fantasía un mundo ficticio que era expresión de nuestro tiempo, pero también, lógicamente, condicionaba nuestra manera de pensar. Por eso, hablar de los superhéroes que teníamos sirve para saber quiénes éramos y para averiguar qué hemos ganado y perdido para llegar a ser quienes somos.

Más allá de las características que los diferenciaban —unos venían de otro planeta, otros tenían superpoderes, etcétera— salvo alguna excepción, todos los superhéroes compartían una cualidad especial: usaban máscara. La máscara que servía para ocultar su doble *personalidad*.

De todos ellos, a mí el que más me impactó siempre fue Batman. Posiblemente porque él no tenía superpoderes; Batman era un tipo normal. Su verdadera identidad era Bruno Díaz, ese ricachón, cobarde y refinado; especie de tarado, patético, muy relacionado con la alta sociedad de Ciudad Gótica.

En la mayoría de los superhéroes, la característica principal de su *personalidad* conocida y abierta era cierto grado de estupidez. A veces también la comicidad, el miedo o la inseguridad (pensemos en Diego de la Vega —el timorato que escondía la personalidad secreta del Zorro). Es decir, siempre se trata de rasgos opuestos al heroísmo, la valentía, el honor.

Pero ¿cuál es la verdadera personalidad?, ¿la tarada o la heroica?

La heroica, por supuesto.

Ahora, yo me pregunto: si los superhéroes actuaban su personalidad falsa, cotidiana e intranscendente, ¿por qué era la verdadera personalidad la que aparecía enmascarada? ¿Qué habrá pasado con nosotros que hemos crecido pensando que la personalidad que debe mantenerse en secreto, oculta y escondida es la del héroe?

¿Cuál es mensaje? ¿Cuál el resultado?

¡¿Hay que esconder al héroe?!

Éste ha sido un gran error.

Nos hemos engañado y hemos engañado a los que nos siguen, haciéndoles creer que la personalidad secreta es el superhéroe, cuando en realidad no es así.

Nosotros hemos fabricado esta cultura, escondiendo en nosotros los mejores "nosotros".

Hemos vivido y vivimos dejando a la vista de todos a los "otros":

a los pusilánimes,
a los temerosos,
a los asustadizos,
a los raros,
a los que no pueden participar,
a los que no pueden hacer,
a los que no pueden cambiar,
a los que coinciden con el sistema,
a los que se someten a las reglas,
a los que aceptan las cosas sin querer cambiarlas...

¿Por qué esconder al superhéroe?
¿Por qué esconder al que de verdad puede hacer las cosas?
Porque aquéllos, los de la lista, ¡son los aceptados!

Bruno Díaz, Diego de la Vega y Clark Kent... ¡no tienen problemas al salir a la calle!

Nadie se mete con ellos; de hecho su juego consiste en pasar inadvertidos.

Y la mejor manera de pasar inadvertido, hemos aprendido de nuestros ídolos, es...

¡pasar por tontos!

Así armamos muchos nuestra identidad: actuando como tarados y escondiendo a los superhéroes que somos.[8]

Escondemos nuestra verdadera potencialidad.

Escondemos todo aquello de lo cual somos capaces.

Y vivimos mostrando nuestra personalidad devaluada... aquella socialmente aceptada... aquella que nos enseñaron a desarrollar... aquella que aprendimos para no tener problemas...

¿Sólo por la influencia de las historietas?

No. También nos acordamos de una parte del mensaje que nos daban nuestros padres: "No te metas en líos...".

O peor todavía: "Sí sigues así, no te va a querer nadie".

¿Qué es *seguir así*?

Seguir así, obviamente, es ser uno.

¿Y entonces? ¿Cómo voy a hacer para *ser otro*?

La respuesta es previsible: dejando salir al héroe.

Yo no digo que haya que ser un superhéroe en el sentido de ser espectacular y maravilloso, escalar edificios, saltar azoteas o volar por el aire.

No.

No hace falta.

Hablo de la única heroicidad que defiendo: el valor de ser quien uno es.

La heroicidad de no fabricarse una personalidad secreta de pusilánime si uno no lo es.

No vivir como un tonto, si uno no lo es.

Si uno no es demasiado rápido, está muy bien. Entonces hay que llevar la lentitud con orgullo. Hay que decir: "yo soy un poco lento, ¿y qué?". Eso está increíble.

No hay nada de malo en ser "un poco boludo"... como se dice en Argentina.

Pero si uno no lo es... ¡no está bien hacerse el boludo!

Si yo soy un poco tonto... si no soy demasiado inteligente... si puedo descubrir en mí las otras virtudes que no son la inteligencia... ¡bueno! ¿Por qué gastar energía en ocultarlo?

Por qué no animarme a decir quién soy con mis virtudes. Aunque éstas no sean las socialmente mejor recibidas y más celebradas, aunque no sean las que tienen "mejor prensa".

Y mucho menos hace falta que la virtud sea una manera de *ser más*.

No destacarse también puede ser una virtud.

La mayor virtud de un héroe es la que le permite enfrentar las cosas sin tener que hacer el esfuerzo de parecerse a lo que los demás dicen que se debe ser.

Cuentan que una vez... Sing, el carpintero, se dirigía con su aprendiz hacia el reino de Chi a hacerse cargo de un trabajo cuando, al pasar por la ciudad de Chuan, descubrió un roble que servía de lugar de reunión a la población. El árbol se erguía sobre un montículo y sus ramas más bajas eran tan grandes que se hubiera podido construir con ellas varias embarcaciones; tenía unos veinte metros de altura y más de veinte metros de diámetro; su copa era tan grande como para dar sombra a un centenar de animales.

La muchedumbre se congregaba alrededor del árbol como lo hace en la plaza del mercado. Sin embargo, nuestro carpintero ni siquiera lo miró cuando pasó a su lado.

Su aprendiz, que no cesaba de mirarlo, se dirigió a Sing diciéndole:

—Maestro, desde que soy tu alumno jamás había visto un árbol tan hermoso como éste. Pero tú has pasado a su lado sin echarle un vistazo.

—Ese árbol es inútil —replicó Sing—. Si hiciera una barca se hundiría; si construyera ataúdes se pudrirían; si lo aprovechara para hacer herramientas se romperían de inmediato; si hiciera una puerta rezumaría resina; si hiciera vigas las termitas acabarían pronto con ellas. Es una madera inútil que no sirve para nada. Por eso ha vivido tanto.

Cuando el carpintero Sing retornó a su casa y se acostó en su lecho; el roble sagrado se le apareció en sueños y le dijo: "¿Con qué me comparas? ¿Me comparas acaso con los árboles útiles como los cerezos, los perales, los naranjos, los limoneros, los toronjos y los demás árboles frutales? A ellos se les maltrata cuando la fruta está madura, se les quiebran las ramas grandes y las pequeñas quedan maltrechas. Su misma utilidad es la que les amarga la vida. Por eso llaman la atención de la gente vulgar y son talados antes de llegar a la vejez. Así sucede con todo. Hace mucho tiempo que intento ser inútil y, aun así, no siempre lo consigo. Al final, sin embargo, he llegado a ser completamente inútil, lo cual me resulta muy provechoso. Me halaga y satisface el lugar que ocupo en este pueblo. Me da placer que todos se reúnan a mi alrededor y veneren mi manera de perdurar. ¿Crees que si hubiera servido para algo me habrían permitido llegar hasta aquí? Además, tanto tú como yo somos cosas y... ¿cómo puede una cosa juzgar a otra? ¿Qué puede saber una cosa mortal como tú sobre un árbol inútil como yo?".

Sing, el carpintero, despertó y trató de comprender su sueño.

Quizás el árbol tenía razón y él debía aprender a cejar en su intento de ser tan eficaz.

Sólo una pregunta no le permitía terminar de creer en las palabras del árbol:

—Si quiere ser inútil, ¿por qué sirve de santuario a la población?

Yo quisiera poder contestar esa pregunta: el árbol inútil era una personalidad oculta del árbol sagrado.

El héroe de cada uno de nosotros contiene a la persona que cada uno es y que está orgullosa de ser así.

Que conoce lo que puede. Y que también conoce —sobre todo conoce, digo yo— lo que no puede.

Ser un superhéroe es no avergonzarnos nunca de no saber, de no poder o de no querer.

EL DESAFÍO NO ES SER OTRO.
EL DESAFÍO ES SER UNO MISMO.

Por supuesto que las madres, aunque no leyeran las historietas, ayudaban subliminalmente a configurar nuestra estructura "adaptada".

Mi mamá, como la mayoría de las madres, tenía un gran bagaje de mensajes muy contradictorios para colaborar en ese sentido; contradicciones que por otra parte terminaban salvándonos de la tentación de querer obedecerlas.

Siempre me encantó esto de las madres (y los padres) que por un lado te dicen que eres maravilloso y por el otro te cuentan que hacen todo lo que hacen porque quieren que *seas alguien*.

En algún momento, recordando esa frase, le pregunté a mi mamá: "¿Qué pasó? ¿No era ya *alguien*? Antes de que tú te ocuparas, ¿yo no era?".

Mi mamá me explicó y entonces yo, que parece que era un poco "falto de entendederas", entendí.

Lo que ella quería decirme con que yo fuera *alguien* era que fuera *alguien que se destaque*.

Y en esta frase hay que entender la sutileza: el *alguien* no es importante; lo importante es el *que se destaque*.

¿Entre quiénes? Entre los demás, claro.

Ahhh... Para ser *alguien* hay que *destacarse entre los demás*.

"Obvio", diría mi sobrino.

Mío fue el trabajo de descubrir con el tiempo que para eso la única forma era *competir*.

Ser *alguien* era destacarse.

Y *destacarse* significaba *competir*.

¿Y competir con quién?

Con todo el *mundo*.

Menos con mi hermano, claro; porque ella se conformaba con que los dos nos destacáramos por igual de entre todos los demás hijos de todas sus amigas, primas, vecinas y desconocidas.

Competir y ganar... para ser alguien en la vida.

Y esto no lo hacía mi madre porque fuera mala, egoísta o celosa, porque la verdad es que mi mamá es la persona más amorosa, solidaria y protectora que yo conozco.

Cuando yo iba a la primaria, mi mamá salía al balcón de mi casa de Floresta —la lucha previa había sido conseguir permiso para caminar solo hasta la escuela, que quedaba a cuatro cuadras. Yo salía caminando hacia Gaona y mi mamá se quedaba mirándome desde el balcón hasta que yo la saludaba y doblaba la esquina...

Yo, que me avergonzaba un poco de tanto control, le decía:

—Pero mamá, ¿para qué sales al balcón? ¡No me voy a perder!

—No —decía ella—, salgo porque... al mirarte *te cuido... Los ojos de una madre protegen...*

Un día, en plena rebeldía preadolescente, saliendo para la escuela le dije:

—Sabes, mamá... a la vuelta, donde ya no me ves, ¡también hay autos!

¿Y qué me contestó mi mamá?...

Sin ni siquiera parpadear me dijo:

—*Los ojos de tu madre te siguen donde vas...*

Si mi mamá cobrara derechos de autor por las frases que nos repetía... todas las madres estarían en deuda con ella.

Y, sin embargo, hay algo contradictorio en este recuerdo: si de alguien heredé o aprendí *mi deseo de ayudar a otros* es justamente de ella.

¿Por qué hacía entonces estas cosas?

¿De dónde descolgaba este empujón hacia la guerra competitiva contra el mundo?

Tú ya sabes la respuesta (que a mí me llevó muchos años descubrir y otros tantos aceptar): eso era lo que ella había aprendido.

Lo hacía porque repetía la contradictoria idea anidada en nuestra educación judeocristiana de hijos y nietos de inmigrantes: destacarse sin confrontar, compitiendo y superando pero sin llamar la atención.

Compito sin que te enteres para superarte sin que lo sepas (decía mi mamá... que para ser contradictoria era la más contradictoria).

Desde el punto de vista del aprendizaje, es fácil comprender esta tendencia a comparar lo propio con lo ajeno. Pero otros que no son hijos de mi madre se han dedicado a rastrear genéticamente este rasgo encontrando ciertas inclinaciones biológicas que parecen independizarlo de los estigmas educativos. Se le considera, de hecho, uno de los orígenes neurobiológicos de nuestros padecimientos.

En una sociedad de consumo donde el éxito es competitivo, nuestro nivel de satisfacción termina definiéndose por la comparación entre lo propio y lo de otros, más aún si nos aceptamos portadores de una tendencia innata a esa comparación.

Sin pensarlo en cada situación, miramos a nuestro alrededor y nos comparamos con los demás.

Por mucho que tengamos, no es la cantidad absoluta lo que nos hará felices, porque parece que siempre tenderemos a sentirnos insatisfechos si el vecino tiene un poco más.

En su tratado sobre el bienestar humano contemporáneo, H. L. Mencken define al hombre verdaderamente satisfecho de su sueldo de la siguiente manera: "alguien que gana 100 dólares más que el marido de su cuñada".

Vivir de *verdad* es ser el que *verdaderamente* soy. Más allá y más acá de quién seas tú y de lo que esperes de mí.

Tu presencia me actualiza y me confirma, pero no me define.

Vivir "de verdad" significa, precisamente, dejar atrás todos los personajes que he creado para otros.

Abandonar el papel que diseñé para inscribirme en una sociedad determinada.

Dejar salir lo que llamo "el yo verdadero", sinónimo de "el héroe escondido".

Pero... ¿cómo se hace para saber si estoy siendo *el que soy* o estoy actuando *lo que me dijeron que sea?*

En primer lugar, asumiendo seriamente la tercera de mis tres verdades[9] ("siempre se puede decir que no") y tomando la decisión, sin duda heroica, de no dejarme forzar jamás a ser lo que no soy. Bastaría con esto. No hace falta mucho más.

Dicho de otra manera:

¿Es esto que hago lo que quiero hacer o estoy tratando de complacer a alguien?

Lo mejor de mí, aunque a ustedes no les guste, es lo que soy.

Lo mejor de cada uno de ustedes, aunque a nadie le simpatice, es lo que cada uno de ustedes es.

Y puede ser que seamos muchos aquellos a los que no nos guste.

Y a pesar de todo... valdrá la pena.

Digo siempre, bastante en broma y muy poco en serio:

Cuando uno finge, cuando uno representa un personaje, cosecha un montón de relaciones hipócritas, diplomáticas, de poco valor y de poca trascendencia. En cambio, cuando uno es quien es... ¡no se le acerca ni el gato!

Y es una broma.

Pero aun cuando en algunos momentos pareciera cierto... no es dramático...

Si puedo confiar en que más adelante, a la vuelta de la esquina, aparecerá el que me pueda aceptar, amar y desear tal como soy, nada es dramático.

Hace treinta años que trabajo en salud mental, y durante todo este tiempo he descubierto muchas cosas increíbles. Pero la más increíble de todas es que hay gente para todo.

Hay gente a la que le gustan las personas con dinero, sin dinero, taradas, alcohólicas, los que hablan tonterías, los que no hablan, los graciosos, los sobrios, los charlatanes, los instruidos, los cultos, los brutos... Hay mujeres a las que les gustan los gordos, los flacos, los feos, los altos, los chaparros... Hay hombres para las gorditas, para las austeras, para las enérgicas, para las bobas, para las gastadoras, para las ahorradoras, para las sensuales, y con un poco de suerte, hasta para las inteligentes.

¡Hay para todo!

Así que lo único que hay que tener es... ¡paciencia para buscar!

Y si de esos que busco, los que me aceptan así, no encuentro uno ni una en toda la ciudad... ¡habrá que empezar a viajar!

En algún lugar está (ella o él) alguien a quien le encanta que yo sea como soy.

Sabiendo que hay alguien en el mundo a quien le encanto así, por qué voy a conformarme con otro (otra) que me dice en qué tengo que cambiar.

Por qué avalar esa estúpida inclinación que todos tenemos, de casarnos con alguien pensando: "Ahora es así, pero cuando esté conmigo va a cambiar...".

Creo que no hay mujer que no se case con esa fantasía (y pido disculpas si estoy generalizando injustamente).

Y lo peor de todo es que ellas no se equivocan... los hombres siempre cambiamos.

¡Nos volvemos peores!

Porque, con el paso del tiempo, uno siempre se vuelve peor.

Las virtudes van amainando o no, pero los defectos florecen y se agrandan...

Y si eras increíblemente sociable, después te vuelves un charlatán. Y si eras muy gracioso, te vuelves un payaso insoportable.

Y si eras un tipo seductor, te vuelves un viejo verde que persigue a las enfermeras en el sanatorio.

Los rasgos se van exagerando, se acentúan cada vez más. Porque uno se va rigidizando con el paso del tiempo —no en todo, lamentablemente— y se vuelve casi siempre una caricatura de sí mismo.

Así que pensar *el otro va a cambiar*, en verdad, no funciona.

Entonces sería más inteligente y efectivo que, desde el principio, decida *estar al lado de otro que me gusta tal como es*.

Puedo entender que el otro mejore, seguramente. ¡Pero no por mí! ¡No para gustarme a mí!

Si el otro no me gusta como es ahora, entonces simplemente *no me gusta*.

No puede ser que lo que más me guste sea "lo que yo potencialmente veo en él".

Imaginen si mi esposa Perla hace treinta años se hubiera enamorado del flaco que potencialmente veía en mí...

¡Pobre, nunca en su vida habría llegado a estar con el hombre de quien se enamoró!

> NO NOS ENAMORAMOS DEL POTENCIAL DEL OTRO,
> SINO DE LO QUE EL OTRO VERDADERAMENTE ES.
> Y MIENTRAS ESTEMOS JUNTOS, ALENTÉMOSLO
> PARA QUE LO DEJE SALIR CADA VEZ MÁS.

Apostar al potencial muchas veces es confiar en el futuro y muchas otras es abrir la puerta a la insatisfacción.

El Dalái Lama pregunta: ¿Cómo alcanzar la satisfacción interior?

Un método, el más difundido, consiste en tratar de obtener todo aquello que deseamos y queremos: el dinero, la casa, los coches, la pareja y el cuerpo perfectos.

Cuenta una vieja historia que había en Nueva York un joven judío ortodoxo, de treinta y cinco años y buena posición económica, cuya soltería intrigaba a toda la comunidad. Entre las personas religiosas es usual casarse tempranamente para asegurar la formación de una familia numerosa y sana. Todos los días, en la sinagoga, el hombre se quejaba amargamente de la soledad que sentía y le contaba a quien se le acercaba cuánto anhelaba casarse.

—Si deseas tanto hacer una familia, ¿por qué no te has casado todavía? —le preguntó un día un viejo Rebe que estaba de visita en la ciudad.

—Porque nunca he conocido a la mujer de mis sueños —replicó el joven.

—¿Puedes describirme cómo sería esa mujer? —preguntó el Rebe—. Yo le pediré a Dios que te cruces con ella.

—Seguro que puedo —respondió el joven soltero.

Buscó entre los bolsillos de su largo sobretodo negro hasta que encontró una fotografía bastante provocativa de Pamela Anderson en un escueto bikini.

Se la acercó al rabino y le dijo:

—Quiero una como ésta, que sea judía y que estudie el Talmud.

La desventaja evidente del enfoque es que tarde o temprano nos encontramos con algo deseado pero que no podemos obtener y el bienestar desaparece. De hecho, aun siendo conscientes de que la motivación fundamental es la búsqueda de la satisfacción, muchas veces ésta no aparece ni siquiera después de conseguir plenamente el objeto de nuestro deseo.

El método que el Dalái recomienda es mucho más fiable. Consiste en aprender a querer y apreciar lo que ya tenemos.

El verdadero antídoto del anhelo es la aceptación y no la posesión.

En el budismo se acepta el principio de causalidad como una ley natural. Así, por ejemplo, en el campo de las experiencias cotidianas, si se producen ciertos acontecimientos indeseables, éstos serán indudablemente el resultado de la situación anterior que naturalmente no podía desembocar en otra cosa que no fuera la acontecida.

Por lo tanto, si queremos tener una experiencia determinada, lo más lógico es buscar y acumular aquellas causas y condiciones que favorezcan su acontecer.

Si uno es amable, algo se abre automáticamente en nosotros:

la conciencia de pares, el darnos cuenta una vez más de lo que decía William Schultz, que todos somos uno. Y esta apertura produce siempre una respuesta equivalente en los otros.

La competencia, el odio, los celos, son estados destructivos de nuestro bienestar, y cuando aparecen todo termina pareciéndonos sospechoso o amenazante. La consecuencia natural es más inseguridad, mayor desconfianza, una tendencia a aislarnos en la soledad y el resentimiento para defendernos de un mundo que consideramos hostil. Estos sentimientos que devienen tóxicos empiezan en el rechazo hacia el prójimo y terminan en provocar la actitud en espejo de los demás.

De modo similar, el mejor método para asegurarse de que algo no vuelva a ocurrir es procurar que no se repitan las condiciones que lo produjeron.

El Dalái Lama no clasifica estados mentales, emociones o deseos con arreglo a juicios morales externos, como pecado o malignidad, sino simplemente sobre la base de si conducen o no a la felicidad personal última. Los considera útiles o inútiles para el desarrollo de lo mejor de las personas y para el descubrimiento de sus potencialidades, entre las cuales está, por supuesto, la de ser felices.

Desde este punto de vista, con el cual coincido como terapeuta, la salud mental siempre implica una actitud empática, cálida y generosa, un sentimiento amoroso, una postura cordial y un accionar solidario.

Los vínculos sanos establecidos entre personas sanas indefectiblemente ayudan a recorrer el camino de la felicidad.

Surge naturalmente la pregunta:

Si la felicidad depende simplemente del cultivo de estados mentales "positivos", como el amor, la solidaridad y la compasión, ¿por qué hay tanta gente desdichada?

Escuchemos la respuesta en sus propias palabras:

Alcanzar la verdadera felicidad exige producir una transformación en las perspectivas, en la forma de pensar, y eso no es tan sencillo. Para ello es preciso aplicar muchos factores diferentes desde distintas direcciones. No se debería tener, por ejemplo, la idea de que sólo existe una clave, un secreto que, si se llega a develar, hará que todo marche bien. Es como cuidar adecuadamente del propio cuerpo; se necesitan diversas vitaminas y nutrientes, no sólo uno o dos. Del mismo modo, para alcanzar la felicidad hay que utilizar una variedad de enfoques y métodos, superar los variados y complejos estados negativos. Podemos cambiar y transformarnos pero sólo a través del entrenamiento. En la práctica budista existen varios métodos para mantener una mente serena cuando sucede algo perturbador. La práctica repetida de ellos nos permite llegar a un punto en el que los efectos negativos de una perturbación no pasen más allá del nivel superficial de nuestra mente, como las olas que agitan la superficie del océano pero que no tienen gran efecto en sus profundidades.

DALÁI LAMA

La regla del oso idiota

Es evidente que las expectativas complican nuestra oportunidad de ser felices, tanto cuando se realizan como cuando no lo hacen. Si se cumplen, nos condenan a abandonarlas y crear nuevas y más grandes expectativas hasta toparnos con las que no se cumplan. Si desde el principio no se cumplen, sufrimos el dolor de la desilusión.

Confundimos sueños con expectativas sin darnos cuenta de que mientras aquéllos nos abren el mundo, éstas nos encierran en la espera pasiva de lo deseado. Y, sin embargo, nos aferramos sorprendentemente a ellas, ¿por qué? Debe ser porque nos han acompañado demasiado tiempo...

Si vives satisfecho, tener más pierde importancia.

Esto es válido tanto para los bienes materiales como para el sexo, la belleza, el prestigio o cualquier otra clase de posesión.

La búsqueda de la serenidad de la mente, más que un eficiente desarrollo de estrategias para el éxito, supone un elevado nivel de sensibilidad y cierta conquista de desapego.

Pero cuidado; paz interior no significa permanecer distante, desinteresado o vacío.

De ninguna manera significa negar que debemos satisfacer muchas de nuestras mínimas necesidades básicas (alimentación, vestido, cobijo, seguridad personal).

Más bien es darse cuenta de que no necesitamos forzosamente acumular más dinero, más éxito ni más fama para ser felices; que podemos serlo sin tener un cuerpo perfecto, sin el mejor abrigo de piel, sin el alimento exquisito preparado por el mejor chef y aun aceptando que no tenemos una pareja perfecta.

Eso suena fácil... pero ¿qué pasa si no puedo aceptar tener que renunciar a lo que tanto deseo, si siento que no puedo armar mi prospecto de vida?

Habrá que pensar en aplicar alguna de las *reglas básicas* que enseña la experiencia de vida, mucho más allá del conocimiento de los libros, mucho más allá de la iluminación de los místicos.

Usted tiene un deseo determinado.
Usted quiere algo.
Lo quiere con toda el alma, con todo su ser.
Sueña de día y de noche con tenerlo.
¡Bien!
Es hora de aplicar *la regla del oso idiota*.
¿Por dónde se empieza?
En primer lugar, la o del oso señala:
¿Usted quiere algo?

> ¡**O**BTÉNGALO!

Obtenga lo que usted quiere.
¡Vaya por eso! ¿Qué es lo que busca?
"El amor de esa mujer... esta casa... ese trabajo..."
¡Vaya y obténgalo!
¡Haga todo lo que pueda para obtenerlo!

Juéguese la vida, corra un riesgo, comprométase con su deseo.
Muy bien...
Pero uno puede darse cuenta de que es imposible obtener lo que quiere.
Y esto es muy cierto.
¿Qué dice la regla en segundo lugar?
¿No puede obtener lo que quiere?

> ¡**S**USTITÚYALO!

La regla del oso dice: ¿No lo puede **O**btener?
¡Sustitúyalo!
¡Sustitúyalo por otra cosa!
"Esta mujer no me quiere..."
¡Que lo quiera otra mujer!
"Esta otra tampoco me quiere..."

¡Busque un marinero! ¡Cómprese un perro!

"¡Ah... no! *¡Imposible* sustituirlo! Porque como esta mujer no hay..."

¿Qué nos dice la regla en tercera instancia?

> ¡**O**LVÍDELO!

¿No puede **O**btener lo que quiere?
Muy bien.
¿No lo puede **S**ustituir?
Muy bien:
¡**O**lvídelo!
"Ah no... Imposible..."
¿Cómo "Imposible"? **O**btener no... **S**ustituir no...
¡**O**lvídelo!
"No, doctor, ¡imposible olvidarlo!"

Ahhh... Si no lo puede **O**btener, no consigue **S**ustituirlo y no quiere **O**lvidarlo...

La regla dice que usted... ¡es un *idiota*!

Alguien podría decir:

"Bueno, yo no puedo decidir *qué* puedo olvidar."

Quizá NO.

Pero con toda seguridad lo que puede es decidir NO olvidar y quedarse pegado a lo que cree imposible. Y eso es lo idiota de nuestra neurosis.

Por supuesto que puedo renunciar a casi cualquier deseo (y no estoy hablando de los sueños heroicos que pertenecen a otro capítulo, como ya veremos).

No es razonable que viva sufriendo por no poder, por ejemplo, salir volando por la ventana.

Eso es neurótico, es ridículo, es idiota.

Cuando se me ocurren estas cosas como "la regla del oso idiota" entiendo por qué algunos colegas me menosprecian.

¿QUÉ ES LA FELICIDAD? 635

Es verdad que, cambiando un poco las palabras, el sentido común puede informarnos que lo dicho es absolutamente cierto... aunque quizá, como dicen algunos colegas, esté simplificando demasiado.

Muchas veces me acusan de simplificar... ¡y creo que tienen razón!

Lo hago con la conciencia de estar renunciando a cierta precisión, creyendo que es un buen sacrificio. Porque en la medida en que haya alguien que simplifique, cada quien podrá complicar la idea tanto como quiera para adaptarla mejor a sus creencias. Y porque sospecho que si todos complicamos demasiado las cosas, tal vez algunos no estén en condiciones de simplificarlas bastante.

Siempre me jacto diciendo que escribo como para que pueda entenderlo yo.

Algunos desvíos

DESDICHA Y EXPECTATIVAS

Había una vez un príncipe que vivía en un palacio y poseía todo lo que deseara tener, como corresponde a todo príncipe de cuento. En la mañana de esta historia, ve pasar a un mendigo pidiendo limosna con un platillo. El príncipe lo manda llamar e intenta tirar algunas monedas en su extraña escudilla amarillenta. Pero el mendigo lo detiene y le dice:

—Perdona, señor, tú eres el hombre más rico del mundo; si de verdad quieres darme una limosna, y te confieso que no estás obligado, dame suficiente para llenar mi plato. No me des dinero si no quieres, dame comida o basura, pero dame tanto como para colmar mi escudilla. Si no quieres o no puedes hacerlo, preferiría que aguardes al próximo mendigo para complacer tu caridad de esta mañana.

El príncipe se sorprende, está tentado de echarlo a patadas, pero piensa que quizá el pordiosero tenga algo de razón. Si un príncipe no puede dejar satisfecho a un mendigo, quién lo haría.

El poderoso palmea las manos y aparecen dos sirvientes con una bandeja repleta de bolsitas de cuero llenas de monedas. Sin decir una palabra, el príncipe comienza a echar las monedas en el platillo y ve con sorpresa cómo desaparecen inmediatamente en el fondo del recipiente. No puede creer lo que sucede, pero unos segundos después de haber echado las últimas monedas, el platillo está tan vacío como cuando el mendigo llegó.

El soberano llama a su consejero y al poco rato es traído un arcón lleno de valiosas joyas de todas partes del mundo.

Al principio de a puñados, y luego con la ayuda de los sirvientes, todos echan alhajas en la escudilla para conseguir llenarla aunque sea por un instante... pero no hay caso, el fondo amarillento parece tragarse instantáneamente todo lo que cae. Fastidiado, el príncipe manda a traer fuentes llenas de comida y lo mismo vuelve a suceder, el plato permanece tan vacío como siempre.

Derrotado el soberano, detiene a los diez sirvientes que ahora a un tiempo siguen echando infructuosamente panes y frutas en la escudilla.

—Me has vencido —dice el príncipe—. Yo, el más poderoso de los hombres, no puedo llenar el plato de un mendigo. Aprenderé esta lección de humildad... Por favor, quédate a comer conmigo y cuéntame de dónde sacaste esta escudilla mágica que nunca se llena.

—Meses atrás —responde el mendigo— mi viejo plato de madera se rompió. Buscando un tronco caído para tallar una nueva escudilla, me crucé una noche con un cadáver tirado al costado del camino. Los animales habían devorado la carne del pobre desgraciado y sólo quedaba el esqueleto pelado. Seguro de que no dañaba a nadie, conseguí prestada una sierra de unos granjeros y corté la parte superior de su cráneo. La lavé y, desde entonces, la uso como plato. Lo que has visto, príncipe, no es magia, lo que sucede es que este cráneo conserva todavía algunas de las propiedades que tenía cuando era parte de la cabeza del hombre; y la cabeza, majestad, siempre es insaciable.

Según los estudiosos de la conducta infantil, las primeras palabras que aprendemos de niño son poco más o menos las mismas:

- primero solemos decir *mamá*;
- en segundo lugar generalmente pronunciamos *papá*;
- y la tercera palabra es casi siempre *más*.

Cuando empecé mi carrera en salud mental, mis maestros me enseñaron este concepto antes que ningún otro. En esas primeras palabras se representan nuestros más profundos y auténticos deseos: primero *amor*, después *seguridad*, y luego: *más* de todo lo anterior. Como determinando que allí radicaban nuestras necesidades más primitivas, nuestros requerimientos fundamentales en el camino hacia ser felices...

Cuando se busca el significado de la palabra *feliz* en el diccionario de la Real Academia Española, la primera definición dice: "Que se complace con la posesión de un bien".

Esta relación irremediable de la felicidad con la complacencia del tener nos conecta con una situación de difícil salida: si, como el cuento lo sugiere, la naturaleza humana es insaciable, se puede deducir que el mayor obstáculo para la felicidad está ligado a nuestra propia naturaleza.

Dado que nunca es posible satisfacer todos nuestros deseos, sean de amor, sexo, dinero, atención, seguridad, placer o alimento, podemos decir que la felicidad, aquello que intentamos definir, es un imposible por su misma definición.

El resto de las definiciones del adjetivo feliz no ayuda mucho más:

- Caracterizado por la buena suerte; afortunado.
- Persona que disfruta, muestra o está marcada por el placer o la alegría.
- Alguien que se adapta con facilidad a las circunstancias.
- Alegre. Contento.

Hemos leído en el capítulo anterior la palabra del Dalái Lama cuando nos señalaba con claridad que las posesiones no pueden determinar nuestra felicidad porque son, por definición, insuficientes, imposibles de satisfacer; y dado que no somos monjes tibetanos seguramente necesitemos encontrar algún parámetro más occidental que nos permita evaluar, medir, pesar nuestra felicidad.

Si tratáramos de ser fieles a la forma en que vivimos, deberíamos buscar nuestra dimensión de los factores que condicionan nuestro sentirnos felices por el análisis de la negativa: "La felicidad está determinada por la ausencia de situaciones desdichadas". Matemáticamente hablando:

$$F = 1/D$$

Donde F es la felicidad y D es la desdicha.
Cuanto menor sea la desdicha, mayor será la felicidad.
Ahora el problema se traslada a *cómo* se mide la desdicha.
La sociedad que supimos concebir parece creer firmemente que la desdicha se puede calcular, y propone subliminalmente medir nuestra infelicidad por la diferencia que existe entre las poderosas imágenes ideales producto de nuestro deseo y la percepción de la realidad con la que nos encontramos.
Basándonos, entonces, en la irónica *fórmula de la desdicha* de Dennis Pragger podríamos calcular la infelicidad de muchas personas con la siguiente ecuación:

$$D = E - R$$

La cantidad de desdicha es igual a las expectativas menos la realidad.
De este modo, en la medida en que lo percibido en la *realidad* sea mayor, menor o igual que las *expectativas*, cambia el nivel de la *desdicha*.
Es decir, cuanto mayor sea la expectativa, y menos parecida sea a la realidad, mayor será la desdicha.
Así planteado, todo esto no es más que una estupidez.
Y, sin embargo, estas estupideces determinan nuestras conductas.
Desde la fórmula parece obvio y comprensible que frente a cualquier registro de infelicidad nos ocupemos urgentemente de tratar

de cambiar la realidad. Es una idea razonable, eficaz, fantástica, que induce a la acción. Pero tiene un inconveniente: no siempre puedo conseguir que la realidad se parezca a lo que espero de ella.

Y es un gran inconveniente, porque no sólo *no siempre* voy a conseguirlo, sino que *casi nunca* es posible totalmente.

Esto es: casi nunca la realidad guarda armonía exactamente con las expectativas, salvo que tenga expectativas ancladas exclusivamente en estrategias futuras fácticamente posibles, en cuyo caso yo ni siquiera las llamaría expectativas, preferiría denominarlas "proyectos".

La expectativa tiene que ver con el resultado, no con el camino. El proyecto tiene que ver con el camino, no con el resultado.

La única manera de resolver esa ecuación
para que no siga arrojando un resultado de desdicha
es trabajar también sobre la expectativa
y no sólo sobre la realidad.

Porque si yo mejoro la realidad, pero con ella subo proporcionalmente mis expectativas, la desdicha se mantendrá presente.

Imaginemos que estoy esperando un ascenso a jefe de sector. Me siento desdichado cada fin de mes cuando en mi encuentro con el directorio no llega la deseada promoción. Mi fórmula de desdicha se compone así:

Realidad (simple empleado)   valor 3
Expectativa de ascenso   valor 8
Desdicha   valor 5

Pero supongamos que un día, después de mucho desearlo y de haber trabajado duramente, el gerente me cita a su despacho y me da la buena noticia: el ascenso se ha hecho realidad. Salgo de la oficina, me subo a mi auto y en el primer semáforo compongo mi nueva ecuación:

Realidad (jefe de sector)   valor 8
Expectativa de ascenso a gerente   valor 13
Desdicha   *¡valor 5!*

Cada vez que nos sentimos desdichados luchamos, muchas veces insensata y caprichosamente, para cambiar la realidad, para hacer que se asemeje más a lo que esperábamos de ella, para forzar los hechos en una determinada dirección... sin pensar que si lo que queremos verdaderamente es ser felices, el trabajo podría ser más interno que externo, más sobre las expectativas que sobre la realidad, más sobre lo pretendido que sobre lo encontrado.

Si yo bajo mis expectativas, aunque no mejore demasiado la realidad, la desdicha va a desaparecer.

Realidad (jefe de sector)   valor 8
Expectativa de ascenso   valor 0
Desdicha   -8

Las expectativas son, por ejemplo, la fuente principal de crisis para la edad madura en los hombres. Cuando pasan de cierta edad, muchos señores se dan cuenta de que sus logros personales o profesionales no se corresponden con la imagen que se habían formado de lo que debían haber realizado para entonces. La desdicha que sienten frente a esa diferencia entre la expectativa y la realidad es el desencadenante fundamental de una turbulencia que los libros suelen llamar la "crisis de los cincuenta".

Occidente parece sostener a ultranza la idea de que ser feliz es no sufrir. Al desarrollar la capacidad para limitar el sufrimiento, fue perdiendo concomitantemente la habilidad para afrontarlo.

En el extremo opuesto del mundo, las personas educadas en las culturas orientales, en cambio, parecen tener una mayor capacidad para aceptar el dolor y el sufrimiento; y aun admitiendo que ambos son fenómenos humanos universales, nos sorprende la tolerancia que los países más pobres de Asia tienen para con ellos. ¿Costumbre? ¿Resignación? Puede ser, aunque quizá se deba, también, a que al ser mucho más duras las condiciones de vida, el sufrimiento se ha vuelto más visible en las naciones pobres: el hambre, la pobreza, la enfermedad y la muerte *pertenecen* indiscutiblemente a la comunidad y no son negadas ni marginadas, sino aceptadas y atendidas por todos.

Cuenta Osho que...

En tiempos de Buda, murió el único hijo de una mujer llamada Kisagotami.

Incapaz de soportar siquiera la idea de no volver a verlo, la mujer dejó el cadáver de su hijo en su cama y durante muchos días lloró y lloró implorando a los dioses que le permitieran morir a su vez.

Como no encontraba consuelo, empezó a correr de una persona a otra en busca de una medicina que la ayudara a seguir viviendo sin su hijo o, de lo contrario, a morir como él.

Le dijeron que Buda la tenía.

Kisagotami fue a ver a Buda, le rindió homenaje y preguntó:

—¿Puedes preparar una medicina que me sane este dolor o me mate para no sentirlo?

—Conozco esa medicina —contestó Buda—, pero para prepararla necesito ciertos ingredientes.

—¿Qué ingredientes? —preguntó la mujer.

—El más importante es un vaso de vino casero —dijo Buda.

—Ahora mismo lo traigo —dijo Kisagotami.

Pero antes de que se marchase, Buda añadió:

—Necesito que el vino provenga de un hogar donde no haya muerto ningún niño, cónyuge, padre o sirviente.

La mujer asintió y, sin perder tiempo, recorrió el pueblo, casa por casa, pidiendo el vino. Sin embargo, en cada una de las casas que visitó sucedió lo mismo. Todos estaban dispuestos a regalarle el vino, pero al preguntar si había muerto alguien, ella encontró que todos los hogares habían sido visitados por la muerte. En una vivienda había muerto una hija, en otra un sirviente, en otras el marido o uno de los padres.

Kisagotami no pudo hallar un hogar donde no se hubiera experimentado el sufrimiento de la muerte.

Al darse cuenta de que no estaba sola en su dolor, la madre se desprendió del cuerpo sin vida de su hijo y fue a ver a Buda. Se arrodilló frente a él y le dijo:

—Gracias... Comprendí.

DE LA CONFUSIÓN AL CONFORMISMO

Los estudios de los sociólogos ponen de manifiesto que los habitantes de los países más desarrollados tienden a construir un modelo de vida que les permita confirmar en los hechos que el mundo es básicamente un lugar agradable, donde impera la justicia, donde todas las personas son buenas y generosas en un entorno filosófico en el que cada uno merece tener lo que desea con sólo desearlo. Es decir, una prolongación de lo que los padres de nuestra cultura le hemos hecho creer a nuestros hijos.

Dentro de este contexto educativo "sobreprotector y mentiroso", un trauma relativamente menor puede tener un enorme impacto psicológico, que intensifica la autodescalificación. El dolor o la tristeza, la frustración o la postergación de lo deseado dejan de verse como naturales y humanos, se les considera una anomalía, una señal de que algo ha sido mal hecho, como un fracaso de algún sistema, una violación de nuestro derecho a la felicidad y hasta una confabulación en nuestra contra.

Todos estos pensamientos conllevan muchos peligros.

Si pensamos que la frustración es algo antinatural, algo que no debiéramos experimentar, muy pronto buscaremos un culpable.

Si me siento desgraciado, tengo que ser una víctima de algo, de alguien o de algunos.

En esta dirección, el que nos castiga con el sufrimiento puede ser el gobierno, el sistema educativo, unos padres abusivos, una familia disfuncional, el sexo opuesto o nuestro cónyuge.

El Grupo de la VID
(Víctimas de Injusta Discriminación)

Un grupo interesante de infelices es el de aquellos que se identifican a sí mismos como víctimas *para evadir la responsabilidad que les corresponde sobre su infelicidad.*

Es casi irremediable y absolutamente comprensible que alguien que ha sido sometido a vejámenes y agresiones continuas en etapas anteriores o si es objeto de persecuciones constantes en el presente termine quedándose en el lugar de víctima, aunque sea transitoriamente.

Pero, para muchos, haber padecido estos hechos no es imprescindible para entrar en el club de las Víctimas de Injusta Discriminación.

Socios del 1 al 100,000

Muchos individuos se asumen como socios no por haber sido victimizados personalmente, sino porque son —determinan que son o se identifican con— miembros de un grupo que lo ha sido.

En nuestro mundo, y dado que históricamente las mujeres, los homosexuales, los niños, los enfermos, los artistas, los viejos, los discapacitados y casi todas las minorías han sido víctimas de algún tipo de discriminación o ataque, un miembro cualquiera de la humanidad puede encontrar posible y tentador *asumirse víctima*, aunque no sea sino como justificación y excusa frente a sí y a los demás.

Socios del 100,001 al 200,000

Otra forma de calificar para asociarse a la VID es culpar de nuestra desdicha a las cosas que nos hacen diferentes a la mayoría. Los bajos, los altos, los gordos, los feos, los que sufren de halitosis, los pobres, los desqueridos, los abandonados, los adoptados, los viudos y los que transpiran demasiado, entre otros, encuentran a veces en sus "estigmas" razón y motivo para sentirse excluidos del concierto de la mayoría. Aunque, modestamente, creo que deberíamos hablar un largo rato sobre cada uno de estos grupos antes de animarnos a clasificarlos como portadores de algún handicap negativo. En primer lugar, porque al hablar de marginación es casi un deber recordar aquel viejo cuento del hombre que compró el costosísimo libro de cocina.

El tomo, de tapa dura y cubierta plastificada, se llamaba *Gustos contemporáneos de la cocina austro-húngara*.

El hombre llegó a su casa, se sentó en su más cómodo sillón, se sirvió una copa de su mejor vino tinto, encendió la luz de lectura y se dispuso a leer. Entonces descubrió, con no poca sorpresa, que el libro sólo tenía una página impresa, la primera, que decía:

"Como usted sabe, sobre gustos... no hay nada escrito."

Como ya he sugerido, los supuestos marginados y marginadas tienen muchas veces un problema de ansiedad o de falta de iniciativa y no necesariamente un problema de rechazo.

En segundo lugar, porque desconfío. Cualquier pequeñísimo análisis psicológico que hagamos, con o sin ayuda profesional, mostrará que los integrantes de este grupo se *autoexcluyen* mucho antes de ser excluidos, lo que de alguna manera los muestra como los verdaderos discriminadores de la película. "Si yo fuera flaco también despreciaría a los gordos", dice el gordo del barrio.

El mayor de los irónicos del humor y uno de los grandes pensadores de la historia, Groucho Marx, lo esclareció para siempre en su frase magistral:

> "Yo jamás sería socio de un club que estuviera dispuesto a aceptar socios como yo."

(¡Maravilloso!)

Y por último, porque siempre dudé del "catastrófico previsto resultado fatal" de la vida de estos llorones usurpadores de lugares lamentables.

La verdad pragmática de la evolución real de estas supuestas víctimas de las circunstancias debe ser evaluada en el tiempo.

Tomemos un grupo que desde hace años me ha interesado mucho: el de los niños adoptados.

Aclaro que no tengo en mi familia ningún caso directo ni cercano de adopción para tomar como referencia. Mi interés empezó, como con otros temas, a raíz de una entrevista profesional.

Una paciente me consultaba por un problema con sus hijos (tenía dos). Ella y su pareja habían quedado embarazados unos meses después de recibir en adopción un niño, que habían solicitado dado que se les había diagnosticado una supuesta esterilidad idiopática. Tal paradoja es afortunadamente bastante frecuente: cancelada la ansiedad del embarazo, éste aparece de manera natural. El caso es que uno de los niños no podía controlar los celos que sentía por su hermano. A pesar de que papá y mamá habían seguido todos los consejos de los terapeutas más renombrados, habían manejado la realidad de la adopción de una forma muy saludable e inteligente, franca desde el comienzo y amorosa permanentemente, el problema de los celos era feroz, tanto que el niño empezaba a somatizar su angustia, transformándola en insomnio y cefaleas.

Yo, inexperto o condicionado, animé una interpretación tranquilizadora:

—Me parece que es lógico un poco de celos. Siempre sucede esto de la competencia entre hermanos; y en este caso es muy razonable que al saber de su diferente origen el niño adoptado se sienta desmerecido. Quizá sin darse cuenta usted y su marido le han dado cierta preferencia al hijo de su sangre, tan deseado y esperado...

—No, doctor —en aquel entonces mis pacientes me llamaban doctor—, mi esposo y yo nunca hicimos diferencia de trato, pero además el celoso es el hijo biológico, no el adoptado.

Yo me quedé helado, me sentí un estúpido por mi comentario.

Ella siguió:

—Cuando pensamos que era el momento les hablamos a ambos de su origen. Al menor le contamos cómo había nacido de la panza de mamá y cómo papá lo había esperado para recibirlo apenas saliera por la vagina. Al mayor le contamos que lo fuimos a buscar a un lugar donde había muchos bebés que no tenían mamá y que paseando entre las cunas lo vimos a él y nos sonrió. Le dijimos que al alzarlo en brazos nos sentimos tan felices que pedimos que nos dejaran llevarlo con nosotros y lo adoptamos. Mi hijo menor sostiene que a su hermano lo elegimos nosotros... ¡y a él no!

Desde entonces siempre me interesó mucho el tema, y en cada investigación encontraba lo mismo: las supuestas víctimas sindicadas, los pobrecitos niños adoptivos, tenían grandes ventajas adquiridas si se les evaluaba pasado un determinado tiempo.

Sólo como ejemplo: un estudio de junio de 1995 del National Institute of Mental Health Bethesi encontró que los adolescentes adoptados reportaron menores índices de comportamiento impropio —beber o robar— que los adolescentes criados por sus padres biológicos. Además, ochenta y cinco por ciento de los niños adoptivos obtuvo un mejor puntaje promedio en indicadores de bienestar, incluyendo amistades y desempeño académico.

Socios del 200,001 en adelante

Finalmente, hay un grupo de víctimas que está compuesto por quienes han sido excluidos o victimizados por su propio comportamiento y luego culpan a otros de las consecuencias de sus actos. Casos:

- Los empleados que han sido despedidos por su proceder irresponsable y luego culpan de su desempleo a la persona que los despidió.
- Los estudiantes que reprueban sus exámenes y luego culpan a los profesores de sus malas calificaciones.
- Las mujeres que se enamoran repetidamente de varones despreciables, ignoran a los hombres buenos que se sienten atraídos por ellas, y luego culpan a todos los hombres de sus problemas.
- Los pueblos que se desentienden de las responsabilidades que les atañen a la hora de elegir a sus gobernantes y se quejan de ser oprimidos por una clase dirigente corrupta.
- Los especuladores que son timados cuando trataban de aprovecharse de la supuesta ingenuidad del que luego los estafó.

EL RIESGO OBVIO DE ASIGNAR CULPAS Y MANTENER UNA POSTURA DE VÍCTIMA ES, PRECISAMENTE, ETERNIZAR NUESTRO SUFRIMIENTO, ENQUISTADO, ANIDADO Y LATIENDO EN EL ODIO; PERPETUAR EL DOLOR POTENCIADO POR NUESTRO MÁS OSCURO ASPECTO: EL RESENTIMIENTO.

Los problemas son parte de nuestra vida.
Los problemas, por sí solos, no provocan automáticamente el sufrimiento.
Si logramos abordarlos con decisión y compromiso, si logramos centrar nuestras energías en encontrar una solución, el problema puede transformarse en un desafío.

Solemos quejarnos diciendo: ¡No es justo!
Pero... ¿de dónde sacamos nosotros que lo natural es la justicia? De hecho no lo es.
No es justo que los ríos se desborden y arrasen construcciones hermosas.
No es justo que las erupciones volcánicas seguen cientos de vidas.
No es justo que un incendio forestal termine con la existencia de miles de animales.
No obstante, si nos quedamos en el pensamiento o en la queja de lo que es justo o injusto, añadimos un ingrediente de malestar y de distracción. Así, pasamos a tener dos problemas en lugar de uno.

> **EL SENTIMIENTO PURAMENTE VINDICATIVO FRENTE A LA INJUSTICIA NOS PRIVA DE LA ENERGÍA NECESARIA PARA SOLUCIONAR EL PROBLEMA ORIGINAL.**

Primera gran confusión:
identificar felicidad con éxito

Como veremos después, la comparación con lo que otros tienen es una de las maneras favoritas de construir expectativas. Existe una gran tentación en la que todos caímos alguna vez: comparar la felicidad propia con la que imaginamos que disfrutan los exitosos.

Para promover nuestro bienestar, una buena tarea de investigación sería hablar con aquellos que han logrado grandes éxitos y preguntarles si son felices. Siempre encontraremos lo mismo: los que dicen que lo son, ya lo eran antes de obtener el éxito; y quienes eran desdichados antes de tener éxito, continúan siendo desdichados después o son todavía más infelices que antes (como siguen equiparando el éxito con la felicidad y no la han alcanzado, dedican más tiempo a buscar mayores éxitos que a realizar aquellas cosas que en realidad les permitirían sentirse felices).

¿Por qué tenemos tanto "rollo", entonces, con el éxito?

Muchos de los pacientes que he atendido perseguían el éxito porque sus padres sólo les demostraban amor cuando eran exitosos. Aprendieron, pues, a buscar el éxito para ser amados.

Para otros, el éxito profesional actúa como disparador natural del aplauso del afuera y se han vuelto adictos a esta valoración. A partir de allí, la droga del reconocimiento o la admiración de los demás es buscada en dosis cada vez mayores para calmar el dolor del silencio o conjurar el temor enfermizo a la crítica.

Los hombres, en particular, tienden a equiparar la felicidad con el éxito profesional y material porque creen que éste atrae a las mujeres. Tal es la fuerza motivacional de la atracción entre los sexos.

Por igual razón, muchas mujeres condicionan su felicidad a sentirse bellas y deseadas.

Algunos de nosotros hemos vivido largos periodos de nuestra vida persiguiendo el éxito, creyendo firmemente que sin él no hay felicidad posible. Sufrimos y nos sentimos frustrados e infelices cada vez que fracasamos en una tarea.

La salida de la confusión deviene de encontrar otra fuente de valor y dignidad no ligada al éxito, ni al aplauso, a partir de la cual podamos relacionarnos con el mundo que nos rodea sin competir con el otro para llegar más lejos, para saltar más alto, para ser el mejor: se trata del vínculo que se establece simplemente por saberse perteneciente a la comunidad humana.

Es evidente que compartimos esa virtud con todos y es importante darse cuenta de que ese vínculo es suficiente para crear una conciencia de valoración y respeto que debe permanecer intacta, aun en el caso de aquellos que han perdido todo lo demás.

Una red de contención y una fuente de serenidad que permanezca incólume frente a los problemas, las frustraciones cotidianas y las fluctuaciones de nuestro estado de ánimo, o mejor aún, que se fortifique en los momentos difíciles. Una sensación de pertenencia que es parte natural de la matriz misma de nuestro ser.

Desde esa perspectiva, nos resultará más fácil no desesperarnos cuando algo "NO sale", porque sabremos que merecemos el reconocimiento, el respeto y la consideración de los demás por el simple hecho de ser uno entre todos.

Sin duda, este descubrimiento cancela para siempre uno de nuestros más primitivos y ancestrales temores: el miedo a ser abandonados. Estoy seguro de que dicho "descubrimiento" puede tener un efecto muy profundo, hacernos más receptivos, más comprensivos, más solidarios y más abiertos a la alegría de vivir.

Segunda gran confusión:
equiparar la felicidad con el placer

Como ya hemos visto, la gente suele identificar *ser feliz* con estar disfrutando de lo que sucede. Hasta dice: "Soy tan feliz..." el día que todo ha salido como pensaba o cada vez que le ocurre algo muy divertido.

Al pedirle, por ejemplo, que imagine una escena con gente feliz, la mayoría evoca de inmediato la imagen de personas riendo, jugando o bebiendo en una fiesta. Pocos imaginan a una pareja criando a un hijo, a un matrimonio que cumple cincuenta años de casados, a alguien que lee un libro o a personas haciendo cosas trascendentes.

Pero "pasarla bien" no crea felicidad, porque —como sucede con toda diversión— el placer que produce termina cuando se acaba el entretenimiento, y en ese mismo instante todas las personas que llegaron desdichadas, comienzan a sentir otra vez su infelicidad y se vuelven dependientes de la búsqueda desenfrenada de placer como única forma de escape. No es necesario aclarar que esto conspira contra la felicidad en lugar de acercarla.

Las comidas deliciosas pueden ser una gran fuente de placer para los que amamos la buena mesa y, sin embargo, si hacemos pasar nuestra capacidad de goce exclusivamente por el paladar, tarde o temprano los viejos placeres gastronómicos se volverán una fuente de desdicha y no de felicidad.

Es esta confusión de placer instantáneo con felicidad lo que motiva que muchos hombres y mujeres sostengan con convicción que como no se puede estar siempre gozando de lo que sucede, la felicidad no existe más que en fugaces momentos placenteros.

Retomemos el ejemplo de la comida e imaginemos un nutritivo plato elaborado según las reglas tradicionales de la higiene y la vida sana como metáfora de todas las necesidades básicas de nuestra vida: los nutrientes representan nuestras ocupaciones diarias y los condimentos equivalen a la diversión o el placer. Si bien para muchos es cierto que la comida sin condimento hace del comer un trabajo más, nadie ignora que no podríamos alimentarnos sólo de especias; no sólo porque la comida contiene los nutrimentos imprescindibles para vivir, sino porque en realidad el condimento sólo sirve para realzar el sabor de aquello que es condimentado.

Hay quienes han sido educados de manera tal que asocian el placer de la comida al pecado o la enfermedad, y hasta puede que sean personas más saludables; pero muchos jamás disfrutarán de una buena cena (no se vive más comiendo comida macrobiótica sin sal —dice mi amigo Quique—, lo que sucede es que la vida se te hace más larga).

La publicidad de los alimentos para perros tiene la clave precisa: nutrición y sabor.

Si algo me sale bien, o si hago un buen negocio, o si gano mucho dinero, puede ser que me sienta feliz o puede ser que no. De hecho, nada garantiza que algo agradable, que me da cierta cuota de alegría, se identifique con la felicidad. Que me cuenten un chiste y me ría no quiere decir que esté siendo feliz.

Tercera gran confusión:
creer que con el amor es suficiente

Se dice que

Aquellos que ligados a las novelas románticas esperan el amor de su vida.

Aquellos que idealizan el vínculo creyendo que todo está allí esperando.

Aquellos que creen que si hay amor todo lo demás no tiene importancia.

Aquellos que creen en la historia de la media naranja.

Aquellos cuya única referencia filosófica es el bolero.

Aquellos que usaron su frustración para justificarlo todo.

Aquellos que podrían suicidarse por amor, pero no están dispuestos a vivir por él.

Aquellos que creen que el amor es desaparecer en el otro.

Aquellos que luchan por sostener lo imposible, los amores incondicionales, eternos e infinitos.

Aquellos, por fin, que en lugar de traerle poesía a sus vidas pretenden hacer de sus vidas un poema de amor...

...no pueden estar equivocados.

Entre otras cosas, porque cada vez son más.

Y de hecho es verdad, no están equivocados, simplemente están confundidos:

La vida es una transacción amorosa, no una transacción comercial.

En 1995, la Asociación Estadunidense de Hospitales Veterinarios realizó una encuesta entre los dueños de mascotas. Los resultados que arrojó son, por lo menos, llamativos:

- Sesenta por ciento declaró que si estuviera en una isla desierta su compañía preferida sería su mascota y no otra persona.
- Cuarenta y siete por ciento afirmó que si su perro y un extraño

se estuvieran ahogando, salvaría primero a su perro, y veinticinco por ciento contestó que no sabría qué hacer.
- Setenta y dos por ciento incluyó a su mascota entre sus cinco afectos más importantes.
- Por último, casi treinta por ciento de los encuestados admitió que había por lo menos un miembro de su familia de origen con el cual no se veía o al que prefería no volver a ver nunca más. Todos ellos aseguraron que no sabrían cómo sobrevivir a la muerte de su perro o de su gato.

Creo que la razón de estas respuestas no es difícil de imaginar. El amor que sentimos por nuestras mascotas es absolutamente compensado con un igualmente incondicional amor de su parte. Y este amor mutuo es de la mejor calidad: "el regocijo por la sola existencia del ser amado", al decir de Joseph Zinker en su definición del verdadero amor.

Evidentemente, la idea de sostener tamaña incondicionalidad se acaba con nuestros padres. Es indudable que merecemos un trato decente de parte de todos los seres humanos y que estamos de alguna forma obligados a retribuirlo; pero es preciso construir y actualizar permanentemente el respeto y el amor.

No podemos seguir reclamando como bebés ese amor incondicional infantil e inexistente.

Yo lo sé, tú lo sabes, todos lo sabemos...

Y de todas maneras, de vez en cuando nos desesperamos porque no lo conseguimos y seguimos soñando con encontrarlo.

El amor adulto nunca es incondicional. Depende de lo que doy y lo que recibo.

Y hay que nutrirlo y alimentarlo. No importa cuánto haya llegado a amar a mi pareja; este amor depende de cómo se conduzca el otro, de lo que sienta por mí, de su manera de actuar.

Por lo tanto, habrá que aprender a cuidar a los amigos, a darles un valor sustancial, importantísimo. Porque a veces nos olvidamos.

Conozco un paciente que estuvo tan ocupado trabajando para juntar el dinero que necesitaba para comprarle el regalo que su mejor amigo deseaba para su cumpleaños, que durante el año no tuvo ni siquiera media hora para charlar con él.

Habrá que aprender a pedir ayuda cuando uno no puede.

Habrá que aprender a agradecer esa ayuda, ser capaz de valorarla.

Habrá que aprender también a no esperar el aplauso, la gratitud o el reconocimiento, que a veces llega y a veces no.

Habrá que tener cuidado, para no distraerse.

Cuarta gran confusión:
escapar del dolor

Probablemente como resultado de la suma de estas tres confusiones, se produzca esta identificación hedonista:

Éxito + Placer + Amor = Felicidad

Aterrizamos en una de las creencias de las que ya hablé en una hoja de ruta anterior,[10] la idea de que "debemos evitar el dolor".

Esta premisa es la consecuencia lógica del siguiente razonamiento: si lo gozoso y disfrutable nos lleva a la felicidad, el dolor conduce a la desdicha.

No es así.

- Muchos evitamos situaciones importantes, intensas y trascendentes que quizá formen parte indisoluble de nuestro camino a la felicidad, creyendo que estamos luchando por ser más felices.

- Muchos fuimos educados por nuestros padres para tratar de construir una vida libre de dolor.
- Muchos hemos trabajado arduamente para alejar a nuestros hijos de cualquier herida, sin darnos cuenta de que así impedíamos que aprendieran a manejar su frustración.
- Muchos deberíamos tener la madurez de enseñar y el valor de aprender que parte del camino que lleva a la felicidad implica necesariamente algún dolor.

Y sin embargo, he aprendido con los años, con la vida, con la profesión y luego otra vez con "los más años" que es importante (yo no me atrevería a decir imprescindible) aprender a NO intentar escapar de la pena.

El dolor es una manera de enseñarte dónde está el amor. El dolor de afuera y el dolor de adentro: el dolor de tu cuerpo, que te avisa que algo está funcionando mal, y el dolor que te avisa que estás yendo por un camino equivocado.

No somos tan frágiles como para no soportar los dolores. Somos vulnerables, pero no frágiles.

**EL DOLOR ES UN MAESTRO,
ESTÁ ALLÍ PARA ENSEÑARNOS UN CAMINO.**

Cuidado con temer al dolor.

Si en un momento te toca sufrir, no te asustes, no te escapes, no te rindas. Puede ser que la realidad te haga retroceder, pero de todas maneras lo importante, acuérdate, es estar en camino, no llegar a algún lugar.

Quinta gran confusión:
sobrevalorar lo que falta

Cuentan que... Un día, a comienzos del invierno, llega al correo una carta muy especial dirigida a Dios.

El empleado que clasifica la correspondencia se sorprende y busca el remitente:

Pucho
Casilla verde sin número, calle sin nombre
Villa de Emergencia Sur

Intrigado, el hombre del correo abre la carta y lee:

Querido Dios:
Nunca supe si era cierto que existías o no, pero si existes, esta carta va a llegar a ti de alguna manera. Te escribo porque tengo problemas. Estoy sin trabajo, me van a echar de la casucha donde vivo porque hace dos meses que no pago y hace mucho que mis cuatro hijos no comen un plato de comida caliente. Pero lo peor de todo es que mi hijo menor está con fiebre y debe tomar un antibiótico con urgencia. Me da vergüenza pedirte esto pero quiero rogarte que me mandes 100 pesos. Estoy tratando de conseguir un trabajo que me prometieron, pero no llega. Y como estoy desesperado y no sé qué hacer, te estoy mandando esta carta. Si me haces llegar el dinero, ten la seguridad de que nunca me voy a olvidar de ti y que les voy a enseñar a mis hijos que sigan tu camino.
                                                                                    Pucho

El empleado del correo termina de leer esto y siente una congoja tremenda, una ternura infinita, un dolor incomparable...

Mete la mano en el bolsillo y ve que tiene 5 pesos. Es fin de mes. Calcula que necesita 80 centavos para volver a la casa... Y piensa: 4.20...

¡No sabe qué hacer!

Entonces empieza a recorrer toda la oficina con la carta en la mano, pidiéndole a cada uno lo que quiera dar. Cada empleado, conmovido, pone todo lo que puede, que no es mucho porque estamos a fin de mes. Un peso, cincuenta centavos, tres pesos...

Hasta que, al final del día, el empleado cuenta el dinero reunido: ¡75 pesos!

El hombre piensa: "¿Qué hacer? ¿Espero a la semana que viene hasta conseguir los otros 25 pesos? ¿Le mando esto? No... el niño está mal... le mando lo que tengo, será mejor...".

Mete los 75 pesos en un sobre, anota el domicilio y se lo da al cartero, que también está al tanto de la situación.

Dos días más tarde, llega al correo una nueva carta dirigida a Dios.

Querido Dios:

Sabía que no podías fallarme. Yo no sé cómo te llegó mi carta, pero quiero que sepas que apenas recibí el dinero compré los antibióticos y Cachito está fuera de peligro. Les di una buena comida caliente a mis hijos, pagué parte de la deuda de la casucha, y el trabajo que me iba a salir ya me lo confirmaron, la semana que viene empiezo a trabajar. Te agradezco mucho lo que hiciste por nosotros, nunca me olvidaré de ti y creo que si me acompañas mandándome trabajo no necesitaré volver a pedirte dinero jamás.

Posdata: Aprovecho para decirte algo. Yo no soy quién para darle consejos a Dios, pero si vas a mandar dinero a alguien más: *no lo mandes por correo porque a mí me afanaron 25 pesos.*

Pucho

El ser humano tiene la tendencia a sabotear su propia felicidad, y una de las maneras más comunes y efectivas es la de buscar la más mínima imperfección hasta en los escenarios más hermosos.

Más allá del cuento, esta tendencia se demuestra con sencillez:

Entramos en un museo de arte y empezamos a recorrer la galería donde se expone una decena de cuadros, colgados en línea, uno al lado del otro.

De pronto encontramos un espacio vacío en la pared, entre dos obras.

Nunca saltearemos el lugar vacío simplemente ignorándolo; al contrario, nuestra atención se dirigirá tenazmente a ese lugar vacío, el "ocupado" por el cuadro faltante.

En psicología se habla de la *presencia de lo ausente*.

Por supuesto que nuestra vida *es* una galería de arte, y recorriéndola encontraremos siempre el hueco de algunas cosas faltantes.

Más aún, cuando no falte nada quizá inventemos la obra que podría estar allí para mejorar lo que se ve...

Todos somos capaces de imaginar una vida más perfecta; lo destructivo en todo caso es que ese imaginario sea utilizado para fabricarnos un argumento que nos condene a vivir pendientes de lo que falta.

Me fastidia que se llame a este mecanismo "una ambición saludable" cuando en realidad es sólo "una estupidez infinita".

Cada vez que hablo o escribo sobre la necesidad de bajar las expectativas; cada vez que reniego del valor del esfuerzo; cada vez que cuestiono el sacrificio en pos de una consecuencia mejor; cada vez, por fin, que menciono la palabra *aceptación*, alguien se pone de pie, me señala con el dedo índice, mira a su alrededor buscando cómplices para lo que sigue y me grita: "¡Conformista!".

Desde el sentido estricto de la palabra, la idea de *con-formar-se* (adaptarse a una nueva forma) me parece encantadora. Y, por lo tanto, la idea de ser un conformista, uno que prefiere conformarse, no sólo no me insulta sino que me halaga.

El diccionario de la Real Academia Española y el diccionario etimológico de Corominas asocian *conformarse* con otros verbos para nada despreciables:

- Concordar,
- ajustarse,
- convenir,
- sujetarse voluntariamente a algo,

- tolerar las adversidades,
- proporcionarse,
- configurar,
- corresponder,
- ser paciente,
- unirse... y otros.

Y, sin embargo, como muchas otras veces, el uso popular le confiere algunas acepciones de baja calidad que lo hacen sonar como emparentado con el desinterés de los estúpidos o la tendencia a la sumisión de los débiles.

Pero *conformarse* no significa dejar de estar interesado en lo que sucede ni bajar necesariamente la cabeza. No tiene que ver con la resignación, sino con reconocer el punto de partida de un cambio, con el abandono de la urgencia de que algo sea diferente y la gratitud con la vida por ser capaz de intentar construir lo que sigue.

Este agradecimiento con la vida es una de las claves de la felicidad, y todo lo que socave esa gratitud habrá de ponerle trabas a la posibilidad de ser felices.

Las expectativas son dañinos obstáculos para una buena relación con la vida. Es casi obvio que cuantas más expectativas tengamos, menos habremos satisfecho y por tanto menos gratitud sentiremos. Es más, si obtuviéramos lo esperado, tampoco habría espacio para estar agradecidos, porque lo esperable era que así sucediera. Tener expectativas significa considerar algo ambicionado como inevitable.

Si esperamos despertar mañana, es poco probable que nos sintamos agradecidos por estar vivos.

La mayor parte de nosotros agradece la vida solamente en los primeros instantes posteriores a una situación de peligro mortal.

Para muchos, el único momento en que la salud nos da felicidad es cuando no esperábamos estar sanos y lo estamos.

Descubro un extraño bultito en mi axila. Voy al médico y me dice que parece sospechoso y que es necesario hacer una biopsia.

Después de esperar durante una semana los resultados, se descubre que el tumor es benigno. Pasaré uno de los días más maravillosos de mi vida y festejaré con mis seres queridos mi rebosante salud...

Éste es el absurdo. Un día antes de descubrir el tumor, yo no estaba ni un poquito más sano que el día en que el médico me confirmó que el tumor era benigno.

Nada ha cambiado en mí, y sin embargo...

Acompáñame en este odioso planteamiento que no por hiriente deja de ser cierto:

En épocas pasadas, cuando los índices de mortalidad perinatal eran siniestros y la mayoría de los niños moría antes de cumplir un año de vida, los padres no se sentían tan desolados como se encuentran hoy con la muerte de un hijo. Los adultos de entonces no esperaban ciertamente que los niños sobrevivieran a la infancia y su falta de expectativas (no su falta de amor) conjuraba su desdicha.

Expectativas de padres e hijos

Pero estamos entrenados para desarrollar más y más expectativas día a día.

Para descubrir cómo bajarnos de ellas hay que preguntarse: ¿Como se construyen las expectativas?

Es probable que se establezcan de dos maneras: una pasiva y otra activa.

El método pasivo consiste básicamente en la sumisa actitud de acumular mandatos y condicionamientos parentales sin siquiera revisarlos... nunca.

Es correr detrás de querer parecerme a esa imagen idealizada, que representa el fiel reflejo de lo que mis padres, mi abuelo, mi maestro de quinto grado, el cura de mi pueblo o no sé quién, esperaban de mí.

El segundo método requiere de un trabajo personal y una complicidad en el proceso. Consiste en obedecer la instrucción recibida respecto de comparar todo lo que se posee con todo lo que los otros tienen, han tenido o podrían llegar a tener. La complacencia esperada sólo aparece si se consigue tener todo lo que los otros tienen o, mejor aun, más que ellos.[11]

Rebelarse al mandato es dejar de mirar la milanesa del plato del vecino cuando te sirven la tuya. La tuya puede gustarte o no, pero eso no debería depender de cómo sea la milanesa del otro. Que no te guste puede ser cierto, pero no tiene nada que ver con la milanesa del otro. No puede ser que tu milanesa deje de gustarte cuando ves que la del otro es más crujiente, más tierna o más grande. No es así.

Si de verdad no quieres vivir en un mundo lleno de expectativas, no vivas comparándote.

No evalúes lo que tienes basándote en lo que el otro tiene.

No te vuelvas loco por conseguir con base en lo que el otro consiguió.

No te compares: así evitarás que tu felicidad dependa de otros.

Nuestros padres, adorables, nos enseñaron a crear nuestras propias expectativas y plantaron en nuestro jardín las suyas para que florecieran.

Incluso los padres más bondadosos y esclarecidos se constituyen a menudo en los mayores causantes de algunos de los caminos más infelices.

Hace falta asumirlo. En algunas cosas, como en ésta, los padres somos ineptos o por lo menos ineficaces.

¿Cómo podríamos no serlo?

Todo el trabajo que hacemos eficientemente cada día ha requerido de años de práctica y ensayo cuando no de un franco y duro entrenamiento especializado. Entretanto, se espera de nosotros que eduquemos a nuestros hijos, nacidos vulnerables y absolutamente dependientes desde el mismo momento del parto hasta más allá de la adolescencia, sin ninguna experiencia previa (a no ser que llamemos experiencia al modelo en general deplorable que nos legaron nuestros propios padres...).

Y encima obligados por la sociedad a cargar con responsabilidades que más parecen diseñadas para un ser todopoderoso que para un padre o una madre comunes apenas humanos.

Declaro en voz alta: nosotros los padres ¡no somos dioses infalibles! ¿Y qué?

Cierto es que el poder de los padres sobre los hijos es casi injusto. Pero consuela, aunque sea un poco, darse cuenta de que lo es, tanto para éstos como para aquéllos.

Lógicamente, los hijos no tendríamos por qué vivir las consecuencias de la ineficiencia de nuestros padres por el resto de nuestras vidas: el control exagerado o la actitud distante, las peleas entre ellos y la falta de respeto producto del autoritarismo necio de su poder.

Tampoco la inmunda intención, más o menos oculta según los casos, de que *nosotros* llenemos las carencias de *sus* vidas... continuemos *su* obra... o lleguemos adonde *ellos* habrían deseado llegar.

Por estas y otras razones —que no voy a enumerar aquí— a veces aquellos padres que *quieren* sinceramente ayudarnos a ser felices, lo hacen solamente desde su subjetiva visión de lo que es mejor y se transforman en auténticos obstáculos para esa felicidad.

Es cierto, todo esto es injusto, y quizá no sería tan grave si no fuera porque a estas debilidades y a estas heridas se sumará la maldad de algunos que intentarán aprovecharlas en su propio beneficio.

Es necesario tomar una decisión:

En lugar de permitir que todo esto me impida ser feliz —lo cual sólo significaría una victoria del equipo de los "malosos"—, habrá que ser valiente y ocuparse de luchar contra todo esto, reparar lo reparable, compensar lo que no lo sea y construir desde de las cenizas un mundo mejor.

Siempre que llego hasta aquí en mi discurso, alguien me pregunta si existe la maldad.

Contesto que sí.

Me preguntan si es innata.
Contesto que no.
Me preguntan qué se hace con ella.
Contesto:
La maldad es el resultado de la ignorancia. Y la ignorancia, de la falta de educación. La maldad se combate con más y más y más educación.

Nuestros países no resolverán la criminalidad creciente, la violencia y los desmanes sociales sólo con leyes más duras, construyendo cárceles o aumentando el cuerpo policiaco. Todo eso puede ser importante y tener efectos en lo inmediato, pero con el tiempo la solución definitiva sólo puede pasar por un lugar: más escuelas, más maestros, más presupuesto educativo, más becas, más educación.

Creo que por eso me gusta decir que soy *docente*; siento que así defino mejor mi deseo y mi manera de oponerme a la infamia, la injusticia o la maldad.

Genética o filosofía de la vida

De todas maneras, como puede confirmarlo cualquier padre y como cada vez más lo muestran los estudios científicos realizados, nacemos ya dotados de ciertos rasgos de personalidad, con determinadas características. que nos harán distintos de nuestros hermanos criados por los mismos padres en el mismo entorno. Así como la medicina clásica determinaba los cuatro temperamentos básicos y encontraba correlatos clínicos entre las enfermedades somáticas y los rasgos temperamentales, la psicogenética parece haber confirmado que algunos de nosotros hemos nacido con una personalidad predispuesta hacia el optimismo o la alegría y algunos con una personalidad predispuesta a la queja pesimista. (Lo que la ciencia no parece resolver es el gran enigma: ¿por qué estos dos tipos de personas se casan siempre con alguien del otro grupo?)

Últimamente, los científicos de la psicología experimental han sugerido que existe un "nivel de base" de bienestar general que varía de individuo en individuo y al que cada uno tiende a regresar más o menos independientemente de las condiciones externas que lo afectan.

Ahora bien, ¿qué es lo que determina ese nivel de optimismo de base? ¿Cómo puede modificarse y establecerlo en un nivel superior?

Muchos investigadores coinciden en que ese nivel habitual de bienestar está determinado genéticamente; es decir, que cada individuo nacería con una tendencia a "sentirse feliz" determinada biológicamente, y presente por lo tanto en alguna conexión o estructura del cerebro desde el momento del parto. (Algo para agregar a nuestro ya conocido factor F y que tampoco se determina por los hechos cotidianos.)

Gemelos univitelinos (que comparten la misma dotación genética) tienden a mostrar niveles anímicos muy similares, al margen de haber sido educados juntos o separados y más allá de lo que les pase en sus vidas particulares.

Lo dicho podría llevar al lector incauto a verse tentado a abandonar la responsabilidad sobre su propia sensación de felicidad en la azarosa configuración genética "ligada en el reparto". Esto puede resultar muy atractivo para evitar decidir *qué hago a partir de ser el que soy*.

En otras palabras, la exploración y la conciencia de mi tendencia a la insatisfacción pueden y deben conducirme a un trabajo más arduo conmigo mismo en lugar de guiarme a un abandono resignado a "mi mala suerte". La tarea es el desarrollo de cierta disciplina interna que me permita experimentar una transformación de mi actitud, una modificación de mi perspectiva y un mejor enfoque acerca de la vida, el éxito o la felicidad misma.

Admitir que este recorrido es más sencillo para unos que para otros no invalida que siga siendo un camino para todos, como ya expliqué con el ejemplo del piano.

Si la disposición innata fuera la única explicación de por qué algunas personas son felices a pesar de haber enfrentado grandes adversidades y otras desdichadas pese a haber recibido miles de bendiciones, la psicoterapia, la religión y una filosofía de la vida —para no mencionar libros como éste— serían inútiles porque nuestra felicidad estaría determinada solamente por esa disposición innata. Esto es, en el lenguaje popular: la hiciste, eres feliz; no la hiciste, te jodes.

Pero no somos computadoras programadas. Podemos determinar cómo reaccionaremos ante cada acontecimiento; y tomamos esta decisión con base en cientos o miles de factores diferentes en cada momento. Nuestra felicidad depende en gran medida de lo que hacemos, y esta reacción a su vez está condicionada por nuestra perspectiva, nuestro análisis, nuestra lectura y comprensión de los hechos que nos son informados por nuestros sentidos.

Yo sostengo que, más allá de ciertos determinantes reales, nuestra posibilidad de ser felices está mucho más relacionada con nuestra filosofía de la vida que con la bioquímica de los neurotransmisores que heredamos.

Pensar en lo hereditario me des-responsabiliza del resultado. Pero si no es un tema genético, ¿cómo hago para salir del encierro? ¿Cómo consigo deshacerme del condicionamiento que genera la educación que recibí y que luego trasladé a mis hijos en complicidad con la sociedad entera?

Es básicamente un cambio de actitud, que empezará a suceder el día del descubrimiento (des-cubrimiento) de que puedo sanar mi conexión competitiva y mezquina con el mundo.

La vida se evalúa basándose en el recorrido, no en el lugar de llegada.

La vida se evalúa con base en cómo transito, no con base en cuánto consigo juntar en el camino.

Cuánto acumulé es un tema de vanidades, un tema de darle el gusto a mamá, de ser alguien, de destacarse.

Y éste no es el camino.

El camino no es satisfacer a quienes hubieran querido que seamos tal o cual cosa.

El camino de mis hijos no es darme el gusto a mí, que quiero que sean por lo menos inteligentes, ricos, fuertes, lindos y afortunados (claro, mi abuelo nos decía: "Es mil veces mejor ser rico y sano que pobre y enfermo...". ¡Preclara verdad incuestionable!).

Si apuntamos sólo al resultado, no vamos a obtener casi nada.

No se trata de ir en pos de los resultados, porque evaluando resultados se arriba a falsas conclusiones de la realidad.

En la serie de charlas que tuvimos en público con mi querido amigo Marcos Aguinis, relaté una graciosa historia que hoy me animo a repetir aquí:

Había una vez, en un pueblo, dos hombres que se llamaban Joaquín González. Uno era sacerdote de la parroquia y el otro era taxista. Quiere el destino que los dos mueran el mismo día. Entonces llegan al cielo, donde los espera san Pedro.

—¿Tu nombre? —pregunta san Pedro al primero.

—Joaquín González.

—¿El sacerdote?

—No, no, el taxista.

San Pedro consulta su planilla y dice:

—Bien, te has ganado el paraíso. Te corresponden estas túnicas labradas con hilos de oro y esta vara de platino con incrustaciones de rubíes. Puedes ingresar...

—Gracias, gracias... —dice el taxista.

Pasan dos o tres personas más, hasta que le toca el turno al otro.

—¿Tu nombre?

—Joaquín González.

—El sacerdote...

—Sí.

—Muy bien, hijo mío. Te has ganado el paraíso. Te corresponde esta bata de lino y esta vara de roble con incrustaciones de granito.

El sacerdote dice:

—Perdón, no es por desmerecer, pero... debe haber un error. ¡Yo soy Joaquín González, el sacerdote!

—Sí, hijo mío, te has ganado el paraíso, te corresponde la bata de lino...

—¡No, no puede ser! Yo conozco al otro señor, era un taxista, vivía en mi pueblo, ¡era un desastre como taxista! Se subía a las veredas, chocaba todos los días, una vez se estrelló contra una casa, manejaba muy mal, tiraba los postes de alumbrado, se llevaba todo por delante... Y yo me pasé setenta y cinco años de mi vida predicando todos los domingos en la parroquia, ¿cómo puede ser que a él le den la túnica con hilos de oro y la vara de platino y a mí esto? ¡Debe haber un error!

—No, no es ningún error —dice san Pedro. Lo que pasa es que aquí, en el cielo, nosotros nos hemos acostumbrado a hacer evaluaciones como las que hacen ustedes en la vida terrenal.

—¿Cómo? No entiendo...

—Claro... ahora nos manejamos por resultados... Mira, te lo voy a explicar en tu caso y lo entenderás enseguida. Durante los últimos veinticinco años, cada vez que tú predicabas, la gente dormía; pero cada vez que él manejaba, la gente rezaba. ¡Resultados! ¿Entiendes ahora?

Evaluar la vida a partir de resultados es una postura demasiado menor para tomársela en serio.

Privilegiando el *resultado* puedo, con suerte, conquistar *momentos* de gloria.

Privilegiando el *proyecto* y siendo éste el camino, ¡puedo cambiar esos momentos de esplendor por el ser feliz!

El camino marca una dirección.

Y una dirección es mucho más que un resultado.

El sentido y el propósito son esenciales

La felicidad puede alcanzarse prácticamente bajo cualquier circunstancia, siempre y cuando creamos que nuestra vida tiene sentido y propósito. Volvamos una vez más a Viktor Frankl; fue él quien puso con claridad y por primera vez el acento en este hecho fundamental.

Como prisionero del campo de concentración observó, de la manera más dura posible, que la gente necesita un propósito para mantener su voluntad de vivir, y lo aplicó sobre sí mismo cambiando muchas veces la mitad del poco pan que recibía por una sábana rota donde seguir con sus anotaciones sobre la investigación. Ése era su propósito, el mismo que, según él, lo mantuvo vivo.

Si la necesidad de un sentido y un propósito es indispensable para la vida, cuánto más lo será para la felicidad, una de las características primordiales del ser humano.

Yo sé que tengo una cierta tendencia (¿deformación profesional?) a encontrar lo positivo en casi cualquier situación. Algunas personas acusan a quienes tenemos esta actitud de que nos engañamos para ser felices, pero no comprenden su verdadero sentido. Casi siempre *hay* un elemento positivo en una situación negativa, así como casi siempre hay un aspecto negativo en una situación positiva.

Optar por encontrar lo positivo y centrarse en ello no es, en absoluto, una forma de engaño.

Buscar lo positivo no es creer a ultranza en el infantil e insostenible consuelo del estúpido refrán castizo: "No hay mal que por bien no venga".

Que es falso. Total y lamentablemente falso.

Negarlo sería negar el absurdo de los horrores de las guerras inútiles, es decir, lo absurdo de todas las guerras.

No hay nada deseable ni maravilloso en ser robado a la medianoche cerca de tu casa, saqueado y golpeado hasta sangrar. Pero, a pesar de todo, este horrible episodio debe servirte para algo; no por lo inherentemente bueno de la situación, sino por tu sabiduría de aprender algo bueno aun de lo peor.

Dicen que Jung sostenía: "Aquellos que no aprenden nada de los hechos desgraciados de sus vidas, fuerzan a la conciencia cósmica a que los reproduzca tantas veces como sea necesario para aprender lo que enseña el drama de lo sucedido".

Yo no creo en la sentencia, pero sostengo que hay algo para aprender en cada episodio de nuestra vida.

Y de ese aprendizaje, se crece.

Y con ese crecimiento, se enseña.

Hay un personaje de historieta, típico en Estados Unidos, llamado Ziggy. Se trata de un hombre introvertido que se vuelve insignificante con la excusa de su mala suerte y del condicionamiento de su declarada trágica historia personal.

Conflictuado como pocos, Ziggy va a su analista para que lo cure de su complejo de inferioridad. Dos años y cincuenta mil dólares después, el analista le dice a Ziggy:

—Puede tranquilizarse. Su complejo de inferioridad está superado. Lo que queda no es complejo, es su verdadera inferioridad.

Ziggy no hace, no dice, no actúa.

Nunca es su momento.

Nunca está listo.

Nadie lo ayuda nunca como él necesita ser ayudado.

Nadie lo comprende y el mundo confabula contra su "merecido" futuro mejor.

Muchos de estos Ziggys del mundo occidental, cuando ya no pudieron convencer a los demás de que la responsabilidad de su situación presente la tenía exclusivamente la infancia vivida, empezaron a difundir la idea del karma, el argumento de la mala estrella, la confabulación astral, los condicionamientos inexorables de las vidas pasadas y las terapias de ángeles de la guarda enojados porque no les prendemos velas del color que les gusta (?).

Sin embargo, uno de los problemas fundamentales de los Ziggys es justamente esperar que todo venga desde afuera.

Creen de verdad, pobres, que siempre aparecerá un PAPÁ dispuesto a salvarlos (¡acabo de darme cuenta de que también existen "parejas Ziggy", "familias Ziggy" y hasta "países Ziggy"!).

Quizá sea necesario admitir que hay un Ziggy en cada uno de nosotros... a ver si lo reconocemos en este cuento:

Ziggy estaba una vez en su cuarto, arrodillado. Suplicaba:

—Dios mío, déjame ganar la lotería... una sola vez, dame una oportunidad... una sola. Yo no quiero ganar la lotería todas las semanas, pero si la gano una vez pago todas las deudas, compro mercancía, pongo un negocio, empiezo a vender. ¡No me importa si no gano otra vez! Pero con una lotería yo soluciono todos mis problemas y empiezo de nuevo. Dame una oportunidad... una... qué te cuesta una oportunidad... Dame una, una sola vez... No te cuesta nada. Dame una oportunidad... ¡Dios mío, dame una oportunidad!

Y así, durante cien noches seguidas.

Cien noches Ziggy se arrodillaba y rezaba:

—Dame una oportunidad... dame una oportunidad...

La noche número ciento uno, un milagro se produjo.

Una voz se escuchó en el cuarto:

—Yo te daría una oportunidad, pero dame tú una a mí: ¡compra un billete!

Y aclaro aquí algo que repetiré muchas veces:

La búsqueda de la felicidad no es sólo un derecho de algunos, es para mí una obligación natural de todos.

Retomar el camino

LA BÚSQUEDA DEL SENTIDO

Parece evidente que el propósito de nuestra existencia es buscar la felicidad. Muchos pensadores occidentales han estado de acuerdo con esta afirmación, desde Aristóteles hasta William James: "Pero... una vida basada en la búsqueda de la felicidad personal ¿no es, por naturaleza, egoísta, egocéntrica y miserable?".

Contestaré ahora mismo a cada una de las cuestiones:

Egoísta: sí.
Egocéntrica: más o menos.
Miserable: no necesariamente.

Los que trabajamos con grupos variados de gente comprobamos una y otra vez que son las personas más desdichadas las que tienden a estar más centradas en sí mismas; las más retraídas, amargas y propensas a la manipulación y el aislamiento cuando no a la prepotencia. Las personas que se declaran felices, en cambio, son habitualmente más sociables, más creativas y permisivas. Toleran mejor las frustraciones cotidianas y, como norma, son más afectivas, demostrativas y compasivas que las otras.

En un experimento llevado a cabo en la Universidad Estatal de Nueva York, se pidió a los sujetos que completaran la frase:

"Me siento contento de no ser..."

Tras haber repetido cinco veces este ejercicio, más de noventa por ciento de los sujetos experimentó un claro aumento de su sensación de satisfacción personal. Y al salir del lugar demostraron tendencias más amables, colaboradoras y solidarias entre sí y con ocasionales desconocidos a los que ayudaron espontáneamente. Un par de horas después, los investigadores pidieron al grupo que completara la frase:

"Hubiera deseado ser..."

Esta vez, el experimento dejó a los sujetos más insatisfechos con sus vidas.

Los expertos en optimizar rendimiento han realizado miles de estas pruebas y todas parecen confirmar que las personas de buen humor, los individuos que se definen felices y aquellos que se sienten contentos con sus vidas poseen una voluntad de acercamiento y ayuda mayor con respecto a los demás, un mejor rendimiento y una mayor eficacia en lo que emprenden.

**LA FELICIDAD PRODUCE BENEFICIOS,
MUCHOS DE ELLOS INHERENTES AL INDIVIDUO,
MUCHOS MÁS QUE TRASCIENDEN A SU FAMILIA
Y AL CONJUNTO DE LA SOCIEDAD.**

No se puede pensar seriamente en estar vivo renunciando a la búsqueda de este camino hacia la armonía, la plenitud, la felicidad.

Habrá que tomar esta decisión, y sé que no es sencillo hacerlo. Esto es lo que yo hice porque esto es lo que yo creo; ustedes pueden creer otra cosa.

La postura que tomemos hoy tal vez no sea definitiva, quizá mañana cambie. Hace diez años yo pensaba absolutamente otra cosa.

Cualquiera que sea la postura que ustedes tengan, es válida.

Sólo pregunto por la posición tomada para que se pregunten si están siendo coherentes con ella.

Si ser feliz es la búsqueda más importante que tengo en la vida, y la felicidad para mí consiste en estos momentos gloriosos, ¿qué hago yo perdiendo el tiempo, por ejemplo, leyendo este libro?

Si yo decido que la felicidad es el mayor de mis desafíos, y decido que esta búsqueda tiene que ver con sensaciones nuevas, en realidad tendría que estar buscándolas, ¿qué hago entonces perdiendo el tiempo y ocupándome de otras cosas que me distraen de esta búsqueda?

Si ser feliz es evitar todo dolor evitable, ¿para qué sigo leyendo y escuchando a Bucay que me dice muchas veces cosas dolorosas o desagradables?

Porque lo que importa es comprometerse.

Porque ser feliz es el mayor de los compromisos que un hombre puede sentir, consigo y con su entorno.

Dentro de los que creen que la felicidad existe, se perciben grandes diferencias que un amigo psiquiatra se empeña en clasificar en tres grupos:

- *Grupo I: los románticos hedonistas*, quienes sostienen que la felicidad consiste en lograr lo que uno quiere.
- *Grupo II: los de baja capacidad de frustración*, quienes creen que la felicidad tiene que ver con evitar todo dolor y frustración.
- *Grupo III: los pilotos de globos de ilusión* (entre los cuales mi amigo me incluye), que viven un poco en el aire y aseguran que la felicidad no tiene casi relación con el afuera sino con un proceso interior.

Para acceder a mi propia definición de la felicidad, habrá que empezar por distinguir algunos conceptos que, si bien son elementales, muchas veces pasan inadvertidos y se confunden.

Entre los principales figura la diferencia entre la palabra *meta* y la palabra *rumbo*.

Para hacer gráfica la importancia que para mí tiene esta fundamental diferencia inventé hace algunos años esta historia, que ninguno de los pacientes que alguna vez pasó por mi consulta pudo librarse de escuchar...

Un señor se hace a la mar a navegar en su velero y, de repente, una fuerte tormenta lo sorprende y lo lleva descontrolado mar adentro. En medio del temporal el hombre no ve hacia dónde se dirige su barco. Con peligro de resbalar por la cubierta, echa el ancla para no seguir siendo llevado por el viento y se refugia en su camarote hasta que la tormenta amaine un poco. Cuando el viento se calma, el hombre sale de su refugio y recorre el velero de proa a popa. Revisa cada centímetro de su nave y se alegra al confirmar que está entera. El motor enciende, el casco está sano, las velas intactas, el agua potable no se ha derramado y el timón funciona como nuevo.

El navegante sonríe y levanta la vista con intención de iniciar el retorno a puerto. Otea en todas las direcciones pero lo único que ve por todos lados es agua. Se da cuenta de que la tormenta lo ha llevado lejos de la costa y de que está perdido.

Empieza a desesperarse, a angustiarse.

Como les pasa a algunas personas en momentos demasiado desafortunados, el hombre empieza a llorar mientras se queja en voz alta diciendo:

—Estoy perdido, estoy perdido... qué barbaridad...

Y se acuerda de que él es un hombre educado en la fe, como a veces pasa, lamentablemente sólo en esos momentos, y dice:

—Dios mío, estoy perdido, ayúdame Dios mío, estoy perdido...

Aunque parezca mentira, un milagro se produce en esta historia: el cielo se abre —un círculo diáfano aparece entre las nubes—, un rayo de sol entra, como en las películas, y se escucha una voz profunda (¿Dios?) que dice:

—¿Qué te pasa?

El hombre se arrodilla frente al milagro e implora:

—Estoy perdido, no sé dónde estoy, estoy perdido, ilumíname, Señor. ¿Dónde estoy... Señor? ¿Dónde estoy...?

En ese momento, la voz, respondiendo a aquel pedido desesperado, dice:

—Estás a 38 grados latitud sur, 29 grados longitud oeste —y el cielo se cierra.

—Gracias, gracias... —dice el hombre.

Pero pasada la primera alegría, piensa un ratito y se inquieta retomando su queja:

—Estoy perdido, estoy perdido...

Acaba de darse cuenta de que con saber dónde está, sigue estando perdido. Porque saber dónde estás no te dice nada respecto a dejar de estar perdido.

El cielo se abre por segunda vez:

—¡Qué te pasa!

—Es que en realidad no me sirve de nada saber dónde estoy, lo que yo quiero saber es a dónde voy. ¿Para qué me sirve saber dónde estoy si no sé a dónde voy? A mí lo que me tiene perdido es que no sé a dónde voy.

—Bien —dice la voz—, vas a Buenos Aires —y el cielo comienza a cerrarse otra vez.

Entonces, ya más rápidamente y antes de que el cielo termine de cerrarse, el hombre dice:

—¡Estoy perdido, Dios mío, estoy perdido, estoy desesperado...!

El cielo se abre por tercera vez:

—¡¿Y ahora qué pasa?!

—No... es que yo, sabiendo dónde estoy, y sabiendo a dónde voy, sigo estando tan perdido como antes, porque en realidad ni siquiera sé dónde está ubicado el lugar adonde voy.

La voz le responde:

—Buenos Aires está 38 grados...
—¡No, no, no! —exclama el hombre. Estoy perdido, estoy perdido... ¿Sabes lo que pasa? Me doy cuenta de que ya no me satisface saber dónde estoy y a dónde voy; necesito saber cuál es el camino para llegar, necesito el camino.

En ese preciso instante, cae desde el cielo un pergamino atado con un moño.

El hombre lo abre y ve un mapa marino. Arriba y a la izquierda un puntito rojo que se prende y se apaga con un letrero que dice: "Usted está aquí". Y abajo a la derecha un punto azul donde se lee: "Buenos Aires".

En un tono fucsia fosforescente, el mapa muestra una ruta que tiene muchas indicaciones:

remolino
arrecife
piedritas...

y que obviamente marca el camino a seguir para llegar a destino.

El hombre por fin se pone contento. Se arrodilla, se santigua y dice:
—Gracias, Dios mío...

Nuestro improvisado y desgraciado héroe mira el mapa... pone en marcha el motor... estira la vela... observa para todos lados... y dice:
—¡Estoy perdido, estoy perdido...!

Por supuesto.

Pobre hombre, sigue estando perdido.

Para todos lados adonde mira sigue habiendo agua, y toda la información reunida no le sirve para nada, porque no sabe hacia dónde empezar el viaje.

En esta historia, el hombre tiene conciencia de dónde está, sabe cuál es la meta, conoce el camino que une el lugar donde está y la meta a donde va, pero le falta algo para dejar de estar perdido.

¿Qué es lo que le falta? Saber hacia dónde.

¿Cómo haría un señor que navega para determinar el rumbo?

Mirando una brújula. Porque solamente una brújula puede darle esta información.

Ahora que sabe dónde está, que sabe a dónde va y que tiene el mapa que lo orienta, ahora le falta la brújula. Porque si no tiene la brújula, de todas maneras, no sabe hacia dónde emprender la marcha.

El *rumbo* es una cosa y la *meta* es otra.

La meta es el punto de llegada; el camino es cómo llegar; *el rumbo es la dirección, el sentido*.

Y el sentido es imprescindible aunque lo único que pueda aportarte sea saber dónde está el norte.

Si uno entiende la diferencia entre el *rumbo* y la *meta*, empieza a poder definir muchas cosas.

> LA FELICIDAD ES, PARA MÍ, LA SATISFACCIÓN
> DE SABERSE EN EL CAMINO CORRECTO.
> LA FELICIDAD ES LA TRANQUILIDAD INTERNA
> DE QUIEN SABE HACIA DÓNDE DIRIGE SU VIDA.
> LA FELICIDAD ES LA CERTEZA
> DE NO ESTAR PERDIDO.

En la vida cotidiana, las metas son como puertos adonde llegar, el camino serán los recursos que tendremos para hacerlo y el mapa lo aportará la experiencia.

No dudo de la importancia de saber dónde estamos; sin embargo... *sin dirección no hay camino*.

Te escucho cuestionando: "Pero si mi meta es Buenos Aires, como en el ejemplo del barco, y estoy a 200 metros de la costa, aunque no tenga la brújula no estoy perdido. Si uno sabe lo que quiere y sabe cómo obtenerlo, tampoco está perdido".

Déjame extender un poco más la metáfora.

De alguna manera tienes razón.

Si me conforma limitarme a navegar cerca de la costa, quizá no necesite brújula.

Si me mantengo a la vista del punto de referencia, para qué quiero tanta complicación.

Es probable que al estar cerca de la meta uno sienta que no está perdido. Pero esta seguridad genera dos problemas:

a) Debo restringir mi elección exclusivamente a las metas que estén a la vista.
b) (El más grave...) ¿Qué pasa después que llegué a la meta, feliz, pleno, maravilloso y armonizado? ¿Qué pasa en el instante después de la plenitud?

¡Se pudrió todo! (dicen los jóvenes).
Porque voy a tener que apurarme a buscar otra meta. Y recordar que esa meta deberá estar a la vista, porque si no, otra vez estaré perdido.

La estrategia de estar renovando permanentemente mis metas para sentirme feliz, obligado a descartar lo próximo porque siempre tengo que querer algo más para poder seguir mi camino, sumada a la limitación de encontrar objetivos de corto alcance para no perder el rumbo, me parece demasiada carga para mí.

Repito: si ser feliz se relaciona con la sensación de no estar perdido y el precio de creerse feliz es quedarse cerca, me parece demasiado caro para pagarlo.

Crecer (¿te acuerdas?) es expandir las fronteras.

Es llegar cada vez más allá.

¿Cómo voy a crecer si vivo limitado por lo conocido por miedo a perderme?

Cada quien puede elegir esta postura, pero no la admito para mí, no la elegiría para mis hijos, no me gusta para mis pacientes, no la quiero para ti.

El tema entonces está, repito, en saber el rumbo.

El tema no está en saber a dónde voy, no está en cuán cerca estoy ni en descubrir qué tengo que hacer para llegar.

La cuestión es que *aunque el afuera no me deje ver la costa, si yo sé hacia dónde voy, nunca me interesa el lugar al que llegar, sino la dirección en la que avanzo.*

Si la *meta* se representa más o menos así:

el *rumbo* se representa por una flecha que apunta en una dirección determinada, como la aguja de una brújula que apunta impertérrita en dirección al polo magnético, independiente de nuestra posición en el mundo:

En el caso de las metas, nunca sé si estoy en lo correcto hasta que no las tengo a la vista.

Cuando conozco el rumbo ya no necesito evaluar si voy a llegar o no. Puedo no estar perdido sin que me importe el resultado inmediato.

Y salvo para la vanidad, ésta es una ventaja.

Si la felicidad dependiera de las metas, dependería del momento de la llegada.

En cambio, si depende de encontrar el rumbo, lo único que importa es estar en camino y que ese camino sea el correcto.

¿Cuál es el camino correcto?

El camino correcto es aquel que está alineado con el rumbo que señala la brújula.

Cuando mi camino está orientado en coincidencia con el sentido que le doy a mi vida, estoy en el camino correcto.

Pero atención. No existe un solo camino correcto, así como no hay un solo sendero que vaya hacia el norte. Aquel camino es correcto pero el otro camino también lo es, y el otro... y el otro...

Todos los caminos son correctos si van en el rumbo.

Y puedo entender mejor ahora el principio del libro, la alegoría del carruaje y la respuesta del viejo sabio.

Puedo elegir cualquiera de los caminos y lo mismo da, porque mientras el rumbo coincida con el camino, la sensación será la de no estar perdido.

Ahora te imagino cuestionador e inquisitivo. Harto ya de mí, quieres respuestas concretas.

Juntas las yemas de los cinco dedos de tu mano derecha y la acercas al libro para preguntar:

"¿Qué es el rumbo?"

"Con el señor en el agua entendí, pero ¿en la vida?"

"Quiero ganar un millón de dólares, quiero casarme con fulano, con fulana, quiero trabajar en tal lugar, quiero esto, quiero aquello... las metas son fáciles, ¿pero el rumbo?"

"Y aun cuando acepte la idea, ¿dónde está la brújula?"

"¿Cuál es tu propuesta? ¿Confiar en que Dios me la dé... como en el cuento?"

En la vida, el rumbo lo marca el sentido que cada uno decida darle a su existencia.

Y la brújula se consigue contestándose una simple pregunta:

¿Para qué vivo?

No *por qué* sino *para qué*.

No *cómo* sino *para qué*.
No *con quién* sino *para qué*.
No *de qué* sino *para qué*.

La pregunta es personal. No se trata de que contestes para qué vive el hombre, para qué existe la humanidad, para qué vivieron tus padres, ni qué sentido tiene la vida de los inmorales.

Se trata de TU VIDA.

¿Qué sentido tiene *tu* vida?

Contestar con sinceridad esta pregunta es encontrar la brújula para el viaje.

¿Qué sentido tiene tu vida?

No saber cómo contestarla o despreciar esta pregunta puede ser una manera de expresar la decisión de seguir perdido.

¿Qué sentido tiene tu vida?

Una pregunta difícil si uno se la plantea desde los lugares miserables por los que estamos acostumbrados a llegar a estos cuestionamientos:

"Demasiado problema para una tarde como hoy."
"Un día de éstos lo pienso... Preguntámela en un par de años."
"¿Cómo voy a contestar yo a tamaña pregunta?"
"Ésa es la pregunta del millón. Hay que pensar muy bien una cuestión como ésa."
"Esperaba que tú me dieras la respuesta."
"Justo justo para saber eso me compré este libro..."

Demasiadas trampas para no contestar...

¿Qué sentido tiene tu vida?

Y, sin embargo, encontrar la propia respuesta no es tan difícil.

Sobre todo si me animo a no tratar de convencer a nadie.

Sobre todo si me atrevo a no tomar prestados de por vida sentidos ajenos.

Sobre todo si no me dejo convencer por cualquier idiota que me diga: "No, ése no puede ser tu rumbo".

Cuenta la leyenda que antes de que la humanidad existiera, se reunieron varios duendes para hacer una travesura.

Uno de ellos dijo:

—Pronto serán creados los humanos. No es justo que tengan tantas virtudes y tantas posibilidades. Deberíamos hacer algo para que les sea más difícil seguir adelante. Llenémoslos de vicios y de defectos; eso los destruirá.

El más anciano de los duendes dijo:

—Está previsto que tengan defectos y dobleces, pero eso sólo servirá para hacerlos más completos. Creo que debemos privarlos de algo que, aunque sea, les haga vivir cada día un desafío.

—¡Qué divertido! —dijeron todos.

Pero un joven y astuto duende, desde un rincón, comentó:

—Deberíamos quitarles algo que sea importante... ¿pero qué?

Después de mucho pensar, el viejo duende exclamó:

—¡Ya sé! Vamos a quitarles la llave de la felicidad.

—¡Maravilloso... fantástico... excelente idea! —gritaron los duendes mientras bailaban alrededor de un caldero.

El viejo duende siguió:

—El problema va a ser *dónde esconderla* para que no puedan encontrarla.

El primero de ellos volvió a tomar la palabra:

—Vamos a esconderla en la cima del monte más alto del mundo.

A lo que inmediatamente otro miembro repuso:

—No, recuerda que tienen fuerza y son tenaces; fácilmente, alguna vez, alguien puede subir y encontrarla, y si la encuentra uno, ya todos podrán escalarlo y el desafío terminará.

Un tercer duende propuso:

—Entonces vamos a esconderla en el fondo del mar.

Un cuarto todavía tomó la palabra y contestó:

—No, recuerda que tienen curiosidad; en determinado momento algunos construirán un aparato para poder bajar y entonces la encontrarán fácilmente.

El tercero dijo:

—Escondámosla en un planeta lejano a la Tierra.

A lo cual los otros dijeron:

—No, recuerda su inteligencia, un día alguno va a construir una nave en la que puedan viajar a otros planetas y la van a descubrir.

Un duende viejo, que había permanecido en silencio escuchando atentamente cada una de las propuestas de los demás, se puso de pie en el centro y dijo:

—Creo saber dónde ponerla para que realmente no la descubran. Debemos esconderla donde nunca la buscarían.

Todos voltearon asombrados y preguntaron al unísono:

—¿Dónde?

El duende respondió:

—La esconderemos *dentro de ellos mismos...* muy cerca de su corazón...

Las risas y los aplausos se multiplicaron.

Todos los duendes reían:

—¡Ja... Ja... Ja...! Estarán tan ocupados buscándola fuera, desesperados, sin saber que la traen consigo todo el tiempo.

El joven escéptico acotó:

—Los hombres tienen el deseo de ser felices, tarde o temprano alguien será suficientemente sabio para descubrir dónde está la llave y se lo dirá a todos.

—Quizá suceda así —dijo el más anciano de los duendes—, pero los hombres también poseen una innata desconfianza de las cosas simples. Si ese hombre llegara a existir y revelara que el secreto está escondido en el interior de cada uno, nadie le creerá.

Encontrar el sentido de tu vida
es descubrir la llave de la felicidad.

La respuesta a la pregunta sobre el sentido de tu vida está dentro de ti mismo.

Y vas a tener que encontrar tu propia respuesta.

Definir el *sentido* no debe ser un tema sacralizado en un intento de magnificar la decisión y el compromiso que implica, pero tampoco debe ser dejado de lado como si fuera un hecho poco importante.

Una decisión de este tipo determina y re-significa mis acciones posteriores, así como actualiza en gran medida mi escala de valores.

Si yo decido que una determinada búsqueda, por ejemplo, le da sentido a mi vida, nada podría evitar que dedique la mayor parte de mi tiempo a esa tarea.

Nadie podría impedir que esa búsqueda se vuelva más importante que cualquier otra cosa, sobre todo más importante que cualquier otro objetivo de los impuestos por los condicionamientos familiares, culturales o afectivos. Cada uno construye su vida eligiendo su camino.

No puedo construir un camino donde quede garantizado que yo consiga todas las metas que me proponga, pero sí puedo elegir el que vaya en la misma dirección que el propósito que decidí para mi vida.

Eso es estar en el camino correcto.

Los que alguna vez dispararon un arma de fuego apuntando a un blanco saben cómo se hace para tratar de dar en el centro:

Se trata de alinear el ojo, la mira y el blanco. Cuando esto sucede, el disparo acierta en el centro.

La misma imagen es la que yo tengo de ser feliz:

Cuando yo, mi camino y mi rumbo coinciden, siento la satisfacción de estar en camino, sereno, encontrado y satisfecho.

No se trata sólo de tener ganas de vivir, se trata de saber para qué, para qué vives.

Y esto, nos guste o no, implica la propia decisión. No es algo "que me pasa" por accidente, es el resultado de la profunda reflexión y, por lo tanto, de mi absoluta responsabilidad.

La encuesta del PQMV

Si nos paráramos en la esquina más transitada de Buenos Aires o de cualquier ciudad del mundo y le preguntáramos a la gente: "Señor, señora, joven, ¿para qué cree usted que vive? ¿Qué sentido tiene su vida?", ¿qué crees que obtendríamos como respuesta?

Las estadísticas dicen que las respuestas serán más o menos las que siguen:

- Treinta por ciento de silencio y mirada de "¿Me estás tomando el pelo?".
- Veinticinco por ciento de respuestas del tipo: "Cómo se ve que no tienes nada que hacer, idiota" o alguna otra grosería equivalente.
- Veinte por ciento de encogidas de hombros, miradas de asombro, risas nerviosas y frases cortas parecidas a "qué sé yo".
- Y por último, veinticinco por ciento de respuestas más o menos coherentes, que analizaremos más abajo.

Sucede todo el tiempo. Alguien acude al consultorio; quiso toda la vida llegar al lugar en el que está ahora para poder hacer determinada cosa, y cuando la está haciendo se da cuenta de que no significa nada, de que era meramente un tema de vanidad estúpida, o el cumplimiento de un mandato no demasiado consciente.

"Lo hice. ¿Y ahora?", se pregunta el paciente.

Nada, ni frío ni calor, no se le mueve un pelo.

Consiguió la meta, pero no se siente ni siquiera demasiado alegre.

Piensa: "Me equivoqué de meta".

No, no se equivocó. Perdió el rumbo.

Casi siempre bromeo un poco, para desdramatizar su angustia.

Me hago el serio y digo algo como:

—Tu problema es muy frecuente y está muy estudiado. Las organizaciones mundiales de salud han designado este tipo de sensaciones con la sigla WTHYLE que en nuestro idioma se conoce como la decisión PQMV, iniciales de "Pa' qué mierda vivo...".

Puedes creerme o no.

Puedes explorarlo en ti mismo.

Cuando el camino es correcto se tiene la certeza de no estar perdido, se siente la satisfacción de saber que uno ha encontrado el rumbo.

Si el sentido de mi vida es uno y mi meta inmediata es otra, voy a tener que animarme a renunciar a la meta para seguir mi rumbo. Si no lo hago, deberé olvidar el rumbo y cambiar ser feliz por el halago vanidoso que representa el objetivo conquistado.

También puede pasar que el acierto ocurra azarosamente: sin saber siquiera cuál es tu respuesta al PQMV, tu camino accidentalmente coincide con el sentido de tu vida. Y aun sin saber por qué, te sientes feliz. Sugiero que no te quedes paralizado por la incomprensible sensación de plenitud.

Aprovecha para mirar, registrar, recordar. Pronto descubrirás hacia dónde se dirigen tus acciones.

Esos momentos gloriosos deberían servirme para definir mi rumbo, así como los momentos más infelices pueden transformarse en buenas señales para detectar todo lo que ya no tiene sentido para mí o quizá nunca lo tuvo.

Según Viktor Frankl, el hombre está dispuesto y preparado para soportar cualquier sufrimiento siempre y cuando pueda encontrarle un significado.

La habilidad para sobrevivir a las atrocidades de nuestro mundo un poco cruel no se apoya en la juventud, en la fuerza física o en los éxitos obtenidos en combate, sino en la fortaleza derivada de hallar un significado en cada experiencia.

Fortaleza que se expresa, como ya dije, en la paciencia y en la aceptación, entendiendo ambas como la cancelación de la urgencia de cambio.

Si bien aceptar y ser paciente se consideran virtudes, cuando nos vemos acosados por los demás o cuando alguien nos causa un daño, responder virtuosamente parece imposible.

Lo que sucede es que dichos recursos —que son nuestros— deben desarrollarse temprano, es decir, no en ese momento, cuando ya estamos inmersos en la situación; pues allí puede ser tarde para encontrar la mejor respuesta.

En otras palabras: un árbol con raíces fuertes puede resistir una tormenta muy violenta, pero ningún árbol puede empezar a desarrollar esas raíces cuando la tormenta aparece en el horizonte.

La filosofía zen enseña este indispensable cultivo de la paciencia, la aceptación y la tolerancia si se pretende que el odio y la competitividad no nos aparten del camino.

Una decisión tardía no puede conjurarlos.

Las riquezas no pueden protegernos.

La educación por sí sola tampoco garantiza ni proporciona protección absoluta.

De hecho, en nuestra cultura la tolerancia parece transmitir pasividad, y es muchas veces interpretada como una expresión de debilidad.

Sin embargo, se trata de una señal de fortaleza que procede de una profunda capacidad para mantenernos firmes. Responder a una situación difícil con mesura, en lugar de odio, supone una mente fuerte y disciplinada.

Así, pues, reflexionemos sobre cuál es el verdadero valor que da significado a nuestras vidas y establezcamos nuestras prioridades sobre esa base.

EL PROPÓSITO DE NUESTRA VIDA HA DE SER CLARO
PARA PODER TOMAR LA DECISIÓN CORRECTA.
PORQUE ESTAREMOS ACTUANDO
PARA DOTARNOS DE ALGO PERMANENTE,
CON UNA ACTITUD QUE SUPONE "MOVERSE HACIA"
EN LUGAR DE ALEJARSE, ESTO ES,
ABRAZAR LA VIDA EN LUGAR DE RECHAZARLA.

La brújula de la vida

En un mapa geográfico la dirección se define según lo que señala la rosa de los vientos. Si la miramos de cerca, vemos que existen infinitos rumbos, pero que los cuatro fundamentales son los correspondientes a los puntos cardinales: norte, sur, este y oeste.

Con los sentidos de vida pasa más o menos lo mismo: hay infinitas respuestas, pero los grandes grupos de contestaciones no son muchos.

Si tuviera que hacer listas agrupando las respuestas que la gente enuncia ante la pregunta señalada por las siglas PQMV, yo creo que no necesitaría pensar más que cuatro:

- Los que buscan el *placer*.
- Los que buscan el *poder*.
- Los que buscan el cumplimiento de una *misión*.
- Los que buscan la *trascendencia*.

Tú mismo, si te animaste a pensarlo, debes haber dado una respuesta que se podría clasificar en uno de estos grupos.

Por las características de los rumbos, cada grupo se define por una búsqueda que, para no transformarse en una meta, debe ser inagotable.

Y no porque las metas sean despreciables, sino porque no necesariamente conducen hacia la felicidad.

LOS CUATRO PROTOTIPOS CARDINALES

En búsqueda del placer

Me encuentro con Julia. Llega tarde, como casi siempre. Está vestida con una falda campesina que la hace parecer más gorda y en el pelo lleva un horrible mechón teñido de verde.

Sonríe como nadie y se cuelga de mi cuello para darme un sonoro beso: toda la cafetería se da vuelta. Ella lo nota y lo disfruta.
—¡Envidiosos! —me dice.
Creo que se ríe de todos.
También de mí.
—Me voy...
—¿A dónde? —pregunto anticipando la respuesta.
—No sé. Empiezo por Europa, después ya veré.
—¿Mucho tiempo?
—Depende.
—¿De?
—Ufff... del dinero, de que consiga trabajo, de que encuentre al hombre de mi vida, de que él me encuentre a mí, de que él no haya elegido ser gay porque yo tardaba mucho...
—Te voy a extrañar —le digo sinceramente.
—Bueno, si extrañas mucho te vienes conmigo.
—Tú te crees que es tan fácil...
—Sí.
—¡No lo es!
—Tú trabajas demasiado.
—Es verdad. Pero comparados contigo, todos trabajamos demasiado.
—Es que ustedes cambiaron el placer por el confort.
—A mí el confort me parece muy placentero.
—A mí también, pero cuesta caro y se necesita mucho esfuerzo para pagarlo. No lo vale.
—Nada que sea bueno es gratis.
—Nada que cueste caro es bueno.

Ya hemos tenido esta conversación cientos de veces. Los dos sabemos que estamos más de acuerdo de lo que admitimos, pero disfrutamos peleándonos por nuestras diferencias.

Julia es casi una hedonista. Nada que no la esté conduciendo a algo para disfrutar tiene sentido para ella. No cree que la felicidad sea "vivir el momento" o "coger que se acaba el mundo". No. Julia sostiene que el sentido de su vida es la búsqueda del placer.

Y yo, que la conozco, sé que no se refiere al goce instantáneo que puede proporcionar alguna droga (Julia sostiene, y estoy de acuerdo, que la droga concede alivio, no placer; porque dañar tu cuerpo no tiene ningún sentido. Ella dice que trata de cuidar un poco su cuerpo porque tiene mucho que disfrutar y el envase le tiene que durar hasta los ciento veinticinco años).

"Si algo no es para disfrutarlo ahora y tampoco voy a poder disfrutarlo después, es posible que me fuerce a hacerlo de todas maneras diciéndome que es mi obligación, pero sigue sin tener sentido..."

Los que son capaces de afirmar esto con convicción saben diferenciar entre *ser feliz* y *estar contento*.

Desde el lenguaje cotidiano, uno puede pensar que se parecen. Sin embargo, cuando digo felicidad en este libro no me refiero a estar *alegre*.

Es posible sentirse feliz sin necesidad de estar alegre y estar muy alegre sin por eso ser feliz.

El verdadero razonamiento de los miembros de este grupo sería el siguiente: "Lo que le da sentido a mi vida es el goce de vivirla, son aquellas cosas que me dan placer, cosas que encuentro, cosas que produzco. Y cada vez que estoy haciendo algo que conduce hacia situaciones que disfruto o disfrutaré, me siento feliz, aunque no esté disfrutando en ese momento, porque me basta con saber que estoy en camino".

> SER FELIZ NO QUIERE DECIR NECESARIAMENTE
> ESTAR DISFRUTANDO, SINO VIVIR LA SERENIDAD
> QUE ME DA SABER QUE ESTOY EN EL CAMINO CORRECTO
> HACIA ALGO PLACENTERO, DISFRUTABLE,
> HACIA ALGO QUE TIENE SENTIDO PARA MÍ.

Éste es el tipo de *placer* que podría darle sentido a una vida.

Donde el disfrutar es un *rumbo* y no una meta.

Para los que pertenecen a este grupo, el placer buscado es inalcanzable y por eso califica como sentido de vida. ¿Cuánto placer se puede pretender? No hay cantidad; se parece a un punto cardinal: ¿cuánto tiempo puedo viajar hacia el este? Puedo ir infinitamente. Hasta puedo volver al punto de partida yendo hacia el este.

Siempre puedo avanzar un poco más en dirección a las cosas que me dan placer.

Atención con ser ligero al juzgar.

En este grupo se inscribirán seguramente muchos cultores de los placeres voluptuosos, de la lujuria o de la comida y la bebida; pero también aquellos que significan su vida en el placer que sienten con la música, con la literatura o con ayudar a otros.

Están aquí sencillamente todos aquellos cuya razón última para hacer lo que hacen es el placer que les produce hacerlo:

los mejores y los peores;

los generosos y los codiciosos;

los oscuros canallas y los iluminados.

Los que disfrutan de cada cosa que hacen y los que no encuentran sentido en lo que no se puede disfrutar.

¡Y no me digas que todos somos miembros de este grupo!

Por lo menos no hasta escuchar un poco de los otros.

Persiguiendo el poder

Ernesto y yo somos amigos desde hace años. Y si bien es cierto que no es fácil ser amigo de un empresario, tampoco es fácil ser amigo mío.

Ernesto empezó desde la nada, vendiendo libros a domicilio y tiene ahora muchas empresas. Todas independientes, todas eficientes, la mayoría prósperas (o por lo menos todo lo próspera que puede ser una empresa en nuestros países en los tiempos que corren).

Algunos miles de familias viven y comen de los sueldos que generan estas empresas, algunos cientos de otras empresas menores creen que Ernesto es su mejor cliente. Actualmente proyecta abrir una fábrica de subproductos lácteos al sur de Brasil...

—¿Lácteos? —pregunto—. ¿Tú qué tienes que ver con los lácteos?

—Por ahora nada... pero en un par de años, si todo me sale bien...

—Ernesto, esto significa que durante los próximos dos años vas a estar agregándole a tus ocupaciones y problemas, uno más.

—Sí. Pero el negocio parece tan interesante —me cuenta entusiasmado—. Podría llegar a rendir cincuenta por ciento de lo que rinden todas mis otras empresas.

—Ernes, para qué quieres más dinero... el que juntaste, y me consta que nadie te lo regaló, te alcanza para vivir no una sino dos vidas sin trabajar.

—Tú no entiendes —me explica y tiene razón—, no es el dinero. No es un tema de cuántos dólares más o menos voy a tener. ¡El negocio está para meterse y armar un imperio!

Y yo entiendo. Éste es el punto. El imperio. Porque eso es lo que Ernesto quiere. No le interesa el dinero, ni el placer de lo que podría comprar con él. De hecho, en realidad gasta menos que yo (y no es avaro). Cuando se va de vacaciones (una vez cada dos años) siempre vuelve unos días antes. ¡Tiene tantas cosas pendientes! Debe disfrutar mucho de lo que hace.

—Ernesto, la verdad... ¿te gusta quedarte trabajando sábados y domingos hasta cualquier hora?

—No, Jorge, no es que me guste. Lo que pasa es que si me voy y dejo todo sin hacer, es peor. Me doy cuenta de que en el único lugar en que verdaderamente estoy tranquilo es en mi despacho o en una reunión de negocios, aunque sea difícil.

Ernesto no puede decirlo en estas palabras, pero él no es feliz si no está haciendo algo que aumente su cuota de poder cotidiano. Y eso que él jamás usaría ese poder para dañar a alguien, ni para aprovecharse de los otros, antes bien es uno de los empresarios más generosos y solidarios, uno de los fabricantes que mejores sueldos paga y un competidor absolutamente leal.

¿A qué se refiere esta búsqueda de poder?

A *cualquier* búsqueda de poder.

Se enrolan en este grupo los que significan su vida en la constante búsqueda de sí mismos

y los que ambicionan ser campeones mundiales de todos los pesos;

los que creen que el sentido de la vida está en enfrentar cada miedo

y los más rufianes e inescrupulosos de los mafiosos;

los que aspiran a manejar una institución mundial que termine con el hambre

y los dictadores del mundo que pretenden gobernar su país imponiendo sus opiniones por la fuerza.

¿Cumple el poder con las condiciones necesarias para ser aceptado como un sentido?

¿Cuánto poder se puede pretender? Infinito.

Es como el placer.

¿Cuánto puedes querer?

Más.

¿Cuánto?

Más.

¿Cuánto es más?

Todo.

Pero ¿y después de que tengas todo?

Ah, después de eso, más.

Le muestro esto que acabo de escribir a mi amigo Ernesto.

Se ríe y me dice:

—¡Claro!

Hacia la trascendencia

Si el primer grupo es la búsqueda del PLACER y el segundo la búsqueda del PODER, el tercero es la búsqueda de la TRASCENDENCIA.

Lea es psicóloga, no tiene la misma línea, pero siempre encuentro cosas para aprender de ella, aunque Lea sostenga que aprende mucho de mí.

Lo que más me importa en la vida es llegar a transmitir a otra persona algo de lo que sé, algo de lo que hago o de lo que aprendí. Me pasa como con mis hijos; ellos seguirán cuando yo no esté. Es una manera de permanecer, que ni siquiera se termina cuando sientes que ya diste todo a tus hijos, porque desde allí continúa en los hijos de tus hijos.

—Pero dime una cosa, Lea, ¿cuándo te ocupas de ti?

—Todo el tiempo. ¿No es eso lo que tú nos enseñas? El egoísmo de no privarse de dar.

—Pero a ti, ti, ¿qué es lo que más te gustaría?

—Me encantaría armar una institución con cientos de grupos de reflexión coordinados por los mejores docentes, filósofos y terapeutas; me gustaría que miles de personas pasaran gratuitamente por esa escuela; me gustaría que a la gente le sirviera para crecer.

—Déjame adivinar... y le pondrías el nombre de tu mamá.

—Por supuesto.

Lea transita la búsqueda de la trascendencia que, como las búsquedas anteriores... puede ser banal y estar centrada en el narcisismo mal resuelto, o puede ser la expresión de los mejores sentimientos del ser humano.

Se puede ir en este camino buscando el oro o buscando el bronce,

por el aplauso o por el reconocimiento,

por el rating o por el servicio,

por la fama o por el deseo de llegar más lejos.

Pero los hijos, los alumnos, los pares, los que me rodean, no son la única forma de acceder a la trascendencia. Porque también existe otra trascendencia, que no pertenece al espacio, sino al tiempo: aquello que hago para que personas que hoy ni conozco, dentro de cien años se sirvan de lo que hice.

Y por último, una trascendencia especial, que no es horizontal y que yo llamo la "búsqueda vertical": la de aquellos que viven y trabajan y sueñan y hacen, pero no en función de esta vida terrenal, sino de lo que sigue en la vida eterna.

Cumplir con la misión

—¿Por qué tú? —le pregunté ese día a mi amigo Gerardo.

—¿Quién si no? —me contestó.

—Cualquiera —le dije.

—Yo soy uno cualquiera, sólo que un poco más comprometido...

De alguna forma, Gerardo hizo política desde toda la vida. Hablar con él del país y del mundo siempre fue como entrar en un universo desconocido.

Pero una cosa es ser político de café y otra es asumir una responsabilidad institucional o postularse para ella.

—En todo caso, Gerardo, sólo con la campaña ya tienes a tu mujer en pie de guerra, a tus hijos en reclamo permanente y a tus amigos (yo entre ellos) en plañidera queja.

—¿Qué te crees, que no entiendo? Claro que entiendo, pero hay momentos y momentos. A ver si me entiendes tú: supongamos que aquello que representa los valores que defendiste toda tu vida demanda de ti un poco de sacrificio... ¿No lo harías? ¿No lo harías?

Estaba a punto de contestarle que posiblemente no, pero no esperó:

—Claro que lo harías. En un momento en el que los valores morales y éticos de los dirigentes están cuestionados, cuando se define el futuro del país en el que nací y al que amo, en este preciso instante, cuando más que nunca se necesitan políticos comprometidos de verdad con la función, ni tú ni mi mujer pueden pedirme que me aparte para disfrutar con ustedes hasta donde todo esto aguante.

—Gerardo, ¿de verdad crees que si te postulas puedas cambiar esto que nos sucede?

—No. Pero puedo hacer mi parte. Y no lo hago porque me divierta, ni para que la gente me levante una estatua en Plaza de Mayo; lo hago porque no lo puedo evitar.

Para que una *misión* sea un sentido de vida tiene que tener ciertas características.

En primer lugar, y paradójicamente, tiene que no poder cumplirse, porque si puede cumplirse es una meta, no un sentido.

¿Cuál es una misión incumplible?

La misión de los predicadores que llegaron a América para catequizar al indio, por ejemplo. Esta tarea era incumplible, todos lo sabían; pero que no pudieran conseguirlo no impedía que fueran insistentemente en esa dirección.

La misión era catequizar. Y la catequesis le daba sentido a sus vidas.

¿Disfrutaban?

¡Qué iban a disfrutar!

La verdad es que la pasaban bastante mal, se los comían los mosquitos, los cagaban a flechazos, se morían de extrañas enfermedades infecciosas...

La verdad es que no disfrutaban nada o muy poco.

¿Eran felices?

Yo creo que sí.

La *misión*, cuando no es una meta, se vuelve *sentido de vida* antes de que pienses en cumplirla. Porque te da un rumbo.

Existe una cantidad infinita de misiones.

Misiones encomendadas por tu iglesia o tu fe;

misiones sindicadas por los padres;

misiones, por fin, señaladas por una lucha ideológica...

Entre los ejemplos de cómo funciona una *misión*, y más allá de acuerdos y desacuerdos ideológicos, uno de los mejores debe ser la vida del Che Guevara.

Me parece que él pertenecía a este grupo. Él creía que tenía una misión para cumplir.

¿La pasaba bien?

No.

Siempre recuerdo lo que escribe en su diario: "Esta selva es una bosta".

No la está pasando bien, no se está divirtiendo, de verdad.

Pero cuando llega el momento de quedarse en Cuba para disfrutar del triunfo de la revolución, después de derrotar al enemigo, el Che se va.

¿Por qué? Porque sabe que nunca sería feliz si abandonara su misión.

Una misión que no va a terminar porque no tiene llegada, sólo camino.

Una semana antes de que lo que maten a tiros, el Che Guevara, en la selva bosta, lejos de su patria, escribe también: "Soy un hombre feliz".

Quiero decir, aquí está la idea de la *misión-rumbo*, la que no tiene por qué ser cumplida, ni siquiera posible, pero que se sigue realizando.

Si tu misión en la vida es construir aquí un hospital de niños, esta "misión" (en sentido coloquial) es un objetivo, pero no es suficiente para darle sentido a tu vida. El sentido sería, en todo caso, aumentar la cantidad de hospitales infantiles en el mundo (aunque empezaras por ese mismo hospital).

¿Cuánto se puede aumentar la cantidad de hospitales en el mundo?

Infinitamente. Siempre puedes ir en esa dirección.

¿Es muy diferente de la decisión de aumentar la cantidad de bases militares?

Es diferente en términos morales, pero pertenece al mismo grupo.

Las búsquedas de *placer* se parecen entre sí, cualquiera que sea la manera de obtenerlo.

No es lo mismo aquel que busca el placer sexual que aquel que busca el placer intelectual o místico. Son diferentes placeres, pero todos los caminantes se enrolan en poner el acento en la búsqueda del placer.

Del mismo modo, las búsquedas detrás de una misión se parecen entre sí, cualquiera que sea la misión.

El engaño de utilizar a los hijos

Un error frecuente e interesante es el de aquellos que, en este punto, sostienen que su camino-misión es "educar a los hijos". Más de la mitad de la gente incluye a sus hijos en su propósito de vida. Se vive para educar a los hijos, para criar a los hijos, para acompañar a los hijos, para martirizar a los hijos... Sin embargo, este razonamiento está muy equivocado.

Si algo hay alrededor de los hijos, no es precisamente una misión, sino un deseo —consciente o no— de trascender en ellos.

Para mí, educar-cuidar-amar a los hijos pertenece a la búsqueda de la trascendencia o es simplemente una meta (muy noble, claro, pero meta al fin) y como tal, aunque fuera la más importante de toda tu existencia, no sería suficiente para darle sentido a tu vida.

Hace poco, una mujer del público se enojó cuando cuestioné la misión "Hijos", se puso de pie muy seria y me dijo:

—Yo no creo que sea así, porque cuando definiste la meta afirmaste que era algo alcanzable. Yo tengo veintiocho años de experiencia como madre, y creo que hasta el último día de nuestra vida seguimos educando a nuestros hijos, tratando de ayudar y de acompañar, ocupándonos de dejar patrones de conducta. No es una meta sino una misión, porque nunca está cumplida.

—¿Tú tienes hijos? —le pregunté.

—Sí —me contestó.

—¿De qué edades?
—Veintiocho, veintisiete y veinticinco años.
—¿Y los sigues educando?
—¡Siempre!
Reconozco que estuve cruel:
—Pobres... —le dije.
Entonces le expliqué mi desacuerdo:
—En principio, no creo que tengas que seguir educando a tus hijos de por vida, y en nombre de ellos te pido que lo pienses de nuevo; no sea cosa que a falta de un sentido mejor terminemos por utilizarlos para no quedarnos sin rumbo.

Un montón de personas en la sala aplaudieron. ¿Hijos? ¿Padres?
Ojalá que ambos.

Una vez encontrado el rumbo,
¿dura para siempre o va cambiando?

Hace muchos años escribí un libro titulado *Cartas para Claudia*.[12] Quienquiera que lo lea hoy se va a encontrar con el texto de un jovencito que sostiene con un poco de soberbia su postura hedonista como si fuera la única posibilidad de la raza humana.

Digo allí literalmente: "Lo que me da placer tiene sentido y lo que no me da placer no lo tiene".

Yo no había pensado en nada de esto que pienso ahora, y entonces, obtuso pero coherente, escribí: "Y si no tiene sentido, no lo hago".

Para mí era el único camino posible y mi experiencia vivencial me lo confirmaba a cada paso.

Transcurrieron los años y un día empecé a darme cuenta de que estaba haciendo cosas muy placenteras pero no era feliz. En mi mundo era inexplicable.

Aumenté la apuesta (más placeres y más intensos)... sin éxito.

Concluí entonces que aquello que hacía ya no era placentero y dejé de hacerlo... La situación se agravó.

Algo estaba pasando. ¿Pero qué...?

Estaba perdido.

El placer ya no era suficiente para darle sentido a mi vida.

El *para qué vivo* debía ser actualizado.

Empecé a darme cuenta de cómo mis preferencias iban cambiando; cómo mi escala de valores se había modificado. Comprendí, por ejemplo, que era más importante para mí quedarme escribiendo solo en casa que la más placentera de las salidas a bailar con los amigos.

Una vez encontrado el nuevo rumbo, la crisis pasó (y no tan misteriosamente volví a sentir el placer de encontrarme con mis amigos, aunque ése no fuese mi mayor propósito).

Pero tuve que aceptar que *algunas actividades trascendentes no eran placenteras.*

Ir a Chile después de una semana bastante complicada, cuando estaba muy cansado y con el estómago revuelto, no era placentero. Sin duda, era más placentero quedarme en mi casa durmiendo. No necesitaba el dinero, ni siquiera el aplauso. No necesitaba nada. ¿Qué era lo verdaderamente placentero? Quedarse. ¿Qué era lo trascendente? Lo que finalmente hice: subirme al avión y cruzar la cordillera; como lo fue un mes antes viajar de Buenos Aires a Mendoza y de Mendoza a San Juan para dar una charla a niños sordomudos; como lo fue después renunciar a una parte de mis vacaciones para presentar mi libro editado en México.

¿Lo volvería a hacer?

Sí, claro que lo volvería a hacer. Me sentí muy feliz aunque estaba dolorido, molesto e incómodo.

Yo quiero todo

Todos queremos un poco de todo. Queremos *placer*, una *misión*, el *poder*, la *trascendencia*.

Estas búsquedas son humanas y todas nos pertenecen. Sin embargo, para cada uno de nosotros, en este momento hay una que es más importante que las otras.

Y hay que saber cuál es, no sea cosa que a la vuelta de la esquina, tu propia vida te obligue imprevistamente a elegir.

Sentado en la computadora escribiendo este libro, me pregunto:

1. *¿Es placentero hacerlo?*
Sí, verdaderamente me da mucho placer, la paso muy bien.
2. *¿Forma parte de algo que yo podría diseñar como una misión?*
La verdad que sí. Tiene que ver con abrir caminos para otros, con mi postura docente.
3. *¿No da un poco de poder?*
Sí. Estar en un lugar supuesto del que sabe es un espacio de poder y encima recibo dinero por hacerlo (una cierta cuota adicional de poder).
4. *¿Y no implica acaso cierta trascendencia?*
Sí, claro, sin duda.

Es lógico entonces que me sienta feliz escribiendo. Las cuatro búsquedas están satisfechas con lo que hago.

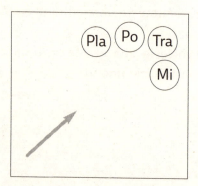

Pero si en determinado punto cada uno de estos deseos me empujara en una dirección, se haría imperioso saber cuál es en este momento la más importante para mí.

Yo decidiré, cuando llegue ese momento, si quiero significar mi vida en la búsqueda del placer, de la misión, del poder o de la trascendencia.

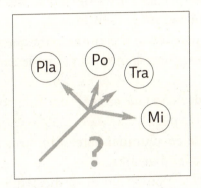

Es mi decisión y nadie puede tomarla por mí.

Sobre todo porque no resulta.

> PARA HACERTE RESPONSABLE DE TU FELICIDAD, TIENES QUE ACEPTAR QUE EL SENTIDO DEPENDE DE TI.

Tendrás que decidir cómo encolumnar tu camino en el rumbo elegido.

Se puede estar de acuerdo o no con este esquema, que es mi manera de pensar la felicidad. Lógicamente, cada uno puede pensarla desde otro lugar. Es más, cada uno tiene y debe cuestionar el esquema propuesto para pensar si le sirve, tomar lo que le sea útil y descartar el resto. Pero, si de algo les sirve, traten de contestarse la pregunta principal: *para qué viven*.

Si la respuesta es "no lo sé", entonces, de verdad, ocúpense de buscarla.

Porque si ustedes no le pueden dar un sentido a su vida, su vida quizá deje de tener sentido.

Lo digo con absoluta responsabilidad y dolor por lo que estoy diciendo.

Darle un sentido a mi vida significa decidir para qué vivo; y no hace falta que la respuesta coincida con ninguno de los grupos de mi esquema. La verdad es que les tiene que importar un bledo lo que yo diga y cómo agrupe los sentidos.

Yo quiero que ustedes se pregunten para qué viven y que tengan una respuesta, que sepan que la vida de cada uno tiene un propósito.

Y una vez que decidan cuál es ese propósito, por favor, sean capaces de dar su vida por él.

Sean capaces de encolumnar su camino tras ese propósito, y no dejen que nada los distraiga.

No se dejen distraer por lo que otros dicen que debería ser, por lo que otros dicen que es mejor.

No se dejen convencer de que hay propósitos más elevados, más nobles, mejores que otros.

Sean fieles a ustedes, no sólo porque eso es parte del camino hacia la felicidad, sino porque es la única manera de vivir una vida que, como digo siempre, valga la pena.

Un día, Andrés Segovia salía de un concierto y alguien le dijo:
—Maestro, daría mi vida por tocar como usted.
Andrés Segovia dijo:
—Ése es el precio que pagué.

Hay que ser capaz de dar la vida por algo, aunque no sea por lo más importante de ella, sino cualquier cosa que sea.

No muriéndose, que es fácil, sino viviendo para eso.

Darle sentido a nuestra vida, darle a la vida una vuelta de tuerca.

Aunque la vida me haya golpeado, me haya tumbado y lastimado mandándome muy lejos, si yo puedo encontrar todavía que mi vida tiene un sentido, arañando, arrastrándome, pidiendo ayuda, qué sé yo cómo, quizá pueda empezar a volver.

"Es fácil decirlo, pero frente al dolor, frente a la enfermedad, frente a la muerte, ¿de dónde se saca la fuerza y la motivación para querer volver?"

Les voy a contar una historia que, según dicen, le pasó a Moses Mendelssohn, el abuelo del músico.

Moses era un joven que vivía en una ciudad judía, despreciado por el resto de la comunidad por su pobreza y su falta de posibilidades. Sumado a lo familiar, Moses era más despreciado todavía porque había nacido con una deformación en la columna que marcaba en su espalda y en su postura una joroba verdaderamente desagradable.

Era muy buen hombre, inteligente, noble, pero no era un tipo exitoso.

Un día, escapando de las persecuciones antisemitas, llega a su pueblo una familia judía bastante bien avenida, con una hija llamada Esther, realmente preciosa.

Cuando Moses Mendelssohn la ve, queda fascinado y advierte rápidamente que tiene que hacer algo para establecer contacto con ella, para hablarle, para conocerla.

Entonces, encolumnando su vida con su decisión —ya no con su rumbo, sino con su decisión—, empieza a mover contactos, incluso llega a trabajar gratuitamente para alguien que le promete conseguir una manera de conectarse con la familia: afinar el piano que estaba en la mansión donde ella vivía.

Así consigue Moses entrar en la casa y esa noche lo invitan a cenar. Durante la velada, él se las ingenia para sacar el tema del destino, y entonces se implanta la discusión sobre si existe un destino o si no existe, si las cosas están predeterminadas o si no lo están y demás.

Moses Mendelssohn dice:

—Yo no tengo ninguna duda de que la vida está predeterminada, sobre todo, con quién uno va a hacer pareja, con quién uno va a armar una familia.

Esther lo mira con desconfianza; nunca había pensado siquiera en hablar con alguien que tuviera este aspecto tan deplorable, pero le interesa mucho lo que dice, y le pregunta:

—¿De verdad lo crees?

—¿Cómo no lo voy a creer? —dice Moses—. Me pasó a mí.

—¿Cómo que te pasó a ti? —pregunta Esther.

Entonces Moses responde:

—Antes de nacer me encontré cara a cara con mi ángel guardián y él me dijo: "Una mujer muy buena, muy noble, de gran corazón, va a ser tu esposa, y con ella vas a tener muchos hijos". "¿En serio? —dije yo—, ¿pero por qué esa mujer tan noble se va a fijar en mí... si yo voy a nacer en una familia pobre, sin apellido ni dinero?" Y el ángel me contestó: "Esa mujer se va a fijar en ti porque hay algo guardado para ella también: va a tener una horrible joroba que le va a deformar la espalda". Entonces le dije al ángel: "Una mujer tan noble y tan buena no merece tener una deformación en la espalda, dame a mí la joroba y deja a la mujer libre de ella".

Cuenta la historia que Esther se casó con Mendelssohn para parir tres hijos, quienes les dieron cuatro nietos, uno de ellos científico y otros tres músicos.

Uno de ellos, llamado Moisés, en honor a su abuelo escribió una pequeña sinfonía llamada *El afinador de pianos*...

Te contesto ahora. "¿De dónde se saca la fuerza para seguir?" Muchas veces el amor puede ser una respuesta.

Tal vez ni sepas por dónde empezar a buscar el camino, pero lo que importa es no detenerse.

Que no te quedes parado esperando que el camino se ilumine...

Que no te quedes parado esperando que alguien venga a buscarte...

Que no te quedes parado esperando que el sentido de tu vida llegue a tu vida.

En todo caso, lo importante es que te comprometas con aquello que hoy decidas que es tu camino, con aquello que hoy decidas que le da sentido a tu vida, aunque te equivoques, aunque tengas que estar corrigiéndolo permanentemente.

Aunque todos los Bucay del mundo estén en desacuerdo, lo importante es que sepas qué sentido tiene tu vida, y que te comprometas con él.

Porque, indudablemente —y aunque no te guste—, la única persona en el universo que va a estar contigo hasta el último día... eres tú mismo.

Queridísimo lector, queridísima lectora... lo que sigue en el libro es complementario; lo importante es que puedas contestar afirmativamente a esta pregunta:

¿Ya sabes para qué vives?

Bienestar, psicología y felicidad

DISFRUTAR LA VIDA

"Anatomía de un día maravilloso"

Todo salió redondo, como si lo hubiera planeado.

El despertador no se trabó. Al bañarse quedaba jabón en la regadera, y el agua no se enfrió. El pan no se quemó. Su hijo lo besó espontáneamente. Consiguió asiento en el micro. Llevó paraguas y llovió. Vio una mujer hermosa y ella lo miró. Le dijeron que era simpático. Cobró el sueldo entero, sin descuentos. Alguien le contó un chiste nuevo, y era bueno. No olvidó las llaves. El perro saltó para saludarlo. Su equipo de futbol ganó 2 a 0. Un amigo lo invitó a una fiesta. Su esposa le había cocinado su plato favorito y después de cenar le confesó que tenía ganas de hacer el amor con él.

Así, en un mismo día, todas las publicitadas cosas simples de la vida aparecieron rendidas a sus pequeños pies humanos.

—¿Esto es suficiente para ser feliz? —le preguntó la luna.

Él la miró de reojo, esbozó una sonrisa de compromiso y susurró lentamente:

—No, pero es una gran ayuda para seguir adelante.

De un mail enviado
por un lector uruguayo

La palabra *disfrutar* proviene, y no por casualidad, de la palabra *fruto*.

Disfrutar quiere decir tomar del árbol de la vida sus más preciados frutos y saborearlos; saborear el hecho de vivir.

Qué estúpido sería tomarnos el trabajo de hacer crecer un árbol y después no permitirnos siquiera tomar esos frutos para sentir su sabor.

Qué idiota suena el trabajo de hacer crecer los frutos que uno nunca comerá, ni dejará para que otros coman, ni regalará a nadie para que disfrute, ni pondrá a disposición de quien los precise.

A veces me resulta muy triste hablar con gente que me llama al consultorio, me escribe una carta o me cruzo circunstancialmente, gente que me cuenta que se ha pasado toda la vida preparando el terreno, toda la vida aireando la tierra, toda la vida comprando abonos y fertilizantes, toda la vida consiguiendo semillas más y más sofisticadas, toda la vida viajando a buscar los fertilizantes más caros, y los tutores más específicos, gente que ha gastado fortunas en planes de riego y tiempo incontable en su sacrificio personal, y ha cuidado esas plantas renunciando a muchas cosas, hasta verlas crecidas. Gente que ahora, que encuentra esos árboles allí, con los frutos prontos... ahora, no se anima a comer de ellos.

Qué estúpida esencia la del ser humano cuando obra de esta manera.

Qué imbécil idea de lo que es la vida hacer crecer el fruto para luego no darse el permiso de disfrutarlo.

Qué bueno sería animarse a saber que aquello que le da sentido a la siembra es poder disfrutarla, o poder compartirla, o poder decidir cederla para que otro la disfrute.

Hace muchos años, en mi libro *Recuentos para Demián*,[13] me permití recrear una historia que siempre me ha impactado mucho, la historia de Eliahu.

En un oasis escondido entre los más lejanos paisajes del desierto, se encontraba el viejo Eliahu de rodillas, al lado de unas palmeras datileras.

Su vecino Hakim, el acaudalado mercader, se detuvo en el oasis para que sus camellos abrevaran y vio a Eliahu sudando mientras parecía escarbar en la arena.

—¿Qué tal, anciano? La paz sea contigo.

—Contigo —contestó Eliahu sin dejar su tarea.

—¿Qué haces aquí, con este calor y esa pala en las manos?

—Estoy sembrando —contestó el viejo.

—¿Qué siembras aquí, bajo este sol terrible?

—Dátiles —respondió Eliahu mientras señalaba el palmar a su alrededor.

—¡Dátiles! —repitió el recién llegado, y cerró los ojos como quien escucha la mayor estupidez del mundo con comprensión—. El calor te ha dañado el cerebro, querido amigo. Ven, deja esa tarea y vamos a la tienda a beber una copa de anís que traigo conmigo.

—No, debo terminar la siembra. Luego, si quieres, beberemos...

—Dime, amigo. ¿Cuántos años tienes?

—No sé... Sesenta, setenta, ochenta... No sé... Lo he olvidado. Pero eso, ¿qué importa?

—Mira, amigo. Las datileras tardan más de cincuenta años en crecer, y recién cuando se convierten en adultas están en condiciones de dar frutos. Yo no te estoy deseando el mal, y lo sabes. Ojalá vivas hasta los ciento un años; pero tú sabes que difícilmente podrás llegar a cosechar algo de lo que hoy estás sembrando. Deja eso y ven conmigo.

—Mira, Hakim, yo he comido los dátiles que sembró otro, alguien que no pensó en comerlos. Siembro hoy para que otros puedan comer mañana los dátiles que estoy plantando... Aunque sólo fuera en honor de aquel desconocido, vale la pena terminar mi tarea.

—Me has dado una gran lección, Eliahu. Déjame que te pague esta enseñanza que hoy me has dado de la única manera que puedo —y diciendo esto, Hakim puso en la mano del viejo una bolsa de cuero llena de monedas.

—Te agradezco tus monedas, amigo.

Eliahu se arrodilló y tiró las semillas en los agujeros que había hecho mientras decía:

—Los caminos de Alá son misteriosos... Ya ves, tú me pronosticabas que no llegaría a cosechar lo que sembrara. Parecía cierto y, sin embargo, fíjate lo que sucedió, todavía no he acabado de sembrar y ya he cosechado una bolsa de monedas, la gratitud y la alegría de un amigo.

Y amo este cuento porque descubrí al escucharlo que también mi disfrute puede ser tu disfrute, que también gozo viendo a otros disfrutar de lo que yo planté.

Descubrí que es indudablemente un privilegio poder hacer crecer un árbol y terminar, por decisión, regalando sus frutos. Sembrar para que alguien (importante como uno mismo) pueda recoger la cosecha y entonces darse cuenta de que ésa es quizá la mejor razón para la siembra.

Descubrí, alguna vez, que quería ayudar a otros a encontrar su camino.

LIMITACIONES DE LA TERAPIA

> Uno se siente inclinado a pensar que la pretensión de que el hombre sea "feliz" no está incluida en el plan de la Creación.
>
> SIGMUND FREUD

La mitad de los psiquiatras y psicólogos del mundo han trabajado toda su vida para conseguir que el individuo desarrolle *control* sobre sus emociones y pensamientos, mientras que la otra mitad investigaba únicamente cómo conseguir de parte del paciente una *conducta* eficaz, más allá de lo que éste pensara o sintiera.

De cara al tratamiento, la psicoterapia fue encontrando puntos infinitos entre estas dos tendencias, fundando cerca de cuatrocientas escuelas terapéuticas diferentes con otras tantas explicaciones y propuestas distintas respecto del dolor y el sufrimiento humanos.

Prescindiendo de otros elementos (seguramente tan importantes como éstos) se podría esquematizar la utilidad de la ayuda terapéutica considerando los factores que dependen de las tres instancias fundamentales de una terapia: el paciente, el terapeuta y el proceso en sí.

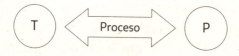

Dicho esto, no puede sorprendernos ahora que las dificultades para que efectivamente una terapia se transforme en un buen vehículo hacia la felicidad se planteen en tres campos:

a) Las limitaciones del paciente
b) Las limitaciones del terapeuta
c) Las limitaciones del proceso terapéutico

Del paciente

Sería mejor dejar de tararearse tantas mentiras y cantarse algunas verdades, dice Mario Benedetti.

Y muchas veces la mayor limitación que aporta el paciente en el consultorio es su firme decisión de NO querer saber la verdad.

Creo que viene siendo hora de pensar en función de la realidad.

Porque la verdad abre la puerta a la vida que vale la pena vivir.

La vida que se vive intensamente.

La vida que se vive dignamente.

La vida que se vive plenamente.

Que, por otra parte, es la única vida que tiene sentido ser vivida.

Puede ser, como dicen algunos, que haya otras vidas después de ésta.

Puede ser, como dicen otros, que vengamos de muchas vidas anteriores.

Pero es indiscutible que este paso nuestro por el mundo, la única vida de la cual tenemos conciencia absoluta, es irrepetible.

Y entonces, vale la pena vivirla de verdad.

En el camino que transitamos hacia una vida auténtica, habrá momentos penosos y encontraremos miles de obstáculos. Pero si no me animo a sobrellevar esas penas y a superar estos obstáculos, quizá me quede a mitad de camino.

La gran maestra chilena, la doctora Adriana Schnake (o la Nana para los que, como yo, hemos conocido la Gestalt con ella), nos enseñó el arquetipo de un neurótico:

Un hombre va caminando en dirección a una ciudad y se encuentra con un río.

El neurótico mira el río, pone cara de fastidio, se sienta al costado del camino se queja en voz alta:

Aquí no debería haber un río...
La ciudad debería estar de este lado...
Alguien debería haber construido un puente...
Aquí debería haber una barca...
El río no debería ser profundo...
Yo debería haber nacido del otro lado...
El río debería haber sido desviado...
Debería haber una soga gruesa de lado a lado...
Alguien debería cruzarme...
Nunca debería haber venido...

La vida de un neurótico —muchas veces nuestra vida— consiste en quedarnos anclados en el lamento y la queja declamando que algo debería haber sucedido de manera diferente.

Aceptación y compromiso

Para llegar a ser feliz hay que empezar por *aceptar* la verdad y terminar comprometiéndose con ella.

Si vives pensando cómo deberían estar siendo las cosas para poder disfrutarlas, entonces no hay conexión con lo real y sin ello no hay una verdadera vida.

Sólo puedo disfrutar de aquello que puedo aceptar tal como es.

La felicidad consiste en permitir que los sucesos sucedan, decía Virginia Satir.

Aceptar que las cosas son como son.

No hay aceptación, obviamente, cuando sigo enojado con lo que sucede. Por ejemplo, si yo estuviera enojado porque hago este libro sobre la felicidad y no sobre otra cosa, no habría disfrute posible en lo que escribo.

Si tú, que lo estás leyendo ahora, te pusieras furioso porque yo digo algo que no quieres que diga, entonces no hay goce posible en tu lectura.

No estoy diciendo que deba gustarte, estoy pidiéndote que no te enojes.

No estoy discutiendo si está bien o mal tal o cual cosa, ni siquiera estoy hablando de aplaudir ni de acordar, me refiero simplemente a *aceptar*.

Hay mucha distancia entre *aceptar* y *estar de acuerdo*.

Aceptar significa darme cuenta de que algo *es* como *es*; dejar de pelearme con eso *porque es así* y, a partir de dejar de pelear, decidir si quiero o no hacer cosas para que cambie (por ejemplo, porque deseo que una situación sea diferente).

Por supuesto, en las relaciones interpersonales, la *aceptación* es la llave que empieza a abrir la puerta del vínculo.

Si yo no puedo aceptarte tal como eres, no puedo disfrutar de tu compañía.

Si yo quiero que seas diferente, entonces no voy a poder disfrutar de estar contigo, ni ahora ni nunca.

Un desafío del paciente es darse cuenta de que este vínculo sano que se establece con el terapeuta puede repetirse afuera, en la vida real.

Como ya dije, la otra condición de una vida verdadera es el *compromiso*.

La vehemencia que pongo al escribir esto es un ejemplo de lo que quiero mostrar.

Escribo esto comprometidamente. Más allá de que tú coincidas conmigo, más allá de que estés en absoluto desacuerdo con esto que escribo, ésta es mi opinión.

Mi compromiso es mi manera de decir las cosas tal como yo las creo.

Y habrá que tener cuidado para no dejarse convencer, porque el compromiso hace sonar todo tan convincente que uno siempre tiende a pensar que el otro está diciendo una verdad incuestionable. Siempre que escuchamos a alguien comprometido con lo que dice lo sentimos verdadero.

Esto que escribo suena verdadero porque lo escribo así, comprometidamente.

Pero tu compromiso es preguntarte: "Esto que escribió el tarado ese parece cierto... ¿será cierto?",

tu compromiso es no dejarte engañar,

tu compromiso es desconfiar de "los que saben",

tu compromiso es cuestionar cada cosa y ratificarla o no.

El paciente debe comprender que toda terapia requiere de su compromiso *antes* de llegar, *durante* el proceso y, sobre todo, *después* del alta.

De qué sirve darte cuenta de tu verdadero sueño si después dejas la terapia diciendo que seguir adelante te traería problemas.

De qué sirve poner a la luz toda la basura que guarda nuestro subconsciente si después nos escapamos cerrando los ojos o postergando para nunca la tarea de limpieza.

Éste es el desafío del paciente si realmente quiere que su terapia lo ayude a ser feliz:

Aceptar que su camino está lleno de condicionamientos que muchas veces le impiden ser quien es.

Comprometerse a limpiar ese camino permanentemente.

Conectarse con la humildad de quien acepta que para esa tarea puede necesitar ayuda.

Del terapeuta

Casi todos los terapeutas afirman en la intimidad que la mayoría de los colegas no es especialmente competente.

Esto no se debe, estoy seguro, a que cada psicoterapeuta desprecie a los demás, sino a varias dificultades que todos percibimos para una buena tarea de un profesional de la salud.

Estas dificultades rondan tres hechos: *a)* la discusión eterna de la psicoterapia como arte o como ciencia; *b*) los perfiles y la capacidad específica desarrollada por los terapeutas para encarar ciertos temas; y *c*) las falencias detectadas en la formación de muchos colegas y no colegas dedicados a la asistencia psicológica.

a) La psicoterapia: ¿un arte o una ciencia?

En la introducción de su libro *Psicoanálisis y existencialismo*, Viktor Frankl llama a los psicoterapeutas actuales "la generación escéptica". Sostiene que nos hemos vuelto tan cautelosos, tan desconfiados de los colegas y de nosotros mismos, tan dudosos del significado de nuestros éxitos y de la validez de nuestros conocimientos, que ya ni siquiera podríamos encontrar una respuesta aceptable a la pregunta central de toda psicoterapia: ¿qué es salud mental?

Ni hablemos de las más sofisticadas interrogantes al estilo: ¿qué significa curar a un paciente? O más difícil todavía: ¿cómo actúa la psicoterapia?

Este replanteamiento dista mucho de ser una postura de humilde modestia.

Desde los cuestionamientos de *La falacia de Freud* ya no es un secreto que cualesquiera que sean los métodos y técnicas que se utilicen, se mejoran considerablemente más de las tres cuartas partes de los pacientes que visitan a cualquier terapeuta. ¿Significa esto que hay que despreciar la psicoterapia? ¿O más bien confirma la postura de Alexander, cuando decía que en todas las formas de la psicoterapia, la personalidad del terapeuta es su instrumento primordial?

Se debe tener cuidado con este concepto, porque en la línea de ver la psicoterapia como un simple arte se abren de par en par las puertas a la astrología, el tarot, la angeloterapia y la charlatanería.

Ciertamente, también deberíamos cuidarnos del extremo opuesto. Porque pensar el acto terapéutico como la instrumentación de una técnica científica compleja que, ejecutada con precisión, lleva al consultante al resultado deseado, podría asimilar el proceso de la terapia a un cursillo de control mental.

Me parece obvio que la psicoterapia es la suma de ambas cosas: un arte y una ciencia.

Dependiendo de la inclinación de cada escuela psicoterapéutica, en uno u otro extremo aparece un amplio espectro de cientos de posturas, modelos y terapeutas.

Los más cercanos al extremo inspirado creerán y trabajarán en el desafío del encuentro existencial (Jaspers y Binswanger), mientras que los más próximos a lo científico-técnico seguramente se apoyarán en la teoría de la transferencia en el sentido psicoanalítico o en técnicas como el entrenamiento autógeno de Schultz.

Es indudable que, por muy dotado que sea el profesional, la terapéutica exigida deberá depender en gran medida de la peculiaridad del paciente y de su dolencia o consulta.

Parafraseando la famosa frase de Beard: "Cuando un médico trata de la misma manera dos casos de la misma enfermedad, con toda seguridad está tratando mal por lo menos a uno de los dos".

Según coincide la mayoría de los terapeutas, el método psicoterapéutico que se elija es una ecuación con dos incógnitas, puesto que no se puede aplicar el mismo accionar en todos los pacientes ni toda intervención puede ser ejecutada por cualquier terapeuta (evidentemente, ningún médico puede dominar de igual manera todas las técnicas).

¿Deberíamos a la luz de estas ideas ocultar las diferencias entre los diversos métodos terapéuticos individuales?

No (pero no deberíamos exagerar su importancia). Se trata de darse cuenta de que ninguna escuela psicoterapéutica puede ya ser excluyente de las otras.

¿Significa esto que debemos caer en un eclecticismo dudoso y barato, y adoptarlo como sistema?

Dudoso y barato, NO.

Eclecticismo... Sostengo que sí.

En la antigüedad, hubo un sabio estudioso de la Biblia que decía no creer en Dios.

Un día, mientras leía un versículo del libro sagrado tratando de interpretarlo, un hombre del pueblo entró en la biblioteca.

—Gran maestro —le dijo—, ¡qué gusto encontrarlo! Hace mucho que deseaba conocerlo, porque yo soy ateo como usted.

—Ahh... qué bien —dijo el maestro—. Quizá puedas ayudarme en el análisis de este texto bíblico...

Y le extendió el libro en su dirección.

El hombre se apartó diciendo:

—¿Yo...? No, yo no sé nada de la Biblia.

—¿Leerás entonces el Corán? —preguntó el anciano.

—¿El Corán? No.

—Te dedicarás por entero al Talmud, entonces...

—No, yo no tengo tiempo para esas cosas. Además soy ateo.

—No te equivoques —dijo el sabio—. Tú no eres ateo, tú eres simplemente ignorante.

NO ESTOY POR EL ECLECTICISMO DE QUIENES LO DECLAMAN PORQUE SABEN POCO, SINO POR EL DE AQUELLOS QUE LO PRACTICAN PORQUE SABEN MUCHO.

b) Perfil y capacidades específicas del terapeuta

Ser un buen psicoterapeuta exige no sólo el conocimiento de la psicología, sino sabiduría y cierta condición de aptitud innata para comunicarse con la gente, dos cualidades difíciles de encontrar en cualquier persona. Es evidente que se requiere más talento social para ser un buen psicoterapeuta que para ser un buen odontólogo. Un odontólogo precisa mucho conocimiento y gran destreza manual, pero no necesita comunicarse fácilmente con la gente, ni poseer una gran sabiduría ni un profundo sentido común (de hecho, conozco muy buenos odontólogos que carecen de estas dos características con la misma intensidad con la que todos los terapeutas que he conocido carecen de los rasgos indispensables para ser odontólogos).

Psicología, genética y biología

Está demostrado que hemos nacido con un cerebro genéticamente dotado de ciertas pautas de comportamiento instintivo; estamos predispuestos mental, emocional y físicamente a responder adecuadamente para sobrevivir.

Este conjunto básico de instrucciones innatas se encuentra predeterminado en pautas de activación neuronal y en combinaciones comunicacionales específicas entre diferentes zonas del cerebro que actúan en respuesta a cualquier acontecimiento, experiencia o pensamiento dado. Pero el cableado de nuestro cerebro no es estático, ni está fijado de modo irrevocable. Nuestros cerebros también son adaptables. Los neurólogos han documentado el hecho de que el cerebro es capaz de diseñar nuevas pautas, nuevas combinaciones de células nerviosas y neurotransmisores, nuevas formas de mandar mensajes entre las células nerviosas en respuesta a nuevas informaciones. Las nuevas ciencias están comprobando cada día que el viejo concepto de un cerebro que envejece irremediablemente e incapaz de desarrollar nuevas neuronas (con el cual hemos sido entrenados todos los médicos de mi generación) es absolutamente falso y obsoleto.

Hoy se sabe que nuestro sistema nervioso central (cerebro incluido) está mucho menos "momificado" de lo que se pensaba hace veinte años. Somos efectivamente capaces de cambiar, de recomponer y de fabricar conexiones intercerebrales al ritmo de nuevas formas de pensar o de nuevas experiencias. La última buena noticia (muy buena de hecho para algunas patologías y enfermedades degenerativas, así como para miles de lesionados cerebrales) es la confirmación de que existe la posibilidad de que se sigan desarrollando ilimitadamente nuevas neuronas.

Los doctores Karni y Underleider demostraron, con mapeos cerebrales continuos, que las áreas cerebrales que intervienen en una tarea de aprendizaje de cualquier tarea motora se desarrollan y se expanden gradualmente a medida que el sujeto se vuelve más eficiente y rápido. Esto parece confirmar que la práctica regular de una tarea crea nuevas células y establece nuevas conexiones neuronales. Estas redes, verdaderos sistemas adquiridos, modifican y amplían las "consecuencias" de cada nuevo aprendizaje y multiplican los efectos del desarrollo del individuo.

En un conocido experimento, David McCelland —psicólogo de la Universidad de Harvard— mostró a un grupo de estudiantes una película sobre la Madre Teresa trabajando entre los enfermos y los pobres de Calcuta. Los estudiantes declararon que la película había estimulado sus sentimientos amorosos y solidarios. Una semana más tarde, se analizó la saliva de los estudiantes y se descubrió un incremento en el nivel de inmunoglobolina A, un anticuerpo que ayuda a combatir las infecciones respiratorias y a proteger el organismo.

Medicina y logoterapia

En un periodo de crisis mundial como el que estamos experimentando, los médicos tienen necesariamente que ocuparse también de la filosofía. La gran enfermedad de nuestra época es el hastío y la falta de propósito.

PROFESOR W. FARNSWORTH,
Universidad de Harvard

Al médico, y sobre todo al psicoterapeuta, se le plantean preguntas de naturaleza no propiamente médica, sino filosófica, para las que probablemente esté poco preparado.

Hay pacientes que acuden al psiquiatra porque dudan del sentido de sus vidas, o incluso porque se desesperan por hallarle algún propósito a la vida misma. En ese contexto, Frankl habla de *frustración existencial*:

> En sí mismo no se trata de ninguna patología —aclara el genial logoterapeuta—, pero si vamos a considerarla una neurosis, estamos ante un nuevo tipo de neurosis, al que he llamado "neurosis noógena".

Esta falta de propósito o pérdida del rumbo constituye el verdadero motivo de consulta (explícito o no) de más de cuarenta por ciento de los pacientes que concurren a los consultorios psicoterapéuticos de Inglaterra y Estados Unidos, según estadísticas coincidentes que proceden de Harvard y de Columbus.

Un médico que no sea capaz de diferenciar entre esta frustración y las neurosis clásicas estará renunciando a la más poderosa herramienta para ayudar a los pacientes: la orientación del hombre en su escala de valores y el establecimiento de un propósito para su vida.

A diferencia de lo que sucede con los neuróticos psicógenos, en el caso de estos pacientes nunca es válido pensar en términos de evitar las tensiones. No es cuestión de equilibrio estático a cualquier precio, sino, más que nunca, de homeostasis (la autorregulación dinámica del individuo como un todo).

c) *La formación del terapeuta*

Paradójicamente, muchos de los que consiguen obtener una licencia para trabajar como terapeutas no han necesitado forzosamente demostrar su sabiduría, su sentido común, su intuición, ni su inteligencia. Mirando sus antecedentes con detenimiento asumimos que sólo han acreditado con certeza perseverancia y un poco de memoria. Como si esto fuera poco, demasiados psicoterapeutas ingresan a su profesión como almas perturbadas en busca de soluciones para sí mismos. Una condición derivada de un mecanismo de defensa que el psicoanálisis llama "formación reactiva". El mismo que lleva a muchos individuos con tendencias asesinas a volverse carniceros o cirujanos (y esto NO quiere decir que todos los carniceros ni todos los cirujanos sean descuartizadores en potencia), a muchos delincuentes potenciales y de los otros a estudiar abogacía, y a muchos hipocondriacos a estudiar medicina.

Acompañar al que sufre

La función del terapeuta en cuanto asistencial se significa desde el origen de la palabra[14] en el acompañamiento al que sufre, al enfermo, al paciente (el que padece).

Si sumamos esto a las limitaciones expresadas en el párrafo anterior, no es de extrañar que muchos colegas inexpertos hayan avalado esta curiosa postura acerca de lo que "prueba" el interés por el prójimo: el sacrificio.

La idea que se nos ha legado es que tu verdadero amigo, aquel que sinceramente te ama, a quien le importas, es aquel que puede acompañarte en tus peores momentos, el que puede llorar contigo cuando sufres, el que puede sufrir contigo cuando penas, el que puede hacerte compañía en tus momentos más duros.

"Porque es muy fácil —dice la gente— estar al lado de alguien cuando está contento; lo difícil es acompañarlo cuando sufre."

Qué cosa... ¿no? Mi experiencia personal me dice que es exactamente al revés.

Es muy fácil para el que llora encontrarse con alguien que lo acompañe, que le ponga la mano en el hombro y le diga: "¡Pobrecitooooo!".

No se necesita consultar a un terapeuta para eso.

¡Es tan fácil que alguien se apene de uno! Basta moverse un poquito y buscar a la persona indicada.

Por ejemplo, si uno se pone a llorar en medio de la Plaza de Mayo, diez personas se acercan y dicen: "¡Poooobre! ¿Qué le pasa? ¿En qué lo puedo ayudar?".

En cambio, si uno se echa a reír a carcajadas en medio de la plaza, no se acerca nadie. Y si llega a acercarse alguien es para preguntar: "¿Y usted de qué se ríe, idiota?".

> ES MÁS DIFÍCIL ENCONTRAR A ALGUIEN QUE PUEDA DISFRUTAR LO QUE DISFRUTO, QUE ENCONTRAR A ALGUIEN QUE SEA CAPAZ DE PADECER TODO LO QUE PADEZCO.

Nuestro padecimiento es tan universal, tan genérico, que nos duelen casi las mismas cosas; así que encontrar a quien le duela lo que a mí me duele, es sencillo, es sólo cuestión de ocuparse.

Siempre puedo, aunque más no sea, apenarme de tu pena.

Puedo acompañarte buscando mi pena interna para acompañar la tuya.

Pero con la alegría y el disfrute, casi siempre aparecen los problemas.

Nuestra manera de disfrutar es tan personal...

De hecho, antes de elegir un compañero de ruta, es recomendable evaluar los siguientes parámetros:

- ¿Le causan gracia la mayoría de las cosas que me parecen graciosas?
- ¿Será capaz de reírse con las mismas cosas que me río yo?
- ¿Será capaz de divertirse conmigo de las cosas que a mí me divierten?
- ¿O cada cosa que a mí me divierta será dramática para él y muchas de las cosas que para mí son dramáticas para él serán motivo de risa?

Así como el dolor compartido se achica, el placer compartido se multiplica.

"Pero... ¿no hace falta penar juntos?"

También.

"¿No estamos juntos para acompañarnos en nuestra soledad?"

También.

"¿No hace falta que transcurramos y transitemos juntos algunos lugares dolorosos?"

Sí, poquitos, y como camino al disfrute.

"¿No es así como funciona la ley de compensaciones?"

Voy a animarme a contarte un cuento un poquito grosero, pero no puedo evitarlo... porque no hay manera mejor de explicar la falacia de la validación de la mencionada "ley".

A un señor de unos setenta y ocho años le llega por correo una propaganda de un geriátrico que se llama Instituto Geriátrico El Paraíso. Viene con un folleto maravilloso, sensacional, donde hay fotos de una playa privada, habitaciones con jacuzzi, una vista soñada, un edificio de cinco estrellas, mesas impresionantes, barra libre, bufete...

El anuncio dice:

APERTURA EN ARGENTINA:

POR PRIMERA VEZ,

DIRECTAMENTE DE LOS PAÍSES NÓRDICOS,

LLEGA HASTA USTED

EL PRIMER GERIÁTRICO.

PRECIO PROMOCIONAL: $ 250 POR MES.

El señor lee todos los servicios otra vez y piensa:

"Claro, debe haber un error... ¿Cuánto valdrá? Debe ser 250 por día. A ver, si cobré ayer los 400 pesos de la jubilación y le agrego 100 de la reservita, podría ir por dos días... Bueno, pero quizá valga la pena pasar cuarenta y ocho horas ahí."

Entonces llama por teléfono.

—Mire, me llegó el folleto de la institución... ¿cuál es el precio en realidad?

—250 pesos por mes.

—No, no el precio por mes —insiste.

—250, señor.

—¿En qué moneda...?

—En pesos, señor, 250 pesos por mes, fijos.

—¡No puede ser!

—¿Quiere venir a verlo, señor? ¿Por qué no se anima?

—¿Dónde queda?

—A diez kilómetros de la capital.

El tipo llega. Entra: "Buenas, buenas". Le muestran los lugares, las fotos...

Entonces dice:

—¡Pero esto es maravilloso! ¿250 pesos por mes?

—Sí, sí.

—Pero ¿qué hay que hacer?

—Nada, tiene que pagar 250 pesos y lo ubicamos...

—Claro, esto se va a llenar de gente.

—No crea, no tanto.

—¿Por qué no? —pregunta el anciano.

—Porque éste es un geriátrico nudista.

—¿Nudista?

—Sí, nudista. Y como ustedes, los argentinos, son tan conservadores en esto, no creemos que vaya a tener mucho éxito...

—¿Y por qué es tan barato?

—Bueno... es una promoción de Finlandia. Quieren promocionar ciertas investigaciones que están haciendo, programas para la vejez, y han decidido instalar aquí una sede con estas características.

—¿Todo es nudista?

—Todo, todo... los pacientes, el personal de enfermería, médicos, personal de asistencia... todos desnudos.

El viejito dice:

—¡Qué cosa!, ¿no?
—¿A usted le molestaría?
—¡No! ¡Para nada!
—Bueno, son 250 pesos.

El viejo, muy contento, paga. Llega a la habitación, se saca la ropa, queda desnudito... sale al jardín donde los pacientes y el personal están desnudos. ¡Está encantado! Ve la pileta de natación con agua climatizada. Se tira, nada... ¡Espectacular! Se sienta a tomar sol. Y entonces pasa una recamarera con una bandeja, desnuda también, exuberante, bellísima, y le dice:

—Señor, ¿algo para tomar?

El anciano la mira... y, de repente, tiene una respuesta lógica, casi olvidada en él... ¡una erección! Y cuando esto ocurre... ¡PRRRRRÍÍÍ!, suena un silbato y aparece Juan Carlos, que es uno de esos cuidadores grandotes, con bigotes, bronceado. El tipo le dice imperativo:

—¡Señor! ¡Eso está en contra del orden establecido para la calma de este lugar!

—Es que yo no lo pude evitar... pasó la chica... —se excusa el viejito.

—¡No se preocupe! —dice el cuidador y se dirige a la recamarera—. ¡Mónica! ¡Ocúpese del señor!

Entonces Mónica se lleva al viejo hasta un cuarto, cierra la puerta, lo recuesta en una camilla, se le sube encima, y... pungui, pungui, pungui... ¡Maravilloso!

—No sé cómo pagarle... —dice el anciano.

—Quédese tranquilo, señor, está todo incluido. Cada vez que usted me necesite, no tiene más que llamarme.

—¡Muchas gracias! —exclama el viejo asombrado, y sale.

A la hora de comer se dirige al restaurante, donde hay comidas típicas: francesa, italiana, judía, árabe, argentina; barra libre de champagne, whisky, cerveza, vino. Todo sin pagar ni una moneda. El tipo come, disfruta muchísimo y piensa: "Éstos están locos, no van a durar ni dos días. Yo voy a aprovechar mientras dure". Entonces come en abundancia, sale y se recuesta en el jardín. De repente... una flatulencia. Juan Carlos hace sonar su silbato... ¡PRRRRRÍÍÍ!

—Señor, eso está en contra del orden y la preservación ecológica.

—Es que yo no lo pude evitar... terminé de comer y... —se excusa otra vez el viejito.

—¡No se preocupe! —dice el cuidador y, dirigiéndose al gigantesco negro de la regadera en la mano, ordena:

—¡Horacio! ¡Ocúpese del señor!

Horacio es ahora el que se lleva al viejo hasta el cuarto, cierra la puerta, lo recuesta en la camilla y le pasa un enema de tres litros de crema de bismuto tibia.

—No sé qué decirle... —comenta el anciano.

—Quédese tranquilo, señor, está todo incluido. Cada vez que usted me necesite, no tiene más que llamarme —contesta Horacio.

—Gra... gracias —dice el viejo.

Agarrándose el trasero va hasta su cuarto, se viste, recoge sus cosas y se dirige a la recepción.

La señorita de la entrada lo ve venir con sus cosas y pregunta:

—¿Qué pasa, abuelo?

—Me voy —dice el hombre.

—¿Por qué, abuelo?

El hombre le cuenta lo que le pasó con Mónica y lo que le pasó con Horacio y agrega:

—¡Esto no es para mí!

—Pero abuelo, piense en la ley de compensaciones —dice la recepcionista en tono sugerente—, está Horacio con el enema pero también está Mónica.

—Ése es el problema, yo no puedo vivir aquí pensando en la ley de compensaciones, yo siempre prefiero evaluar por la otra ley, la de costo y beneficio.

—No entiendo —dice la joven.

—Le explico, querida. Yo puedo tener con suerte tres erecciones por año, pero con toda seguridad se me escapan por lo menos dos pedos por día.

Y vuelvo al tema: con o sin compensaciones, si nunca vamos a disfrutar de las mismas cosas, si no vamos a poder saborear los mismos frutos, si no somos capaces de sentir juntos el placer de estar vivos, entonces vamos a terminar separándonos.

Ninguna ley de compensaciones sirve para sostener los vínculos, menos un vínculo amoroso, menos aun el vínculo terapéutico.

Qué triste sería plantearse la construcción de una relación importante, una amistad, una pareja, una familia, un *vínculo terapéutico*, sólo con aquellos que sean capaces de acompañarme exclusivamente en mis momentos más oscuros.

Es determinante para cualquier relación trascendente que el otro sea capaz de acompañarme, también y sobre todo, en los momentos más alegres, solamente así podrá estar en los instantes cruciales.

El terapeuta debe aceptar que no es nada más que un experto en calamidades ni solamente un acompañante ideal para los momentos difíciles.

Este legado siniestro, como yo lo llamo, no fue dirigido a diseñar el papel del terapeuta, pero lo ha influido.

Son prejuicios que están dentro de las limitaciones del terapeuta. Por eso señalo en este capítulo la necesidad de librarse de ellos.

Cuando no podemos reírnos juntos de nada, nunca hay encuentro.

No nos hemos encontrado para sufrir juntos, sino para caminar juntos.

Del proceso terapéutico

En nuestra formación psiquiátrica, nadie escuchó demasiadas veces la palabra *felicidad*. Al referirnos a los objetivos terapéuticos, naturalmente hablamos de la forma de aliviar los síntomas de depresión o ansiedad del paciente, de cómo resolver los conflictos internos y de los problemas de relación, pero nunca se menciona como objetivo expreso alcanzar la felicidad.

Por lo general, la psicoterapia se dirige a los obstáculos psicológicos que se interponen en el camino hacia lo que buscamos, y se supone que cuando es completamente eficaz acaba con todos ellos.

Sin embargo, a pesar de la enorme ayuda que representaría librarse de todos los obstáculos, eliminarlos casi nunca alcanzará para hacernos felices, así como curarnos de una pierna rota no nos hace estrellas de patinaje artístico.

Psicología y razón

Aun entre los terapeutas de formación más sólida, es indudable que desde el enfoque occidental todo se orienta a determinar el origen de los problemas y, por lo tanto, los modos de analizar cada situación están siempre impregnados de nuestra fuerte tendencia racionalista que, como es obvio, parte de la suposición (no siempre acertada) de que todo puede explicarse.

Para terminar de perder el camino, nuestro razonamiento muchas veces se apoya en determinadas premisas que damos por indiscutibles cuando no lo son.

La psicología ha demostrado que existen condicionamientos educativos, por lo general no demasiado conscientes, y muchos hábitos ligados a ciertas experiencias de nuestra historia que han dejado huellas indelebles en nuestra mente.

Como se supone que todo tiene explicación dentro de esta vida, cuando no se encuentra la causa de ciertos comportamientos o problemas, *aparece la tendencia a localizarla siempre en el contenido oculto, olvidado o reprimido de nuestro inconsciente.*

Y es hasta cierto punto bastante lógica esta dispersión...

Si por alguna razón decidiera yo que la llave que busco está forzosamente dentro de este armario y a pesar de mi convicción no la encontrara, concluiría con seguridad en la idea de que existe un compartimiento secreto en el mueble.

Para algunos colegas, estos determinantes ni siquiera pertenecen a nuestra historia inconsciente, sino que corresponden a condicionamientos y huellas dejados por vidas anteriores.

Sinceramente, creo que existe en algunos de nosotros —psicoterapeutas, psicoanalizados o ambas cosas— una tendencia a subrayar en exceso el papel del inconsciente a la hora de buscar el origen o la explicación de nuestros problemas, que si bien están atados a los condicionamientos que nos esclavizan, no están necesariamente vedados a nuestra mirada, ni son independientes de nuestra decisión de librarnos de ellos.

Un avión no deja de poder desplazarse por la pista, exactamente igual que como lo haría un automóvil, pero sólo se actualiza como avión cuando se eleva en el aire, es decir, en el espacio tridimensional. De la misma manera, si bien el hombre es un ser humano, también es algo más que un ser humano: es una persona, y esto implica una dimensión más sumada a la de su autonomía: la de su libertad.

EVIDENTEMENTE, LA LIBERTAD DEL HOMBRE
NO ES UNA LIBERTAD DE CONDICIONAMIENTOS BIOLÓGICOS
O PSICOLÓGICOS, ES LA LIBERTAD PARA TOMAR POSICIÓN
ANTE TODOS LOS CONDICIONAMIENTOS
Y ELEGIR EL PROPIO CAMINO.

FELICIDAD Y ESPIRITUALIDAD

Muchas personas esperan demasiado de la psicoterapia, y ella por sí sola no puede con demasiadas cosas.

No puede, por ejemplo, garantizar nuestra felicidad.

Ésta es la razón principal por la que tanta gente se persuade de que la psicología no tiene fin y de que la religión es lo único que necesita para ser feliz, puesto que la religión sí puede dar un sentido y un propósito y, al hacerlo, abrir el camino para acercarnos a la felicidad.

No estoy en desacuerdo ni quisiera molestar a nadie, sólo me importa dejar establecido, para avanzar en mi punto, que a veces la religión tampoco es suficiente.

La felicidad que algunas personas sostienen que se puede lograr exclusivamente a través de la religión es a menudo producto de un planteamiento superficial de *la vida sobre la que no se reflexiona.*

Pero una persona feliz es mucho más que un animal satisfecho. Una persona feliz es totalmente consciente de sí misma.

No me parece sensato sostener que Dios me creó sólo para llegar a tener la satisfacción de los animales y mucho menos para no ser feliz.

He conocido a algunas personas que se dicen religiosas (¿lo serán?), que han conquistado su sencillez y ausencia de dobleces renunciando a vivir en el mundo real, despreciando la importancia de conocerse a sí mismas o a su entorno y utilizando los valiosos conceptos de la fe solamente para buscar consuelo o protección.

Desde el episodio transgresor de Adán y Eva junto al árbol del conocimiento, parece claro que estamos aquí para aprender tanto como podamos acerca de nosotros mismos y de la vida.

El desafío divino, tal como lo veo desde fuera del paraíso, es el de conseguir ser felices y capaces de ayudar al prójimo aun después de tener ese conocimiento.

Utilizar la religión como un escudo para protegernos del conocimiento de nosotros mismos es hacer un falso uso de la religión, que sólo termina por distorsionarla.

Utilizar la psicología para saltear nuestras necesidades espirituales es pedirle a la psicología que se haga cargo de aquello que como ciencia no conoce y no maneja.

Puede ser que algunos fanáticos religiosos intenten moldear la religión según su perturbada psique. Pero existen también los mejores religiosos, los más sanos psicológicamente, aquellos capaces de encontrar en la psicología algunas verdades y aplicarlas a sí mismos y al mundo.

Puede ser que algunos fanáticos psicoterapeutas intenten moldear la psicología según su perturbada postura de fundamentalismo ateo. Pero existen también los profesionales de la salud religiosamente sanos, sean o no creyentes, capaces de encontrar en la espiritualidad la importancia de algunas búsquedas y ocuparse de ellas para sí mismos y para sus pacientes.

CAMINO DE LA FELICIDAD

La felicidad es siempre un camino de suma.
    Sumar espiritualidad y ciencia.
    Sumar reflexión y acción.
    Sumar intelecto y sentimiento.
    Sumar lucha y aceptación.
    Sumar ética y comprensión.
    Y, sobre todo, lo más difícil, sumar pasión y templanza. De hecho, la crónica de la conquista de la felicidad podría ser la historia de cómo cada uno ha conseguido mantener sus pasiones sin caer en los excesos de lo irracional, una especie de mesura apasionada. Siempre me gusta alertar sobre el sentido distorsionado de las palabras. En nuestro mundo, que sobrevalora la fuerza de las pasiones aunque les teme, mucha gente asocia la moderación con el tedio. Y si bien es cierto que en ocasiones la vida mesurada puede parecer tediosa, esto no cambia el hecho de que cierta templanza sea esencial para la felicidad.
    Pero esta mesura, como dije, debe *sumarse* a la pasión, al entusiasmo y a la diversión.
    Una vida sin estos elementos no es una vida moderada, es el ascetismo.
    Una vida sin ningún rastro de templanza no es una vida placentera, es la locura.

Una vida que sume puede ser el primer ladrillo para construir una vida feliz.

Como venimos diciendo, una vida feliz sólo se construye si encima de ese primer ladrillo podemos colocar con claridad una flecha que señale el rumbo que hemos decidido darle a nuestra existencia.

Un terapeuta debería tener tomada una decisión sobre el sentido de su vida.

Y yo soy un terapeuta.

Por el momento, lo que le da sentido a mi vida es la búsqueda de trascendencia.

Posiblemente esta búsqueda me haya llevado a salirme de las cuatro paredes del consultorio; posiblemente me empujó a dar conferencias abiertas; posiblemente me haya arrastrado hasta la televisión, y muy posiblemente sea también la razón fundamental por la que escribo este libro.

Pero esta trascendencia no es la de la gloria ni la del aplauso, es la de la necesidad de transmitir lo que pienso, lo que creo, lo que aprendí de otros más sabios que yo, que me enseñaron.

Seguramente sea también esa búsqueda de trascender la que me impulsó a escribir hace poco esta última "Carta para Claudia":

Antes de morir, hija mía, quisiera estar seguro de haberte enseñado...

A disfrutar del amor,
a confiar en tu fuerza,
a enfrentar tus miedos,
a entusiasmarte con la vida,
a pedir ayuda cuando la necesites,
a permitir que te consuelen cuando sufras,
a tomar tus propias decisiones,
a hacer valer tus elecciones,

a ser amiga de ti misma,
a no tenerle miedo al ridículo,
a darte cuenta de que mereces ser querida,
a hablar a los demás amorosamente,
a decir o callar según tu conveniencia,
a quedarte con el crédito por tus logros,
a amar y cuidar a la pequeña niña dentro de ti,
a superar la adicción a la aprobación de los demás,
a no absorber las responsabilidades de todos,
a ser consciente de tus sentimientos y actuar en consecuencia,
a no perseguir el aplauso sino tu satisfacción con lo hecho,
a dar porque quieres, nunca porque creas que es tu obligación,
a exigir que se te pague adecuadamente por tu trabajo,
a aceptar tus limitaciones y tu vulnerabilidad sin enojo,
a no imponer tu criterio ni permitir que te impongan el de otros,
a decir que sí sólo cuando quieras y decir que no sin culpa,
a vivir en el presente y no tener expectativas,
a tomar más riesgos,
a aceptar el cambio y revisar tus creencias,
a trabajar para sanar tus heridas viejas y actuales,
a tratar y exigir ser tratada con respeto,
a llenar primero tu copa y, sólo después, la de los demás,
a planear para el futuro pero no vivir en él,
a valorar tu intuición,
a celebrar las diferencias entre los sexos,
a desarrollar relaciones sanas y de apoyo mutuo,
a hacer de la comprensión y el perdón tus prioridades,
a aceptarte así como eres,
a no mirar atrás para ver quién te sigue,
a crecer aprendiendo de los desencuentros y de los fracasos,
a permitirte reír a carcajadas por la calle sin ninguna razón,
a no idolatrar a nadie, y a mí... menos que a nadie.

JORGE BUCAY

¿Y después qué?

TEORÍA DE LOS PLANOS SUPERPUESTOS

Esta teoría de los planos superpuestos, más o menos inventada por mí, tiene —según lo entiendo— una conexión directa con el título de este capítulo.

Todos nosotros, en algún momento de nuestras vidas, nos hemos dado cuenta de que en el plano en el que sucedía nuestro acontecer éramos tan sólo un puntito minúsculo aquí, abajo y a la izquierda.

Nos sentíamos como una basurita, una nada al lado del plano general que en realidad formaba todo lo que nosotros veíamos de los demás y de la historia.

Todos empezamos por sentirnos alguna vez un granito de arena insignificante en un cosmos inalcanzable.

Y empezamos a asumir que había mucho por recorrer, si uno quería, de verdad, emprender el camino del crecimiento.

Entonces, con más o menos énfasis, con más o menos ahínco, empezamos a recorrerlo. Al principio así, de un tirón, sin escalas... Hasta que un día, mas o menos por aquí, resbalamos y caímos hasta el comienzo.

Para seguir debimos volver a empezar.

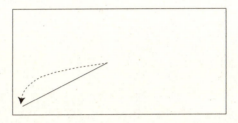

Y aprendimos, sin maestro, que el camino hay que hacerlo escalonadamente.

Dos pasos para adelante, uno para atrás; tres pasos para adelante, uno o dos pasos para atrás.

Y así, con paciencia, trabajo, esmero y renuncia, fuimos recorriendo todo el camino de nuestro plano.

Recorriendo nuestro camino del crecimiento, en dirección ascendente.

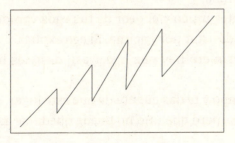

Hasta que un día llegamos arriba. Ese día, si te diste cuenta alguna vez de haber llegado, es glorioso. Y con toda seguridad te sentiste realmente maravilloso.

Miraste el camino recorrido, te diste cuenta de lo padecido, sufrido y perdido en el trayecto, y descubriste cómo, a pesar de ello, no te cabía duda de que valía la pena todo lo pasado para estar acá. Seguramente porque estar aquí arriba, un poco por encima de otros muchos, es halagador, pero también y sobre todo, por saber que estás muy por encima de aquel piojito que fuiste.

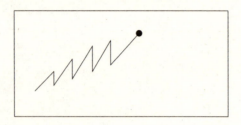

Es bueno, muy bueno estar acá.

Los demás, que recorren sus propias rutas en el plano que andan por acá, por ahí o por allá, te miran, se dan cuenta de que has llegado, te vuelven a mirar, te aplauden y te dicen:

—¡Qué bárbaro! ¡Qué bien! ¿Cómo llegaste? ¿Cómo hiciste?

Y tú les dices:

—Bueno... qué sé yo... —un poco para esconder en la modestia tu falta de respuesta.

Ellos insisten:

—¡Ídolo! ¡Dinos!

Y tú te sientes único y el peor de tus egos vanidosos se siente reconfortado de estar por encima. El ego explica:

—Bueno. Primero hay que hacer así, después hay que ir por allá...

Pasa el tiempo y te das cuenta de que este lugar, el del aplauso, es maravilloso, pero que uno no puede quedarse así, quieto para siempre.

Entonces empiezas a recorrer otros puntos del plano.

Vas y vienes, porque ahora con más facilidad controlas y manejas todo el plano. Puedes bajar, entrar, descender y volver a llegar.

Recorres cada punto del plano y vuelves otra vez arriba, y todos los demás aplauden enardecidos.

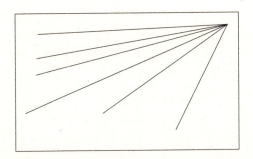

Entonces te das cuenta de que te quedan unos milímetros de plano más por crecer, y piensas:
"Bueno, ¿por qué no...? Total, no me cuesta nada..."
Y avanzas un poco más hasta quedar pegado al límite superior del plano.
Y la gente aúlla enfervorizada.
Y sientes que empieza a dolerte un poco el cuello, aplastado contra el techo del plano.
La gente grita:
—¡Ohhh!
Entonces... en ese momento... nunca antes, haces el descubrimiento.
Ves algo que nunca habías notado hasta entonces.
Te das cuenta de que en el techo hay un acceso oculto, una especie de puerta trampa que sale del plano. Una abertura que no se veía desde lejos, que se ve nada más que cuando uno está allá arriba, en el límite máximo, con la cabeza aplastada contra el techo.
Entonces abres la puerta, un poquito, miras.
Nada de lo que se ve estaba previsto.
Lo primero que notas es que la puerta tiene un resorte y que al soltarla se vuelve a cerrar sola inmediatamente.

La segunda cosa que adviertes es muchas veces shockeante: la puerta descubierta conduce a otro plano, que nadie mencionó nunca.

Es tu primera noticia. Siempre pensaste que este plano era el único; y el lugar donde estabas, tu máximo logro.
"Ahhh... hay otro plano por encima de éste."
Piensas.
"¡Se podría seguir...! Mira qué interesante."
Y entonces asomas la cabeza por la puerta y te das cuenta de que el plano al cual llegaste es tanto o más grande que el otro.

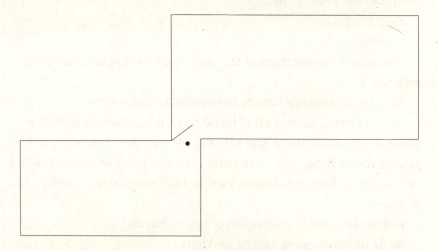

Miras casi instintivamente del otro lado y ves que del lado del nuevo plano la puerta no tiene picaporte. Esto significa, y lo comprendes rápidamente, que si decidieras pasar, el resorte cerraría la puerta y no podrías volver. Y te dices en voz alta:

—No, ni loco.

Cierras otra vez la puerta y te quedas lo más campante, una hora, dos horas, tres días, tres años, no importa cuánto.

Y un día te das cuenta de que te estás aburriendo infinitamente; te da la sensación de que todo es más de lo mismo y que no hay nada nuevo por hacer y que podrías seguir.

Entonces otra vez vuelves a abrir la puerta y pasas un poquito más de cuerpo. Trabas la puerta con el pie y giras para decirles a los que están cerca:

—Oigan, vengan conmigo que vamos a explorar el otro plano.

Los que te escuchan, que no son muchos, dicen:

—¿Qué otro plano?

—¿Qué me dices?

Intentas explicar:

—El que descubrí yo, está por acá, pasando la puerta...

—¿Qué puerta?

—Si no hay ninguna puerta.

—¿¡De qué estás hablando!? —dicen todos.

Está claro. No pueden entender.

Y entonces, aterrizas en el gran desafío: si te animaras a pasar de plano, deberías pasar solo. Ninguno de los amigos que has cosechado acá puede pasar contigo. Cada uno podrá pasar sólo cuando sea su tiempo, que no es éste, porque éste es el tuyo, solamente el tuyo.

—Solo no paso —sentencias.

Porque duele dejar a todos de este lado. Dejar atrás a los que quieres y a los que te quieren:

—Los espero —les prometes sin que sepan.

Pero el tiempo se estira, el cuello te duele y el tedio se vuelve casi insostenible.

Y aguantas.

Y te inventas consuelo.

Y renuncias a ciertos pensamientos y a muchos impulsos.
Y te aburres de tu vida que para los otros es fantástica.
Y nadie te entiende.
Y todo pierde sentido e importancia.
Hasta que un día, imprevistamente, en un arranque, lo haces.
Traspasas la puerta, ésta se cierra como ya sabías y te encuentras en el nuevo plano.
Los que quedaron atrás creen que eres un modelo para ellos.
Te piden consejo, se lo das; te cuentan sus problemas y los escuchas; pero nadie puede entender los tuyos; simplemente estás en otro plano.
No es un mérito, es un suceso.
Los del plano anterior aplauden cada vez más y vitorean tu nombre, pero ya casi no los escuchas. Quizá porque no necesitas tanto de su admiración.
Miras de frente el nuevo plano. Sientes un extraño déjà vu.
Otra vez estás acá.
Estás solo.

Solo, triste, temeroso y a ratos desesperado.
¿Por qué todo esto?
Por una sencilla razón: otra vez te sientes una basurita insignificante.
Y para peor, una basurita con conciencia y recuerdo de haber sido casi un Dios.
"Allá era aplaudido por todos los demás, aquí no me conoce nadie.

"Antes tenía a todos mis amigos a mi alrededor, desde aquí ninguno de ellos entiende siquiera lo que digo.

"He perdido todo lo bueno de aquello para ganar esto, que lo único que tiene de bueno es la perspectiva."

A ratos, por qué negarlo, aparece una especie de arrepentimiento.

En algún momento, cuando empezaste a asomarte, tus mejores amigos te dijeron:

—¿A dónde vas?

—¿Acaso no estás bien aquí?

—Quédate.

—Quizá debiste escuchar un poco más.

—Quizá te apresuraste.

Les contestaste:

—Ustedes no entienden, están equivocados.

Quizá no estaban equivocados.

Pasas del arrepentimiento al autorreproche.

Ellos siguen en su lugar disfrutando y tú aquí, en pena.

Has pasado voluntariamente de la gloria máxima de ser el ídolo de todos a ser el último piojo de este plano nuevo.

¿Quién era el que estaba equivocado?

En este punto yo creo que nadie está equivocado, porque no es un tema de aciertos y errores.

Hay momentos, hay tiempos, hay oportunidades en cada una de nuestras historias.

Afortunadamente, el desasosiego dura poco.

Después de todo, ya no hay nada que puedas hacer.

Para bien o para mal este nuevo lugar es el mejor sitio para estar.

No hay equivocados, hay situaciones diferentes, y planos diferentes.

El día anterior a recibirme de médico, yo era el más aventajado de los alumnos de la facultad. Yo era el tipo al que todos los demás alumnos consultaban. Era en la guardia del Haedo el practicante mayor de la guardia, y todos los demás eran "perros", como se llamaba a los que hacían el trabajo duro de los practicantes.

En el instituto de cirugía Luis H. Güemes donde yo trabajaba, mandaba y mandoneaba en mi última guardia, el 15 de mayo de 1973. Me recibí de médico ocho días después, el 23 de mayo. *Al día siguiente* en el mismo hospital, yo era el *último perro* de los médicos, el que hacía las guardias que nadie quería hacer, el que tomaba a los pacientes con vómito, el que tenía que pasar la noche en guardia, el que no salía a comer, el último piojo del tarro, donde no me ayudaba nadie, ni siquiera los practicantes, que en realidad dependían de otro médico, o del nuevo practicante mayor.

Eran los efectos indeseables del cambio de plano.

¿Hubiera sido mejor no recibirse?

Yo estoy seguro de que no, pero puedo entender por qué pensé que sí.

La cuestión de cómo hacer para volver atrás va dejando lugar a otras preguntas mucho más trascendentes de cara al futuro.

¿Y ahora qué?

¿Habrá que recorrer todo el plano una vez más, para llegar arriba y descubrir otro plano?

Seguramente.

Y sabes, aunque luego lo olvides, que habrá un nuevo techo más adelante y una nueva puerta y un "nuevo plano".

¿Tendrá sentido seguir hacia arriba?

¿Hasta cuándo?

¿Infinitamente?

¿Hasta dónde?

Yo digo: hasta que decidas detenerte.

Cada uno puede decidir quedarse donde quiera.

En este plano, en aquel, en el próximo, en la mitad del que sigue...

Yo no critico a nadie que decida quedarse en un plano, sólo aviso que el camino del crecimiento es infinito.

Necesito decirte que creo que el crecimiento vale la pena, pero que *la pena* es inevitable.

Quizá ahora quede más claro por qué sostengo que hay caminos que son *imprescindibles*.

Para animarse a pasar de plano hay que estar convencido de que dependo de mí mismo, hace falta haberse encontrado comprometidamente con aquellos de quienes aprendí y hay que saber, mientras caminamos juntos, que probablemente nos separemos en algún momento.

Y aunque casualmente lleguemos con alguien al cambio de plano, dejar atrás lo conquistado significa perderlo y esto convoca a un duelo.

Crecer es un beneficio pero implica una pérdida, aunque no sea más que la de la ingenuidad de la ignorancia... y no es un tema menor.

Cada cambio de plano implica un duelo pero también, como hemos visto, cada duelo importante de nuestra vida conlleva un cambio de plano.

Para pasar de plano hay que tener valor, claro que sí, pero sobre todo hay que confiar en uno mismo.

Tengo que confiar en mí si quiero separarme de lo que traigo.

Debo apostar por mí si pretendo vivir una vida desapegada.

Tengo que confiar en que la pérdida que me toca vivir es, en realidad, una puerta y la apertura de un crecimiento mayor.

Tengo que confiar en que hay algo mejor después de esto.

Tengo que confiar en que el plano que sigue me enseñará lo que necesito saber.

Tengo que desconfiar de la vanidad que me cuestiona por renunciar a ser el ídolo de todos los que quedaron allí atrás.

Tengo que animarme a pasar por esto si quiero seguir creciendo.

Crecer sin que la altura me haga perder de vista lo importante.

Y lo importante... es la vida.

La Madre Teresa de Calcuta escribió:

La vida es una oportunidad, aprovéchala.
La vida es belleza, admírala.
La vida es dulzura, saboréala.
La vida es un sueño, hazlo realidad.

La vida es un reto, afróntalo.
La vida es compromiso, cúmplelo.
La vida es un juego, disfrútalo.
La vida es costosa, cuídala.
La vida es riqueza, consérvala.
La vida es un misterio, devélalo.
La vida es una promesa, lógrala.
La vida es tristeza, sopórtala.
La vida es un himno, cántalo.
La vida es un combate, acéptalo.
La vida es una tragedia, enfréntala.
La vida es preciosa, jamás la destruyas.
Porque la vida es la vida, vívela.

Cuando abandones este plano que hoy transitas, quedarán en ti todos los recuerdos de lo vivido, pero perderás casi todo lo que conseguiste en tu relación con los demás, casi todo lo que cosechaste de tu vínculo con los otros.

Eres el mejor amigo de todos, pero nadie es tu amigo. Todos cuentan contigo, pero tú sientes el dolor de no tener nada más que ver con ellos.

No siempre sucede así, pero hazte esta imagen.

Tengo que aceptar que hay una pérdida que llorar, y soy yo el que tiene que hacer el duelo.

Cuando paso, el otro no pierde nada, ni siquiera a mí.

Yo soy el que deja todo, hasta el placer narcisista de ser "uno de los que llegó".

Y no es que aquel lugar de allá arriba fuera un lugar para humillar a los demás, pero sin duda era más factible alardear desde allí que desde el nuevo plano. Después de pasar no estás para ufanarte frente a nadie, sobre todo con esa sensación de ser otra vez insignificante.

Quizá ni sabes que estás en otro plano, de pronto ni sabes qué pasó, lo cierto es que de repente empezaste a sentirte poca cosa, como hace tanto.

Y, por supuesto, no estás para proclamarlo, ni para exhibirlo, en todo caso sólo para padecerlo.

Pero desde el plano anterior, alguien parece entender lo del pasar y se anima a decir:

—Estás en otro plano, ¡qué bárbaro! Eres un iluminado.

Y tú le dices honestamente:

—¿Quién? ¿Yo iluminado? Si me siento una nadita, incapaz de todo.

Y los demás se asombran de tu humildad.

Aunque, por supuesto, no todos se quedan en el asombro.

Algunos pícaros han escuchado a los que pasaron de plano decir que no son, que no saben, que no pueden, y encuentran en la frase una manera de disimular su vanidosa pretensión de recibir los halagos reservados a los modestos hombres sabios.

A veces, mostrarse poca cosa es una manipulación, un manejo exhibicionista construido para impresionar a los giles (como se dice en mi barrio), para el afuera.

Y no es de los que están al tope del plano anterior; ésos pueden alardear con lo que son. En todo caso se lo han ganado.

Los manipuladores son los chatos, los acomplejados, los oscuros intrascendentes de siempre.

Quiero decir, también este "no soy nadie" puede ser una sombría manipulación, una declaración de los vanidosos que, conociendo la humildad de los iluminados, compiten para decidir quién es el más humilde y dejar supuestamente establecido entonces quién es el más iluminado.

Ningún pueblo valora tanto la inteligencia y el conocimiento como el pueblo judío, es cierto. Pero también es verdad que ningún pueblo se burla tanto de sus falsos sabios e iluminados como ellos, quizá para demostrar su auténtica sabiduría, la que deviene de reírse de uno mismo.

En un barrio de la ciudad judía de Lublin, se encuentran tres hombres muy importantes de la comunidad: el rabino del barrio, el rabino del pueblo y el gran rabino de toda Polonia.

Están los tres en un bar, tomando té, mientras Schimel, el mozo, barre el piso. De pronto, el rabino del barrio suspira y dice en voz alta:

—Cuando pienso en Dios, me siento tan poca cosa...

El rabino del pueblo no quiere quedarse atrás de tanta demostración de humildad, y entonces levanta la taza y dice:

—Brindemos por tu buena fortuna. Te sientes poca cosa, ¡qué suerte! Cuando *yo* pienso en Dios, me siento nada... nada.

El gran rabino de toda Polonia escucha a estos dos, piensa un minuto y dice:

—Los escucho y me lleno de envidia. Ustedes se sienten poca cosa o nada... Cuando yo pienso en Dios, me siento... menos que nada.

Se produce un gran silencio. Sólo se escucha el sonido de la escoba del pobre Schimel de Lublin.

Los tres miran al mozo, que deja de barrer y los observa azorado.

Los rabinos le preguntan:

—¿Qué tienes para decir?

El pobre recuerda lo que los tres hombres más importantes y sabios de Polonia acaban de proclamar y piensa que si ellos se sienten poca cosa, nada y menos que nada, ¿qué quedaría para él?

Sin saber qué decir, Schimel simplemente se encoge de hombros.

Los tres se miran, miran al mozo, que sigue encogido de hombros.

Y al unísono le gritan ofendidos:

—¡Y tú, quién te crees que eres?

Concluyo.

¿Hasta dónde se sigue creciendo?

Yo no sé si es malo elegir quedarse en algún lugar halagador y no querer avanzar. Digo que querer seguir forma parte de nuestra naturaleza.

Me parece irremediable.

El biólogo Dröescher dice que sólo se puede estar en dos momentos: creciendo o envejeciendo. El precio de quedarse clavado en la historia sin crecer más es empezar a envejecer.

Si ésta es la elección, está muy bien.

Pero hay una elección para hacer y es absolutamente personal. Nadie decide por ti dónde te quedas.

Tú eliges hacia dónde y tú decides hasta cuándo, porque tu camino es un asunto exclusivamente *tuyo*.

Epílogo

Éste es el camino final
hasta aquí puedo llegar yo
a veces, no siempre
hasta aquí pudiste llegar conmigo
cuanto más avanzamos
más fácil se hizo volver a la senda
y más hermoso se volvió el paisaje
el camino elegido resultó ser el correcto
el camino que se elige es *siempre* el correcto
lo correcto está en la decisión, no en el acierto.

Éste es el final.
Éste final es el camino...

Notas

EL CAMINO DE LA AUTODEPENDENCIA

S̲ituación

[1] Hamlet Lima Quintana, *Antología poética*, Edaf, Buenos Aires.
[2] Fernando Savater, *Ética para Amador*, Ariel, Barcelona, 1991.
[3] Son tendencias, no quiere decir que todas las mujeres y todos los hombres seamos necesariamente imbéciles ni que la clasificación sea excluyente.
[4] Este camino, horrible, siniestro, que recorremos de alguna manera todos como humanidad, también es transitado por los grupos violentos de Argentina y del mundo. ¿Qué les pasa? Esto les pasa: no han podido conseguir sentirse queridos, nadie los necesita ni les presta atención, nadie se compadece de lo que sufren, han decidido intentar aunque sea ser odiados y han terminado generando temor. Porque este temor que saben que generan en el afuera es el único sustituto que han encontrado para el amor que no pudieron obtener. Esta estructura puede aplicarse a la lectura de las actitudes violentas del mundo, desde los grupos punk hasta las organizaciones terroristas. ¿Qué quiere un terrorista? Yo no justifico, pero esto no me impide tratar de entender que ésta es una manera de reclamar atención... Después perdieron el camino. Después alguien les hizo creer que la única manera de ser reconocidos era ganar poder, y ahora ya no hay retorno y, sin embargo, empezaron su descenso desde un lugar pasionalmente ligado con el amor.

Origen

[5] Por eso el bar mitzvá de los judíos, la confirmación de los católicos y la circuncisión de los islámicos, se realizan a los doce o trece años. Porque ése era el primer tercio de vida, cuando el individuo dejaba de preparar la tierra y pasaba a ser un adulto. Ahí terminaba la adolescencia.

Significado

[6] En el estado de la ciencia actual, con el desarrollo de la investigación sobre el genoma humano y la nueva ciencia de neurobioinmunoendocrinología, es prácticamente indiscutible que cada uno de nosotros nace con un temperamento, ligado al resto de la información genética: el color de pelo, el color de la piel, el ser varón o mujer, etcétera. Y, por lo tanto, este temperamento tampoco es algo que uno elige, es congénito.
[7] Carl Rogers, *El proceso de convertirse en persona*, Paidós, Barcelona, 1992.
[8] Virginia Satir, *Contacto íntimo*, Pax, México, 2002.

Condición

[9] Osho, *El sutra del corazón*, Mutar, Buenos Aires, 1993.
[10] Jorge Bucay, *De la autoestima al egoísmo*, Océano, México, 2000.

Decisión

[11] En Argentina pasó algo fantástico allá por 1985 o 1986, cuando se estableció la Ley de Divorcio. La Iglesia y los sectores más conservadores salieron a decir que se iban a divorciar todos... Entonces los juristas y los psicólogos empezamos a decir, como si hiciera falta, que la ley establecía la autorización, no la obligación. Y nadie está forzado a hacer algo sólo porque se lo permiten.
[12] Cuentan que, de allí en adelante, muchos organizadores decidieron dejar de invitar al doctor Perls. Es de suponer que esta decisión debe haber frenado la difusión de la escuela de la Gestalt y la popularidad del modelo terapéutico creado por él.

[13] Hasta puedo a veces actuar reactivamente haciendo lo contrario del mandato. Aunque de hecho sería una forma de dependencia, una forma de obediencia en negativo.

Pasaje

[14] Osho, *Vida, amor y risa*, Mutar, Buenos Aires, 1993.

EL CAMINO DEL ENCUENTRO

Importancia del encuentro en el mundo actual

[1] Jorge Bucay, *Cartas para Claudia*, Océano, México, 2000.

Acerca del amor

[2] Jorge Bucay, *Recuentos para Demián*, Océano, México, 1999.

Intimidad, el gran desafío

[3] Jorge Bucay, *Cartas para Claudia*, Océano, México, 2000.

El amor a los hijos

[4] Jorge Bucay, *El camino de la autodependencia*, Océano, México, 2001.
[5] El doctor Jorge Bucay es médico, psiquiatra y psicoterapeuta gestáltico. (N. del E.)

El amor a uno mismo

[6] Jorge Bucay, *De la autoestima al egoísmo*, Océano, México, 2000.

[7] Véase Jorge Bucay, *Cuentos para pensar*, Océano, México, 2000.
[8] Jorge Bucay, *El camino de la autodependencia*, Océano, México, 2001.

El sexo, un encuentro especial

[9] Periodista española radicada en Madrid.

EL CAMINO DE LAS LÁGRIMAS

Empezar el camino

[1] No en vano emoción viene de *e* y de *moción* (energía al servicio del movimiento).

Las pérdidas son necesarias

[2] Jorge Bucay, *El camino del encuentro*, Océano, México, 2002.

Diferentes tipos de pérdidas. Duelos por muerte

[3] Digo afortunadamente porque lo desafortunado o más bien insoportable es pensar en condenar a los padres a asistir a la muerte de los hijos.
[4] Hay varias páginas de Internet que recogen sus testimonios:
www.coadargentina.com.ar
www.grief.com
www.duelum.com.ar
www.widow.com
[5] En Argentina la edad es de setenta y cinco años para las mujeres y de sesenta y ocho para los hombres. *Fuente*: Dirección de Estadísticas de las Naciones Unidas (1998).
[6] De paso... si no tienes el poder de hacerme sufrir mientras estás conmigo, menos aún tendrás ese poder si nos separamos.
[7] Nombrar, desde el punto de vista simbólico del lenguaje, es sinónimo de tener control sobre lo nombrado. La falta de vocablo quizá sea la máxima

demostración que este dolor es incontrolable, inimaginable y que está absolutamente fuera de todo control.
8   Estas vivencias aparecen explicitadas por igual por miles de hombres y mujeres en todos los estratos socioeconómicos, en todos los niveles culturales y en cualquier país del mundo occidental.
9   El término técnico con el que la ciencia se refiere al envejecimiento sano.
10 Otra teoría sostiene que los cambios celulares de envejecimiento se deben a que en el proceso de convertir oxígeno en energía se producen moléculas (radicales libres) que, en grandes cantidades, resultarían dañinas para las células. Cancelando o retrasando este proceso actuarían los medicamentos y alimentos antioxidantes como las moras, las fresas, las espinacas y la vitamina E.
11 Desciende su síntesis de ADN y ARN y disminuye su capacidad para aceptar nutrientes.
12 En ese sentido cabe destacar que la razonable expectativa de vida promedio para un bebé que naciera hoy en uno de los países de mejor desarrollo humano, es decir con mejor nivel educativo, asistencial y tecnológico, supera los noventa años.

Ayudar en el duelo

13 Que son momentos particularmente dolorosos en los que suele ser muy importante estar cerca de la persona en duelo porque las cicatrices "recuerdan" lo perdido.
14 Aviso: según mi experiencia, la decisión de mentir o esconderle al niño la causa de la muerte suele ser muy difícil, además de que, en el mejor de los casos, es absolutamente inútil.
15 Para mí, terapeuta gestáltico, un buen par de almohadones grandes pueden ser de mucha ayuda...

EL CAMINO DE LA FELICIDAD

Palabras iniciales

1   Hace cinco años pedí a mis lectores que me enviaran un cuento que hubieran escrito. Miles de cartas y correos electrónicos llegaron y mi idea de

publicar un libro con ellos ha quedado en el baúl de los imposibles, desbordada por la magnitud de la respuesta. Pero voy a rendir tributo aquí a quienes escribieron reproduciendo esta joyita que me mandó Vivi García y agradecer en ella a todos los que me hicieron llegar sus valiosos escritos.

Los tres caminos previos: autodependencia, amor y duelo

[2] Jorge Bucay, *El camino del encuentro*, Océano, México, 2002.
[3] Las otras cosas que requieren una toma de posición son: *a*) nuestra relación con la *religión*, la religiosidad y Dios; y no digo que haya que creer o que no, que haya que ser ateo o agnóstico; cada uno será lo que quiera ser, pero tiene que elegir; *b*) una postura respecto de la *muerte*: ¿reencarnación? ¿No reencarnación? ¿Te comen los gusanitos? ¿Sobrevives? ¿Vas al cielo o al infierno...?; *c*) una definición de la *identidad sexual*. No mi vida sexual, no mi actividad sexual, no mi frecuencia ni mi compañía, solamente mi identidad.

¿Qué es la felicidad?

[4] Llegando final e irremediablemente al tríptico de las películas de los años cuarenta: la remanida fórmula de salud, dinero y amor.
[5] Nunca pude olvidar aquella frase que me lastimó el alma cuando la escuché en boca de la maravillosa Tita Merello, quizá la mejor cantante de tangos de la historia argentina. Le preguntaban si era feliz, y Tita (¿desde el personaje o desde la persona?), con la mano en la cintura, de medio perfil y mirando al periodista sobre su hombro desnudo, contestó: "¿De qué me hablas, muchacho? La felicidad es un mito".
[6] Jorge Bucay, *Recuentos para Demián*, Océano, México, 1999.
[7] Jorge Bucay, *Cartas para Claudia*, Océano, México, 2000.
[8] Pese a que un tonto puede servir de referencia, como enseña el maestro Facundo Cabral, poniendo el ejemplo de la frase escuchada en cualquier fiesta: "¿Quién es aquella hermosa rubia que está sentada al lado del tonto ese?".
[9] Enunciadas en Jorge Bucay, *Cuentos para pensar*, Océano, México, 2000.

Algunos desvíos

10. Jorge Bucay, *El camino de las lágrimas*, Océano, México, 2002.
11. Para complicar el error, mucha gente pierde de vista que se compara sólo y exclusivamente con las personas que cree más felices, ya sea esta creencia ligada a una observación real o a un imaginario de la felicidad ajena. De hecho, cuanto menos sabemos acerca de las personas con quienes nos comparamos, más dramática resulta la diferencia entre su presunta felicidad y la nuestra.

Retomar el camino

12. Jorge Bucay, *Cartas para Claudia*, Océano, México, 2000.

Bienestar, psicología y felicidad

13. Jorge Bucay, *Recuentos para Demián*, Océano, México, 1999.
14. Los terapeutas eran los miembros de una secta judeocristina que haciendo voto de servicio consagraban su vida a atender a los enfermos en los leprosarios.

Bibliografía

Aguinis, Marcos, *El elogio de la culpa*, Sudamericana, Buenos Aires, 1996.
Ariès, Philippe, *El hombre ante la muerte*, Taurus, Madrid, 1984.
Barylko, Jaime, *Educar en valores*, Ameghino, Buenos Aires, 1999.
———, *Sabiduría de la vida*, Emecé, Buenos Aires, 2000.
Beauvoir, Simone de, *La fuerza de las cosas*, Edhasa, Barcelona, 1987.
———, *La vejez*, Sudamericana, Buenos Aires, 1970.
Betancur, M. C., *El día que te quieras*, Plaza y Janés, Bogotá, 1999.
Burnell, George M. y Adrienne L. Burnell, *Clinical Management of Bereavement: A Handbook for Healthcare Professionals*, Human Sciences Press, Nueva York, 1989.
Chateaubriand, P., *La vejez es un naufragio*.
Cohen, Graciela, *Un camino real*, Luz de Luna, Buenos Aires, 2001.
Corr, Charles A. y Joan N. McNeil (eds.), *Adolescence and Death*, Springer, Nueva York, 1986.
———, C. M. Nabe y D. M. Corr, *Death and Dying Life and Living*, Wadsworth, Thomson Learning Publishing, Belmont, 2003.
Cousins, Norman, *La voluntad de curarse*, Emecé, Buenos Aires, 1981.
Dalái Lama, *El arte de la felicidad*, Grijalbo Mondadori, Barcelona, 2000.
DeSpelder, Lynne y Albert Lee Strickland, *The Last Dance: Encountering Death and Dying*, Mayfield Publishing Company, Mountain View, 1987.
Doka, Kenneth J. (ed.), *Children Mourning, Mourning Children*, Hospice Foundation of America, Washington, D.C., 1995.
———, *Illness: A Guide for Patients, Their Families and Caregivers*, Jossey-Bass, San Francisco, 1998.

Dopaso, Hugo, *El buen morir. Una guía para acompañar al paciente terminal*, Deva's, Buenos Aires, 2005.
Ellis, Albert, *Usted puede ser feliz*, Paidós, Barcelona, 2000.
Fitzgerald, Helen, *The Grieving Child. A Parent's Guide*, Simon & Schuster, Nueva York, 1992.
Frankl, Viktor, *El hombre en busca del sentido*, Herder, Barcelona, 1986.
——, *Psicoanálisis y existencialismo*, Fondo de Cultura Económica, México, 1978.
Freud, Sigmund, *Consideraciones de actualidad sobre la vida y la muerte*, en *Obras completas*, tomo II, Biblioteca Nueva, Madrid, 1968.
—— y Lou Andreas-Salomé, *Letters*, Hogarth Press, Londres, 1972.
Glaser, Barney y Anselm Strauss, *Time for Dying*, Chicago, Aldine, 1968.
Glick, Ira O., Robert S. Weiss y C. Murray Parkes, *The First Year of Bereavement*, John Wiley, Nueva York, 1974.
Grollman, Earl A., *Talking About Death: A Dialogue Between Parent and Child*, Beacon Press, Boston, 1990.
Gross, Martin L., *La falacia de Freud*, Cosmos, Madrid, 1978.
Jálics, Francisco, *Aprendiendo a compartir la fe*, Ediciones Paulinas, Buenos Aires, 1979.
Kastenbaum, Robert, *Death, Society and Human Experience*, Allyn & Bacon, Boston, 2001.
Kripper, Daniel, *La muerte, el duelo y la esperanza. Un enfoque judaico*, Nueva Congregacion Israelita de Montevideo, Montevideo.
Krishnamurti, Jiddu, *El vivir y el morir*, Planeta, Barcelona, 1994.
Kübler-Ross, Elisabeth, *On Death and Dying*, Simon & Schuster, Nueva York, 1970.
——, *La rueda de la vida*, Ediciones B, Barcelona, 2005.
——, *Preguntas y respuestas a la muerte de un ser querido*, Ediciones Martínez Roca, Madrid, 1998
Lake, Tony, *Living with Grief*, Isis, Santa Bárbara, 1987.
Lacan, Jacques, *Seminario 7. La ética del psicoanálisis*, Paidós Ibérica, Barcelona, 1989.
Liberman, Diana y Silvia Alper, *El duelo de la viudez*, en www.duelum.com.ar
Mannoni, Maud, *La última palabra de la vida*, Nueva Visión, Buenos Aires, 1992.
—— *Lo nombrable y lo innombrable*, Nueva Visión, Buenos Aires, 1992.
Mariscal, Enrique, *El arte de sufrir inútilmente*, Serendepidad, Buenos Aires, 1998.
Minois, Georges, *Historia de la vejez de la Antigüedad al Renacimiento*, Nerea, Madrid, 1989.

Morris, Desmond, *El contrato animal*, Emecé, Buenos Aires, 1990.
Osho, *Vida, amor y risa*, Mutar, Buenos Aires, 1993.
_____, *Muerte: la mayor ficción*, Gulaab, Mallorca.
_____, *Tao: los tres tesoros*, 3 vols., Sirio, Málaga, 2002.
Paris, Wendy, *Happily Ever After*, HarperCollins, Nueva York, 2001.
Parkes, Colin Murray y Robert S. Weiss, *Recovery from Bereavement*, Basic Books, Nueva York, 1983.
Pragger, Dennis, *A la conquista de la felicidad*, Norma, Bogotá, 1999.
Rando, Therese A. (ed.), *Treatment of Complicated Mourning*, Research Press, Champaign, 1993.
Rogers, Carl, *El proceso de convertirse en persona*, Paidós, Barcelona, 1982.
Savater, Fernando, *El contenido de la felicidad*, El País-Aguilar, Madrid, 1994.
Schaefer, Dan y Christine Lyons, *How Do We Tell the Children?: Helping Understand and Cope When Somebody Dies*, Newmarket Press, Nueva York, 1988.
Schnake, Adriana, *Sonia, te envío los cuadernos café*, Estaciones, Buenos Aires, 1987.
_____, *El lenguaje del cuerpo*, Cuatro Vientos, Santiago, 1995.
Slaiken, Karl y Steve Lawhead, *Factor fénix: la supervivencia y el crecimiento*, Sudamericana-Planeta, Buenos Aires.
Shuchter, S. R. y S. Zisook, "Treatment of Spousal Bereavement: A Multidimensional Approach", en *Psychiatric Annals*, vol. 16, núm. 5, 1986, pp. 295-305.
Silverman, Phyllis R., *Widow-to-Widow*, Springer, Nueva York, 1986.
Sófocles, *Edipo Rey. Edipo en Colona. Antígona*, Ibérica, Barcelona, 1920.
Teresa de Calcuta, *Las enseñanzas de la Madre Teresa*, Libro Latino, Buenos Aires, 1999.
Tiffault, B. W., *A Quilt for Elizabeth*, Centering Corporation, Omaha, 1992.
Viorst, Judith, *The Necessary Losses*, Free Press, Old Tappan, 1998.
_____, *Imperfect Control: Our Lifelong Struggles with Power and Surrender*, Simon & Schuster, Nueva York, 1998.
Walker, Alice, *To Hell with Dying*, Harcourt, Nueva York, 1988.
Wass, H. y C. A. Corr, *Childhood and Death*, Hemisphere, Washington, D.C., 1984.
Watzlawick, Paul, *Lo malo de lo bueno*, Herder, Barcelona, 1990.
_____, *Someone Dies*.
Wolfelt, Alan, *Helping Children Cope with Grief*, Accelerated Development, 1983.
Worden, J. William, *Children and Grief: When a Parent Dies*, Guilford Press, Nueva York, 1996.
_____, *Grief Counseling and Grief Therapy*, Springer, Nueva York, 1991.

Un reconocimiento especial para Osho International Foundation por su autorización en los dichos de Osho, así como por su desinteresado acompañamiento en mi a veces irreverente desarrollo de las ideas del maestro.

Índice

Hojas de ruta, 9

EL CAMINO DE LA AUTODEPENDENCIA, 13

La alegoría del carruaje, 17
Situación, 21
Origen, 33
Significado, 46
Condición, 61
Equipamiento, 70
Decisión, 95
Pasaje, 123

EL CAMINO DEL ENCUENTRO, 131

La alegoría del carruaje II, 135

HISTORIA
Importancia del encuentro en el mundo actual, 141
El hombre: naturaleza solitaria o vida social, 146

ENCUENTROS VERTICALES
Acerca del amor, 173
Intimidad, el gran desafío, 199
El amor a los hijos, 209
El amor a uno mismo, 241

ENCUENTROS HORIZONTALES
El sexo, un encuentro especial, 255
El amor en la pareja, 309

Pasaje, 349

EL CAMINO DE LAS LÁGRIMAS, 359

La alegoría del carruaje III, 363
Empezar el camino, 366
Las pérdidas son necesarias, 387
Tristeza y dolor, dos compañeros saludables, 418
¿Qué es el duelo?, 429
Etapas del camino, 445
Después del recorrido, 466
Diferentes tipos de pérdidas. Duelos por muerte, 486
Ayudar en el duelo, 547
Apéndice. Algunas situaciones especiales, 560
Salida y pasaje, 571

EL CAMINO DE LA FELICIDAD, 577

La alegoría del carruaje IV, 581
Palabras iniciales, 584
Los tres caminos previos:
    autodependencia, amor y duelo, 590

¿Qué es la felicidad?, 608
Algunos desvíos, 636
Retomar el camino, 672
Bienestar, psicología y felicidad, 708
¿Y después qué?, 736
Epílogo, 750

Notas, 751

Bibliografía, 759

Esta obra se imprimió y encuadernó
en el mes de enero de 2022,
en los talleres de Diversidad Gráfica S.A. de C.V.,
Privada de Av. 11 No. 4-5, Col. Vergel,
C.P. 09880, Iztapalapa, Ciudad de México.